Davit Bek

Raffi

ԴԱՎԻԹ ԲԵԿ

ՐԱՖՖԻ

Davit Bek

Copyright © 2014, Indo-European Publishing

Contact:
IndoEuropeanPublishing@gmail.com

ISNB: 978-1-60444-778-1

Դավիթ Բեկ

Հրատարակված է Ամերիկայի Միացյալ Նահանգներում:

Կապ՝

IndoEuropeanPublishing@gmail.com

ISNB: 978-1-60444-778-1

ԴԱՎԻԹ — ԲԵԿ
1722 – 1728

«Խզեւցուք զկապանս նոցա,
և ընկեւցուք ի մէնջ զլուծ նոցա»:
Սաղմոս

ԱՌԱՋԻՆ ԳԻՐՔ

Ա

Մինչև 1722 թվականը, այսինքն մինչև Դավիթ բեկի հայտնվելը, հայոց մելիքները տակավին պահպանել էին իրանց նշանակությունը: Նրանք ունեին սեփական ամրոցներ, ժառանգաբար իշխում էին ժողովրդի մի որոշյալ մասի վրա, կապում էին դաշնագրություններ երբեմն պարսից, երբեմն թյուրքաց ներկայացուցիչների հետ, մասնակցում էին նրանց պատերազմներին, և որպես մի տեսակ վասալական իշխաններ, մի մասնավոր հարկ էին վճարում այն պետություններին, որոնք փոփոխակի կերպով տիրում էին Հայաստանին:

Սյունյաց աշխարհը (Ղարաբաղը) պետք է առաջինը համարել, ուր մելիքները մինչև ռուսաց տիրապետության ժամանակը (1813 թվ.) պահպանեցին իրանց գոյությունը: Այդ առանց պատճառի չէր: Երկրի բնական դիրքը՝ լեռները և անտառները նպաստում էին ժողովրդի մեջ վաղեմի քաջազնական ոգու պահպանվելուն: Սովորած լինելով թշնամու մշտական հարձակումներին, ժողովուրդը, երբ չէր կարողանում ընդդիմադրել նրան, թողնում էր դաշտերը կամ տափակ երկրները, պատսպարվում էր անմատչելի տեղերում: Լեռնային բնությունը ներշնչում էր բնակիչների մեջ արիություն և հետևապես ձգտումն դեպի ազատություն:

Ցավալին այն էր, որ հայոց մելիքները մի ընդհանուր կապ չունեին միմյանց հետ: Շահերի տարբերությունը շատ անգամ առիթ էր տալիս նրանց մեջ թշնամական հարաբերությունների: Այս պատճառով նրանց ուժերը չէին միանում, որ կազմեին մի ամբողջություն և պատերազմեին հայրենիքի ընդհանուր թշնամու դեմ: Յուրաքանչյուրը իր գլուխն էր պահում: Եվ եթե հարկը պահանջում էր, նրանցից ամեն մեկը պատրաստ էր միանալ թյուրքերի կամ պարսիկների հետ և ասպատակել իր հարևան հայ մելիքի երկրները:

Մելիքներից ոմանք անկախ դրություն էին պահպանում, իսկ ոմանք ստորադրված էին պարսից խաների իշխանության ներքո: Այս վերջինները իրանց դիրքը չկորցնելու համար ստիպված էին խոնարհվիլ խաների բոլոր պահանջներին, թեև այդ պահանջները լինեին վնաս հայ ժողովրդին, ստիպված էին կատարել նրանց կամքը, որքան և անիրավ լիներ, ստիպված էին դառնալ նրանց ձեռքում բոլորովին անարգ մի գործիք: Եվ որովհետև պարսից շահերը իրավունք ունեին մելիքներին փոխելու, այստեղից առաջ էր գալիս խիստ կեղտոտ մրցություն, որով մելիքները՝ միմյանց տեղը հափշտակելու մտքով, անձնատուր էին լինում, խաներին հաճոյանալու համար, ամեն տեսակ վատություններ, մատնություններ էին անում, կաշառում էին նրանց ոչ միայն փողով, այլ ոմանք իրանց հարազատ աղջիկներն անգամ տալիս էին խանին: Բայց այսպիսիներին պետք է բացառություն համարել:

Կային ավելի խղճմտավոր և ազդեցություն ունեցող մելիքներ, որոնք ծառայում էին որպես ամուր պատվար հայ ժողովրդի և խանի մեջ. հեռու էին պահում նրա անմիջական ազդեցությունը ժողովրդից և պահպանում էին նրան խանի հարստահարություններից: Մելիքի ձեռքով էր հավաքվում տուրքը և ամեն հարկեր, որ պետք էր վճարել խանին: Մելիքն էր վճռում իր ժողովրդի մեջ ամեն տեսակ դատեր և վեճեր: Եվ որովհետև նույն իսկ խաները իրանց մեջ հաշտ չէին, ստիպված էին մելիքների հետ լավ վարվել, հակառակ դեպքում, մելիքը կարող էր թողնել խանին և իր ժողովրդով անցնել նրա թշնամու՝ մի ուրիշ խանի կողմը:

Հայաստանի այն մասը, որ այժմ ռուսաց պետությանն է պատկանում, ռուսների տիրելուց առաջ, պարունակում էր իր մեջ զանազան միմյանցից անկախ խանություններ, որոնցից նշանավոր էին՝ Ղարաբաղի, Գանձակի, Շամախու, Երևանի և Նախիջևանի խանությունները: Այդ խանությունները գտնվելով անընդհատ թշնամական հարաբերությունների մեջ, կռիվը, կողոպուտը, արյունահեղությունը, ավերմունքը երկրի մեջ միշտ անպակաս էին լինում: Խանությունները թեև պարսից պետության մի մասն էին կազմում, և խաները թեև նույն պետության ավատական իշխաններ էին համարվում, բայց շատ անգամ օգուտ քաղելով Պարսկաստանի ներքին խռովություններից կամ շահերի ստեպ ստեպ փոխվելուց, որից առաջ էր գալիս անիշխանություն, — խաները այդ ժամանակ ապստամբվում էին, և քիչ էր պատահում, որ շահերը կամ նրանց զորապետները տկարանային նվաճելու իրանց վասալներին: Եվ այսպես, ներքին ու արտաքին խռովությունները պահպանում էին իրանց անխզելի կապը:

Եթե ավելացնենք դրանց վրա օսմանցիների արշավանքները, Կովկասի լեռնաբնակների հարձակումները, կտեսնենք, որ Հայաստանը այն ժամանակ ներկայացնում էր մի սարսափելի պատերազմական դաշտ, ուր առավելապես ծեծկվող, փշրվող և մաշվող տարրի էր նույն ազգը, որ մի ժամանակ այդ երկրի տերն էր: Եվ այդ կոտորածների մեջ հայ ժողովուրդը և հայ մելիքները պետք է պահպանեին իրանց գոյությունը...

Բ

1722 թվին լեզգինների ահագին բազմություն, խառն կովկասյան այլ լեռնաբնակների հետ, արշավանք գործեցին դեպի Ավղանից և Սյունյաց երկրները, և ասպատակելով Նուխու, Շամախու, Գանձակա գյուղորայքը, անցան մինչև Սևանա լիճը: Շամախու հայ իշխան Մուսա Բեգյանը կամեցավ արգելել վայրենիների հարձակումը, բայց չկարողանալով դեմ դնել նրանց ահագին բազմությանը, ընկավ կռվի դաշտում: Վայրենիները հափշտակեցին բազմաթիվ գերիներ հայոց աղջիկներից, պատանիներից և մանկահասակ կնիկներից, որպես վաճառք, օտար երկրներում ծախելու համար: Իսկ ծերունիների մեծ մասը կոտորեցին: Տեղային մահմեդականները, օգուտ քաղելով այդ խռովություններից, իրանք էլ մի կողմից սկսեցին կողոպտել հայերին: Երկիրը սարսափի մեջ ընկավ: Ազատվեցան նրանք միայն, որ թողեցին իրանց տունը, տեղը, կայքը և պատսպարվեցան լեռների, անտառների անմատչելի խորշերում: Այդ ժամանակ իր խումբերով վրա հասավ Գուգարացոց (Մեծ Աղնախի) Հովհաննես իշխանը, հավաքեց ցրված հայերին, նրանց սիրտ և խրախույս տվեց, և բավական ուժ կազմելով, հարձակվեցավ լեզգինների վրա: Թեև նրան հաջողվեցավ մաքրել երկիրը այդ ավազակներից, հետ խլել ավարի մի մասը և կրկին ժողովուրդը բնակեցնել իր տեղում, այսուամենայնիվ, լեզգիները թողեցին Ավղանից և Սյունյաց աշխարհներում բարբարոսության սարսափելի հետքեր:

Անցավ տագնապը, անցավ կոտորածը, ժողովուրդը մոռացավ բոլորը: Կրկին սկսվեցավ սովորական վշտալի կյանքը:

Բայց մի երիտասարդ չէր կարող մոռանալ այդ բոլոր գազանային անգթությունները: Նա տեսնում էր այն գեղեցիկ երկիրը, ուր ահռելի ամրոցների փլատակները, ուր հոյակապ վանքերի բեկորները, ուր պալատների փշուրները, ուր ամեն մի լեռ, ամեն մի գետ հիշեցնում էին նրան հայ մարդու վաղեմի փառքը: Իսկ այժմ ի՞նչ էր մնացել: — Մի ստրուկ ժողովուրդ, որը, կարծես, հավիտենական անեծքով դատապարտված, մի լավ օր տեսնելու բախտ չուներ: Նրա վաստակը ձեռքից խլում էին, նրան ամեն կերպ տանջում էին, նա մինչև անգամ իր կնոջ, իր զավակների տերը չէր: Նա տեսնում էր հայ իշխաններին, որոնց պարսիկները մելիքներ էին կոչում, որոնց վրա էր դրված ժողովրդի հոգաբարձությունը, որոնք պետք է սրբեին նրա արտասուքը և դարման տանեին խեղճ գյուղացու դառն ցավերին: Բայց միմյանց հետո անհաշտ, անվերջ թշնամություններով, այդ իշխանները ավելի իրանք էին ծանրացնում ժողովրդի սարկության լուծը: Մատնությունը, միմյանց դավաճանելը, միմյանց վնասելը նրանց ամենօրյա գործն էր, իսկ մեջտեղում ոչնչանում էր ողորմելի ժողովուրդը: Եվ եթե կային նրանց մեջ այնպիսիները, որոնք ճշմարիտ սիրում էին ժողովուրդը, սիրում էին հայրենիքը և ցանկանում էին նրա թշվառ դրությանը մի ճար անել, բայց ընդհանուր անկարգության, ընդհանուր ապականության մեջ նրանց եռանդը թուլանում էր, նրանց իղձը իրանց սրտում խեղդվում էր:

Երիտասարդը իր չորս կողմը տեսնում էր թե հոգեկան և թե բարոյական խորին դատարկություն: Նա աչք էր դարձնում դեպի Էջմիածինը, դեպի ընդհանուր հայոց Մայր Աթոռը, այնտեղ ևս միևնույն անկարգություններն էր նկատում, — միաբանների մեջ երկպառակություն, կաշառք, մատնություն, դավաճանություն և ամեն ինչ, որ սուրբ չէ, որ անարգ է, որ զզվելի է... Էջմիածինը այդ ժամանակ գտնվում էր օսմանցիների իշխանության ներքո: Համադանցի Աստվածատուր կաթողիկոսը, խույս տալով Էջմիածնի խռովություններից, ծածուկ թափառում էր Արարատա գյուղերում: Էջմիածնի աթոռը մնացած էր թափուր, որ պատճառ էր տալիս ավելի սաստիկ խռովությունների: Կ. Պոլսի հայոց պատրիարքարանը այդ ժամանակ զբաղված էր «ֆրանկների» (հայ կաթոլիկների) խնդրով: Հովհաննես «Կոլոտ» (կարճահասակ) մականվանյալ պատրիարքը արգելում էր հայ-կաթոլիկներին լուսավորչականների եկեղեցիները հաճախել: Հայ-կաթոլիկները դեռ առանձին եկեղեցի չունեին: Կրոնական երկպառակությունները, Կ. Պոլսի ֆրանսիական դեսպանի և լատինական եպիսկոպոսի մեջ մի կողմից, իսկ հայոց պատրիարքի մեջ մյուս կողմից, պահում էին մայրաքաղաքի հայ ժողովրդին անընդհատ կռիվների մեջ: Երուսաղեմի հայոց պատրիարքարանը զբաղված էր սուրբ Հակոբա տաճարով. կռիվները հույն և լատին աբեղաների հետ վերջ չունեին: Այստեղ, Արարատյան նահանգում արյուն և արտասուք էր հոսում, իսկ այնտեղ զբաղված էին եկեղեցիներով...

Երիտասարդը իր շուրջը չէր գտնում ոչ մի մխիթարական երևույթ, բացի հայրենիքի լեռներից և անտառներից, որոնք, կարծես, խուլ կերպով ասում լինեին նրան. «Ե՜կ, ե՜կ, մեր գրկում քեզ համար լավ տեղ կա. բռնակալի ձեռքը այնտեղ մուտք չէ գործում...»:

Ո՞վ էր այդ երիտասարդը, ո՞վ էր այդ ցնորամիտը, որ այն ժամանակվա ընդհանուր խռովությունների, ընդհանուր բարբարոսությունների մեջ, մոռացած իր անձը, միայն հայրենիքի, միայն ժողովրդի վրա էր մտածում: — Դա Գենվազի իշխան Ստեփաննոս Վարթանեսյանն էր՝ Շահումյան տնից: Զրկված հայրենական ամրոցից, սիրտը լի վրեժխնդրության դառնությամբ, նա իր երկու հավատարիմ ծառաների հետ, ծպտյալ կերպով թափառում էր Սյունյաց աշխարհում: Նա մոտենում էր հայոց մելիքներին, հորդորում էր նրանց միաբանվել և ընդհանուր ապստամբությամբ թոթափել խաների ծանր լուծը: Բայց ամեն տեղ գտնում էր սառն անտարբերություն, անհոգություն և մինչև անգամ անհարմարհանք: Բարկությունը, հուսահատությունը երիտասարդի մեջ հասնում էր առկալի կատաղության, երբ տեսնում էր, որ հայերը չէին ցանկանում օգուտ քաղել մի ամենահարմար ժամանակից, երբ կարող էին ամեն դյուրությամբ ազատվել պարսից բռնապետությունից:

Պարսից պետությունը այդ ժամանակ գտնվում էր իր օրհասականի մեջ: Ավղանիստանի ՙՂանդահար քաղաքից Մյուրվեյսի որդի Միր-Մահմուդ-խանը, տիրելով Սպահան քաղաքին, գահընկեց արեց պարսից Հյուսեին շահին և ինքը նստավ նրա տեղը:

Արևելյան Պարսկաստանը ընկավ ավղանների իշխանության ներքո: Այդ ժամանակ պարսից Հայաստանում համարյա անիշխանություն էր տիրում: Թեև աթոռազուրկ Հյուսեին շահի որդին, շահ Թահմասը, լսելով ավղանների հաղթությունը, Մազանդարանում թագավոր դարձավ և եկավ, նստեց Թավրիզ քաղաքում, բայց նա այն աստիճան թույլ, արբեցող և փոփոխամիտ մարդ էր, որ շուտով զզվեցրեց իր զորապետներին, բոլորը հեռացան նրանից, և ինքը, շահ Թահմասը, անօգնական մնալով, գնաց Աստապատ և գաղտնի ապաստան գտավ Աստվածատուր անունով մի հայ իշխանի տանը: Երևանի նահանգին այդ ժամանակ տիրում էին օսմանցիները: Նրանք ավելի ցանկանում էին Հայաստանի այդ մասը հայ իշխանների ձեռքով կառավարել և նրանցից մի որոշյալ տուրք ստանալ, քան թե պարսից խաների ձեռքը տալ:

Բոլոր հանգամանքները հաջողություն էին խոստանում: Պարսից և թյուրքաց արքունիքները սարսափելի խռովության մեջ էին: Շահերի և սուլթանների գահերը, խաղագնդակների նման, անդադար մի ձեռքից մյուս ձեռք էին անցնում: Պարսկաստանի և Թյուրքիայի մեջ ամեն օր ծագում էին նոր ապստամբություններ, ամեն օր կազմվում էին նոր, անկախ իշխանություններ: Միայն հայերը անշարժ էին, միայն հայերը իրենց ազատության վրա չէին մտածում: Այդ սաստիկ խոցում էր Շահումյան իշխանների վերջին ժառանգի՝ Ստեփաննոսի սիրտը: Ի՞նչ պետք էր արած: Բոլոր ժողովուրդներից ավելի տանջված, ավելի հարստահարված, ավելի թշվառ ազգը՝ հայը, ոչինչ չէր զգում: Կարծես, հանգիստ, ապահով և վայելուչ կյանքի փափագը մեռած լիներ նրա մեջ:

Երիտասարդ իշխանը այդ կարծիքի հետ բոլորովին համաձայն չէր: Ժողովուրդը հոգեպես և բարոյապես բոլորովին մեռած չէր: Նրա սրտում դեռ մնացել էին հարուստ, կենդանի տարրեր. միայն պետք էր ջերմացնել նրանց, պետք էր բորբոքել, ուժ տալ, և ահա միևնույն ստրկացած ժողովուրդը ոտքի կկանգներ հսկայի անձնավստահությամբ: Ստեփաննոսը գիտեր այդ բոլորը: Նա հավատում էր հայի տոկունությանը: Նա գիտեր, հայը որքան համբերող է, որքան տանող է բռնության լծի ծանրությունը, այնքան շուտով պատրաստ է թոթափել այդ լուծը, եթե հանգամանքները կնպաստեին: Միայն հայը զգույշ է, հեռատես է, խորհող է, բայց շուտ վճռող չէ, և դրա մեջն է կայանում նրա բոլոր դանդաղկոտությունը: Զգուշությունը նրա մեջ հանցավոր երկչոտության կերպարանք է ստացել: Նա երբեք չի սկսի մի գործ, եթե հավատացած չէ, թե հաջողությունը իր կողմը կլինի: Ուր մի փոքր անզգուշություն, մի փոքր զոհողություն, մի փոքր խենթությունն անգամ կարող էր մեծ գործ կատարել, — այնտեղ հայը խնայող է և խելացի: Նա միշտ իրան հեռու է պահում անմիտ բախտախնդրության ցնորքներից, և այդ, Ստեփաննոսի կարծիքով, վատ էր: Նրա թեորիան շատ պարզ էր. «Կամ մեռնել, կամ լավ ապրել»: Ճնշված, հարստահարված, անապահով կյանքը նրան տանելի չէր:

Ստեփաննոսը մի ուրիշ բան ևս գիտեր. Նա գիտեր, որ հայ ժողովուրդը կատարյալ ոչխարային բնավորություն ունի. մեկը պետք է առջևից գնա, որ մյուսները հետևեն նրան: Բայց ո՞վ կարող էր լինել այդ «մեկը»: Ո՞վ կարող էր առաջնորդել ամբոխին: Նա դիմեց բոլոր հայ իշխաններին, բոլոր հայ մելիքներին և ամենից սառն ընդունելություն գտավ: Նա չէր ճանաչում ժողովրդի այդ գլխավորներից և ոչ մեկին, որ համակրեր իր մտքերին: Իսկ ի՞նքը:
— Ինքը ի՞նչ կարող էր անել: Ժողովուրդը հեղինակություն էր պահանջում: Ժողովրդի վրա ազդելու, նրան շարժելու համար պետք էր փոքր ի՛ շատե նշանավոր մարդ լինել: Թեև ինքն էլ նշանավոր մարդերի կարգից դուրս չէր, բայց ի՞նչ կարող էր անել մի փառազուրկ իշխան, որի հայրենական ժառանգությունից մնացել էին՝ մի ձի և մի ձեռք զենքեր միայն: Գենվազի ամբողջ գավառը, որ նրա հորերին էր պատկանում, այժմ դարձել էր մի խանի սեփականություն: Իսկ ինքը անտուն, անտեղ, անօթևան թափառում էր երկրից երկիր, որպես մի արկածախնդիր ասպետ, որին իջևան էին տալիս միայն այն պատճառով, որ նրանից վախենում էին: Այս մտածությունների մեջ խորասուզված, երիտասարդը քշում էր իր ձին Ներքին Ագուլիսից դեպի Օրդուբաթ տանող ճանապարհով, և այնքան զբաղված էր իր մտքերով, որ կարծես, չէր նկատում անձրևի տարափը, որ մանր, փոշիանման

կաթիլներով մաղվում էր նրա վրա: Երեկոյան խավարը դեռ այնքան չէր թանձրացել, որ դժվար լիներ առարկաները որոշել: Առջևում երևում էր խիտ այգիների մեջ թաքնված Օրդուբաթը: Փոքր-ինչ հեռու Արաքսը մի արծաթյա ժապավենի նման ոլորվում էր ձորի միջով: Գետի մյուս ափի վրա Քամ-քուհ լեռան բարձր գագաթը կիսով չափ ծածկված էր մթին ամպերի մեջ: Կայծակը շեշտակի կերպով ճեղքեց այդ ամպերը և նրան հետևեցին սաստիկ որոտ և դղրդյուն: Կարծես, ամբողջ երկինքը թափ տվեցին և անձրևը միանգամից սկսեց հեղեղի նման թափվել: Այդ ժամանակ միայն երիտասարդը արթնացավ իր մտահուզությունից, քաշեց ձիու սանձը, ձին կանգնեց, և նա սկսեց բաց անել իր վերարկուն, որ կապած էր երիվարի գավակի վրա: Նա խնամքով փաթաթվեցավ վերարկուի մեջ, ոչ այնքան իր մարմնին հոգ տանելու համար, որքան իր զենքերը թրջվելուց պահպանելու համար: Այդ միջոցին հասան նրա երկու ուղեկիցները, որ բավական հետ էին մնացել: Երիտասարդը դարձավ դեպի նրանցից մեկը, ասելով.

— Զումշուդ, դու գիտե՞ս քաղաքի որ փողոցումն է այն հրեայի տուն:

— Գիտեմ, — պատասխանեց Զումշուդը:

— Դե՛, առաջ քշիր, մեզ տար ուղիղ դեպի այն կողմը:

Զումշուդը իր ձին առաջ քշեց, երիտասարդ իշխանը հետևում էր նրան: Ետևից գալիս էր իշխանի մյուս ծառան՝ Աղասին:

Քամին հետզհետե սաստկանում էր և մրրիկը ավելի սպառնալի կերպարանք էր ընդունում: Գյուղացիները սարսափով քշում էին իրանց անասունները դաշտից դեպի տուն: Լեռներից լսելի էին լինում հովիվների խառն աղաղակները: Սաստիկ անձրևների ժամանակ հեղեղը այդ կողմերում սոսկալի էր. նա տանում էր իր հետ ոչ միայն մարդիկ և անասուններ, այլ ահագին քարաժայռեր, որ պոկում էր սարերի կուրծքից:

Բոլորովին մութն էր, երբ իշխանը մտավ Օրդուբաթ քաղաքը: Փողոցներում ոչ ոք չէր երևում: Բոլոր դռները կողպված էին: Անձրևը թեև փոքր-ինչ մեղմացած, բայց տակավին մաղվում էր: Անցնելով մահմեդականների թաղերը, նրանք մտան հայերի թաղը: Այստեղ բնակվում էին հրեաները մի առանձին փողոցում: Զումշուդը իր ձին կանգնեցրեց տներից մեկի դռան հանդեպ, ցած իջավ ձիուց և սկսեց դուռը բախել: Երկար բախում էր նա, իսկ բաց անող չկար: Գիշերային այն տարաժամ պահուն հրեան հեշտությամբ իր դուռը չէր բաց անի օտարականի առջև: Կարծում էին, թե ներսում մարդ չկար: Բայց դռան ճեղքերից ճրագի լույս էր երևում:

— Կոտրե՞մ, — հարցրեց Զումշուդը:

— Չէ, — ասաց իշխանը, — կարելի է բաց անեն, բախեցե՛ք:

Ներսից լսելի էին լինում ոտքի ձայներ և մարդկային երկչոտ շշնջոց:

— Ես այս րոպեում բաց կանեմ, — ասաց Աղասին, իր ձին մոտեցնելով տան պատին և կանգնելով ձիու թամքի վրա: Պատը շատ բարձր չէր. ճարպիկ երիտասարդը ձեռքերով չանկռեց պատի անհարթ մակերևույթը և կատվի արագությամբ թռավ կտուրի վրա: Մի րոպեից հետո բակից լսելի եղավ նրա ձայնը, որ վիճում էր տան տիրոջ հետ, պահանջելով դռան բանալին:

— Է՜... վա՛յ... մի՛ սպանիր... – լսելի եղավ հրեայի դառն հառաչանքը: Երևում էր, նա մի քանի ապտակ կերավ Աղասու ձեռքից:

Դուռը բացվեցավ. շեմքի վրա հայտնվեցավ հրեան ճրագը ձեռին: Նա անդադար մյուս ձեռքը քսում էր իր երեսին, կարծելով, թե Աղասու մատները դեռ կպած էին այնտեղ: Նա ինքն իրան մրթմրթում էր.

— Չի էլ ասում, որ աղան է գալիս... աղայի առջև ո՞վ կփակե իր դուռը... իմ տունը աղայի տունն է... անիծված... ա՜խ, ի՜նչ ծանր ձեռք ունի...

— Ես քեզ հազար անգամ ասեցի, — պատասխանեց Աղասին, — բայց դու էլի չէիր ուզում բաց անել:

— Լավ է, լավ, — խոսեց իշխանը վեր գալով ձիուց, — Հարունը լավ մարդ է, նրան պետք չէ ծեծել:

— Հա՛, այդպես, քո հոգուն մատաղ, — պատասխանեց հրեան, և դառնալով դեպի Աղասին էլի կրկնեց, — ա՛խ, ի՛նչ ծանր ձեռք ունի այդ անիծվածը...

Հրեան ծեծը ուտելուց հետո փափկացել, մոմ էր դարձել. նա ամեն կողմ ծալվում էր, գործ դնելով շողոքորթության բոլոր ձևերը: Նա մի քանի րոպեի մեջ ձիերը տեղավորեց իր տան բակում և հյուրերին հրավիրեց միևնույն սենյակում, ուր ինքը իր կնոջ հետ ապրում էր:

Գ

Հարունը Օրդուբաթի հրեա ոսկերիչների մեջ միակ վարպետն էր, որ բացի ոսկերչությունից գիտեր և կնիքներ փոխագրելու արհեստը: Նա բավական հարուստ էր, ինչպես ամեն մի հրեա, որ գոհարների և թանկագին մետաղների հետ գործ ունի: Իշխանի անակնկալ այցելությունը, որի անունը միայն լսած էր, իսկ անձամբ չէր ճանաչում, սաստիկ վախեցրեց նրան: Ո՞ր սատանան բերեց այդ թափառաշրջիկ ասպետին իր տունը, այն ևս գիշերը, երբ հարևանները բոլորը քնած էին: Ի՞նչ էր ուզում նա: Ինչ էլ որ լիներ, հրեան համոզված էր, որ մի բարի բան նրանից սպասել չէր կարելի:

Խրճիթը, ուր ներս տարավ Հարունը իր հյուրերին, բաղկացած էր երկու փոքրիկ սենյակներից, որոնցից մեկը ծառայում էր որպես մթերանոց և բովանդակում էր իր մեջ նրա տնտեսության բոլոր պարագայքը, անկարգ, խառնիխուռն կերպով ածված միմյանց վրա, — իսկ մյուսը նրա քնարանը, հյուրանոցը, խոհանոցը, մի խոսքով, ամեն ինչն էր:

— Բարով, հազար բարով, իմ աչքիս վրա, իմ գլխիս վրա, համեցեք, նստեցեք, — ասաց հրեան խնդրելով նստել:

Ջումշուդը և Աղասին մնացին ոտքի վրա, իսկ նրանց տերը աչք ածեց իր շուրջը, մի հարմա տեղ չգտավ նստելու համար: Սանյակի հատակը բավական ցած լինելով բակի հատակից, անձրևի ջուրը դռան շեմքից ներս էր թափվել և լճացել էր սենյակի մեջ: Միակ տեղը, որ իր բարձրությամբ ազատ էր մնացել այդ ջրհեղեղից, էր տանտիկնոջ սնդուկը, որ նա բերել էր որպես օժիտ իր հոր տնից: Նրա վրա նստեղ իշխանը: Ջումշուդը և Աղասին դուրս գնացին, երբ նկատեցին, որ այլևս իրանց տիրոջը պետք չեն: Անձրևը դադարել էր: Գարնանային երկինքը այժմ պարզ էր հայելու նման: Աստղերը ժպտում էին: Փոթորիկը անցել էր, ինչպես մի քմահաճ երեխա, որ հանկարծ բարկանում է, աղմուկ, արտասուք և աղաղակ է բարձրացնում, և քանի րոպեից հետո կրկին հանգստանում է, սկսում է ծիծաղել:

Ջումշուդը և Աղասին գնացին ձիաների մոտ, որ կապած էին բակում: Նրանցից մեկը բարձրացավ հարևանի կտուրի վրա, ուր խոտ էր դիզված, մի քանի խուրձ գողացավ, բերեց, ցրվեց ձիաների առջև: Հետո երկուսն էլ նստեցին հավաբույնի վրա, սկսեցին ծխել:

Իշխանը դեռ նստած էր սնդուկի վրա: Հարունը նրանից փոքր-ինչ հեռու պպզել էր, մեջքը տալով պատին և չհամարձակվելով նստել, որովհետև գետինը թաց էր: Տանտիկինը այդ միջոցին մի խեցեղեն ամանով սենյակում լճացած ջուրը հավաքում էր և դուրս էր թափում: Երկու երեխա, միմյանց գրկած, պառկած էին ցեխի մեջ և ոչինչ չէին զգում: Նրանց մայրը իր աշխատությունը մասամբ վերջացրել էր այժմ. սենյակում այլևս ջուր չկար, միայն սաստիկ ցեխ էր. պետք էր չորացնել նրան: Նա բոբիկ ոտներով, մերկ սրունքներով, ներքին հագուստը մինչև ծնկները վեր քաշած, ցեխը կոխ տալով, դուրս գնաց: Մի րոպեից հետո նա վերադարձավ, բերելով իր հետ, գոգնոցի մեջ ածած, ցամաք մոխիր, և սկսեց սփռել հատակի վրա: Այդ գործողությունը մի քանի անգամ կատարելով, հատակի վրա գոյացավ մոխրի բավական թանձր խավ, որ ծծեց իր մեջ գետնի խոնավությունը: Հետո տանտիկինը տարածեց նրա վրա մի փսիաթ և փսիաթի վրա մի կապերտ: Հյուրի օթոցը արդեն պատրաստ էր: Չնայելով այս բոլոր աշխատություններին, իշխանը չկամեցավ իջնել իր սնդուկից, ասելով, որ այնտեղ էլ լավ է: Կապերտի վրա նստեց Հարունը: Կինը դեռ պտույտ էր գալիս այս կողմ և այն կողմ, ինքն էլ չիմանալով, թե ինչ պետք է անել: Ամենագլխավոր հոգսը, որ մնացել էր նրան, այն էր, որ պետք էր ոտները լվանալ: Բայց այդ մասին չմտածեց նա. միայն հագուստի ներքին փեշերը ցած թողեց, մերկ սրունքները ծածկվեցան, և այնպես ցեխոտ ոտներով մոտեցավ, նստեց իր երեխաների մոտ, որոնցից մեկը պառկած տեղից գլուխը վեր բարձրացնելով սկսեց լալ: Մայրը նրան հանգստացնելու համար մի սաստիկ ապտակ տվեց երեսին: Երեխան ավելի ևս խստացրեց աղաղակը: Նրա ձայնից մյուսն էլ զարթնեց, և առանց գիտենալու պատահածը, սկսեց ձայնակցել իր եղբորը:

— Նրան էլ, նրան էլ... — ասաց հայրը:

Մայրը մյուսին էլ խրատեց իր ապտակով:

Իշխանը տհաճությամբ սպասում էր, որ երեխաները իրանց ձայնը կտրեն, որ կարողանա խոսել տանտիրոջ հետ: Այդ միջոցին մայրը գլուխը խոնարհեց, հայտնի չէ, ինչ փսփսաց երեխաների ականջին, երկուսն էլ իսկույն լռեցին: Նրանք, իրանց երկչոտ աչքերը լայն բացելով, նայեցին օտարական հյուրի երեսին և սատանայի նման մտան վերմակի տակը, կրկին պառկեցին:

— Ես քեզ մոտ գործով եմ եկել, Հարուն, — խոսեց իշխանը:

— Տապանակ ուխտին թող ինձ կուրացնե, եթե սուտ եմ ասում. – մի սև փող էլ չունեմ, — պատասխանեց հրեան, կարծելով, թե եկել է փող խնդրելու:

— Ես եմ բերել փող քեզ տալու համար, — իշխանը կտրեց նրա խոսքը:

Հարունի կնճռած դեմքը պարզվեցավ. նրա աչքերում փայլեց մի տեսակ լույս, որ կարելի է տեսնել քաղցած գայլի աչքերում միայն:

— Ինձ պետք են մի քանի կնիքներ, Հարուն, և դրա համար ես քեզ առատ կվարձատրեմ:

— Հարունը ձեր ծառան է, աղա, Հարունը մի՞թե փող կառնե աղայից կնիքներ շինելու համար, — պատասխանեց հրեան կեղծ բարեմտությամբ:

— Կնիքներ օտար մարդկանց անունով: — Հասկանու՞մ ես... .

— Հասկանում եմ... – կրկնեց հրեան խորհրդավոր ձայնով: — Բայց թող չնեղանա աղան, Հարունը իր մատները կկտրի, ու այդպիսի բան չի շինի:

— Յուրաքանչյուր կնիքի համար կստանաս հինգ ոսկի:

Հրեան բացասական կերպով գլուխը շարժեց:

— Տասը ոսկի, — ավելացրեց իշխանը:

Նա դարձյալ գլուխը շարժեց:

— Տասնհինգ ոսկի:

— Անկարելի է, աղա, փողի համար չէ իմ խոսքը, ինչքան էլ կուզեք, ավելացրեք: Եթե կարելի լիներ, ես ձեզանից ոչինչ չէի առնի, և, ինչպես ասեցի, առանց փողի կշինեի: Այն էլ բավական էր, որ աղան քաղցր աչքով կնայեր ինձ վրա:

Հետո նա սկսեց երկար ու բարակ պատմել, թե ինչ ուխտ է դրել՝ երբեք կեղծ կնիքներ չշինել: Թե մի անգամ սատանան մոլորեցրեց նրան և մի այսպիսի մեղք գործեց. այն օրից իր գործերը չեն հաջողվում, երևի, աստված բարկացավ նրա վրա, և նրա խարդախությունը հայտնվեցավ: Դատավորը քիչ էր մնում, որ նրա ձեռքը պիտի կտրել տար: Ստիպվեցավ ահագին կաշառք տալ և ձեռքի փոխարեն կտրեցին մորուքը: Այդ էլ մի հրեայի համար շատ մեղք բան է: Մովսեսը հրամայել է մորուքը չխուզել: Եվ դրա համար հրեաները առանձին հարկ են վճարում պարսից խաներին, որ թույլ տան նրանց մորուք կրելու: Թե ինքը առաջ շատ երկայն մորուք ուներ, բայց այն օրից, որ խուզեցին, կարճացավ:

— Ես հիմա կերկարացնեմ քո մորուքը, — ասաց իշխանը փոքր-ինչ խռովյալ ձայնով:

— Ինչպե՞ս....

— Ահա այսպես...

Իշխանը բռնեց նրա մորուքից, որ շատ էլ կարճ չէր, սկսեց սաստիկ թափ տալ: Հրեայի գլուխը զարկվեցավ պատին. նա գոչեց.

— Վա՜յ, վա՜յ... կշինեմ, թող տուր...

Կինը այս տեսնելով, ճիչ բարձրացրեց և վազեց ազատելու իր այրիկը: Իշխանը թողեց մորուքը: Հրեան, որի գլուխը պատին զարկվելով, ուշաթափ էր եղած, կրկին զգաստացավ, և դեռ աչքերը չբացած, ասաց.

— Կշինեմ, բայց քսան ոսկուց պակաս չեմ առնի:

— Անպիտան, դու խո առաջ փող չէին պահանջում, — ասաց իշխանը ծիծաղելով:

— Ապա մորուքս որ այսքան քաշեցիք, դա ոչինչ չարժի՞, — պատասխանեց հրեան ինքն էլ ծիծաղելով:

Իշխանը զարմացավ անամոթության վրա:

— Ախար ձեր ծառան էլ ապտակ տվեց, — ավելացրեց նա, — ա՜խ, ո՜րքան ծանր է անիծվածի ձեռքը...

Հարունը այնպես էր խոսում այդ բոլորի վրա, կարծես նա շատ կվիրավորվեր, եթե նրան չծեծեին: Ոսկիները նրան մոռանալ էին տվել մարմնի ցավերը: Նա խնդրեց իշխանից ցույց տալ, թե ինչ անուններով և ինչ տեսակ կնիքներ է կամենում:

Իշխանը հանեց իր ծոցից թղթերի մի մեծ կապոց, որոնց վրա դրոշմված էին քառասունի չափ կնիքներ զանազան ձևերով և զանազան տառերով: Նրանց մեջ կային եպիսկոպոսների, քահանաների, իշխանների, մելիքների և տանուտերերի կնիքներ, հայերեն կամ պարսկերեն տառերով:

— Դրանցից մի քանիսը իմ ձեռագործն է, — ասաց վարպետը ակնոցները քթի ծայրի վրա դնելով, և ուշի-ուշով քննելով կնիքները, — բայց սատանայի աշխատություն պետք է այս բոլորին ճշտությամբ նմանացնելու համար:

Միևնույն ժամանակ նա իր մտքում հաշվեց այն խոշոր գումարը, որ պիտի ստանար քառասուն կնիք փորագրելու համար, և սրտի հրճվանքը թաքցնելով, հարցրեց.

— Թող իմ տերը չբարկանա համարձակությանս վրա, փողերը ե՞րբ կարող եմ ստանալ:

— Կեսը այս րոպեիս, իսկ մյուս կեսը՝ երբ աշխատությունը կվերջանա:

Հրեան առանց հարցնելու, թե ի՞նչ նպատակով է իշխանը փորագրել տալիս այդ կնիքները, սկսեց բացատրել այն բոլոր վտանգները, այն բոլոր աշխատությունները, որ ինքը հանձն է առնում իշխանի պատվերը կատարելու համար: Նա ասաց, թե ինքը ստիպված կլինի մի ամբողջ ամիս իր խանութը կողպել և տանը աշխատել, որովհետև այսպիսի աշխատությունը բազարում, հրապարակավ չեն կատարում: Եվ այդ ժամանակ նա իրան կձևացնե իբրև հիվանդ, տանը պառկած: Բայց որքան վնաս կկրե, երբ մի ամբողջ ամիս, գուցե ավելի, նրա խանութը կողպված կլինի: Այդ ժամանակ նրա ոսկերչության առևտուրը պիտի դադարի: Բայց այդ բոլոր զոհողությունները հանձն է առնում Հարունը միմիայն աղայի սիրտը շահելու համար, միմիայն աղային մի «լավություն» անելու համար:

— Շնորհակալ եմ, — պատասխանեց իշխանը, — բայց եթե դու կհամարձակվես այդ գաղտնիքը երևան հանել, գիտցած եղիր, որ քեզ, այդ կնոջդ և այն երկու երեխաներիդ անպատճառ կմորթեմ:

— Այդ ես գիտեմ... – պատասխանեց հրեան խոնարհավոր ձայնով.

Սակարկությունը վերջացավ: Իշխանը հանձնեց կնիքների օրինակները և այն գումարը, որ կանխիկ պիտի վճարեր: Փայլուն ոսկիները բոլորովին շլացրին Հարունի և նրա կնոջ աչքերը, որը դեռ նստած երեխաների մոտ, լուռ լսում էր իր ամուսնի և պատվելի հյուրի խոսակցությունը:

Այդ ոսկիները իշխանը այն օր պարտքով էր վեր առել մի ագուլեցի հարուստ վաճառականից, այն պայմանով, երբ կունենա, այն ժամանակ կվճարե: Բայց իշխանի որևիցե ժամանակ փող ունենալը շատ կասկածավոր լինելով, վաճառականը սկզբում չհոժարվեցավ տալ: Բայց երբ իշխանը բռնեց նրա կոկորդից և սպառնացավ գլուխը կտրել, ժլատը իսկույն բաց արեց քսակի բերանը: Հարունը լսելով այդ պատմությունը, ծիծաղելով բացականչեց.

— Ա՜յ, լավ բան եք արել, աստված է վկա, շա՜տ լավ բան է:

— Բայց եթե մի այսպիսի լավ բան քեզ հետ անեին, դու, կարծեմ, շատ գոհ չէիր լինի:

— Օրհնած, ինձ մոտ ի՞նչ է մնացել. մի քանի շահի ունեի, բոլորը կորցրի, ուժ տվեցի, չկարողացա հետ առնել. տոկոսն էլ գլխի հետ կերան: Թո՜ղ հառա՜մ լինի, հառա՜մ...

Հրեան շարունակեց զանգատվել իր զրության վրա, թե հազիվ է կարողանում ծայրը ծայրին կպցնել. ժամանակը վատ է, ամեն ինչ թանկ է: Այդ երեխաները նրան իսպառ կողոպտեցին, ուտում են, ուտում և երբեք չեն կշտանում: Այդ պատճառով շատ փոշմանել է իր ամուսնանալու վրա, բայց ինքը մեղ չունի, ամեննին միտք չուներ պսակվելու: Անիծվի՛ն հարևանները, հավաքվեցան զոռով պսակեցին, և ինքը ընկավ կրակ-ցավի մեջ...

Վերջին խոսքերը սաստիկ վիրավորեցին կնոջ սիրտը, և նա մոռանալով իր արևելյան ամոթխածությունը, թե անվայել էր օտարների հետ կամ օտարների մոտ խոսել, — շառագունած դեմքով դարձավ դեպի իշխանը, և կատաղությամբ ասաց.

— Սուտ է խոսում, շան նման սուտ է խոսում... ես գիտեմ, թե ո՛րտեղ են նրա փողերը...

Հետո նա սկսեց լաց լինել և արտասուքը աչքերում պատմել, թե ամբողջ օրերով մնում է տանը քաղցած, երբ ամուսինը խանութից վերադառնում է, հարցնում է, թե ինչու՞ հաց չբերեցիր, նա միշտ պատասխանում է՝ «մոռացա»: Եվ երբ ինքը շատ է խոսում, նա սկսում է ծեծել:

— Սու՛ս կաց, Եսթեր, քեզ ասում եմ՝ սու՛ս կաց, — անդադար կրկնում էր բարկացած ամուսինը:

— Չէ՛, սուս չեմ կենա, դու իմ այս տեղը հասցրիր, — և նա մատը դրեց իր կոկորդի վրա:

— Սուտ է խոսում, աղա, ես նրան երբեք չեմ ծեծել. թող աստված իմ ձեռքը չորացնե, եթե մի անգամ գոնե նրան ծեծած լինիմ:

— Չե՞ս ծեծել, հենց այսօր ծեծեցիր: Հիմա ցույց կտամ... — ասաց կինը սպառնալից դեմքով, և բոլորովին մոռանալով իրան, մոտեցավ իշխանին: Նա գլուխը թեքեց, ցույց տվեց իր գեղեցիկ երեսը, որի վրա երևում էին մի քանի կապույտ նշաններ: Հետո նա շտապով բաց արեց շապիկի օձիքը, մերկացրեց իր թիկունքը, այնտեղ ևս կային մի քանի կապույտ նշաններ: Իշխանը բոլորովին հիացավ, տեսնելով այդ հարուստ, սքանչելի մարմինը կեղտոտ ցնցոտիների մեջ:

Բայց Հարունի բարկությանը չափ չկար. նրա շիլ բիբերը բոլորովին թաքնվեցան աչքերի կոպերի տակ: Նա իր մտքում ասում էր. «Հիմա խո կգնա այդ մարդը, ես այն ժամանակ քո կապուտակների թիվը կրկին կավելացնեմ...»:

Եսթերը կարծես գուշակեց նրա միտքը և կնիկների սովորական թուլությամբ, տեսնելով իր առջև մի գերազանց ուժ, աշխատեց նրա մեջ պաշտպանություն գտնել ամուսնի բռնության դեմ:

— Դու դրա վիզը կկտրես, երբ մյուս անգամ կծեծե ինձ, այնպես չէ՞, — հարցրեց նա իր գեղեցիկ, անբախտությամբ լի աչքերը դարձնելով դեպի իշխանը:

Իշխանին խիստ անախորժ էր դատավոր լինել մի այսպիսի ընտանեկան կռվի, բայց մանկահասակ կնոջ վրդովմունքը, նրա թշվառությունը և ծերունի ամուսնի անգթությունը այն աստիճան ազդեցին նրա վրա, որ պատասխանեց.

— Կկտրեմ...

Ծերունի հրեան սարսափեց:

— Եսթեր, ի սեր աստծո, — գոչեց նա ողբալի ձայնով, — ես աղբ կուտեմ, գլուխս քարին կտամ, ես քեզ էլ չեմ ծեծի, ինչ որ ուզես կառնեմ, միշտ յուղ, մեղր, փլավ կուտացնեմ...

Եսթերը այս խոսքերից ուրախացավ և մի գրավիչ ժպտով, որի մեջ արտահայտվում էր և՛ ակնածություն, և՛ շնորհակալություն, մոտեցավ իշխանին, և բռնելով նրա աջը, սեղմեց իր վարդագույն շրթունքի վրա: Կնոջ վարմունքը ամեննին օտարոտի չթվեցավ նրա ամուսնին, որովհետև այս կողմերում սովորություն էր կնիկներին ի նշան հարգանքի համբուրել տղամարդերի ձեռքերը:

Հարունը ճշմարիտ էր ասում, որ ինքը ակամա ամուսնացավ: Փողի սերը բոլորովին կուլ էր տվել նրա սիրտը. կնոջ համար ոչինչ չէր մնացել: Վաթսուն և հինգ տարեկան հասակում նա ամուսնացավ տասնվեց տարեկան Եսթերի հետ: Կինը այժմ քսանմեկ տարեկան էր, իսկ ինքը բոլորովին ծերացած: Խանդոտ ծերունին պահում էր Եսթերին իր այրի քրոջ պահպանության ներքո, որը սատանայի նման հսկում էր նրա վրա: Այս գիշեր մի դիպվածով նա տանը չէր, գնացել էր իր աղջկա մոտ: Եթե տանը լիներ, Եսթերը նրա մասին էլ շատ գանգատներ կաներ իշխանին: Այդ պառավը նրա հոգին առնում էր, չէր թողնում ջահիլ տղերքի հետ խոսի, չէր թողնում մենակ տնից դուրս գնա... Եսթերը շատ անբախտ էր, Եսթերը մի լավ օր չէր տեսնում... Հուդիթների այդ գեղեցիկ, մանկահասակ քույրիկը այրվում, տանջվում, խորովվում էր երկու պառավների ճանկերի մեջ... և նրա սրտի բոլոր տանջանքները կարելի էր նկատել նրա վշտացած, գունաթափ դեմքի վրա:

Գիշերից բավական անցել էր: Այժմ Հարունին անհանգստացնում էր ոչ թե կնոջ անզգամությունը, այլ գլխավորապես այն միտքը, թե ի՞նչ պետք էր անել անտանելի հյուրի հետ: Պահել նրան իր տանը չէր կարող, իսկ այն ուշ, գիշերային պահուն դռները բաց անել նրա առջև, այդ ոչ միայն անկարելի էր, այլ իր երկրի հյուրասիրական սովորություններիին բոլորովին հակառակ: Բայց ինչո՞վ հյուրասիրել նրան: Չնայելով որ այն օր ուրբաթ էր, չնայելով որ ուրբաթ օրը ամեն մի հրեայի տնում նախապես պատրաստվում են շաբաթվա բոլոր կերակուրները, իսկ իր տնում ոչինչ պատրաստություն չկար: Ուրեմն, պահելով հյուրին իր տանը, նա պիտի արդարացներ Եսթերի գանգատը, թե հրեաների մեջ ամենահարուստ ամուսինը իր կնոջը քաղցած էր պահում: Այս պատճառով Հարունը շատ ուրախ եղավ, երբ իշխանը հրամայեց նրան հայտնել ծառաներին, որ ձիաները պատրաստեն:

— Միթե իմ տունը արժան չէ՞ ձեզ մի գիշեր անցկացնելու համար, — ասաց նա կեղծ քաղաքավարությամբ: — Այժմ ու՞ր կարող եք գնալ, շատ ուշ է:

— Չեմ կարող մնալ, — պատասխանեց իշխանը:

— Մնացեք, խնդրում եմ... — աղաչում էր Եսթերը այնպիսի մի ձայնով, որ կարող էր ազդել ամեն մի երիտասարդ սրտի վրա:

Հարունը թեքվեցավ և այնպես պարզ փսփսաց կնոջ ականջին, որ բոլորը լսեց իշխանը.

— Դու չե՞ս հասկանում, հիմար, որ հրեայի տունը, հրեայի հացը պիղծ է քրիստոնյայի համար:

— Ես նրա համար մաքուր անկողին կպատրաստեմ, — ասաց կինը լսելի ձայնով, ուշադրություն չդարձնելով, որ այրը նրա հետ ծածուկ է խոսում:

— Շնորհակալ եմ, Եսթեր, — ասաց իշխանը դառնալով դեպի կինը, — ցավում եմ, որ չպիտի կարողանամ մնալ. մի անհրաժեշտ գործ ստիպում է ինձ հեռանալ այստեղից: Բայց խոսք եմ տալիս, երբ մյուս անգամ կգամ կնիքները ստանալու, գիշերը հյուր կմնամ ձեզ մոտ:

Հարունը առանց սպասելու իշխանի հրամանին, դուրս եկավ խրճիթից ծառաներին պատվիրելու, որ ձիաները պատրաստեն: Այդ միջոցին Եսթերը մոտեցավ իշխանին, և նրա աջը բռնելով իր դողդոջուն ձեռքերի մեջ, կրկին սեղմեց իր վառված շրթունքների վրա, ասելով.

— Ես ձեզ շատ բաներ ունեի ասելու... խիստ շատ բաներ... Ափսո՛ս որ չմնացիք...

Խեղճ կնոջ աչքերում երևացին արտասուքի կաթիլներ:

Դրսից լսելի եղավ Հարունի հազալու ձայնը, որ նշան էր, թե ահա գալիս եմ: Կինը հեռացավ իշխանի մոտից:

— Լսու՞մ ես, Հարուն, ուղիղ մեկ ամսից հետո կնիքները պետք է պատրաստ լինեն, քառասուն հատ:

— Լսում եմ, աղա, միամիտ կացեք: Հարունը մի աշխատություն երբ հանձն առեց, իր ժամանակին կկատարե:

— Մնացեք բարյավ, Եսթեր:

Այր և կին դուրս եկան հյուրին ճանապարհ դնելու: Երբ նրանք փոքր-ինչ հեռացան, Հարունը ասաց Եսթերին.

— Ես էգուց առավոտյան քո հոգին կառնեմ...

— Կանչե՞մ... կանչե՞մ աղային... – սպառնացավ կինը բարկանալով:
— Չէ՛... չէ՛... մի՛ կանչիր, թե աստված կսիրես, մի՛ կանչիր...
— Տե՛ս, այդպես կատու կդառնաս...

Դ

Մինչև հրեան կպատրաստե կնիքները, ես կպատմեմ մի անցք, որ պատահեց մոտավորապես տասնևհինգ տարի առաջ:

Սեֆեվիների ժամանակ, երբ ավղանները արևելքից օրըստօրե զորանում էին, երբ պարսից հարավային երկրների մի մասը անցավ օսմանցիների ձեռքը, — այդ ժամանակ Պարսկաստանի արևմտյան մասում, մանավանդ Ատրպատականում շահերի իշխանությունը բոլորովին թուլացավ: Խաներից շատերը ապստամբվեցան և կազմեցին զանազան մանր, անկախ իշխանություններ: Այդ խաներից մեկն էր Փայտակարանի (այժմյան Ղարաբաղի) Բարգյուշադ գավառի Ֆաթալի խանը: Նա մի ազնվական էր աննշան տոհմից, որ իր ամբողջ կյանքում պարապել էր ավազակությամբ և ասպատակություններով: Նվաճելով Բարգյուշադի բոլոր թյուրք բեկերին, Ֆաթալի խանը ոչ միայն այդ գավառի բռնապետը դարձավ, այլ մտածում էր տիրել ամբողջ Ղափանին: Եվ այն գազանը, որ առաջ իր փոքրիկ խումբով մեծ ճանապարհների վրա միայն քարավաններ էր կողոպտում, այժմ սկսեց ահագին խումբեր կազմել և ամայի դարձնել հարևան երկրները:

Ամառնային ամիսներից մեկն էր:

Ֆաթալի խանը, թողնելով Ղափանի ջերմ տափարակները, իր Չալաբիան կոչված խոշնարած ցեղի հետ, անցել էր Փայտակարանի հովասուն և անտառապատ լեռների վրա ամառը անցկացնելու համար:

Գիշեր էր: Հովիվների բոլոր վրանները պատած էին թանձր խավարով. միայն խանի կանանոցը կազմող չադրների մեջ վառվում էին մի քանի գունավոր լապտերներ: Այդ չադրներից զգույշ և հուշիկ քայլերով դուրս եկան երկու հոգի, որ փաթաթված էին լայն վերարկուների մեջ: Մեկը գնում էր առաջ, իսկ մյուսը հետևում էր նրան: Մի փոքր հեռանալով կանանոցից, նրանք անհետացան գիշերային մթության մեջ:

— Ձեռքդ տուր ինձ, տիկին, — ասաց նրանցից մեկը, որը երևում էր, տղամարդ էր, — այդ ճանապարհը անծանոթ է քեզ, դու անդադար սայթաքվում ես:

— Շնորհակալ եմ, Աիմեդ, այսպես կարող եմ գնալ, — պատասխանեց մի վշտալի կանացի ձայն, — դու միայն առաջ գնա և ճանապարհը ցույց տուր ինձ:

Նեղ շավիղը, որի վրայով անցնում էին նրանք, տեղ-տեղ կորչում էր թուփերի և մացառների մեջ: Ծակոտող փուշերը պատառոտում էին նրանց հագուստը և երբեմն ծվատում էին նրանց մարմինը, բայց նրանք, կարծես, ոչինչ չէին զգում և շարունակում էին իրանց ճանապարհը: Անցնելով մի քանի կիրճեր, մի քանի դժվարին դարուփոսներ, նրանք հասան մի տեղ, ուր լեռան քարաժայռերը գոգովորված էին, կազմելով այրի նման մի ահագին խոռոչ: Նրա մուտքի առջև պառկած, խռմփում էին մի քանի պահապաններ: Տիկինը կանգնեց փոքր-ինչ հեռու, իսկ նրա ուղեկից տղամարդը մոտենալով, զարթեցրեց պահապաններից մեկին:

— Բաց արա դուռը, — ասաց նրան հազիվ լսելի ձայնով:

Այդ դուռ կոչվածը մի ահագին սալ էր, որով փակած էր այրի նեղ մուտքը: Ուժեղ պահապանը, թիկն տալով, մի կողմ գլորեց ծանր սալը և մուտքը բացվեցավ: Այդ միջոցին տիկինը, ավելի զգույշ կերպով փաթաթվելով իր այրացի վերարկուի մեջ, մոտեցավ այրին և ներս մտավ: Նրա հետ եկող տղամարդը, որ կանանոցի ներքինապետն էր, պատվիրեց պահապանին հսկել մուտքի մոտ և ոչ ոքի ներս չթողնել: Պահապանը, որի ամեն ձևերից երևում էր ակնածություն և խոնարհություն դեպի այդ մարդը, խոստացավ, թե կկատարե նրա հրամանը:

Այրի մեջ տիրում էր մթին խավար: Կարծես, նրանք իջնում էին մի ստորերկրյա տարտարոսի մեջ: Մի քանի քայլ առաջ գնալուց հետո, տղամարդը կանգնեց, և չախմախը զարկելով կայծքարին, վառեց աբեթը, որով կպցրեց ծծումբի մեջ թաթախած լուցկին, և նրանով վառեց ձեռքի փոքրիկ լապտերը, որ իր հետ ուներ բերած: Մռայլ լույսը տարածվեցավ այրի մթին կամարների մեջ: Այդ ստորերկրյա զնդանը ոչխարների աղըլ էր, ուր պատսպարվում էին հովիվների հոտերը աշնան և ձմեռվա փոթորիկների ժամանակ, իսկ ամառը մնում էր դատարկ: Այդ ժամանակ ոչխարները այսպիսի մթին, խեղդված խորշերի կարոտություն չունեին, լեռների արձակ, բացօթյա կյանքը ավելի լավ էր նրանց համար: Անասունների այդ խավար պատսպարանը այժմ ծառայում էր որպես մարդիկների զնդան: Խանը այնտեղ էր բանտարկում իր կալանավորներին: Նա կատարելապես լաբիրինթոսի ձև ուներ. մի ահագին գետնափոր խոռոչ, ոլորմոլոր պտույտներով, տարածվել էր ժայռերի սրտի մեջ: Անասունների բորբոսած ապականությունը, ամբարվելով այնտեղ, ավելի անտանելի էր դարձնում առանց օդի և լույսի այրը, ուր տիրում էր մշտական խոնավություն, խեղդող ժահահոտության հետ:

Տղամարդը ձեռքերի փոքրիկ լապտերով դեռ լուսավորում էր այրի մուտքը և խարխափելով առաջ էր գնում, իսկ տիկինը հետևում էր նրան: Նրանք հասան մի տեղ, ուր այրի նեղ անցքը լայնանում էր, կազմելով մի ընդարձակ քարանձավ: Այստեղ ներկայացավ նրանց առջև մի սարսափելի տեսարան: Մոտ երկու հարյուր բանտարկյալներ, առանձին դաթարներով, պառկած էին սառն և խոնավ գետնի վրա: Յուրաքանչյուր դաթարը բաղկացած էր քսան հոգուց: Մի երկայն շղթա, որի ծանր օղակները անց էր կացրած նրանց պարանոցով, կապում էր բոլորին միասին: Շղթայի այն օղակը, որ անց էր կացրած նրանց պարանոցով, ավելի լայն էր մյուսներից և ետնից ամրացրած էր եկրաթե կողպեքով: Այդ մի սոսկալի դրություն էր ողորմելի կալանավորների համար: Երևակայեցեք, քսան մարդիկ համարյա կարված են մինը մյուսի հետ: Բոլորի պարանոցները միևնույն շղթայով կապված լինելով, նրանք ստիպված էին միասին կանգնել, միասին նստել, միասին պառկել, մի խոսքով, ամեն շարժում պետք է միասին գործեին, այլ կերպ անհնարին էր: Որովհետև, եթե մեկը պառկեր, երբ մյուսները նստած էին, կարող էր խեղդվել. եթե մեկը կանգներ, երբ մյուսները նստած էին, նույնպես կարող էր խեղդվել:

Մի ծանր սոսկում տիրեց տիկնոջ սրտին, երբ նա տեսավ այդ թշվառ, դատապարտված բազմությունը: Նրա աչքերի առաջ սևացավ և փոքր էր մնում, որ ուշաթափ լիներ: Նա թիկն տվեց քարանձավի պատին և մի քանի րոպե մնաց անշարժ, խորին տրտմության մեջ:

Տեսնելով լապտերի լույսը, բնատարկյալներից մի քանիսը շարժվեցան. նրանք բարձրացրին իրանց գլուխները և կրկին դրեցին խոնավ գետնի վրա, չկամենալով զարթեցնել իրանց մոտ պառկած ընկերներին.

Տիկնոջը դժվար էր ճանաչել իր ծպտյալ հագուստի մեջ. նա նմանում էր մի գեղեցկադեմ պատանու, որի նմանները խիստ շատ էին խանի մանկլավիկների թվում: Երբ նա մի փոքր ուշքի եկավ, նրա ուղեկիցը մոտեցավ, ասելով.

— Մենք ուշանում ենք...

Երկուսը միասին մոտեցան շղթայակապների մի խումբի, որ գտնվում էր քարանձավի խորին անկյունում: Նրանցից մեկը վիրավոր էր: Տիկինը գթության քրոջ ցավակցությամբ սկսեց բաց անել նրա վերքի փաթոթները: Դա մի պատանի էր, որ հազիվ քսան տարեկան կլիներ: Նվաղած, արյունաքամ եղած այդ մանուկը, պատերազմի դաշտում ընկած Արայի նման, հանկարծ կյանք ստացավ, երբ իր Շամիրամի դյութական մատները դիպան նրա մարմնին: Վերքը գտնվում էր գլխի վրա. թշնամու սուրը խորին սպի էր թողել նրա գագաթի վրա: Տիկինը սկսեց լվանալ վերքը և սրբել մաքուր կտավով: Նրա հետ եկող տղամարդը սպեղանի դրեց, իսկ տիկինը դարձյալ փաթաթեց վիրակապերով: Այդ բոլոր գործողությունը կատարվում էր լուռ և անխոս կերպով: Բայց ոչ ոք չկարողացավ նկատել՝ այն րոպեում, երբ տիկնոջ հոգատար մատները զբաղված էին վիարվորի փաթոթներով, պատանու գունաթափ շրթունքները տենդային ջերմությամբ սեղմվեցան իր խնամակալի ձեռքի վրա: Այդ ամենաթանկագին վարձատրությունն էր, որ ստացավ նա իր գիշերային այցելության համար: Նա պատրաստ էր գրկել, համբուրել այդ գեղեցիկ, շղթայակապ վիրավորին, բայց խեղդելով իր մեջ սիրո բուռն զգացմունքը, տխուր, սպանված սրտով վեր կացավ նա, ասելով հիվանդին. – քո վերքը հիմա բավական լավացած է, ես ամեն գիշեր կայցելեմ քեզ մոտ, մինչև բոլորովին կառողջանաս:

— Իմ վերքը... – կոչեց հիվանդը դառն հառաչանքով, — իմ վերքը կմնա անբուժելի... նա այնքան խորն է, որ բժշկի ձեռքը հազիվ թե կարող է շոշափել այնտեղ...

Պատանու խոսքը իր սրտի վերքի մասին էր: Տիկինը պատասխանեց.

— Ես այն էլ կբժշկեմ...

Նա վերջին անգամ իր գեղեցիկ, արտասուքով լի աչքերը դարձրեց դեպի պատանին և անցավ մի քանի ուրիշ հիվանդների մոտ: Բոլորը վիրավորներ էին: Տիկինը իր ձեռքով փոխում էր նրանց փաթոթները, իսկ նրա հետ եկած տղամարդը սպեղանի էր դնում: Որպես մխիթարության հրեշտակ, ամեն տեղ հանդիպում էր նա օրհնության և խորին շնորհակալությունների: Շատերի բռնում էին նրա հագուստի փեշերը և համբուրում էին: Այդ հիվանդ, քաղցած, ծարավ բազմության կյանքը կախված էր այդ տիկնոջ առաքինությունից: Նրանք բոլորն էլ կմեռնեին իրանց խոնավ, մթին գերեզմանի մեջ, եթե այդ կինը չլիներ:

Երբ ամեն հոգածությունները վերջացած էին, տիկնոջ ուղեկիցը մի քանի անգամ դարձավ դեպի նա, շտապեցնելով, թե ժամանակ է հեռանալու: Բայց նա, կարծես, դժվարանում էր մի քայլ անգամ փոխել, կարծես, մի ներքին, գաղտնի զգացմունք կապում էր նրան այդ հոտած քարանձավի հետ, որի օդը խեղդելու չափ անտանելի էր: Նա ավելի ուրախ կլիներ այնտեղ մնալ, նայել և միշտ նայել այն սիրուն պատանու վրա, որի գունաթափ շրթունքների ջերմ դրոշմը դեռ զգում էր իր ձեռքի վրա:

Մի զիլ, ձգական ձայն լսելի եղավ դրսից: Տիկինը ամբողջ մարմնով դողաց: Դա վաղորդյան ազանի ձայնն էր: Կնշանակե, նա շատ էր ուշացել քարանձավի մեջ. պետք էր շտապել, հեռանալ, որ ոչ ոք չտեսնե:

Դրսի թամ, հովասուն օդը փոքր-ինչ կազդուրեց տիկնոջ բորբոքված սիրտը և նրա թուլացած ուժերը կրկին զորություն ստացան: Փաթաթված իր լայն վերարկուի մեջ, նա առանց ճանաչվելու, անցավ պահապանների մոտից, հրամայեց իր ուղեկցին առաջ ընկնել, և որքան կարելի է, փութացնել իր քայլերը:

— Մի շտապեք, տիկին, — ասաց նա մտերմական կարեկցությամբ, — դուք բավական տանջված եք, ճանապարհը ավելի ևս կհոգնեցնե ձեզ:

Դեռ մութն էր, այն լույսի հետ պատերազմող մութը, որ ժողովուրդը կոչում է «Ադամի խավար»: Աստղերը շողշողում էին երկնքից, իսկ Արուսյակը, երկնքի այդ սիգաճեմ հարսիկը, դեռ նոր իր նազելի դեմքը ցույց էր տալիս հորիզոնի հետևից: Երբեմն թուփերի միջից լսելի էր լինում նոր զարթած թռչունների չկչկոցը, որպես մի նախերգանք, որով պատրաստվում էին փառաբանել տվնջյան լուսատուի գալուստը: Ամեն կողմից շնչում էր ուրախություն, ամեն տեղ զարթնում էր կյանքը: Միայն տիկնոջ սիրտը տխուր էր, միայն նա ուրախ լինել կարող չէր...

Կանանոցի չադրների առջև դեռ գունավոր լապտերները տարածում էին իրանց շուրջը մի տեսակ կախարդական խայտաճամուկ լուսավորություն: Չադրներից ոչ մեկի վարագույրները դեռ բարձրացրած չէին: Ամբողջ կանանոցը մրափում էր քաղցր, հեշտասեր քնի մեջ: Տիկինը մտնելով իր չադրը, գտավ այնտեղ իր սևամորթ աղախինին նույնպես քնած, թեև պատվիրել էր նրան արթուն մնալ: Նա չկամեցավ անհանգստացնել նրան և մտավ իր քնարանը: Այնտեղ զգուշությամբ մերկացավ իր այրացի հագուստը, առանց մի շշնջյուն անգամ հանելու, որ չվրդովե իր փոքրիկ երեխայի քունը, որ պառկեցրած էր կախաղանավոր լանդիկի (օրորոց) մեջ: Նա ուշիկ կերպով հետ քաշեց երեխայի երեսից թափանցիկ քողը, որ ձգած էր նրա մարմինը մծակներից ազատ պահելու համար, և մի քանի րոպե մայրական ջերմ գթասրտությամբ նայեց նրա սիրուն երեսիկի վրա: Կրկին քողըբաց թողնելով, ինքն էր պատրաստվեցավ քնելու: Մի փառավոր անկողին, պատրաստված արևելքի ամենաթանկագին և նուրբ կերպասներից, սպասում էր նրան: Աստղիկը իր գեղեցկության բոլոր վայելչությամբ պիտի նախանձվեր, պիտի շառագուներ, տեսնելով այդ ճոխ, սքանչելի մարմինը, երբ նա մերկանալով մտավ իր անկողնի մեջ: Ճանապարհի հոգնածությունը մի կողմից, հոգեկան տանջանքը մյուս կողմից, այն աստիճան թուլացրել էին նրա վաստակաբեկ ջղերը, որ իսկույն տիրեց նրան մի տեսակ թմրություն, որ հաջորդում է կոտրած սրտի երկար խռովություններից հետո:

Քառորդ ժամ հազիվ էր անցել, մի արարած ստվերի նման անցավ տիկնոջ վրանի ետնի կողմը: Նրա սև մարմինը բոլորովին միախառնվում էր գիշերային մթության հետ: Նա գազանների անշշունջ քայլերով մոտեցավ վրանի ցիցերից մեկին և զորեղ ձեռքով դուրս քաշեց: Պարանը թուլացավ: Հետևապես թուլացավ վրանի պաստառի այն մասը, որ ձգված էր այդ պարանով: Նա կուրծքի վրա սողալով, մոտեցավ վրանին և ձեռքով զգուշությամբ բարձրացրեց նրա անջրպետը, որ բաժանում էր տիկնոջ քնարանը վրանի մյուս մասերից: Այս բացվածքից հազիվ կարող էր մի կատու անց կենալ: Նա իր ահագին գլուխը ներս տարավ: Քնարանի մեջ վառվող լապտերի լույսը, ընկնելով նրա երեսի վրա, երևան հանեց խափշիկի այլանդակ կերպարանքը: Նա կամաց-կամաց սկսեց առաջ սողալ: Նրա մերկ մարմինը մինչև մեջքը արդեն անցել էր քնարանի մեջ: Այդ միջոցին երկու ձեռքերը, օրանգուտանի երկայն թաթերի նման, դրեց հատակի վրա, և գլուխը վեր բարձրացնելով, քննական կերպով աչք ածեց դեպի քնարանի շուրջը: Այդ դրության մեջ նմանում էր նա մի քած շան, որի ահագին ստինքը հասնում է մինչև գետին ծնունդից հետո: Եվ իրավ, խափշիկը կին էր: Պահպանելով իր դիրքը, նա սկսեց ուշադրությամբ ականջ դնել տիկնոջ շնչառությանը, առանց մի թեթև հնչյուն անգամ փախցնելու իր սուր լսողությունից: Այդ քնած մարդու շնչառություն էր: Խափշիկի սև դեմքի վրա վազեց մի վայրենի ծիծաղ և նրա հաստ շրթունքները կծկվեցան, երևան հանելով սպիտակ, մեծ ատամները: Նա սկսեց առաջ սողալ և այժմ ամբողջ մարմնով գտնվում էր քնարանի մեջ: Նա բոլորովին հագուստ չուներ, սպիտակ կտավից մի սփածանելիք միայն ծածկում էր նրա մերկությունը: Սատանայի զգուշությամբ մոտեցավ նա տիկնոջ անկողնին և չար դևի նման կկզեցավ նրա կողքին: Վրանի բոլոր վարագույրները ձգած էին. քնարանի մեջ բավական տաք էր և օդը խեղդված: Տիկինը կիսով չափ հետ էր ձգել իր վերմակը, նրա սքանչելի կուրծքը և ճոխ ուսերը մնացել էին բաց: Նրա փոքր-ինչ շառագունած երեսը համարյա սքողված էր խիտ ծամերի տակ, որ ծածկելով պարանոցը, սփռվել էին մախմուրե ծաղկավոր բարձի վրա: Սև դևը մի առանձին դժոխային մոլեգնությամբ դեռ նայում էր երեխայի պես քնած կնոջ վրա: Նրա տափակ քթի ծակերը անհանգիստ շնչառությունից լայնանում էին և արագաշարժ աչքերի սպիտակուցը շողշողում էր երեսի խավար մակերևույթի վրա: Նա ներկայացնում էր մի գազան, որ զոհը իր ճանկերի մեջ ունի: Նա իր ձեռքը մեկնեց և սկսեց անզգալի կերպով ետ քաշել սփռված ծամերը տիկնոջ պարանոցի վրայից, կարծես, այդ խիտ, մետաքսանման ծամերը արգելում էին նրան կատարելու մի եղեռնական գործողություն: Նա այժմ իր երկու ձեռքերը տարավ դեպի տիկնոջ պարանոցը և վայրենի կատաղությամբ պատրաստվում էր խեղդել նրան, հանկարծ վրանի մյուս մասից լսելի եղավ մի ձայն.

— Ահմե՛դ... Ահմե՛դ...

Դա տիկնոջ աղախնի, Փերիի ձայնն էր, որ քաղցր երազների հրապուրանքի մեջ, կանչում էր իր սիրելի Ահմեդին: Բայց որովհետև նույն անունով կոչվում էր և կանանոցի ներքինապետը, խափշիկը կարծեց, թե նրան օգնության է կանչում:

— Ա՛խ, Ահմեդ... – կրկին լսելի եղավ աղախնի ձայնը:

Խափշիկը սարսափեց. կանչում էին Ահմեդին, կանանոցի սոսկալի պահապանին: Նա սկսեց աճապարել, որ չբռնվի: Եվ հանելով իր սփածանելիքի միջից մի սուր մկրատ, շտապեց նրա նով կտրել տիկնոջ կոկորդը: Բայց երկյուղը և խռովությունը այն աստիճան շփոթել էին նրան, որ սխալվեցավ իր գործողության մեջ. — փախանակ կոկորդը կտրելու, կտրեց տիկնոջ ծամերից մի քանի հյուսեր:

Նա վազրի արագությամբ, դարձյալ սողալով, դուրս թռավ քնարանից և աներևութացավ կանանոցի բազմաթիվ չադրների մեջ:

Ե

Առավոտ էր: Արեգակի առաջին ճառագայթները կորչում, անհետանում էին մոխրագույն մառախուղի մեջ, որ պատել էր Ղարաբաղի լեռների գագաթները: Խիտ անտառները դեռ մրափում էին գիշերային մռայլի մեջ: Ծառեր չէին երևում: Սար, դաշտ և հովիտ ընկղմված էին մի լայնատարած, մառախլապատ ծովի մեջ:

Հեռվից սև բծերի նման երևում էին Չալաբիանլիների օբաները: Ամեն մի գյուղի հովիվները, առանձին խումբեր կազմելով, տարածել էին իրանց չադրները այդ լեռների ճոխ, խոտավետ արոտամարգերի վրա: Մի լեռնադաշտի վրա ցրված էին ցեղի պետի, Ֆաթալի խանի, չադրները: Նրանք թե իրանց ձևով և թե նյութով, որից պատրաստված էին, զանազանվում էին հասարակ մահկանացուների չադրներից. նրանք ավելի փառավոր, բարձր և ընդարձակ էին:

Խանը դեռ քնած էր: Նրա բազմաթիվ կնիկները, վաղուց արդեն զարթնելով, զբաղված էին իրանց տնտեսություններով: Վրանների առջև, բաց օդի մեջ, օջախները ծխում էին: Այդ օջախների կազմությունը խիստ պարզ էր. հարթ գետնի վրա շարված էին երկաթյա եռոտանիներ, որոնց տակին կրակ էր վառվում և տաքացնում էր նրանց վրա դրած մեծ և փոքր կաթսաները:

Ամբողջ Փայտակարանի բռնապետի կնիկները, որոնք ամեն հարմարություն ունեին իրանց տնտեսության մեջ բոլոր աշխատությունները աղախինների ձեռքով կատարելու, բայց դարձյալ հավատարիմ մնալով ավանդական սովորություններին, իրանց գործը իրանց ձեռքով էին կատարում: Քաղաքակրթության բացակայությունը ազատ էր պահել նրանց տանտիկնոջ թե քնքշությունից և թե ծուլությունից: Բայց պետք է նկատել, որ աշխատում էին պառավները միայն, իսկ ավելի մանկահասակները կամ դեռ քնած էին, կամ զբաղված էին իրանց առավոտյան զարդարանքով:

Չադրները, որոնց մեջ զետեղված էր կանանոցը, բոլորովին առանձնացած էին խանի մյուս վրաններից: Նրանք թվով քանից ավել կլինեին, որոնց յուրաքանչյուրը հատկացրած էր նրա կնիկներից մեկի բնակության համար: Ագուլեցի հայ վաճառականների Սպահանից և Հնդկաստանից բերած թանկագին փարչաները զարդարում էին այդ շքեղ օթյակները, որոնց մեջ ապրում էին երկրի ամենագեղեցիկ կնիկներից ընտրյալները: Չադրները կիսաբոլորակի ձևով շարված էին մինը մյուսի մոտ, թողնելով մեջտեղում հրապարակի նման ընդարձակ տարածություն: Խոտերը այդ տարածության վրա կոխվելով, բոլորովին սնացել էին և կպել գետնին: Այստեղ խառնափնթոր կերպով շարժվում էր, վըժվըժում էր և խլրտվում էր մի ամբողջ լեգեոն: Այստեղ կարելի էր տեսնել մի բազմություն ամեն ազգից և ամեն գույնի. — սևամորթ և սպիտակամորթ աղախիններ, ներքինի ծառաներ, Աֆրիկայի խորքերից բերած սև սպասավորներ, խառն ահագին գամփռների և նիհար որսորդական բարակների հետ: Գնչուների կատարյալ թաբուն էր դա:

Կանանց հագուստը շատ պարզ էր, երեք կտորից միայն բաղկացած՝ շապիկ, շալվար և թիկնոց: Նուրբ, թափանցիկ կերպասից կարված, կարճլիկ շապիկը հազիվ սքողում էր կիսաբաց կուրծքը և իջնում էր մինչև այնտեղ, ուր փորը բաժանվում է մարմնի մի այլ մասից: Հետո սկսվում էր շալվարը, որ մեր կանանց յուփկայի տեղ էր ծառայում: Նա կարված էր մետաքսյա խառայից, զարդարած ոսկեհյուս ծաղիկներով և հասնում էր մինչև ծնկները միայն, բոլորովին մերկ թողնելով ոտների լիքը և հաստլիկ սրունքները: Շալվարի ստորին եզերքը, չորս մատ լայնությամբ, նույնպես զարդարած էին ոսկե թելերով: Շապիկի վրա հագած ունեին կարճլիկ թիկնոցը, որ սեղմված էր մեջքի վրա և մեր կանանց բեզրուկավչիկի ձև ուներ: Թիկնոցները ըստ մեծի մասին կարված էին թանկագին մանիշակագույն և վարդագույն թավիշից և նախշած դարձյալ ոսկե թելերով: Աղախինները կրում էին իրանց տիկինների հին հագուստը, որոնց մի կամ երկու անգամ էին հագել: Կարծես, այդ թիթեռների նման նախշուն և խայտաճամուկ արարածները դեռ նոր էին դուրս եկել կնոջ այն դրությունից, երբ նա իր մերկությունը ծածկում էր թզենի տերևներով: Բայց ոչ, հագուստի այդ ձևը հարեմական հանճարի, հարեմական հեշտասիրության արդյունք էր, որ երևան էր հանում մերկ կուրծք, մերկ սրունքներ և մերկ բազուկներ: Կնոջ մարմնի այդ մասերը միշտ կարող էին գրգռել վավաշոտ կրքեր, որոնք թուլացած, բթացած էին հարեմի իշխանի մեջ, որը միայնակ տիրում էր կնիկների մի ահագին երամակի վրա:

Ավելի խորհրդավոր նշանակություն ունեին նրանց մյուս զարդարանքները: Թանկագին ակներով զարդարած, պարանոցի մանյակները ունեին իրանց շարքում մի տեսակ, ոսկուց շինած խողովակաձև թելիսման, որի մեջ դրած էին կախարդական բժժանքներ: Թե՛ բազուկների վրա, թե՛ թևքերի վրա (արմունկներից դեպի վեր) բոլորն էլ ապարանջաններ ունեին այն զանազանությամբ, որ թեքերի ապարանջանները կրում էին հագուստի վրայից, իսկ բազուկներինը՝ մարմնի վրա: Բացի դրանից, թեքերի ապարանջանները զարդարած էին գույնզգույն հուլուններով, որոնք գյութական նշանակություն ունեին: Մատանիներին թիվ չկար, բացի դրանից, բոլորի ոտների մերկ սրունքները նույնպես զարդարած էին գույնզգույն հուլուններով: Մի քանիսը ունեին համայիլներ, այսինքն ակներից, ոսկուց և մարգարիտներից հյուսված մի զարդ, որ գեներալների ժապավենի նման ձգել էին իրանց ուսից և կապել աջ թեքի տակ: Կինը, որպես մի կախարդական էակ, բառի բուն նշանակությամբ, իր զարդերի մեջն էր ամփոփել իր բոլոր զորությունը: Այդ զարդերը ոչ միայն ավելի փայլ էին տալիս նրա գեղեցկության, այլ պահպանում էին նրան չար աչքից, սիրելի էին կացուցանում նրան իր իշխանի աչքում և ազատ էին պահում մյուս կնիկների նախանձից ու նենգավոր որոգայթներից: Երեք հայ ոսկերիչներ, իրանց աշակերտների հետ, խանի բանակի մեջ, անդադար գործում էին նրա կնիկների զարդարանքի համար, որ լափում էր ամբողջ գավառների եկամուտը:

Չադրների այդ խումբը, որ հատկացրած էր կանանոցի համար, բոլորովին անմատչելի էր: Նա շուրջանակի պատած էր բարձր ալաչուղով, որ կոչվում էր սարայ-փերդայ, այսինքն սերալի վարագույր: Այնտեղ կարող էին մուտք գործել միայն ներքինիները և սևամորթ ստրուկներն ու ստրկուհիք:

Այն առավոտ կանանոցի հրապարակի վրա կատարվում էր մի արտակարգ շարժողություն: Բոլորը զբաղված էին մի մեծ պատրաստությունով: Աղախիններից մի քանիսը նստած էին մերկ գետնի վրա, բոլորել էին ահագին, երկաթյա կասկարայի շուրջը: Նրանցից մեկը ալյուր էր մաղում, մյուսը փայտյա տաշտի մեջ խմոր էր հունցում, երրորդը խմորից գնդակներ էր շինում, չորրորդը գնդակները հարթ տախտակի վրա դնելով, փայտյա կլորիկ կոճակով բաց էր անում և նրանց բոլորակ լավաշի ձև էր տալիս. հինգերորդը վեր է առնում լավաշները, տարածում էր տաքացած կասկարայի վրա և նրանցից հաց էր թխում: Աշխատությունը կատարվում էր ամենայն արագությամբ. միևնույն ժամանակ նրանց զբաղմունքը չէր արգելում խոսել, ծիծաղել և բամբասել: Երկու կնիկներ դրանցից փոքր-ինչ հեռու, պտտեցնելով շրջական երկանաքարի թեքը ալյուր էին աղում: Սպիտակ փոշին պատել էր նրանց սև մազերը և երեսը: Մի քանիսը կաթսաների մեջ տապակում էին ամբողջ գառներ կամ շամփուրների վրա միս էին խորովում: Կարծես, մի ահագին բանակի համար պատրաստվում էր նախաճաշիկ:

— Հաֆսա՛, գիտե՞ս ինչ է պատահել այս գիշեր, — ասաց մանկահասակ Այիշան մի սևաչյա կնոջ, որ նստած չադրի մեջ, հարում էր խնոցին կարագ պատրաստելու համար:

— Ի՞նչ է պատահել, — հարցրեց Հաֆսան հետաքրքրությամբ և դադարեց խնոցին հարելուց:

— Ասում են, սատանաները այս գիշեր Սյուրիի մազերը մկրատով կտրել են:

— Ճշմարի՞տ, — հարցրեց Հաֆսան, և միևնույն ժամանակ ուրախության նման մի լույս արտափայլեց նրա սիրուն դեմքի վրա:

— Բոլո՞րը կտրել են:

— Բոլորը, թե՛ զուլֆերը, թե՛ հյուսերը, — հիմա այլանդակվել, քեչալ Ասլոյի նման է դարձել Սյուրին:

— Նրա տեղն է: — Շատ էր պարծենում իր երկայն մազերով Սյուրին: — Պետք է նրա պոչն էլ կտրեին:

— Ի՞նչ պոչ, — հարցրեց Այիշան զարմանալով:

— Դու չե՞ս իմանում, ախար այդ հայ կնիկները պոչ ունեն: Սյուրին էլ ունի: Զեյնաբն էր ասում: Նա մի անգամ տեսել էր, Սյուրիի լոգանալու ժամանակ:

Երկու մանկահասակ կնիկները սկսեցին երկար խոսել Սյուրիի պոչի վրա, սկսեցին դատել, քննել, թե ինչի՞ց էր այդ. հետո այն եզրակացության հասան, որ բոլոր հայ կնիկները ջինների տոհմից են, դրա համար Սյուրին այնքան վարպետ և խորամանկ է, որ կարողացավ կախարդել, խելքից հանել խանին, կարողացավ բոլոր կնիկներին նրա «աչքից գցել» և իրան միայն սիրել տալ:

— Հիմա ի՞նչ է անում Սյուրին, — հարցրեց Հաֆսան:

— Ի՞նչ պետք է անե, — պատասխանեց Այիշան արհամարհանքով, — իր վրանում նստած, լաց է լինում, ասում է՝ ես գիտեմ, այդ սատանային գործ չէ, դա Զեյնաբի գործն է... Զեյնաբը մի քանի օր առաջ ասել էր նրան, թե ես քո գլխին մի «օյին» պիտի խաղամ... Հիմա Սյուրին մտածում է, թե գիշերը քնած ժամանակ Զեյնաբն է կտրել տվել նրա մազերը, ասում է, ես բոլորը խանին կհայտնեմ...

Զեյնաբը խանի հարեմի թագուհին և նրա առաջնակարգ կնիկներից մեկն էր, բայց Սյուրիի խանի հարեմը մտնելուց հետո նա իր նշանակությունը կորցրեց: Գեղեցիկ Սյուրին ստվեր ձգեց նրա վրա, և այստեղից առաջ եկավ երկուսի մեջ նախանձ և ատելություն: Հաֆսան և Այիշան հավանական էին գտնում, որ Զեյնաբը,իր վրեժխնդրությունը գոհացնելու համար, իր աղախինների ձեռքով կտրել տված լիներՍյուրիի մազերը, որ այլանդակե նրան, որ նրա գեղեցկությունից մի բան խլած լինի: Բայց մյուս կողմից, սնահավատությունը նրանց թույլ չէր տալիս բոլորովին հավատալ այդ խայտառակությանը, որ հարեմի մեջ մի սովորական բան էր: Նրանք կարծում էին, թե անպատճառ սատանայի մատը պետք է խառն լիներ այդ գործի մեջ, թեև նման շատ գործեր կատարվում էին առանց սատանայի մասնակցության, ինչպես էին՝ կնիկների միմյանց նոր կարված հագուստի վրա բծեր գցելը, մկրատով կտրատելը, միմյանց նոր գնված հողաթափների մեջ ցեխ լցնելը, միմյանց զարդարանքները, ակնեղենները գողանալը և այլն: Վերջին ժամանակներում խանը այն աստիճան ձանձրացավ կնիկների անընդհատ կռիվներից, և դժվարանալով որոշել, թե որն է արդարը և որը մեղավորը, սկսեց անխտիր կերպով ծեծել թե՛ արդարին և թե՛ մեղավորին, մտածելով, իհարկե նրանցից մեկը հանցավոր կլինի: Բայց Հաֆսան և Այիշան չէին կարծում, որ Սյուրիի վիրավորանքը անց կկենա առանց հետևանքի, գիտեին, որ խանը նրան շատ սիրում է և Զեյնաբը լավ ծեծ կուտեր նրա մազերը կտրել տալու համար: Թեև այդ սատանայի գործ ևս լիներ, բայց պետք էր աշխատել, որ Զեյնաբը պատժվի. նա էլ մի բարի պտուղ չէ. նա էլ առաջ փքվում էր, տրաքվում էր, աշխատելով բոլոր կնիկներին իր ոտների տակ դնել...

Թանձր մառախուղը սկսեց փոքր առ փոքր նոսրանալ և կապույտ երկինքը տեղ-տեղ բացվեցավ. արեգակի ճառագայթները սկսեցին շողալ այդ բացվածքներից, որպես սպիտակ վրանի պատառոտված ճեղքերից: Չնայելով որ ամառն էր, բայց վաղերդյան արեգակը դեռ անզոր էր ջերմացնելու լեռնային օդի ցրտությունը: Առավոտյան ցողը մանր գոհարների նման դեռ փայլում էր խոտաբույսերի վրա, հիշեցնելով տաք երկրների գարնան սկիզբները:

Խանի կիսաքուն երեխաները, բոբլիկ ոտներով, առանց վարտիքի, դուրս էին թափվել չադրներից և օջախների կրակի մոտ կկզած, տաքանում էին: Այստեղ նրանց մայրերը նախաճաշիկի պատրաստություն էին անում: Երեխաներից մեկը կատվի ճարպկությամբ իր թաթիկը տարավ կաթսայի մեջ և այնտեղից խլեց մի կտոր միս: «Չոռ, ցավ, վարամ» ուտես, ասաց բարկացած մայրը և առեց վառելու փայտը, որ պատժե նրա լրբությունը: Տղան սատանայի նման փախավ, տանելով իր կողոպուտը. մոր ձգած փայտը դիպավ նրա ոտներին, և նա ընկավ երեսի վրա: Մսի կտորը դուրս պրծավ նրա ձեռքից և թավալվեցավ գետնի փոշիների մեջ: Տղան շուտով ուշի եկավ, և վեր բարձրանալով, կրկին հափշտակեց իր ավարը, փախավ, և հեռվից սկսեց ծիծաղել, ջիգրացնել մորը և ախորժանոք կրծել փոշեթաթախ մսի կտորը:

— Հը՛մ... հը՛մ... տեսա՛ր, աչքդ հանեցի... տարա... — ասաց նա երեսը ծռմռելով:

— Չոռ ուտես, ցավ ուտես, վարամ ուտես, — կրկնեց մայրը, — թե ձեռքս կընկնես, ես գիտեմ ինչ կանեմ...

Չադրներից մեկը մեջ, Խորասանի գեղեցիկ գորգի վրա, միայնակ նստած էր մի մանկահասակ կին, գրկած ունենալով մի փոքրիկ երեխա: Նա կպած էր մոր կուրծքին և ծիծ էր ուտում: Արևի ոսկեգույն ճառագայթները թափվելով վրանի մեջ, լցրել էին նրան խիստ ախորժ և փափուկ ջերմությամբ: Մայրը տխրությամբ նայում էր երեխայի երեսին և նրա սևորակ աչքերը լցվում էին արտասուքով: Երեխան երբեմն թողնում էր բերանից ծիծը, նայում էր մոր երեսին և ժպտում էր, կարծես, այդ անմեղ ժպիտով կամենում էր ասել, թե դեռ չեմ կշտացել: Մոր գլուխը, չալմայի նման, փաթաթած էր մետաքսյա սև քողով, որի տակից մազեր ամեննին չէին երևում: Այդ կինը Սյուրին էր, Թաթևի Դավիթ ուրացողի աղջիկը: Նրա առաջվա անունը Մարիամ էր, բայց երբ մահմեդականություն ընդունել տվեցին, կոչեցին Սյուրի: Խանը ուներ այդ անունով մի ուրիշ կին, որին շատ էր սիրում, վաղահաս մահը զրկեց նրան այդ կնոջից, և նրա անունը շնորհեց գեղեցիկ Մարիամին: Հայրը ծախեց Մարիամին Տաթևի մելիքությունը ստանալու համար, և թողնելով քրիստոնեական կրոնը, ինքը նույնպես ընդունեց մահմեդականություն. այդ պատճառով հայերից ստացավ «ուրացող» անունը և Տաթևի համար դարձավ մի երկրորդ Վասակ, իսկ ինքը իրան թուրքի անունով Բաղր էր կոչում:

Սյուրիի տխրությունը նրա համար չէր, որ այն գիշեր իր նախանձորդների ոխակալ ձեռքը զրկել էր նրան իր հարուստ և սև սաթի նման փայլուն գիսակներից: Նա այդ մասին չէր մտածում և ի՞նչ հարկ կար մտածելու: Նրա գեղեցկությունից պակասեց մի զարդ: Ավելի լավ, այդ մեծ կորուստ չէր Սյուրիի համար: Այդ կորուստ համարում են այն կնիկները, որոնք ախորժակ ունեն սիրվելու: Բայց ումի՞ց պետք է սիրվեր Սյուրին: Մի գազանի՞ց, մի եղեռնագործի՞ց, որին նա ամեն սրտով ատում էր, որի սերը ավելի բարկացնում էր նրան, որի ձեռքում գերի էր նա: Նա զոհ էր, մի անբախտ զոհ հոր փառասիրության: Հայրը վաճառեց նրան Տաթևի մելիքությունը ստանալու համար. և ծնողական այդ անգթության հետ չէր կարող հաշտվել նա: Ամեն անգամ հայ քահանայի երեսը տեսնելիս, ամեն անգամ հայոց եկեղեցու զանգակի ձայնը լսելիս, նրա սրտում կրակ էր լցվում. նրա աչքերը հեղեղվում էին արտասուքով, և նա մտածում էր, որ կորած է թե՛ հոգով և թե՛ մարմնով: Այս աշխարհը սև էր նրա համար, իսկ այն աշխարհում սպասում էր նույնպես տանջանք. Կրոնական զգացմունքը ջերմ էր նրա մեջ: Իր մորից լսել էր նա շատ բաներ մահմեդականների մասին: Մահմեդականի հաց ուտելը, մահմեդականի հագուստը հագնելը, մահմեդականին դիպչելն անգամ մեղք էր համարում նա, իսկ ա՞յժմ.. այժմ սարսափում էր նա, երբ նայում էր իր սիրելի զավակի վրա. այդ իր մարմինը և արյունը կրող մանուկը մահմեդականի պտուղ էր... Քանիցս անգամ նա պատրաստվեցավ խեղդել իրան, քանիցս անգամ կամեցավ թունավորել իրան, բայց ամեն անգամ, երբ նայում էր այդ մանուկի վրա, նրա ձեռքերը թուլանում էին, նա անզոր էր լինում կատարել իր մտադրությունը: Ի՞նչն էր պահում նրան. մեղքի ծնու՞նդը, թե՞ մայրական սերը. — այդ մասին նա անկարող էր իրան հաշիվ տալ:

Խորին տխրությամբ նայում էր նա այս առավոտ փոքրիկ հրապարակի վրա, որ շրջապատած էր սպիտակ չադրներով: Այնտեղ ման էին գալիս խանի կիսամերկ կանայքը, երեխաները աչքի քոթոթների նման վխտում էին, աղախինները գլուխը կորցրած այս կողմ և այն կողմ էին վազում, ամեն ինչ գտնվում էր մի անսովոր շարժողության մեջ: Ի՞նչ էր պատահել ու՞մ համար էր այդ մեծ պատրաստությունը: Կասկարայի վրա հացի թխելը դեռ չէին վերջացրած. կաթսաների մեջ կերակուրները դեռ եփվում էին. շարժական երկանաքարը անդադար աղյուր էր աղում. օդը լցված էր այդ մեծ խոհանոցի ախորժ հոտով: Արեգակը բավական բարձրացել էր հորիզոնի վրա, վաղորդյան մառախուղը բոլորովին փարատված էր. մանիշակագույն երկնքի վրա ամպի մի փոքրիկ կտոր անգամ չէր երևում: Անտառապատ լեռները ծփում էին արեգակի ճառագայթների մեջ, ներկայացնելով մի սքանչելի տեսարան: Սյուրիի երեխան, առանց մոր ծիծը թողնելու բերանից, աչքերը փակեց և ննջեց. նա դեռ իր վարդագույն շրթունքները շարժում էր, երևակայելով, թե ծծում է: Մայրը զգուշությամբ ցած դրեց նրան բարձի վրա, սկսեց պատրաստել լանդիկը, որ կապած էր վրանի երկու սյուների մեջ: Այդ միջոցին, իր շուրջը նայելով, ներս մտավ մի մարդ, որը, ինչպես երևում էր, զգուշանում էր, որ իրան չնկատեին: Դա մի կլորիկ մարդ էր, փոքրիկ հասակով. գլխի ալևորած մազերը ցույց էին տալիս, որ նրա տարիքը վաղուց արդեն անցել էր հիսունից, բայց երեսի վրա մազերի մի նշույլ անգամ չկար: Մի այսպիսի թառամած, կնճռոտած, և զուրկ այրական բոլոր արտահայտությունից դեմք կարող էին ունենալ պառավ կնիկները միայն: Երեսի լերկ կաշին դեղին պղնձի գույն ուներ մուգի հետ խառնված, իսկ աչքերում ամենևին փայլ չկար: Նրա ձայնը երեխայի անզարգացած ձայնի կատարյալ նմանությունը ուներ, որը, կարծես, դուրս էր գալիս փորից: Այդ ծերունի երեխան խորին հարգանքով մոտեցավ տիկնոջը և չոքելով նրա առջև, ասաց.

— Մի խնդիրք ունեմ:

— Գիտեմ ինչ պիտի ասես, Ահմեդ, — պատասխանեց տիկինը երեսը շուռ տալով, — լավ է, որ չխոսես:

Ծերունին ձեռքը մեկնեց և վեր առեց տիկնոջ հողաթափների մի հատը, որ դրած էր վրանի մուտքի մոտ, և սեղմելով իր ցամաքած շրթունքի վրա, ասաց.

— Ես ձեր ոտքը համբուրում եմ, լսեցեք ծերունի Ահմեդի աղաչանքին:

— Երկար խոսել պետք չէ, Ահմեդ, ես երդվել եմ երբեք չտեսնել նրա երեսը:

Ծերունին փորձ փորձեց նորից կրկնել իր խնդիրքը, բայց տիկինը հրամայեց նրան հեռանալ, հայտնելով, թե իր հիմարություններով կարող է զարթեցնել երեխային, որին պատրաստվում էր կապել օրորոցի մեջ:

Ահմեդը ազգով հայ էր, ղարաբաղցի, տեղային ամենալավ թառ ածողներից մեկը: Նրան երիտասարդության ժամանակ բերել տվեց խանը և պահում էր իր սազանդարների (նվագախումբի) մեջ, որոնց իր մոտից չէր հեռացնում: Եվ որպեսզի Ահմեդը կարողանա հարեմի մեջ ևս մուտք գործել, խանումների համար ևս ածել, խանը հրամայից նրան ներքինիացնել: Երկար տարիներ նա զվարճացնում էր խանումներին իր թառով, բայց երբ ծերացավ, թողեց ածելը, այժմ կանանոցի մեջ ներքինապետի պաշտոն էր կատարում: Բայց մի բան, որ պահեց նա ամենայն սրբությամբ, — դա էր քրիստոնեական հավատը, որ պաշտում էր գաղտնի կերպով:

Ձ

Դուրս գալով Սյուրիի վրանից, Ահմեդը դիմեց դեպի մի վրան, որ բավական հեռու էր կանանոցից և գտնվում էր անտառի խորքում: Այստեղ կային մի քանի ուրիշ վրաններ ևս, որ հատկացրած էին խանի թիկնապահներին և նրա ծառաներին: Մի մարդ կես ճանապարհի վրա կանգնած, սպասում էր նրան. երբ տեսավ ներքինուն, մոտենալով հարցրեց.

— Ի՞նչ եղավ...

Ահմեդը պատմեց նրան, թե ինքը ամեն հնար գործ դրեց, աղաչեց, պաղատեց, ոտքը համբուրեց, բայց տիկինը ասում է. – չէ՛ ու չէ՛, չեմ ուզում տեսնվել նրա հետ:

— Նա չէ ուզում տեսնվել իր հո՞ր հետ... շատ լավ... – խորին դառնությամբ կրկնեց Ահմեդի հետ խոսող մարդը և դիմեց դեպի այն վրանը, ուր նրան իջևան էին տվել:

Ահմեդը սառած կանգնել, երկար նայում էր նրա ետևից: Երբ նա բոլորովին աչքից հեռացավ, ներքինին գլուխը շարժելով, ասաց իր մտքումը. – քեզ նման հայրը արժանի չէ այնպիսի զավակի երեսը տեսնելու...

Այդ մարդը Սյուրիի հայրն էր, Տաթևի մելիք Դավիթ «ուրացողը», որ թյուրքի անունով իրան Բաղր էր կոչում: Մի ժամանակ նա Տաթևի մելիք Գյուլումբարի մոտ զգիրի և լրտեսի պաշտոն էր կատարում և շատ սիրելի էր նրան, վերջը կամենալով իր բարերարի տեղը գրավել, թունավորեց նրան, և իր աղջիկը կաշառք տալով խանին, ոչ միայն կարողացավ ազատվել այդ չարագործության համար պատժվելուց, այլ իր զոհի փոխարեն ժառանգեց Տաթևի մելիքությունը: Բռնությամբ, դավաճանությամբ և եղեռնագործությամբ հափշտակված իշխանությունը բոլորովին անտանելի դարձավ Տաթևի հայ ժողովրդին, առավել այն պատճառով, որ Դավիթը խանին ավելի հաճոյանալու համար փոխեց իր կրոնը: այս պատճառով «ուրացողը» անբավական ժողովրդին իր ճնշման տակ պահելու համար ստիպված էր այնուհետև միշտ նորանոր միջոցներ հնարել խանի սիրտը գրավելու և նրա պաշտպանությունը վայելելու համար, որպեսզի նրա օգնությամբ կարողանա պահպանել իր խախուտ դիրքը:

Միջակ հասակով մարդ էր նա, մի ոտքով կաղ. երեսը կապիկի դեմքի նմանություն ուներ, մազով պատած մինչև աչքերի կոպերը: Եթե հավատանք ժողովրդական կարծիքին, թե «չոլախ» մարդիկ «յարամազ» (հնարագետ) կլինեն, — պետք է ընդունենք, որ Դավիթը մարմնացած խորամանկության ճիշտ տիպարն էր: Դա այն տեսակ մարդիկներից էր, որոնց մասին ասում են, թե սատանայից յոթ օր առաջ են ծնվել:

Բայց այդ մարդը, որ ո՛չ տխրել, ո՛չ հուսահատվել և ո՛չ բարկանալ գիտեր, այդ մարդը, որ ո՛չ մի անաջողության, ո՛չ մի դժվարության դեմ իր կյանքում չէր դողացել, — ներքինու խոսքերը լսելուց հետո, մի խեցեղեն ամանի նման, կարծես փշրվեցավ: Հարազատ աղջիկը զզվում էր տեսնել նրա երեսը: Դա մի սարսափելի հարված էր: Աշխարհից արհամարհված, հազարավոր թշռավների անեծքով դատապարտված մարդը միշտ ոչնչի տեղ էր դնում իր զոհերի լացը, տանջանքը և արյունը... բայց աղջկա բողոքը ազդեց նրա վրա: Տատանվելով շարունակում էր նա իր անհաստատ քայլերը դեպի իջևանը, որ դեռ բավական հեռու էր: Ճանապարհը ընկած էր ոտնակոխ եղած խոտաբույսերի միջով, որ ձևացնում էր մի օձապտույտ շավիղ: Թռչունները չորս կողմում չրխչրխում էին, բայց նա ոչինչ չէր լսում: Արեգակի վառ ճառագայթների մեջ անտառի ծառերը նկարվում էին իրանց բոլոր գեղեցկությամբ, բայց նա ոչինչ չէր տեսնում: Կարծես ամեն զգացմունք, ամեն կիրք սպանված լինեին նրա սրտում: Նրա ուղեղը այդ րոպեում այն աստիճան խառնաշփոթության մեջ էր, որ անկարող էր իր մտածությունները որևիցե կարգի դնել: Նա ասելու շատ բաներ ուներ իր աղջկան, նա իր նպատակները իրագործելու համար հույս էր դրած աղջկա աջակցության վրա: Բայց բոլորը քանդվեցավ: Կամ այսօր պետք էր հաջողեցնել, կամ ամեն ինչ կորած էր հավիտյան...

Այսպիսի դառն ու հուսահատ մտածությունների մեջ գնում էր նա, հանկարծ թուփերի միջից դուրս եկավ նրա առջև մի մարդ, որը սպասում էր նրան:

— Բարի լինի... – խոսեց մելիքը հարցական հայացքով նայելով նրա երեսին:

— Կարող էր բարի լիներ, բայց... — անծանոթը չավարտեց խոսքը, սկսեց աչք ածել իր շուրջը, զգուշանալով, մի գուցե մի ուրիշ լսող լիներ:

— Ուրեմն ոչի՞նչ չշինեցիք... – հարցրեց մելիքը անհամբերությամբ:

— Ոչինչ... և անկարելի է մի բան անել...

— Ինչու՞...

Անծանոթը սկսեց հազիվ լսելի ձայնով պատմել, թե ինքը ամեն հնարավոր գործ դրեց, բայց չհաջողվեցավ... Այն օրից, որ գերիները բերված են, ասաց նա, խանումը (խոսքը Սյուրիի մասին էր) մի առանձին խնամքով հոգ է տանում նրանց վրա: Իրան կասկածելի չանելու համար, խանումը իր հոգատարությունը ծածուկ հանձնել է Ահմեդ ներքինապետին: Այդ ծերունի աղվեսը այն աստիճան խորամանկ է, որ սատանային այնպես կնալե, որ ոչինչ չի զգա: Նա խանումին կուռքի նման պաշտում է: Եթե խանումը ասե գնա ջուրի կամ կրակի մեջ ընկիր, նա առանց ծպտուն հանելու, կկատարե: Աիմեդը ոչ միայն կերակրում էր գերիներին, այլ գիշերները այցելում էր նրանց մոտ և պահապաններ էր նշանակում հսկելու, որ նրանց գլխից ոչ մի մազ չպակսի: Անկարելի էր նրանց մոտ մտնել: Պահապանները բոլորը Աիմեդի մտերիմներն էին, հազար թումանի համար նրան չեն դավաճանի: Բացի դրանից, Աիմեդը խանի մոտ մեծ նշանակություն ունի, բոլորը նրանից վախենում են:

Որքան առաջ էր գնում անծանոթը իր պատմության մեջ, մելիքի դեմքը ավելի ու ավելի մռայլվում էր, նրա շրթունքը դողդողում էր, և աչքերում վառվում էր կատաղության կրակը: Անիրավ աղջիկը հասցրեց նրան երկրորդ հարվածը և այդ ավելի սաստիկ էր: Նա զրկեց հորը իր թանկագին հույսերից. նա ոչնչացրեց հոր բոլոր պլանները, որ այնքան մեծ աշխատությամբ հորինել էր նա...

— Շնորհակալ եմ, Հյուսեին, — խոսեց մելիքը զսպելով իր բարկությունը, — դու դարձյալ արել ես, ինչ որ կարող էիր անել, եթե չհաջողվեցավ, դրանում դու մեղավոր չես: Ես դարձյալ կտամ քեզ այն, ինչ որ խոստացել եմ:

Նա հանեց իր գրպանից մի քսակ և մեկնեց թյուրքին. վերջինը հրաժարվեցավ ընդունել: Մելիքը երկար թախանձում էր նրան, հայտնելով, թե շատ կվշտանա, եթե նա մերժե ոսկիները, և դարձյալ հիշեցրեց, թե ինքը Հյուսեինի հանձն առած պարտքը կատարած է համարում, իսկ անհաջողությունը պետք է վերաբերել նրանից անկախ պատճառների: Թյուրքը ընդունեց ոսկիները և գլուխ տալով, հեռացավ: Նա խանի ախոռապետն էր, որ մի ժամանակ դահիճի պաշտոն էր կատարում: Իր ծառայության ընթացքում ուղիղ հազար մարդիկ մորթելուց հետո, նա մի ներքին սնահավատությամբ զղջացավ, թողեց այդ արյունոտ պաշտոնը և իր դանակը թաղեց գերեզմանատան մեջ, ինչպես լավ որսորդները թաղում են հողի մեջ իրանց հրացանը հազար երե սպանելուց հետո: Բայց Հյուսեինը, որ այժմ իրան տված էր չափազանց արբեցության, չկարողանալով պահել ուխտը, և մելիքը օգուտ քաղելով նրա դրությունից, կարողացավ կաշառել նրան, կատարել տալու մի նոր եղեռնագործություն, մանավանդ, որ նա մի քանի օր առաջ խաղի մեջ տանել էր տված բավական խոշոր գումար, և մելիքի խոստացած ոսկիներին շատ կարոտություն ուներ: Բայց բոլորը անցավ իզուր... բոլորը ոչնչացավ Սյուրիի բարեսրտության առջև... և այդ ավելի կատաղեցնում էր մելիքին, որ հարազատ աղջիկը խոչընդոտներ է սարքում նրա դեմ...

Դավիթ ուրացողը երկչոտ էր, ինչպես լինում են ամեն նենգավոր մարդիկ, որոնց բոլոր զորությունը ամփոփված է լինում մտավոր ուժի մեջ: Նա զուրկ էր արիությունից, նա զուրկ էր քաջությունից, բայց այդ չէր արգելում նրան միշտ խրած ունենալ մի զույգ ատրճանակ գոտիի մեջ և միշտ կողքից քարշ ընկած ունենալ իր երկայն թուրը, որին երբեք չէր գործ ածում: Բայց նա սովորություն ուներ միշտ պարծենալով խոսել իր երևակայական քաջագործությունների վրա և հավատացնել, թե ոտքի կաղությունը առաջ էր եկել հրացանի գնդակից, որը դեռ դուրս բերված չր, թեև մորից կաղ ծնված «չորախ» Դավիթը բոլոր տաթևացիներին ծանոթ մի անձնավորություն էր:

Տխուր հուսահատության մեջ հասավ նա այն վրանը, որ նշանակված էր նրա համար իջևան: Այստեղ սպասում էր նրան մի երկրորդ մարդ: Նա բարձրահասակ, ցամաք կազմվածքով և բավական շնորհալի դեմքով մի ծերունի էր, որի սպիտակ, փառահեղ մորուքը, ներկված լինելով հինայով, ստացել էր ծիրանի գույն: Նա նույնպես խրած ուներ իր քիրմանի շալի թանկագին գոտիի մեջ մի զույգ ատրճանակ և երկայն թուրը, արծաթե կոթով և արծաթե պատյանով, դրած էր ծնկների վրա: Նա ծալապատիկ նստած էր նախշուն գորգի վրա և թիկն էր տված կարմիր մախմուրով պատած փափուկ մութաքաներին, որ բերված էին խանի հանդերձատնից հարգելի հյուրերին պատվելու համար: Տեսնելով Դավթին, նա անհամբերությամբ հարցրեց.

— Ի՞նչ լուր բերեցիր...

Դավիթը թաքցրեց նրանից, թե Սյուրին, իր աղջիկը, չընդունեց նրան, չկամեցավ տեսնվել հոր հետ: Այդ անպատվությունը կարող էր պակասեցնել Դավթի կշիռը իր խոսակցի աչքում, կարող էր կոտրել նրա համարումը: Դավիթը սովորություն ուներ պարծենալ իր աղջկանով և ամենին ցույց տալ, թե նրա միջնորդությամբ ամեն դժվարին գործ իր ձեռքում հնարավոր էր, որովհետև Ֆաթալի-խանի սիրելի խանումը նրա աղջիկն էր, և ամեն բան անել կտար իր ամենակարող ամուսնին: Սյուրիի հետ չտեսնվելու պատճառը, ասաց նա, տիկնոջ մի փոքր տկարությունն է, որի համար նա ոչ ոքի չէ ընդունում այսօր: Բացի դրանից, ասաց նա, այս գիշեր պատահել է տիկնոջ հետ մի անախորժ դեպք, և հաղորդեց նրա մազերի կտրվելու պատմությունը, ավելացնելով, թե այդ շատ լավ է պատահել, որովհետև դրա համար գուցե կարտաքսվեն խանի հարեմից մի քանի անզգամ կնիկներ, որոնք միշտ նախանձում էին Սյուրիի փառքին: Գալով դահիճից ստացած տեղեկություններին, Դավիթը ասաց, թե դահիճը ոչինչ չէ կարողացել հաջողացնել... միայն թաքցրեց, որ արգելառիթը եղել է Սյուրին...

— Դա շատ վատ է... – պատասխանեց ծիրանի մորուքով մարդը և ընկղմվեցավ խորին մտածության մեջ: Նրա բազմահոգ դեմքից երևում էր, որ խնդիրը խիստ ծանր և կարևոր էր, թե շուտով պիտի ոչնչանային ահագին հույսեր, թե այդ հույսերը կախված էին մի պատանու մահից... որը չհաջողվեցավ....

Այդ փառահեղ մարդը Կարմիր վանքի կամ Երիցվանիկ ավանի մելիք Ֆրանգյուլն էր. հայոց հարուստ և ազդեցության տեր իշխաններից մեկը:

— Այդ վատ եղավ... – կրկնեց նա փոքր-ինչ վրդովված ձայնով. — դրանից հետո մեզ ի՞նչ է մնում անել... Ես հույս ունեի, որ Հյուսեինը (դահիճը) կկատարե մեր ցանկությունը... բայց բոլորը ոչնչացավ...

Նա սպասում էր Դավթից ստանալ մի մխիթարական պատասխան, բայց այս վերջինը, չնայելով իր սատանայական խորագիտությանը, այն աստիճան շփոթված, այն աստիճան մոլորված էր մտքով, որ չգիտեր, թե ի՞նչ խորհուրդ պետք էր տալ:

Այդ երկու հայ մելիքները հագնված էին բոլորովին պարսից ավագների ձևով. գլխներին դրած ունեին բուխարայի սև մորթից երկայն գդակներ, հագել էին նուրբ մետաքսից կարմիր գույնով կաբայ (պատմուճան), որ իջնում էր ծնկներից ցած, և նրա վրա կանաչ մահուդից ջուբբա (վերարկու), որ հասնում էր մինչև գետին: Մեջքները պնդած էին Քիրմանի գույնզգույն շալից հաստ գոտիով: Երկուսի էլ գլուխների մազերը բոլորովին ածելած էին, թեև հայերը սովորություն ունեին ածիլել գագաթի մեջտեղը միայն: Երկուսի էլ մորուքները և ձեռները ներկված էին հինայով: Երկուսն էլ խոսում էին պարսկերեն, երբ սպասավորը ներս էր մտնում և նրանց ղեյլան էր մատուցանում ծխելու համար: Բայց երբ նա դուրս էր գնում, սկսում էին հայերեն խոսել, որ հասկանալի չլինի:

— Դեռ հույս կա... — ասաց Դավիթը խորհրդավոր կերպով. — այսօր Թորոս իշխանը պիտի գա գերիները գնելու. մենք ամեն հնար պետք է գործ դնենք, որ նա չկարողանա գնել:

— Ի՞նչ հնարք, հարցրեց մելիք Ֆրանգյուլը, դարձյալ հուսահատ մարդու եղանակով:

— Մենք պետք է աշխատենք համոզել խանին, որ նա նշանակե գերիների համար մի այնպիսի մեծ փրկանք, որ Թորոս իշխանը չկարողանա վճարել:

— Դրանով ի՞նչ կշահենք:

— Դրանով կշահենք մի քանի օրեր, գուցե մի քանի շաբաթներ, և այդ ժամանակի ընթացքում շատ բան կարելի է անել...

«Ուրացողի» խորհուրդը բոլորովին նպատակահարմար էր գտնում մելիք Ֆրանգյուլը: Նա այնքան ուրախացավ, որ քիչ էր մնում պիտի գրկեր և համբուրեր խորամանկին, բայց իր հպարտությունը թույլ չտվեց այդ աստիճան թեթև լինել: Նա հարցրեց.

— Դուք հաստատ գիտե՞ք, որ Թորոսը այսօր գալու է:

Նա Թորոս իշխանին, Չավնդուրի ամբողջ գավառի տիրոջը, լոկ անունով միայն Թորոս էր կոչում, կարծես «իշխան» տիտղոսը այրում էր նրա լեզուն: Հայերից իշխան, բացի իրանից, ուրիշ ոչ ոք չպիտի լիներ, — այդ էր այդ փառասերի ուխտը:

— Գիտեմ, — պատասխանեց Դավիթը, ինքն էլ հետևելով մելիքի եղանակին, —

hաստատ գիտեմ, որ Թորոսը այսօր գալու է: Նրան հյուրասիրելու համար խանի խոհանոցում մեծ պատրաստություններ էին տեսնում:

Վերջին խոսքերը ավելի զայրացրին մելիք Ֆրանգյուլին. պատրաստություններ էին տեսնվում պատվելու այն մարդուն, որին ատում էր ինքը, որ թշնամին էր, որը այսօր պիտի գար գնելու մի գերի, որի մահն էր ցանկանում ինքը...

— Ուրեմն պետք է շտապել խանի մոտ, — ասաց նա, աշխատելով սառնասիրտ երևալ. — քանի դեռ այդ անպիտանը չի եկել, պետք է խանի հետ խոսել ինչ որ հարկավոր է:

— Նա ճաշից առաջ չի գա, — պատասխանեց Դավիթը. մենք մի քանի ժամ ունենք մինչև ճաշ, այսուամենայնիվ, պետք է շտապել...

Երկու մելիքները հագան իրենց թանկագին վերարկուները, որոնց եզերքը զարդարված էին ոսկե թելերով. կապեցին իրանց արծաթապատ թրերը և սկսեցին դիմել դեպի խանի վրանը, խափանելու հարյուրավոր հայ գերիների փրկությունը, որ ընկած էին մահմեդական բռնապետի ձեռքը... Մելիք Ֆրանգյուլը, իբրև ավագ, գնում էր առաջ, իսկ մելիք Դավիթը, որպես նրանից աստիճանով կրտսեր, գնում էր նրա ետևից: Նրանց հետևում էին մի խումբ ծառաներ, որոնց պարսկական սովորությամբ իրանց հետ ման էին ածում: Ծառաները բոլորն էլ մի-մի սուր ունեին կապած, իսկ իրանց մնացած զենքերը թողել էին իջևանում, որ հատկացրած էր երկու մելիքների ծառաների համար: Հանդիսավոր «սալամը» առաջ էր ընթանում և ճանապարհին ով որ հանդիպում էր, նրանց գլուխ էր տալիս: Մելիք Դավիթը երբեք իր կյանքում այսպիսի եռանդոտ ոգևորությամբ չէր դիմել դեպի մի ձեռնարկություն, որպես այսօր: Նա պիտի աշխատեր խափանել հարյուրավոր հայ գերիների ազատությունը, նա պիտի ամեն ջանք գործ դներ մաշել, ոչնչացնել նրանց խանի բանտերի մեջ: Մելիք Ֆրանգյուլը միևնույն չար դիտավորությունն ուներ, վրեժխնդրության միևնույն ախորժ տրամադրության մեջ էր գտնվում նա: Դրանք այն տեսակ մարդիկներից էին, որոնց մեծ հաճություն է պատճառում գազանային եղեռնագործությունը, մանավանդ երբ գործի մեջ խառն էին շահի, փառքի և տիրական նպատակներ...

Է

Կանանոցի չադրներից փոքր-ինչ հեռու կազմված էին երկու վրաններ, նրանցից մեկը փառավոր, ընդարձակ և գեղեցիկ էր, իսկ մյուսը փոքր և հասարակ: Առաջինի բարձր, նիզականման սյուները զարդարված էին ոսկեզօծ և գույնզգույն նկարներով. ներսը ուներ մի քանի բաժանմունքներ, որ ձևացնում էին մի փոքրիկ պալատ իր բոլոր հարմարություններով: Այնտեղ կար հյուրանոց, առանձնարան, քնարան, դիվանատուն, զանձարան և այլն: Բաժանմունքների վայելչության համեմատ, վրանի աստառը պատած էր Քիշմիրի թանկագին շալերով, Սպահանի ոսկեհուռ ղարբաֆներով կամ Հնդկաստանի մետաքսյա նուրբ գործվածքներով: Հատակը պատած էր Ֆերահանի նախշուն գորգերով: Թագավորական փառքի վայելչություն ունեցող այդ վրանը դրսից ֆերուզայի միակերպ գույն ուներ և կարված էր Քաշանի ամուր, անթափանցիկ ղաղաքից: Նրա միջնասյունի գլխին ծածանվում էր մի կարմիր դրոշակ, որի վրա նկարված էր մի աջ. դա Աբութալեբի որդի Ալիի զորավոր ձեռքն էր, որ առաջնորդում էր խանին նրա բոլոր հաղթությունների մեջ: Վրանի առջև ցցված էին մի քանի երկաթյա թառիկներ, որոնց վրա հանդարտ, խոհական կերպարանքով նստած էին որսորդական բազեների ամենաընտիր տեսակները:

Գեղեցիկ թառլանը հպարտ վեհանձնությամբ նայում էր իր շուրջը, կարծես, կամենալով ցույց տալ իր պարանոցի թանկագին մանյակը, որ զարդարած էր խոշոր ալմաստներով: Բոլոր բազեները ունեին այսպիսի մանյակներ և յուրաքանչյուրի արժանավորության համեմատ, զարդարած էին գույնզգույն գոհարներով: Նրանց ոտներին կապած էին ոսկյա փոքրիկ բոժոժներ, որոնք ամեն մի շարժման ժամանակ ճընկճընկում էին, մեղրիական մեղմ ձայներ էին արձակում: Մի ծիտ, մի աղավնի օդի միջով անցնելու ժամանակ, նրանք իսկույն բաց էին անում իրանց լայն թեքերը և նետի նման սլանում էին դեպի վեր, որ բռնեն, որ գիշատեն նրան: Բայց մետաքսյա ոտնակապը կրկին ցած էր քաշում նրանց և նստեցնում էր երկաթյա թառիկների վրա: Այս շատակեր թռչուններին շատ չէին կերակրում, և միշտ անհագ էին պահում, որ որսորդության ժամանակ ավելի սաստիկ ախորժակ ունենան բռնելու և գիշատելու: Այսպես պահում էր խանը և իր ծառաներին, այսպես պահում էր և իր որսորդական շներին: Այս վերջինները՝ թե՛ շները և թե՛ ծառաները, թիվ չունեին: Այնտեղ կարելի էր տեսնել արագավազ բարակներ, թանկագին վզնոցներով, որոնց նուրբ կազմվածք բաղկացած էր միայն ամուր ոսկրներից, զորեղ մկնակներից և կարճ մեզերով պատած կաշուց. կարծես, մսի մի փոքրիկ քանակությունն անգամ դրանց մարմնի մեջ կարող էր արգելել այդ թեթևաշարժ անասունների սրընթացությունը: Այնտեղ կարելի էր տեսնել փոքրիկ, կատվի չափ, խորամանկ, չարաճճի թուլաներ, որոնք սատանայի նման ամեն ծակ կարող էին մտնել, որոնք հոտոտալով, կարող էին գտնել թաքնված երեի հետքը: Այնտեղ կարելի էր տեսնել լայնականջյաի եվրոպացի շներ, որոնք թե՛ ցեղով և թե՛ սովորությամբ ասիականացել էին և ավելի գազանային բնավորություն էին ստացել: Այնտեղ կային թանձր մազերով, ահագին, գայլանման գամփռներ, որ մի հարվածքով կարող էին ջարդել ամենազորեղ եղջերվի մեջքը, և իրանց ճանկերի մեջ կարող էին խեղդել ամեհի վարազին: Ծառաները, թե՛ իրանց հոգեկան և թե՛ բարոյական հատկություններով ամեննին չէին զանազանվում շներից: Զանազանությունը միայն նրա մեջ էր, որ շները որսում էին իրանց նման անասուններ, իսկ ծառաները որսում էին իրանց նման մարդիկ: Ամենի մեջ տիրում էր միևնույն անգթությունը, միևնույն գազանային անհագությունը արյուն լափելու...

Բոլոր ծառաները հագած ունեին սև ղդաքից արխալուղ, իսկ նրա վրա տեղային կոշտ մահուդից կարված, մուղ-մոխրագույն գեյմա. մեջքները պնդած էին կաշյա գոտիով զարդարած արծաթյա կապանքներով, որից քարշ էր ընկած լեզգու դաշույնը: Գլխներին դրած ունեին գառան մորթից կարած ահագին փափախներ, իսկ ոտներին հագած ունեին տրեխներ կաշյա զանկապաններով: Կեղտոտությունը, անմաքրությունը տիրում էր նրանց վրա: Ինչպես վայրենի խափշիկները որևիցե յուղալի բան ուտելու ժամանակ իրանց յուղոտ ձեռքերը քսում էին մերկ մարմնի վրա, որ օծեն նրան, այնպես էլ այդ կիսավայրենիները իրանց յուղոտ ձեռքերը այնքան քսել էին արխալուղների վրա, որ նրանց նյութը կոկվել, փայլում էր մուշամբայի նման:

Խանի վրանի առջն տարածված էր ընդարձակ, կանաչազարդ հրապարակ, որի վրա ամբոխված էր, վըժվըժում էր բազմությունը: Ամենքը անհամբերությամբ սպասում էին խանի դուրս գալուն: Ոմանք գործով էին եկած, ոմանք վեճ ունեին, նրանից դատավճիռ էին սպասում, ոմանք հետաքրքիր նայողներ էին, իսկ մի մասը նրա ծառաներն էին, որ սպասում էին խանը նրանց մի ծառայություն հանձնե, որից կարողանան շահվել:

— Զաբբար, — ասաց ծառաներից մեկը խանի բազեակրներից մեկին, — այսօր խանը շատ ուշացավ, չէ դուրս գալիս:

— Իրա քեֆը չէ՞, երբ կուզե, այն ժամանակ կդուրս գա, ո՞վ է նրան ստիպողը, — պատասխանեց Զաբբարը, և սկսեց փայփայել բազեի փետուրները, որ նստած էր նրա, մինչև արմունկը կաշյա ձեռնոցով պատած, բազուկի վրա:

Ծառան նկատելով, որ իր հարցմունքը վատ տպավորություն գործեց բազեակրի վրա, խոսքը փոխեց, հարցնելով.

— Ե՞րբ պիտի բաց անեք այդ բազեի աչքերը:

Եվ իրավ, բազեի աչքերը կապած էին մի տեսակ կաշյա անթափանցիկ ակնոցներով, որոնց նմանը կրում են մարդիկ քամու ժամանակ, աչքերը փոշուց պահպանելու համար: Բազեն դեռ անվարժ էր, այդ դրության մեջ նրան պահում են մի քանի ամիս լույս և աշխարհ չէ տեսնում, մոռանում է իր վայրենի անցյալը, հետո աչքերը բաց են անում, փոքր առ փոքր ընտելացնում են նոր կյանքի, վարժեցնում են որսորդության:

Խանի ամբողջ դիվանը հրապարակի վրա սպասում էր նրան: Մի տեղ գետնի խոտերի վրա նստած էր ֆարրաշբաշին (ֆարբաշների կամ ժանդարմների գլխավորը), աչքերը արյունով և անգթությամբ լցված մի մարդ: Նրա շուրջը խմբող կանգնած էին անողորմ ֆարրաշները, ձեռները իրանց դաշույնի վրա դրած: Գանգատավորները, հավաքված այնտեղ, աղաղակում էին, խնդրում էին ֆարրաշբաշուն, որ իրանց դատը հայտնե խանին: Շատերը մոտենում էին, չոքում էին նրա առջն և ականջին փսփսալով, կաշառք էին խոստանում: Մի տեղ նստած էր խանի գլխավոր մունշի-բաշին, այսինքն՝ միրզաների կամ գրագիրների մեծավորը: Նա մի մաշված, ցամաք մարդ էր, և հաճախ աֆիոն ընդունելուց դեմքը դեղնել, դալկացել, մեռելի գույն էր ստացել: Նրա հաստ գոտիի մեջ, առջնից խրած թղթերի փաթոթները բովանդակում էին իրանց մեջ խանի ամբողջ արխիվը, որ նա իր գոտիումն էր ման ածում: Այնտեղ էին տուրքերի, հարկերի հաշիվները. այնտեղ էին պաշտոնական թղթերի օրինակները. այնտեղ էին դատերի, վճիռների արձանագրությունները, — բոլորը թղթերի կտորտանքի վրա գրած, և խառն, անկարգ կերպով, խողովակի ձևով, միմյանց վրա փաթաթած: Նուն գոտիի մեջ խրած էր նրա երկայն, նախշուն թանաքամանը իր բազմաթիվ եղեգնյա գրիչներով: Նույն գոտիից քարշ էր ընկած բազմաթիվ կնիքների մի փունջ, հազիվ կոչված քարի վրա փորված, և արծաթի կոթերով բռնված: Մունշի-բաշիի շուրջը հավաքված էին իր ստորադրյալ միրզաները (գրագիրները). նրանք էլ ունեին իրանց գոտիի մեջ թղթերի փաթոթներ և թանաքամաններ: Այստեղ նույնպես բազմությունը զանազան խնդիրքներով դիմում էր մունշի-բաշիին՝ խանի գլխավոր քարտուղարին, այս և այն թղթերն էր պահանջում: Այստեղ նույնպես շատերը մոտենում էին, չոքում էին նրա առջն և ականջին բաներ էին փսփսում...

— Այս մարդու թուղթը պատրաստ չէ՞, — դառնում էր նա գրագրներից մեկին:

— Պատրաստ է:

— Ինչու՞ չեք տալիս:

— Դեռ րուսումը չեմ ստացել:

Րուսումը այն ընծան էր, որ պիտի տար թղթի ստացողը գրագրին: Հետո սկսվում էր երկար սակարկություն այդ ընծայի քանակության մասին: Կաշառակերությունը կատարվում էր հրապարակավ, որովհետն դա ընդունված մի սովորություն էր:

Բազմության մեջ մի դղրդոց ընկավ և դեպի ամեն կողմ տարածվեցավ խուլ շշունջ՝ «խանը գալիս է»: Բոլորը ոտքի վրա կանգնեցան:

Կանանոցի կողմից հայտնվեցավ խանը: Նրա առջնից ընկած էին մի խումբ շաթրներ, իսկ ետնից գալիս էին մի խումբ ֆարրաշներ: Ինքը միայնակ, մեջտեղում, վառվում էր ոսկու, արծաթի և գոհարների մեջ:

Մինչև դիվանխանեն հասնիլը բավական տարածություն կար: Մի քանի տեղ կանգնեցրին նրան:

— Խան, քո ոտներին մատաղ լինենք, — խնդիր ունենք... – ձայն տվեցին մի քանի հոգի, որ ճանապարհի եզրում չոքած անդադար համբուրում էին գետինը:

Դրանք գյուղացիներ էին, որ կռիվ էին ունեցել ուրիշ գյուղացիների հետ, մի քանիսը վիրավորված էին, և վերքերի արյունը տեսնվում էր նրանց հագուստի և երեսների վրա:

— Ֆարրաշբաշի, — հրամայեց խանը իր ժանդարմների գլխավորին, — մարդիկ կուղարկես, բռնել կտաս այն չարագործներին, և քանի հոգի որ լինեն, յուրաքանչյուրից քսան թուման ջարիմա (տուգանք) առնել կտաս, լավ պատժելուց հետո:

Գանգատավորները գետինը համբուրելով, սկսեցին գոհություն հայտնել և օրհնել խանի կյանքը: Խանը անցավ:

— Ձեր ոտներին մատաղ լինեմ, — ասաց ֆարրաշբաշին հազիվ լսելի ձայնով. – մյուս գյուղացիների մեջ նույնպես վիրավորներ կան և երկու հոգի սպանված են...

— Այդ միևնույն է,— պատասխանեց խանը,— որովհետն դրանք առաջ գանգատվեցան, պետք է դրանց դատը վճռել. հետո կլսեք, թե մյուսները ինչ են ասում...

Պարսկական դատաստանի կետից շատ ճիշտ էր խանի վճիռը: Երկու գյուղի մարդիկ միմյանց հետ կռվել էին. մի կողմը շտապեց, գանգատվեցավ և բավականություն ստացավ: Երբ կհայտնվեր մյուս կողմը, նրան էլ «կլսեին», այն ժամանակ առաջինների պատիժը գուցե ավելի սաստիկ լիներ. և այսպիսով երկու կողմն էլ «ջարիմա» վճարած կլինեին, և այդ ավելի օգտավետ էր խանի գանձարանին:

— Խան, քո ոտներին մատաղ, խնդիր ունենք... – ձայն տվեցին մի քանի հոգի, որոնք նույնպես ճանապարհի եզրի վրա չոքած համբուրում էին գետինը:

Դրանք նույնպես գյուղացիներ էին, որոնց ոչխարները գողացել էին, բայց գողը հայտնի չէր. ոչխարների տերերը «կասկած» էին հայտնում գող Քերիմի վրա, ասում էին նրա գործն է: Խանը հրամայեց Քերիմին կալանավորել, ոչխարները առնել, իրանց տերերին հանձնել, և հիսուն թուման էլ «ջարիմա» առնել Քերիմից հօգուտ գանձարանի: Արդյոք Քերիմը հանցավոր էր այդ գողության մեջ, թե ոչ, — քննություն չեղավ: Քննությունը միշտ մնում էր վճռից հետո: Այսինքն, երբ Քերիմից ոչխարները կառնեին գյուղացիներին կհանձնեին, և հիսուն թուման էլ «ջարիմա» կառնեին հօգուտ գանձարանի, — այնուհետև երբ կհայտնվեր, որ Քերիմը մեղավոր չէ, այն ժամանակ կրկին ոչխարները գյուղացիներից կառնեին և կտային Քերիմին, և հիսուն թուման էլ նրանցից «ջարիմա» կառնեին, որովհետև սուտ ասեցին: Այսպիսով երկու կողմից էլ գանձարանը կշահվեր, բացի դրանից, ոչխարները անդադար մեկից առնելով և մյուսին տալով, ամեն անգամ «դահեք» (տասանորդ) կվերառնեին նույնպես հօգուտ գանձարանի:

Այսպես, խանը մինչև իր դիվանխանեն կամ դատարանը հասնելը, ճանապարհին, ոտքի վրա, մի քանի գանգատներ լսեց, մի քանի վճիռներ տվեց, բոլորը մի խոսքով, բոլորին բոպեական ուշադրություն դարձնելեն հետո: Դրսում, բաց օդի մեջ, ավելի հեշտ էր դատախազներին իրանց բողոքները նրա ականջին հասցնել. բայց երբ նա մտնում էր իր դիվանխանեն, այն ժամանակ բոլորովին անմատչելի էր դառնում: Գանգատավորը պետք էր ֆարրաշբաշուն դիմեր, մունշի-բաշուն դիմեր, և ով է իմանում, հարյուրավոր շունուգայլի պետք է դիմեր, մինչև նրան թույլ կտային մերձենալ խանին և իր գանգատը հայտնել: Բայց մինչև այդ թույլտվությունը ստանալը, նա ստիպված էր ամենին «փեշքեշներ» տալ...

Խանը արդեն մոտեցել էր դիվանխանեին: Ամբոխը ամեն կողմից հետ էր քաշվում և մինչև գետին գլուխ էր տալիս: Ֆարրաշները իրանց ձեռքի վարոցներով զանակոծում էին հանդիպողին, ով որ փոքր-ինչ ուշ էր շարժվում և ճանապարհ չէր բաց անում: Բրո՛... բրո՛... (հեռացի՛ր, հեռացի՛ր) գոչում էին շաթրները: Երկյուղը և սարսափը, տենգային ցնցումների նման, անցնում էին ամբողջ ամբոխի մեջ: Մի մեռելային լռություն տիրել էր այդ ահագին բազմության վրա, միայն լսելի էին լինում ֆարրաշների ու շաթրների զգուշացուցիչ ձայները: Հանկարծ հեռվից մի աղաղակ բարձրացավ և ամբոխի ուշադրությունը դարձավ դեպի այն կողմը:

— Այրվեցա՛ն..., այրվեցա՛ն... հայերը այրվեցա՛ն... – լսելի եղան խուլ ձայներ:

Կարծես, մի ահագին հրդեհ բոցավառվում էր խանի դիվանխանից փոքր-ինչ հեռու: Թանձր ծուխը, խառն կրակի ալիքների հետ, բարձրանում էին դեպի երկինքը: — Այդ ի՞նչ է այրվում, — հարցրեց խանը, կանգնելով դիվանխանեի առջև:

— Հայեր են... – պատասխանեց Ֆարրաշբաշին, այնպիսի մի սովորական եղանակով, կարծես թե այրվող նյութը փայտ, խոտ կամ հարդ լիներ:

Ֆարրաշները հրամայեցին ամբոխին ետ քաշվել, որ խանը տեսնե այդ տարօրինակ տեսարանը:

Բոցերի և թանձր ծխի միջից երևում էին մի քանի մարդիկ. մայրը գրկել էր իր երեխան, ծերունի հայրը ընկած էր որդու բազուկների վրա. մի քանիսը, անշարժ կանգնած, ձեռքերը դեպի երկինք բարձրացրած, գոչում էին՝ «գթությո՛ւն... գթությո՛ւն»... մի քանիսը ընկած էին գետնի վրա, ձայն չէին հանում... Տեսարանը սոսկալի էր: Այրվում էին կենդանի մարդիկ: Այրվում էին ամբողջ մարմնով, յուղի մեջ թաթախված պատրույգների նման: Ոչ ոք չէր մոտենում այդ տարօրինակ հրդեհը շիջուցանելու համար: Նա պիղծ էր, նա կարող է ուղղափառ մահմեդականին պղծել: Բոցերը փոքր առ փոքր լափում էին նրանց և կանգնածները գլորվում էին ցած: Մի մարմին ընկնում էր ուրիշ մարմնի վրա և ձևացնում էր դիակների մի կույտ – մի մարդկային խարույկ, որ ավելի հեշտ կարող էր վառվել: Բոցերի միջից դեռ լսելի էին լինում խուլ հառաչանքներ, շարժվում էին ձեռքեր, որ բարձրանում էին դեպի սառնասիրտ երկինքը... Մեղմ քամին տարածում էր ճենճերային խանձահոտությունը դեպի ամեն կողմ: Դա մի կատարյալ մարդազոհ էր, որ նվիրվում է աստվածներից ամենաանգութին:

Այրվում էին կանայք, երեխաներ, այրվում էին ալևորներ և առույգ տղամարդիկ: Այդ սարսափելի ողջակեզը կարող էր ամեն մարդու վրա սոսկալի տպավորություն գործել, բայց խանի մեջ նա բարձրացրեց ծիծաղ և մի տեսակ գազանային զվարճություն: Նա առանց ժպտելու չէր կարողանում նայել այդ սիրտ կտրատող տեսարանի վրա, որպես Ներոնը նայում էր Հռոմի հրդեհին: Նա զարմանում էր այդ թշվառների սատանայական հնարագիտության վրա, թե ինչ խորամանկ միջոց էին ընտրել դարձնելու իրենց վրա խանի բարձր ուշադրությունը: Նրանք գանգատավորներ էին: Մի քանի ամբողջ ամիսներ դեգերվում էին խանի չադրների մերձակայքում, բայց ոչ ոք թույլ չէր տալիս նրանց մոտենալ և իրանց գանգատը հայտնել խանին: Հուսահատությունը ստիպեց դիմել այսպիսի սոսկալի ձեռնարկության: Նրանք օծեցին իրանց մարմինը և հագուստը նավթով, նրանք անցկացրին իրանց պարանոցը նույնպես նավթի մեջ թաթախված հասիրներ, և կրակ տվեցին... Այդ բոլորը խիստ ծաղրաշարժ էր թվում խանին:

Մարմինները դեռ ծխում էին: Թանձր մուխը պատել, պաշարել էր նրանց: Երբեմն միայն բարակ լեզուների նման հայտնվում էին բոցերի գունատ շառավիղներ, դողդողում էին, պտույտվում էին և իսկույն մարում էին ծխի թանձրության մեջ: Դրանք թշվառ զոհերի վերջին բողոքը, վերջին մրմունջն էին արտահայտում...

Հասարակության ուշադրությունը այդ միջոցին դարձրած էր դեպի մի մանկահասակ պատանի, որ չկարողանալով դիմանալ կրակի զարհուրանքին, դուրս էր պրծել իր մոր գրկից և ընկած էր խարույկից հեռու: Հանկարծ մի մարդ շուտ վրա հասավ, ջրով թրջած իր վերարկուն շտապով ծածկեց նրա վրա, և այսպիսով հանգցրեց նավթի բոցերով բռնկված նրա հագուստից կրակը: Հետ քաշելով վերարկուն, նա սկսեց խնամքով մերկացնել մանուկին, որովհետև կիսավառ հագուստը դարձյալ այրում էր նրա մարմինը: Մազերը և մինչև անգամ աչքերի թերթերունքը բոլորովին խանձված էին: Պատանին ուշաթափության մեջ էր գտնվում, բայց կյանքի նշույլները իսպառ անհետացած չէին: Երեսի կաշին այրված էր, իսկ մարմնի վրա երևում էին մի քանի մրկած տեղեր:

— Ի՞նչ պիտի անես այդ լակոտին, Աhմեդ, — հարցնում էին նրա շրջապատողները:

— Ես նրան կառողջացնեմ և ինձ որդի կշինեմ, — պատասխանեց ծերունի ներքինապետը ծանրությամբ:

— Գավուրի՞ն, — զոչեցին ամեն կողմից զզվանքով:

— Ես նրան մահմեդական կդարձնեմ:

Թեև ծերունի Աhմեդը հավատքով ծածուկ քրիստոնյա էր, բայց այդ խոսքը ասաց նա իր շրջապատողների մոլեռանդությունը չգրգռելու համար: Լսելով թշվառ գյուղացիների արկածքը, նա շտապեց, եթե կարելի կլիներ, բոլորին օգնություն հասցնել. բայց մինչև իր գալը ամեն ինչ վերջացած էր... Նա կարողացավ ազատել այդ մանուկը միայն:

Բայց նրանից առաջ, երբ բոցերը ճարակում էին իրանց բոլոր դժոխային արհավիրքով, երբ զոհերը մրմնջում էին, երբ թանձր ծխի միջից լսելի էր լինում «գթությո՜ւն... գթությո՜ւն»... հառաչանքը, — նրանց մոտից անցան հայոց ժողովրդի երկու ներկայացուցիչները՝ մելիք Ֆրանգյուլը և մելիք Դավիթը: Երկուսն էլ իսկույն հասկացան եղելությունը և այդ թշվառների հուսահատ անձնասպանության դրդիչ պատճառները: Մելիք Դավիթի դեմքի վրա անցավ տխրության մի ամպ, նա ամբողջ մարմնով սոսկաց, սիրտը սկսեց դողդողալ և ոտքերը սկսեցին կարկամիլ: Այդ խղճի և ցավակցության զգացմունքը չէր, որ այսպես շանթահարեց նրան. դա եղեռնագործի, դա չարագործի այն սոսկումն էր, որի գազանային խռովությունը անցնելուց հետո, հանկարծ տեսնում է իր աչքի առջև անմեղ զոհերը... և նոր է հասկանում հանցանքի մեծությունը: Իրանց անձը այրողները տաթևացիներ էին, մելիք Դավիթի կառավարությանը հանձնված հարստահարյալներ էին:

«Ուրացողը» այն աստիճան կողոպտել էր նրանց, այն աստիճան ծանրաբեռնել էր զանազան տուրքերով, որ վերջին ժամանակներում անկարող էին վճարել: Չարագործը նախ սկսեց ծախել տալ նրանց տնային կարասիքը, անասունները, իսկ երբ դրանք էլ սպառվեցան, սկսեց այնուհետև վաճառել նրանց զավակները մահմեդականներին: Մի այսպիսի բարբարոսության անկարող էր համբերել աղքատ և ապրուստի ամեն միջոցներից զրկված գյուղացին: Նա սովորած էր ինչքի և կայքի հարստահարության, բայց իր սիրելի զավակների մահմեդական դառնալուն չէր կարող համբերել: Նա ավելի բարվոք կհամարեր, որ նրանք մեռնեին, ոչնչանային, քան թե կրոնափոխ լինեին: Մելիք Դավիթի անգթությունները կատարյալ գազանության էին հասնում: Նա տանջում էր հայերին ավելի, քան մի թյուրք, մի պարսիկ, կամ մի այլ մահմեդական: Անճարացած ժողովուրդը կամենում էր դիմել խանին, հայտնել իր ցավերը և արդարություն պահանջել:

Ժողովուրդը հույս ուներ, որ բռնակալ խանի մեջ կգտնե ավելի գութ, ավելի մարդասիրություն, քան թե մի հայ դավաճանի մեջ, որ փառքի և պաշտոնի համար վաճառել էր մինչև անգամ իր կրոնքը: Բայց խորամանկ մելիքը այնպես փակել էր բոլոր մուտքերը նրանց առջև, որ ոչինչ հնար չէին գտնում իրանց բողոքը հասցնելու խանի ականջին: Սկսյալ ֆարրաշբաշիից մինչև վերջին ծառայողը կաշառված էին մելիքից, որ այդ գյուղացիներին թույլ չտան խանին մոտենալ: Մի երկրում, ուր ամեն դատ կատարվում էր բերանացի, կամայական կերպով, ուր դատավորը մատչելի չէր ամենին, ուր ամեն գործ քննվում էր լոկ խոսքերով միայն, — այսպիսի հանգամանքներում դրանիկների բարեխոսությունը կամ նրանց չարախոսությունը, իհարկե, մեծ նշանակություն կարող էր ունենալ գանգատավորների վերաբերությամբ: Դրանիկները կարող էին դեպի ամեն կողմ ծռել դատավորի կամքը, որը միևնույն ժամանակ ժողովրդի տերն էր: Դրանիկները կարող էին գործը այնպես սարքել, որ իշխանը ամենևին տեղեկություն չստանար, թե ինչ է կատարվում ժողովրդի մեջ: Չափազանց անկարգությունները կառավարության մեջ միշտ ծնեցնում են ծայրահեղ միջոցներ նրանց բառնալու համար, այն է՝ ոչնչացնել անիրավ իշխանությունը արդարությունը վերականգնելու համար: Բայց դրա համար ժողովրդի մեջ բավական կյանք և բարոյական ուժ է հարկավոր: Այդ ժամանակներում (և մինչև այսօր Պարսկաստանի մեջ), ժողովուրդը այն աստիճան մեռած էր, որ սովորական իրերի կարգն էր անցել այն զրույցը, թե «հասիր կգցեմ բողազս, կգնամ խանի դռանը ինձը կայրեմ...»: Դա հարստահարված գյուղացու վերջին հուսահատական խոսքն էր, երբ կամենում էր, որ իր ցավերի վրա ուշադրություն դարձնեին: Լուկրեցիան խենջարը ցցելով իր կուրծքի մեջ, անձնասպան եղավ և իր մահվամբ բողոքեց անբարոյական Հռոմի դեմ: Իսկ հայ գյուղացին մահմեդական իշխանի դռանը իրան այրելով, բողոքում էր տիրող բռնության դեմ:

— Այդ բանից վատ հոտ է գալիս... — ասաց մելիք Ֆրանգուլը, դառնալով մելիք Դավիթին, երբ նրանց աչքին ընկավ սոսկալի տեսարանը:

Մելիք Դավիթը ոչինչ չպատասխանեց: Նա մտածում էր այն բանի վրա, թե ի՞նչ տպավորություն կունենա այդ անցքը խանի վրա: Նա պատրաստում էր պատասխան նրա համար: Իր մտքում հարյուրավոր պատճառներ էր հնարում, հարյուրավոր փաստեր էր ստեղծում իրան արդարացնելու համար, երբ խանը բացատրություն կպահանջեր նրանից սարսափելի անցքի մասին: Իսկ մելիք Ֆրանգյուլին տանջում էր մի այլ միտք: Նա երկյուղ ուներ, որ գյուղացիների ինքնասպանությունը գուցե կշարժեր խանի մարդասիրական զգացմունքը և դրանով կդժվարանար իրանց դիտավորությունը՝ հայ գերիների վաճառումը կամ խսպառ խափանելու կամ հետաձգելու մասին: Այդ նպատակով նրանք դիմում էին խանին, որ արգելեն հայ գերիների վաճառումը, և Թորոս իշխանին ձեռնաթափ հետ դարձնեն, որը այսօր գալու էր գերիներին գնելու: Իսկ այդ անիծված գյուղացիները վատ ժամանակ ընտրեցին իրանց այրելու: Այսօր պետք էր խանի անգթությունը իր զանազանային բորբոքման մեջ պահել: Իսկ այդ անիծված գյուղացիները փոքր-ինչ մեղմացրին նրա բարբարոսությունը: Ո՞ւմ սիրտը չի ցավի, տեսնելով երեխաներին և կնիկներին կրակի բոցերի մեջ... Այսպես էր մտածում մելիք Ֆրանգյուլը, երբ նրանք հասան խանի վրանի մոտ:

Խանը դեռը կանգնած էր իր վրանի առջև և նայում էր, թե որպես մի քանի հրեաներ երկաթե կարթերով, շան գեշերի նման, քարշ էին տալիս կիսախորով դիակները, տանում էին հեռու, ձգում էին մի փոսի մեջ և ծածկում էին հողով: Մահմեդականները չէին մոտենում նրանց, պիղծ էին համարում, այս պատճառով պիղծ ծառայությունը հանձնել էին նույնպես պիղծ հրեաներին, որոնք գործով եկել էին խանի բանակը:

Տեսնելով երկու մելիքներին, որոնք հանդիսավոր կերպով իր մոտ էին գալիս, խանը մի առանձին հեգնական ժպիտով դարձավ նրանց, ասելով.

— Տեսա՞ք, ինչ արեցին այդ հիմար հայերը...

Երկու մելիքները մինչև գետին խոնարհվելով, գլուխ տվեցին: Խանի ժպիտը քաջալերեց նրանց, և մելիք Դավիթը, օգուտ քաղելով նրա ուրախ տրամադրությունից, պատասխանեց.

— Հային ո՞վ է տվել խելք, եթե հայերը խելք ունենային, էլ ինչու՞ էին հայ լինում...

«Ուրացողի» շողոքորթությունը բավական դուր եկավ խանին, որը ձեռքը դնելով նրա ուսի վրա, ասաց.

— Այդ իրավ է, Բաղր բեկ (պարսիկները այսպես էին կոչում նրան), — եթե հայերը խելք ունենային, կհետևեին քո օրինակին, կընդունեին մեր սուրբ կրոնքը, և համ այս աշխարհում, համ այն աշխարհում վայելչություն կունենային: — Այսպես չէ՞ մելիք Ֆրանգյուլ. — հարցրեց նա վերջինից:

Մելիք Ֆրանգյուլը դարձյալ գլուխ տվեց, ասելով.

— Այո՛, խան, այդպես է, քո ոտքին մատաղ:

Խանը մտավ վրանի այն մասը, որ հատկացրած էր դիվանի համար: Նա նստավ իր համար առանձին պատրաստած թանկագին օթոցի վրա և հրավիրեց երկու մելիքներին նույնպես նստել: Նրանք տեղավորվեցան խանից ցած: Խանի դրանիկներից նրա մոտ նստեց միայն մունշի-բաշին, իսկ մյուսները ոտքի վրա կանգնած մնացին վրանի առջև: Այդ միջոցին անցավ այնտեղից ծերունի Ահմեդը, և հեռվից լուռ աչքով ակնարկելով խանի մանկահասակ սպասավորներից մեկին, կանչեց իր մոտ:

— Սալամ, — ասաց նրան, — ահա քեզ տասն ոսկի. այդ մարդիկը ինչ որ խոսելու լինեն խանի հետ, շուտով խաբարը կբերես ինձ: Նա ցույց տվեց երկու մելիքների վրա:

— Փողը ի՞նչ անեմ, — պատասխանեց կանացի դեմքով գեղեցիկ սպասավորը, — քեզ մի ծառայություն անելու համար ես ամեն բանի պատրաստ եմ:

— Ոչ, ընդունիր, ինչ որ քեզ ասում են՝ այն լսիր. ոչ մի խոսք չես փախցնի ականջիցդ, բոլորը կպատմես ինձ:

Սալամը խանի համար ղեյլան մատուցանող սպասավորն էր, որ միշտ կանգնած էր լինում նրա սպասին: Նա առանց կաշառք ևս ընդունելու ծերունի ներքինապետից, միշտ պատրաստ էր կատարելու հարեմի այն հզոր իշխանի կամքը, որից բոլոր ծառայողները դողում էին:

Խառնիճաղանջ բազմությունը վրանի առջևից քաշվեցավ դեպի նրա ետևի կողմերը, նստեցին խոտերի վրա, որ խանի աչքին չընկնեն: Իսկ վրանի մուտքի աջ և ձախ կողմերը կանգնած մնացին ֆարրաշները, շաթրները և մյուս ծառայողները:

Խոսակցությունը կրկին դարձավ հայերի վրա:

— Ֆարրաշբաշի, — ձայն տվեց խանը, — դուք չգիտե՞ք պատճառը, թե ինչու՞ համար այդ հայերը իրանց այրեցին:

Ֆարրաշբաշին մոտեցավ, գլուխ տվեց, և շփոթված տատանվում էր, չգիտեր, թե ինչ պետք էր պատասխանել: Վերջապես ասաց նա, թե ինձ ոչինչ հայտնի չէ:

— Ես գիտեմ... – մեջ մտավ մունշի-բաշին, խանի առաջին քարտուղարը:

Այդ մարդը, որ ամբողջ մարմնով թունավորված էր անդադար ափիոն ուտելով, որի ձեռքերը դողում էին շատ արագ խմելուց, բայց որպես գրագետ, որպես շատ կարդացած մարդ, համեմատաբար ավելի բարոյական էր, քան թե մյուս բոլոր ծառայողները: Նա պատկանում էր պարսից մի ծածուկ աղանդի, որ հերքում էր ամեն կրոնքները, իբրև վնասակար, իբրև ազգերի եղբայրությունը խափանող և նրանց մեջ թշնամություն սերմանող մի վարդապետություն: Նա բացատրեց խանին, թե հայերի հուսահատական ինքնապանությունը առաջ է եկել հարկերի չափազանց ծանրությունից, թե նրանք վճարում էին երեքպատիկ, չորեքպատիկ ավելի, քան թե պարտավոր էին. թե նրանց ինչքը, ստացվածքը և մինչև անգամ զավակները վաճառվում էին տուրքերի փոխարեն: — Իհարկե, այդ բոլորից հետո, — ավելացրեց նա, — նրանց ոչինչ չէր մնում, բայց միայն մեռնել...

Այդ միջոցին մելիք Դավիթի դեմքը գունաթափվել, դալկացել, մեռելի գույն էր ստացել: Նրա աչքերում վառվում էր մի տեսակ գազանային կատաղություն, նկատելով, թե դեռևս կան աշխարհում անմիտ մարդիկ, որոնք բողոքում են չարության դեմ: Նա զսպեց իրան, ոչինչ չպատասխանեց, սպասելով, թե խանը ինչը կասե:

— Հաշիվները կա՞ն ձեզ մոտ, — հարցրեց խանը:

— Ինչպես չէ, — պատասխանեց քարտուղարը և դուրս բերեց իր գոտիի միջից թղթերի ահագիին փաթոթը, սկսեց նրանց միջից ջոկել տաթևացիների հաշիվները:

Այդ միջոցին խանի վրանը մտավ ցեղի ընդհանուր հոգևոր գլուխը – իմամը: Բոլորը ոտքի վրա կանգնեցին, նրան գլուխ տվեցին: Խանը հրավիրեց նրան իրանից բարձր նստել, նույն թանկագին օթոցի վրա, ուր առաջ ինքն էր նստած: Քննությունը հայերի հարստահարության մասին ընդհատվեցավ:

Սովորական հարցուփարևներից հետո, խանը ծիծաղելով դարձավ դեպի իմամը, ասաց.

— Ի՞նչ է շինում ձեր դերվիշը, պատրաստե՞ց խոստացած մաջունը:

— Դեռ բոլոր նյութերը ձեռք չեն բերված, — պատասխանեց իմամը լուրջ կերպով. – հարկավոր է դեռևս հարյուր մսխալ մարգարիտ, հարյուր մսխալ խոշոր մարջան, տասն մսխալ ալմաստ, տասն մսխալ յաղութ, տասն մսխալ լալ, հինգ մսխալ մուշք, հարյուր մսխալ չուբի-չին, երկու հարյուր մսխալ յալդուղի ոսկի, և մի քանի ուրիշ նյութեր: Այստեղ անկարելի է բոլորը գտնել, միտք ունեմ գրել Թավրիզ, որ այնտեղից ուղարկեն:

— Ամենևին հարկավոր չէ գրել Թավրիզ, — ասաց խանը իր ծառայությունը ցույց տալու համար իմամին, — բոլորը կգտնվեն ինձ մոտ, դուք կարող եք ստանալ ինձանից այդ բոլոր գոհարները, որքան պետք է ձեզ, միայն այն պայմանով, որ փողի փոխարեն շնորհեք ինձ ձեր սուրբ օրհնությունը:

— Ես առանց այդ ևս ամեն օր իմ նամազների մեջ հիշում եմ ձեզ, — ասաց իմամը իր հատուկ բարեսրտությամբ:

Խանը լուռ գլուխ տվեց ի նշան իր շնորհակալության:

Իմամը վաթսուն տարին անցրած մի չոր ու ցամաք ծերունի էր, ոտքից մինչև գլուխը սպիտակ հագնված, որպես վայել էր այդ նրա բարեպաշտությանը: Նրա գլխի ճերմակ չալման մի ահագին կաղամբի էր նմանում, իսկ մեջքի հաստ գոտին, փրփուրի պես սպիտակ և նուրբ գործվածքից, դիզվել էր փորի վրա: նա տասներկու կնիկներ ուներ, իսկ այդ հասակում կամենում էր պսակվել մի դեռահաս, տասնչորս տարեկան աղջկա հետ, հույս դնելով իր դերվիշի հրաշալի մաջունի վրա, որը պետք է վերադարձներ նրա մանկությունը, և նրան մի առույգ երիտասարդի սիրտ և ուժ պիտի տար: Նա բոլորովին հավատում էր իր վերածնելությանը, թեև հրաշալի մաջունը նրան շատ թանկ պիտի նստեր, թեև բոլոր գոհարեղենները պիտի մտնեին խորամանկ դերվիշի գրպանը, որը բժշկության մեջ իրան մի նոր Լոկման էր ներկայացնում:

— Այդ դերվիշը, — խոսեց իմամը, -սքանչելի բաներ գիտե, նա խոստանում է ինձ համար մի դարման շինել, որը մի անգամ ընդունելուց հետո բոլոր սպիտակ մազերը սև գույն կստանան: Գիտե և մի ուրիշ դարման, որ կյանքը հարյուրավոր տարիներով երկարացնում է:

— Ինչու՞ չեք շինել տալիս, — հարցրեց խանը:

— Նյութերը հազվագյուտ են և ըստ մեծի մասին թանկագին:

— Այսպիսի դարմանները պատրաստվում են գլխավորապես գոհարեղեններից:

— Այո՛, գոհարեղեններից:

Խանը դարձյալ կրկնեց, թե բոլորը իմամը կարող է ստանալ իրանից, և խնդրեց դերվիշին իր մոտ ուղարկել, հայտնելով, թե ինքն էլ նպատակ ունի նույն մաջունները պատրաստել տալ իր համար, և այսպիսով մի օգուտ հասցրած կլինի դերվիշին, որը իմամի թե՛ բժիշկը և թե՛ հյուրն է: Մի խոսքով, խանը աշխատում էր ամեն տեսակ հաճություն ցույց տալ այդ սպիտակեղենների մեջ փաթաթված, չորուցամաք ծերուկին, որ բովանդակում էր իր մեջ ամբողջ ցեղի հավատը և համակրությունը: Խանը այնքան վարպետ էր, որ գիտեր, թե այդ մարդուն գրավելով, ամբողջ ժողովուրդը իր ձեռքում սանձահարված կարող էր պահել:

Մի մարդ միայն այդ վրանում իր մտքում ծիծաղում էր այդ բոլոր խոսակցությունների վրա, — դա մունշի-բաշին էր: Նա խիստ դժգոհ էր, որ իմամի այցելությունը խանգարեց իր բացատրությունները հայերի հարստահարության մասին, և բարկությունից, հանեց իր ծոցից մի փոքրիկ, ոսկյա տուփ, և նրա միջից վեր առնելով ափիոնի երեք հատ խոշոր գնդակներ, դրեց բերանը, կուլ տվեց:

— Միրզա-Ջաֆարը — այսպես էր մունշի-բաշիի անունը — արդեն կուլ տվեց իր մաջունը, — նկատեց իմամը հեգնական եղանակով:

— Այո՛, — պատասխանեց նույնպես հեգնական ոճով քարտուղարը, — այդ է իմ մաջունը, թեև չէ մանկացնում, բայց գոնե մոռանալ է տալիս ինձ աշխարհի վշտերը...

— Մի՞թե դուք էլ վշտեր ունեք, — հարցրեց իմամը ծիծաղելով:

— Ես վշտեր չունեմ, բայց ուրիշի վշտերը նեղացնում են ինձ... — ասաց նա փիլիսոփայական զվարճախոսությամբ, — աշխարհի մեջ շատ չար ու բարի եմ տեսնում... կան մարդիկ, որ ամեն հնարներ գործ են դնում իրանց կյանքը երկարացնելու համար, որ ավելի շատ վայելեն աշխարհի հեշտությունները... կան և այնպիսի մարդի, որոնք կամավ կարճացնում են իրանց կյանքը և մահվան մեջ են որոնում հանգստությունը...

Թե՛ խանը և թե՛ իմամը առաջուց սովոր էին քարտուղարի տարապայման խոսակցությանը, այս պատճառով չբարկացան նրա բացարձակ ակնարկությունների վրա: Դերվիշները առհասարակ հարգանք ունեն պարսիկների մոտ, չնայելով որ, նրանց հայացքները և սովորությունները շատ անգամ հակառակ են լինում ընդունված նախապաշարմունքներին: Միրզա-Ջաֆարը նույնպես դերվիշ էր: Իր վերջին խոսքերով նա ակնարկում էր խեղճ հայերին, որ մի քանի րոպե առաջ այրվեցան հրապարակի վրա: Իմամը հասկանալով այդ, պատասխանեց նրան.

— Նրանք առանց այդ էլ պիտի այրվեին դժոխքի կրակների մեջ. լավ է, որ այս աշխարհում փորձեցին նախապատրաստվել գեհենի կրակների համար:

Քարտուղար կամենում էր պատասխանել իմամին, բայց խանը նրան աչքով արեց, որ լռե: Մելիք Դավիթը, որ բոլոր ժամանակը լուռ լսում էր, մտածեց օգուտ քաղել իմամի ներկայությունից և իր հաշիվը վերջացնել քարտուղարի հետ: Բայց առիթ չէր գտնում: Առիթը տվեց ինքը իմամը, որը գոհ մնալով իր սուր պատասխանով հայերի վերաբերությամբ, դարձավ դեպի մելիք Դավիթը, հարցնելով.

— Այսպես չէ՞, Բաղր բեկ:

— Իրավ, այդպես է, տեր, — ասաց «ուրացողը» — բոլոր հայերը դժոխքի կրակի մեջ պիտի այրվին: Աստուծո դրախտը միայն Մուհամմեդի ուղղափառների համար է: Մի քանի րոպե առաջ պարոն քարտուղարը ինձ մեղադրում էր, իբր թե ես եմ եղել գլխավոր պատճառը, որ այդ հիմար հայերը իրանց անձերը կրակին մատնեցին: Իբր թե ես նրանցից ծանր հարկեր եմ առել և նրանց զավակները վաճառել եմ: Խոստովանում եմ, որ այդ երկուսն էլ արել եմ ես ավելի հարգանք ընդունելու համար, քան թե նախատինք: Հարկերը ծանրացնելով, ես ծառայություն եմ արել խանի գանձարանին, իսկ «գավուրների» զավակները մահմեդականներին վաճառելով, ես աշխատել եմ բազմացնել մեծ մարգարեի հավատացյալների թիվը: — Դրանք են իմ արածները, եթե մի որևիցե հանցանք եք գտնում դրանց մեջ, ահա իմ պարանոցը, կտրել տվեցեք:

— Այդ գործերի մեջ ոչ ոք ձեզ մեղադրելու իրավունք չունի, ընդհակառակն, դուք պատվի և շնորհակալության եք արժանի, — պատասխանեց իմամը ծանրությամբ: Դրանով դուք ցույց եք տալիս, որ անկեղծությամբ և հավատքով եք ընդունել մեր կրոնը: Ես կխնդրեմ խանից, որ ձեզ ըստ արժանվույն վարձատրե:

— Ես այսօր իմ սեփական հանդերձատնից մի խալաթ կընծայեմ Բաղր բեկին, -ասաց խանը իմամին գոհացնելու համար:

Մելիք Դավիթը գլուխ տվեց և օրհնություններով հայտնեց իր շնորհակալությունը: Այժմ չարագործի մռայլված դեմքը կրկին սկսեց փայլել ուրախությունից: Իմամը մելիք Ֆրանգյուլի վրա ամենևին ուշադրություն չդարձրեց, թեև նա աստիճանով ավելի բարձր էր մելիք Դավիթից: Մուսուլմանների բարձր հոգևորականը կարծես, զզվում էր այդ «գավուրի» ներկայությունից, մանավանդ, որ նա համարձակվել էր նստել նույն վրանի տակ, ուր ինքն էր նստած: Այդ արհամարհանքը սաստիկ ազդեց փառասեր մելիք Ֆրանգյուլի սրտին և նրա գլխում կրկին ծագեց այն միտքը, որ երկար ժամանակ տանջում էր նրան...

Իմամը վեր կացավ, հայտնելով, թե երկար նստել չէ կարող, թե իր նամազի ժամանակը անցնում է, թե նա մի քանի րոպեով միայն կամեցավ անցնել խանի մոտ, նրա առողջությունից տեղեկություն ստանալու համար, թեև նա եկած էր գլխավորապես գոհարեղենների համար, որ պահանջում էր նրանից դերվիշը: Թե՛ խանը և թե՛ բոլոր ներկա գտնվողները կանգնեցին և բավական տեղ, վրանից հեռու, ճանապարհ դրին իմամին:

Իմամի գնալուց հետո խանը երկու մելիքների հետ մնաց միայնակ: Քարտուղարը խռոված մարդու նման առանձնացավ վրանի մյուս մասում, ուր նստած էին նրա ստորադրյալ գրագիրները և սկսեց զբաղվել իր գործերով: Այդ միջոցին խանը կանչել տվեց իր մոտ ձիավորների գլխավորին, որին կոչում էին դուլլար-աղասի և հրամայեց նրան պատրաստել երկու հարյուր զինված ձիավորներ Թորոս իշխանին ընդունելու համար:

— Թորո՞սը, — հարցրեց մելիք Ֆրանղյուլը զարմացած կերպով, իբր թե ոչինչ բանից տեղեկություն չունի, — ինչու՞ համար է գալիս Թորոսը:

— Իշխանը պիտի գա մեզ մոտ գտնված հայ գերիներին գնելու համար, — պատասխանեց խանը: — Այսօր, ճաշից երկու ժամ առաջ, ժամանակ ենք նշանակել նրան ընդունելու:

— Ներեցեք համարձակությանս հարցնել – ո՞րքան փրկանք եք նշանակել:

— Ես դեռ ոչինչ չեմ նշանակել, տեսնենք իշխանը որքան կտա. իհարկե, փողի մասին սակարկություն կլինի:

— Ես հենց այդ էի ուզում գիտենալ, — ասաց մելիք Ֆրանգյուլը խոհեմ կերպով. – Թորոսը յոթն սատանայից ավելի խորամանկ է, վախենում էի, որ այդ անիրավը ձեզ կխաբե: Լավ է, որ դեռ գործը վերջացած չէ, ես այժմ կարող եմ ձեզ մի քանի օգտավետ խրատներ տալ:

Սալամ մանկլավիկը, որ ներքինապետից պատվեր էր ստացել լրտեսել խանի և երկու մելիքների խոսակցությունը, ավելի սրեց իր ականջները մելիք Ֆրանգյուլի «խրատները» լսելու համար: Ընդունելով իր մատուցած ղեյլանը խանի ձեռքից, նա մի կողմ քաշվեցավ, կանգնեց վրա մուտքի մոտ, և լարված ուշադրությամբ լսում էր նրանց:

Մելիք Ֆրանգյուլը խանի ուշադրությունը դարձրեց նախ այն կետի վրա, թե ովքեր են գերիները, ի՞նչ տոհմից են, ո՞րքան կարողություն ունեն, և նրանց ազգականները ինչ գումար կարող էին վճարել նրանց գնելու համար: Բոլոր անունները մի առ մի հայտնելուց հետո, նա ավելացրեց, թե ինքը, կռվի ժամանակ որովհետև խանի զորքերի մեջն էր գտնվում, և խանին ավելի շահ հասցնելու մտքով, աշխատեց ընտրել գերիներին ամենահարուստ ընտանիքներից, որպեսզի, նրանց ազատելու համար, կարելի լինի պահանջել նշանավոր գումարներ: Գերիները թվով հարյուր քսան և հինգ հոգի են. մի մասը մեռել են բանտի մեջ, բայց հարյուրի չափ դեռ մնում են: Դրանց մեջն է գտնվում Ստեփաննոս պատանին, որ Շահուման իշխանների տոհմիցն է, մելիք Վարթանեսի որդին, ամբողջ Գենվազ գավառի ժառանգը, այն գավառի, որ դուք տիրեցիք, որ այժմ ձեր իշխանության ներքո է գտնվում: Այդ պատանուն ամենևին պետք չէ ձեռքից թողնել, եթե կամենում եք, որ Գենվազը մնա ձեզ որպես մշտական սեփականություն: «Վիշապի ձագը երբ որ մեծանա, դարձյալ օձերի թագավորը կդառնա», — այդ պարսկական առածի միտքը դուք լավ եք հասկանում: Ուրեմն, պետք է Շահումյանների տան այդ վերջին շառավիղը արմատից կտրել, այդ տոհմի հետքը աշխարհի երեսից ջնջել, եթե ցանկանում եք, որ Գենվազը ձեզ մնա: Իսկ եթե պատանու կյանքին դիպչել չենք ցանկանա, խոհեմությունը պահանջում է, որ նրան պահեք ձեզ մոտ որպես պատանդ:

Մելիք Ֆրանգյուլը այնպես հասարակ և սովորական կերպով առաջարկում էր խանին իր «խրատները», որպես բժիշկը տալիս է իր հիվանդին զանազան առողջապահական խորհուրդներ, որոնց մեջ նա խղճի, պատվի և ազնվության դեմ ոչ մի հանցանք չէ գտնում:

— Այդ բոլորը, ինչ որ ասեցիք, շատ խելացի են, — պատասխանեց խանը ուշադրությամբ լսելուց հետո. — բայց ես այդ պատանուն ոչ կարող եմ պահել ինձ մոտ որպես պատանդ և ոչ ոչնչացնել նրան, որովհետև Թորոս իշխանին խոսք եմ տվել բոլոր գերիները դարձնել նրան, և ես իմ խոսքը հարգում եմ:

Կարծես մելիք Ֆրանգյուլի գլխին սառը ջուր ածեցին: Նա չէր սպասում խանից մի այսպիսի պատասխան: Բայց դարձյալ իր վստահությունը չկորցնելով, դավաճանը շարունակեց.

— Ես երբեք չէի ցանկանա, որ դուք ձեր խոսքը կոտրեիք, խան, բայց այդ չէ արգելում ձեզ պահանջել որպես պատանու, նույնպես և մյուս գերիների համար արժանավոր փրկանք:

Մելիքի նպատակը այն էր, որ խանը պահանջե այնպիսի ահագին գումար, որ Թորոս իշխանը չկարողանա վճարել, դրանով դարձյալ գերիները կմնային խանի բանտի մեջ, այնտեղ կմաշվեին, կտրորվեին և վերջապես կոչնչանային, — այն ժամանակ մելիքը դարձյալ հասած կլիներ իր նպատակին: Բայց ի՞նչ սատանայական նպատակ էր այդ, — պետք է պարզել:

Մելիք Ֆրանղյուլը վաղուց դիտավորություն ուներ Գենվազ գավառի մելիքությունը իր ձեռքը ձգել: Այս նպատակով, նա իրան աջակից ընտրելով տաթևացի Դավիթ ուրացողին, երկուսը միասին կարողացան խանին գրգռել Գենվազի վաղեմի իշխան մելիք Վարթանեսի դեմ: Դավադրությունը այնպես սարքեցին, որ մելիք Վարթանեսը բոլորովին անպատրաստ, խանի հրոսակները հանկարծ մտան նրա երկիրը: Շահումյանների տունը բոլորովին բնաջինջ եղավ: ինքը մելիք Վարթանեսը, ընկավ կռվի մեջ: Այդ ահագին իշխանական տոհմից ազատվեցավ մի պատանի միայն, Ստեփանոսը, որը գերի ընկավ խանի զորքերի ձեռքը: Նրա հետ գերի առնվեցան Գենվազի գյուղերի բոլոր նշանավոր տանուտերների որդիները: Այնուհետև խանը իր կողմից նշանակեց այդ գավառում պարսիկ կառավարիչներ: Գերիները այնքան ժամանակ պահվում էին խանի բանտերում, մինչև Գենվազը բոլորովին հպատակեր և ժողովուրդը ապստամբական փորձեր չաներ: Բայց որովհետև ժողովրդի գլխավորները ոչնչացրած էին, և նրանց զավակները որպես գրավական պահվում էին տիրող բռնակալի ձեռքում, այս պատճառով անտեր, անառաջնորդ Գենվազը շուտով խոնարհվեցավ պարսիկ խանի իշխանության ներքո: Այնուհետև ավելորդ էր պահել գերիներին, երբ կարելի էր ստանալ նրանց փոխարեն բավական մեծ գումար: Բայց մելիք Ֆրանգյուլին այդ ձեռնտու չէր: Նա ժառանգական թշնամություն ուներ Շահումյանների տոհմի հետ: Նա ցանկանում էր ոչնչացնել այդ հոյակապ ընտանիքից մնացած միակ ներկայացուցիչը, Ստեփաննոսին, որ ինքը լինի Գենվազի տերը: Թեև այդ մասին նա դեռ ոչինչ խոսեցած չէր խանի հետ, բայց մեծ հույս ուներ, որ կարող է հասնել իր նպատակին, որովհետև խանը նրա օգնությամբ, նրա առաջնորդությամբ միայն կարողացավ տիրել Գենվազին և հաղթել մելիք Վարթանեսի նման մարդուն, որը մեծ զորության տեր էր: Պարսից խաները սովորություն չունեին իրանք կառավարելու հայոց գավառները. նրանք հանձնում էին հայ մելիքներին և տարեկան մի նշանակյալ հարկ էին ստանում: Ո՞վ ավելի արժան էր այդ պաշտոնին, քան մելիք Ֆրանգյուլը, որ այնքան հավատարիմ էր խանին, որ այնքան օգնել էր նրան Գենվազի տիրապետության մեջ:

Մելիք Ֆրանգյուլը երկար ժամանակ աշխատում էր պատանի Ստեփաննոսին խեղդել տալ բանտի մեջ, բայց այդ փորձը, ինչպես տեսանք, չհաջողվեցավ: Նա այնքան երկյուղ չէր կրի այդ պատանուց, եթե նա չունենար մի այնպիսի հզոր քեռի, որպիսին էր Թորոս իշխանը, Չավնդուրի ամբողջ գավառի տերը: Ստեփաննոսի մայրը այդ իշխանի հարազատ քույրն էր: — տարակույս չկա, մտածում էր մելիք Ֆրանդյուլը, որ Թորոս իշխանը, ազատելով իր քրոջ որդուն, կպահեր իր մոտ, կմեծացներ, և վերջը կաշխատեր նրան կրկին իր հայրենական ժառանգության տեր դարձնել:

Արծաթի սերը խանի մեջ մեծ էր ամեն բանից: Մելիք Ֆրանգյուլի բոլոր խորհուրդները, բոլոր փաստերը, թե գերիներին իր մոտ պահելով կամ ոչնչացնելով, կարող էր նա ապահովացնել Գենվազի տիրապետությունը, — այդ «խրատներին» խանը մեծ նշանակություն չտվեց: Նրան միայն գրավեց փողի խնդիրը և այս պատճառով հարցրեց, թե ինչքան կարելի է պահանջել Թորոս իշխանից:

— Մելիք Վարթանեսի ամբողջ գանձը, — պատասխանեց մատնիչը:

Խանը զարմացավ, ասելով, թե մելիք Վարթանեսը ինչ որ ուներ, ինչ որ չուներ, բոլորը կողոպտեցավ կռվի ժամանակ. մի՞թե դեռևս նրանից մի բան մնացած

— Ինչպես չէ, — պատասխանեց մելիքը ժպտելով, որպես մի մարդ, որ ժպտում էր երեխայի միամտության վրա: — Մելիք Վարթաննեսը դեռ կռվից շատ առաջ հոտը առել էր, որ ձեր զորքերը պիտի մտնեն նրա երկիրը. այս պատճառով իր գանձը նախապես տեղափոխել էր իր աներոջ՝ Թորոս իշխանի ամրոցը: Ձեր զորքերը գտան մելիք Վարթանեսի ամրոցում նրա հարստության փշրանքները միայն:

Հետո նա սկսեց պատմել այդ առասպելական գանձի մասին շատ բան. թե մելիքը իր ամրոցում մի ներքնատուն ուներ երկաթե դռներով, թե այնտեղ հատակի վրա, ցորենի շեղջերի նման, դիզված էին՝ մի կողմում ոսկի, մյուս կողմում արծաթ, մի տեղ պղնձե դրամներ, մյուս տեղ թանկագին քարեր: Թե այդ կույտերը այնքան բարձր էին, որ եթե մի մարդ մյուս կողմում կանգնած լիներ, անկարելի էր նրան տեսնել: Եվ փողը այնտեղ չէին համարում, կամ կշռում էին կշիռքով, կամ չափում էին սոմարով: Այդ բոլորը նա ուղտի բեռներով առաջուց ուղարկած էր Թորոս իշխանի տունը:

Այդ պատմությունը խանի վրա նույն ազդեցությունն էր գործում, ինչպես քաղցած մարդու մոտ համեղ կերակուրների պատմությունը: Նրա ախորժակը ավելի բացվեցավ, և ինչպես ասում են՝ «բերնի ջուրը գնաց», երբ մելիք Դավիթը, որ բոլոր ժամանակը լուռ էր, վկայություն տվեց, թե բոլորը ճշմարիտ է, թե ինքը իր աչքովն է տեսել այդ ահագին գանձը, թե այնտեղ կային սկսյալ Սկանդար Զուլկարնեյնից (Ալեքսանդր Մակեդոնացուց) ամեն ժամանակների դրամներ, թե այնտեղ կային մինչև անգամ քաջքերի դրամներ:

Այդ միջոցին հեռվից լսելի եղավ փողի ձայն, որի դողդոջուն հնչյունները կոտրատվելով տարածվեցան լեռների մեջ: Մի քանի անգամ կրկնվեցավ ձայնը, հետո լռեց:

— Իշխանը գալիս է,-ասաց խանը և հրամայեց Ֆարրաշբաշուն իր դրանիկներից գլխավորների հետ ընդառաջ գնալ:

Երկու մելիքները կանգնեցան, հայտնելով, թե իրանց անհարմար է նրա գալուց հետո ներկա գտնվել:

— Շնորհակալ եմ, «իմ» մելիքներ, — ասաց խանը բարեկամաբար, — շատ շնորհակալ եմ, որ դուք այդ բոլորը նախապես հայտնեցիք ինձ: Ես պատանի Ստեփանին չեմ տա, մինչև չստանամ նրա հոր ամբողջ գանձը, և մյուս գերիներին նույնպես չեմ ազատի, մինչև չստանամ արժանավոր փրկանք: Ես չեմ մոռանա, որ դուք իմ աչքերս բաց արեցիք...

Ը

Երբ երկու մելիքները հեռացան, խանը գտնվում էր մի տեսակ հոգեկան բերկրության մեջ: Առասպելական գանձի պատմությունը այն աստիճան գրգռել էր նրա ագահությունը և այն աստիճան լցրել էր նրա սիրտը շատ հարստանալու հույսերով, որ երևակայում էր, թե քանի րոպեից հետո աշխարհի Ղարունը կդառնա: Ինչե՛ր չէր կարելի անել այդ գանձով: Նրանով կարելի էր կազմակերպել զորքերի այնքան բազմություն, որոնցմով շատ հեշտ կլիներ տիրել ամբողջ Ատրպատականը... որոնցմով կարելի կլիներ մինչև անգամ հափշտակել Սեֆևիների թագը...

Ագահության և փառասիրության բաղձանքը ծնեց նրա մեջ հանցավոր խորհուրդ — մեղանչել հյուրասիրության սրբության դեմ և չհարգել տված խոսքը: Երկուսն էլ մեծ անպատվություն էին մի պետի համար, որքան վայրենի, որքան և բարբարոս լիներ նա: Թորոս իշխանի ընդունելության պայմանները սկզբից որոշված էին նրա հետ. իշխանը պիտի գար երկու հարյուր ձիավորներով, բերելով իր հետ գերիները ազատելու փրկանքը: Փրկանքի քանակությունը կամ ընծաների արժեքը որոշված չէին, դրանք թողված էին իշխանի մեծահոգության վրա: Երկու հարյուր ձիավորներ խանի կողմից պետք է դիմավորեին նրան: Իշխանին պետք է ցույց տրվեր, նրա պատվի համեմատ, ամեն հարգանք և հյուրասիրություն: Բայց այդ բոլոր կարգադրությունները փոխվեցան խանի մտքում: Նա վճռեց, եթե Թորոս իշխանը չի համաձայնվի տալ նրան մելիք Վարթանեսի գանձը, այն ժամանակ ոչ միայն գերիները չէ կարող ազատել, այլ խանը կհրամայե նրան կալանավորել, բանտարկել և բանտի մեջ մաշել, մինչև գանձը ստացվի: Բայց Թորոս իշխանը միայնակ չէր լինելու, նա իր հետ պիտի բերեր հայոց քաջերից երկու հարյուր զինված ձիավորներ: Այդ ոչինչ. խանի բանակի մեջ կարելի էր մի րոպեում պատրաստել հազար զինված մարդիկ: Դարձյալ մկանը կարելի էր գցել թակարդի մեջ...

Մինչ խանը այդ խորհրդածությունների մեջ էր, կանանոցի վրաններից դուրս եկավ մի կին. նա ոտքից ցգլուխ փաթաթված էր մուգ-կապտագույն չադրշաբի (ղադիֆա) մեջ և երեսը ծածկած ուներ սպիտակ, անթափանցիկ քողով, որի աչքերը ծածկող մասը միայն ուներ մաղաձև հյուսվածք՝ տեսությունը խպառ չխափանելու համար: Հուշիկ, նազաքայլ ընթացքով դիմում էր նա դեպի խանի վրանը և նրա առջևից գնում էր ծերունի Ահմեդը ներքինապետի բոլոր ինքնավստահությամբ: Ճանապարհից բոլորը հետ էին քաշվում, երեսները շուռ էին տալիս, մտածելով, որ անցնողը խանի հարեմի խանումներից մեկը ետք է լինի: Եվ իրավ, դա Սյուրին էր: Ծերունի Ահմեդից տեղեկացած լինելով երկու մելիքների մատնությունների մասին, գնում էր իր ամուսնի մոտ հայ գերիների ազատության համար բարեխոսելու: Նա անցավ դեպի խանի վրանի այն մասը, որ կոչվում էր խալվաթ-խանա (գաղտնարան), ներքինին բաց արեց նրա առջև մուտքը, նա ներս մտավ, կրկին նրա ետևից մուտքը փակվեցավ: Սյուրին մնաց միայնակ գաղտնարանի մեջ: Նա մի կողմ ձգեց մուգ-կապտագույն չադրշաբը, որի մեջ փաթաթված էր և հայտնվեցավ որպես մի ծովային հավերժահարս, որ հանկարծ դուրս է գալիս ոստրեի միջից: Նա երեսից հետ քաշեց քողը: Այդ թանձր, անթափանցիկ քողը, կարծես, խեղդում էր նրան: Այժմ սկսեց ազատ շունչ քաշել: Այն օրվա բոլոր անցքերը թողել էին նրա սրտում դառն և ցավալի տպավորություններ: Հարեմի կանանց նախանձը, գլխի մազերի կտրվիլը, հայ գյուղացիների սոսկալի վախճանը, իր հոր և նրա համանման արբանյակի բանսարկությունները, — այդ բոլորը այն աստիճան վրդովել, այն աստիճան տխրության մեջ էին գցել նրան, որ նմանում էր մի անմխիթար սգավորի, որը կորցրած է լինում այն, ինչ որ ամենաթանկագինն է աշխարհում նրա համար: Այսուամենայնիվ, այս բոլորը չէր կարող պատճառ տալ հարեմի ստրուկին ուշադրություն չդարձնել իր հագուստի և զարդարանքի վրա, որպես վայել էր իր իշխանի աչքին երևալու համար: Նա տխուր էր, թե ուրախ, — միևնույն է. պետք էր սովորական պչրանքով ներկայանալ իր իշխողին: Նրա կարճլիկ շալվարը (յուփկա) կարված էր վարդագույն ատլասից, ոսկեհուռ բանվածքով և ստորին եզրերը չորս մատի լայնությամբ զարդարած մարգարիտներով և գոհարներով: Թիկնոցը կարված էր մանիշակագույն թավիշից, նույնպես ոսկե թելերով նախշած և եզրերը մարգարիտներով զարդարած: Խոշոր մարջաններով շարած մի թանկագին մանյակ քարշ էր ընկած պարանոցից կիսամերկ կուրծքի վրա: Ամբողջ մարմինը բուրում էր անուշահոտության մեջ: Անհանգիստ, անվճռական դրության մեջ կանգնածէր նա գաղտնարանում, տարուբերվում էր մտածությունների մեջ, թե ի՛նչպես պետք էր հանդիպել խանին, ինչ կերպով սկսել իր խոսքը: Արդյոք, իր վարմունքը կասկածելի չէ՞ր անի նրան խանի աչքում, և չէ՞ր մերկացնի նրա համակրությունը դեպի հայերը և քրիստոնյաները, որ այնքան տարի ամենայն զգուշությամբ ծածկած էր: Ինչպե՞ս բարեխոսել գերիների ազատության համար, ինչպե՞ս ասել, թե այն բոլորը սուտ է, ինչ որ հայտնեցին երկու մելիքները երևակայական գանձի մասին: Ախար նրանցից մեկը իր հայրն էր. ինչպե՞ս ցույց տալ նրա խաբեությունը: Արդյոք կհավատա՞ր խանը, — այդ դարձյալ մի հարց էր:

Հարեմի ինտրիգաների մեջ սովորել էր նա փոքր-ինչ խորամանկ լինել: Մտածում էր իր միջնորդությանը մի գերբնական, գաղտնի ազդեցությունից ներշնչված, խորհրդավոր ձև տալ: Դրա համար բավական էր հնարել մի երազ, ասել՝ թե երազումս այս տեսա, այն տեսա և այս բոլոր տեսիլների ազդարարության համեմատ, պետք է ազատել գերիներին, եթե ոչ հետևանքը վատ կլինի, որովհետև աստված մեծ պատիժ է սպառնում: Բայց ինչու այդ բոլորը նոր էր մտածում նա, ինչու սկզբից խորհած, նախապատրաստված չդիմեց նա գործին: Նա շտապեց: Հենց որ ծերունի ներքինապետը հաղորդեց նրան, թե ինչ թակարդ լարեցին երկու մելիքները, հենց որ լսեց նա փողի առաջին ձայնը, որ ազդարարում էր Թորոս իշխանի գալը, նա աճապարեց խանի մոտ, հազիվ ժամանակ գտնելով հագնվելու: Այժմ միանգամից հասկացավ նա իր կատարած դերի վտանգավոր կողմերը: Մի՞թե խանի կասկածը չէր գրգռի նա, երբ կիմանար, թե իր կինը լրտեսում է նրա խոսակցությունները, թե Աhմեդի ձեռքով կաշառում է սպասավորներին, թե... վերջապես շատ բաներ կարող էր գիտենալ նա, այնուհետև ինքը կորած էր:

Ահա այդ մտատանջությունների մեջ գտավ նրան խանը, որ ավելի բարկացած, քան թե զարմացած իր ամուսնի անակնկալ այցելության վրա, ներս մտավ գաղտնարանը: Հարեմի մեջ փակված կնոջ իր արգելարանից դուրս գալը, և ահագին բազմության միջից անցնելով, այդ վրանը մտնելը ոչ միայն անվայել, այլ բոլորովին հակառակ էր կանանոցի կանոններին: Եվ դրանով պետք է բացատրել այն սպառնական հայացքը, որով դարձավ խանը դեպի իր կինը՝ հարցնելով.

— Դու ի՞նչ գործ ունես այստեղ:

Սյուրին մնաց շփոթված. կարծես նրա լեզուն կապեցին, և մի խոսք անգամ չգտավ պատասխանելու: Նրան տիրեց մի տեսակ երկյուղ – ստրուկի երկյուղը իր սարսափելի տիրոջ առջև: Այդ առաջին անգամն էր, որ նա զգում էր իր ոչնչությունը, թե ինքը մահմեդական ընտանիքի մեջ մի կրավորական առարկա էր, մի փայլուն և խայտաճամուկ զարդ էր, և ոչ կամքի ու խոսքի տեր արարած, և ոչ ամուսնի ընկեր ու նրա խորհրդակից: Խանը նայելով այդ գեղեցիկ, շփոթված առարկայի վրա, որը, որպես մի ամոթխած հրեշտակ, ներկայանում էր նրա աչքում իր բոլոր սքանչելի հրապուրանքով, մեղմեց իր բարկությունը և մոտենալով, բռնեց նրա ձեռքից, նստեցրեց իր մոտ մախմուռի օթոցի վրա, հարցրեց.

— Գիտեմ, մի խնդիրքով եկած կլինես ինձ մոտ, խոսիր, նազելիս, ի՞նչ ունիս ասելու:

Նեղ դրությունը մարդուն սրամիտ է շինում: Սյուրին հանկարծ հիշեց այն նշանավոր րոպեն իր ամուսնական կյանքում, որ սկիզբը դրեց նրա անբախտությանը: Նա հիշեց այն տագնապալից գիշերը, երբ ինքը տասնչորս տարեկան մի անմեղ աղջիկ, փառասեր հոր ձեռքով ձգվեցավ խանի գիրկը: Նա հիշեց այն բոլոր հոգեկան տանջանքը, այն բոլոր զարշելի զզվանքը, որով ինքը, որպես մի նոր Հռիփսիմե, պատերազմում էր խանի գազանային կրքերի դեմ և չէր կամենում անձնատուր լինել: Նա հիշեց այն խոսքը, որ ախտաբորբոք խանը երդվելով ասաց նրան. «Խնդրիր ինձանից ամեն բան և ես կտամ քեզ, միայն թե դու իմս լինես»: Սյուրին ոչինչ չխնդրեց և անձնատուր եղավ... Այնուհետև խանը մի քանի անգամ կրկնեց նրան միևնույն խոստմունքը, բայց Սյուրին միշտ սպասում էր մի կարևոր դեպքի, որ իր խնդրածըմի նպատակահարմար և նշանավոր բան լիներ: Այժմ դեպքը ինքնըստինքյան առաջ եկավ:

Նա չոքեց խանի առջև, որպես մի խոնարհ աղերսարկու աստվածներից

ամենաասարսափելի արձանի առջև, և իր գեղեցիկ, արտասուքով լի աչքերը դեպի վեր բարձրացնելով, ասաց.

— Իմ իշխանը հիշու՞մ է, որ մի պարտք ունի ինձ վճարելու:

— Ի՞նչ պարտք, — հարցրեց նա զարմանալով:

Սյուրին հիշեցրեց նրան հին խոստմունքը:

— Այդ ես չեմ մոռացել, — ասաց խանը ժպտելով, — ես մեղավոր չեմ, որ քո առջև վատ պարտական գտնվեցա, դու առհասարակ անհոգ ես քո ապառիկների վերաբերությամբ: — Հիմա խնդրիր, ինչ որ կամենում ես, ես իմ խոստմունքը պատրաստ եմ կատարելու:

— Ես քեզանից մեծ բան չեմ խնդրելու, — պատասխանեց Սյուրին, տակավին անշարժ մնալով իր չոքած դրության մեջ, — ես եկա խնդրելու, որ ազատես հայ գերիներին և Թորոս իշխանին ձեռնունայն հետ չդարձնես:

— Ա՛... այդ շատ մեծ բան է քո խնդրածը... — պատասխանեց խանը զարմացական բացականչությամբ, և նրա փոքր-ինչ մեղմացած դեմքը կրկին մռայլվեցավ սովորական խստությամբ: — Դու կամենում ես ինձ կորցնել տալ մելիք Վարթանեսի ամբողջ գանձը:

— Ի՞նչ գանձ:

Խանը սկսեց պատմել նրան բոլորը, ինչ որ լսել էր նրա հորից և մելիք Ֆրանգյուլից առասպելական գանձի մասին, ավելացնելով, թե մեծ հիմարություն կլիներ իր կողմից մի այսպիսի ահագին կողոպուտը ձեռքից բաց թողնել, մանավանդ, որ ինքը փողի շատ հարկավորություն ունի:

Սյուրին պատասխանեց, թե ինքը երբեք համձն չէր առնի ծանձրացնել իր «իշխանին» անտեղի խնդիրքով և երբեք չէր ցանկանա զրկել նրան իր շահերից, եթե գիտենար, որ այդ երևակայական գանձը գոյություն ունի: Բայց նա այդ բոլորը զրպարտություն է համարում, թեև հաղորդողներից մեկը իր հայրն է:

— Ուրեմն ի՞նչ նպատակ ունեին նրանք խաբելու ինձ, — հարցրեց խանը խորին վրդովմունքով:

— Նպատակ ունեն... – պատասխանեց Սյուրին զզալի խռովությամբ, — և նրանց նպատակը ինձ լավ հայտնի է, բայց այժմ անհարմար եմ համարում հաղորդել ձեզ, հուսալով, որ իմ իշխանը կհավատա, որ իմ աղախինը սուտ խոսող չէ:

Այս խոսքերը արտասանեց նա այնպիսի մի զգացմունքով, որ ազդեց խանի քարացած սրտի վրա, և նա բռնելով իր առջև չոքած գեղեցիկ կնոջ թեքից, կրկին նստեցրեց իր մոտ, ասելով.

— Ես կկատարեմ քո խնդիրքը:

Սյուրին ուրախությամբ ընկավ իր «իշխանի» գիրկը, թևքերը փաթաթեց նրա պարանոցով, և իր բորբոքված, շառագունած թշերը սեղմեց նրա շրթունքի վրա: Այդ առաջին անգամն էր, որ մանկահասակ կինը այնպես ջերմ, այնպես անկեղծ սիրով գրկում էր իր բռնապետին, որին մինչև այն օր միշտ ատել, միշտ անիծել էր իր սրտում:

Այդ միջոցին կրկին հնչեց փողը և հեռվից լսելի եղան ձիաների սմբակների ձայներ:

— Այժմ հեռացիր, նազելիս, — ասաց խանը կանգնելով և Սյուրիին իր հետ վեր բարձրացնելով, — Թորոս իշխանը գալիս է:

Սյուրին ծածկեցավ իր մուգ-կապտագույն չադրշաբի մեջ, ձգեց երեսի վրա անթափանցիկ քողը և դուրս եկավ զաղտնարանից: Մուտքի առջև նրան սպասում էր ծերունի ներքինապետը, որն առաջ ընկավ և տարավ տիկնոջը մինչև իր վրանը: Այնտեղ միայն հարցրեց ծերունին.

— Հաջողվեցա՞վ:

Սյուրին, ուրախության ժպիտը երեսին, պատասխանեց.

— Այո՛:

— Փառք աստուծո, — բացականչեց ծերունին իր գոհունակ ձեռքերը բարձրացնելով դեպի երկինքը:

Թ

Կեսօր էր արդեն: Խանի վրանի առջևի հրապարակի վրա, դեպի աջ կողմը, կարգով շարված էին երկու հարյուր զինված ձիավորներ խանի հեծելախմբից, հրացանները պատրաստ ձեռներին բռնած: Նրանց հանդեպ, դեպի վրանի ձախ կողմը, նույնպես կարգով շարված էին երկու հարյուր հայ ձիավորներ, նույնպես հրացանները ձեռքներին պատրաստ բռնած: Հայ և պարսիկ ձիավորների մեջտեղը թողնված էր փողոցի նման մի երկայն տարածություն, որտեղից պիտի անցներ Թորոս իշխանը: Այդ փողոցի ծայրից հայտնվեցավ նա: «Սալամ...», — գոռացին բոլոր ձիավորները մի քանի անգամ, և օդը թնդաց բազմաթիվ ձայների որոտմունքից: Իշխանը նստած էր մի գեղեցիկ, սպիտակ նժույգի վրա, որի ամբողջ ասպազենը զարդարված էր արծաթով: Նա մի հսկայատիպ մարդ էր, այրական խրոխտ դեմքով և առյուծի հրացայտ աչքերով: Նրա առջևից տարվում էին իշխանի բերած «փեշքեշները», որ պիտի ընծայեր խանին: Յոթն հոգի մինը մյուսը ետևից, գլխների վրա դրած, տանում էին յոթ պղնձե սինիներ, որ ծածկված էին քիրմանի թանկագին շալերով և իրանց մեջ կրում էին զանազան հազվագյուտ և ծանրագին իրեղեններ: Նրանց ետևից, սանձերից բռնած, տանում էին երեք գեղեցիկ նժույգներ, որոնց թամքը, սանձը և բոլոր պարագայքը զարդարած էին արծաթով: Նժույգները նույնպես ծածկված էին քիրմանի շալերով: Այդ «փեշքեշների» ետևից գալիս էր ինքը իշխանը շրջապատված իր թիկնապահներով: բոլոր մահմեդականները մի առանձին նախանձոտ կատաղությամբ դիտում էին հայ իշխանի փառքը և մեծությունը: Նրա կշտից քարշ էր ընկած երկայն, կեռ թուրը, որի երախակալը զարդարած էր թանկագին ակներով, իսկ գոտիի մեջ խրած էին մի զույգ ատրճանակներ, արծաթով պատած կոթերով: Նա թեև քառասուն և հինգ տարեկան կլիներ, բայց երիտասարդի բոլորովին թարմ դեմք ուներ, բավական գեղեցիկ և կանոնավոր գծագրությամբ: Կարճ կտրած մորուքի և գլխի զանգրահեր մազերի մեջ դեռ ոչ մեկը չէր սպիտակել, չնայելով, որ այդ մարդը իր կյանքում խիստ սակավ րոպեներ ազատ էր մնացել մաշող վշտերից:

Երբ իշխանը մոտեցավ խանի վրանին, տասն քայլ հեռավորության վրա ձիուց ցած իջավ, այդ ժամանակ խանը դուրս եկավ վրանից, դիմավորեց նրան, և ձեռքից բռնելով, բերեց չադրի այն մասը, որ հատկապես պատրաստված էր պատվավոր հյուրին ընդունելու համար: Իշխանի թիկնապահները, որ թվով քսաննիհնգ հոգի էին, բոլորը ամեհի և քաջ երիտասարդներ, ձեռքները իրանց սրերի վրա դրած, կանգնեցին վրանի մուտքի այն կողմում, որ կողմը նստած էր իրանց տերը: Նրանց հանդեպ կանգնած էին խանի ֆարրաշները, և անընկերասեր կերպով նայում էին կոպիտ սյունեցի հայերի երեսին:

— Բարով եկաք, հազար բարով, ձեր յուրաքանչյուր քայլը ինձ համար մեծ շնորհ եմ համարում, — ասաց խանը իր երկրի քաղաքավարության սովորական ձևով:

— Ինձ բերեց ձեր սպասին, իբրև մի ուխտավոր, ձեր շնորհալի դեմքի լույսը տեսնելու ցանկությունը: Ես ինձ բախտավոր եմ համարում, որ վայելում եմ ձեր շնորհը և բարեսրտությունը, և հուսով եմ, որ միշտ անխախտ կպահպանվեն մեր բարեկամական կապերը, որպես եղել են միշտ:

Այսպես երկար, երկու տարբեր և թշնամական ցեղերի պետերը, մինը մյուսին հայտնի կերպով շողոքորթելով, թափում էին միմյանց առջև իրանց բարեկամական ջերմ զգացմունքը և սերը: Այդ միջոցին իշխանի ծառաները «փեշքեշները» ներս բերեցին: Յոթն պղնձե սինիներ շարվեցան խանի առջև: Երբ նրանց վրայից վեր առեցին քիրմային շալի ծածկոցները, խանի աչքերը կատարելապես շլացան: Այդ թանկագին իրեղենները թեև մելիք Վարթանեսի գանձի չափ չէին լինի,բայց դարձյալ մեծ հարստություն դիզված էր սինիների վրա: Մեկի վրա կիտված էին ոսկի դրամներ, մյուսի վրա արծաթի դրամներ, երրորդի վրա արծաթով զարդարած ընտիր զենքեր՝ դաշույն, ատրճանակ, դարաբինա, վառոդի և գնդակի ամաններ և այլն. չորրորդի վրա արծաթից շինված և ոսկեջրած անոթներ՝ թասեր, կուլաներ, ղելյանի և չիբուխի գլուխներ և այլն. հինգերորդի վրա՝ գեղեցիկ չինական ամաններ, վեցերորդի և յոթներորդի վրա՝ զանազան տեսակ նուրբ մետաքսեղեն և շալեղեն գործվածներ հարեմի կանանց հագուստի համար:

— Ի՞նչ նեղություն եք քաշել, — խոսեց խանը այդ բոլորը տեսնելուց հետո, — դուք ինձ չափազանց ամաչեցնում եք ձեր առատաձեռնությամբ. ես, իրավն ասեմ, չգիտեմ, թե ինչով կարող եմ դուրս գալ ձեր պարտավորությունից:

— Այդ բոլորը ոչինչ նշանակություն չունին ձեր բարեսրտության առջև, — պատասխանեց իշխանը ուրախ ժպիտով, — ես դերվիշի նման ձեզ համար մի հատիկ մեխակ եմ բերել և ավելի ոչինչ:

Այդ միջոցին կանգնեցրին վրանի առջև իշխանի բերած երեք ազնիվ նժույգները իրանց զեղեցիկ ասպազենով:

— Փա՛հ... փա՛հ... փա՛հ... մաշալլա... — բացականչեց խանը հիացմունքով, — դրանք, երևի, ձեր սեփական երամակիցն են, թե ոչ, Սյունաց ամբողջ նահանգում այս տեսակ ձիաներ չկան:

— Այո՛, իմ սեփական երամակիցն են, — պատասխանեց իշխանը և հրամայեց ձիապաններին, որ շուռ տան նժույգները, որպեսզի խանը տեսնե նրանց ձախ ոտի ազդրի վրա իր դրոշմը, որ էր հայոց Թ տառը:

«Փեշքեշի» ձիան ատամներին չեն նայում, ասում է հասարակաց առածը, բայց խանը կամենում էր տեղեկանալ նժույգների տոհմը, ծագումը, կարծես, փողը նաղդ էր տվել. և այդ ավելի վրդովեցնում էր իշխանին, թեև նա ամեն կերպով աշխատում էր ծածկել իր խռովությունը:

— Շնորհակալ եմ, շատ շնորհակալ եմ, — ասաց խանը ծանրությամբ, — ես վաղուց գիտեի, որ դուք շատ լավ մարդ եք, իսկ այժմ ուրախ եմ, որ ես սխալված չեմ եղել իմ կարծիքի մեջ:

Այնուհետև նա հրամայեց իր ախոռապետին, որ նժույգները տանել տա և խառնե իր ձիաների երամակի հետ, իսկ սանդուխտարին (գանձապահին) հրամայեց, որ սինիների մեջ բերված ընծաները տանե իր սանդուխանան (գանձարանը):

Այդ միջոցին խանի գեղեցիկ հագնված մանկլավիկները չինական նախշուն գավաթների մեջ մատուցին շարբեթ, պատրաստած Ռաշտի լիմոնի ջրից, որի մեջ լողում էին սառույցի մանր կտորտանք: Զովացուցիչ ըմպելիք մի քանի անգամ տրվեցավ, ընդմիջվելով Շիրազի անուշահոտ թամբաքուից պատրաստված ղեյլանով: Չնայելով այն բոլոր շողոքորթական խոսքերին, չնայելով այն բոլոր մեծարանքին, որ խանը ցույց էր տալիս հայոց իշխանին, նա դարձյալ իրան խաբված էր համարում, ընդունելով իշխանի բերած ընծաները և զրկվելով մելիք Վարթանեսի գանձից: Այդ ի՞նչ հիմարություն էր, որ նա ընդունեց իր կնոջ առաջարկությունը, մի՞թե կնոջ խոսքին կարելի է հավատալ, մի՞թե առաջին կինը չէր, որ խաբելով իր տղամարդին, զրկեց նրան դրախտի փառքից: Այսպես էր մտածում նա և տարուբերվում էր զանազան չարանենգ խորհուրդների մեջ, բայց չգիտեր ինչ կերպով հագեցնել իր ագահության կրքերը:

Խանը այն տեսակ մարդիկներից չէր, որ շնորհակալ է լինում ստացածովը. այս պատճառով Թորոս իշխանի հարուստ ընծաները ոչ միայն չբավականացրին նրան, այլ ձգեցին խիստ խորին կասկածանքի մեջ, — արդյոք այդ մարդը, որ այսքան կարողացավ տալ ինձ, ուրեմն ո՞րքան պետք է պահած լինի իր համար: Նա տխուր էր, որ շատ ստացավ, որովհետև այդ շատը ապացույց էր ուրիշ շատերի, որ պետք չէր թող տալ մի հայ մարդու մոտ:

Շերբեթի խմելուց հետո մանկլավիկները ձեռք լվանալու ջուր բերեցին, և կամենում էին ճաշի սեղանը պատրաստել:

— Ես մի պատառ հաց անգամ բերանս դնել կարող չեմ, մինչև գերիներին բանտից դուրս եկած և իմ մարդիկների հանձնված չտեսնեմ, — ասաց Թորոս իշխանը փոքր-ինչ սառն կերպով:

— Ինչու՞ եք շտապում, — պատասխանեց նրան խանը ծիծաղելով, — դեռևս ճաշտ անուշ արեք, հանգստացեք, այնուհետև, երեկոյան զովի ժամանակ, երբ գնալու կլինեք , գերիներին ձեզ հետ կտանեք:

Բայց պարսկական ճաշը՝ հնդկական անուշահոտություններով, իսկ հաճախ թույներով համեմած ճաշը, Թորոս իշխանին չէր գրավում: Նա իսկապես ախորժակ չուներ մի բան ուտելու, թեև ճանապարհից էր եկած, թեև ոչինչ չէր կերած: Գերիների վիճակը սաստիկ տանջում էր նրա առաքինի և սիրող սիրտը: Նա ցանկանում էր շուտով տեսնել նրանց, տեսնել, թե որն մեռել, և որը կենդանի մնացել: Բայց խանը չէր կամենում, որ իշխանը գերիներին նույն ցավալի դրության մեջ տեսնեն, որպես պահել էր նրանց. այս պատճառով իր մանկլավիկներից մեկի միջոցով ծածուկ պատվեր տվեց բանտապետին, որ նրանց դուրս բերե բանտից, շղթաները արձակե, և կեղտոտության մեջ ապականված այդ թշվառներին փոքր-ինչ մաքրել տա:

Այդ միջոցին երկու մելիքների վրանը մտավ խանի սպասավորներից մեկը, որին կաշառել էին լրտեսելու, թե ինչ վախճան կունենա Թորոս իշխանի այցելությունը:

— Ի՞նչ լուր բերեցիր, — հարցրեց նրանից մելիք Ֆրանգյուլը:

Սպասավորը պատմեց, թե խանը սիրով ընդունեց իշխանին, և շնորհակալ եղավ նրա բերած «փեշքեշների» համար, և հրամայեց բանտից դուրս բերել գերիներին և հանձնել իշխանի մարդիկներին:

Սպասավորի յուրաքանչյուր խոսքը նետի նման ծակում էր երկու մելիքների սրտերը: Նրանք դժվարանում էին հավատալ, թե խանը կարող էր այսպես հեշտությամբ իր միտքը փոխել, թե նա այնքան կիհմարանար, որ չէր հասկանա իր սեփական շահերը, և չէր կատարի այն բոլոր օգտավետ խորհուրդները, որ նրա հավատարիմ մելիքները հաղորդեցին նրան: Ուրեմն դարձյալ խորտակվեցավ այն մեծ որոգայթը, որի մեքենայության վրա այնքան շատ աշխատել էին այդ երկու մարդիկը, դարձյալ նրանց ջանքերը իզուր անցան: Բայց խանի տրամադրության անակնկալ փոփոխությունը առանց մի նշանավոր պատճառի չէր լինելու, և այդ պատճառը գիտենալը ավելի հետաքրքրում էր մելիք Դավիթին:

— Դու այն սաս, Կաֆար, — հարցրեց նա սպասավորից, — դեռ Թորոս իշխանը չեկած, ո՞վ տեսնվեցավ խանի հետ:

— Հարեմից մի կին եկավ խանի վրանը, և նրա հետ առանձնացած զաղտնարանում, երկար խոսում էին, — պատասխանեց սպասավորը: — Ծերունի ներքինապետը սատանայի նման կանգնած էր զաղտնարանի մուտքի մոտ և ոչ ոք համարձակություն չուներ մոտենալու, դրա համար ես ոչինչ լսել չկարողացա:

Մելիք Դավիթը հասկացավ բոլորը, դա անիծված Սյուրին պիտի լիներ, որ այս անգամ ևս խոչընդոտ դրեց հոր ձեռնարկության առջև, որ այս անգամ ևս ոչնչացրեց նրա բոլոր հույսերը: Կատաղությունը, վրեժխնդրությունը իր ամբողջ դժոխային վրդովմունքով լցրին թշվառ հոր սիրտը: Նա այնքան մեծ ակնկալություններ ուներ իր աղջկանից, նա հավատացած էր, որ Սյուրին կլինի մի լավ միջնորդ, մի լավ բարեխոս իր և խանի մեջ, և կաշխատե կատարել հոր բոլոր ցանկությունները, իսկ այժմ հակառակն էր տեսնում: Խաբված հույսը ավելի զայրացնում էր նրան: Նրան հայտնի էին բոլոր պատճառները, թե ինչո՞ւ Սյուրին այսպես էր վարվում: Նա ծախեց իր աղջկան, վաճառեց նրան փառք և իշխանություն ստանալու համար: Նա խլեց նրան քրիստոնեական ընտանիքից և ձգեց մահմեդական հարեմի ապականության մեջ և, որ ամենազլխավորն է, նա զրկեց աղջկան իր սիրած տղամարդից... որ այժմ գտնվում էր միևնույն գերիների թվում... և որի շղթաները կամենում էին ավելի ծանրացնել, և եթե հնար կլիներ, նրա կյանքին մահ նյութել... Անգութ, անողորմ փառասերը կարծում էր, թե կարող կլինի խեղդել բնության ձայնը իր սիրող դստեր մեջ, կարծում էր, թե պարսկական փակված հարեմի խլության մեջ բոլորը կմոռանա նա, ինչ որ առաջ այնքան թանկագին, այնքան մոտ էր նրա սրտին: Նա չէր կարծում, թե հայ ընտանիքի ստրկացած դստեր մեջ կարող է լինել այս աստիճանի կամքի և բնավորության հաստատություն: Նա չէր մտածում, որ Սյուրիի այժմյան կյանքի պայմանները կարող էին նրան ավելի խելամուտ դարձնել և ավելի ջերմ կերպով բորբոքել նրա սրտում կորցրած տղամարդի սերը:

Մելիք Ֆրանգյուլի արծվի տեսությունից անհայտ չմնաց իր գործակցի խռովությունը. նա տեսավ, թե որպես այդ սառնասիրտ և անագորույն մարդը շփոթության մեջ ընկավ, երբ լսեց սպասավորի բերած համբավը: Բայց ինքը չէր հավատում, որ խանը փոխած լինի իր միտքը, նա ավելի հավանական էր համարում, որ խանը կընդունե Թորոսի բերած ընծաները, կխոստանա վերադարձնել գերիներին, իսկ հետո կհրամայե նրան բանտարկել, և կպահանջե նրանից մելիք Վարթանեսի գանձերը: Ի՞նչ կարող են անել իշխանի բերած երկու հարյուր ձիավորները և քսաննիհնգ թիկնապահները, որոնց առջև կանգնած են նույն թվով զինված պարսիկներ: Շատ-շատ հայերի և պարսիկների մեջ կռիվ կընկնի, մարդիկ կսպանվեն, բայց դարձյալ Թորոսը կմնա խանի ձեռքում:

— Դու հաստատ գիտե՞ս, որ խանը հրամայեց գերիներին հանձնել Թորոսի մարդկանց ձեռքը, — հարցրեց նա սպասավորից, չնայելով, որ նա արդեն հաղորդել էր այդ տեղեկությունը:

— Ինչպես չգիտեմ, — պատասխանեց սպասավորը գործագետ մարդու եղանակով, — ես իմ ականջով լսեցի և իմ աչքով տեսա, երբ բանտապետը խանից հրաման ստանալով, գնաց, բաց արեց բանտի դռները և պատվիրեց իր սպասավորներին մաքրել գերիներին, որ իշխանը նրանց այնպես կեղտոտ չտեսնե:

Սպասավորը կրկին հեռացավ, պատվեր ստանալով երկու մելիքներից, եթե մի նոր փոփոխություն կամ մի նոր դեպք կպատահե՝ շուտով իմացում տալ նրանց:

Սպասավորի հեռանալուց հետո երկու մելիքները, կայծակնահար եղած մարդու նման, եկար մնացին մի տսկալի շփոթության մեջ: Նրանցից ամեն մեկը խոսք չէր գտնում իր սրտի ցավը և վրդովմունքը արտահայտելու: Մելիք Ֆրանգյուլը մինչև այսօր հույս էր դրած մելիք Դավիթի խորամանկության և բազմափորձության վրա: Նա հավատացած էր, որ այդ բանսարկուն իր ազդեցության տեր դստեր միջնորդությամբ ամեն ինչ կարգի կդնե: Իսկ այժմ մի խուլ զգացմունք նրան համոզում էր, թե Սյուրին խիստ անշնորհակալ գործիք է հոր ձեռքում, թե հայրը այնքան ազդեցություն չունի նրա վրա, որքան ինքը աշխատում է ցույց տալ, և վերջապես Սյուրին հակառակ է գնում հոր ձեռնարկություններին: Այդ կարծիքների մեջ ավելի համոզվեցավ նա սպասավորի այն խոսքով, որով հայտնեց, թե Թորոս իշխանի գալուց առաջ, հարեմի կնիկներից մեկը վրանի գաղտնարանում տեսնվեցավ խանի հետ: Ո՞վ կարող էր լինել այդ կինը, եթե ոչ Սյուրին. և կնիկներից որի՞ն կարող էր հետաքրքրել գերիների վիճակը, եթե ոչ նրան:

— Դուք չե՞ք կարծում, որ այդ բոլոր գործերը փչացնողը ձեր աղջիկն է, — հարցրեց նա մելիք Դավիթից:

Թշվառ հոր լեզուն կապվեցավ, չգիտեր, թե ինչ պետք էր պատասխանել. անակնկալ հարցը սարսափեցրեց նրան:

— Ես չեմ կարծում, — պատասխանեց նա րոպեական մտահուզությունից հետո:

— Ապա ի՞նչով եք բացատրում Սյուրիի խանի հետ տեսնվելը Թորոսի գալուց առաջ:

— Ես առավոտյան ձեզ պատմեցի, թե այս գիշեր հարեմի մեջ պատահել է մի անկարգություն, կնիկներից մեկը Սյուրիի քնած ժամանակ կտրել է տվել նրա ծամերը, երևի, այս առիթով դիմել է նա խանին, հայտնելու իր գանգատը:

Թեև մելիք Դավիթի բացատրությունները հեռու չէին հավանականությունից, այսուամենայնիվ, մելիք Ֆրանգյուլի սրտում մնաց մի խուլ կասկած դստեր և հոր հարաբերությունների մասին, մանավանդ երբ նա մտաբերեց, որ առավոտյան Սյուրին մերժել էր հոր այցելությունը, պատճառ բռնելով իր տկարությունը: Հարազատ հորից ավելի ո՞ւմ կարող էր ընդունել հիվանդ աղջիկը, որ մահմեդականների մեջ ոչ մի ազգական, ոչ մի բարեկամ չուներ: Եվ ի՞նչ հրաշքով այդ հիվանդը այնպես շուտ առողջացավ, որ շտապեց բողոքել իր ծամերի կտրվելու մասին: Այդ բոլորը մելիք Ֆրանգյուլին թվում էին անլուծելի հանելուկներ:

Բայց մելիք Դավիթի համար ամեն ինչ պարզ էր, թեև նա աշխատում էր խորամանկությամբ ծածկել: Նրան հայտնի էր իր դստեր սերը Գենվազի Շահումյան իշխանների վերջին ժառանգի՝ Ստեփաննոսի հետ, որ այժմ գերիների թվումն էր գտնվում, որին սպանել տալու ամեն միջոցները անցան ապարդյուն... Նա գիտեր, որ Սյուրին այնքան խելք ու այնքան համարձակություն ուներ, որ կարող էր ցրել խանի հրապուրանքը Ստեփաննոսի հոր մելիք Վարթանեսի առասպելական գանձի մասին: Եվ վերջապես, նա բոլորովին բնական էր համարում, որ Սյուրին կաշխատեր հաջողեցնել գերիների ազատությունը, որպեսզի նրանց թվում ազատված լինի և իր սիրելին: — Այդ բոլորը ոչնչացնելու, այդ բոլորը խափանելու համար, և Թորոս իշխանին ձեռնունայն, ամոթալի վերադարձնելու համար՝ բավական էր մի խոսք ասել խանին, — բավական էր հայտնել նրան, թե իր պաշտելի Սյուրին խաբում է, դավաճանում է նրան, թե նա սիրում է այն գերիներից մեկին, որոնց ազատության համար բարեխոսություն է անում, թե նա վաղուց իր սիրտը տված էր այդ պատանուն, որ կարող է մի ժամանակ ոչ միայն խլել նրա հարեմի կնիկներից ամենագեղեցկին, այլ տիրանալ և այն գավառին, որ պատկանում էր նրա հորը, որը նվաճելու համար խանը գործ դրեց այնքան շատ զոհողություններ: Այդ բոլորը անագորույն հայրը պատրաստ էր հայտնել խանին: Նա պատրաստ էր մատնել հարազատ աղջկան: Բայց ի՞նչ կլիներ դրա հետևանքը: — Հետևանքը, որպես պարզ հայելու մեջ, տեսնում էր նենգավորը. խանը, արդարև, գերիներին դարձյալ կպահեր իրանց շղթաների մեջ և Թորոս իշխանին դատարկ ճանապարհ կդներ: Խանը Ստեփաննոսին սպանել կտար: Խանը նրա սիրուհուն՝ Սյուրիին խեղդել կտար կամ խայտառակությամբ դուրս կձգեր իր հարեմից: Այս բոլորը անտարակույս կաներ խանը: Բայց ի՞նչ կշահեր մելիք Դավիթը, — ահա այդ հարցը տանջում էր նրան: Սյուրիի անհավատարմությունը պետք է պատճառ դառնար նրա հորը կորցնել իր բոլոր նշանակությունը խանի աչքում: Եթե այժմ թե՛ հայ և թե՛ մահմեդական հասարակությունների մեջ համարում և ազդեցություն ուներ նա, դրանցով պարտական էր իր աղջկանը, որ խանի առաջին կինն էր: Բայց երբ Սյուրին այլևս չէր լինի, այնուհետև ո՞վ մարդու տեղ կդներ տաթևացի ուրացողին: Այժմ նրան թեև սրտով չէին հարգում, բայց նրանից վախենում էին, որովհետև խանի նման մի հզոր փեսա ուներ: Բայց երբ նրա բոլոր կապերը կքանդվեին խանի հետ, այն օրից նա կընկներ, այն օրից նա կկորցներ բոլորը: Թեև Սյուրին ոչ մի ժամանակ չէր օգնել նրա չար նպատակներին, թեև նա միշտ հակառակել էր հոր եղեռնական դիտավորություններին, բայց այդ գիտեր հայրը միայն, դրսից այլապես էին նայում գործերի վրա: Դրսից այնպես էին կարծում, թե մելիք Դավիթը իր աղջկա միջնորդությամբ խանի խելքը, միտքը և սիրտը իր ձեռքումն ունի: Ինչո՞ւ չշահվել միամիտների այդ երևութական կարծիքից: Ինչո՞ւ իր ձեռքով ոչնչացնել իր բախտը..

Խաբեության սովորությունը զսպեց չարագործին հարազատ աղջկան մատնելու ցանկությունից, ոչ թե նրա կյանքը և պատիվը խնայելու մտքով, այլ իր կարծիքական բարեկամությունը խանի ընտանիքի հետ պահպանելու համար:

— Այդ պարսիկներին խաբելին ամենևին հավատալ չէ կարելի, — ասաց մելիք Ֆրանգյուլը տհաճությամբ, ընդհատելով իրանց մեջ տիրող լռությունը:

— Պարսիկները մեղավոր չեն, — պատասխանեց մելիք Դավիթը սառնությամբ, — մեղավորը մենք ենք, որ չգիտենք իր ժամանակին ցանել, որ կարողանանք նույնպե իր ժամանակին պտուղ ստանալ: Սուտ չէ ասած, թե «հայի վերջին խելքն է գովելի», որովհետև գործի սկզբում նա խելք չունի: Այսպես էլ վարվեցանք մենք: Թորոս իշխանը առաջուց իր պատվիրակների ձեռքով ամեն ինչ խոսում է, ամեն պայմաններ վերջանում է խանի հետ, իսկ մենք հետո ենք իմանում, և հետո ենք աշխատում նրա արդեն եփած ապուրի մեջ սառն ջուր խառնել: Այսպիսի հիմարությունները խիստ սակավ անգամ են հաջողություն գտնում:

Ժ

Մինչ երկու մելիքները տխուր հուսահատության մեջ նախատում էին իրանց անհեռատեսությունը, պախարակում էին իրանց դանդաղկոտությունը, այդ միջոցին բանտապետը դուրս էր բերում գերիներին իրանց մթին խորշից։ Նայողների հետաքրքիր բազմությունը հավաքված էր այնտեղ, և անհամբերությամբ սպասում էին տեսնել այդ թշվառներին, որոնք մի քանի ամիս մաշվում էին ստորերկրյա զնդանի մեջ։ Այնտեղ դուրս բերեցին գերիներին, մի քանի ղաթարներով, որպես քարավանի գրաստներին կապում են միմյանց հետ։ Յուրաքանչյուր ղաթարը բաղկացած էր քսան հոգուց. մի երկայն շղթա, որի օղակները անց էր կացրած նրանց պարանոցով, կապում էր բոլորին միասին։ Այդ բավական չէր, բոլորի թեքերը ետևից շղթայված էին կապանքներով։ Բանտապետը սկսեց բաց անել կապանքները։ Շատերը չէին կարողանում ոտքի վրա կանգնել. ստորերկրյա զնդանի սպանիչ խոնավությունը անցել էր մինչև նրանց ոսկրները և թուլացրել էր նրանց ջղերը։ Մարդ սարսափում էր, նայելով այդ մաշված, դեղնած, դալկացած թշվառների վրա, որոնք, կարծես, գերեզմանից էին դուրս գալիս։ Տեսնելով դրսի օդը, դրսի լույսը, նրանք փոքր-ինչ զվարթացան, իսկ ազատության հույսը կյանք տվեց նրանց։ Շղթաների մեջ մի քանիսը մեռած էին. դիակը օրերով կապված էր մնացել կենդանի ընկերի հետ։ Նրանց կրկին ձգեցին զնդանի մեջ, որ հրապարակի վրա չմնան, որ Թորոսի մարդիկը չտեսնեն։

Դժվար է նկարագրել այն անսահման ուրախությունը, որ տիրեց այդ թշվառներին, երբ Թորոս իշխանի մարդիկը եկան նրանց տանելու։ Մի քանի րոպե ցնորվածի նման գրկախառնվում էին, համբուրվում էին և շատերը արտասուք էին թափում։ Թորոսի, այդ փրկարար հրեշտակի, պաշտելի անունը մոռանալ տվեց նրանց կրած տանջանքները։ Շատերի համար մաքուր հագուստներ էին ուղարկված իրանց ազգականներից, և սկսեցին անմիջապես փոխել իրանց կեղտոտ հագուստները։ Պատանի Ստեփաննոսը հագնվեցավ, որպես վայել էր մի իշխանական տոհմի ներկայացուցչին։ Նրա գլխի վերքը հոգատար տիկնոջ խնամքով բավական լավացած էր, իսկ գունաթափ, հիվանդոտ դեմքը իր թառամության մեջ ավելի գեղեցիկ էր։ Երբ նա բոլորովին պատրաստ էր, խանի մանկլավիկներից մեկը մոտեցավ նրան, և գլուխ տալով, ասաց.

— Խանը հրամայեց իր հետ ճաշել, Թորոս իշխանն էլ այնտեղ է։

Մանկահասակ իշխանազնը, շրջապատված իր հոր վաղեմի ծառաներով, սկսեց հանդիսավոր կերպով դիմել դեպի խանի վրանը։ Նա անցավ կանանոցի չադրների մոտից։ Այդ միջոցին չէր կարելի չնկատել, որ կանանոցի սարայփերդեից մի գեղեցիկ կանացի գլուխ կիսով չափ վեր բարձրացավ, և երկու խոշոր, սևորակ աչքեր սկսեցին նայել նրա վրա։ Մանկահասակ իշխանազնը շուռ եկավ դեպի այն կողմը և երկուսի աչքերը հանդիպեցին միմյանց։ Այդ լուռ, խորհրդավոր հայացքի մեջ նրանք այնքան շատ բան ասեցին միմյանց և այնքան ազդու կերպով արտահայտեցին իրանց սրտերի զգացմունքները, ինչ որ անկարող էր կատարել պերճախոս լեզուն։ Մնացած գերիները տարվեցան Թորոսի ձիավորների մոտ։

Խանը այնպես ուրախությամբ հանդիպեց Ստեփաննոսին, կարծես, մի ցանկալի հյուր էր ընդունում, կարծես, նրա հետ նոր էր ծանոթանում, և բնավ չգիտեր, թե նա իր բանտումն էր գտնվում։ Շահումյանների տունը քանդողը, նրանց երկիրը բռնությամբ գրավողը և Ստեփաննոսի հորը ու նրանց ամբողջ ազգատոհմը սրից անցկացնող զազանը, մի առանձին քաղցրությամբ դարձավ դեպի պատանին, հարցնելով.

— Լա՞վ եք, ո՞ղջ եք, առո՞ղջ եք, ինչպե՞ս է ձեր քեֆը, բարով եկաք, հազար բարով, — և հրավիրեց նրան նստել իր մոտ։

Հպարտ պատանին, որին ավելի էին ցավեցնում այդ շողոքորթությունները, քան իր մի քանի րոպե առաջ կրած շղթաները, սառնությամբ գլուխ տվեց խանին, հայտնելով իր շնորհակալությունը նրա ուշադրության համար, և մոտեցավ Թորոս իշխանին, գրկվեցավ նրա հետ։ Իշխանի ուրախությանը չափ չկար։ Այդ վեհ, մեծասիրտ մարդը չկարողացավ զսպել իր արտասուքը, երբ տեսավ իր քրոջ որդուն, որը կարծես ոգիների աշխարհից էր վերադարձել, որին մյուս անգամ տեսնելու ամենևին հույս չուներ։ Պատանու մռայլոտ աչքերում նույնպես երևացին արտասուքներ։ Այդ անսահման հոգեկան վրդովմունքի մեջ, նրանք ոչինչ միմյանց ասել չկարողացան։ Խանի վրա ազդեց նրանց սրտաշարժ դրությունը և խնդրեց նրանց նստել, ասելով.

— Հանգստացեք, ամեն բան լավ կլինի… ամեն բան կմոռացվի… չարժե այսքան տխրել անցավոր աշխարհի համար…

Բռնակալի խոսքերի մեջ կար և կարեկցություն և դառն հեգնություն: Նա խրատում էր չտխրել անցավոր աշխարհի համար, որ միայն հայ մարդու վերաբերությամբ սև էր. նա խրատում էր մոռանալ սպանված հորը, սպանված մորը և սրից անցած ամբողջ ազգատոհմը. նա խրատում էր մոռանալ հայրենական կորցրած երկիրը, որ իր ձեռքումն էր գտնվում:

Պատանի Ստեփաննոսը իր աչքերը դարձրեց դեպի վրանի առջևի հրապարակը, որի վրա միմյանց հանդեպ կանգնած էին երկու շարք ձիավորներ՝ հարոց և պարսից: Յուրաքանչյուր շարքը զուգահեռաբար ձգվում էր, որպես մի ուղիղ պարիսպ կազմված զինված ձիավորներից: Թե՛ հայերը և թե՛ պարսիկները, հրացանները պատրաստ ձեռներին բռնած, լուռ և կասկածավոր կերպով նայում էին միմյանց երեսին: Արեգակի ճառագայթները շողշողում էին փայլուն զենքերի վրա և լուսավորում էին անթիվ գլուխներ սև փափախներով, որոնք միախառնվելով, ձևացնում էին մի տեսակ մթին, լայնատարած զանգված: Նա երեսը շուռ տվեց և հարցրեց Թորոսից:

— Մենք երկա՞ր պիտի մնանք այստեղ:

— Ոչ, — պատասխանեց իշխանը լռությամբ, — շուտով կհեռանանք:

Խանը հասկացավ, որ նրանք աճապարում են, հրամայեց շուտով ճաշի սեղանը պատրաստել:

— Դուք, — ասաց նա դառնալով իր հյուրերին, իմ աղուհացը անպատված կլինեք, եթե ինձ հետ չճաշեք: Ձեզ սեղանակից կլինեն և երկու հարգելի հյուրեր՝ մելիք Ֆրանգյուլը և Բաղր բեկը:

Լսելով այդ երկու զարշելի անունները, թե՛ իշխանը և թե՛ պատանին երկուսն էլ վեր կացան, հայտնելով, թե չեն կարող սեղանակից լինել այնպիսի անազնիվ և զզվելի մարդկանց հետ: Խանը նկատելով այդ, կատակի ձև տվեց իր առաջարկությանը, ասելով.

— Տեսնո՞ւմ եք, սուտ չեն ասում, թե հայերի մեջ միաբանություն չի լինի:

— Շների հետ չեն միաբանվում, խան, — պատասխանեց իշխանը փոքր-ինչ բարկացած ձայնով: — Այսպիսի ցած խաբեբաները, այսպիսի անամոթ ստախոսները, այսպիսի անարգ դավաճանները ձեզ մոտ միայն կարող են շնորհ գտնել, իսկ ես նրանց զզվելի երեսը տեսնել չէի ցանկանա:

Որքան և վիրավորական լինեին իշխանի խոսքերը, դարձյալ խանը իրան զսպեց և ոչինչ չպատասխանեց: Նրան ի՞նչ վնաս երկու հայ մելիքների ցած, անամոթ, դավաճան լինելը, երբ նրանց խաբեությունից և դավաճանությունից միշտ օգուտ էր քաղում նա: Բայց ցանկանալով իր հյուրերին, որքան կարելի է, գոհունակ ճանապարհ դնել, նա իր խոսքը հետ առեց: Իշխանը և պատանին հանգստացան, կրկին նստեցին իրանց տեղերը:

Խանը սովորություն չուներ իր կանանոցում ճաշելու. կանանց հասարակությունը կարող էր ստորացնել նրա արժանավորությունները: Բացի դրանից, նրա կարծիքով, կանանց հետ պետք չէր շատ մտերիմ լինել, պետք չէր շատ ընտանեբար վարվել, այդ կարող էր նրանց ավելի համարձակություն տալ, կարող էր, ինչպես ասում են՝ նրանց «երեսը բաց» անել, լրբացնել: Կնիկներին պետք էր միշտ երկյուղի և սարսափի տակ պահել: Իսկ նրանց հետ ճաշելը գլխավոր պատճառներից մեկն էր մտերմական հարաբերությունների, որը շատ ցանկալի բան չէր: Եվ ո՞ր մեկի մոտ կարելի էր ճաշել: Նրանք թիվ և համար չունեին: Մեկի մոտ հյուր լինելիս, մյուսը անպատճառ կամ կվիրավորվեր կամ կնախանձվեր և կամ մի ուրիշ դալմադալ կսարքեր: Կնիկները ընդհանուր սեղանատուն չունեին, այլ յուրաքանչյուրը իր առանձին խոհանոցն ուներ: Այս պատճառով խանը, հետևելով բոլոր մեծ մարդերի սովորությանը, միշտ իր վրանումն էր ճաշում և միշտ ուներ իր մոտ հյուրեր իր ցեղի նշանավոր պետերից: Հացը, առատաձեռնությունը գլխավոր պայմանն էր այդ գիշակերներին իր հետ կապելու: Բայց այս անգամ ոչ ոք չէր կանչված, որովհետև այնտեղ կային քրիստոնյա հյուրեր, որոնց հետ սեղանակից լինելը կարող էր պղծել մահմեդականներին: Չէր կանչված և ցեղի շեյխը, հոգևոր գլուխը, որը խանի սեղանի անպակաս հացկատակն էր: Այնտեղ կային, բացի իշխանից և պատանի Ստեփաննոսից, գլխավոր քարտուղարը (մունշի-բաշին) և բժիշկ-դերվիշը, որին խանի խնդրելով շեյխը ուղարկել էր նրա մոտ, որ հրաշալի մաջունի մասին տեղեկություն ստանա: Այդ տարօրինակ մարդը իր օտարոտի կերպարանքով իր վրա էր դարձնում բոլորի ուշադրությունը: Հունական հին մերկիմաստակների պես, նրա ամբողջ հագուստը բաղկանում էր մի կտորից միայն. դա հասարակ կտավից կարված մի սպիտակ շապիկ էր, հայոց ժամի շապիկների նման, որ իջնում էր մինչև կրունկները: Բացի դրանից ուներ մի վագրի մորթի, որ նստելու ժամանակ իր տակն էր ձգում որպես օթոց, իսկ ման գալու ժամանակ ձգում էր ուսերի վրա որպես թիկնոց: Գլխարկ չուներ. նրա տեղը բռնել էին գլխի խիտ, խճճված մազերը, որոնք երբեք մկրատի և սանրի երես չտեսնելով, թաղիքի ձև էին ստացել: Մորուքը նույնպես սանրված չէր: Երևում էր այդ դերվիշը պատկանում էր ֆագիրների այն դասակարգին, որոնք ճգնության և իրանց անձը զրկելու ու տանջելու փորձությունների մեջ, մտածում են գտնել մի հոգևոր և գերբնական գոյափոխություն, որ կհեշտացներ նրանց հաղորդակցություն ունենալ անմարմին էակների հետ: Մերկ պարանոցի վրա, կանանց մանյակների նման, անցուցած էին զանազան տեսակ հուլունքներ, որոնք կախարդական և թելիսմանական նշանակություն ունեին: Երկու ձեռքերի, մինչև արմունկները մերկ, բազուկների վրա փաթաթած էին աղոթելու «տերողորմյաներ» յուսրից շինված, սև և խոշոր հատիկներով: Երեսի թուխ կաշին, գլխի և մորուքի սև, և փոքր-ինչ ստևանման մազերը ցույց էին տալիս, որ այդ թափառաշրջիկ մերկիմաստասերը եկած պիտի լիներ Արաբստանի խորքերից: Նրա խռպոտ ձայնը և պարսկական մաքուր արտասանությունը հաստատում էին այդ: Բայց նրա խոսակցությունը ավելի երգի հանգ և ներդաշնակություն ուներ, քան հասարակ խոսակցության: Նա ավելի պատասխանում էր, քան թե խոսում էր: Նրա պատասխանները կարճ հանելուկների ձև ունեին, որոնց պետք էր մեկնել, բացատրել:

Ճաշի ժամանակ էր: Խանի մանկլավիկներից մեկը, մի ձեռքում բռնած արծաթե լագան, մյուսում արծաթե ջրածիկ (աֆտաֆա) մտավ վրանը: Նախ լագանը դրեց խանի առջև, չոքեց, սկսեց ջուր ածել նրա ձեռքերի վրա, նա լվացվեցավ: Հետո լագանը դրեց դերվիշի առջև. նա հրաժարվեցավ լվացվելուց, հայտնելով, թե լվացվելու սովորություն չունի: Հետո լագանը դրեց իշխանի առջև, իսկ նրա լվացվելուց հետո հերթը հասավ Ստեփաննոսին և գլխավոր քարտուղարին: Բայց պետք է ասած, որ ամենքը ավելի թրջում էին իրանց ձեռքերը, քան թե լվացվում էին:

Դերվիշի յուրաքանչյուր խոսքը, յուրաքանչյուր սովորությունը միշտ խորհրդավոր նշանակություն ունենալով պարսիկների աչքում, խանը հետաքրքրվեցավ իմանալ, թե ինչո՞ւ նա լվացվելու սովորություն չունի:

— Պետք է մաքրել ներքին մարդը, — պատասխանեց նա:

— Ներքին մարդը ո՞րն է:

— Հոգին:

Եվ իրավ, նա երկար տարիներ չէր լվացվել, և ամբողջ մարմինը կեղտով պատած, հոտում էր: Ավելի զզվելին այն էր, որ զանազան միջատներ համարձակ կերպով շրջում էին, վժվժում էին նրա մորուքի և գլխի մազերի մեջ, մարմնի վրա, որոնց հոժարակամ նա թույլ էր տվել ուտել իր անձը:

Լվացվելուց հետո մի ուրիշ մանկլավիկ տարածեց հատակի գորգերի վրա սեղանի գույնզգույն սփռոցը: Սփռոցը գործված էր Սպահանում և նրա ծոպավոր եզերքի վրա արաբական խոշոր տառերով տպված էին զանազան աղոթքներ ղորանից և այլ գրքերից: Մեջտեղում գունավոր թելերով ասեղնագործած էին հրեշտակների պատկերներ, որոնք ձեռքներին բռնած ունեին փոքրիկ մանգաղներ և ցորենի հասկերից փունջեր: Այդ բոլորը արտահայտում էին խանի կրոնական ջերմ հավատը: Իսկ ավելի ազատամիտ մահմեդականների սեղանի սփռոցը Պարսկաստանում այլապես է պատրաստվում:

Ղորանի աղոթքների փոխարեն լինում են Հաֆիսի կամ Սաադիի երգերից գեղեցիկ կտորներ, իսկ հրեշտակների փոխարեն՝ կիսամերկ աղջիկներ, կամ մշտադալար հյուրիների ու փերիների հրապուրիչ պատկերներ, որոնք կամ պար են գալիս, կամ գինում բաժակներ են մատուցանում քեֆի մեջ ընկղմված մի հեշտասեր տղամարդի:

Երբ սեղանի սփռոցը տարածվեցավ, մի քանի ուրիշ մանկլավիկներ, գլխների վրա դրած, բերեցին երեք մեծ պղնձե սինիներ, որ սքողած էին թանկագին ծածկոցներով, որոնց եզերքը զարդարած էին ոսկեթել ծոպերով: Սինիներից մեկը դրեցին խանի առջև, մյուսը իշխանի և Ստեփաննոսի առջև, իսկ երրորդը դերվիշի և գլխավոր քարտուղարի առջև: Երբ բարձրացրին ծածկոցները, սինիների վրա տեսնվեցան շարված բազմաթիվ մեծ և փոքր պղնձե պնակներ, լի զանազան տեսակ կերակուրներով, որոնց տաքությունը պահպանելու համար ծածկված էին նույնպես պղնձե կալպակներով: Այդ անոթները իրանց գեղեցիկ քանդակագործություններով, որպես պարսկական արհեստի և ճարտարապետության ճոխ արդյունք, կարող էին ամենանշանավոր մուզեումի զարդարանքը լինել:

Բայց Թորոս իշխանի ուշադրությունը գրավեց մի ուրիշ բան. ոչ միայն խանի սինին և նրա կերակուրները բաժանված էին մյուս հյուրերի բաժիններից, — այլ նա նկատեց, որ խանի սինիի ծածկոցի ճոթերը կնքված էին մոմով: Նա առաջ խնամքով նայեց կնիքներին, հետո իր ձեռքով վեր առեց ծածկոցը:

Իշխանը չկարողացավ իր հետաքրքրությունը զսպել և կասկածավոր կերպով հարցրեց.

— Այդ ի՞նչ կնիքներ են:

— Ինչո՞ւ եք զարմանում, — խոսեց խանը ժպտալով, — այն խոհանոցը, ուր պատրաստվում են ինձ համար կերակուրներ, գտնվում է մորս անմիջական հսկողության ներքո, նա սովորություն ունի իր ձեռքով ածել կերակուրները և իր կնիքով կնքած ինձ ուղարկել:

— Ինչո՞ւ համար:

— Ինչպե՞ս ինչու համար. կերակուրները կարող են թունավորել:

— Ովքե՞ր:

— Կնիկները: Մի՞թե կարելի է նրանց հավատալ, եթե ինձ հետ թշնամություն էլ չունենան, կարող են կաշառված լինել դրսից: Անցյալ տարի փոքր էր մնում, որ ես պիտի մեռնեի, եթե ինձ չազատեր մի թավրիզեցի հայ բժիշկ: Փլավի մեջ թույն էին խառնած, ես կերա առանց զգալու. իսկույն սկսեցին աղիքներս կտրատվել: Այն օրից մայրս արգելեց այդ քածերին իմ խոհանոցը մտնել, և կերակուրների սինին կնքված է ուղարկում ինձ, միգուցե սպասավորները նույնպես չարություն գործեն: Ախար ամենն էլ այստեղ բարի պտուղներ չեն:

Խանը այնպես հասարակ կերպով էր խոսում իր ընտանեկան գաղտնիքների վրա, կարծես, այնտեղ մի սովորական բան լիներ թունավորելը, սպանելը: Կնիկները, նրա կարծիքով, կյանքի ընկերներ չէին, այլ մի տեսակ անհավատարիմ առարկաներ, որ լավ չէին ծառայում, որոնց վրա հույս դնել չէր կարելի:

— Հայտնվեցա՞վ թունավորողը:

Հայտնվեցավ. ես հրամայեցի անզգամին ձգեցին մի տոպրակի մեջ և խենջարներով ծածկեցին:

Պարսիկների մեջ հարեմական դրությունը կնոջ վերաբերությամբ պահպանվում էր և պատժի ժամանակ: Դահիճը չպիտի տեսներ իր զոհի երեսը, այս պատճառով նրան սկզբից ձգում էին մի մեծ տոպրակի մեջ և բերանը կարում: Գործողությունը կատարվում էր տոպրակի դրսից, երբ ամեն ինչ վերջացած էր, միևնույն արյունաթաթախ պատանի մեջ դիակը տանում թաղում էին:

Խանը մինչև անգամ պատմեց այն մանրամասնությունները, որ առիթ էին տվել այն «անզգամին» թունավորել իրան. ասաց, որ նա մի հասարակ գյուղացի աղջիկ էր, մի օր որսորդության ժամանակ տեսավ նրան լեռների վրա, ոչխարներ էր արածացնում. տեսավ և հավանեց նրան, ներքինիներից մեկին ուղարկեց նրան բերեցին իր կանանոցը. աղջկա ծնողները ուրախացան, որ նա ընկավ խանի կանանոցը, թեև մի ուրիշ տղայի հետ նշանված էր, բայց «անզգամը» երևի չմոռացավ նրան, և խանին սպանելով, աշխատում էր կրկին ընկնել իր սիրելիի գիրկը:

Հարեմական ինտրիգաները, խեղճ կնոջ եղերական պատմությունը, թույնը, — այդ բոլորը այն աստիճան անախորժ տպավորություն գործեցին թե՛ իշխանի և թե՛ պատանի Ստեփաննոսի վրա, որ նրանք բոլորովին կորցրին իրանց ախորժակը մի բան ուտելու, թեև պարսկական խոհանոցի արդյունաբերությունը հրապուրելու չափ համադամ էր: Պղնձե պնակների կալպակները բարձրացնելով, գտան նրանց տակ ամեն տեսակ խորտիկներ, սկսյալ մսեղենից, մինչև ընդեղեն, բանջարեղեն կերակուրները և բազմատեսակ անուշեղենները: Նրանց մոտ դրած էին ահագին ամանների մեջ զանազան տեսակ քաղցր շերբեթներ և մածնաթան (աբդուղ), որոնց պետք էր խմել ահագին շերեփներով, որ խիստ նուրբ և գեղեցիկ կերպով շինված էին շիմշատի դեղին փայտից: Ոգելից ըմպելիքներ չկային: Դանակ, պատառաքաղ, սեղանի այսպիսի պարագայք չկային: Բոլոր կերակուրները պետք էր ուտել մատներով: Երբեմն խանը յուղաթաթախ մատներով վեր էր առնում իր բաժնից մի պատառ տապակած միս կամ մի բուռը փլավ, և դնելով իշխանի պնակի մեջ, ասում էր. – Կերեք, դա լավ կտոր է: Այդ առանձին ուշադրություն և առանձին պատիվ էր հյուրին: Դերվիշը ոչ մի կերակուրի չդիպավ, հայտնելով, թե սովորություն չունի մսեղեն կերակուրներ ուտելու: Նրա կարծիքով այդ մի տեսակ գազանություն էր, որ մի անասուն, մորթում, ուտում էր մի ուրիշ անասունի միսը: Նա առեց մի կտոր ցամաք հաց, թաթախեց աղի մեջ և կերավ: Այդ եղավ նրա ճաշը: Հետո հեռացավ սեղանից, կուչ եկավ վրանի մի անկյունում, և հանեց իր կշտից քարշ ընկած, հովվի մախաղի նմանություն ունեցող գրպանից մի ինչ-որ բան, դրեց փոքրիկ ղեյլանի գլխի վրա, վառեց ղեյլանը, սկսեց ծխել: Մի րոպեում ամբողջ վրանը լցվեցավ դառն, կծու և խեղդող ծխով: Բայց այդ արբեցուցիչ ծուխը որքան անտանելի էր ուրիշներին, այնքան բավականություն էր պատճառում դերվիշին: Նա արդեն մի տեսակ կիսաքուն դրության մեջ, աչքերը փակած, նիրհում էր, բայց ղեյլանը բաց չէր թողնում ձեռքից և ծուխը մանր օղակներով դուրս էր գալիս երբեմն նրա պնչերից, երբեմն սևրակ և ուռած շրթունքի միջից: Սարսափելի էր նայել այդ կուչ եկած, մռայլոտ մարդու վրա, որ ներկայացնում էր մի չոր ու ցամաք կմախք, ոսկորների մի կույտ, որ կոլոլված էր իր սպիտակ շալիկի մեջ: Նրա այլանդակ դեմքի վրա երևում էին երբեմն տենդային ցնցումներ, իսկ երբեմն անցնում էր մի տեսակ չարախնդաց ժպիտ: Մերթ-մերթ նրա բերանից դուրս էին թռչում խուլ, անորոշ հառաչանքներ անհասկանալի բառերի հետ:

— Երևի ոգիների հետ է խոսում, — ասաց խանը, մի առանձին սնահավատությամբ նայելով դերվիշի վրա:

Նա միևնույն դրության մեջ բոլորովին քնեց, դարձյալ իր ձեռքից բաց չթողնելով ղեյլանը: Մանկլավիկներից մեկը վեր առեց ղեյլանը և ծածկեց նրան թանկագին շալից կարված մի թեթև վերմակով: Իհարկե, եթե դերվիշը տեսներ այդ, շատ պիտի վիրավորվեր, որ նրա ճգնություններով սպանված մարմինը ծածկում էին այս տեսակ շքեղ վերմակով:

Ճաշելուց հետո, երբ վերքաղեցին սեղանը, դարձյալ լվացվելու ջուր բերեցին. այնուհետև փոքրիկ, նախշուն ֆինջաններով մատուցին սուրճ առանց շաքարի: Բոլորից վերջը տրվեցավ ղեյլան, բայց ոչ դերվիշի դառն ղեյլանի նման, այլ պատրաստված Պարսկաստանի անուշահոտ ծխախոտից:

— Հիմա ժամանակ է մեզ արձակել, խան, — ասաց Թորոս իշխանը, շնորհակալություն հայտնելով նրա հյուրասիրության համար:

— Ինչպե՞ս կարելի է, դեռ մենք ձեզ ոչինչ ծառայություն չենք ցույց տված, — պատասխանեց խանը ներողություն խնդրելով, — դուք պիտի մնաք մի քանի օրեր, մի քանի շաբաթներ, որ մենք կատարելապես կարողանանք ձեր պարտավորությունից դուրս գալ:

Իշխանը նույն կեղծ-քաղաքավարական ոճով հայտնեց, որ ինքը չափազանց շնորհակալ է խանից, որ կատարեց նրա խնդիրքը և իրան միշտ բախտավոր կհամարե, որ վայելում է նրա բարեկամությունը, և հույս ունի, որ այդ բարեկամությունը անխախտ կմնա, եթե խռովարար մարդիկ չխանգարեն նրան: Վերջին խոսքերով նա ակնարկում էր երկու հայ մելիքների վրա:

— Դուք այդ մասին անհոգ կացեք, իշխան, — պատասխանեց խանը երդվելով, — իմ հոր գերեզմանում թո՛ղ կրակ լցրած լինեմ, եթե ձեր մի մազը փոխելու լինեմ հազար այն տեսակ մարդիկների հետ:

Հետո հրամայեց նա իր սանդուխտարին (գանձապահին) իշխանի և պատանի Ստեփաննոսի համար պատրաստեն ընծաներ: Իշխանի համար դուրս բերեցին մի փառավոր վերարկու (ջուբա) որ կարված էր Քիշմիրի թանկագին շալից և զարդարած ոսկե թելերով: Այդ վերարկուն խանի սեփական վերարկուն էր, որ մի անգամ միայն հագել էր նա, երբ ներկայացավ պարսից շահին. այժմ ընծայելով իշխանին, պարսից մեծերի սովորությամբ մի առանձին պատիվ էր անում իշխանին, պարգևելով մի այնպիսի խալաթ, որ վեր էր առնված նորին գերազանցության՝ խանի սեփական թիկունքից: Բացի դրանից, ընծայեց նրան մի գեղեցիկ ջոհվարդար թուր, Խորասանի գործ, արծաթյա պատյանով և թանկագին ակներով զարդարած երախակալով: Պատանի Ստեփաննոսի ընծաները ավելի հրապուրիչ էին. նա ստացավ մի ալմաստ մատանի և զենքերի մի ամբողջ թախում՝ թուր, հրացան, ատրճանակներ, գնդակի և վառոդի ամաններ, բոլորը ոսկեզօծ, արծաթով զարդարած և սև սևադով մինտ արած: Բացի դրանից, նա ստացավ մի գեղեցիկ նժույգ իր ամբողջ ասպազենքով:

Պատանի Ստեփաննոսին խիստ ծանր էր ընծաներ ընդունել այն գազանի ձեռքից, որ թաթախված էր իր հոր, իր մոր և իր ազգատոհմի արյունով: Այնուամենայնիվ, նա զսպեց իր մեջ վրեժխնդրության զգացմունքը, և խոնարհվելով ընդունված քաղաքավարական ձևերին, հայտնեց իր շնորհակալությունը խանի առատաձեռնության և բարեսրտության մասին:

Թե՛ իշխանի և թե՛ պատանու նժույգները արդեն կանգնեցրած էին վրանի հանդեպ. նրանք դուրս եկան, և խանը թափելով շողոքորթության և բարեկամական արտահայտությունների մի ամբողջ հեղեղ, ճանապարհ դրեց նրանց մինչև նժույգների մոտ: Նա իր ձեռքով բռնեց իշխանի նժույգի ասպանդակը և հրավիրեց նստել:

— Այդ արդեն չափից դուրս է, — ասաց իշխանը հրաժարվելով:

Խանը խնդրում էր ընդունել այդ ծառայությունը, որ նրա հյուրասիրության և բարեկամության մտերմության ավելի ազդու արտահայտությունն էր: Բայց իշխանը չկամենալով մինչև այս աստիճան ստորացնել նրան, ինքը թռավ թամբի վրա, առանց ընդունելու նրա ձեռքից ասպանդակը: Պատանի Ստեփաննոսը իր նոր զենքերով զինավորված, արդեն գտնվում էր իր նժույգի վրա: Հայոց ձիավորների խմբից լսելի եղավ փողի ձայնը, որ նշան էր հրաժեշտի:

— Մնաք բարյավ, խան, — ասացին իշխանը և պատանի Ստեփաննոսը, իրանց նժույգների վրայից գլուխ տալով:

— Բարի ճանապարհ, — պատասխանեց խանը, նույնպես գլուխ տալով:

Վերադառնալով իր վրանը, նա իր մտքում ասաց. «Ես քո հպարտությունը, շուն հայ, մի խեցեղեն ամանի նման ոտքերիս տակ կփշրեմ...»:

ԺԱ

Մինչև այժմ երկու մելիքների շահերը համաձայն և լծորդաբար էին ընթանում: Նրանց միաբանությունը՝ հայ գերիների շղթայակապ մնալու, պատանի Ստեփաննոսի սպանման և Գենվազի գավառը իր միակ ժառանգից զրկելու վերաբերությամբ՝ բոլորովին անկեղծ էր: Բայց երբ այդ բոլոր մեքենայությունները ոչնչացան, երբ գերիները ազատություն ստացան և Թորոս իշխանը հաղթող հանդիսացավ, այնուհետև երկու մելիքների միաբանությունը սկսեց փոքր առ փոքր խախտվել: Մինչև այժմ նրանք միաբան էին մեկ խորհրդի մեջ միայն,

այն է՝ Գենվազի գավառը զրկել իր միակ ժառանգից՝ Ստեփաննոսից, բայց թե նրանից հետո ո՞ւմ կմնար այդ գավառը, — վերջին հարցում երկուսի էլ շահերը տարբերվում էին: Մելիք Ֆրանգյուլը ցանկանում էր իր ձեռքը ձգել Գենվազը և ամբողջ Ղափանի իշխանը դառնալ, իսկ մելիք Դավիթը նույն իշխանությունը իրան էր վերապահում: Մելիք Ֆրանգյուլը աշխատում էր օգուտ քաղել մելիք Դավիթի և նրա աղջկա աջակցությունից միայն սկզբնական գործողությունների համար, բայց երբ նա պարզ նկատեց, որ աղջիկը բոլորովին հակառակ է իր հորը, այնուհետև ավելի ցած ընկավ այդ մարդու նշանակությունը իր աչքում և ավելի հաստատ կերպով համոզվեցավ իր հույսերի մեջ, թե կարող է նրան ասպարեզից դուրս քշել:

Մելիք Դավիթը իր կողմից նկատում էր, որ իր վարկը, իր նշանակությունը հետզհետե ցած է ընկնում իր գործակցի աչքում, որ նա մինչև անգամ դադարել է իր հետ խորհրդակցելուց և ինչ-որ գաղտնի ձեռնարկության պատրաստություններ է տեսնում: Մելիք Ֆրանգյուլի այդ ծածկամտությունը ավելի զայրացրեց նրան, «ես քո հերը կանիծեմ»... ասաց նա իր մտքում և դուրս եկավ վրանից, անհամբերությամբ սպասում էր իր ծառային, որին ուղարկել էր ներքինապետ Աիմեդի մոտ լուր բերելու: Ուրացողը ներքինապետի միջնորդությամբ կրկին փորձ փորձեց տեսնվելու իր աղջկա հետ, հայտնելով, թե ինքը գնալու է Տաթև և ցանկանում է նրան մնաք բարով ասել: Ծառան վերադարձավ, բերելով ուրախալի լուրը, թե տիկինը բերեհաճել է ընդունել նրան:

Գիշեր էր: Մելիք Ֆրանգյուլը այս գիշեր նույնպես առանձին տեսություն էր խնդրել խանի հետ և գնացել էր նրա մոտ, առանց այդ մասին իմացում տալու մելիք Դավիթին: Ընկերոջ այդ վարմունքը ավելի կասկածանքի մեջ էր դնում նրան: Այս պատճառով նա վարձել էր խանի մանկլավիկներից մեկին, որ լրտեսե մելիքի խոսակցությունը խանի հետ և իրան տեղեկություն տա:

Սյուրին ընդունեց հորը մի առանձին վրանում, որ լուսավորված էր լապտերի լույսով և գտնվում էր կանանոցից դուրս: Այնտեղ կանգնած էր միայն ծերունի ներքինապետը, իսկ տիկինը նստած էր գորգի վրա, և ինքն էլ չգիտեր՝ թե ինչո՞ւ նրան հետաքրքրում էր համբարել գորգի փոքրիկ քառակուսիները: Տեսնելով հորը, նա դարձավ դեպի ներքինապետը.

— Աիմեդ, դուք կարող եք վրանի դրսում սպասել:

Ծերունին հեռացավ և նստեց վրանի կողքին, խոտերի վրա: Սյուրին դեռ գլուխը խոնարհեցրած, աչքերը չէր հեռացնում գորգից. հոր այցելությունը խանգարեց նրան և մոռացավ գորգի եզերքի մի անգամ համբարած քառակուսիների թիվը: Նա սկսեց կրկին համբարել: Աղջկա սառն ընդունելությունը սաստիկ վշտացրեց հորը, բայց նա զսպելով իր վրդովմունքը, սկսեց հայրական մեղմ և գթառատ խոսքերով կշտամբել նրա սառնասրտությունը, — սկսեց հիշեցնել նրան, թե ինքը հայր է, թե հոր պատիվը, հոր հարգանքը ինքն աստված հրամայում է զավակներին, թե զավակները իրանց պարտավորությունը այլ կերպ կատարած չեն կարող լինել, բայց միայն սիրելով և հնազանդվելով իրանց ծնողներին:

— Դու գիտե՞ս, Սյուրի, — վերջացրեց նա իր քարոզը, — ես ծերացել եմ, այս աշխարհում իմ միակ հույսը, իմ միակ մխիթարությունը դու ես մնացել: Աստված ինձ ուրիշ զավակներ չտվեց. եղածները բոլորը մեռան: Եթե դու ևս չմխիթարես քո հոր ծերությունը, ի՞նչ կլինի նրա վիճակը:

Սյուրին դեռ նայում էր գորգի վրա, այժմ սկսել էր համբարել նրա մյուս եզերքի քառակուսիները:

— Ես շրջապատված եմ թշնամիներով, — շարունակեց հայրը, — իմ խորհրդակիցները, իմ մտերիմներն անգամ փոս են փորում իմ առջև: Ամեն կողմից աշխատում եմ ինձ ցած գցել, ամեն կողմից պատրաստվում են խլել իմ փառքը: Իմ ծերությունը խայտառակությունով կվերջանա, եթե դու չօգնես ինձ: Դու այն գավազանն ես, որ պետք է նեցուկ լինի ծերունի հորը, որի վրա հենած, նա պետք է շարունակե իր ընթացքը: Բայց դու այն աստիճան անգութ ես, Սյուրի, որ մինչև անգամ մերժում ես հոր այցելությունը:

Սյուրին լսեց վերջին խոսքերը միայն: Նա անգիտակցաբար համբարում էր գորգի քառակուսիները, բայց նրա միտքը թռել, սլացել էր հեռու և հեռու, այն պատանու մոտ, որին Թորոս իշխանը այսօր իր հետ տարավ:

— Այո՛, ես առավոտյան մերժեցի քո այցելությունը, — պատասխանեց նա, գլուխը վեր բարձրացնելով և այժմ միայն ուղիղ կերպով նայելով հոր երեսին: — Հիմա ընդունեցի: Ի՞նչ ասելիք ունես:

Այդ հարցը ավելի խոր խոցեց հոր սիրտը: Կնշանակե նա չէր լսում իր խոսքերը, կնշանակե ոչինչ ազդեցություն չունեցան իր քարոզները: Նրա հույսերը բոլորովին ջարդ ու փշուր եղան, բայց դարձյալ չկորցնելով իր վստահությունը, ասաց.

— Սյուրի, դու պետք է միջնորդես խանի մոտ, որ Գենվազի և Բարգյուշատի մելիքությունը ինձ հանձնե: Դու կարող ես այդ անել:

— Ես կարող եմ, բայց չեմ անի:

— Ինչո՞ւ:

— Ես չէի ցանկանա, որ Գենվազի և Բարգյուշատի հայ բնակիչները այնքան տանջվեին քո ձեռքում, որ գային խանի դռանը և իրանց կրակ տային, այրվեին, ինչպես այրվեցին այսօր տաթևացիները:

— Սյուրի, ընդունիր իմ խնդիրքը, աղաչում եմ, — առաջ տարավ նա ողորմելի ձայնով: — Եթե ծերունի հայրը ոչինչ հարգանք չունի քեզ մոտ, գոնե հիշիր մորդ, որ նրա կինն է եղել, որին սիրում էիր դու:

— Որին դու սպանեցիր... – պատասխանեց Սյուրին և նրա աչքերը վառվեցան կատաղի բարկությամբ:

— Ե՞ս... — բացականչեց հայրը սարսափելով. — աստված կպատժե քեզ, Սյուրի, որ այսպես չարաչար կերպով զրպարտում ես հորդ:

— Եթե աստծո պատիժները շուտ վրա հասնեին, դու այժմ այս աշխարհում չպիտի լինեիր... – պատասխանեց նա դողդոջուն ձայնով: — Կրկնում եմ, դու սպանեցիր իմ մորը: Դու ուրացար Լուսավորչի սուրբ հավատը Տաթևի մելիքությունը ստանալու համար և այնուհետև քո տունը լցրիր մահմեդական կնիկներով: Խեղճ մայրս չկամեցավ ապրել ուրացող ամուսնու հետ, թողեց քո տունը և գնաց իր հոր տունը: Քանի՞ անգամ քարշ տվեցին նրան և կամենում էիր բռնությամբ քեզ մոտ պահել, բայց դարձյալ փախչում էր նա: Քանի՞ անգամ գանակոծվեցավ նա քո անգութ ձեռքերից: Բայց այս բոլոր տանջանքներին կհամբերեր նա, եթե դու չխլեիր նրա միակ աղջիկը – ինձ, և չգցեիր մահմեդական հարեմի մեջ: Ես երբեք չեմ մոռանա այն սգավոր և ցավալի օրը, երբ խեղճ մայրս, արտասուքը աչքերում, տարածվել էր գետնի վրա, գրկել էր քո ոտները: Մյուս կողմում կանգնած էին խանի ներքինիները, իսկ մեջտեղում — ես: Մայրս աղաչում էր, պաղատում էր քեզ, որ ինձ խանի մարդկանց ձեռքը չտաս: Ես լաց էի լինում: Դու, առ ոչինչ համարելով իմ և մորս արտասուքը, ինձ հանձնեցիր նրանց ձեռքը: Մայրս կատաղությամբ վրա վազեց, ինձ բռնեց, և երկար կռվելով նրանց հետ, չէր թողնում, որ ինձ տանեն: Դու բռունցքով զարկեցիր մորս գլխին, նա ուշաթափ ընկավ գետնի վրա և այնուհետև չվերկացավ նա...

Մի ուրիշ մարդ, մելիք Դավիթի փոխարեն, հարազատ դստեր բերանից լսելով այդ անեծքը, լսելով այդ բոլոր դատապարտական խոսքերը, կզղջար, կփոշմաներ իր եղեռնագործության համար, բայց նա, տեսնելով, որ իր մեղմ, գրավիչ խրատներով չկարողացավ համոզել նրան, մտածեց վախեցնել աղջկան:

— Բայց ես չեմ կարծում, որ քո մոր հիշատակը այնքան վրդովեցներ քեզ իմ դեմ, որքան մի ուրիշ բան...

— Ի՞նչ բան, — հարցրեց Սյուրին, սրբելով աչքերից արտասուքը, որ հեղեղի նման թափվում էր մոր պատմությունը անելու ժամանակ:

— Այն բանը, որ ես քեզ խլեցի քո սիրականի գրկից... որը այսօր քո շնորհիվ ազատություն գտավ... որի վերքերը դու դարմանում էիր բանտի մեջ... և որի հետ դեռ մտածում ես շարունակել քո հին հիմարությունները...

— Այդ բոլորը ճիշտ է, — պատասխանեց Սյուրին սառնությամբ: — Ես Ստեփանին սիրում էի առաջ, սիրում եմ և այս րոպեիս: Այո՛, դու ինձ խլեցիր նրա գրկից և ես այդ չեմ ների քեզ:

— Եվ կաշխատես կրկին նրա գիրկն ընկնել...

— Կաշխատեմ...

— Եվ կաշխատես Գենվազի իշխանությունը նրան վերադարձնել...

— Կաշխատեմ...

— Եվ կաշխատես հետո փախչել գնալ նրա մոտ...

— Կաշխատեմ...

— Բայց գիտե՞ս ես ինչ կանեմ...

— Դու ինձ կմատնես... դու այդ բոլորը կհայտնեց խանին...

— Լավ հասկացար, — պատասխանեց հայրը կատաղի բարկությամբ: — Բայց գիտե՞ս խանը քեզ ինչ կանե:

— Խանը ինձ խեղդել կտա:

— Հիմա լավ մտածիր, իզուր տեղը մի՛ բարկացրու հորդ:

— Ես բոլորը մտածել եմ. ինձ մնում է երկու բան՝ կամ մեռնել, կամ «նրա» հետ ապրել:

Մելիք Դավիթը չէր կարծում, թե կհանդիպի այս աստիճան հաստատամտություն իր աղջկա կողմից: Նա զգաց իր սխալը, որ խոսակցությունը ծայրահեղության հասցրեց, այս պատճառով փորձ փորձեց շարժել Սյուրիի գթասրտությունը:

— Ծերունի հայրդ ներողություն է խնդրում քեզանից, Սյուրի, — ասաց նա, բռնելով նրա ձեռքը: — Մոռացի՛ր բոլորը, ես մեղավոր եմ քո առջև, մեղավոր եմ և քո հանգուցյալ մոր առջև...

Այդ միջոցին նրա աչքերում երևացին մինչև անգամ արտասուքի կաթիլներ: Բայց Սյուրին թափ տվեց նրա ձեռքը և վեր կացավ, ասելով.

— Ես կմոռանայի բոլորը, եթե հավատայի, որ քո խոստովանությունը անկեղծ է: Բայց դու խաբում ես ինձ:

— Աստված, երկինք, գետինք վկա, որ չեմ խաբում: Դու զարթեցրիր իմ մեջ մեռած խիղճս, Սյուրի, դու կրկին վառեցիր ծնողական գութը, որ հանգած էր իմ սրտում: Մորդ ուրվականը գիշեր և ցերեկ հալածում է ինձ, հանգստություն չէ տալիս: Նա կների ինձ, եթե դու ներես:

Վերջին խոսքերը ազդեցին Սյուրիի սրտին: Նա պատրաստ էր գրկել իր հորը, համբուրել նրա շրթունքը, որ արտասանեցին այդ տխուր, ապաշխարության խոսքերը, որ առաջին անգամն էր լսում նրա բերանից: Բայց այդ միջոցին վրանի մուտքի առջև արձանացավ ծերունի ներքինապետի զայրացած պատկերը և լսելի եղավ նրա սպառնական ձայնը.

— Դու, — ասաց նա մելիքին, — նախ քան մեղանչելը քո ընտանիքի, քո զավակի և քո անբախտ կնոջ առջև, մեղանչել ես քո ազգի առջև, որի որդիքը, քո հարստահարություններից ազատվելու համար, այսօր իրանց այրեցին: Դու մեղանչել ես Հիսուս Քրիստոսի առջև, որովհետև ուրացար մեր սուրբ Գրիգոր Լուսավորչի կրոնը: Ոչ ոք չի կարող ներել քեզ, մինչև ազգը և եկեղեցին չներեն քեզ: Եթե քո խոսքերը ճշմարիտ են, եթե զարթել է քո մեջ խիղճը, գնա՛, մտի՛ր Տաթևի վանքի մեջ, որ քո ձեռքով քանդեցիր, որի սրբությունները կողոպտեցիր, — գնա մտիր նրա տաճարի մեջ և այնտեղ ներողություն խնդրիր: Այն ժամանակ բոլորը կհաշտվեն քեզ հետ, թե ազգը, թե եկեղեցին, և թե քո զավակը: Բայց քանի որ դու քո փառասիրության համար ոտնակոխ կանես ամեն սրբություն, ամեն մարդ անեծք կթափե քո գլխին: Ինչո՞ւ ես մոլորեցնում այդ անբախտ աղջկան. ինչո՞ւ ես աշխատում նրան գործիք շինել քո չար դիտավորություններին: Բավական չէ՞, որ Տաթևի ամբողջ գավառը տանջվում է քո ձեռքում, հիմա կամենում ես Գենվազը և Բարգյուշատն է՞լ ձեռք գցել: Այդ չես կարող հաջողեցնել: Այդ երկու գավառները պատկանում են այն պատանուն, որի հոր իշխանությունը ոչնչացավ քո սատանայական դավաճանությամբ, որը այդ կնոջ օրինավոր նշանածն էր: Բայց դու ոտնակոխ արեցիր թե քահանայի օրհնությունը, թե աղջկա սերը...

Վերջին խոսքերը կրկին բաց արեցին Սյուրիի վերքերը, կրկինի զարթեցրին նրա մեջ վաղեմի դառն ատելությունը դեպի իր հայրը: Մելիք Դավիթը մի քանի րոպե մնաց շանթահարի նման պապանձված, և ոչ մի խոսք չգտավ պատասխանելու: Ո՞րտեղից հայտնվեցավ այդ սատանան. մի՞թե նա լսում էր դրսից իր բոլոր խոսակցությունները: Մելիք Դավիթը պատրաստ էր իր սուրը նրա կողքը խրել, այդ կլիներ ամենաազդու պատասխանը նրա կարծիքով, բայց խանի ներքինապետի վրա ձեռք բարձրցնելու չափ նա քաջություն չուներ: Այդ պատճառով ասաց նա չար ծաղրածությամբ.

— Մի հայ, որին կոչում են Աիմեդ, փոխանակ ուրիշներին խրատներ տալու, ավելի լավ կանե, եթե նախ ինքը գնա, մտնե Տաթևի վանքը և կրկին ընդունե քրիստոնեությունը...

Մելիքի ակնարկությունը չափազանց վիրավորական էր: Ներքինապետը կծու կերպով պատասխանեց նրան.

— Ես այդ վաղուց կանեի, եթե հարկադրված չլինեի, Աիմեդ անվան տակ ծածկվելով, պաշտպանել իմ ազգայինների ձեզպիսիների չարագործություններից: Ես հույս ունեմ, որ մեր Լուսավորիչ պապը կների ինձ, որովհետև երբեք դավաճանած չեմ նրա եկեղեցուն, այլ որքան կարողացել եմ, պահպանել եմ նրա գառները ձեզ նման գայլերից...

— Եվ դու կվարձատրվես այդ ծառայություններիդ համար...

— Չլինի՞ թե դիտավորություն ունես ինձ ևս մատնելու, — խոսեց ներքինապետը զայրացած կերպով. – հրամայեցեք, ճանապարհը ձեզ ցույց կտամ...

Մելիքը վեր կացավ և մրթմրթալով հեռացավ: Սյուրին և ներքինապետը մնացին միայնակ:

— Դու իզուր բարկացրիր նրան, Աիմեդ, — ասաց տիկինը. – նա ամեն բան պատրաստ է անել:

— Անհոգ կացեք, տիկին, ոչինչ չի կարող անել, — պատասխանեց ներքինապետը հանգստությամբ: — Նա ունի ինձ մոտ մի այնպիսի գաղտնիք, եթե խանին հայտնելու լինեմ, իսկույն նրան գլխատել կտա: Ես հենց այս գիշեր նրան զգալ կտամ, որ նրա կյանքը իմ ձեռքումն է, և նա լեզուն կքաշե...

Խորին տխրության մեջ սկսեց տիկինը դիմել դեպի իր վրանը: Նա իրան այնքան անբախտ էր զգում, որ լսում էր իր հոր մասին հարյուրավոր վիրավորական խոսքեր, բայց բարկանալու իրավունք չուներ: Ի՞նչ կարող էր ասել դառն ճշմարտությունների դեմ: Նա ուներ մի հայր, որը ոչ երկնքում և ոչ այս աշխարհում ոչ մի հատիկ բարեկամ չուներ, որին դավաճանած չլիներ: Նա մինչև անգամ հանցավոր էր խանի մոտ, որի բարերարությունները վայելում էր:

ԺԲ

Երբ մելիք Դավիթը աշխատում էր Սյուրիի աջակցությունը որսալ, նրան իր նոր նենգավորությունների գործիք դարձնել, այդ ժամանակ մելիք Ֆրանգյուլը տխուր, հուսահատական դրության մեջ դուրս եկավ խանի վրանից: Նա գնացել էր խանի մոտ խնդրելու, որ Գենվազի և Բարգյուշատի մելիքությունը իրան հանձնե, բայց մերժում ստացավ, թեև խոստանում էր յուրաքանչյուր տարի վճարել խանին հինգ հազար թուման փող, երեք հազար թաղար ցորյան, երկու հազար թաղար գարի, և ամեն տարի երկու հատ գեղեցիկ հայ աղջիկներ հարեմի համար:

Դուրս գալով խանի վրայից, նա. մոլորվածի նման, չգիտեր դեպի ո՛ր կողմը գնալ: Գնա՞լ իր իջևանը, ուր ամոթալի դեմքով պիտի հանդիպեր մելիք Դավիթին, — այդ մեռնելու չափ անտանելի էր նրան: Նա իր շահերը բաժանեց մելիք Դավիթից, թողեց նրան և սկսեց առանձին գործել, վստահացած լինելով, թե հաջողություն կգտնե և միայնակ Գենվազը ու Բարգյուշատը իր ձեռքը կգցե։ Իսկ այժմ նրա բոլոր հույսերը իզուր անցան։ Նա այնքան չէր ցավում, որ զրկվում է երկու հարուստ գավառների իշխանությունից, որքան ամաչում էր հանդիպել մելիք Դավիթին և լսել նրա այսօրինակ հեգնական խոսքերը. — բարեկամ, «շունը շան թաթը չի կոխի», դու ուզում էիր հալվան մինակ ուտել և ընկերիդ չտալ, դրա համար էլ աստված քեզ պատժեց։ Իհարկե, եթե մելիք Ֆրանգյուլին հայտնի լիներ իր ընկերոջ գտած նախատական ընդունելությունը Սյուրիի մոտ, նա այնքան չէր տանջվի և բոլորովին հուսակտուր չէր լինի։ Նա կմտածեր եթե ոչ այսօր, գուցե վաղը, մյուս օրը դարձյալ կարող էր հասնել իր նպատակին։ Բայց նա հավատացած էր, որ որքան էլ թշնամական լինեին աղջկա հարաբերությունները հոր հետ, դարձյալ Սյուրին իր հոր կողմը կբռներ։ Այժմ ի՞նչ անել, ո՞ւր գնալ։ Նա մնացել էր մոլորված։ Հպարտությունը խեղդում էր նրան։ Մտածում էր գնալ, ձի նստել և գիշերով հեռանալ, առանց մելիք Դավիթի կամ մի այլ մարդու հետ տեսնվելու։ Գոնե այսպիսով ազատ կմնար ամոթից և նախատինքից։ Բայց ո՞ւր գնալ, — այդ հարցը դարձյալ դժվարության մեջ էր դնում նրան։ Գնալ իր տունը։ Բայց ի՞նչ երեսով նայել իր կնոջ, իր որդիների վրա, որոնք մեծ անհամբերությամբ սպասում են նրա վերադարձին, սպասում են դիմավորել նրան նոր փառքով, Գենվազի և Բարգյուշատի մելիքությունը ստացած։ Ի՞նչ պատասխան տալ իր տանուտերներին, որոնց առաջմանե գրած էր, թե նա արդեն ստացել է այդ երկու գավառների իշխանությունը և մելիք Դավիթը կորցրել էր իր նշանակությունը։

Մի հզոր պաշտպան, մի զորեղ ձեռք պետք է, որ նրան դուրս բերեր իր անել դրությունից։ Ո՞ւմը դիմել, ո՞ւմ օգնությունը խնդրել։ Խանից նա մերժվեցավ։ Այժմ ո՞վ կարող էր ազդել, ներգործել խանի վրա։ Ո՞վ կարող էր միջնորդ և բարեխոս լինել նրա և խանի մեջ։ Նա մտաբերեց ցեղի իմամին, մի մարդու, որին բոլորը պաշտում էին, թե՛ խանը և թե՛ նրա մահմեդական ժողովուրդը։ Եվ առանց իրան հաշիվ տալու, նա սկսեց անգիտակցաբար իր անվճռական քայլերը ուղղել դեպի նրա վրանը։ Նա միայնակ էր, իր հետ ուներ ծառաներից մեկը միայն։ Իմամի վրանը գտնվում էր բավական հեռու, Չալաբիանների չադրների մոտ։ Պետք էր անցնել մի քանի բլուրներ, մի քանի ձորեր։ Մելիք Ֆրանգյուլը ցանկանում էր, որ այդ ճանապարհը ավելի ևս երկար լիներ, մինչև աշխարհիս ծայրը, որ գնար, գնար և չհասներ։ Մի՞թե ակամա էր գնում նա, թե ցանկանում էր՝ ճանապարհի երկարության ընթացքում ավելի լավ խորհել, ավելի լավ քննադատել այն ձեռնարկությունը, որին դիմում էր... Առայժմ դատարկ հույսը նրան ավելի էր մխիթարում, քան կատարված իրողությունը, որ թանկ գնով պիտի ստանար... Գիշերային խավարը ծածկում էր նրան ուշացած հովիվների տեսությունից, որ անցնում էին լեռների միջով։ Ի՜նչ լավ կլիներ, որ միշտ գիշեր լիներ և նրան ոչ ոք չտեսներ։ Նա նմանում էր մի գողի, որ մթություն է սիրում։ Նա նմանում էր մի եղեռնագործի, որ փախչում է մարդկային հասարակությունից, անապատների խլության մեջ հանգստացնելու խղճի խայթը...

Կես ճանապարհի վրա նա կանգ առեց։ Մի քանի րոպե մնաց մեխված գետնի հետ։ Չգիտեր հետ դառնալ, թե առաջ գնալ։ Նրա սիրտը բաբախում էր և գլխի մեջ կատարվում էր խառն մտածությունների մի ամբողջ պատերազմ։ Վճռեց հետ դառնալ։ Բայց այժմ ոչ այն ճանապարհով, որով եկել էր, կարծես, ճանապարհի տարբերությունը կարող էր հանգստացնել նրան։ Հանկարծ հիշեց նա խանի խոսքը, որի հիման վրա մերժեց նրան Գենվազի և Բարգյուշատի մելիքությունը. «Թորոս իշխանի հետ ունեցած մեր այժմյան բարեկամական հարաբերությունները թույլ չեն տալիս ինձ այդ երկու գավառների կառավարությունը հանձնել մի այնպիսի մարդու, որին իշխանը իրան թշնամի է համարում»։ Ուրեմն նա չկամեցավ վիրավորել իշխանի անձնասիրությունը, չկամեցավ նրա քրոջ որդու (Ստեփաննոսի) երկրները հանձնել մի մարդու, որը Թորոսի ընտանիքի հետ տոհմային թշնամություն ուներ։ Այդ հիմար պարսիկը, մտածում էր մելիքը, եթե խելք ունենար, պետք է օգուտ քաղեր այդ հանգամանքից, պետք է բռնությամբ գրաված երկրների կառավարությունը հանձներ հենց իրան, որովհետև նրանց նախկին տիրոջ թշնամին էր ինքը։ Դրանով ավելի ապահովացրած կլիներ խանը իր իշխանությունը այդ երկրների վրա։

Մյուս կողմից, մելիքին տանջում էր մի այլ միտք. Թորոսը այնքան հպարտ էր, իհարկե, չէր ցանկանա փողով գրավել խանին և կրկին ձեռք բերել այդ երկրների իշխանությունը իր քրոջ որդու՝ Ստեփաննոսի համար, որին այսօր գերությունից ազատեց, որը այդ երկրների օրինավոր տերը և ժառանգն էր: Նա կպատրաստվեր զենքի ուժով գրավված երկրները հետ խլել նույնպես զենքով: — Այդ բոլորը նա հայտնեց խանին, հայտնեց, որ այդ երկրների կառավարությունը իրան հանձնելը միակ երաշխավորությունն է խանի իշխանությունը նրանց վրա հաստատ պահելու համար: Բայց «հիմար» պարսիկը չհասկացավ. նա ավելի գերադասեց իր կեղծ բարեկամությունը Թորոսի հետ, քան մելիք Ֆրանգյուլի հավատարիմ ծառայությունը:

Բայց ինչպե՞ս կարող էր մելիք Ֆրանգյուլը այդ բոլոր անարգանքը տանել: Ինքը թշնամի էր Թորոսի հետ, իր հայրը թշնամի էր նրա հոր հետ, իր պապը թշնամի էր նրա պապի հետ: Այդ երկու ընտանիքների մեջ ատելությունը անցել էր սերունդից սերունդ և կնքված էր բազմաթիվ զոհերի արյունով: Այժմ նույն մարդը դուրս էր գալիս իր առջև որպես մի հզոր ախոյան: Պետք էր ընկճվե՞լ նրա առջև: Այդ անկարելի էր: Պետք էր ջարդուփշուր անել նրա դիտավորությունները: Թեև մելիքին չհաջողվեցավ Ստեփաննոսին խեղդել տալ բանտի մեջ, թեև նրան չհաջողվեցավ հայ գերիներին մաշել տալ բանտի մեջ, — բայց նա պետք է հաջողեցնե Գենվազի և Բարգյուշատի մելիքը լինել, թեև այդ իշխանությունը գնվելու լիներ այն բանով, որ աշխարհի մեջ ամենաթանկագինը և ամենասուրբն է նրա համար... Այդ մտքով նա կրկին հետ դարձավ և շարունակեց իր ճանապարհը դեպի իմամի վրանը:

Մի քանի րոպե առաջ նա գտնվում էր տատանման մեջ: Իսկ այժմ նախանձը, ատելությունը, կույր փառասիրությունը եռ էին տալիս նրա սրտում: Մի քանի րոպե առաջ նրան տանջում էր միայն ամոթի և հպարտության զգացմունքը, իսկ այժմ նրան բորբոքում էր վրեժխնդրության կիրքը: Պետք էր պատժել Թորոսին, այնուհետև նրա բոլոր թշնամիները կորագլուխ կլինեին նրա առջև:

Ճանապարհին նա ստեղծեց մի ամբողջ պատմություն, որի առիթով պիտի ներկայանաի իմամին: Նրա ուղեղը, որ մինչև այժմ բոլորովին մռայլված էր, նրա մտածությունները, որ մինչև այժմ խառնաշփոթ դրության մեջ էին, հանկարծ որոշ կերպարանք ստացան: Նա այժմ այնքան արագ էր գնում, որ ծառան հազիվ կարողանում էր հետևել նրան: Քառորդ ժամից հետո նա հասավ իմամի վրանին:

Իմամի վրանը իր պարզությամբ չէր զանազանվում հասարակ հովիվների չադրներից: Այստեղ չկային ոչ նուրբ, մետաքսեղեն կերպասներ և ոչ թանկագին շալեր: Աստուծո մարդը, կրոնի զորավիգը իրան հեռու էր պահում աշխարհի փառքից և կյանքի շքեղությունից, եթե ոչ ներքուստ, գոնե արտաքուստ: Նա նստած էր հասարակ թաղիքի վրա և նրա մոտ դրած էին մի քանի գրքեր: Մի կողմում կուչ էր եկած դերվիշը և պատմում էր զանազան բժշկական հրաշալիքներ: Վրանում ուրիշ ոչ ոք չկար. մի մորուքավոր սպասավոր միայն կանգնած էր այնտեղ և երբեմն նորոգում էր իմամի չիբուխը, վառում էր, առաջ ինքն էր ծխում, հետո տալիս էր նրան: Դերվիշը խոսում էր Լոկմանի վրա, ասում էր, երբ նա ծերացավ, հազար ինն հարյուր վաթսուն տարեկան դարձավ, այդ ժամանակ պատրաստեց «կենդանության կաթիլները», և իր աշակերտներին՝ Ալասթունին ու Աֆլաթունին հանձնելով, պատվիրեց նրանց, երբ ինքը կմեռնի, այն հեղուկից երեք կաթիլ կաթեցնեն իր բերանը, և ինքը իսկույն կկենդանանա: Երբ նա մեռավ, Աֆլաթունը վեր առեց հեղուկը, որ իր վարպետի պատվերի համեմատ երեք կաթիլ կաթեցնե նրա բերանը: Դեռ առաջին կաթիլն էր կաթեցրել, այդ միջոցին սատանան աներևույթ կերպով անցավ նրա մոտից, թևքով զարկեց սրվակին և հեղուկը թափեց: Լոկմանի մարմնի մի մասը միայն կենդանացավ. ոտքերից մինչև պորտը, մյուս մասը՝ մեջքից մինչև գլուխը մնաց մեռած: Այդ դրության մեջ ապրեց նա մինչև երկու հազար տարի: Ոտքերը կենդանի էին, ման էին գալիս, բայց գլուխը, թևքերը, մեջքը սկսեց հետզհետե լուծվել, փտել և հող դառնալ: Նրա աշակերտների բոլոր ջանքը չկարողացավ կենդանացնել նրա մարմնի մեռած մասը, որովհետև Լոկմանը «կենդանության կաթիլների» գաղտնիքը իր մոտ էր պահել:

— Բայց սատանան ի՞նչ թշնամություն ուներ Լոկմանի հետ, — հարցրեց իմամը:

— Սատանան ո՞ւմ հետ թշնամի չէ, — պատասխանեց դերվիշը,-այդ էլ բավական էր, որ Լոկմանը իր բժշկական դարմաններով պատերազմում էր մահվան դեմ և ամեն օր հարյուրավոր հիվանդների կյանք և առողջություն էր պարգևում: Իսկ կյանքը հակառակ է սատանային. նա մահվան և գերեզմանի իշխանն է:

Նրանց խոսակցությունը ընդհատեց սպասավորը, հայտնելով, թե մելիք Ֆրանգյուլը խնդրում է ներկայանալ: Իմամը մի քանի վայրկյան մտածության մեջ ընկավ, թե ինչպես ընդունե այդ «գավուրին», հետո հրամայեց վրանի մի կողմում տարածել մի կապերտի կտոր, որ նա գա, նստե նրա վրա, որպեսզի մյուս օթոցները չպղծե: Իսկ այդ կապերտի կտորը կարելի էր հետո կամ այրել, կամ դեն գցել:

Մելիք Ֆրանգյուլը ներս մտավ, խոնարհությամբ գլուխ տվեց և կանգնեց ոտքի վրա: Իմամը խնդրեց նրան նստել: Մելիքը գիտենալով մահմեդական հոգևորականների սովորությունը, գնաց, նստեց կապերտի կտորի վրա:

Իմամը թողեց մելիքին առանց ուշադրության, որպես թե նա չկար և շարունակեց իր խոսակցությունը դերվիշի հետ Լոկմանի և սատանայի մասին: Հետո նա անցավ այն մաջունին, որ պիտի պատրաստեր դերվիշը նրա ծերությունը հետ դարձնելու և նրան մանկական ուժ և թարմություն պարգևելու համար:

Մելիք Ֆրանգյուլը այն աստիճան անհանգիստ էր, կարծես, փշերի վրա էր նստած: Իմամի արհամարհանքը, նրա սառն ընդունելությունը սաստիկ վիրավորեց նրան: Նա ավելի բարվոք կհամարեր, որ գետինը պատռվեր և իրան կուլ տար, քան այնպես անպատիվ կերպով նստած լիներ պարսիկ կրոնավորի սպասում, որ ավելի բավականություն էր գտնում խոսելով մի զզվելի դերվիշի հետ, քան հայ ժողովրդի մի նշանավոր ներկայացուցչի հետ: Նա անհամբերությամբ սպասում էր, որ իր վրա ուշադրություն դարձնեն, կամ գոնե հարցնեն, թե ինչո՞ւ համար էր եկել: Նա մի քանի անգամ հազաց, մի քանի անգամ նստած տեղում այս և այն կողմը շուռ եկավ, դարձյալ նրա վրա ոչ ոք ուշադրություն չդարձրեց: Այդ անախորժ դրությունը սպանում էր նրան, մանավանդ որ նկատում էր, երբ իմամին չիբուխ էին մատուցանում, նա դերվիշի հետ փոփոխակի կերպով ծխում էր, բայց իրան ամեննին համեցեք չէին անում, որովհետև նրա անմաքուր շրթունքը կարող էր պղծել չիբուխը:

— Ո՜վ ուղղափառների սուրբերից ամենասուրբը, մեկ խնդիրք ունեմ, — ասաց վերջապես մելիքը բացագանչական եղանակով:

Քրիստոնյա մելիքի այս եղանակով դիմելը պարսից կրոնավորին, բավական հաճոյական երևացավ նրան, և ընդհատելով իր խոսակցությունը դերվիշի հետ, հարցրեց.

— Ի՞նչ եք հրամայում:

— Քանի գիշեր է, — պատասխանեց մելիքը, — ինձ անհանգստացնում է մի երազ, հենց որ պառկում եմ, միշտ միևնույն երազն եմ տեսնում: Այդ երազի մեկնությունը ոչ ոք կարող է տալ ինձ, բացի ուղղափառների սուրբից, որի մոտ պահված են բոլոր գիտությունները, բոլորը երևելի և աներևույթ էակների գաղտնիքները: Եթե ձեր սրբությունը կբարեհաճի, ես կպատմեմ իմ երազը:

Իմամը թույլ տվեց նրան պատմել, համեստությամբ հայտնելով, թե ինքը գիտության անսահման օվկիանոսից մի քանի կաթիլի միայն արժանացած է, բայց աստուծո և մարգարեի օգնությամբ կաշխատե նրան բավականացուցիչ բացատրություններ տալ:

Մելիքը շարունակեց.

— Ինձ երևում էր, թե գտնվում եմ մի դրախտի մեջ, որ զարդարած էր մշտականաչ ծառերով: Որքան նայում էի, վերջ և սահման չուներ այդ դրախտը: Որպես ծառերը, որպես ծաղիկները, այնպես էլ մարդիկը այնտեղ վայելում էին հավիտենական մանկություն: Ծերությունը, մահը և այն բոլոր չարիքները, որ ապականում են մարդու կյանքը, այնտեղ գոյություն չունեին: Այնտեղ թագավորում էր անթառամ, անվերջ կյանք միայն: Տղամարդիկը նստած էին տերևախիտ արմավենիների հովանու տակ, գոհարներով զարդարած օթոցների վրա, և թիկն էին տված մախմուռե բարձերին: Ամեն մի տղամարդի շուրջը պատել էին յոթանասունից ավելի դառահաս աղջիկներ հրաշալի գեղեցկությամբ: Նրանք հագուստի փոխարեն պատած էին սպիտակ ամպի նման թեթև և թափանցիկ մի նյութով: Այդ նազելի արարածները ուրիշ հոգ չունեին, բացի գգվելուց և փայփայելուց այն տղամարդին, որին պատկանում էին: Նրանցից ոմանք, կպած նրա կուրծքին, սանրում էին նրա երկայն ծամերը և մազերը շարում էին մարգարիտներով. ոմանք աչքերին սուրմա էին քաշում, կամ հոնքերը նախշում էին սևադեղով. մի խումբ երգում էր, մյուսը ածում էր ոսկյա քնարների վրա: Ծառերի ոստերից թռչունները ձայնակցում էին հրաշալի երաժշտությանը: Այդ թռչունները այնքան գեղեցիկ էին, որոնց նմանը ես երբեք տեսած չէի. նրանց փետուրների վրա շողշողում էին ծիածանի բոլոր վառ գույները: Նրանք լեզու ունեին, խոսում էին և հասկանում էին մարդու մտքերը: Այնտեղ բոլոր արարածները խոսում էին: Տեսնում ես, սիրուն այծյամը, ոսկյա եղջյուրներով, մոտենում է քեզ և շնորհալի կերպով գլուխ տալով, ասում է՝ «սալամ ալեյքում» (խաղաղություն քեզ): Լեզու ունեին մինչև անգամ ծառերը և խոսում էին ավելի քաղցր, ավելի ճարտար, քան թե հրեշտակները: Հարկավոր չէր ձեռքը մեկնել և քաղել նրանց պտուղները, բավական էր ցանկանալ միայն, և ահա բարձր արմավենին խոնարհեցնում է իր ճյուղերը և դու քաղում ես, ինչ պտուղ որ կամենում ես. ուզում ես նարինջ – նա կտա քեզ, ուզում ես թուզ — նա կտա քեզ, ուզում ես անանաս – նա կտա քեզ: Մարդիկը կերակրվում էին գլխավորապես համեղ և անուշահոտ պտուղներով, որոնց տեսակներին թիվ և չափ չկար: Նրանք խմում էին կաթ և մեղր, որ բխում էին հստակ աղբյուրներից, և միլիոնավոր վտակներով վազում էին ծաղիկների միջից, ընդունելով նրանց անուշահոտությունը: Բոլորը ինչ որ ուտում էր, ինչ որ խմում էր մարդ, լուծվում էր նրա մեջ, գոլորշիանում էր, և վարդաջրի քարերույր կաթիլների նման, անզգալի կերպով շոգիանում էր նրա մարմնից: Այլ կերպ արտաղրություն չկար: Ապականությունը հեռու էր այնտեղից: Անարատ սրբություն, անվերջ երանություն, անսահման զվարճություն, — այդ էր թագավորում այնտեղ: Մարդկանց սիրտը լի էր բավականություններով, և հոգին ուրախ զվարճություններով: Միշտ, անընդհատ կերպով վայելում էին նրանք իրանց շուրջը պատած անսպառ բարությունները, բայց ոչ հագենում էին և ոչ ձանձրանում: Ամեն մի առարկա նոր ուրախություն, նոր բերկրություն էր բաշխում նրանց: Միօրինականություն չկար: Միևնույն առարկան ամեն մի րոպե, ամեն մի վայրկյան առանձին կերպարանքով էր ներկայանում նրանց, և ամեն անգամ իր հետ բերում էր նոր հրապուրանք, նոր հրաշալիք: Գեղեցիկ, մշտադալար աղջիկները պահպանում էին իրանց հավերժական կուսությունը, որպես նրանց շրջապատող քնքուշ վարդերը, որոնք ոչ թառամում էին և ոչ փոխում իրանց գույնը: Ժամանակը չէր հնացնում նրանց, այլ օրըստօրե մանկացնում էր, բաշխելով նոր թարմություն և նոր չքնաղություն: Նրանք բոլորը ծառայում էին տղամարդերին: Տղամարդերից ամեն մեկը կարող էր ունենալ նրանցից, որքան և կամենար: Գիշեր կամ խավար չկար այնտեղ: Մանիշակագույն պարզ երկնքից արեգակը մշտապես թափում էր իր լուսափայլ ճառագայթները: Ամբողջ տարին տիրում էր կանաչ գարուն, և անձրևի փոխարեն հոտավետ ցողը զովացնում էր ճոխ բուսականությունը: Մարդիկ այնտեղ հոգ կամ վաստակ չունեին. հրաշագործ բնությունը, ինքնահորդոր կերպով, ինքն էր արտադրում ամենը, ինչ որ պետք էր մարդուն: Ամեն կողմից, հրեշտակների հոգու հետ, շնչում էր գոհություն, սեր և խաղաղություն: Ամեն կողմից լսելի էր լինում օրհնություն և փառաբանություն արարչին, որ պատրաստել էր այդ բոլորը: Այնտեղ չարություն, նախանձ, ատելություն չկար: Այնտեղ գայլը գառի հետ միասին էին ապրում: Եվ ի՞նչ առիթ ունեին կռվելու. ամեն ինչ առատ էր, ամեն տեղ տիրում էր անսահման լիություն: Պետք, կարիք կոչված բաները այնտեղ չկային: Ինչ որ ցանկանում էր մարդ — աչքի առջևը պատրաստ էր: Պետք էր կամենալ միայն, իսկ կատարածը չէր հապաղում:

Մելիք Ֆրանգյուլը իր պատանեկության հասակում, գերի ընկած լինելով Պարսկաստանում, երիտասարդությունը անցուցել էր Սպահան քաղաքի մեջ: Այնտեղ մահմեդականություն ընդունելով, ծանոթացավ պարսից գրականության և լեզվի հետ: Այդ հանգամանքները իմամին հայտնի չլինելով, նա բոլորովին զարմացավ. տեսնելով մի հայ, որ այնպես գեղեցիկ լեզվով նկարագրում էր իր երազը: Նա չկարողացավ համբերել, ընդհատեց նրա պատմությունը, ասելով.

— Երանություն եմ տալիս քեզ, ով երջանիկ մարդ, որ դուք բախտ եք ունեցել տեսնել Մուհամմեդի դրախտը, որ նա պատրաստել է իսլամի արդարների համար: Դա մի հրաշալի նշան է, որով մարգարեն կոչում է ձեզ իր գիրկը, մասնակից անելու այն բոլոր բարություններին, որ ուղղափառներըմիայն իրավունք ունեն վայելելու:

— Ես բոլորը չպատմեցի ձեզ, տեր, — պատասխանեց մելիքը տխուր ձայնով, — լսեցեք, թե նրանից հետո ինչ տեսա:

Նա շարունակեց:

— Երբ ես հիացած, խորին հոգեզմայլության մեջ նայում էի այն անհուն վայելչություններին, հանկարծ ոգիներից մեկը մոտեցավ ինձ, ասաց. «Ով մարդ, այստեղ անմաքուրների տեղը չէ, հեռացեք շուտքվ, այստեղ ապրում են սուրբերը միայն»: Երբ ես փոքր-ինչ հապաղեցա կատարելու նրա հրամանը, նա բռնեց իմ մորուքից, և հողաթափի հատի նման ձգեց օդի մեջ: Նրա բազկի թափը այնքան սաստիկ էր, որ ես երկար մղվում էի օդի մեջ, թողնելով իմ ներքև լայնատարած ծովեր, ահագին լեռներ և ընդարձակ դաշտեր: Վերջապես ես ցա ընկա մի անապատի մեջ, որ ծածկված էի վայրենի փշերով և ծակոտող տատասկներով: Ոչինչ այնքան սիրտ ճնշող և տխուր չէր կարող լինել, որպես այդ ավազոտ անապատը: Դեպի որ կողմը նայում էր, կյանքի նշույլ չկար: Ամեն տեղ տիրում էր մեռելային ամայություն: Միայն սև ագռավները երբեմն խումբերով անցնում էին վերնից և իրանց դառն կռնչյունով աղմկում էին օդի մահահրավեր լռությունը: Նրանց ձայնը, կարծես, անեծքի հառաչանքներ լիներ, որ թափվում էր երկնքից, որպես բոթաբեր աղաղակ: Իմ սիրտը կտրատվում էր անհամբերությունից, շտապում էի անցնել, հեռանալ այդ անապատից: Բայց նա վերջ և սահման չուներ: Շուտով սկսեց ինձ պաշարել երկյուղը: Դեպի ո՞ր կողմը գնամ, ի՞նչ անեմ, մտածում էի ես: Կեսօրվա ժամն էր: Արեգակը երկնքից կրակ էր թափում: Գետինը, որի վրա կանաչ բուսականության ոչ մի հետք չկար, տաքացած էր, ինչպես շիկացած երկաթ: Ամբողջ տարածությունը, կարծես, դարերով ջուր չէր տեսած, և պապակվում էր ծարավից: Այնտեղ տեսնում էի ես կմախքի նման նիհար մարդիկ, որ թափառում էին անապատի մեջ: Կարծես, արյուն կոչված բանը չկար այդ ողորմելի արարածների մեջ: Կիսամերկ, պատառոտած հագուստով, բոբիկ ոտներով թափառում էին նրանք տատասկների մեջ: Մարմնացած չքավորությունը, իր բոլոր սոսկալի տառապանքներով, միայն կարող էր նրանց նման լինել: Մի հավիտենական անեծքով դատապարտված, այդ խեղճ մարդիկը, բահի և արորի փոխարեն, իրանց ճանկերով փորում էին կորդացած երկիրը, ցանում էին նրան և ջրում էին իրանց արտասուքով: Երկինքը անձրև չէր տալիս և ոչ երկիրը բխեցնում էր աղբյուրներ: Հողը մերժում էր նրանց ցանքը և իր արգանդի մեջ խեղդում էր ծլած սերմերը: Իսկ այդ թշվառները դատապարտված էին գործելու, միշտ, անդադար գործելու, թեև առանց վաստակի, առանց արդյունքի: Աշխատության ծանրության մեջ նրանք կատարելապես անասնացել էին. մարդկային շնորհք չէր երևում նրանց մոտ: Նրանց արևակեզ զավակները, մրջիմի նման, սփռված էին անապատի մեջ, բույսերի արմատներ էին հանում երկրից և նրանով էին հագեցնում իրանց քաղցը: Ոչինչ չէր կարող այնքան ողորմելի, այնքան անբախտ լինել, որպես այդ մերկ մանկտին, որոնց մոխրագույն դեմքերի վրա ամենին կյանքի նշույլ չկար: Ավելի թշվառ էր կնիկների դրությունը: Այդ ստրուկները մի րոպե հանգստություն չունեին: Աշխատության մեջ նրանք այն աստիճան կոշտացել, կոպտացել և վայրենացած էին, որ կորցրել էին բոլորը, ինչ որ կանացի է, ինչ որ քնքուշ ու գեղեցիկ է: Մանկահասակը չէր որոշվում պառավներից, բոլորը մաշվել, թառամել էին վաղահաս ծերության մեջ: Հագուստ չունեին նրանք, իրանց մերկությունը ծածկել էին գազանների մորթիներով: Կարծես, մի աներևույթ ձեռք անգթաբար ճնշում էր, հալածում էր, տրորում էր այդ խղճալի հասարակությունը: Բայց որքա՛ն մեծ եղավ իմ սարսափը, երբ նույն թշվառ կնիկների թվում գտա իմ կնոջը և նույն անբախտ մանուկների մեջ տեսա իմ զավակներին: «Այստեղ ի՞նչ եք շինում», — հարցրի ես:

— «Մեզ այստեղ բերեցին»... — պատասխանեցին նրանք արտասուքը աչքերում և ընկան իմ գիրկը: Ես չկարողացա երկար հարցուփորձ անել նրանցից, որովհետև իսկույն հայտնվեցավ մի մարդ գազանային դեմքով և մտրակի հարվածներով քշեց նրանց դեպի անապատը, ասելով. «գործեցե՛ք, անպիտաններ»... Ես պատրաստվում էի հարձակվել նրա վրա, բռնել, կտոր-կտոր անել, որ իմ աչքի առջև այնպես բարբարոսաբար տանջում էր իմ զավակներին, — բայց հանկարծ զգացի իմ մեջքի վրա մտրակի մի սաստիկ զարկ և լսեցի նրա սպառնալի հրամանը. «Դե՛ դուք էլ...» — և նա ձեռքով ցույց տվեց անապատը: Ես զարթեցա, բայց ինձ թվում է, որ հենց այս րոպեիս զգում եմ մեջքիս վրա նույն մտրակի դառն ցավը և դարձյալ լսում եմ նրա սպառնական խոսքերը...

Մելիքը վերջացրեց. մի քանի վայրկյան վրանի մեջ տիրեց խորին լռություն, որը ընդհատվեցավ իմամի վարդապետական բացատրությունով.

— Այդ անապատը ներկայացնում է այն կայարանը, ուր պիտի տարվին «գավուրների» զավակները մահից հետո: Այդ դեռ «ջհաննամի» (գեհենի) նախազավիթն է, եթե դուք մի փոքր առաջ գնայիք, պիտի տեսնեիք «մազե կամուրջը» և նրա տակից հոսող հրեղեն գետը, որ թափվում է դժոխքի մեջ և այնտեղ ձևացնում է մի լայնատարած ծով: Հրեղեն ալիքների մեջ դուք կգտնեիք «գավուրների» ամբողջ հասարակությունը և գուցե կճանաչեիք ձեր ազգակիցներից շատերին, որոնք մարգարեի սուրբ հավատը թողնելով, հետևեցին մոլորությունների, և ժառանգեցին աստուծո բարկության հետ նրա հավիտենական տանջանքը: Բայց աստված չէ կամենում, որ դուք մոլորյալների ճանապարհով գնաք, և այդ երազը մի նշան է, որով նա հրավիրում է ձեզ դեպի ուղիղ ճանապարհը, որ տանում է դեպի արդարների հավիտենական երանությունը, որին արժանացաք աչքով տեսնել ձեր երազի սկզբում:

— Ես մի մեղավոր մարդ եմ... – պատասխանեց մելիքը ցավալի ձայնով, — ես զգում եմ իմ բոլոր մեղքերը...

— Մեր օրենքով, — ասաց իմամը լուրջ կերպով — եթե «գավուրներից» մեկը ընդունե մուսուլմանների կրոնը, ոչ թե նրանից, այլև նրա զավակներից մինչև յոթ սերունդ մեղք չի պահանջվի: Նրանք կվայելեն ամենապատվական տեղը Մուհամմեդի դրախտի մեջ:

Մելիքի դեմքի վրա վազեց ուրախության նման մի բան, և մոտենալով իմամին, ձեռքը մեկնեց, բռնեց նրա ձյունի նման սպիտակ հագուստի փեշից, և համբուրելով ասաց.

— Ձեզանից է կախված իմ փրկությունը, տեր, մի թողեք ողորմելույս կորչել:

— Ձեր փրկությունը խիստ դյուրին է, — պատասխանեց իմամը նույնպես ուրախանալով, — առայժմ բավական է միայն, որ դուք կարդաք «վկայության հանգանակը» և ընդունեք իսլամը, իսկ վաղը մենք կկատարենք թլփատության խորհուրդը:

— Ես պատրաստ եմ:

Իմամը սկսեց նրան բառ առ բառ թելադրել «վկայության հանգանակի» արաբական խոսքերը և մելիքը դպրոցական աշակերտի նման կրկնում էր: Երբ վերջացավ, իմամը գրկեց նրան, և համբուրելով ասաց.

— Այժմ դուք իմ աչքի լույսը և իմ եղբայրն եք և կարող եք նստել իմ մոտ, իմ օթոցի վրա:

Պիղծ «գավուրը» մի քանի արաբական բառեր արտասանելով, դարձավ մաքուր, անարատ մուսուլման: Այժմ իմամը ոչ միայն տալիս էր նրան իր չիբուխից ծխել, այլ պահեց իր մոտ, միասին ընթրիք վայելեցին, և գիշերը մնաց իմամի վրանում, պառկելով նրա հանդերձարանից բերված մաքուր անկողնի մեջ, որին ոչ մի «գավուրի» ձեռք չէր դիպել: Այդ բոլոր գործողությունների ժամանակ դերվիշը լուռ էր և մի առանձին արհամարհանքով նայում էր հայ մելիքի վրա, դժվարանալով հավատալ նրա անկեղծությանը: Մելիքին ճանաչում էր նա. տեսել էր նրան Պարսկաստանի մի հեռավոր քաղաքում... և գիտեր նրա բոլոր գաղտնիքները..

ԺԳ

Առավոտյան Չալաբիանների ամբողջ ցեղի մեջ լուր տարածվեցավ, թե մելիք Ֆրանգյուլը ընդունել է մահմեդականություն. բոլորը հետաքրքրվում էին, բոլորը ուրախանում էին, որ հայերից մի այդպիսի նշանավոր մարդ մտավ իսլամի գիրկը, և հավատացած էին, որ շատերը կհետևեն նրա օրինակին: Այդ միջոցին Սյուրին դեռ նոր էր զարթնել, և փաթաթված մետաքսյա նուրբ սփածանելիքի մեջ, նստած էր իր վրանում, գորգի վրա: Նա պատահած անցքից տեղեկություն չուներ: Աղախինը բերել էր նրա մոտ փոքրիկ երեխային, որի հետ խաղում էր գթոտ մայրը: Ֆաթիման — այդպես էր երեխայի անունը — այս առավոտ սովորել էր մի նոր հանաք իր աղախնից. երբ աղլուխը շարժում էին նրա առջև, նա բավական ծաղրական երես շինելով, արտասանում էր. «Ա՛ռ ւ.. առ՛ ւ...»: Այդ բավական զվարճացնում էր դժբախտ մորը:

Այդ միջոցին տխուր, բազմահոգ դեմքով մտավ Սյուրիի վրանը ներքինապետ Ահմեդը: Նրա սովորությունները այն աստիճան ծանոթ էին տիկնոջը, որ տեսնելով նրան վատ տրամադրության մեջ, իսկույն հարցրեց:

— Ի՞նչ է պատահել:

— Շատ վատ բան, — պատասխանեց ծերունին և սկսեց պատմել բոլորը, ինչ որ լսել էր մելիքի մասին:

Ժողովրդի ֆանտազիան արդեն տվել էր անցքին բոլորովին գերբնական կերպարանք: Պատմում էին, թե մելիքը հրեշտակների թևերի վրա տարվել էր մինչև հինգերորդ երկինքը. այնտեղ խոսակցություն էր ունեցել Մուհամմեդի և Ալիի հետ. հետո ցույց էին տվել նրան դրախտը ու դժոխքը, ասել էին՝ դրանցից որը կամենում ես ընտրի՛ր: Մելիքը ընտրել էր դրախտը: Ցած գալով երկնքից, նա անմիջապես գնացել էր իմամի մոտ: Իմամը նրա երեսի վրա լույսի ճաճանչներ էր տեսել, և նրա առջևը ընկնելով, երկրպագություն էր տվել: Հետո նրան նստացրել էր իր տեղը, և ինքը նստել էր նրանից ցած, ասելով, թե «ինձ պետք է քեզ սպասավորություն անել, դու ավելի սուրբ ես, քան թե ես»: Հետո իմամը հրամայել էր, որ ընթրիք տան, բայց ընթրիքը ուշացրել էին: Այդ ժամանակ մելիքը «սալավաթ» էր քաշել երեսին, և նույն վայրկյանում երկնքից ցած էր իջել մի սեղան լի ամեն տեսակ անուշահամ կերակուրներով և այլն:

— Այդ բոլորը հին հեքիաթներ են, — ծերունի ներքինապետի խոսքը կտրեց Սյուրին, — դու այն ասա՛, մելիքը այժմ որտե՞ղ է:

— Նա գտնվում է իմամի մոտ, — պատասխանեց ծերունին խռովյալ ձայնով. — այսօր պիտի կատարվի նրա թլփատության խորհուրդը, և խանը ինքը հանձն է առել քիրվայի (կնքահայրի) պաշտոնը:

— Կնշանակե, մելիքի մահմեդականություն ընդունելը շատ մոտ է խանի սրտին:

— Տարակույս չկա, այդ անհավատները ոչինչ բանով այնքան չեն ուրախանում, որքան ուրախանում են, երբ տեսնում են, որ մի մարդ ընդունում է իրանց կրոնը:

Տիկինն ընկավ դառն մտածությունների մեջ: Նրա քնքուշ, կրոնական ջերմեռանդությամբ լի սրտի վրա խիստ ծանր տպավորություն գործեց ներքինապետի պատմությունը: Նա աղլուխը տարավ աչքերին և խուլ կերպով սկսեց հեկեկալ: Աղլուխը տեսնելով, փոքրիկ Ֆաթիման կրկնեց իր սովորական երգը. «Ա՛ռ ւ... առ՛ ւ...»: Այս անգամ փոքրիկ աղջկա թոթովմունքը մի առանձին ուրախություն չպատճառեց մորը. նա հրամայեց աղախնին դուրս տանել երեխային:

— Ի՞նչ ես կարծում, Ահմեդ, — հարցրեց նա, երբ փոքր-ինչ հանգստացավ իր վրդովմունքից, — այդ ո՞ր սատանան մոլորեցրեց մելիքին, ի՞նչ նպատակ կարող էր ունենալ նա իր վարմունքի մեջ:

— Նպատակը շատ պարզ է, տիկին, — պատասխանեց ծերունին հանդարտությամբ. – մելիքը դիմել էր խանին և խնդրել նրանից Գենվազի ու Բարգյուշատի կառավարությունը: Խանը մերժել էր: Այժմ պետք էր մելիքին մի լավ միջնորդ, որ խանի վրա ազդե և իր նպատակը կատարել տա: Նա գտավ իմամին: Բայց այդ մոլեռանդ կրոնավորին գրավելու համար պետք էր նրան մի բանով կաշառել. և ոչինչ կաշառք այնքան թանկագին չէր կարող լինել նրա համար, որպես մահմեդականություն ընդունելը: — Բայց ես լսել եմ մի ուրիշ բան ևս:

— Ի՞նչ բան, — հարցրեց անհամբերությամբ տիկինը:

— Ասում են՝ մելիքը խոստացել է իմամին կնության տալ իր աղջիկը:

— Նա նույնն է անում, ինչ որ արեց իմ ուրացող հայրը...-խոսեց տիկինը դառնությամբ. — ախար նրա աղջիկը շատ փոքր է, դեռ ութ տարեկան է:

— Քի՞չ է պատահում, որ դրանից ավելի փոքր հասակով աղջիկները առնվում են մահմեդականների հարեմխանաներում: Ձեզ հայտնի է, տիկին, որ այդ անհավատները մի առանձին բարեպաշտություն են համարում իրանց տունը լցնել բազմաթիվ կնիկներով: Զարմանալին այն չէ, որ աղջիկը փոքր է, զարմանալին այն է, որ նրա հայրը տալիս է մի փտած, մաշված ծերուկի, որ իր բոլոր հույսը դրել է մի խաբեբա դերվիշի «մաջունների» վրա, որ նրանով վերադարձնե իր մանկությունը:

Տիկինը դարձյալ ընկավ մտածությունների մեջ: Հանգամանքները շատ վատ փոփոխություն ստացան: Եթե գործը կախված լիներ խանից միայն, գուցե նա կարող կլիներ ամեն կերպ դարձնել: Բայց այժմ գործի մեջ խառնվեցավ մի հզոր անձն – իմամը, որին ամբողջ ցեղը պաշտում էր, որից ինքը խանը դողում էր: Ի՞նչ կարելի էր անել նրա հետ: Նա ինչ որ խնդրելու լիներ խանից, վերջինս չէր կարող չկատարել. հակառակ դեպքում, մի խոսքով ամբողջ ցեղը կապստամբացներ նրա դեմ: Մահմեդականները ավելի կաշկանդված էին կրոնի և նախապաշարմունքների կապանքներով, քան մարմնավոր բռնապետի շղթաներով: Այս պատճառով կրոնի ներկայացուցչի խոսքը համեմատաբար ավելի մեծ ազդեցություն ուներ նրանց վրա: Դրա համար խանը ստիպված էր միշտ բարեկամություն պահպանել իմամի հետ և կատարել նրա ամենափոքր քմահաճույքներն անգամ:

— Դու հաստատ գիտե՞ս, — հարցրեց տիկինը, — որ խանը խոստացել է Գենվազի և Բարգյուշատի կառավարությունը մելիքին հանձնել:

— Գիտեմ, — պատասխանեց ներքինապետը, — շատ էլ ցանկանար չէր կարող չհանձնել, քանի որ մեջտեղում կա իմամի նման մի միջնորդ: Ասում են, այսօր մելիքի թլփատության խորհուրդը կատարվելուց հետո, խանը կհագցնե նրան իր նոր պաշտոնի խալաթը:

Հուսահատության թախիծը տիրեց տկնոջ սրտին: Նա ոտնակոխ արեց իր հոր փառասիրությունը Գենվազի և Բարգյուշատի իշխանությունը ձեռք բերելու մեջ, գլխավորապես այն մտքով, որ այդ երկու գավառները մնային իր սիրելի Ստեփաննոսին, որ նրանց օրինավոր տերն էր: Նա ցանկանում էր տեսնել այդ պատանի իշխանազնին կրկին սկսյալ Շահումյանների թողած ժառանգությանը, որ նույնիսկ հայերի դավաճանությամբ հափշտակվեցավ բռնակալի ձեռքով: Նա ցանկանում էր, որ բարի, ազնվամիտ Ստեփաննոսի հովանավորության տակ պատսպարվեին հազարավոր թշվառներ, որ մաշվում, այրվում, խորովվում էին տիրող անգթությունից: Բայց այդ բոլոր ցանկությունները ոչնչացան: Այժմ ավելի, քան թե առաջ, դժվար էր իրագործել նրանց: Տիկնոջ կարծիքով, ավելի հեշտ էր մահմեդական բռնապետի ձեռքից կորզել այդ երկրները, քան թե մի ուրացող հայից, որ մահմեդականի ձեռքում գործիք դառնալով, պիտի աշխատեր ամեն տեսակ ցած, անազնիվ և նենգավոր հնարներ գործ դնել մահմեդականի իշխանությունը հայ երկրների վրա պահպանելու համար: Այդ հանգամանքները ի նկատի առնելով, տիկինը մելիք Ֆրանգյուլի ուրացությունը ավելի վտանգավոր էր համարում, քան թե իր հորը, մանավանդ որ նա խոստացել էր իր աղջիկը իմամին կնության տալ:

— Այդ առաջին անգամը չէ, տիկին, որ նա ընդունում է մահմեդականությունը, — ասաց ներքինապետը ընդհատելով Սյուրիի լուռ մտածությունները. – մելիք Ֆրանգյուլը իր մանկության հասակում գերի ընկավ և տարվեցավ Պարսկաստանի Սպահան քաղաքը: Այնտեղ Սպահանի արքայազուններից մեկը որդեգրեց նրան, և մի իմաստուն մոլլայի հանձնելով, կրթեց արաբական և պարսկական լեզուների դպրության մեջ: Հետո իր աղջիկը նրան կնության տալով, նշանակեց նրան Սպահանի հայոց թաղի (Նոր Ջուղայի) բեգլեր — բեյի: Այնուհետև նա Սպահանի նահանգում հայոց Քազազ և Քամարա գավառների կառավարիչը դարձավ: Այդ բոլոր պաշտոնների մեջ տանջելով, կողոպտելով ժողովրդին, մեծ հարստություն դիզեց: Սպահանի հայերը այն ժամանակ առևտրական ընդարձակ հարաբերություններ ունենալով Հնդկաստանի հետ, իրանց կաշառքներով առատ վարձատրում էին նրան: Բայց չարագործը հանգիստ չմնաց: Նա դավաճանեց մինչև անգամ այն պետությանը, որի շնորհիվ այնքան բարձր աստիճանի էր հասել: Գաղտնի կերպով միանալով Լոռի և Բախտիարի կոչված վայրենի ցեղերի գլխավորների հետ, նա պատրաստեց մի սարսափելի ապստամբություն պարսից կառավարության դեմ: Նրա նպատակն էր հիշյալ վայրենիների աջակցությամբ Սպահանի նահանգի հայաբնակ գավառները անկախ դարձնել պարսից պետությունից, որ ինքը կարողանա ժառանգաբար իշխել: Բայց ապստամբությունը զսպվեցավ և նա փախավ, գնաց Հնդկաստան: Երկար ժամանակ անհայտության մեջ մնալով, վերջապես վերադարձավ իր հայրենիքը և կրկին ընդունեց քրիստոնեությունը: Այստեղ, իհարկե, ոչ ոք չէր կարող գիտենալ, թե ինչ էր կատարել նա հեռավոր արևելքում, և ընդունեցին նրան որպես մի մարդ, որին բախտը հաջողացրել էր վերադառնալ գերությունից: Եվ նա ինքը իր անցյալի մասին պահում էր խորին ծածկամտություն:

— Իսկ դու ո՞րտեղից գիտես այդ բոլորը, — հարցրեց տիկինը զարմանալով հետաքրքիր պատմության վրա:

— Ինձ հաղորդեց մի դերվիշ, որ բնակվում է իմամի մոտ, նա ինքը սպահանցի է, և ականատես է եղել բոլոր անցքերին: Նա շատ լավ մարդ է, և ինչպես երևում է, մելիքի այժմյան վարմունքը նրան ևս տհաճություն է պատճառել:

— Ես նրա մասին լսել եմ, ասում են՝ լավ բժիշկ է:

— Նա ամեն բան գիտե, ինչ ասես, որ նա չգիտենա:

— Բայց մի փոքր խաբեբա է:

— Ես էլ առաջ այդ կարծիքն ունեի նրա մասին, տիկին, մանավանդ երբ տեսնում էի, որ անդադար գոհարներ է պահանջում իմամից նրա համար «մաջուն» շինելու, և մտածում էի, որ այդ թանկագին իրեղենները առավելապես իր գրպանի համար է: Բայց նա պարզ խոստովանեցավ ինձ, թե «բժշկությունը պարսիկների մեջ պետք է ծածկված լինի գերբնական քողով, և այդ ավելի ներգործում է նրանց երևակայության վրա: Հասարակ բանին նրանք նշանակություն չեն տալիս: Եթե ես ասեի իմամին, թե քո դարմանները պիտի պատրաստեմ այս և այն խոտից կամ արմատից, նա ոչնչի տեղ կընդուներ, բայց ալմաստը, մարգարիտը, յաղութը և այլն, կարող են ազդելի իմամի սնահավատության վրա: — Առհասարակ, ավելացրեց ներքինապետը, — ես այդ մարդու մեջ գտնում եմ մի խորհրդավոր գաղտնիք, որը նա ամենայն զգուշությամբ թաքցնում է:

— Դերվիշները միշտ այդպես են լինում, — պատասխանեց տիկինը անուշադիր կերպով և կրկին ընկավ մտածությունների մեջ:

— Իսկ ես դերվիշի պատմությունից կամենում եմ մի օգուտ քաղել, դուք ի՞նչ խորհուրդ կտաք, տիկին:

— Ի՞նչ օգուտ կարելի է քաղել:

— Ես կամենում եմ գնալ խանի և իմամի մոտ, հայտնել նրանց մելիքի անցյալը, — հայտնել, թե ինչ էր արել նա Սպահանի կողմերում, հայտնել նրա դավաճանությունները պարսից կառավարության դեմ, հայտնել, որ նա մի վատ խաբեբա է, թե նա այդ երկրորդ անգամն է, որ ընդունում է մահմեդականություն, դարձյալ խաբելու մտքով: Երբ խանը և իմամը կգիտենան այդ բոլորը, նրան ոչ թե Գենվազի ու Բարգյուշատի գավառները կհանձնեն, այլ գուցե խեղդել կտան:

— Բոլորովին հարկավոր չէ այդ անել, — պատասխանեց տիկինը հրամայական եղանակով, — դու կամենում ես մատնություններին մատնություններով պատասխանել: Ես մելիքի Սպահանի վարմունքի մեջ մի վատ բան չեմ տեսնում: Մանուկ հասակում, գերի ընկնելով պարսիկների ձեռքը, նրան ընդունել են տվել մահմեդականությունը, նա ինչո՞վ է մեղավոր: Իսկ թե նա, միանալով լոռիների և բախտիարների հետ, կամեցել է այնտեղ հայկական ազատ գավառներ ստեղծել, և այդ մտքով ապստամբություն է հարուցել պարսիկների դեմ, — այդ նպատակը ամեն համակրության արժանի է: Ո՞վ է իմանում, գուցե նրա այժմյան վարմունքի մեջ ևս մի այսպիսի նպատակ թաքնված լինի: Ես, իրավն ասեմ քեզ, Ահմեդ, սկզբում սաստիկ վրդովվեցա, երբ լսեցի մելիքի մահմեդականությունը ընդունելը. բայց դերվիշի պատմությունը այժմ փոքր-ինչ հանգստացնում է ինձ: Ես չեմ կարծում, որ այս տեսակ մարդիկ, որոնք երբեմն մտածել և գործել են հայ ժողովրդի ազատության համար, կարող են չար մարդիկ լինել: Նրանք չար են երևում նրա համար միայն, որ նպատակին հասնելու մտքով գործ դրված միջոցների մեջ ընտրություն չեն կատարում: Ամեն միջոց նրանց համար սուրբ է, երբ հասցնում է նպատակին:

— Այսուամենայնիվ, — պատասխանեց ծերունին, — եթե մելիքի դիտավորությունները բոլորովին արդար ևս համարելու լինենք (որի մեջ ես կասկածում եմ), դարձյալ Ստեփաննոսը կզրկվի Գենվազից: Մելիքը ինքը տեր կդառնա, իսկ նա ոչինչ չի ստանա, բոլորը կկորցնե:

— Այժմ դժվար է նախագուշակել, թե վերջը ինչ կլինի...

— Ես այդ դեպքում կարող եմ ինձ կատարյալ մարգարե համարել, — պատասխանեց պարզ ծերունին բարկացած ձայնով. — դուք, տիկին, չափազանց բարեմտությամբ եք դատում, ուր հարկավոր էր փոքր-ինչ կասկածանքով վերաբերվել դեպի կատարվող իրողությունը: Ես մասամբ համաձայն կլինեի ձեզ հետ, եթե մելիքը իր փառասիրությունը գոհացնելու համար իր ութ տարեկան աղջիկը խոստացած չլիներ փտած իմամին կնության տալ: Մի մարդ, որ ծախում է իր աղջիկը, նա կծախե և իր հայրենիքը և իր ազգը: Ուրիշ օրինակներ որոնել պետք չէ, բավական է, որ դուք հիշեք ձեր հոր վարմունքը:

Տիկնոջ և ներքինապետի խոսակցությունը ընդհատեց մի խառնաձայն աղմուկ, որ լսելի եղավ հեռվից: Հարեմխանայի բոլոր կնիկները, աղախինները դուրս թափվեցան իրանց չադրներից, մոտեցան սարայ-փերդային, և գլուխները բարձրացնելով, սկսեցին նայել:

— Այդ ի՞նչ աղմուկ է, — հարցրեց տիկինը անհանգիստ կերպով:

— Երևի անցնում է թափորը, — պատասխանեց ծերունին ներքին խռովությամբ. — դուք չե՞ք կամենա նայել նրա վրա:

— Ես այդ զզվելի հանդեսը տեսնել չեմ ուզում... — ասաց տիկինը և երեսը շուռ տվեց:

Ծերունին, նկատելով նրա արտասուքը, հեռացավ, և թողեց նրան միայնակ հաշտվելու իր սրտի ցավերի հետ:

Հեռվից տեսնվում էր ահագին բազմություն, որ իմամի չադրների կողմից դիմում էր դեպի խանի չադրները. Ամբոխը ոտքով էր գնում, միայն մի մարդ փառավոր կերպով նստած էր գեղեցիկ զարդարած նժույգի վրա, և բազմության առաջ ընկած, ամեն կողմից երևում էր: Նա հագած ուներ թանկագին, ծիրանագույն վերարկու, նախշած ոսկե թելերով, որ փողփողում էր արեգակի ճառագայթների տակ: Դա նոր մահմեդականություն ընդունած մելիք Ֆրանգյուլն էր, որ այժմ կոչվում էր Ալի բեկ: Նա աջ ձեռքով բռնած ուներ մի մերկացրած սուր, որ դրել էր ուսի վրա: Նոր կրոնի հետ նա ժառանգել էր նոր իրավունք՝ սուր կրելու, որի գործածությունը Մուհամմեդը միացրել է իր ավանդած սրբազան պաշտամունքների հետ: Նրա առջևից գնում էին մի խումբ չավուշներ, որ երգում էին կրոնական երգեր: Նրանցից մեկը տանում էր մի կանաչ դրոշակ, որի վրա նկարված էր շիաների խալիֆայի աջը: Թափորը դանդաղ էր ընթանում: Ամեն քայլում ամբոխը կանգնեցնում էր նոր ուղղափառին, ոմանք համբուրում էին նրա ձեռքը, ոմանք նրա հագուստի փեշերը: Կնիկները իրանց հիվանդ երեխաներին դնում էին այն ճանապարհի վրա, որ կողմից պիտի անցներ նա: Շատերը անց էին կենում նրա ձիու փորի տակով:

Այդ բոլորը կատարվում էր հոգևոր շնորհքներ ընդունելու ակնկալությամբ: Ամբողջ բազմության մեջ տիրում էր մի տեսակ խորին, ջերմեռանդական զգացմունք, որ հասցնում էր սնահավատությունը կրոնական վայրենի հափշտակության: Ճանապարհի վրա մի քանի տեղ մատաղներ կտրեցին, մի քանի տեղ կանգնեցին մաղթանքներ կատարելու համար: Կնիկները ծածկում էին ճանապարհը կանաչ ոստերով. թափորը անցնում էր այդ կանաչապատ սփռոցի վրայով:

Խանի վրանը այսօր սովորականից ավելի զարդարած էր. նրա գանձարանից դուրս էին բերել ամենաընտիր արծաթեղեն անոթները: Այստեղ պիտի խմեին «ուրախության շերբեթը»: Գեղեցկադեմ մանկլավիկները և սպասավորների մի ահագին խումբ, շքեղ կերպով հագնված, սպասում էին պատվելի հյուրին: Վրանում նստած էին խանը և իմամը միայն: Երբ թափորը մոտեցավ, նրանք երկուսն էլ դուրս եկան, կանգնեցին վրանի մուտքի մոտ ընդունելու նորընծա մահմեդականին: Խանը իր ձեռքով բռնեց և ցած իջեցրեց նրան ձիուց: Խուռն բազմությունը շրջապատեց վրանի չորս կողմը: Իմամը կարդաց մի կարճ աղոթք, հետո մտան վրանը: Այնտեղ ընդունվեցան ցեղի նշանավոր անձինքներից շատերը ուրախակից լինելու այն մեծ հանդիսին:

Այնօր Չալաբիանլիների ամբողջ ցեղը անցրեց ուրախությունով: Բայց մի մարդ, որ նրանց մեջ չէր գտնվում, դա էր Տաթևի մելիք Դավիթը: Նա առավոտյան հենց որ լսեց մելիք Ֆրանգյուլի վարմունքը, իսկույն հասկացավ, թե ինչ խաղ խաղաց այդ մարդը իր գլխին, և սիրտը լի դառնությամբ, առանց ոչ ոքի հետ տեսնվելու, նստեց իր ձին և գնաց դեպի Տաթև, համոզված լինելով, որ այնուհետև Գենվազի ու Բարգյուշատի վրա մտածելը հիմարություն կլիներ իր կողմից...

ԺԴ

Նույն ավուր գիշերային պահուն ծերունի ներքինապետը դարձյալ վրդովված կերպով մտավ Սյուրիի վրանը: Նա պատմեց, որ խանից սաստիկ հանդիմանություն ստացավ, թե ինչու նա պահում է իր մոտ մի քրիստոնյա պատանի, նրան տեղ է տվել իր վրանում, նրա հետ միասին ուտում է, խմում է, քանի որ այդ հակառակ է մահմեդականների սովորություններին, և մանավանդ անվայել է մի ներքինապետի, որ անդադար կանանոցի հետ հարաբերություն ունի:

— Ես չեմ հասկանում, այստեղ ի՞նչ մի անվայել բան կա, — հարցրեց Սյուրին, կտրելով ծերունու խոսքը:

— Անվայելն այն է, որ քրիստոնյան իմ վրանում ապրելով, կարող էր պղծել ինձ, իսկ ես նրանից պղծված լինելով, կարող էի մյուս մահմեդականներին պղծել, — պատասխանեց ծերունին, ինքն էլ ծիծաղելով իր խոսքերի վրա:

Խոսակցությունը այն տաթևացի պատանու մասին էր, որ խանի վրանի առջև կատարված եղերական ողջակեզի ժամանակ, դուրս պրծավ բոցերի միջից, ուր նրա ծնողները, ձեռքները դեպի երկինք բարձրացրած, «գթությո՛ւն» աղաղակելով, այրվում էին: Ծերունի ներքինապետը վեր առեց իր մոտ շնչասպառ, կիսախանձ պատանուն և այն օրից դարմանում էր նրա մարմնի այրված տեղերը: Արտաքին վերքերի բժշկության արհեստը խիստ սովորական լինելով պարսիկների մոտ, ներքինապետը բավական հմուտ էր նրա մեջ: Այս պատճառով պատանու առողջանալը շատ չուշացավ: Բայց ծերունին հավատացնում էր, որ նա դեռ շատ տկար է, և դեռ երկար ժամանակ պետք է պառկած մնա անկողնի մեջ, որովհետև նրանից պահանջում էին, որ պատանուն մահմեդականացնե: Նա օրըստօրե հետաձգում էր նրանց պահանջը, զանազան պատճառներ բերելով: Բայց մելիք Ֆրանգյուլի մահմեդականություն ընդունելու օրը, երբ պարսիկների մոլեռանդությունը ավելի գրգռված էր, այլևս ծերունուն հանգստություն չէին տալիս, մինչև անգամ խանից սաստիկ հանդիմանություն ստացավ:

— Պետք է նրան այստեղից հեռացնել, — ասաց տիկինը տխուր ձայնով:

— Ես էլ այսպես եմ մտածում, — պատասխանեց ծերունին, — և այդ մասին բոլոր պատրաստությունները տեսնված են: Բայց մի բան ինձ սաստիկ դժվարություն է պատճառում:

— Ի՞նչ բան:

Ծերունին պատմեց, թե պատանին բավական վայելչահասակ և գեղեցկադեմ է, թե նրան տեսնողները անդադար կրկնում էին, որ այդ պատանին շատ հարմարություններ ունի խանի մանկլավիկների կարգը մտնելու և խանին սպասավորություն անելու, քան գյուղումը գութան վարելու: Այդ տեղեկությունները մինչև անգամ հասցրել են խանի ականջին: Նա մի անգամ հրամայեց, թե կամենում է տեսնել պատանուն, բայց ծերունին նրան խաբեց, ասելով, թե նա հիվանդ է, տեղիցը շարժվել չէ կարողանում:

— Այժմ ես մտածում եմ, — առաջ տարավ ծերունին, — եթե պատանուն փախցնելու լինեմ մեր կողմերը, կամ ուղարկելու լինեմ նրան Տաթև, անպատճառ կգտնեն նրան և ետ կբերեն, որովհետև այդ բոլոր տեղերը խանի ձեռքը կիասնի: Հարկավոր է նրան մի այնպիսի երկիր ուղարկել, որ խանի իշխանությունից դուրս լինի:

— Ուղարկեցեք Էջմիածին, այնտեղ օսմանցիներ են տիրում, — պատասխանեց տիկինը:

— Այնտեղ նույնպես հարմար չէ, մի գազանի ձեռքից ազատելով, մյուս գազանների ձեռքը պիտի գցեմ: Պետք է մի քրիստոնյա տերության մեջ ուղարկել և Վրաստանից ավելի հարմարը չկա:

— Այդ լավ եք մտածել, բայց այնտեղ ո՞ւմ մոտ կուղարկեք: Նա այնքան մանուկ է, որ չէ կարելի առանց խնամակալի մի անծանոթ երկիր ուղարկել:

— Ես բոլոր պատրաստությունները կարգադրել եմ, տիկին, ծերունի Աիմեղը այնքան հիմար չէ, որ այդ բաները չհասկանա:

Եվ նա սկսեց պատմել իր կարգադրությունները, ասաց՝ երկու հավատարիմ մարդիկ գիշերով կտանեն պատանուն, կհասցնեն Վրաստանի Մցխեթ քաղաքը: Այնտեղ ծերունի Աիմեղը ունի մի լավ բարեկամ՝ հայազգի Օրբելյան իշխանին: Պատանուն կհանձնեն նրան իր նամակի հետ, որի մեջ գրած է նրա հետ պատահած անցքերը, և խնդրում է առնել այդ անբախտ որբին իր խնամակալության ներքո: Ծերունին հույս ունի, որ իշխանը ամենայն ուրախությամբ կկատարե իր խնդիրքը, որովհետև անցյալ տարի, երբ նա գործով եկավ խանի մոտ, ծերունին նրան մեծ ծառայություններ արեց, և իշխանը ասաց նրան. «Երանի՜ թե, մի գործ պատահեր, ես կարողանայի քո պարտավորությունից դուրս գալ»:

— Բայց ի՞նչ կպատասխանես դու, երբ պատանու անհայտանալուց հետո, քեզանից կհարցնեն՝ ո՞ւր է նա:

— Ես մի քանի օր գաղտնի կպահեմ նրա փախուստը, մինչև նա կանցնե Վրաստանի հողի վրա, հետո պարզ կերպով կհայտնեմ, թե փախել է, բայց ես ինքս էլ չգիտեմ, ուր է կնացել:

— Այդ բոլորը շատ լավ է խորհված, — ասաց տիկինը ուրախությամբ, — բայց ե՞րբ մտադիր ես ճանապարհ դնել:

— Հենց այս գիշեր. նա այժմ այնքան առողջ է, որ կարող է մի քանի օր ձիու վրա ճանապարհորդել:

— Ուրեմն ժամանակ կորցնել պետք չէ, — ասաց տիկինը շտապեցնելով, — բայց ես կցանկանայի այդ պատանուն տեսնել նախ քան նրա այստեղից հեռանալը:

Որովհետև կանանոցը բերել նրան անկարելի էր, վճռեցին, կես-գիշերին, երբ բոլորը քնած կլինեն, տիկինը գնա ծերունու վրանը և այնտեղ տեսնե պատանուն:

Գիշերը սաստիկ մութ էր: Ամպամած երկնքից մի աստղ անգամ չէր երևում: Անտառի ծառերը շարժվում էին մեղմ քամուց, տարածելով իրանց շուրջը մի խորհրդավոր, կախարդական սասափյուն: Հովիվների վրաններից հեռու, մի ձորի մեջ գիշերային լռությունը ընդհատվում էր խուլ հեկեկանքով. մի պատանի, գլուխը դրած փոքրիկ բլրակի վրա, լաց էր լինում: Արտասուքը հեղեղի նման թափվելով նրա աչքերից, թրջում էր հողը, որից կազմված էր այդ բլրակը: Այստեղ թաղված էին դիակները այն թշվառների, որ բռնության, հարստահարության երեսից հալածված, իրանց անձները այրեցին խանի դատարանի առջև: Ինքնակամ մահով նրանք բողոքեցին տիրող անարդարության, անգթության դեմ. իրանք մեռան, բայց անարդարությունը մնաց...

Պատանին լաց էր լինում, և կարծես, նրա ալեկոծված կուրծքից դուրս էին թռչում այս հառաչանքները. «Թո՛ղ վկա լինի հայրենիքի այդ սուրբ հողը, որ ծածկում է ձեր մարմինները, թող վկա լինեն այդ անտառի ծառերը, որ տարածում են իրանց հովանին ձեր գերեզմանի վրա, թող վկա լինեն հայոց լեռները և նրանց մեջ բնակվող բոլոր չար ու բարի ոգիները, որոնք ականատես եղան ձեր տառապանքին, վերջապես թող վկա լինի այդ անգութ երկինքը, որ տեսավ ձեզ կրակի բոցերի մեջ, որ հոտոտեց ձեր այրվող մարմիններից բարձրացած ճենճերային ծուխը և դարձյալ սառնսիրտ մնաց դեպի անմեղ զոհերի տանջանքը... — ես երդվում եմ, երդվում եմ հայ շինականի խրճիթի օջախով, որ հանգած է բռնակալի ձեռքով, երդվում եմ հայ կնոջ և հայ աղջկա պատվով, որ բռնաբարված է մահմեդականի կրքերով, երդվում եմ հայ երկրագործի արորով և քրտինքով, որոնց վաստակը հարստահարվում է, երդվում եմ հայրենիքի սուրբ հիշատակով, որ օտարի լծի տակ ճնշվում է, — վերջապես երդվում եմ այդ գերեզմանով, որ ամփոփում է ձեր անմեղ մարմինները, ես պիտի վրեժխնդիր լինեմ... պիտի վրեժխնդիր լինեմ չարության, անարդարության և բռնության դեմ: Այս րոպեից հանդիսավոր ուխտ եմ դնում կռվել և մինչև մահ կռվել հայրենիքի ազատության համար: Այն օրը ձեր ոսկերքը կհանգստանան այդ մթին գերեզմանի մեջ, երբ ազատության շունչը խաղաղ, կենսաբեր ոգվով կփչե նրա վրայով...»:

Այդ խոսքերից և ոչ մեկը չարտասանեց պատանին: Միայն նրա սիրտը անգիտակցաբար լցված էր այդ զգացմունքներով: Հոր և մոր, ազգականների և բարեկամների հոգիները նույն գերեզմանի խորքից ներշնչում էին նրա մեջ այդ մտածությունները: Նա այնքան մանուկ չէր, որ զգացած չլիներ բռնակալ ձեռքի դառն հարվածները: Նրա մարմնի վերքերը դեռ ոչ բոլորովին բուժված էին, իսկ սիրտը լի էր վրեժխնդրության դառնությամբ:

Նա վերջին անգամ համբուրեց գերեզմանը և վեր բարձրացավ:

— Մնաս բարյավ, սիրելի մայր, — մնաս բարյավ, սիրելի հայր, — մնացեք բարյավ, սիրելի բարեկամներ, — ասաց նա և հեռացավ:

Ներքինապետի վրանում Սյուրին վաղուց սպասում էր պատանուն: Ծերունի Աhմեդը շատ անհանգիստ էր նրա բացակայության համար: Այնքան օրեր պատանին ապրում էր նրա վրանում, խիստ սակավ անգամ էր պատահել, որ նա մի ուրիշ տեղ գնացած լիներ: Այժմ ո՞ւր պիտի գնացած լիներ: Ոչ ոք չգիտեր: Ներքինապետի ծառաներից ոչ մեկը չէր տեսել նրան վրանից դուրս գալու ժամանակ:

Վրանի վարագույրները իջեցրած էին: Տիկինը միայնակ նստած էր այնտեղ, իսկ ծերունի ներքինապետը կանգնած էր նրա սպասում: Երկուսի մեջ ևս տիրում էր մի տեսակ լարված լռություն. երկուսն էլ անհանգիստ էին այն մտքով, թե ի՞նչ եղավ պատանին: Հեռու, անտառի մեջ թե ձիաները, թե մարդիկը պատրաստ էին, որ նրան պիտի տանեին: Գիշերը անցնում էր. պետք էր շուտով ճանապարհ ընկնել, որ մինչև լուսանալը կարողանային բավական հեռացած լինել խանի կացած տեղի սահմաններից:

— Ի՞նչ եղավ, — հարցրեց տիկինը անհամբերությամբ. — ես կասկածում եմ, որ նրա հետ մի վտանգ պատահած լինի:

— Այստեղ ամեն բան կարող է պատահել, տիկին, — պատասխանեց ծերունին շվարած կերպով. — այստեղ ծիտն էլ իր բույնի մեջ ապահով չէ:

Լսելի եղավ շատ հաչելու ձայնը: Ծերունին դուրս գնաց: Մի քանի վայրկյանից հետո նա վերադարձավ ուրախ դեմքով, իր հետ բերելով պատանուն: Բայց վերջինիս գունաթափ դեմքը չէր ցույց տալիս որևիցե ուրախություն. խորին տխրությունը նկարված էր նրա խոշոր, սևորակ աչքերի մեջ: Տիկինը տեսնելով գեղեցիկ, վայելչահասակ պատանուն, բոլորովին զմայլեցավ. նրա քնքուշ, սիրող սիրտը լցվեցավ այն քաղցր զգացմունքով, որ տիրում է հարազատ քրոջ սրտին, երբ նա առաջին անգամ տեսնում է կարոտած եղբորը, երկար տարիների անջատումից հետո: — «Ո՜րքան սիրուն է, որքա՜ն մեծացել է իմ եղբայրը», — ասում է նա և փաթաթվում է նրա պարանոցին:

Զգացմունքի այդ տեսակ արտահայտություններ տեղի չունեցան: Պատանին տիկնոջ ոչ եղբայրն էր և ոչ ազգականը, այլ մի որդ, հայրն ու մայրը կորցրած տղա, որ ինքն էլ մի բախտով ազատված էր նույն կրակի բոցերից, որ այրեցին նրա ծնողներին: Պատանու այդ վիճակը ազդում էր տիկնոջ մեջ ցավակցություն, մաքուր սիրո հետ խառնված:

— Ինչպե՞ս է անունը, — հարցրեց նա, դառնալով դեպի ներքինապետը:

— Դավիթ, ձեր ծառա, — պատասխանեց ծերունին:

— Դավի՛թ, — բացականչեց տիկինը խորին տհաճությամբ, կարծես ափսոսելով, որ մի այդպիսի գեղեցիկ, անարատ պատանին կրում է իր չարագործ հոր անունը:

Բայց մանկահասակ Դավիթը մնացել էր բոլորովին զարմացած, ամոթխածությունից չգիտեր ինչ անել, երբ նկատում էր՝ մի նազելի, շքեղ կերպով հագնված կին նրա վրա ուշադրություն էր դարձնում: Այդ կինը, անտարակույս, խանի հարեմներից մեկը պետք է լիներ: Բայց մի՞թե պարսիկ կնոջ մեջ կարող էին լինել այն աստիճան քնքուշ զգացմունքներ դեպի մի անբախտ հայ պատանի: — Այդպես էր մտածում նա, երբ ծերունի ներքինապետը ասաց նրան, թե տիկինը քրիստոնյա է, և հայտնեց նրան ում աղջիկը լինելը:

Կարծես, մի սուր ցցեցին պատանու սրտի մեջ. նա լսեց այն մարդու անունը, որ իր հոր, իր մոր, իր ազգականների դահիճն էր, իսկ այդ նազելի կինը – նրա աղջիկը: Տիկնոջ բոլոր արժանավորությունները, որ այնքան հարգելի էին երևում նրա աչքում, իսկույն կորցրին իրանց նշանակությունը: Պատանին այժմ նայում էր նրա վրա, որպես մի թշնամու վրա, որին պատրաստ էր պատառոտել: Նա երեսը շուռ տվեց և կամենում էր դուրս գալ վրանից:

— Հասկանո՜ւմ եմ քո արդար վրդովմունքը, ազնիվ պատանի, — ասաց տիկինը, նրա ձեռքից բռնելով. — բայց անբախտ աղջիկը ինչո՞վ է հանցավոր, որ քավե չարագործ հոր մեղքը... Ես հավատում եմ աստուծո արդարությանը, և հույս ունեմ, որ այդ բոլոր չարիքներին հատուցում կլինի. նեղյալները կվայելեն ազատություն, իսկ նեղիչները սոսկալի դատապարտություն...

— Ո՞ր աշխարհում, — հարցրեց պատանին, դեռ ոչ բոլորովին հանգստացած լինելով իր վրդովմունքից:

— Այս աշխարհում, — պատասխանեց տիկինը մարգարեուհու եղանակով. — դառնության բաժակը մինչև բերանը լցված է... մի կաթիլ ևս, — ահա նա կթափվի...

— Հավատում եմ ձեր գուշակությանը, տիկին, — պատասխանեց պատանին ոգևորությամբ, և բռնելով նրա աջը, սեղմեց իր շրթունքի վրա: — Դուք կրկնում եք միևնույն խոսքերը, որ մի քանի րոպե առաջ ես լսեցի իմ անբախտ ծնողների գերեզմանից. Այնտեղից մի ձայն նույնպես ասում էր, թե «դառնության բաժակը լցված է»... Ես լսեցի կոչող ձայնը և ուխտեցի մինչև մահ կռվել անարդարության դեմ:

Եվ իրավ, պատանուն այնպես էր թվում, որ այդ խոսքերը նա առաջին անգամ չէր լսում. թե նա լսեց այն ժամանակ, երբ ինքը հոգեկան դառն խռովության մեջ, ընկած ծնողների հողադամբարանի վրա, տխուր և ցավալի կերպով արտասուք էր թափում: Այժմ նույնը լսում էր բարեսիրտ կնոջ բերանից:

Ծերունի ներքինապետը ակնարկեց, թե պատանին ուշանում է, թե ժամանակ է ուղևորվելու: Բայց տիկինը բոլորովին հափշտակված էր նրա խոսքերով. «Ես ուխտեցի մինչև մահ կռվել անարդարության դեմ...»: Ի՞նչն էր ներշնչել այդ վրեժխնդրական զգացմունքը նրա մանուկ սրտի մեջ, ծնողների ցավալի մա՞հը, թե ընդհանուր ժողովրդի անբախտ դրությո՞ւնը: Այդ միտքը սաստիկ հետաքրքրում էր վշտալի տիկնոջը: Նա ցանկանում էր խոսել, երկար խոսել վաղահաս ցավերով տանջված այդ պատանու հետ, ցանկանում էր շոշափել նրա կոտրած սրտի բոլոր թաքնված վերքերը, բայց ներքինապետը դարձյալ շտապեցրեց, թե ժամանակը անցնում է, թե պետք է շուտով ճանապարհի դնել նրան:

— Քո ուխտը՝ կռվել անարդարության դեմ, — ասաց տիկինը բռնելով պատանու ձեռքը, — պետք է լինի ամեն մի հայ մարդու ուխտը, որ մտածում է հայրենիքի փրկության համար: Դու, գուցե քո ծնողների ցավալի վախճանից դրդված, ուխտեցիր վրեժխնդիր լինել բռնության դեմ, — բայց մտածի՛ր, որ ամբողջ հայ ժողովուրդը այրվում է, խորովվում է, ոչնչանում է նույն բոցերի մեջ, որ լափեցին քո անբախտ ծնողներին, նույն բոցերի մեջ, որոնց միջից դու մի բարի բախտով դուրս պրծար: Նույն բոցերը թողեցին քո մարմնի վրա բռնության ձեռքի անջնջելի դրոշմը, ամեն անգամ, երբ կնայես նրա վրա, հիշի՛ր, որ դա քո ուխտադրության կնիքն է, հիշի՛ր, որ դու չարաչար կմեղանչես աստուծո և քո ծնողաց հոգիների առջև, եթե չկատարես այն սուրբ խոստմունքը, որ ուխտեցիր նրանց գերեզմանի վրա:

Պատանին լռությամբ լսում էր տիկնոջ խրատները, որպես մի ուխտավոր, որ խորին ջերմեռանդությամբ լսում էր քրմուհու պատգամները: Տիկինը հայտնեց, թե զանազան տխուր հանգամանքներ ստիպում են առժամանակ հեռացնել նրան հայրենի երկրից, և ծերունի ներքինապետի հետ խորհելով, վճռվեցավ նրան ուղարկել Վրաստան: Պատանին հանձնարարական նամակներ կտանե ի հետ և այնտեղ թե խնամակալություն և թե պաշտպանություն կգտնե մի հայազգի իշխանից, որը բարձր պաշտոն է վարում վրաց թագավորի մոտ: Տիկինը խոստովանում է միշտ և ամեն ժամանակ օգնել պատանուն, որը համարձակ կարող է դիմել իրան, եթե որևիցե բանի մեջ պետք կունենա:

— Առայժմ, — վերջացրեց նա իր խոսքը, — ես իմ օրհնության հետ կարող եմ տալ քեզ այս փոքրիկ քսակը, որը գուցե հարկավոր կլինի քեզ քո պանդխտության մեջ:

— Ինձ բավական է ձեր օրհնությունը միայն, — պատասխանեց պատանին, հրաժարվելով ընդունել քսակը. – իմ ծերունի հայրը հոգացել է բոլորը, ինչ որ պետք է իմ ճանապարհորդության համար:

Վերջին խոսքերով նա ակնարկում էր ծերունի ներքինապետի վրա, որին իր հայր էր կոչում, որի երախտիքը իր կյանքի պահպանության համար երբեք մոռանալ կարող չէր: Բայց տիկինը դարձյալ ստիպեց նրան ընդունել քսակը, որը չմերժեց նա, համբուրելով իր բարերարի աջը:

Վրանի մեջ զբաղված լինելով, թե տիկինը և թե ներքինապետը չէին նկատել, որ դրսում եղանակը բոլորովին փոխվել էր: Երկինքը պատած էր սև ամպերով և սաստիկ քամին, որ ալեկոծում էր անտառի ծառերը, սպառնում էր սոսկալի փոթորիկ: Անտառը որոտում էր ծառերի միմյանց զարկվելուց, լեռները թնդում էին, իսկ կայծակը երբեմն փայլատակում էր գիշերային մթության մեջ: Կարծես, աշխարհի վերջը հասել էր և տիեզերքը լցված էր ահռելի արհավիրքով: Անձրև դեռ չկար, միայն երբեմն խոշոր կաթիլներ, քամու սաստիկ հոսանքի հետ թռչելով, գնդակի նման զարկում էին մարդու երեսին: Տիկինը, նկատելով եղանակի խստությունը, խորհուրդ տվեց ներքինապետին հետաձգել պատանու փախուստը: Ծերունին համաձայնվեցավ նրա հետ:

— Այդ գիշեր ամենահարմար ժամանակն է, — պատասխանեց պատանին մի առանձին վստահությամբ, — ես սիրում եմ այսպիսի եղանակը: Չեմ կարող մնալ, պիտի գնամ:

— Դու դեռ բավական տկար ես, — ասաց տիկինը կարեկցությամբ, — փոթորիկի ժամանակ այդ լեռների վրա շատ ցուրտ է լինում, կարող ես մրսել, կարող ես կրկին հիվանդանալ:

— Կարող է ուրիշ վտանգներ ևս պատահել, — ավելացրեց ծերունին, — եթե անձրևը սաստկանալու լինի, ձորձի մեջ հեղեղներ կբարձրանան:

Պատանին հաստատ մնալով իր որոշման վրա, պնդեց, թե ոչինչ չէ կարող արգելել նրա ուղևորությունը, թե նա ցանկանում է մի րոպե առաջ դուրս գալ, հեռանալ այն մթնոլորտից, որի օդը նրան խեղդում է, ուր ամեն ինչ նրա սրտում ցավ և կսկիծ է հարուցանում:

Սյուրին հասկացավ պատանու սրտի վշտերը, հասկացավ, թե ինչն է դուրս քշում նրան այդ երկրից, վճռեց չհակառակել նրա ցանկությանը և ամեն ինչ թողնել աստուծո կամքին:

— Ձիաները, մարդիկը, ո՞րտեղ են, — հարցրեց նա ներքինապետից:

— Անտառում պահված են, — պատասխանեց ծերունին:

— Պատրաստվեցեք պատանուն ճանապարհ դնել, Աւմեղ, ինչ որ աստված կամեցել է, այն կլինի, — ասաց տիկինը խորին հավատքով, -գուցե այդ փոթորկը աստված հարուց հենց նրա համար, որ պարսիկները քաշվեն իրանց վրաններում, ճանապարհների վրա ոչ ոք չմնա, ուր պատանու փախուստը աննկատելի լինի:

Ծերունի ներքինապետը մտավ վրանի գաղտնարանը, որ բաժանված էր վարագույրով, այնտեղից դուրս բերեց մի զույգ ատրճանակ և մի թուր. վերջինը նա իր ձեռքով կապեց պատանու մեջքից, և գոտևորելով նորընծա ասպետին իր նոր կոչման մեջ, ասաց.

— Ես բացի այդ թուրից ուրիշ թանկագին բան չունեմ քեզ ընծայելու համար, Դավիթ, — դա Սյունյաց աշխարհի մի հզոր թագավորի թուրն է, որ ես դուրս եմ բերել խանի գանձարանից: Այդ թուրը, որ մի ժամանակ հայ թագավորի հզոր ձեռքում պաշտպանում էր մեր հայրենիքը, թող այսուհետև հիշեցնե քեզ նրա ցավալի անկումը, թող այսուհետև ոգևորե քեզ նրա վերականգնման համար գործել: Դու պետք է բարձրացնես մեր հայրենիքի փառքը նրա կործանման փոշիներից և վերստին պետք է կյանք և ազատություն պարգևես մեր թշվառ աշխարհին: Ես այդ խոսքերը իմ գլխից չեմ խոսում, այլ աստված ինքը հայտնեց ինձ մի տեսիլքի մեջ: Եվ ես հավատում եմ քո ճակատագրին, դու էլ պիտի հավատաս քո կոչմանը...

Լսելով այդ խոսքերը, պատանին կարծում էր թե իր վրա ծիծաղում են, և ծերունին պատրաստ էր պատմել նրան իր տեսած երազի մանրամասնությունները, բայց տիկինը զգուշացրեց նրան, որ լռե:

— Այդ հասակում տղայի հետ այդպիսի բաների վրա չեն խոսում, — ասաց նա արաբերեն լեզվով. — երբ ժամանակը կգա, նա ինքը կհասկանա բոլորը...

— Այժմ բարի ճանապարհ եմ մաղթում քեզ, — ասաց տիկինը պատանու ճակատը համբուրելով, — կրկնում եմ, որտեղ որ լինես, ամեն մի պետքի, ամեն մի վտանգի ժամանակ կարող ես վստահությամբ դիմել ինձ, ես պատրաստ եմ ամեն մի հանգամանքում օգնել քեզ:

Պատանին խորին շնորհակալությամբ համբուրեց տիկնոջ աջը և մի քանի կաթիլ արտասուք գլորվեցան նրա ձեռքի վրա: Նա մնաք բարյավ ասաց և իսկույն դուրս եկավ վրանից, գիշերային մթության մեջ ծածկելու իր դառն արտասուքը: Ծերունի ներքինապետը հետևեց նրան:

Տիկինը մնաց վրանում միայնակ, տխուր և սաստիկ սրտաշարժ դրության մեջ: Կարծես նրա հարազատ եղբայրը դեպի օտարություն էր գնում, կարծես, նրանից մի ամենասիրելի բան պակսում էր: Նա լուռ հափշտակության մեջ ծունր դրեց վրանի հատակի վրա և նրա վշտերով լի աչքերը դարձան դեպի արդարադատ երկինքը: Ի՞նչ բանի համար էր աղոթում նա — այդ միայն աստված գիտե: Բայց ջերմ արտասուքը առատությամբ թրջում էր նրա գունաթափ դեմքը, և երկար նույն դրության մեջ մրմնջում էր նա, մինչև կայծակի վերջին փայլը լուսավորեց վրանի մթին շրջակայքը, և հեռացող պատանու քայլերի ձայնը ծածկվեցավ որոտման սաստիկ դղրդոցի տակ:

Փոթորիկը ավելի սոսկալի կերպարանք ստացավ...

ԵՐԿՐՈՐԴ ԳԻՐՔ

Ա

Մցխեթը, վրաց երկրի մայրաքաղաքը, այդ ժամանակ ներկայացնում էր մի աղքատ ավան, որ նշանավոր էր նրանով միայն, որ այնտեղ էր գտնվում «Կենդանարար» անունով հոյակապ վանքը և այնտեղ էր բնակվում երկրի իշխանը, որ վրացիներից ընդունվում էր որպես թագավոր, իսկ պարսիկներից որպես «վալի»: Ողորմելի, գետնափոր խրճիթները ցրված էին ավանի զանազան կողմերում և գետնի մակերևույթից որոշվում էին իրանց փոքրիկ, բլրաձև բարձրությունով միայն, որ նմանում էին խլուրդների կազմած հողաբլուրներին, երբ գետինը փորելով դիզում էին իրանց որջերի մուտքի առջև:

Վանքի զանգակատան բարձրությունից լսելի եղան վերջին հնչյունները. հրավիրում էին միաբանությանը ընթրիքի: Երեկոյն խավարը արդեն սկսել էր փոքր առ փոքր թանձրանալ: Գյուղացիները քշում էին երկրագործական հոգնած անասուններին դեպի տուն և գյուղացի աղջիկները դադարել էին հեռու աղբյուրից ջուր կրելուց: Խրճիթներում այստեղ և այնտեղ երևում էր ճրագի լույսը:

Այդ միջոցին անվանի մեռելային լռությամբ աղմկվեցավ, շները բարձրացրին մի խառնաձայն աղաղակ, երբ հեռվից հայտնվեցան մի խումբ ձիավորներ, որոնք ամենայն թափով քշում էին իրանց երիվարները դեպի ավանը: Որսորդական հոգնած բարակները տհաճությամբ վազում էին ձիաների ետևից և ամբողջ խումբը կորած էր փոշու թանձր մառախուղի մեջ: Ձիավորներից մի քանիսը կրում էին իրանց բազուկների վրա բազեներ: Երևում էր, որ այդ խումբը վերադառնում էր որսորդությունից: «Պարո՛նը...» — ասեցին միմյանց մի քանի ուշացած գյուղացիներ և երկյուղածությամբ մի կողմ քաշվեցան ճանապարհ բաց անելու համար:

Խումբը դիմեց դեպի քայքայված բերդը, որ վաղեմի ժամանակներից շինված էր մի բարձրավանդակի վրա: Այնտեղ էր «պարոնի» տունը: Բերդի ահագին դռները բացվեցան, ձիավորները ներս մտան, և հասցնելով իրանց տիրոջը մինչև նրա բնակարանը, հետո գլուխ տալով ցրվեցան:

Մի երիտասարդ ձիավոր, այդ խումբից բաժանվելով, դիմեց ձորը, դեպի մի առանձնացած տնակ, ուր էր նրա բնակարանը:

— Մի մարդ, կեսօրվանից եկած, սպասում է ձեզ, աղա, — ասաց սպասավորը, երբ նրա տերը ցած իջավ ձիուց:

— Ի՞նչ մարդ, — հարցրեց աղան, հանձնելով ձիու սանձը սպասավորին և հրամայելով, որ ման ածե, մինչև քրտինքը ցամաքի, հետո տանե զարի տա:

— Չեմ իմանում, նա ձեր անունը իմանում է, ասում է, որ ձեր երկրիցն է, — պատասխանեց անհետաքրքիր ծառան, որին այժմ ավելի զբաղեցնում էր հոգնած ձին, որ պատած էր սապոնի փրփուրի նման քրտինքով, քան անծանոթ օտարականը, որ աղայի երկրիցն է:

Երիտասարդը անհամբերությամբ ներս մտավ մի խուղի մեջ, որ միակ լուսավորված սենյակն էր ամբողջ տան մեջ: Դա բավական ընդարձակ, քառանկյունի շինվածք էր, որի պատերը կազմված էին, մինը մյուսի մոտ կանգներցած, երկայն ցիցերից, որոնց միջոցները հյուսած էին ծառերի ճյուղերով, հետո ծեփած էին հասարակ կավով: Սենյակի առաստաղը գմբեթաձև կերպով վեր էր բարձրանում, իր գագաթում թողնելով երդիկի նման մի ծակ, որտեղից դուրս էր գնում նրա մեջ հավաքված ծուխը: Ուրիշ լուսամուտներ չկային. ցխնկը լուսամուտի փոխարեն ծառայում էր նեղ դուռը, որտեղից ներս էին թափվում արեգակի ճառագայթները: Բայց իսկապես ասած, այդ բնակարանը դրսի լույսին ամենևին պետք չուներ. հատակի վրա թավալված էին մի քանի զերաններ, որոնց ծայրերը միմյանց մոտ դրվելով, ամբողջ օրը ծխում էին, տարածելով իրանց շուրջը թե լույս, թե ջերմություն և թե խեղդող մուխ: Գիշերը ճրագի պետք չկար:

Օտարականը, կրակի մոտ կկզած, տաքանում էր: Չնայելով, որ գարնան սկիզբն էր, բայց եղանակը դեռ մրսեցնելու չափ ցուրտ էր: Տեսնելով երիտասարդին, նա վեր բարձրացավ, խոնարհությամբ գլուխ տվեց:

— Ո՞րտեղացի ես, — եղավ երիտասարդի առաջին հարցմունքը:

— Ձեր ծառան տաթևացի է, — պատասխանեց նա համարձակ կերպով, և մոտենալով, ավելացրեց.

— Աղայի համար նամակ եմ բերել:

Տաթևի անունը լսելիս, երիտասարդի սիրտը սկսեց դողալ, բայց նա ծածկելով իր խռովությունը, ասաց.

— Տուր ինձ նամակը:

Օտարականը առեց գլխից մորթե ահագին փափախը, նրա ծալքից դուրս հանեց երկու մեծ ծրար, տվեց երիտասարդին:

Կրակի շուրջը, հատակի վրա, տարածված էր փափուկ և ցամաք խոտ, իսկ խոտի վրա փռված էին թանձր օթոցներ: Սենյակի մի կողմում, պատի տարածության չափով, հաստարակ, անգույն փայտից շինված էր երայն թախտ, որի վրա փռված էր պարսկական գորգ և դրված էին մի քանի բարձեր, կարված արևելքի գունավոր, մետաքսեղեն կերպասից: Այդ միակ մաքուր անկյունն էր ամբողջ սենյակի մեջ, որ ցույց էր տալիս փոքր ի շատե ճաշակ և շքեղություն: Սենյակի պատի այն ճակատը, որ կողմում դրված էր թախտը, պատած էր նույնպես պարսկական գորգով: Նրա վրա քարշ էին տված զանազան տեսակ զենքեր, զանազան տեսակ զինվորական և որսորդական պարագայք: Երիտասարդը ծալապատիկ նստեց թախտի վրա, հրամայելով իր ծառային, որ տանե նամակաբերին իր մոտ ախոռատունը, իսկ ինքը բաց արեց նամակներից մեկը և սկսեց կրակի լույսով կարդալ:

Նախ ուշադրություն դարձրեց նա ստորագրությունների վրա: Ստորագրությունների բազմությունը, որոնց յուրաքանչյուրի մոտ դրոշմված էր մի-մի կնիք, տալիս էր այդ նամակին ավելի հանրագրի ձև: Առաջին տեղը բռնում էր Տաթևի վանքի վանահայր, միևնույն ժամանակ Ղափանի ամբողջ վիճակի առաջնորդ Ներսես եպիսկոպոսի խոշոր կնիքը: Հետո կարգով շարված էին մյուս վանքերի եպիսկոպոսների և վարդապետների կնիքները: Նրանցից հետո Սյունյաց աշխարհի զանազան իշխանների, մելիքների և տանուտերերի կնիքները վերջին տեղն էին բռնում: Դրանցից շատերին երիտասարդը անձամբ ճանաչում էր, իսկ ոմանց անունները միայն լսած էր: Նամակը սկսվում էր օրհնություններով և բովանդակում էր մի մեջ խիստ տխուր նկարագիր Սյունյաց աշխարհի ցավալի դրության մասին: Նա պատկերացնում էր հայոց ճնշված ժողովրդի վերջին աստիճանի թշվառությունը, մահմեդականների անգթությունները, խաների անսահման բռնությունները, բնակիչների անդադար կոտորածները, գերությունները, հափշտակությունները, — բոլորը արյունով, արտասուքով և խորին ցավակցությամբ գրված:

«Դանակը ոսկորին է հասել...» — այս խոսքերով վերջանում էր նամակը — «մեր երեսին պատվի մի կաթիլ անգամ չեն թողել... մեր կնիկներին, մեր աղջիկներին մեր աչքի առջև բռնաբարում են և մենք լուռ նայում ենք... Մեր վանքերը, մեր եկեղեցիները անասունների ախոռատուն են դարձնում և մենք համբերում ենք... Մեր տաճարների սրբությունները կողոպտում են և խաչերը շների շլինքից քարշ են տալիս, իսկ մենք ձայն հանել չենք համարձակվում... Մեր զավակներին, մեր ձեռքից խլելով, օտար երկրներում վաճառում են, մենք արգելել չենք կարողանում... Մեր ձեռքի վաստակը մեզանից հափշտակում են, մեզ թողնում են քաղցած, իսկ մենք բողոքել չենք կարողանում... Ոչ ոք չէ լսում մեր ձայնը, ոչ ոք չէ սրբում մեր արտասուքը: Մնացել է վերևում — աստված, իսկ ներքևում՝ դու, Դավիթ բեկ: Խեղդամահ եղած հայրենիքի վերջին հառաչանքը կոչում է քեզ:

Լսի՛ր նրա ձայնը, լսի՛ր նրա աղաչանքը, օգնության ձեռք մեկնի՛ր: Այն հայրենիքը, որ քեզ սնուցել է, որ քեզ կյանք է տվել, քեզանից կենդանություն է սպասում: Մի թող տուր նրան իսպառ մահանալ: Ժողովրդի հույսը քեզ վրա է դրած: Քո հզոր աջը պետք է փրկե նրան: Այդ է աստուծո և մեր տեր Հիսուս Քրիստոսի կամքը: Ուրիշ ճար չէ մնացել. ամեն բան փորձեցինք, ամեն հնար գործ դրեցինք, ամեն ստորություն հանձն առինք, բայց բռնակալի զազանությունը ամոքել չկարողացանք: Մեր ստրկության լուծը օրըստօրե ծանրացավ, մեր վիճակի դառնությունը օրըստօրե սաստկացավ: Այժմ ժողովուրդը ուխտել է կատարել մի վճռական գործ՝ կամ միանգամով կոտորվել և բնաջինջ լինել, կամ բոլորովին ազատվել մահմեդական բռնակալությունից: Բայց ժողովրդին պետք է մի փորձված ձեռք, որ առաջնորդե նրան: Այդ ձեռքը նախախնամության կամքով պետք է լինի քոնը: Այն օրը, երբ դու ոտք կկոխես հայրենիքի հողի վրա, ժողովուրդը մի մարդու պես կկանգնի և քո դրոշի ներքո կսկսե մաքրել երկիրը մահմեդական պղծությունից: Ամեն ինչ պատրաստված է. մնում է քո հրամանը, — և ահա ժողովուրդը կշարժվի... Շտապի՛ր, Դավիթ բեկ, ազգը, հայրենիքը և եկեղեցին կանչում են քեզ և իրանց ազատությունը քո ձեռքից են սպասում...»:

Մի սոսկալի սարսուռ տիրեց երիտասարդի մարմնին, երբ նա ավարտեց նամակի ընթերցումը: Նրա սիրտը սկսեց անհանգիստ կերպով բաբախել և ձեռքերը սկսեցին դողդողալ: Նա ընկավ այն ցավալի դրության մեջ, որպես մի մարդ, որ հանկարծ լսում է սիրելի ծնողների մահվան բոթը: Բայց այստեղ մեռնողը հայրենիքն էր, մեռնողը մի ամբողջ ժողովուրդն էր, իսկ ինքը – նույն ժողովրդի հարազատ որդին: Հանկարծ զարթեցան նրա մտքում վաղեմի հիշողությունները, որ մինչև այնօր հանգած էին: Նա հիշեց այն հանդիսավոր խոստումը, որ երդումով ուխտել էր իր ծնողների գերեզմանի վրա: Եվ կարծես, այդ թշվառների ուրվականները, նույն վայրկենում դուրս գալով իրանց հանգստի խորքից, լի հանդիմանական ցասումով, սկսեցին պախարակել նրան, «դու երդմնազանց ես...»: Նա զգաց մի սարսափելի սոսկում և նամակը ցած ընկավ նրա ձեռքից: Երկար նա գտնվում էր հոգեկան խորին խռովության մեջ, որպես մի հանցավոր, որ հանկարծ զգում է խղճի խայթը... Ի՞նչ էր մինչև այնօր կապել նրան մի օտար երկրի հետ, ի՞նչն էր մոռանալ տվել նրան հայրենիքի թշվառությունը: Այդ հարցը ծագեց նրա մտքում, երբ միանգամով պատկերացավ նրան տխուր և վշտալի անցյալը...

Նա շտապով բաց արեց երկրորդ նամակը: Դա բարեկամի նամակ էր լի վաղեմի հիշատակների ջերմ զգացմունքներով: Նրան գրել էր Ստեփաննոս Շահումյանը, Դավիթ բեկի մանկության ընկերը:

«Հիշի՛ր, Դավիթ, այն ցավալի օրը, — գրում էր նա ի միջի այլոց, — երբ ես Փաթալի խանի բանտումն էի, իսկ դու, ողբալի կրակի բոցերից մի բախտով ազատված, գտնվում էիր ծերունի ներքինապետի խնամակալության ներքո: Հիշիր այն կրակը, հիշիր այն բոցերը, որոնց մեջ այրվեցան քո հայրը, քո մայրը, քո քույրերը: Այն կրակը դեռ չի հանգել: Նա հրդեհում է մեր ամբողջ հայրենիքը: Նա ճարակում է մի ամբողջ ժողովուրդ: Ո՞վ պիտի հանգցնե նրան, եթե ոչ այն մարդը, որ իր անձի վրա փորձել է նրա բոլոր դժոխային տանջանքը...

Մի քանի տողերից հետո շարունակում էր նա:

«Ոչ ոք խելացի չի կոչի այն մարդուն, որի տունը հրդեհով պաշարված է, որի զավակները կրակով պատած են, որի կայքը այրվում է, իսկ նա, այդ բոլորը թողած, շտապում է իր հարևանի տունը կրակից ազատելու համար: Քո եռանդը, քո ջանքերը վրաց խարխուլ գահը պահպանելու մասին, հիշեցնում է ինձ այդ համեմատությունը: Ի՞նչ կշահվի քո քաջությունից, քո պատերազմական տաղանդից հայոց թշվառ աշխարհը, երբ դու քո բոլոր ուժերը, քո մտքի և սրտի բոլոր զորությունը վատնում ես հօգուտ օտարի, մինչդեռ քո հայրենիքը քեզպեսներին ավելի կարոտություն ունի: Դու այժմ քո հզոր ուսերի վրա տանում ես բոլոր ծանրությունը մի քայքայված տերության, որ ընկնելու վրա է: Դու շատ անգամ պահպանեցիր նրան իր անկումից, դու շատ անգամ ազատեցիր նրան իր թշնամիներից, շատ անգամ հաղթող հանդիսացար սարսափելի կռիվների մեջ: Բայց ո՞րքան շահվեցավ այդ բոլորից հայոց թշվառ ազգը...

Դավիթ, մենք դասընկերներ ենք եղել. մենք Տաթևի վանքում, հանգուցյալ Հարություն վարդապետի մոտ միասին էինք կարդում հայոց պատմությունը: Կարծես, այդ ազգի ճակատագրի մեջ մի անեծք կա: Նա ստեղծում է մեծ մարդիկ, ստեղծում է հանճարներ, միայն օտարներին ծառայելու համար: Սկսյալ ազգերի պատմության ամենախորին հնությունից, Հայաստանը միշտ տվել է թե իր դրացիներին և թե հեռավոր ժողովուրդներին իր զավակների ամենաընտիրները: Բաբելացոց, եգիպտացոց նշանավոր պետական մարդիկների թվում առաջին տեղը բռնում են հայերը: Հայերը տվեցին Հռոմին և Բյուզանդիային ոչ միայն քաջ զորապետներ, այլ մինչև անգամ կայսրներ: Աhռելի Պարսկաստանը իր ամենանեղ ճգնաժամի միջոցին փրկություն էր գտնում հայ զորապետների ձեռքով: Վայրենի մոնղոլներ, Միջին Ասիայի խորքերից դուրս գալով, հայ զորապետների առաջնորդությամբ, ոտնակոխ արեցին ամբողջ պետություններ: Բաղդատի և Դամասկոսի արաբական խալիֆաները հայ զորապետների ձեռքով տիրեցին անսահման երկրներ: Խաչակիրները իրանց ամենահաջող պատերազմներով պարտական են հայոց քաջերին: Մինչև անգամ ամենահեռավոր Հնդկաստանի թագավորությունները երկար ժամանակ օգուտ էին քաղում հայ զորապետների խելքից և քաջությունից: Ինչո՞ւ եմ խոսքս երկարացնում: Ո՞ր երկիրը, ո՞ր ազգը, ո՞ր թագավորությունը չէ շահվել հայոց ուժերից: Նույնիսկ քո Վրաստանը, Դավիթ, քանի՞ – քանի՞ անգամ վայելել է հայ մարդու օգնությունը: Բայց միշտ ապերախտ, միշտ անշնորհակալ է մնացել դեպի հայը: Եթե այդ անհոգ, թեթևամիտ ազգը այսօր գոյություն ունի, դրանով նա պարտական է հայերին: Հայաստանը, իբրև մի բնական վահան, միշտ պաշտպանել է նրան պարսիկների, արաբացիների և մոնգոլների հարձակումներից: Արևելքից հեղեղի նման եկած բոլոր բարբարոսների արշավանքները թափել են իրանց անգթությունը Հայաստանի վրա և անցել, իսկ Վրաստանը միշտ մնացել է թաքնված մեր ետևում: Եվ եթե պատահել է մեզ նրանցից օգնություն խնդրել, միշտ սուտ խոստումներով խաբել են մեզ: Բայց հայը, միամիտ հայը, միշտ մնացել է հավատարիմ, միշտ անձնվեր և միշտ զոհաբերող դեպի օտարը: Նա թողել է իր տան գործը, մոռացել է իր ցավերը և օտարի տան հոգսն է հոգացել: Նա թողել էր իր երկրի ավերակները և օտարի համար պալատներ է կանգնել: Նա մոռացել է իր խորտակված գահն ու գավազանը և օտարի դրոշի փառքն է բարձրացրել: Մի՞թե այդ բոլորը դու չտեսար մեր պատմության մեջ. — ահա դրանում է մեր գլխավոր հիվանդությունը: Մենք մեզ ծառայել չգիտենք մենք մեզ համար անշնորհք ենք, իսկ օտարի համար շնորհալի: Եթե հայոց բոլոր հանճարները վատնված չլինեին հօգուտ օտարների, եթե նրանք ծառայած լինեին իրանց հայրենիքին, ես հավատացած եմ, որ այսօր Հայաստանը այս թշվառ դրության մեջ չէր լինի...

Իմ խոսքը, դու էլ կհասկանաս, Դավիթ, ավելի ազնիվ և բարեխիղճ ծառայողների մասին է, որոնք թեև իրանց հայրենիքին մի օգուտ չեն հասցրել, բայց ուղղակի վնաս էլ չեն տվել: Իսկ ո՛րքան շատ է այն դավաճանների թիվը, որոնք մի արյունոտ գործիք դառնալով օտարների ձեռքում, սկսել են իրանց հայրենիքը ավերակ դարձնել, սկսել են իրանց հարազատ եղբայրներին կոտորել: Թե առաջիններին և թե վերջիններին ես շատ չեմ զանազանում միմյանցից: Զանազանությունը այսքան է միայն, որ մեկը վնասում է ուղղակի կերպով, գիտակցաբար, իսկ մյուսը վնասում է կողմնակի կերպով, անգիտակցաբար: Մեկը, իբրև ծախված դավաճան, Վասակի նման արյունով և կրակով լեցնում է Հայաստանը, իսկ մյուսը, իբրև բարեխիղճ Վարդան, պարսից զորքերի գլուխն անցած, Քուշանների հետ է պատերազմում և իր հաղթություններով ուժ և զորություն է տալիս Հայաստանի թշնամուն: Ի՞նչ ես կարծում, Դավիթ, դա նույնքան վնասակար չէ՞, որպես առաջինը: Ես գոնե վնասակար եմ համարում: Ես կարծում եմ, եթե Վարդանը վերջը իր սուրը չդարձներ պարսիկների դեմ, նույնքան վնասակար կլիներ, որքան Վասակը: Ծառայել հայրենիքի թշնամուն, իր ազգի կործանողին, բարձրացնել նրա փառքը և զորությունը, — այդ նշանակում է ի վնաս իր ազգի գործել: Մեծ տարբերություն չկա այդ երկու մտքերի մեջ՝ գող լինել կամ գողի բարեկամ: Օտարի ծառայությունը մի այնպիսի բան է, որովհետև բոլոր օտարները մեր թշնամիներն են: Մենք բարեկամ չունենք և չենք էլ կարող ունենալ, քանի որ մենք ինքներս մեզ բարեկամ չենք: Ով որ իր ազգը, իր հայրենիքը չէ սիրում, իրավունք չունի օտարներից սեր պահանջելու: Մեր թշվառ վիճակը մենք ինքներս ենք ստեղծել մեզ համար. ուրիշ ոչ ոք մեղավոր չէ...

Ես գիտեմ քո մեծահոգությունը, Դավիթ, դու այն տեսակ մարդիկներից ես, որոնց համար հայրենիք և ազգություն չկա, որոնց հայրենիքը լայնածավալ աշխարհն է, իսկ ազգությունը՝ ընդհանուր մարդկությունը: Դու պատրաստ ես օգնել ամեն տեղ, ուր խեղճություն և բռնություն կգտնես: Բայց «շապիկը ավելի մոտ է մարմնին»... «Պետք չէ Իսրայելի որդիների հացը ձգել հեթանոսների շներին...»: Հիշո՞ւմ ես այդ ավետարանական խոսքը: Մեր զավակներին քաղցած թողնելով, օտարների որդիների հացի մասին հոգալը մի մեծ առաքինություն չի համարվի մեզ համար: Մենք այնքան սակավ միջոցներ ունենք, մեր ուժերը այնքան անբավական են մեզ համար, որ պետք է խնայենք նրանց, իսկ մենք աննպատակ կերպով սպառում ենք...

Ես ոչինչ նշանակություն չեմ տալիս այն փառքին, այն հռչակին, որ հայը ստանում է օտարների ծառայության մեջ: Ես այդ համարում եմ մինչև անգամ մի տեսակ հանցանք դեպի մայրենի երկիրը, ես այդ համարում եմ մի տեսակ ապերախտություն դեպի այն ազգը, որի արյունն է կրում մարդ: Այդ խոսքերը թող չվիրավորեն քեզ, Դավիթ, ես խոսում եմ ընկերի և բարեկամի հետ: Ինչո՞վ ես դու կատարում քո պարտքը դեպի հայրենիքը: Ախար այն մարմինը, այն արյունը, այն սիրտը, այն հոգին — բոլորը, ինչ որ ունես դու, պատականում են քո հայրենիքին, բոլորը այստեղից ես ստացել: Ինչո՞ւ չես հետ տալիս նրան այն, որ ստացել ես: Մի՞թե դու այն վատ պարտազանցներից մեկը չես լինի, եթե կուրանաս քո վճարը: Այս, կլինես, և մեզանից ամեն մեկը նույն վատությունը արած կլինի, եթե այդպես կվարվի...»:

Հետո նա Դավիթ բեկի ուշադրությունը դարձնում էր Սյունյաց աշխարհից նրան ուղարկված հանրագրի վրա, հորդորում էր ժողովրդի ներկայացուցիչների ձայնը հարգել, հորդորում էր թողնել վրաց ծառայությունը և փութով աճապարել դեպի հայրենիքը: Նկարագրում էր Հայաստանի խառնաշփոթ քաղաքական դրությունը, բացատրում էր պարսից պետության ջլատումը և նրա օրըստօրե քայքայումը, որից պետք էր օգուտ քաղել, նպատակահարմար ժամանակը չկորցնել և ժողովուրդը ազատել այդ ազգի բարբարոսությունից: Հետո մի փոքր զգվելով իր ընկերի անձնասիրությունը, նա ավելացնում էր.

«Մեր ազնվական դասը փչացած է, Դավիթ, նրանց վրա մեծ հույս դնել չի կարելի: Դարերի ընթացքում, պարսից ազդեցության ներքո, ազնիվ արյունը նրանց երակներում խարդախվեցավ: Այժմ ժողովրդին պետք է փրկե ժողովրդի մարդը, նրա միջից դուրս եկած, նրա հարազատ որդին: Ո՞վ կարող է լինել այդ մարդը, բացի քեզանից, Դաթիթ, բացի մի անձից, որ իր վրա փորձել է ժողովրդի բոլոր տանջնաքը, բոլոր ցավերը: Քո կոչումը մեծ է այդ գործի մեջ: Հանգամանքներն ստեղծեցին քեզ ժողովրդի փրկիչը լինել: — Եվ այդ պիտի կատարես դու...»:

— Կկատարե՜մ... — ասաց նա խորին ցավակցությամբ և նամակը ցած դրեց:

Բ

Այնուհետև Դավիթ բեկը հրամայեց կանչել իր մոտ նամակաբերին:

— Ինչպե՞ս է քո անունը, — հարցրեց, երբ հայտնվեցավ նա:

— Աղասի, ձեր ծառան, — պատասխանեց նամակաբերը, մի առանձին անձնավստահությամբ կանգնելով Բեկի առջև: — Իմ հայրը մելիք Վարթանեսի մոտ տնտես էր, իմ մայրը այնտեղ լվացարար էր. ես նրանց ընտանիքի մեջ եմ ծնվել և նրանց հացով եմ մեծացել: Նրանց տան կործանման ժամանակ իմ հայրը սպանվեցավ. անիրավ պարսիկները նրան խենջարներով ծակծկեցին, ստիպում էին, որ ցույց տա մելիքի բոլոր հարստությունը: Բայց հայրս լուռ մնաց և ավելի լավ համարեց մեռնել, քան իր տիրոջ կայքերի մատնիչը լինել: Նրանից հետո մայրս շատ չապրեց, կսկիծը նրան շուտով գերեզման տարավ, երբ ես Ստեփաննոսի հետ գերի ընկա Ֆաթալի խանի ձեռքում: Երբ Թորոս իշխանը մեզ ազատեց, այնուհետև ես չբաժանվեցա Ստեփաննոսից: Որպես իմ հայրը ծառայել էր նրա հորը, ես էլ սկսեցի ծառայել որդուն:

— Այդ բոլորը լավ, — նրա խոսքը ընդհատեց Բեկը. — դու այն ասա՛, հիմա ի՞նչ է շինում քո տերը:

— Ի՞նչ կարող է շինել թևքերը կարված արծիվը. նրա հոր երկրներին այժմ տիրում է ուրացող մելիք Ֆրանգյուլը. ինքը իշխանը գլուխ դնելու տեղ չունի. մնում է նրան Քորօղլուի նման թափառել մի տեղից մյուս տեղ, պատժել, վրեժխնդիր լինել ուր որ անիրավություն, անարդարություն կտեսնվի:

— Մարդիկ ունի՞ իր ձեռքի տակ:

— Մի փոքրիկ խումբ միայն, բայց այդ խումբը արժե հազար մարդու. բոլորը մեր երկրի քաջերից ընտրյալներն են, բոլորը մի հոգու պես կապված են իրանց սիրելի պետի հետ:

— Դո՞ւ էլ իշխանի խմբից ես:

— Այո՛:

Դավիթ բեկին մեծ բավականություն էր պատճառում խոսակցությունը իր հայրենակցի հետ. այդ մասամբ լցուցանում էր տարիներով տարագիր երիտասարդի սրտի կարոտությունը: Նա հրամայեց Աղասուն նստել իր մոտ: Աղասին տեղավորվեցավ խարույկի մոտ, օթոցի վրա: Նրան շատ զարմացնում էր Բեկի անշուք կացությունը: Նա սպասում էր գտնել վրաց թագավորի հռչակավոր զորապետին փառավոր պալատի մեջ, շրջապատված աշխարհի բոլոր շքեղություններով: Իսկ այժմ ի՞նչ էր տեսնում, — մի գետնափոր խրճիթ, որի նմանը Սյունյաց երկրի ամեն մի գյուղացին ուներ: Որքա՞ն աղքատություն է տիրում այդ երկրում, մտածում էր Աղասին. երբ երկրի նշանավոր պետական մարդը այդպես է ապրում, ապա ի՞նչ կլինի խեղճ ժողովրդի դրությունը:

Աղասու մտածությունները ընդհատեց Բեկը, հարցնելով, թե մելիք Ֆրանգյուլը և Դավիթ ուրացողը ի՞նչ տեսակ հարաբերությունների մեջ են:

— Որպես երկու շներ, — պատասխանեց Աղասին, — միմյանց խեղդում են, և ամեն մեկը աշխատում է մյուսի ձեռքից ոսկորը խլել:

— Խանը որի՞ն ավելի է համակրում:

— Խանը իր օգտին է նայում, որը ավելի շատ կաշառք է տալիս, նրա խոսքն է լսում:

Դավիթ բեկի տան մեջ բնակվում էր մի վրացի ընտանիք նրա սեփական գյուղի ճորանից: Այդ գյուղը Բեկը ընծա էր ստացել վրաց թագավորից, այն փառավոր հաղթությունից հետո, որ նա կատարեց լեզգիների դեմ: Բեկի ամբողջ տնտեսությունը այդ ընտանիքի ձեռքումն էր. հարսները և աղջիկները ծառայում էին որպես աղախիններ, իսկ տղամարդիկը՝ որպես սպասավորներ: Նրանք ընտանեբար, առանց քաշվելու, անդադար ներս էին մտնում և դուրս էին գալիս, իրանք էլ չհասկանալով, թե ինչ բանով են զբաղված: Բեկը հրամայեց ընթրիք պատրաստեն:

Մի քանի կնիկներ մոտեցան խարույկին, հատակի կենտրոնում թավալված գերանների ծայրերը մոտեցրին միմյանց, կրակը բոցավառվեցավ, տարածելով իր շուրջը խիստ ախորժ լուսավորություն: Խարույկի վրա, առաստաղից քարշ էին ընկած մի քանի շղթաներ, ջահեր կախ տալու շղթաների նման: Նրանց ծայրերը վերջանում էին կեռ կարթերով և հասնում էին մինչև խարույկը: Նրանցից կրակի վրա քարշ էին տալիս մեծ և փոքրիկ կաթսաներ, երբ պետք էր մի բան եփել: Կնիկները քարշ տվեցին կաթսաները և սկսեցին ընթրկքի պատրաստություն տեսնել:

— Այսօր բերած փասիաններից մի քանիսը խորովեցինք, — ասաց Բեկը, դառնալով դեպի կնիկները:

— Տեր ես, — պատասխանեցին կնիկները խորին հաճությամբ, և նստելով կրակի շուրջը, մերկ գետնի վրա, սկսեցին միևնույն սենյակում փետրահան անել փասիանները, որոնք Բեկի այն օրվա որսորդական արդյունքն էին:

Բեկը դարձյալ շարունակեց իր խոսակցությունը նամակաբերի հետ Սյունյաց աշխարհի վրա: Բայց երկու մանկահասակ կնիկների մեջ անց էր կենում մի այլ, ավելի հետաքրքիր խոսակցություն:

— Ի՞նչ սիրուն փետուրներ են, — ասաց նրանցից մեկը, Թիման, մի առանձին հրճվանքով. — եթե այդ փետուրներն էլ հավաքելու լինեմ ինձ համար, իմ փետուրե բարձը լցված կլինի, կդնեմ գլխիս ու այսպես անուշ քնով կքնեմ: — Վերջին խոսքերի արտասանելու միջոցին երիտասարդ կինը ձեռքը դրեց ականջին, գեղեցիկ աչքերը խփեց և գլուխը մի կողմ թեքեց, ցույց տալու համար, թե ինչպես անուշ քնով պիտի քնե:

Թինայի այդ երևակայական բավականությունը գրգռեց նրա աշխատակցի՝ Դարոյի նախանձը և հետևապես նրա բարկությունը, և նա սաստիկ խթելով Թինայի կողքը, ասաց.

— Ինչո՞ւ, միայն քեզ համար, խոզի զավակ, ապա ես բարձ չե՞մ ուզի: Ինչ որ լինի՝ ինձ համար: Ես էլ կուզեմ...

— Դու աստուծո կրակը ու սատանայի ցավը կուզես, — պատասխանեց Թինան, չմոռանալով նույն կերպով խթել Դարոյի կողքը: — Քո այդ մեյմունի գլխին խոտի բարձը ավելի սազ կգա:

Թինայի համեմատությունը չափազանց էր. Դարոյի գլուխը ամենևին մեյմունի նմանություն չուներ, ընդհակառակն, նա ավելի թարմ և ախորժելի դեմք ուներ: Այդ վիրավորանքը մի կողմից, և գուցե կողքի ցավը մյուս կողմից, գրգռեցին Դարոյին երկու ձեռքով պինդ բռնել Թինայի ծամերից և այնպիսի սաստիկ ուժով ձիգ տալ, որ փոքր էր մնում կրակի մեջ պիտի գլորեր նրան:

— Վա՜յ... վա՜յ... — գոչեց Թինան և ինքն էլ փոխադարձաբար բռնեց Դարոյի ծամերից:

Սկսեցին միմյանց քաշքշել: Աղմուկը նրանց վրա դարձրեց Բեկի ուշադրությունը: Բայց, երևի, այդ տեսակ գործողությունները այնքան հաճախ կրկնվում էին Բեկի տան մեջ, որ նա մի առանձին նշանակություն չտվեց, միայն զգուշացրեց, որ իրան չխանգարեն:

— Թինա՜, Դարո՜, այդ ի՞նչ խաբար է, այստեղ կռվելու տեղ չէ, եթե ուզում եք միմյանց խեղդել, գնացեք դուրսը:

Մինչ երկու կնիկները պատշաճը և քաղաքավարությունը պահպանելու համար պատրաստվում էին իրանց կռիվը տեղափոխել սենյակից դուրս, վրա հասան նրանց ամուսինները: Նրանցից յուրաքանչյուրը վառելու փայտերից մի կտոր վեր առնելով, սկսեց իր կնոջը ծեծել: Խռովությունը ավելի աղմկալի կերպարանք ստացավ:

— Անզգամներ, — ասում էին նրանց, — կռվելու ժամանա՞կ եք գտել, չե՞ք տեսնում մեր տերը այս գիշեր հյուր ունի:

Կարծես, հյուրի մոտ միայն պետք էր համեստ լինել: Երկու կնիկները ընդունեցին այդ խրատը և իրանց մտքում հետաձգեցին կռիվը մի ուրիշ ժամանակի: Խաղաղությունը կրկին տիրած կլիներ, եթե այդ միջոցին ներս չվազեր երկու հերոսների կատաղած սկեսուրը, կարգ և կանոն սիրող Քեթևանը: Նա խլեց մի փայտի կտոր և սկսեց իր որդիների պակաս թողածը ինքը լրացնել: Հարսները սաստիկ ճիչ բարձրացրին:

— Հա՜ այդպես... հա՜ այդպես... – կրկնում էր բարկացած պառավը ու խփում:

— Բավական է, Քեթևան, հանգստացեք, — ասում էր Բեկը փոքր-ինչ վրդովված ձայնով և հրամայում էր դադարել:

— Դրանց պետք է ծեծել, տեր իմ, — պատասխանում էր բարեսիրտ Քեթևանը, շարունակելով իր գործը. – քանի օր է, որ ծեծ չեն կերել, դրա համար կատաղել են: Դրանց պետք է ծեծել, միշտ ծեծել:

— Բավական է, — դարձյալ կրկնեց Բեկը:

Բարկացած պառավը այժմ դարձավ դեպի իր տերը:

— Այդ բոլորը ձեր մեղն է, տեր իմ, — ասաց նա գլուխը շարժելով, — այդ բոլորը ձեր թուլությունից է: Եթե դուք էլ մյուս աղաների նման ծեծեիք, այսպես չէին լինի: Այդ բոլորը ձեր մեղն է: Մենակ դրանք չեն, որ կապը կտրած են, ամենքը այստեղ փչացել են, նրա համար, որ դուք չեք ծեծում: Այսպիսի աղա ես չեմ տեսել: Մտիկ տվեք մեր հարևան Գիորգիին, ինչպե՞ս իր ճորտերի հոգին հանում է. դրա համար նրանից վախենում են:

Բեկը ժպտաց միայն և ոչինչ չպատասխանեց: Ճորտությունը այդ ողորմելի ժողովրդին անասնական դրության էր հասցրել, որի մեջ ծեծը ընդունված էր որպես գլխավոր պայման բանավոր մարդուն կարգի և պատշաճի մեջ պահելու համար: Եվ զարմանալին այն էր, որ ինքը ժողովուրդը այն աստիճան սովորած էր այդ դրությանը, որ բոլորովին անբնական էր համարում երբ չէին ծեծում: Նա նմանում էր մի գրաստի, որ շատ կզարմանար, եթե իր տերը չմտրակեր:

Աղասին չէր հասկանում, թե ինչ էր խոսվում իր շուրջը, որովհետև վրացերեն չգիտեր: Բայց ինչ որ տեսավ, նրա վրա խիստ անախորժ տպավորություն գործեց: Այդ ի՞նչ տեսակ անզգամ կնիկներ են, այդ ի՞նչ տեսակ վայրենի մարդիկ են, մտածում էր նա. — բավական չէ, որ կնիկները օտար մարդու հետ խոսում են, օտար մարդու մոտ երեսները բաց են անում, բայց այնքան անամոթ են, որ միմյանց ջարդում էլ են: Նա մտաբերում էր սյունեցի հայ կնոջ ամոթխածությունը, որը ոչ թե օտարի, այլ իր տոհմակիցների հետ անգամ իրավունք չուներ ո՛չ խոսելու, ո՛չ դեմքը ցույց տալու: Իսկ Աղասին այստեղ բոլորովին այլ տեսակ կյանք էր տեսնում և համարում էր այդ երկիրը կատարելապես վայրենիների աշխարհ:

Բոլորովին անտեղի չէր պառավ Քեթևանի նկատողությունը, Դավիթ բեկը իսկապես թույլ էր իր տնտեսության մեջ: Ամենամեծ մարդիկն անգամ, որոնք պետություններ են կառավարում, որոնք աշխարհին օրենքներ են տալիս, երբեմն իրանց տունը, իրանց ընտանիքը կառավարելու շնորհք չունեն: Դավիթ բեկը, որպես պատերազմական մարդ, ուշադրություն չէր դարձնում ընտանեկան մանր գործերի վրա: Նա գոհ էր, եթե իրան հանգիստ կթողնեին ավելի խոշոր բաների վրա մտածելու համար: Այդ պատճառով նրա բարի դեմքը, որ մի րոպե առաջ փոքր-ինչ խոժոռվեցավ, կրկին իր սովորական պարզ արտահայտությունն ստացավ, երբ աղմուկը ու խռովությունը դադարեց:

Թինան և Դարոն, երեխայի նման մոռանալով իրանց կերած ծեծը, մոռանալով միմյանց ծամերը քաշքշելը, այժմ հաշտ, ուրախ, ժպտալով ու ծիծաղելով, և միմյանց հետ քաղցրիկ խոսքեր խոսելով, փետրահան էին անում փասիանները: Երևի, դրանց սրտերը ոխակալության ծանոթ չէին, երևի, դրանք չգիտեին, թե ի՞նչ բան է վիրավորանքը:

— Թինա, ցավդ առնեմ, — ասում էր Դարոն, հոնքերի շարժվածքով ցույց տալով Աղասու վրա, — այդ մարդը ո՞րտեղից է եկել: — Մտիկ տուր, ի՞նչ սիրուն բեղեր ունի:

— Աչքերը ավելի սիրուն են, — հազիվ լսելի ձայնով նկատում էր Թինան, — ով գիտե, որքան շատ ճորտեր կունենա դա:

— Դրա համար էլ մեր աղան այսպես պատիվ է տալիս, իր մոտ է նստեցնում: Երևում է, ազնվական մարդ է. մեր թավադների մեջ այս տեսակ տղամարդիկ շատ քիչ կան: Տեսնո՞ւմ ես, ինչ լավ հագնված է, — ասաց Դարոն մի առանձին հոգեզմայլությամբ:

Թեև Աղասու հագուստը բաղկացած էր ղաղաքե արխալուղից և Սյունյաց երկրում գործված, հասարակ շալե չուխայից, բայց այդ գրավում էր երկու մանկահասակ կնիկների ուշադրությունը, որովհետև իրանց երկրում ճորտերի տեր թավադներն անգամ այսպիսի հագուստ հագնում էին միայն հանդիսավոր օրերում:

Նրանք մաքրեցին փասիանները փետուրներից, լվացին, իստակեցին, հետո պտուտակավոր շամփուրների վրա խրելով, քարշ տվեցին կրակի վրա: Շամփուրները կախված էին առաստաղից քարշ ընկած շղթայից, և պտտվելով կամաց-կամաց խորովում էին փասիանները:

Դարոյի և Թինայի մի քանի րոպե առաջ կատաղած սկեսուրը, Քեթևանը, այժմ բավական բարի դեմք ընդունելով, զբաղված էր կերակուրների կաթսաներով, որոնք նույնպես քարշ էին ընկած առաստաղի շղթաներից խարույկի վրա: Կերակուրները կաթսաների մեջ մի առանձին մելամաղձական ձայնով բլթբլթկում էին, տարածելով իրանց շուրջը խիստ ախորժելի հոտ: Մի քանի չափահաս աղջիկներ անդադար դուրս էին գալիս և ներս մտնում, կատարելով պառավի պատվերները: Նրանք ճրագի փոխարեն բռնած ունեին իրանց ձեռքում խեժավետ եղևնիի վառած տեշեղներ, որոնք լցրել էին տունը անուշ խնկահոտությունով: Դրանք Քեթևանի աղջիկներն էին, թվով երեք հոգի, որոնց երեցին կոչում էին Սոփիո, միջնակին՝ Փեփելո, իսկ կրտսերին՝ Նինո: Այդ ուրախ, պարզամիտ արարածները, կոլոլված չթեղեն դերիաների մեջ, բոբլիկ ոտներով վազվզում էին, թրթռում էին կրակի շուրջը, երբեմն այս բերելով, երբեմն այն տանելով, և յուրաքանչյուր սխալ գործելու միջոցին՝ պառավ մոր զգուշացնող հիշոցները ամենևին չէին խանգարում նրանց ուրախությունը, որի պատճառը իրանք էլ չգիտեին:

— Սոփիո, — հարցրեց երեց քրոջից միջնակ քույրը, Փեփելոն, նրան մի կողմ տանելով, — այդ մարդը միշտ պիտի մնա՞ մեր տանը:

— Չեմ իմանում, — պատասխանեց սառնությամբ Սոփիոն, — կարելի է մնա, կարելի է գնա: Ով է իմանում:

— Ես կուզեի, որ նա միշտ մեր տանը մնար, — ասաց Փեփելոն ժպտելով, — դու չէի՞ր ուզի:

— Հողեմ նրա գլուխը... ինչի՞ս է պետք... – պատասխանեց Սոփիոն իր գեղեցիկ դեմքի վրա մի ծաղրական խոժոռ գործելով:

— Սիրուն տղամարդ է:

— Սիրուն տղամա՞րդ է, քեզ համար պահիր, — ասաց Սոփիոն, ձեռքի հինգ մատներով աննկատելի կերպով «մրճիկ հանելով» դեպի Աղասու կողմը:

Մանկահասակ աղջիկներին հատուկ է իրանց առաջին սերը արտահայտել արհամարհանքով: Երբ գյուղացի հասարակ աղջկան մի սիրային խոսք ես ասում և նա պատասխանում է քեզ բարկությամբ կամ ապտակով, կարող ես այնուհետև վստահ լինել, որ նա ընդունեց քո առաջարկությունը: Այդ կետից պետք է բացատրել Սոփիոյի արհամարհանքը դեպի Աղասին: Սյունեցի վայելչադեմ երիտասարդը արդեն իր վրա էր դարձրել աղջիկների և հարսների բարի ուշադրությունը, թեև նրանց ոչ մեկի հետ չէր խոսացել, թեև ինքը նրանց վրա ուշադրություն չէր դարձնում:

Փոքրիկ տնակի մեջ կյանքը հետզհետե ավելի ուրախ, ավելի բաղադրյալ կերպարանք է ստանում: Պառավ Քեթևանի որդիները, որոնք Բեկի տանը ծառաների և սպասավորների պաշտոն էին կատարում, ավարտելով իրանց գործը ախոռատնում կամ մարագում, այժմ եկել, ընտանեբար շարվել էին կրակի շուրջը: Մեկը տաքանում էր և խորին հոգեզմայլությամբ ականջ էր դնում կերակուրների եփ գալու ձայնին, մյուսը խորովվող փասիանների հոտովն էր հրապուրվում, երրորդը իր պատառոտած տրեխներն էր կարկատում, իսկ հինգերորդը մանր ավազով մաքրում էր մի ժանգոտած հրացան: Նրանց մոտ թավալվում էին մի խումբ կիսամերկ երեխաներ, պառավ Քեթևանի թոռնիկները, մեկը ծուլորեն հորանջում էր, մյուսը նիրհում էր, իսկ մնացածները, որ ավելի արթուն էին, աչքերը չռած, ապուշ-ապուշ նայում էին կաթսաների վրա: Խարույկի մեղմ բոցերը պլպլում էին, լուսավորելով այդ ամբողջ նախնական կացությունը, որ իր պարզության մեջ կրում էր նահապետական կյանքի բոլոր վայելչությունները...

Բեկը լուռ մտախոհության մեջ թեք էր ընկած թախտի վրա. նա, կարծես, չէր նկատում, թե ինչ է կատարվում իր շուրջը: Թիկը նեցուկ տալով գլխին, նա ընկողմանած էր բարձի վրա և նրա միտքը սլացել էր հեռու, հեռու դեպի հայրենի աշխարհը: Նա հիշում էր իր թշվառ մանկությունը, հիշում էր իր անբախտ, չքավոր ծնողներին, հիշում էր այն բոլոր տանջանքը, այն բոլոր ցավերի դառնությունը, որ մաշում էր նրանց: Օտարության մեջ անցուցած տասնհինգ տարին երևում էր նրան որպես մի երազ, և քնից արթնացած մարդու նման, այժմ պատկերանում էր նրա մտքում միայն տխուր և վշտերով լի անցյալը, որ նա վարել էր հայրենական երկրում: Նա կրկին վեր առեց եպիսկոպոսների, վարդապետների, մելիքների, տանուտերների գրած հանրագիրը, սկսեց նորից կարդալ:

Աղասին լուռ նստած էր թախտից ցած, հատակի վրա: Նրա ուշադրությունը այժմ գրավել էին երկու հարսները, որոնք տաշտի մեջ սիմինտրի ալյուրից խմոր էին հունցում, այդ խմորից գնտակներ էին շինում, և խարույկի շիկացած ածուխները բաց անելով, գնտակները թաղում էին տաք մոխրի մեջ, կրկին ծածկում էին ածուխներով: Այնտեղ, մոխրի մեջ առանց այրվելու, եփվում էին գնտակները: Դա այդ երկրի հաց թխելու ձևն էր, որ ոչ սակավ զարմացնում էր Աղասուն, հիշեցնելով նրան իր հայրենիքի սպիտակ, թղթի պես բարակ լավաշները, որ պատրաստվում էին թոնրի մեջ: Ինչպե՞ս ուտում են այս տեսակ հացը, մտածում էր Աղասին, այն ևս այսպիսի տան մեջ: Նա այժմ սկսեց նայել սենյակի պատերի այն ճակատի վրա, որ պատած էր պարսկական գորգով, որ կողմումը դրված էր և Բեկի թախտը: Այստեղ տեսարանը բավական գրավիչ էր: Պատի վրա կարգով քարշ էին ընկած զանազան տեսակ հին և նոր զենքեր, զանազան տեսակ անոթներ: Այնտեղ կարելի էր տեսնել երկաթե մանր օղակներից հյուսված շապիկներ, որ զրահի տեղ էին գործածվում: Այնտեղ կային պարսկական ճաշակով շինված, հնադարյան սաղավարտներ երկաթե վականներով: Այնտեղ կային վահաններ, նիզակներ, տապարներ, որ կրում էին վաղեմի ժամանակների արհեստի կոշտությունը: Դրանց թվում կարելի էր տեսնել և նոր ժամանակի զենքերը. թրեր, ատրճանակներ, հրացաններ, լեզգու խենջարներ, բոլորը բավական գեղեցիկ և շքեղ կերպով պատրաստված: Դրանց շարքում զետեղված էին՝ ահագին եղջյուրներից շինված և արծաթով պատած գինու գավաթներ, զանազան տեսակ չիբուխներ, գունավոր փայտից շինված գինու սրվակներ, որսորդական փողեր, մի խոսքով բոլորը, ինչ որ կայացնում էր տան տիրոջ գլխավոր հարստությունը:

Սենյակի մյուս պատերի վրա Աղասին տեսնում էր քարշ ընկած ավելի հասարակ առարկաներ, որպիսիներն էին՝ ձիու սանձեր, թամքերի պարագայք, մարդիկ կամ ձիաներ բռնելու առասանակներ (արկան), և դրանց թվում կարելի էր տեսնել մինը մյուսի հետ կապված, խեցեղեն փոքրիկ թմբուկներ, դայիրաներ, որոնք մանկահասակ հարսների և աղջիկների երաժշտական սեփականությունն էին:

Բեկը վերջացնելով հանրագրի կրկին ընթերցումը, դարձավ դեպի Աղասին այդ հարցով.

— Դու այստեղ գալու ժամանակ Ֆաթալի խանը Ղափանո՞ւմն էր, թե մի ուրիշ տեղ:

— Խանը Ղափանում չէր, — պատասխանեց Աղասին, սրտում ուրախանալով Բեկի հետաքրքրության մասին, — ես գալու ժամանակ նա իր ցեղով անցել էր Արաքսը Ղարադաղի լեռների վրա ամառը անցկացնելու համար:

— Իհարկե, նա այնտեղ կմնա մինչև աշնան վերջը:

— Իհարկե, կմնա. խաշնարածները, մինչև ջուրը չսառչի, չեն վերադառնում իրանց ամառանոցից:

Վերջին տեղեկությունները մի հուսադրական ուրախություն ազդեցին Բեկի սրտին և նրա մի քանի րոպե առաջ մռայլված դեմքը փոքր-ինչ պայծառացավ: Նա այժմ գտնվում էր այն հոգեկան բերկրանքի մեջ, որպես մի մարդ, որ տեսնում էր իր առջև նպաստող հանգամանքներ, որոնք կարող էին հասցնել ցանկալի նպատակին:

Նրա մտածությունները ընդհատեց մի աղմուկ, որ լսելի եղավ դրսից:

Գ

Բակից լսելի եղավ շների հաչելու խառնաձայն աղաղակը, որպես թե նրանք մեկի վրա հարձակված լինեին: Պառավ Քեթևանի երկու որդիները, Փրիդոնը և Նիկոն, մահակները առնելով, դուրս վազեցին տեսնելու, թե ինչ է պատահել: Աղմուկը ավելի խռովյալ կերպարանք ստացավ: Մեկի սպառնալից հայհոյանքները խառնվում էին շների կատաղի հաչելու հետ: Կանայքը նույնպես վազեցին դեպի դուրս, բայց հասնելով սենյակի շեմքին, նրանք սարսափելով հետ-հետ քաշվեցան և սաստիկ ճիչ բարձրացրին: Այդ միջոցին դռնից հայհոյանքներով ներս պրծավ մի վիթխարի մարդ, որ երկու ձեռքով պինդ բռնել էր մի ահագին գամփռի ականջներից և իր հասակի երկայնությամբ վեր էր բարձրացել: Շան երեսը դարձրած էր դեպի իր ախոյանը, նա լայն բերանը բաց արած, սպիտակ ժանիքները ցույց էր տալիս, մռնչում էր, հեծկլտում էր և զորեղ թաթերով ճանկռոտում էր վիթխարիի կուրծքը, բայց դարձյալ չէր կարողանում իր գլուխը ու ականջները ազատել նրա ձեռքից:

— Այսուհետև կխելոքանաս, — ասում էր վիթխարին, — էլ Բայինդուրի վրա չես հարձակվի, երբ քո ականջներից լավ կքաշեն:

Վիթխարիի վարմունքը, որ սկզբում սարսափ ազդեց տանեցիների վրա, այժմ շարժում էր բոլորի ծիծաղը, որոնք շրջապատելով նրան, խնդրում էին, որ բաց թողնե շանը և նրա պատիժը բավական համարե: Վիթխարին սաստիկ ուժով շպրտեց գազանին մի քանի քայլ հեռու, որը մնաց հատակի վրա անշարժ: Հետո մի առանձին վեհությամբ կանգնելով նրա դիակի մոտ, խոսեց.

— Ահա այդպես, անպիտան, այսուհետև կսովորես, թե ինչպես պետք է վարվել Բայինդուր իշխանի հետ: Պարսից շահնշահը նրան «բաթման-ղլիճ» Բայինդուր էր կոչում, իսկ դու, անպիտան, ո՞ւմ հետ ես խաղ խաղում...

Այդ իրավ է, որ պարսից շահնշահը Բայինդուր իշխանի անպարտելի ուժի համար նրան բաթման-ղլիճ տիտղոս էր տվել, որ նշանակում է՝ մի բաթմանի ծանրությամբ թուր կրող: Բայց ողորմելի շանը ինչո՞վ էր հետաքրքիր, թե նա պարսից թագավորից ինչ տիտղոս էր կրում:

Նկատելով, որ շունը ոչինչ չէ պատասխանում, թողեց նրան հատակի վրա, և մոտենալով Բեկին, ինքն իրան ասում էր.

— Ինչպես տերն է, այնպես էլ իր շներն են. քաղաքավարություն ասած բանի հոտն անգամ չեն առել:

Դավիթ բեկին վաղուց հայտնի լինելով իշխանի տարապայման բնավորությունը, ոչ միայն չնեղացավ այդ խոսքերից, այլ սկսեց ժպտալ նրա վիրավորանքի վրա, որ պատճառել էին անքաղաքավարի շները:

— Դու բավական պատժեցիր անպիտանին, իշխան, — ասաց Բեկը, հրավիրելով նրան նստել, — այսուհետև կհասկանա, թե ինչպես պետք է վարվել բաթման-ղլիճի հետ:

Մոտենալով Բեկին, իշխանը նկատեց Աղասուն, որ զարմացած նայում էր իր շուրջը կատարվող կոմեդիայի վրա:

— Դա ո՞րտեղից լույս ընկավ, — հարցրեց նա, իր խոշոր աչքերը լայն բացելով և ուղիղ մտիկ տալով Աղասու երեսին: — Երևի, թոկից փախած մեկը կլինի, անպատճառ թոկից փախած, թե չէ, մի բարի պտուղ այս կողմերը չի գա:

— Մեր երկրիցն է, իշխան, — պատասխանեց Բեկը, զգուշացնելով, որ Աղասու հետ ևս մի անկարգություն չսարքե:

— Մատներս կկտրեմ, եթե թոկից փախած չլինի:

— Ոչ, մի քաջ և լավ տղա է:

— Այսինքն՝ Հիսուս Քրիստոսի փափուճները գողացողներից... Աչքերից երևում է: Այդպես չէ՞: — Վերջին հարցով դարձավ նա դեպի Աղասին:

Վիթխարիի նկատողությունները այն աստիճան վիրավորվեցին Աղասուն, որ չնայելով պարսից թագավորը նրան բաթման-ղլիճ էր կոչում, ինքը պատրաստ էր իր խենջարը խրել նրա կուրծքը և ցույց տալ, թե իր հետ էլ այդ տեսակ հանաքներ անել չի կարելի: Բայց տեսնելով, որ Բեկը հարգանքով է վերաբերվում դեպի այդ մարդը, զսպեց իր բարկությունը և հանգիստ մնաց:

Վիթխարին բարձրացավ, նստեց Բեկի մոտ, թախտի վրա: Տանեցիք այդ ժամանակ զբաղված էին ուշաթափ եղած շնովը. մեկը սառն ջուր էր ածում նրա վրա, մյուսը ականջից էր քաշում, երրորդը պոչիցը, մի խոսքով, ինչ որ գիտեին, ամեն բժշկական հնարներ գործ էին դնում, որ նրան ուշի բերեն: Վերջապես, ջարդված գազանը վերկացավ, և հարբած մարդու նման, օրորվելով, գլուխը տատանելով, կամաց-կամաց հեռացավ սենյակից, իր մտքում անիծելով պարսից թագավորի բաթման-ղլիճին, որ այնպես խիստ վարվեցավ իր հետ:

Բայց պարսից թագավորի բաթման-դլիճը ուշադրություն չդարձրեց նրա վրա. նրա ուշադրությունը այժմ գրավում էին խարույկի վրա եփ եկող կաթսաները և շամփուրների վրա խորովվող փասիանները:

— Գրողը տանե քեզ, Քեթևան, — դարձավ նա դեպի պառավը, — ի՞նչ խաբար է այս գիշեր, հարսանի՞ք ունես, ի՞նչ է:

— Չե՞ս տեսնում, որ մեր տերը այս գիշեր հյուր ունի, էլ ինչո՞ւ ես հարցնում, — պատասխանեց պառավը անփույթ կերպով և շարունակեց իր գործը:

— Տեսնո՜ւմ եմ, քավթառ, տեսնում եմ... ձեր տերը հյուր ունի... — ասաց նա խռպոտ ձայնով: — Հենց ես այստեղ եկած ժամանակ քո աչքերը քոռանում են:

Պառավը ոչինչ չպատասխանեց, մտածելով, որ շատ հեռու կտաներ նրա հետ վիճելը, մանավանդ նա նկատում էր, որ իշխանը, որի հանաքներին ամենքը սովոր էին, այժմ փոքր-ինչ խմած պետք է լիներ:

— Ո՞րտեղ էիր, — հարցրեց նրանից Բեկը, կամենալով սկսել մի լուրջ խոսակցություն:

Բայց իշխանը, փոխանակ նրան պատասխանելու, դարձավ դեպի պառավի մանկահասակ հարսերից մեկը, և իր մոտ կանչելու ասաց.

— Մոտ ե՜կ, Դարո, մոտ ե՜կ, — դու էլ ինչ-որ փոխվել ես, խոզի զավակ, չես էլ մտածում բարևել Բայինդուրի հետ:

Դարոն կարմրելով, դողդողալով, մոտեցավ: Վիթխարին բռնելով նրա ձեռքից, այնպես սաստիկ հում տվեց, որ խեղճ կինը ողորմելի ձայնով ճչաց և փոքր էր մնում, որ սիրտը թուլանար:

— Դու քո ուժը հենց կանանց մատների վրա ես փորձում, իշխան, — ասաց նրան Բեկը հեգնական ժպիտով:

— Այդ ինձ ուրախություն է պատճառում, Բեկ, մեծ ուրախություն, — պատասխանեց իշխանը ծիծաղելով:

— Որպես կատվին ուրախություն է պատճառում մկան ծվծվոցը, նրան կեղեքելուց առաջ: — Այդպես չէ՞:

— Ուղիղ այդպես, իմ խելացի տղաս, լավ հասկացար, աստված է վկա, լավ հասկացար: Իզուր չէ, որ վրաց թագավորը քեզ նման իմաստունին իր վեզիր է շինել: Խելքդ ծով է, ինչ ասել կուզե, ամեն բան հասկանում ես:

Բեկը ժպտաց և ոչինչ չպատասխանեց: Պառավ Քեթևանի աղջիկները, Սոփիոն և Փեփելոն, այդ միջոցին դողդողալով, թախտի վրա պատրաստում էին ընթրիքի սեղանը, վախենալով, մի գուցե Դարոյի հետ պատահածը իրանց էլ պատահի: Բայց նրանց բախտից վիթխարին այդ ժամանակ դարձավ դեպի երկու աղջիկների եղբայրներից մեկը – Նիկոն, հրամայելով.

— Էյ, քեզ եմ ասում, Նիկո, գնա գինու մի նոր կարաս բաց արա, այն կարմրիցը, հասկանո՞մ ես:

— Անցյալ օրվա բաց արած կարասը դեռ կես չէ եղել, տեր իմ, — պատասխանեց Նիկոն տեղից չշարժվելով. — այն էլ կարմիր է, նույնքան կարմիր, ինչպես նռան հատիկը:

— Քեզ ինչ որ ասում են, այն լսիր, իշի գլուխ, դատողություն անել պետք չէ, — գոչեց վիթխարին բարկանալով: — Հիմա այնքան հյուրեր կգան, եթե քո մայր Քեթևանը իր գլուխն էլ ուտացնե, չէ կարող կշտացնել նրանց:

Նիկոն առանց այլևս հակառակելու, վեր առեց բահը, իր եղբայր Փրիդոնի հետ գնացին կարմիր գինու մի նոր կարաս բաց անելու: Նրանց քույր Նինոն, եղևնի վառած տաշեղը ձեռքին բռնած, լուսավորում էր նրանց ճանապարհը: Գինու կարասները, թվով ավելի քան հարյուր, թաղած էին Բեկի տանը կից պարտեզում, գետնի մեջ: Երկու եղբայրները անցան դեպի պարտեզի այն կողմը, որտեղ թաղված էին կարմիր գինու կարասները: Նիկոն սկսեց բահով փորել գետինը, իսկ նրա եղբայրը ճանկերով հետ էր քաշում հողը: Շուտով երևաց կարասի խուփը, որը վեր առնելով, Կախեթի ազնիվ ըմպելիի անուշահոտությունը հիացնելու չափ հրապուրեց նրանց: Երկու եղբայրները, նախքան գինին դեպի տուն կրելը, լեցրին ահագին փայտյա գավաթը, յուրաքանչյուրը մի-մի գավաթ խմեցին, չմոռացան մի գավաթ ևս իրանց քույր Նինոյին տալ իր ծարավը հագեցնելու համար: Հետո ոչխարի տիկերը լեցնելով, կարասի բերանը կրկին ծածկեցին հողով, և վեր առած գինին տարան տուն:

Վիթխարին փորձի համար պահանջեց, որ նոր բաց արած գինուց տան իրան. երբ բավական լայնածավալ բաղիան դատարկեց նա, մի առանձին հաճությամբ ասաց.

— Այդ ես հասկանո՛ւմ եմ, դրուստ Հիսուս Քրիստոսի սուրբ հաղորդության գինին է:

— Ոնց չէ, իշի գլուխ, դարձավ նա դեպի Նիկոն, — դու ուզում էիր քացախով լեցնել մեր փորը: Այս գինով ես էլ շնորհակալ կլինեմ, աստված էլ:

— Ի՞նչ եղան այդ անպիտանները այսքան ժամանակ ուշացան, — խոսեց նա ինքն իրան, — ես նրանց ջրաղացի մոտ թողեցի, ո՞րտեղ կորան, դեռ չեն երևում:

Բեկին լավ հայտնի լինելով, թե ինչ հյուրերի է սպասում վիթխարին, ամենևին չհարցրեց, ովքեր պետք է լինեն եկողները. միայն նա ավելի գոհ կլիներ, թե այս գիշեր իրան հանգիստ թողնեիր իր մտքերի հետ զբաղվելու համար:

Բայց պառավ Քեթևանը, չհամբերելով, հարցրեց:

— Ո՞վքեր պիտի գան:

— Գրողները, որ հոգիդ տանեն, քավթառ, — պատասխանեց նա ծիծաղելով: — Համբերություն ունեցիր, հիմա կտեսնես սոված գայլերի նման ներս կթափվեն:

Բայց ինքը վիթխարին, չկարողանալով համբերել, վեր կացավ, որ տեսնե, թե ինչու ուշացան հյուրերը: Բեկը մտածելով, որ նոր անկարգություններ կարող են պատահել, հրամայեց ծառաներին, որ շներին կապեն:

— Պետք չէ, — ասաց նա, — «շունը շան մի չի ուտի»... — և դուրս եկավ սենյակից:

Վիթխարիի հեռանալուց հետո Աղասին հարցրեց Բեկից:

— Այդ մարդը գի՞ժ է, ի՞նչ է:

— Ո՜չ, նա մի չափազանց բարի և անկեղծ մարդ է, — ասաց նրան Բեկը:

Բայինդուր իշխանը, պարսից թագավորից «բաթման-ղլիճ» տիտղոսը կրող հսկան, բնիկ սյունեցի էր, ազգով հայ: Նա քառասունևհինգ տարեկան հազիվ կլիներ: Բայց թափառական կյանքը մի կողմից, որ նա վարել էր երբեմն պարսից, երբեմն տաճկաց ծառայության մեջ, իսկ աղմկալի և արկածներով լի կյանքի դառնությունները մյուս կողմից, պատել էին նրա գլուխը վաղահաս ալիքներով, որ բոլորովին չէին համապատասխանում նրա ուրախ, մշտազվարթ դեմքին, որը տակավին պահպանել էր իր երիտասարդական թարմությունը: Դեռ Վրաստան չեկած, Բայինդուր իշխանը որպես զորապետ, ծառայում էր Ատրպատականի պարսից փոխարքայի մոտ և շատ սիրված ու հարգված էր նրանից: Բայց նրա սիրային հարաբերությունները փոխարքայի հարեմական կնիկներից մեկի հետ առիթ տվեցին նրան թողնել Թավրիզը և հեռանալ դեպի Վրաստան: Այստեղ գտավ նա Դավիթ բեկից պաշտպանություն և նրա ձեռնտվությամբ հաջողվեց վրաց ծառայության մեջ մտնել:

Առհասարակ ամեն դարերի ընթացքում, երբ հայոց քաջերից մեկը կամ հունաց, կամ պարսից, կամ արաբացոց, կամ վրաց ծառայության մեջ հաջողություն է գտել, հռչակ և նշանակություն է ստացել, բարձր աստիճանների է հասել, այնուհետև փոքր առ փոքր խմբվել են նրա շուրջը ուրիշ շատ հայեր, որոնք իրանց ազգակցի մոտ որևիցե պաշտոն գտնելու փափագով դիմել են նրան և մնացել նրա մոտ: Այսպես էլ Դավիթ բեկի հռչակվելը հրապուրեց դեպի Վրաստան հայոց երիտասարդներից շատերին: Ամեն կողմից հայ փախստականներ, անաջողակներ, բախտախնդիրներ, գալով նրա մոտ, սիրալիր ընդունելություն էին գտնում և նրա օգնությամբ ծառայության մեջ էին մտնում: Բեկը մեծ հավատ ուներ հայերի քաջության, խելքի և հավատարմության վրա, այս մտքով աշխատում էր, որքան կարելի է, իրան շրջապատել իր համազգիներով: Այսպիսիների թիվը քանից ավելի կլիներ, որոնցից մեկն էր Բայինդուր իշխանը: Բեկի դուռը ամեն ժամանակ բաց էր նրանց առջև և նրա սեղանը բոլորի համար հասարակաց էր դարձել: Դրանով պետք է բացատրել Բայինդուր իշխանի ընտանիությունը, որով այնպես տիրաբար էր վարվում Բեկի զինու կարասների հետ:

— Հիմա դու կտեսնես այստեղի նշանավոր հայ տղամարդերից մի քանիսին, — ասաց Բեկը՝ դառնալով դեպի Աղասին, — նրանցից ոմանք մեր աշխարհիցն են:

Աղասին անհամբերությամբ սպասում էր Բայինդուր իշխանի վերադարձին, որ գնաց հյուրերին դիմավորելու: Քեթևանը տհաճությամբ մրթմրթում էր. հյուրերի այցելությունները ոչ ոքին այնքան նեղություն չէին պատճառում, որպես նրան: Պառավ տանտիկինը ստիպված էր մինչև առավոտ անքուն մնալ, որին խիստ կարոտ էին նրա հոգնած և մաշված անդամները: Իսկ այս գիշեր նրա տհաճությանը չափ չկար, երբ Բեկը հրամայեց կերակուրների թիվը ավելացնել:

Դ

Դռնից լսելի եղավ պարկապզուկի մեղմ հնչյունները, որոնց ներդաշնակում էր աշուղի տխուր երգը.

Աղջիկ, աղջիկ, սիրուն աղջիկ,
Թե ինձ չտաս դու մի պաչիկ,
Ես պարոնին գանգատ կանեմ,
Սրտիս ցավը նրան կհայտնեմ:

Աղջիկ, աղջիկ, սիրուն աղջիկ,
Թե չդառնաս դու իմ կնիկ,
Ես պարոնին գանգատ կանեմ,
Քո մոր գրկից քեզ կխլեմ:

Թե պարոնն էլ ինձ չլսե,
Խոր գերեզման ինձ կծածկե,
Այն ժամանակ ես աստուծոն,
Կբողոքեմ մյուս կյանքում:

Դա ստրուկի երգ էր, որ իր հոգեկան, սիրո զգացմունքների մեջ նս դատավոր է ընտրում պարոնին, որ նրանից է սպասում բոլորը, ինչ որ քաղցր, ինչ որ բարի է իր համար:

Մալավյական բանաստեղծի երգը դուրս կոչեց մանկահասակ աղջիկներին ու հարսներին, որոնք ուրախ խումբով վազեցին հյուրերի առաջ: Պառավ Քեթևանի որդիները նույնպես դուրս եկան շներին զսպելու համար: Բեկի տան ընդարձակ բակը լցվեցավ խուռն ամբոխով: Հյուրերի հետ եկած սպասավորները, երկայն, ճողաձև կերոնները բռնած ձեռներին, լուսավորում էին այդ աղմկալի բազմությունը, որ իր խառնաձայն բացականություններով թնդեցնում էր գիշերային լռությունը: Հյուրերից մեկը, գինու ահագին լիտրան ձեռքին բռնած, անդադար ածում էր և մատուցանում էր իր ընկերներին: Ոմանք պարում էին, ոմանք թռչկոտում էին, իսկ ոմանք իրանց աններդաշնակ երգերով խլացնում էին աշուղի նվագածությունը, առանց ուշադրություն դարձնելու նրա պարկապզուկի երաժշտական եղանակին:

Նրանք խմբով մոտեցան Բեկի սենյակի դռանը, այնտեղ կանգնեցին, գոռում, գոչում էին, որ նա դուրս գա և իրանց ընդունե: Բայց Բեկը չշարժվեցավ իր տեղից, ոչ թե նրանց չպատվելու համար, այլ այսպիսի այցելությունները այնքան հաճախ էին կրկնվում, որ տանուտերը ավելորդ համարեց մի առանձին նշանակություն տալ նրանց քմահաճությանը:

— Կկոտրենք դուռը, եթե դուրս չգաս, կկոտրենք, — գոչում էին ամեն կողմից:

Այդ միջոցին Բայինդուր իշխանը ներս մտավ, և բռնելով Բեկի ձեռքից, համարյա զոռով քաշեց նրան, ասելով.

— Լսի՛ր, ինչ որ ասում է քեզ պարսից շահնշահի բաթման-ղլիճը, քեֆի ժամանակ մեծն ու պստիկը մեկ գին ունեն. — գնա՛նք:

Երբ Բեկը հայտնվեցավ, եկվորները ընդունեցին նրան ուրախության աղաղակներով: Նրանցից մեկը գինով լիքը բաժակը դեմ արեց: Բեկը ընդունեց, և բոլորի կենացը խմելուց հետո, հրավիրեց նրանց իր մոտ: Բոլորը խմբով ներս մտան: Սենյակը լցվեցավ խառն բազմությունով: Բաց տեղ մնացել էր միայն խարույկը, որ այդ միջոցին ավելի եռանդով բոցավառվում էր: Հյուրերը մի քանի րոպե կանգնած մնացին, երգեցին, պարեցին, թռչկոտացին, և խպառ հոգնելուց հետո, տեղավորվեցան թախտի վրա, ուր առաջ նստած էր Բեկը: Նրանց հետ եկած սպասավորները գնացին տանտիրոջ ծառաների սենյակը, Բեկի գինու կարասների բարիքը վայելելու համար: Մի քանի րոպեից հետո լսվում էին նրանց ուրախության խառնաշփոթ աղաղակները:

Աղասին զարմացած նայում էր այդ անհոգ, զվարճասեր մարդկանց վրա, որոնց նմանը միայն բարեկենդանի օրերում կարելի էր տեսնել, երբ թե աղքատը, թե հարուստը, երբ թե խելացին, թե անխելքը անձնատուր են լինում մի տեսակ գժության հասցրած ուրախության: Նա մտածում էր. մի՞թե դրանք պիտի լինեն իր հայրենիքի փրկիչները, մի՞թե դրանցից մի լավ բան կարելի է սպասել:

Բացի Բայինդուր իշխանից, մնացած հյուրերը տասներեք հոգի էին: Նրանց մեջն էր արցախեցի Մխիթար սպարապետը, միակ տղամարդը, որ որոշվում էր բոլորից իր ծանրությամբ, որը գործի հետ միացնել գիտեր և սառը մտածմունքը, իսկ քաջության հետ՝ անվեհեր վճռականությունը: Նրանց մեջն էր լոռեցի Ավթանդիլ գնդապետը, մի չափազանց ջերմեռանդ և կրոնամոլ մարդ, որի մեջ ծիսապաշտությունը այն աստիճան սնահավատության էր հասել, որ ամեն անգամ, երբ պատահում էր նրան իր պասը լուծել, հավատացած էր, որ այդ մեղքը մի այլ ապաշխարությամբ չէ կարող սրբել, բայց միայն մի թյուրք կամ պարսիկ սպանելով: Նրանց մեջն էին մեծ Գիորգին և փոքր Գիորգին, որոնք, որպես երկու երկվորյակներ, շատ նման էին միմյանց թե դեմքով, թե բնավորությամբ, միայն փոքր Գիորգին իր աչքերից մեկը Թիֆլիսում կորցրել էր մուշտեկռիվի մեջ և միշտ մի առանձին փափագով ցանկանում էր գիտենալ, թե ո՞վ էր այդ արատը հասցնողը, որ ինքն էլ առիթ ունենար փոխարենը նրա երկու աչքերը հանելու: Նրանց մեջն էր երևանցի, մեկ ոտքից կաղ, Օհանեսը, մի փոքրիկ նենգավոր մարդ, որ իր չափազանց խորամանկության համար հայտնի էր մականունովս «օյինբազ»: Նրանց մեջն էր շուշեցի Զաքարիա իշխանը, մի ահագին տղամարդ, որ միշտ պարծենում էր, թե իր պապը սովորություն ուներ ճաշին ամեն անգամ մի ամբողջ խորոված գառն ուտել: Նրանց մեջ էր գող Ծատուրը, որը Ղազախի կողմերիցն էր, և որի մասին պատմում էին, երբ նրան չէ հաջողվում ուրիշից մի բան գողանալ, նա գողանում է իր սեփական տրեխները, թաքցնում է և մյուս օրը սկսում է բոբիկ ոտներով ման գալ, որ տրեխները նրա մոտ չտեսնեն և գողությունը չհայտնվի: Նրանց մեջն էր պատանի Մոսին Նախիջևանի կողմերից, որ իր գեղեցիկ աչքերի համար հայտնի էր անունովս «Կարագյոզ»: Բացի դրանից, այնտեղ էին շամախեցի Թաթեոս բեկը և գանձակեցի աղա Եղիազարը, որոնք երկուսն էլ սաստիկ վիրավորվում էին, երբ իրանց ընկերները առանց տիտղոսի լոկ անուններով էին կանչում նրանց: Նրանց հետ էր և վաղարշապատցի Հարություն տանուտերը, որ սաստիկ նախապաշարմունք ուներ տերտերների, վարդապետների և առհասարակ եկեղեցականների վերաբերությամբ, և միշտ ասում էր, երբ ինքը երազում դրանցից մեկին տեսնում է, այն օրը տանից չէ դուրս գալիս, որովհետև գիտե, որ անպատճառ մի չար բանի պիտի հանդիպի: Բացի այդ ամեն կողմերից հավաքված, փախստական հայերից, նրանց մեջ կային երկու վրացի ազնվականներ, որոնց մեկին կոչում էին Սոսիկո, իսկ մյուսին՝ Դաթիկո, այս վերջինի մասին պատմվում էր, երբ նա գերի ընկավ Պարսկաստանում, և երբ պարսիկները առաջարկեցին նրան, թե ի՞նչ կպահանջե, որ մահմեդականություն ընդունե, նա պահանջեց մի զույգ պաճիճներ (զանկապան) միայն:

Հյուրերը նստած էին թախտի վրա, մեկը ծալապատիկ, մյուսը ընկողմանած, երրորդը բոլորովին պառկած, մի խոսքով, որպես պահանջում էր յուրաքանչյուրի հանգստությունը: Բայինգուր իշխանը մինչև անգամ իր երկայն ոտները դրել էր գող Ծատուրի ուսերի վրա և այնպես թեք էր ընկած, անդադար զգուշացնելով նրան, թե չմտածե իր տրեխները գողանալ, որովհետև ինքը դեռ քնած չէ: Աշուղը կանգնած նրանց հանդեպ, դեռ շարունակում էր իր պարկապզուկը ածել, թեև ոչ ոք նրա վրա ուշադրություն չէր դարձնում, բացի տան կնիկներից, որ այդ միջոցին շրջապատել էին իրանց սիրելի երգչին և հիանում էին նրա երաժշտական ճարտարությամբ: Պառավ Քեթևանը միայն տհաճ էր և իր մտքում անիծում էր իր սև բախտը, ասելով. «էլի ո՞ր սատանան բերեց այդ անզգամներին»... — Աղասին նստած էր թախտի մոտ, հատակի վրա:

— Ո՞րտեղ էիք, — դարձավ դեպի նրանց Բեկը մի առանձին հեգնական ժպիտով, որ ակամա երևաց նրա բազմահոգ դեմքի վրա:

— Ամեն տեղ, և ոչ մի տեղ, — պատասխանեց ղազախեցի գող Ծատուրը: — Հիմա տեսնո՞ւմ ես, այստեղ ենք:

— Սկսեցինք գյուղի ծայրից, — ասաց երևանցի կաղ Օհանեսը, նկատելով, որ գող Ծատուրի պատասխանը այնքան բավականացուցիչ չէր: — Սկսեցինք գյուղի ծայրից, երգելով, խմելով գալիս էինք և ամեն տուն մտնում էինք, երբ գինու լիտրան դատարկվում էր, այնտեղ լցնում էինք, հետո դուրս գալով, կրկին շարունակում էինք մեր զբոսանքը:

— Մի բան մոռացար, կաղ սատանա, — նրա բացատրությունը ուղղեց Բայինդուր իշխանը, գլուխը վեր բարձրացնելով մութաքայի վրայից. – հետո մտանք սպարապետի տունը, նրան էլ քարշ տվեցինք մեզ հետ:

— Հա՛, հետո մտանք սպարապետի տունը, նրան էլ քարշ տվեցինք մեզ հետ, — շարունակեց կաղ սատանան, ավելացնելով. – սպարապետը պառկած էր, մենք նրան քնած տեղից զոռով վեր կացրինք:

Վերջին խոսքերը վերաբերում էին Մխիթար սպարապետին, որը այդ միջոցին հետաքրքրությամբ նայում էր Աղասու վրա:

— Ո՞վ է այդ երիտասարդը, — հազիվ լսելի ձայնով հարցրեց նա Դավիթ բեկից:

— Մեր կողմերիցն է, — պատասխանեց նա նույնպես կամաց ձայնով:

— Ի՞նչ գործ ունի այստեղ:

— Ես առավոտյան կասեմ քեզ... — պատասխանեց Բեկը, և այդ խորհրդավոր խոսակցությանը վերջ տալու համար, դարձավ դեպի պառավ Քեթևանը, պատվիրելով, որ ընտրիքի սեղանը պատրաստեն:

Հյուրերը պատի երկարությամբ շարվեցան թախտի վրա, երբ Թինան և Դարոն մոտեցան և սկսեցին տարածել նրանց առջև ընթրիքի սեղանի սփռոցը: Թախտը այնքան ընդարձակ էր, որ կարող էր տեղավորել իր վրա թե սեղանը և թե բազմականներին: Կերակուրները տրվեցան պղնձե հասարակ պնակների մեջ: Աղասուն ևս հրավիրեցին սեղանակից լինել:

Եթե կերակուրները կարելի է ընդունել որպես մի ժողովրդի ճաշակի նրբության արդյունք և որպես նրա բարեկեցության արտահայտություն, Աղասին այդ մասին ևս մի նպաստավոր կարծիք չկազմեց Վրաստանի վրա: Կերակուրների մեջ չէր երևում ոչ պարսկական խոհանոցի կատարելագործությունը և ոչ հայկական բազմատեսակությունն ու համեղությունը: Նրանք ավելի կույր և անշնորհք հետևողություն էին կովկասյան կիսավայրենի լեռնաբնակների՝ լեզգիների ու չերքեզների նահապետական խոհանոցին, քան թե ազգային ինքնուրույն ճաշակի արդյունաբերություն էին: Տաք մոխրի մեջ խորոված սիմինդրի հացը նույնպես դեռ չէր դուրս եկել իր նախնական դրությունից: Հառաջադիմություն նկատվում էր միայն գինու գործածության անոթների մեջ, այստեղ արհեստը բավական զարգացած էր երևում: Գինու լիտրան, որ դրած էր տոլուբաշիի (մատովակի) մոտ, ներկայացնում էր ֆերուզայի գույնով ջնարակած մի ահագին աման, որ նախշած էր սև, անկանոն գծերով: Նրանից ածում էին արծաթով զարդարած մեծ եղջյուրների մեջ և այնպես խմում էին: Թիֆլիսի հայ ոսկերիչները թափել էին իրանց արհեստի բոլոր ճարտարությունը այդ գեղեցիկ գավաթների վրա, որոնցից երկուսը բավական էին մի մարդու հարբեցնելու համար: Բայց նրանք երկար պտտվում էին մի ձեռքից մյուս ձեռք, թեև հյուրերը դեռ սեղան նստելուց առաջ մի փառավոր նախատոնանք կատարած էին Կախեթի ազնիվ ըմպելիի վերաբերությամբ:

Բեկը սկզբից խիստ տխուր էր և լուռ, բայց նրա մտախոհ դեմքը հետզհետե պայծառանալ սկսեց, որքան եղջյուրները շարունակում էին կատարել իրանց հանդիսավոր շրջանը: Մխիթար սպարապետը նույնպես լուռ էր. մնացած հյուրերի ուրախությունը արտահայտվում էր խառնաձայն աղաղակներով, վայրենի գոռում-գոչյուններով և երբեմն հատուկտոր երգերով: Բոլորը եռանդով խմում էին: Տոլուբաշին սպառնալիքներ էր կարդում այն սեղանակցի դեմ, որ կհամարձակվեր մինչ վերջին կաթիլը չդատարկել եղջյուրը: Զեղծումներ գործելու դեպքում եղջյուրի մեջ մնացած հեղուկը թափում էին ծույլ, անշնորհք խմողի վրա: Աղասուն վիճակվեցավ մի քանի անգամ մկրտվել Կախեթի կարմիր գինով, մինչև նա, այլևս չկարողանալով դիմանալ, աննկատելի կերպով դուրս գնաց, մտավ ախոռատունը և այնտեղ պառկեց իր ձիու մոտ:

Սենյակի մեջ աղմուկը, շփոթությունը հետզհետե ավելի խռովյալ կերպարանք էր ստանում: Հարսները, աղջիկները գլուխները կորցրած, սեղանի շուրջը պտտվում էին, կատարելով հյուրերի անդադար հրամանները:

— Իմ պապը ամեն անգամ մի ամբողջ խորոված գառն էր ուտում, դու հիմա ինձ այդ ծտերո՞վ պիտի կշտացնես, ջաղուբազ պառավ, — ասում էր շուշեցի Զաքարիա իշխանը, դառնալով դեպի Քեթևանը, և խորոված փասիանի ամբողջ կեսը իր բերանը դնելով, կարծես ցույց տալու համար, թե ինքն էլ կարող է հանգուցյալ պապի գովելի օրինակին հետևել:

— Քո պապը մի ամբողջ խորոված գառն էր ուտում, այդ ճշմարիտ է, — պատասխանում էր նրան Բայինդուր իշխանը ծիծաղելով. — բայց գիտե՞ս, որ նա իր թրի մի զարկով ահագին եզան գլուխն էր կտրում, իսկ դու, մեծ պապի պստիկ զավակ, մի փոքրիկ հորթի վիզն անգամ կտրելու շնորհք չունես:

— Ես իմ թուրը կարող եմ և գոմեշի վզի վրա փորձել, — պատասխանում էր վիրավորված Զաքարիան, ձեռքը դեպի սուրը տանելով: — Դավիթ, հրամայեցեք ձեր ախոռատնից դուրս բերեն մի գոմեշ, ես հենց այդ րոպեիս ցույց կտամ իմ հունարը, թող պարսից շահշահի «բաթմահ-ղլիճը» տեսնե, որ մեծ պապի պստիկ զավակը այնքան պստիկ չէ, որքան նա կարծում է:

Բեկի նկատելով, որ այդ վեճը կարող էր շատ հեռու տանել նրանց, երկուսին էլ հանգստացրեց, ասելով.

— Քեֆի ժամանակ սրի փորձ չեն անում, այդ կարող ենք թողնել առավոտյան, եթե կամենում եք անպատճառ հրապարակի վրա ձեր հունարը ցույց տալ:

Հետո նա դարձավ դեպի պառավ Քեթևանը, պատվիրելով, որ մի երկու գառը մորթել տա Զաքարիա իշխանի ախորժակը գոհացնելու համար:

Դրսից ծառաների, սպասավորների ուրախության աղաղակները բոլորովին խլացրել էին հյուրերի խոսակցություն: Նրանց սեղանը ավելի ճոխ էր և գինին ավելի առատ: Նրանք շուտով իրանց համար զուռնա ու սազանդարներ բերել տվեցին, սկսեցին ածել, երգել և պար գալ: Ծառաների այդ հանդուգն մրցությունը, կարծես, գրգռեց Բայինդուր իշխանի նախանձը, որը սեղանից վեր բարձրացավ, ձայն տալով.

— Պա՛ր, պա՛ր, Բայինդուր իշխանը պար է ուզում:

Պարսից շահնշահի «բաթման-ղլիճի» որոտացող ձայնը բավական էր տան կնիկների ուշադրությունը դարձնել զվարճության այդ եղանակի վրա, որ հենց իրանց ցանկությունն էր, որի մասին մի թեթև ակնարկության էին սպասում: Թինան ժպտելով մոտեցավ, վեր առեց պատից կախ տված դայիրան, իսկ Դարոն ցած բերեց նույն տեղից քարշ ընկած խեցեղեն թմբուկները, մինը մեծ, մյուսը փոքր, որոնք կապած էին միմյանց սիրիմներով: Նա տվեց թմբուկները մի փոքրիկ աղջկա ձեռքը, որը գրկելով, կանգնեց նրա հանդեպ: Աշուղն էլ իր պարկապզուկը սարքելով, կանգնեց նրանց մոտ: Երաժշտական խումբը կազմվեցավ, մնում էին պարողները: Այդ միջոցին Սոփիոն, Փեփելոն և Նինոն շարվեցան միմյանց մոտ, և յուրաքանչյուրը անհամբերությամբ սպասում էր իր հերթին, որ սկսե պարը: Մի անմեղ ուրախություն, իր բոլոր ողջախոհական պարզությամբ փայլում էր այդ թիթեռնիկի պես անհոգ, մանկահասակ աղջիկների դեմքի վրա: Նրանք դեռ հյուրերի գալուց շատ առաջ մի առանձին խնամք էին տարել իրանց զարդարանքի վրա և ամեն մեկը հագել էր իր պահեստից ինչ որ նոր էր, ինչ որ լավն էր: Այժմ կազմ և պատրաստ, մնում էր նրանց թռչկոտել, թռչկոտել թեկուզ մինչև լույս:

— Առաջ դու սկսիր, զավակս, — ասաց Բայինդուր իշխանը, բռնելով ամենակրտսեր քրոջ՝ Նինոյի ձեռքից և կանգնեցնելով նրան մեջտեղում:

Նինոն շարժվեցավ: Թինան իր դալար մատներով սկսեց ածել փոքրիկ բոժոժներով զարդարած դայիրան, իսկ Դարոն փայտյա բարակ ձողերով սկսեց տրկտրկացնել խեցեղեն թմբուկները: Աշուղն էլ զոռ էր տալիս իր պարկապզուկին: Բոլոր հյուրերը երաժշտության եղանակի համեմատ սկսեցին ծափ տալ:

Նինոն պարում էր: Նրա բոլոր անդամները շարժողության մեջ էին, և կարծես մինը մյուսի հետ մրցություն էին անում, թե որը ավելի արագ, թե որը ավելի սքանչելի կերպով կարող է պտույտներ գործել: Հոգնած Նինոյից հետո սկսեց Փեփելոն և ապա Սոփիոն: Երկու մյուս քույրերի պարը ոչնչով չէր զանազանվում առաջինից, միայն դրանք ավելի ծափահարություններ ստացան գլխավորապես այն պատճառով, որ իրանց պտույտների և թռիչքների մեջ ցույց տվեցին զարմանալի ճարպկություններ:

Երբ ընդհանուր զվարճությունը ավելի տաքացավ, պարի մեջ խառնվեցան և հյուրերից մի քանիսը: Նախ սկսեցին Սոսիկոն և Դաթիկոն, երկու վրացի ազնվականները միասին: Դա իսկապես պար չէր. նրա մեջ չկար ոչ վայելչություն և ոչ կիրթ ճաշակ. — դա լեզգիների գրգռված ջղերի արդյունաբերությունն էր, երբ լեռնական մարդը իր ուրախության, իր հոգու ցնցումները արտահայտում է վայրենի, անկանոն շարժումներով և կատաղի թռիչքներով: Այդ իսկ պատճառով այդ պարը կոչվում էր լեզգու պար, տղամարդերի մեջ նա դեռ պահպանել էր իր վայրենի բնավորությունը, իսկ կնիկների մեջ բավական մեղմացած էր:

Բաբելոնյան խառնակությունը բոլորովին ընդհանուր դարձավ, մանավանդ այն ժամանակ, երբ սպասավորների խումբը դրացի սենյակից իրանց զուռնայով ներս մտան: Ծառաները խառնվեցան իրանց տերերի հետ և սկսեցին միասին պարել: Այդ միջոցին Թինան և Դարոն, որ մինչև այժմ ածում էին դայիրայի ու թմբուկի վրա, իրանց երաժշտական գործիքները հանձնեցին Սոփիոյին և Փեփելոյին, իրանք էլ միացան պարողների հետ: Զուռնայի ձայնը, դայիրայի ու թմբուկների տրկտրկոցը, ծափահարության որոտը, արբած բազմության խառնաձայն աղաղակը, բազմաթիվ ոտների տրոփյունը, — բոլորը միախառնվելով, ներկայացնում էին մի վայրենի, խառնաշփոթ քաոս: Վրաց թագավորի ավազանին զվարճանում էր...

Այդ խառնակության ժամանակ ոչ ոք չէր կարողացել նկատել, որ մի գնդաձև մարդ ներս էր մտել, և միանալով ծառաների հետ, եռանդով ծափ էր տալիս և բոլոր ուժով աղաղակում էր: Բայց նա չկարողացավ երկար անհայտ մնալ Բայինդուր իշխանի արծվի տեսությունից, որը մոտենալով նրան, մի սաստիկ բամբաչա խփեց գլխին, ասելով.

— Բարո՛վ, Սաքուլ, բարով: Գետի՛նը մտնես, ե՞րբ եկար:

Իշխանի ծանր բամբաչայից շշմած, շշկրած Սաքուլը չկարողացավ իսկույն պատասխանել, որովհետև նրա ահագին մորթե գտակը իշխանի ձեռքի սաստիկ զարկից, իր սովորական տեղը թողնելով, այժմ իջել, հասել էր մինչև նրա բերանը, բոլորովին ծածկելով թե աչքերը և թե շեկ մորուքը: Նա փոքր-ինչ ուշքի գալով, շտապեց գտակը վեր քաշել, որ տեսնե, թե ո՛վ էր իր հետ այսպիսի կոպիտ հանաք անողը, որ նրա համեմատ պատասխանե, — այդ միջոցին իշխանի երկրորդ բամբաչան իջավ նրա գլխի վրա և փոքրիկ գլուխը բոլորովին թաղվեցավ ահագին գտակի մեջ, որ այժմ հասել էր մինչև Սաքուլի ուսերը:

— Չե՞ս լսում, քեզ եմ ասում, պառավ աղվես, ե՛րբ եկար, — կրկնեց իշխանը իր հարցմունքը:

— Տո՛, հեր օրհնած, մի թող տուր աչքերս բաց անեմ. երեսիդ մտիկ տամ, բարով, հազար բարով ասեմ, քեֆդ հարցնեմ, հետո իհարկե կասեմ, թե երբ եկա: — Ի՞նչ ես չար հրեշտակի նման հոգիս առնում, — պատասխանեց Սաքուլը գտակը ուղղելով, որ այժմ այն աստիճան լայնացել էր, որ էլ իր սովորական տեղում չէր կանգնում:

— Էդ անիծված գտակը ինչո՞ւ այդպես գժվեցավ... — դժգոհությամբ քրթմնջում էր նա, անդադար ուղղելով գտակը, և երբ տեսավ հնար չկա, ջիբից հանեց իր քթի ընդարձակ աղլուխը (որը միևնույն ժամանակ երեսսրբիչ էր), դրեց գլխի վրա, որ գտակի ծավալը փոքրանա: Իսկ այդ բախտը երկար չտևեց: Իշխանի խոսակցությունը Սաքուլի հետ նրա վրա դարձրին բոլոր հյուրերի ուշադրությունը, որոնք թողնելով իրանց երգն ու պարը, հավաքվեցան նրա շուրջը, և յուրաքանչյուրը չխնայեց հետևել Բայինդուր իշխանի բարի օրինակին, մի-մի բամբաչա նրա գլխին տալով, սիրելությամբ ողջունել նրան: Այժմ գտակը այն աստիճան լայնացավ, որ ոչ միայն քթի աղլուխը, այլ եթե մի փոքրիկ բարձ ևս իր գլխի վրա դնելու լիներ, գտակը դարձյալ մեծ կգար:

— Ասում են, Սաքուլ, ինչո՞ւ չես մեծանում, — խոսում էր նա ինքն իրան, ուշադրությամբ զննելով գտակը, մի գուցե պատռված լիներ. – էլ ո՞րտեղից մեծանա Սաքուլը. ամեն անգամ, երբ այդպիսի բամբաչաներ եմ ուտում, բոյս մի թիզ կարճանում է, կարծես գետինն է մտնում...

— Այնպես մտնի, որ էլ դուրս չգա, որ քո սև երեսը մարդիկ չտեսնեն, գարշելի՛, — վրա բերեց Բայինդուր իշխանը և, սիրով բռնելով նրա ձեռքից, նստեցրեց թախտի վրա:

Սաքուլը այժմ իր չարագուշակ գտակը դրեց տակը և այնպես նստեց, ոչ թե փափկության համար, այլ ավելի այն նախազգուշությամբ, չիցե թե նրա հետ մի նոր վտանգ ևս պատահի: Նա այնքան երկյուղ չուներ իր գլխի մասին, որ սովորած էր բամբաչաների, որքան իր գտակի մասին, եթե զվարճասեր հյուրերը իրանց ձեռքերի ծանրությունը մյուս անգամ կփորձեն նրա վրա:

Բայց Սաքուլի խորամանկությունը շարժեց Բայինդուր իշխանի ծիծաղը, որը դառնալով դեպի հյուրերը, ասաց.

— Այժմ ես հավատում եմ, բոլորովին հավատում եմ այն առակին, որ պատմում են այդ անպիտանի մասին:

Սաքուլի մասին առակի ձև ստացած անցքի պատմությունը բոլոր հյուրերին հայտնի լինելով, իշխանը հարկավոր չհամարեց նորից կրկնել, բայց որովհետև մեր ընթերցողին անծանոթ է այդ անցքը, մենք կպատմենք, գլխավորապես այն նպատակով, որ այդ փոքրիկ պատմության մեջ նկարվում են Սաքուլի բնավորության հատկանիշներից մի քանի խոշոր գծեր:

Մի անգամ Սաքուլը գործով պիտի գնար վրաց թագավորի տունը. ամպամած, անձրևային օր էր. փողոցներում թանձր ցեխ էր կանգնած, տեղ-տեղ ջուրը բոլորովին լճացել էր: Որպեսզի իր, առանց դրան ևս մաշված, տրեխները չփչանան, Սաքուլը ավելի բարվոք համարեց տրեխները հանել, ձեռքում բռնել և այնպես մերկ ու բոբլիկ ոտներով գնալ: Այդ ավելի հարմար է, մտածեց Սաքուլը, որովհետև այսպիսով տրեխներս մաքուր կմնան, իսկ երբ կհասնեմ թագավորի տանը, այն ժամանակ ոտներիս ցեխը կլվանամ, կրկին տրեխներս կհագնեմ և այնպես ներս կմտնեմ: Այդ կարգադրությունը վատ չէր լինի, եթե ճանապարհին մի դժբախտություն չպատահեր: Երբ նա շտապով վազում էր, հանկարծ մի մեխի կտոր խրվեցավ նրա մերկ ոտքի մեջ: Ցավը այնքան սաստիկ եղավ, որ Սաքուլին ուշաթափ տուն տարան: Երբ մեխի կտորը դուրս հանեցին, նա ուշի եկավ, և նայելով վերքից հոսող արյունին, ինքն իրան մխիթարեց այդ խոսքերով. «Լավ էր, որ տրեխներս հագիս չէին, թե չէ, այդ անիծված մեխը կարող էր և տրեխս ծակել...»:

Այդ նշանավոր ժլատի համար ոտքի ծակվելը փույթ չէր, միայն թե տրեխները անվնաս մնային:

Սաքուլը ազգով հայ էր, բնիկ թիֆլիսեցի: Նա ոչ տուն ուներ, ոչ կին ուներ, ոչ զավակներ և ոչ հեռավոր կամ մոտավոր տոհմայիններ: Վրաստանում պարապվում էր վաշխառությամբ: Վրաց ազնվականներից ոչ մեկը չկար, որ Սաքուլին պարտական չլիներ: Ամեն մարդ թքում էր նրան, մրում էր նրան, ծեծում էր նրան, բայց դեռ ոչ ոք մինչև այն օր այնքան քաջություն չէր ունեցել, որ կարողանար Սաքուլի անողորմ տոկոսները չվճարել: «Սաքուլը քարից փող կդուրս բերե» — այդ էր ամենի կարծիքը նրա մասին: Վրաց ազնվականների ընդարձակ կալվածների արդյունաբերությունը հազիվ բավականանում էր լրացնել Սաքուլի տոկոսները:

Նա, ինչպես վերևում հիշեցինք, մի գնդաձև մարդ էր, տարիքը անցած հիսունից: Նրա կարկատաններով պատած արխալուղը, կաբան, տրեխները, գտակը, իրանց ժամանակագրությամբ, գուցե քառորդ դարով միայն պակաս լինեին նրա տարիքի ամբողջ թվից, — և իր հագուստի այդ պատկառելի հնությունը ինքը Սաքուլը միշտ մեծ պարծանքով հիշում էր: Եթե բոլորովին սխալ ևս համարվեր ժողովրդական նախապաշարմունքը, թե կարմիր-շիկամազ մարդիկը ադամորդու զարմ չեն լինում, այլ գետնի տակիցն են դուրս գալիս, — բայց Սաքուլի վերաբերությամբ այդ կարծիքը պետք էր բոլորովին ուղիղ համարել, մանավանդ երբ ի նկատի առնենք, որ նրա երեսի կաշին սպունգի պես ծածկած ու ծաղկատար էր: Նրա նման մի չարագործ ոչ միայն դժվար էր գտնել ադամորդիների մեջ, այլ խավարի ծնունդների մեջ անգամ հազիվ թե կպատահեր մի այնպիսի զարշելի արարած:

Վերջին ժամանակներում Սաքուլը ավելի ընդարձակեց իր գործունեությունը և բացի վաշխառությունից պարապվում էր գերեվաճառությամբ: Լեզգիների և կովկասյան այլ լեռնաբնակների անդադար հարձակումները Վրաստանի վրա բաց արին նրա առջև առևտուրի ու վաստակի մի նոր ասպարեզ: Լեռնաբնակները գերիներ էին տանում Վրաստանից, իհարկե, ընտրելով միշտ նշանավոր ընտանիքներից: Սաքուլը հանձն էր առնում վերադարձնել գերիներին, սկզբից պայման կապելով նրանց ազգականների հետ, թե կստանա այսքան գումարը: Հետո նա գնում էր Դաղստան և գնելով հետ էր բերում գերիներին, ստանում էր խոստացած գումարը: Նույն առևտուրը նա կատարում էր և գերված լեզգիների վերաբերությամբ, եթե պատահմամբ ընկնում էին վրացիների ձեռքը: Լեռնաբնակների բոլոր ցեղապետների հետ ծանոթ էր Սաքուլը, և ամեն անգամ նրանց տունը գնալիս, նրանց կանանց համար ընծաներ էր տանում, և ամեն տեղ սիրալիր ընդունելություն էր գտնում: Գերեվարները, Սաքուլի գալուստը լսելով, իսկույն հավաքվում էին նրա շուրջը, սկսվում էր սակարկությունը: Տարակույս չկա, սակարկությունը վերջանում էր միշտ hoգուտ խորամանկ գերեվաճառի, որի համար մեծ աշխատություն պետք չէր միամիտ լեռնցուն խաբելու համար: Այսուամենայնիվ, Սաքուլը այնքան ընդարձակ վարկ էր ստացել Դաղստանում և լեռնաբնակները այն աստիճան հավատարմություն ունեին դեպի նրա ազնվությունը, որ շատ անգամ գերիներին հանձնում էին նրան առանց փող ստանալու, համոզված լինելով, որ Սաքուլը իր խոսքը հարգող մարդ է, կտանե և փողերը հետո էլ կուղարկե: Եվ իրավ, Սաքուլը այդ դեպքում հարգում էր իր տված խոսքը, և երբեք չէր պատահել, որ նա որևիցե զեղծում գործած լիներ իր հարաբերությունների մեջ լեռնաբնակների վերաբերությամբ, «Շատ ուտելը քիչ ուտելուց էլ կզրկե մարդուն», անդադար կրկնում էր նա թյուրքի առածը: — Եթե մի անգամ բերեմ ու նրանց փողերը չվերադարձնեմ, այնուհետև ես մինչև մահ պիտի զրկեմ ինձ իմ փառավոր վաստակից: Այդ դատողությունից պարզ հայտնի էր, որ Սաքուլը ուղղության, հավատարմության և ճշմարտի վրա չէր նայում նրանց բարոյական կողմից, այլ բոլորվին գործնական կետից էր ընդունում պարտաճանաչության պահանջը:

Ահա այդ մարդն էր, որին այնպես անքաղաքավարի կերպով ընդունեց Բայինդուր իշխանը, որ նոր էր վերադարձել Դաղստանից, բերելով իր հետ գերիների մի ամբողջ քարավան, և այժմ սառն, անվրդով կերպով նստած էր իր գտակի վրա, և բարեհիրտ ժպիտով ընդունում էր Բեկի արբած հյուրերի դառն կատակները: Բայց նրա պատմությունը թե՛ իր ճանապարհորդության և թե՛ իր վերադարձի մասին մնաց անկատար, որովհետև Բեկի հոգնած հյուրերը փոքր առ փոքր սկսեցին հեռանալ, աղմկալի սենյակը բոլորովին դատարկվեցավ և ամեն տեղ տիրեց խորին լռություն:

Այնուհետև Բեկը երկար, միայնակ նստած, Սաքուլի հետ խոսում էին: Ի՞նչ գործ ուներ Վրաստանի առաջին պետական մարդը այդ գերեվաճառի հետ:

Ե

Այժմ պատմենք համառոտ կերպով, թե Դավիթ բեկը Վրաստան գալով, նախ որպես սկսեց իր ասպարեզը:

Ընթերցողը հիշում է այն սոսկալի, փոթորկային գիշերը, երբ նա Ֆաթալի-խանի բանակից ճանապարհ ընկավ, հիշում է և այն, որ նա ուներ իր հետ ծերունի ներքինապետից հանձնարարական նամակ հայազգի Օրբելյան իշխանի վրա, որը պետք է պատանի Դավթի հոգաբարձուն և խնամակալը լիներ նրա պանդխտության մեջ: Բայց ծերունի ներքինապետի բոլոր կարգադրությունները պատանու ապահովության մասին հակառակ ընթացք ստացան, որը նախատեսել, իհարկե, նա սկզբից չէր կարող:

Պատանին գալով Մցխեթ, գտավ Օրբելյան իշխանին մի շաբաթ առաջ մեռած: Նրա բարեկամները դեռ սուգի մեջ էին: Թեև պատանին ներկայացրեց նրանց ներքինապետի նամակը, բայց հանգուցյալի տոհմայիններից ոչ ոք կարողացավ ճանաչել, թե ով էր նամակի հեղինակը, կամ որքան նշանակություն պետք էր տալ նրա գրածներին: Նկատելով այդ սառն ընդունելությունը, պատանին ինքն անհարմար համարեց մի անախորժ բեռն լինել օտար ընտանիքի վրա, որ առանց դրան ևս անբախտացած էր: Սիրտը լի եռանդով, քսակը լի ոսկիներով, որ ստացել էր նա Սյուրիից, վճռեց իր աշխատանքով ապրել, առանց մի ուրիշին ծանրություն պատճառելու:

Նա հետ դարձրեց իր հետ եկած մարդիկներին, գրեց ներքինապետին, թեև իշխանը, որի վրա հույս ուներ նա, մեռած է, բայց ինքը այնքան ուժ է զգում իր մեջ, որ առանց խնամակալի ևս կարող է այդ երկրում մի պարապմունք գտնել և անկախ ու անկարոտ ապրել: Վերջացնելով իր նամակը անհուն շնորհակալություններով ծերունու բարերարությունների մասին, պատանին աղաչում էր նրան, որ այլևս իր համար հոգ չտանե, որովհետև ինքը կարող է կյանքի մեջ իրան ճանապարհ բաց անել: Իսկ պատանու անձնավստահությունը չպսակվեցավ այն փայլուն հույսերով, որ երևակայում էր նա:

Ի՞նչ կարող էր անել մի անփորձ պատանի օտար, անծանոթ երկրում, ուր ստրկությունը ոչնչացրել էր ամեն արդյունաբեր վաստակ, ուր աշխատանքը ոչինչ գին չուներ, ուր ժողովրդի մեծ մասը ձրիաբար էր գործում մի քանի ծույլ, շռայլ, անկարգ ազնվականների համար միայն: Իսկ ինքը պատանին ոչ մի գործի համար պատրաստված չէր. արհեստը, որ արհեստավորների բացակայության պատճառով կարող էր այդ երկրում փոքր ի շատե գործադրություն գտնել, — արհեստ չգիտեր նա: Գյուղում սնված, գյուղում մեծացած, կատարյալ գյուղացի էր նա, փոքր ի շատե ծանոթ գյուղական տնտեսության: Իսկ մի աշխատություն, որ բոլորովին անարգված էր և որի համար հազարավոր ձրի բանող ձեռքեր կային այդ երկրում, — դա էր գյուղական տնտեսությունը:

Սկզբում նա սկսեց ծախսել իր հետ բերած ոսկիները, որ ընծայել էր նրան Սյուրին. երբ փողերը սպառվեցան, սկսեց վաճառել իր հագուստները: Միակ բանը, որ նա ամենայն սրբությամբ պահեց իր մոտ, — դա էր ծերունի ներքինապետի ընծայած թուրը, որը վճռեց չկորցնել, եթե քաղցածությունից մեռնելու ևս լինի:

Բայց այդ տեսակ կյանքը երկար շարունակվել չէր կարող. պետք էր մի որևիցե գործ գտնել: Սկզբում նա իրան այնքան չէր խոնարհեցնում, որ ստոր աշխատություններից սկսե, հետո այդ վիճակի հետ ևս հաշտվեցավ, դարձյալ ոչ ոք նրան գործ չէր տալիս: Դժբախտությունը օրըստօրե ավելի և ավելի զգալի էր դառնում: Հպարտությունը չէր ներում նրան, որ իր թշվառության մասին ծերունի ներքինապետին կամ Սյուրիին տեղեկություն տա: Բայց եթե շատ էլ ցանկանար, ի՞նչ միջոցով կարող էր գրել նրանց:

Հարրդակցություններ բնավ չկային, պետք էր առանձին սուրհանդակ վարձել, բայց ի՞նչ գումարով, քանի որ ինքը բոլորովին աղքատ էր, և ո՞վ հանձն կառներ փողի համար Վրաստանի սահմաններից դուրս գնալ, մի այնպիսի ժամանակ, երբ ճանապարհները լիքն էին ավազակներով, երբ մի սոխի համար մարդու գլուխ էին կտրում:

Նա ապրում էր մի հայ մանրավաճառի տանը, որ իր պարզամիտ հյուրին ըստ կարգին կողոպտելուց հետո, նրա քսակը պարպելուց և նրա հագուստները մերկացնելուց հետո, երբ տեսավ, որ այլևս շահվելու ոչինչ չէ մնացել, իր հյուրասեր տան դռները ցույց տվեց նրան, ասելով.

— Որդի, ձեզ համար մի ուրիշ տեղ ճարեք, տեսնում եք, ես մեծ ընտանիքի տեր եմ, իմ զավակները հազիվ եմ կարողանում պահել:

Նա առանց մի խոսք ասելու հեռացավ: Խորին հուսահատության մեջ թողեց ավանը և դիմեց դեպի մերձակա լեռը: Հագին ոտնամաններ չուներ: Իր պանդխտության օրերում, անծանոթ, օտար աշխարհում հանդիպեց նա միակ հային, որից հույս ուներ փոքր ի շատե օժանդակություն գտնել, իսկ նա կողոպտեց նրան, հետո արտաքսեց: Այժմ ամայի անապատների միայնակության մեջ աշխատում էր թաքցնել իր անբախտությունը: Ամառային առավոտը հիացնելու չափ սքանչելի էր, բայց նա բնության մեջ ոչինչ գեղեցկություն չէր նկատում: Թռչունները անհոգ չրկչրկում էին, ծաղիկները ուրախ ժպտում էին, համբուրվելով արեգակի առաջին ճառագայթների հետ, բայց այդ բոլորը ավելի բարկացնում էին նրան, ավելի լցնում էին նրա սիրտը մի ամսահման տխրությամբ, թե ինչո՞ւ աստուծո բոլոր արարածները կարող էին ուրախ, բախտավոր լինել, իսկ ինքը ոչ:

Ամբողջ օրը թափառեց նա սարերի վրա, դաշտերում, անտառներում, ինքն էլ չգիտեր, թե ինչու համար: Ամեն անգամ մի մարդ տեսնելիս, փախստականի նման աշխատում էր չմոտենալ նրան: Այսպես անցկացրեց նա, մինչև երեկոյացավ, մինչև խավարը փոքր առ փոքր սկսեց պատել աշխարհը: Այժմ մտածում էր վերադառնալ գյուղը. բայց ո՞ւմ մոտ գնալ, ո՞րի դուռը բախել: Միակ ծանոթ մարդը, իր արյունակիցը, չպահեց նրան, այն մարդը, որի մեջ ցավակցություն էր որոնում, որին պատմել էր իր բոլոր դժբախտ անցյալը: Այժմ ո՞ւմը դիմել: Վրացու արհամարհանքը, ատելությունը, դառն զզվանքը դեպի ամեն մի հայ նետի պես ծակոտում էր նրա սիրտը. վրացուց օգնություն խնդրել՝ մահվան չափ ծանր էր նրան: Երկու օր նա ոչինչ չէր կերել. այժմ ամեն հոգսերից ավելի տանջում էր նրան քաղցը: Մարմնի մեջ զգում էր սաստիկ թուլություն. ուժերը հետզհետե նվազում էին: Մտածեց փոքր-ինչ հանգստանալ:

Գիշերային խավարը բոլորովին թանձրացել էր: Նա դուրս եկավ նեղ շավիղից, որ տանում էր ինքն էլ չգիտեր թե ուր, և առանձնացավ մի ձորակի մեջ: Այստեղ լավ էր, այստեղ նրա ոչ ոք չէր տեսնի: Նա իր հոգնած մարմինը ցած թողեց, պառկեց խոտերի վրա: Մի քանի րոպե դիակի նման անշարժ մնաց, հետո աչքերը բաց արեց, որ տեսնե, թե որտեղ է գտնվում: Ոչինչ հասկանալ չկարողացավ: Ամբողջ օրը թափառել էր նա, իսկ այժմ ո՞րտեղ էր բերել նրան չար բախտը, — դժվար էր գիտենալ: Նա նայեց դեպի աստղալից երկինքը: Այս գիշեր աստղերը ինչ-որ հանգիստ չէին, անդադար շարժվում էին և իրանց տեղում չէին կանգնում: Ի՞նչ էր պատահել: Աչքերը կրկին փակեց և մի քանի րոպե մնաց շփոթության մեջ: Հետո դարձյալ բաց արեց, տեսավ, ամբողջ երկինքը պատվում էր իր շուրջը. ամեն ինչ տակնուվրա էր լինում. աստղերը նույնպես կամ դեպի աջ էին վազում, կամ դեպի ձախ. զարմանալին այն էր, որ ինքն էլ նրանց հետ պտտվում էր: Ինչո՞ւ էր այսպես լինում: Մի՞թե աշխարհի վերջը հասել էր: Նա աչքերը կրկին փակեց, որ ոչինչ չտեսնե: Այժմ նրան տիրեց երկյուղի նման մի բան: Սնահավատությունը, խառնված երկյուղի հետ, սկսեց սաստիկ խռովել նրա երևակայությունը: Մտածում էր, թե մահվան տագնապի մեջ է գտնվում ինքը. թե ահա շուտով կհայտնվի հոգեառ հրեշտակը և ամեն ինչ կվերջանա... Բայց ինչո՞ւ էր ուշանում նա. ինքը ուրախությամբ, մե՛ծ ուրախությամբ կցանկանար հանդիպել նրան: Կյանքը նրանից ավելի անտանելի չէր կարող լինել, քան թե որ էր: Այսպիսի հոգեկան տանջանքների մեջ երկար չարչարվում էր նա, մինչև փոքր-ինչ հանգստացավ: Բայց աչքերը բաց անել չէր համարձակվում: Աշխատում էր քնել, բայց քունն էլ մոտ չէր գալիս: Ոչ մահը, ոչ քունը, այդ ի՞նչ պատիժ էր: Արդյո՞ք սովածության պատճառով քնել չէր կարողանում, թե սրտի հուզմունքը խռովության մեջ էր ձգել նրան:

Նա աչքերը բաց արեց մյուս օրը, տեսավ, որ արեգակը կանգնել էր կեսօրվա տեղը. սար, դաշտ և ձոր լցված էր պայծառ, անսահման լուսավորությամբ: Գիշերվա խավարի հետ անցել էին և նրա սև մտքերը. այժմ նրա սրտում տիրում էր խորին, անգիտակցական անդորրություն: Պատճառը ինքն էլ չգիտեր: Արդյոք իր շուրջը զարթած նոր կյա՞նքը, թե՞ աստուծո գեղեցիկ աշխարհի հրապուրանքը կրկին թափեցին նրա հոգում կյանքի քաղցրությունը, — այդ անկարող էր նա բացատրել, միայն նրա գունաթափ դեմքի վրա փայլեց մի անձնավստահ ժպիտ և նրա նույնպես գունատված շրթունքից դուրս թռան հետևյալ խոսքերը. «Ես դեռ չի պիտի մեռնեմ... ինձ հարկավոր է դեռ երկար ապրել... ես ուխտ ուխտեցի իմ ծնողների գերեզմանի վրա... ես երդումով նույն ուխտը կրկնեցի Սյուրիի և ծերունի ներքինապետի մոտ... ես պետք է կատարեմ իմ խոստմունքը...»:

Բայց պետք էր մի բանով հագեցնել իր քաղցը, որ կարելի լիներ շարունակել սպառվող կյանքը: Նա մոտեցավ իրանից ոչ այնքան հեռու հոսող առվակին, սկսեց քաղել նրա ափերից մի քանի տեսակ ծանոթ բույսեր, որոնց հում-հում ուտել անկարելի էր, միայն կերակուրների մեջ և աղցանի համար էին գործածվում: Սկսեց ուտել այդ բույսերը, բայց նրանք փոխանակ հագեցնելու նրա քաղցը՝ պատճառեցին ստամոքսի մեջ սաստիկ ցավ: Նա տհաճությամբ դեն գցեց քաղած բույսերը և մի քանի րոպե մնաց հուսահատ շփոթության մեջ, ամենևին չնկատելով, որ այդ միջոցին խոսակցելով, ծիծաղելով, երգելով անցնում էին նրա մոտից մի խումբ կնիկներ: Նրանք վերադառնում էին ոչխարների հանգրվանից, և կաթի կժերը շալակած, դիմում էին դեպի գյուղը:

— Մտիկ տվեք, մտիկ տվեք, ի՛նչ է ուտում այդ մարդը, — ասաց նրանցից մեկը իր ընկերուհիներին, — ցույց տալով պատանու վրա:

— Երևի, քաղցած է խեղճը, — ասաց մի սիրուն տասներկու տարեկան աղջիկ, որ որոշվում էր բոլորից թե իր հագուստի նորությամբ և թե իր շարժմունքի համարձակ ձևերով:

— Քաղցած չէ, — պատասխանեց նրան մի պառավ աղջիկ, — երևի գիժ է, տեսնո՞ւմ եք, աչքերը ինչպես վառվում են:

— Ի՞նչ ես խոսում, Կեկել, գիժը դու ես, — պատասխանեց նրան փոքրիկ աղջիկը և իր ձեռքի պղնձե թասը մոտեցրեց կնիկներից մեկին, խնդրելով, որ կաթ ածե:

Կինը ուսից ցած բերեց կաթով լիքը կուժը, լցրեց պղնձե թասը, և փոքրիկ աղջիկը երկու ձեռքով բռնելով, վազեց պատանու մոտ: Դավիթը ապշած նայում էր այդ մանկահասակ բարեսրության վրա, որին, կարծես, երկինքը ուղարկել էր իրան օգնելու համար:

— Ա՛ռ, խմի՛ր, — ասաց նա մանկական անկեղծ կարեկցությամբ, — ես քեզ համար հաց էլ կբերեմ:

Պատանին իր շնորհակալությամբ լի աչքերը դարձնելով այդ հրեշտակի նման չքնաղ արարածի վրա, ընդունեց թասը: Աղջիկը կրկին դարձավ իր ընկերուհիների մոտ և այս անգամ բերեց մի կտոր հաց: Նրա վարմունքը այն աստիճան սրտաշարժ էր, որ պատանին բոլորովին զարմացած մնաց: Նա ավելի խոսք չգտավ, որ հայտնե իր շնորհակալությունը, միայն դատարկված թասը հետ տալով, ասաց.

— Թող աստված օրհնե քեզ, սիրուն աղջիկ:

Այդ օրհնությունը այնքան խորթ թվեցավ, որ փոքրիկ աղջիկը ծիծաղեց, և խառնվելով իր ընկերուհիների խմբին, հեռացավ:

Իսկ պատանուն այժմ սաստիկ հետաքրքրում էր այն միտքը, թե ո՞վ էր դա, ո՞ւմ աղջիկը, որ այդ հասակում ուներ այնքան գութ և ցավակցություն դեպի մարդկանց թշվառությունը: Նա մտածեց, թե ոչխարների հոտը շատ հեռու չպիտի լիներ և սկսեց դիմել դեպի այն կողմը, գուցե հովիվներից որևիցե տեղեկություն կստանար:

Ճանապարհը, որ տանում էր դեպի այն կողմը, ծածկված էր ոտնակոխ եղած խոտերով և ոլոր-մոլոր պտույտներով անցնում էր բլուրների վրայով: Տեղ-տեղ կորչում էր նա խիտ թուփերի մեջ, տեղ-տեղ շարունակում էր կանաչազարդ արոտամարգերի միջով: Այստեղ արեգակի պայծառ ճառագայթները թափել էին ձորերի և դաշտերի վրա մի սքանչելի ջերմություն, իսկ այնտեղ, փոքր-ինչ հեռու, կապուտակ երկինքը միախառնվում էր կովկասյան ձյունապատ սարերի դարևոր սառնամանիքի հետ:

Հագեցնելով իր քաղցը, կազդուրելով սպառված ուժերը, պատանին շտապով առաջ էր գնում: Եվ իրավ, ոչխարների հոտը շատ հեռու չէր. բլուրների մյուս կողմում, կեսօրվա արթի պատճառով, նրանց պառկեցրել էին թուփերի հովանու տակ: Կուշտ ու գոհունակ անասունները, հանդարտ չոքած ծնկների վրա, երբեմն իրանց միամիտ աչքերը այս կողմ և այն կողմ էին դարձնում և մեծ ախորժակով որոճում էին: Տեղ-տեղ երկու չարաճճի այծեր, կանգնած ետևի ոտների պճղակների վրա, միմյանց հանդեպ, իրանց եղջյուրների ուժն էին փորձում: Փոքր-ինչ հեռու ահագին շները, գլուխները առջևի թաթիկների վրա դրած, պառկել էին և զգույշ, խորամանկ աչքերով նայում էին իրանց շուրջը: Տեսնելով պատանուն, նրանք խմբով վրա վազեցին և անշուշտ պատառ-պատառ կանեին, եթե նա չխլեր այնտեղ ընկած փայտի կտորը և նրանով չպաշտպանվեր: Շների բարձրացրած աղաղակը նրա վրա դարձրեց հովիվներից մեկի ուշադրությունը, որը կեսօրվա տոթից թուլացած, պառկել էր վայրենի տանձենու տակ: Նա չշարժվելով իր տեղից, հեռվից ծուլորեն կանչեց.

— Ա՛յ մարդ, ա՛յ մարդ, այս կողմից, այս կողմից:

Պատանին մի կողմից շների հետ կռվելով, մյուս կողմից իր շուրջը աչք ածելով, դիմեց դեպի կոչող ձայնը: Շները հովիվին մոտենալով, փոքր-ինչ հանգստացան, երբ նկատեցին, որ նա չէր քաջալերում իրանց վարմունքը: Պատանին բարևելով, նստեց նրա մոտ: Հովիվը հասակն առած մարդ էր, այն լեռնային մարդերից մեկը, որ ստեպ անասունների հետ ապրելով, կորցրել էր բոլորը, ինչ որ մարդկային էր, և սեփականել էր վայրենի անասնականը: Բայց, որպես երևում էր, նա իր ոչխարների նման միամիտ, միևնույն ժամանակ բարեսիրտ էր:

— Ի՛նչ սատանա ես, թե որ փայտը չվերառնեիր, իմ շները կպատառոտեին քեզ, — ասաց նա ծիծաղելով, որպես թե մի մեծ գյուտ էր արել իր նկատողության մեջ:

— Հա՛, եթե փայտը չվերառնեի, շները կպատառոտեին ինձ, — պատասխանեց պատանին ինքն էլ ծիծաղելով:

— Ի՛նչ սատանա ես, — կրկնեց նա, շարունակելով իր բարեսիրտ ծիծաղը, — ո՞րտեղից գտար այն փայտը, շատ հաստ փայտ էր:

— Այո՛ շատ հաստ փայտ էր, — ասաց պատանին, — այնտեղ ընկած էր, երևի կտրողները մոռացել էին:

— Անպատճառ, կտրողները մոռացել էին, — կրկնեց հովիվը. ի՛նչպես հասկացար, աստված է վկա, շա՛տ սատանա ես:

Կամենալով միանգամից վերջացնել փայտի պատմությունը, պատանին ոչինչ չպատասխանեց: Բայց հովիվը դարձյալ կրկնեց.

— Այդ լավ է պատահել, որ կտրողները մոռացել էին, աստված է վկա, թե որ փայտը չլիներ, իմ շները քեզ կենդանի չէին թողնի:

— Այդ ես էլ եմ իմանում, — նրա իմաստուն կարծիքը հաստատեց պատանին: — Այդ ոչխարները ո՞ւմն են:

— Ո՞ւմը պետք է լինեն, — պատասխանեց նա մի առանձին հպարտությամբ. — մեծ պարոնի ոչխարներն են:

Մեծ պարոն ասելով, պատանին հասկացավ, թե ում մասին էր խոսքը, և սկսեց ավելի հարգանքով վերաբերվել դեպի իր խոսակիցը, երբ իմացավ, որ նա թագավորի հովիվն էր:

— Մեծ պարոնը ուրիշ ապրանք էլ ունի՞, — հարցրեց նրանից:

— Աշխարհումը ո՞վ ունի այնքան ապրանք, որպես մեր մեծ պարոնը, — պատասխանեց հովիվը զարմացական կերպով գլուխը շարժելով. — այստեղ արածում են նրա ոչխարները, այնտեղ, սարի մյուս կողմում, արածում են երկու քանից ավելի կովեր, նույնքան եզներ ու գոմեշներ: Բացի դրանից, տասը էշ ունի, հինգ ջորի ունի, քանից ավելի ձի ունի:

Այսքան ապրանք խո մեր Տաթևի մելիք Դավիթն էլ ունի, իր մտքում ասաց պատանին, ամենևին չզարմանալով մեծ պարոնի հարստության վրա:

— Այս օրերս էլ ընծա են բերել երկու ինչ-որ անասուններ, անունները չեմ իմանում, — ավելացրեց հովիվը:

— Ի՞նչ տեսակ անասուններ:

— Ինչ որ սատանայի նման անասուններ. երկայն ոտներ ունեն, երկայն, ծուռ վիզ ունեն: Քանի որ առաջ պարոնի դրանը զուռնա ածեցին, ողջ աշխարհը հավաքվեցավ այնտեղ. նրանց դուրս էին բերել թամաշա էին անում:

— Ես էլ այնտեղ էի, տեսա, դրանք ուղտեր են. մեր երկրում շատ կա. չոքեցնում են, հետո բեռնում են:

— Դրուստ այդպես, չոքեցնում են հետո բեռնում են, ի՜նչ լավ իմացար, ճշմարիտ, շատ սատանա ես եղել:

Սատանա բառը, որ այնքան հաճախ գործ էր ածում հովիվը, նրա լեզվում բոլորովին այլ իմաստ ուներ. դա նշանակում էր խելացի, ամեն բան իմացող, ամեն բան շուտ հասկացող: Բայց զգուշանալով, մի գուցե ուղտի պատմությունն էլ այնքան հեռու տաներ շատախոս հովվին, որպես փայտի պատմությունը՝ նա կարճ կտրեց, սկսելով մի այնպիսի խոսակցություն, որից կարող լիներ տեղեկություն ստանալ փոքրիկ աղջկա մասին:

— Այդ ոչխարները օրը քանի՞ անգամ են կթում, — հարցրեց նա, իր շուրջը նայելով, որպես թե ոչխարներին է նայում:

— Քանի՞ անգամ պետք է կթեն, — պատասխանեց հովիվը իր խռպոտ ձայնով. — երկու անգամ են կթում. մեկը կեսօրին, մեկը երեկոյան, երբ ոչխարները տուն են դառնում:

— Կեսօրին, երևի, դաշտումն են կթում:

— Դաշտումը, ապա ո՞րտեղ: Չտեսա՞ր, կնիկները կաթի կժերը տանում էին:

— Տեսա: Երևի մեծ պարոնի տուն էին տանում:

— Ապա ո՞րտեղ պիտի տանեին: Այնտեղ էին տանում:

— Այդ կնիկները ո՞վքեր էին:

— Ո՞վքեր պիտի լինեին. մեծ պարոնի քոծերն էին:

Պատանին փոքր առ փոքր հասնում էր իր հետաքրքրության առարկային:

— Նրանց մեջ մի փոքրիկ աղջիկ կար, կարմիր դերիա ուներ հագած, ո՞վ էր նա:

— Դու Թամարի մասին ես հարցնում, — ասաց հովիվը բարեսիրտ ժպիտով. – Թամարը մեծ պարոնի եղբոր աղջիկն է. շատ անգամ քոծերի հետ գալիս է ոչխարների մոտ և երբեմն ինձ համար յուղով հաց է բերում: Ես էլ նրա համար քաղում եմ անտառից զկեռ, հոն, կաղին և ուրիշ պտուղներ: Շատ լավ աղջիկ է Թամարը: Եթե նրա մայրը չմեռներ, Թամարը այսպես չէր լինի: Մեր այժմյան տիկինը լավ մտիկ չէ տալիս Թամարին: Ախ, լավ է, որ տղան շուտով մեռնի ու խորթ մոր ձեռքը չընկնի: Հանգուցյալ տիկինը շատ լավ տիկին էր. ես դեռ պահել եմ տրեխները, որ մի անգամ նա ինձ ընծայեց:

Այնուհետև նա սկսեց պատմել, թե Թամարի մայրը մեռնելուց հետո, թեև նրա հայրը կրկին ամուսնացավ, բայց իր նոր կնոջ հետ ապրեց մի քանի տարի միայն: Մի անգամ լեզգիների հարձակման ժամանակ, կռվի մեջ վերք ստանալով, մեռավ նա: Այնուհետև Թամարը մնաց բոլորովին որբ, իր խորթ մոր ապով: Այժմ թե Թամարը և թե խորթ մայրը կենում են մեծ պարոնի տանը, և մեծ պարոնը իր զավակներից չէ ջոկում Թամարին:

Վերջացնելով իր պատմությունը, հովիվը իր կողմից սկսեց հետաքրքիր լինել պատանու ի՞նչ ազգից և ո՞րտեղից լինելու մասին, հարցրեց, թե նա ի՞նչ է շինում վրաց երկրում. ինչո՞վ է ապրում, և երբ պատասխան ստացավ, թե ոչինչ պարապմունք չունի, ասաց.

— Տեսնում եմ, որ դու քաջ տղա ես, շատ քաջ. իմ շների ձեռքից մինչև այսօր մի մարդ էլ չի պրծել, իսկ դու նրանց շշկռացրիր: — Կցանկանա՞ս ինձ մոտ մնալ:

— Քեզ մոտ ի՞նչ շինեմ, — հարցրեց պատանին ծիծաղելով:

— Ի՞նչ պիտի շինես. ես ինչ որ շինում եմ, դու էլ այն կշինես, — պատասխանեց հովիվը, իր թավամազ հոնքերի տակ թաքնված աչքերը լայն բացելով և ուղիղ պատանու երեսին նայելով: — Լսիր, տղաս, — շարունակեց նա, — իմ օգնականներից մեկը իմ ցուպը գողացավ, հետո փախավ. հիմա ինձ մեկ մարդ է հարկավոր. դու իմ օգնականը կդառնաս ու ինձ հետ ոչխարներ կարածացնես, մեծ պարոնի ոչխարները, հասկանո՞ւմ ես, դա պատիկ գործ չէ:

Այդ առաջարկությունը, թեև սկզբում շատ ծիծաղելի թվեցավ պատանուն, թեև նրան շատ հրապուրիչ չէր մեծ պարոնի հովվի օգնական լինելը, բայց, կարծես, մի ներքին ազդմամբ ստիպվեցավ նա հաշտվել այդ վիճակի հետ: Գլխավոր շարժառիթը, որ դրդեց նրան կապվել այդ նոր պարապմունքի հետ, այն էր, որ սա առիթ կտար երբեմն տեսնել գեղեցիկ Թամարին, որի անբախտ պատմությունը մի կողմից, իսկ իրան ցույց տված կարեկցությունը մյուս կողմից, թողել էին նրա սրտում մի խուլ, համակրական զգացմունք, որը թեև ինքը բացատրել չէր կարողանում, բայց միանգամայն տիրել էր նրա հոգուն: Բացի դրանից, նրան քաղցր էր, առժամանակ գոնե, իր սրտի վշտերի ցրվել լեռների, դաշտերի, անտառների առանձնության մեջ, հեռու լինել մարդերի բնակությունից, որոնցից ոչ մի մխիթարություն չէր գտել նա: Այդ պատճառով նա ավելի բարվոք համարեց կենակցել միամիտ հովիվների հետ, լսել նրանց պարզ, հասարակ պատմությունները, քան թե լսել ավազակ հայ մանրավաճառի անդադար նախատինքները, որը այնքան անխիղճ կերպով կողոպտեց նրան:

— Դե, ասա, տղաս, մնո՞ւմ ես ինձ մոտ, — կրկին հարցրեց հովիվը:

— Կմնամ, — պատասխանեց պատանին:

Զ

Հովիվը, որ ընդունեց իր մոտ պատանի Դավթին, կոչվում էր Սիկո: Քառասուն տարեկան հազիվ կլիներ նա. մի հաստուպինդ մարդ էր Սիկոն թե խելքով և թե մարմնով: Նրա ընտանիքը շատ մեծ չէր. երկու աղջիկներ և մի տղա ուներ Սիկոն: Որպես ամեն վրացի, դեպի իր ընտանիքը բնավ հոգ չուներ Սիկոն: Նա այն աստիճան ընտելացած էր իր ոչխարների հետ և այնքան սիրում էր նրանց, որ բոլորովին մոռացել էր թե կնոջը և թե զավակներին: Խիստ հազիվ էր պատահում, որ Սիկոն իր տան շեմքի վրա ոտք կոխեր, այդ պատճառով Մցխեթի մեջ առակ էր դարձել ամեն մի հնության մասին ասել. «Այդ անցքը այն տարում պատահեց, երբ Սիկոն եկել էր իր տունը»: Ամբողջ ցերեկը իր հոտի հետ անց էր կացնում նա արոտատեղերում, իսկ գիշերը պառկում էր իր սիրած փարախի մեջ, որ մի քանի քայլ միայն հեռու էր իր տնից: Որպես վարձ իր ծառայության համար, ամեն տարի մեծ պարոնի կալից ստանում էր Սիկոն հինգ ջվալ սիմինդր, հարյուր չափ գինի, տասներկու բիալ փող, մի շապիկ, մի ոտաշոր, երկու զույգ տրեխներ, մի խոսքով մոտավորապես նույնքան, որքան ստանում էր մի գնդապետ: Այդ նախանձելի ռոճիկը տալիս էին Սիկոյի տանը և նրա ընտանիքը կերակրվում էր: Իսկ պատանի Դավիթը, մեծ պարոնի մեծ հովվի օգնականը, ռոճիկ չէր ստանում. դրա համար պետք էր դեռ երկար ծառայություն. նա ստանում էր ամեն առավոտ միայն օրական հաց, որը իր մախաղի մեջ դրած, տանում էր հետը, բացի դրանից, ստանում էր ամեն տարի մի ձեռք հագուստ:

Այսուամենայնիվ, նա շատ գոհ էր իր նոր վիճակով: Լեռնային օդը, արձակ կյանքը նրա վրա խիստ բարերար ազդեցություն գործեցին: Եղանակի խստությունից կոշտացած և արևից այրված նրա դեմքը թեև այժմ կորցրել էր իր նախկին քնքշությունը, բայց ավելի այրական կերպարանք էր ստացել, որ արտահայտում էր երկաթի առողջություն և մարմնի անհամեմատ զորություն: Նրան այժմ դժվար էր ճանաչել իր հովվական նոր հագուստի մեջ, որ ոտքից մինչև գլուխ բաղկացած էր անասունների կամ մորթից կամ կաշուց: Գլխին դրած ուներ մուրգուզ այծի մորթից գտակը, որի երկայն, գանգուր մազերը թափվում էին մինչև երեսի կեսը, կիսով չափ ծածկելով աչքերը: Այդ տալիս էր նրա դեմքին մի ահավոր արտահայտություն: Շապիկի վրա հագել էր գառան մորթից պատրաստած կարճ մուշտակը, գոտևորած նեղ, կաշյա փոկով, որից քարշ էին ընկած լեզգու խենջարը, վառոդի և գնդակի ամաններ, և յուղով լցրած, երկաթի մի տուփ՝ զենքեր օծելու համար: Մուշտակի լերկ սեկը ծառայում էր որպես երես, իսկ մազոտ կողմը որպես աստառ: Լայն շալվարը պատրաստված էր տեղային կոշտ չուխայից, որի ստորին մասը, ծնկներից ցած, հավաքված էր կաշուց կարած զանկալների մեջ: Հետո մերկ, առանց գուլպայի ոտների վրա կապել էր տրեխները:

Հայրենիքից բերած իր բոլոր հարստությունը – ձին, հագուստը, փողերը – ծախսելեն հետո նա կարողացավ պահել զենքերը միայն: Ներքինապետի թանկագին ընծան, Սյունյաց աշխարհի մի հզոր թագավորի թուրը, նա խնամքով փաթաթելով, պահ էր տվել իր նոր խնամակալի՝ Սիկոյի տանը. նրան չէր գործածում, իսկ մնացածը՝ հրացանը, ատրճանակները և խենջարը գործ էր ածում: Ավազակների բազմությունը առիթ էր տվել հովիվներին ցուպի հետ կրել և հրացան, իսկ մախաղի հետ՝ գնդակի ու վառոդի ամաններ:

Հաճախ կրկնվող գողությունները պատճառ էին տալիս պատանի Դավթին անդադար կռվել վտանգների դեմ: Նա գործ ուներ բացի ավազակներից և գազանների հետ: Լեռները, անտառները լիքն էին գայլերով, արջերով և վագրերով, իսկ դրանցից ավելի վատթար էին վայրենի օսերը, իմերելները, խեվսուրները և կովկասյան լեռների բազմաթիվ, խառնիճաղանջ ցեղերը: Ամենի դեմ պետք էր պահպանել հոտը, ամենի հետ պետք էր կռվել: — Ահա այդ սրի, վառոդի և արյան դպրոցից ստացավ պատանի Դավիթը իր սկզբնական պատերազմական կրթությունը:

Բարեսիրտ Սիկոն այնքան ներողամիտ էր դեպի իր պատանի օգնականը, որ երբեմն նրան թույլ էր տալիս հեռանալ հոտից և պարապվել որսորդությունով: Այսպիսով նա ավելի վարժվեցավ հրացանաձգության մեջ և նրան հաջողվում էր գնդակահար առնել ոչ միայն նապաստակներ նրանց փախչելու միջոցում, այլ շատ անգամ սպանում էր արագավազ, վայրի այծեր, եղջերուներ, արջեր և այլ անասուններ: Շուտով նա մեծ հռչակ ստացավ թե իր ընկերների և թե շրջակա լեռների հովիվների մեջ: Նրա համբավը հասավ մինչև անգամ մեծ պարոնին, որին ծանոթ լինելու պատիվն ունեցավ, երբ իր որսերից երբեմն տանում էր տիրական սեղանի համար և փոխարենը նրան ընծայում էին վառոդ, գնդակ, և առատ գինի էին խմեցնում մեծ պարոնի մառանից:

Մեծ պարոնի այդ ողորմածությունը դեպի պատանին չափազանց ուրախացնում էր բարեսիրտ Սիկոյին, և նա մի առանձին նախազգացմունքով շատ անգամ կրկնում էր նրան. — Ես իմանում եմ, դու վերջը թավադ (ազնվական) կդառնաս:

— Ինչո՞վ, — հարցնում էր պատանին, ինքն էլ չհավատալով իր ականջներին:

— Ինչպե՞ս թե ինչո՞վ, կդառնաս էլի, — պատասխանում էր նա հաստատ հավատով և պատմում էր պատանուն զանազան օրինակներ, որոնցից կարելի էր եզրակացնել, թե իր ենթադրությունը անտեղի չէր:

— Մի անգամ, — պատմում էր նա, — մեծ պարոնը ընթրիք պիտի տար իր դրանիկներին. «Ո՞վ կլինի այն քաջը, որ կվորսա մի եղջերու իմ սեղանի համար», ասաց նա իր դիվանին: Բոլոր թավադների որդիները վեր առեցին իրանց հրացանները, վազեցին դեպի լեռները, դեպի անտառները, ամբողջ օրը ման եկան և գիշերը դատարկ վերադարձան: Այդ միջոցին մեծ պարոնի տունը ներս մտավ քեչալ Դարչոն, մի ահագին եղջյուր շալակած: «Շատ լավ տղա ես, Դարչո», ասաց նրան մեծ պարոնը, իր ձեռքը նրա ուսին խփելով, և իսկույն հրամայեց հրովարտակ գրել, նրան թավադություն շնորհեց, և բացի դրանից, քառասուն տուն էլ ճորտեր բաշխեց:

— Ո՞վ էր այդ Դարչոն, — հարցրեց պատանին զարմանալով:

— Ո՞վ պետք է լիներ. մի անգործ, արբեցող անպիտան, որ ամբողջ օրով կքաներ ամեն մի մարդու տանը, եթե նրան մի գավաթ գինի կտային:

Իսկ պատանին ոչ ազնվականության վրա էր մտածում, և ոչ ճորտերի, նա իրան բախտավոր ու երջանիկ էր համարում, երբ երբեմն տեսնում էր գեղեցիկ Թամարին, երբ լսում էր նրա բերանից մի քանի քաղցր խոսքեր և երբ զմայլում էր նրա դեմքի անմեղ ժպիտով:

Թամարը այժմ սկսել էր ավելի հաճախ գալ ոչխարների մոտ: Նրա համար անտառային պտուղներ քաղելու հոգսը, որ առաջ կատարում էր Սիկոն, այժմ հանձն էր առել պատանին: Նա գնում էր անտառի ամենախուլ տեղերը, մտնում էր թուփերի ամենախճճված թավուտների մեջ, պատառոտում էր իր հագուստը, փշերով ծվատում էր իր ձեռքերը, հազար ու մեկ վտանգների էր ենթարկում իր անձը, նրա համար նորանոր պտուղներ գտնելու համար: Ահա այն բարձր ժայռից քարշ ընկած մացառների մեջ երևում են հասուն մորիներ, կամ կարմիր ելակներ, բայց այնտեղ բարձրանալու համար կարելի է ոտքը կոտրել, գլուխը ջախջախել, — այդ միևնույն էր Դավթի համար, վտանգներից չէր վախենում նա. նա պատրաստ էր մինչև անգամ մահ հանձն առնել, միայն թե կարողանա քաղել խնդրած պտուղները: Նա լցնում էր այդ պտուղները իր ձեռքով հյուսած փոքրիկ զամբյուղների մեջ և պահում էր Թամարի համար:

Մի անգամ պտուղները Թամարին տալու ժամանակ պատանին ընծայեց նրան և մի փունջ ծաղիկ: Դավիթը զուրկ չէր քնքուշ զգացմունքներից, բայց նրան պակասում էր կիրթ ճաշակը: Նա իր փունջը կազմել էր ամբողջապես դեղին ծաղիկներից:

— Ես դեղին ծաղիկներ չեմ սիրում, — ասաց Թամարը, թեև ընդունելով փունջը:

— Ապա ի՞նչ գույն ես սիրում, — հարցրեց պատանին, սաստիկ կարմրելով իր անշնորհքության վրա:

— Կարմիր, վարդագույն, մանիշակագույն, կապույտ, ու դրանց նմանները, — պատասխանեց Թամարը, միևնույն ժամանակ չդադարելով ճաշակել իրան մատուցած պտուղների հասունները:

— Ինչո՞ւ դեղինը չես սիրում:

— Չեմ սիրում, ինքս էլ չեմ իմանում, թե ինչու չեմ սիրում, — ասաց նա իր փունջի վրա նայելով: — Ես դեղին գույնով շորեր էլ չեմ հագնում, երբ ինձ համար կարում են:

— Դու, երևի, կարմիրն ես սիրում. – պատասխանեց պատանին մի առանձին հրճվանքով նայելով Թամարի վրա: — Առաջին անգամ, երբ ես քեզ տեսա, էլի այսպես կարմիր դերիա ունեիր հագած, ինչպես հիմա:

— Առաջին անգամ ո՞րտեղ տեսար ինձ, — հետաքրքրությամբ հարցրեց Թամարը: — Այդ ե՞րբ էր:

— Երկու տարի առաջ: Ես քեզ տեսա ճանապարհին, քույրերի հետ տուն էիր գնում. դու ինձ կաթ խմացրիր: Չե՞ս հիշում:

Թամարը մատը դրեց բերնին, գեղեցիկ, նրկայն թևլյթևլյաւնքնևյավ պաստծ վերնակոպերը խոնարհեցրեց, մտածության մեջ ընկավ: Րոպեական լռությունից հետո գլուխը բարձրացրեց և ուղիղ պատանու երեսին նայելով, ասաց.

— Չեմ հիշում: Երկու տարի դրանից առաջ... ես քեզ ճանապարհին կաթ խմացրի... չեմ հիշում... – կրկնեց նա մի առանձին խորհրդավոր ձայնով:

— Այո՛, երկու տարի առաջ... – պատասխանեց պատանին սրտի բաբախմունքից դողդոջուն ձայնով: — Այն օրից ես հանձն առա ձեր հովիվը լինել:

— Ինչո՞ւ, — հարցրեց Թամարը և մի նուրբ ժպիտ փայլեց նրա սիրուն շրթունքների վրա:

— Որ կարողանամ քեզ շուտ-շուտ տեսնել:

Վերջին խոսքը լսելու ժամանակ Թամարը ծիծաղելով փախավ Դավթի մոտից, իսկ հեռանալու միջոցին կանգ առեց, և ապշած պատանու ականջներին հասան հետևյալ խոսքերը, երբ նա իր ուրախությամբ լի դեմքը դարձնելով, ասաց հեռվից.

— Ես թեև դեղին ծաղիկներ չեմ սիրում, բայց այդ փունջը ինձ հետ կտանեմ, նրա համար, որ դու ես քաղել, — կպահեմ ու միշտ կպահեմ սրտիս վրա...

Այդ խոսակցությունը պատանու և Թամարի մեջ տեղի ունեցավ ոչխարների կայարանից փոքր-ինչ հեռու, մի առվակի ափի մոտ: Խիտ թուփերը ծածկում էին նրանց թե հովիվների և թե Թամարի հետ եկած աղախինների աչքերից: Վերջինները այդ ժամանակ զբաղված էին ոչխարներ կթելով: Բայց թե պատանին և թե մանկահասակ աղջիկը չկարողացան նկատել, որ նրանցից մեկը, սատանայի նման թուփերի մեջ թաքնվելով, ուշադրությամբ լսում էր երկու սիրահարների մտերմական խոսակցությունը, և մեծ հետաքրքրությամբ զննում էր նրանց բախտավոր երեսների գծերի ամենափոքր շարժմունքները, և արտահայտության ամենաթեթև նշմարը:

Թամարի հեռանալուց հետո նա դեռ երկար մնաց իր դարանի մեջ, բարկությամբ նայում էր Դավթի վրա, որը այդ րոպեում անշարժ արձանի նման, սառած, ապշած կանգնել էր, բոլորովին չկարողանալով իրան հավատացնել, թե տեսածը իրողություն էր, թե լսածը Թամարի խոսքերն էին: Նա շտապով վազեց օրիորդի հետևից, որ գոնե միանգամ ևս տեսնե նրան, բայց նա աղախինների խումբի հետ գնացել, հեռացել էր արդեն: Այդ միջոցին թուփերի մեջ թաքնված դարանակալը դուրս եկավ իր գաղտնարանից, և զարտուղի ճանապարհներով վազ տալով, հասավ իր ընկերուհիներին:

Այնուհետև պատանին ամեն առավոտ, դեռ վաղորդյան ցողը չբարձրացած, քաղում էր լեռներից Թամարի սիրած ծաղիկները, փունջեր էր կապում, գցում էր աղբյուրների հստակ ջրերի մեջ, որ թարմ ու անթառամ մնան Թամարին ընծայելու համար: Բայց ծաղիկները օրերով, շաբաթներով մնում էին աղբյուրների մեջ, գունատվում էին, թառամում էին, իսկ Թամարը չէր երևում: Պատանին նորերն էր քաղում, նոր փնջեր էր կապում, բայց Թամարը չէր գալիս ու չէր գալիս նրանց տանելու համար: Ի՞նչ էր պատահել, արդյոք հիվա՞նդ էր նա, — պատանին ոչինչ տեղեկություն չուներ: Վերջին տեսությունից հետո անցան շաբաթներ, անցան ամիսներ, նա Թամարին չէր տեսել: Նա բոլորովին կորցրեց իր սրտի ուրախությունը և օրըստօրե սկսեց ավելի տխուր, ավելի լուռ ու մունջ լինել: Պատանու տրտմությունը, նրա անմխիթար հալումաշ լինելը, չէր կարելի, որ աննկատելի մնար իր ընկերներից, որոնց բոլորի ուրախությունն էր նա, որոնք անդադար հարցնում էին նրա թախծության պատճառը, բայց ոչինչ չէին կարողանում դուրս բերել լուռ և ծածկամիտ Դավթից:

Սիկոյի իրավասության ներքո գտնվող հովիվների թիվը, բացի Դավթից, վեց հոգի էր: Դավիթը իր բնավորության քաղցրությամբ սիրլի էր դարձել ամենին: Ոչխարների հանգստի մոտ, գիշերային խարույկի շուրջը բոլորած, պատանին շատ անգամ զվարճացնում էր նրանց իր երգերով: Որպես սյունեցի, գիտեր նա ածել թառի վրա և խիստ հաջողակ ձայն ուներ. բայց վերջին օրերում նրա ձայնը բոլորովին լռեց;

— Ի՞նչ է պատահել քեզ հետ, — մի գիշեր հարցրեց պատանի Գևոն, գտնելով նրան ոչխարների կայարանից հեռու, պառկած մի ժայռի մոտ:

— Ոչինչ, — պատասխանեց Դավիթը, իր տեղից չշարժվելով, — քեֆս մի փոքր լավ չէ, կարելի է մրսած լինեմ:

Դավթի ընկերների մեջ Գևոն միակն էր, որ բոլորից ավելի մտերիմ էր նրա հետ, և վերջին ժամանակներում լռությամբ հետազոտում էր նրա դրությունը, թեև ընկերոջը ոչինչ չէր հայտնում:

— Ես գիտեմ, — ասաց նա, խոնարհվելով իր ընկերոջ երեսի վրա, — դու ոչ հիվանդ ես և ոչ մրսած, բայց գիտեմ, թե ինչո՞ւ է քեֆդ վատ:

— Ինչո՞ւ է վատ, — հարցրեց Դավիթը, գլուխը վեր բարձրացնելով:

— Դու ինձանցի ծածկո՞ւմ ես, Դավիթ, ես կարծում էի, դու ամեն բան կասես ինձ, — խոսեց Գևոն փոքր-ինչ վիրավորված կերպով:

— Ի՞նչ բան պիտի ասեմ քեզ. դու ինքդ ասում ես, թե ամեն բան իմանում ես:

— Հա, իմանում եմ...

— Ի՞նչ ես իմանում:

— Դու նրա համար ես տխուր, որ Թամարը էլ ոչխարների մոտ չէ գալիս: — Բայց գիտե՞ս, թե ինչու համար չէ գալիս:

— Ես ոչինչ չգիտեմ, թե դու մի բան գիտես, ասա՛:

— Կասեմ, — պատասխանեց Գեվոն բարեկամական կարեկցությամբ և սկսեց պատմել իր հավաքած տեղեկությունները: Նա հիշեցրեց Դավթին նրա վերջին անզգույշ տեսությունը Թամարի հետ, հիշեցրեց նրանց սիրային խոսակցությունները, ավելացնելով, որ այդ միջոցին աղախիններից մեկը թուփերի մեջ թաքնված լսում էր նրանց, և նա գնացել, բոլորը իմացում է տվել նրա խորթ մորը:

Վերջին խոսքերը լսելու ժամանակ Դավիթը բոլոր մարմնով դողաց. նրան տիրեց մի տեսակ սոսկում, կարծես, ամբողջ քարաժայռը, որի տակին պառկած էր նա, փուլ եկավ նրա գլխին: Նրա երկյուղը, նրա սարսափը իր մասին չէր. նա այն տեսակ երկչոտ բնավորություններից չէր, որ վախենար իր հարաբերությունների — մի իշխանազն աղջկա հետ հայտնվելուց, թող թե, դա մեծ պարոնի եղբոր աղջիկը լիներ: Շատ-շատ, կթողներ այդ երկիրը և կհեռանար, իր հետ տանելով Թամարի թե սերը և թե տրտմությունը: Բայց նա վախենում էր նույն իսկ Թամարի մասին, որ իր պատճառով պիտի տանջվեր, պիտի հալածվեր, անարգ նախատինքներ պիտի կրեր:

— Դրանցից ոչ մեկը չի լինի, – մխիթարեց նրան բարեսիրտ Գեվոն, — դրանք կարող էին պատահել, եթե Թամարի մայր խորթ մայր չլիներ: Բայց նա բավականացավ միայն նրանով, որ արգելեց Թամարին տնից դուրս գալ:

— Նա կարող է հայտնել մեծ պարոնին, — ասաց Դավիթը վրդովված ձայնով:

— Նա ոչ ոքին չի հայտնի, և խստությամբ պատվիրել է այն աղախնին, որ լուռ մնա:

— Դու ո՞րտեղից գիտես:

— Ես գիտեմ... այն աղախինը իմ բարեկամս է... Նա ասաց, թե տիկինը այն ատիճան ատում է Թամարին, որ գուցե շատ ուրախ կլինի, եթե նա խայտառակվելու համար կպսակվի մի հովվի հետ:

— Էլ ինչո՞ւ է արգելում նրան այստեղ գալ, — հարցրեց Դավիթը, փոքր-ինչ հանգստանալով:

— Ո՞վ է իմանում, ինչ սատանայական մտքեր ունի, — պատասխանեց Գեվոն ծիծաղելով:

— Ես նրա սատանայական մտքերը կոչնչացնեմ... – խոսեց պատանին խորհրդավոր ձայնով. — ես երբեք չեմ թողնի, որ Թամարը խայտառակ լինի...

Է

Անցավ աշունը, անցավ ձմեռը, անցավ ամբողջ ութ ամիսներ, երբ Դավթի տեսությունները Թամարի հետ ընդհատված էին. Այդ ութը երկար ու ծանր ամիսների ընթացքում պատանին ընդամենը մի երկու, երեք անգամ միայն առիթ էր ունեցել տեսնել նրան, այն ևս հեռվից այն ևս ծածուկ:

Զատկից հետո Կանաչ կիրակի օրն էր: Այսօր Կուր գետի ափի մոտ պիտի կատարվեր մի հանդիսավոր կրոնական տոնախմբություն: Մեծ պարոնը իշխանական գերդաստանի հետ, նրա դրանիկներն իրանց ընտանիքների հետ, մի քանի նշանավոր ազնվականներ, բոլորը միասին հավաքված, պիտի մի ավերակ մատուռ ուխտ գնային և այնտեղ, բացի օդի տակ, պիտի «մի լավ քեվ անեին»: Մցխեթի բնակիչներից շատերը, վաղօրոք գիտենալով այդ, խմբվել էին գետի եզերքում, ծածկել էին բլուրները, որ հեռվից թամաշա անեն: Այդ առավոտ մեծ պարոնի հովիվներն էլ իրանց հոտը քշեցին դեպի այն կողմի լեռները, որպեսզի առիթ ունենան իրանք ևս տեսնելու, թե ինչպես են ուրախանում մեծ մարդիկը:

Այն առավոտ ինքը եղանակը հարմարվում էր երկրի իշխանի ուրախ տրամադրությանը: Հայելու պես պայծառ, ֆիրուզայի պես կապույտ երկնքի վրա ամպի մի կտոր անգամ չէր երևում, միայն հեռավոր սարերի կատարները դեռ պատած էին սպիտակ, փոշենման մառախուղով: Օդի մեջ ծավալվում էր գարնանային խիստ ախորժ, անուշահոտ թարմություն: Սպիտակ, դեղին, կապույտ ձնծաղիկը, համեստ մանիշակը, նոր հալված ձյունի տակից ազատվելով, պատել էին կանաչազարդ ձորերի, բլուրների երեսը: Այստեղ գյուղական աղջիկները աղմկալի խումբերով ման էին գալիս, ծաղիկներ էին հավաքում: Այնտեղ, նոր հալված ձյունից առաջացած հարյուրավոր վտակների ափերի մոտ նրանց մայրերը քաղում էին զանազան բանջարեղեններ աղցանի համար: Մի փոքր հեռու արածում էին ոչխարները և հովիվների ազդարար ձայնի արձագանքը երբեմն խուլ հնչյուններով տարածվում էր բլուրների մեջ: Այդ բոլորը, լուսավորված վաղորդյան արեգակի տաք, փափուկ ճառագայթներով, շնչում էր գյուղական կյանքի խաղաղ պարզությամբ:

Կուր գետի ափի մոտ, ավերակ մատուռից փոքր-ինչ հեռու, մի կանաչազարդ տափարակի վրա մեծ պարոնի բազմաթիվ սպասավորները և ամեն հասակի աղախինները ճաշի պատրաստություն էին տեսնում: Մի տեղ գառներ էին մորթում, մյուս տեղ արդեն հոշոտած միսը շարում էին շամփուրների վրա. մի տեղ վառած փայտակույտերի վրա կաթսաներով ջուր էին տաքացնում խաշլամայի համար, մյուս տեղ երկաթյա կասկարաների վրա կնիկները հաց էին թխում: Մի կողմից էլ մեծ պարոնի մառանից, ավանակների վրա բարձած, տիկերով գինին բերում էին ու դարսում այդ դաշտային խոհանոցի մոտ:

— Գիգո, դու ինչպե՞ս ես կարծում, պարոնի խոյը կհաղթե՞, թե՞ Արչիլ թավադի որդու խոյը, — հարցրեց Գիգոյից գյուղացի Լեկոն, որը նրա մոտ նստած գետնի վրա, հեռվից նայում էին, թե ինչպես են ճաշ պատրաստում:

— Ո՞վ չէ իմանում, որ մեծ պարոնի խոյը կհաղթե, — պատասխանեց Գիգոն իր խելացի համեմատությամբ, — թե մեծ մարդու խոյն էլ իր նման զորեղ կլինի:

Գյուղացի Լեկոյի խորշոմած դեմքի վրա երևաց ուրախության նման մի բան, և այդ միջոցում նրա ճաքճքած շրթունքները հետ-հետ գնացին, երևան հանելով մուգ-դեղնագույն ատամները, որոնցից մի քանիսը ընկած էին:

— Դու լավ ասացիր, Գիգո, աստված է վկա, շատ լավ, — խոսեց նա, շարունակելով իր ծիծաղը, — ես մեր հարևան Կոստոյի հետ գրազ էի եկել, ասել էի, թե մեծ պարոնի խոյը կհաղթե. ես կտանեմ, այնպես չէ՞:

— Դու կտանես, — կրկնեց Գիգոն, ավելացնելով, — ասում են մեծ պարոնի խոյին գինի պիտի խմացնեն, որ լավ կռվե:

— Դու ո՞րտեղից գիտես:

— Գիտեմ... բայց դու ոչ ոքի չասես, Լեկո, դա ծածուկ բան է, եթե գիտենան, որ այդ խոսքը մեր բերնիցն է դուրս եկել, մեր հոգին կառնեն...

— Գժվե՞լ եմ, որ ասեմ:

Նրանց խոսակցության մեջ մտավ մի այլ գյուղացի:

— Ասում են, որ մեծ պարոնի մեծ շունը պիտի կռվացնեն Լևան թավադի որդու շան հետ:

— Ա՜յ, ի՜նչ լավ թամաշա կլինի, — բացագանչեցին թե Գիգոն և թե Լեկոն ուրախությունից կանխապես ծափահարելով:

— Ասում են՝ Զաքարա ու Ալեքսի թավադի որդիներն էլ իրանց աքաղաղները պիտի բերեն կռվացնելու, — մեջ մտավ մի ուրիշ գյուղացի. — ա՜յ, այն ժամանակ լավ թամաշա կլինի:

— Է՜հ, քեֆը նրանցն է.. աշխարհումս ինչ լավ բանր կան, բոլորը նրանց է տված... մենք միայն պիտի թամաշա անենք... — ավելացրեց մի ծերունի գյուղացի, դողդողջուն ձեռքերով ծոցից դուրս բերելով քթախոտի պարկը, և լի բուռով ածելով պնչածակերի մեջ, որ սրտի կսկիծը փոքր-ինչ հովացնե:

— Այն աքաղաղներից մեկը, — շարունակեց նա հոգվոց հանելով, — որ այսօր Զաքարա ու Ալեքսի թավադի որդիները պիտի կռվեցնեն, — մերն է. թոռս պահել, մեծացրել էր: Աստված էլ գիտե, որ մեր գյուղում նրա հատը չկա. հենց որ Ալեքսի թավադի որդին լսեց, եկավ մեր տնից զոռով քաշեց տարավ: Այն օրից խեղճ թոռնիկս չէ դադարում լաց լինելուց...

Իմ մի հատիկ կովը եթե տանեին, ես այնքան չէի ցավի, որքան այդ աքաղաղը ցավեցրեց ինձ:

— Մեծ պարոնի մեծ շունն էլ մեր հարևան Լենտոյի շունն էր, — խոսեց մի ուրիշ գյուղացի. – Լենտոյի տունը այդ շունն էր պահում. նրա երկյուղից ծիտն էլ Լենտոյի կտուրի վրայից չէր կարողանում անցկենալ: Հենց որ մեծ պարոնը լսեց, ուղարկեց տանել տվեց շունը. Լենտոն մինչև հիմա էլ անիծում է...

Գյուղացիների խոսակցությունը ընդհատվեցավ, երբ հեռվից լսելի եղավ զուռնայի ու նաղաբայի ձայնը: Ամբոխը դեպի այն կողմը վազեց «Գալիս են...» — անցավ մի խուլ շշնջյուն բազմության մեջ: Ազնվականությունը իր մեծ պարոնի առաջնորդությամբ գալիս էր: Սկզբում տեսնվում էր մի մռայլ, անորոշ խումբ միայն, որ հազիվ նկատելի կերպով շարժվում էր դեպի հանդեսի տեղը: Բայց որքան մոտենում էր խումբը, այնքան ընդարձակվում էր, այնքան խուռն կերպարանք էր ստանում:

— Տե՛ս, տե՛ս, այն սև ձիավորը մեծ պարոնն է, որ բոլորից առաջ է ընկած, — ցույց էին տալիս միմյանց գյուղացիները:

— Նրա ետևի սպիտակ ձիավորն էլ Արչիլ թավադի որդին է:

— Այն կարմիր ձիավորն էլ Լևան թավադի որդին է, որ Արչիլի կողքովն է քշում:

— Այն կապույտ ձիավորն էլ Ալեքսի թավադի որդին է:

— Չէ, Զաքարան է, Ալեքսին կապույտ ձի չունի, — ուղղում էր նրան մոտի կանգնած գյուղացին. — Ալեքսու ձին դեղին գույն ունի:

Այսպես հեռվից վիճում էին միմյանց հետ, մինչև բոլորովին մոտեցավ խումբը: Թե Մցխեթի, թե շրջակա գյուղերի բոլոր զուռնաչիները, բոլոր նաղարաչիները, միասին հավաքված, կազմել էին մի ահագին նվագախումբ: Զուռնայի զիլ, ճլվլուն, ականջ ծակող ձայնը, նաղարայի վայրենի դըմբըդըմբոցը, միախառնվելով, դղրդեցնում էին լեռները մի խառնաձայն, անախորժ ներդաշնակությունով, թեև դա բոլորին դուր էր գալիս, բացի այն լեռների վրա արածող ոչխարներից, որոնք խրտչելով, սկսան այս կողմ և այն կողմ փախչել, և բացի հովիվների շներից, որոնք այդ անակնկալ աղմուկը լսելով, սկսեցին դառն ձայնով ոռնալ, սկսեցին հեծկլտալ, կամ բարկացած կերպով հաչել: Այդ իմաստուն արարածները, երևի, ավելի կիրթ ճաշակ ունին, քան թե ամբոխը, որ այդ միջոցում հիացած էր այդ տարօրինակ երաժշտությունով:

Նվագախումբը բոլորից առաջ էր ընկած և ածում էր: Նրանց ետևից հանդիսավոր կերպով բերում էին այն անասունները, որ այսօր պիտի մրցություն անեին միմյանց հետ: Նախ բերում էին մեծ պարոնի երևելի խոյը, կապված մի երկայն շղթայով, որի մեջտեղը անց էր կացրած խոյի պարանոցով, իսկ շթայի երկու ծայրերը բռնել էին երկու ուժեղ մարդիկ: Նրա ահագին, ոլորապտույտ եղջյուրները ներկել էին վարդի գույնով և զարդարել էին փոքրիկ զանգակներով: Նույն գույնով, խայտաճամուկ կերպով, ներկել էին նրա մարմնի սպիտակ բուրդը: Մեծ պարոնի խոյի ետևից բերում էին Արչիլ թավադի որդու խոյը, նույնպես շղթայով կապված, նույնպես զարդարած փոքրիկ զանգակներով, այն զանազանությամբ միայն, որ դրա թե բուրդը և թե եղջյուրները ներկված էին կապույտ գույնով և ոչ վարդագույն, որ միայն մեծ պարոնը իրավունք ուներ գործ ածել իր անասունների վրա :: Դրանցից հետո, նույնպես հանդիսավոր կերպով բերում էին մեծ պարոնի մեծ շունը, դարձյալ շղթայով կապած և շղթայի երկու ծայրերը երկու մարդիկ բռնած: Շան ճակատը, պոչը, թաթիկները և մարմնի վրա տեղ-տեղ ներկված էին նույնպես վարդի գույնով: Նրանցից հետո նույն փառքով բերում էին Լևան թավադի որդու շունը: Հետո երկու ծառաներ գրկած բերում էին Զաքարա և Ալեքսի թավադի որդիների աքաղաղները, որոնց խայտաբղետ փետուրները, բացի իրանց բնական գույներից, ներկված էին և արհեստական գույներով: Աքաղաղների պարանոցից մի-մի փոքրիկ բոժոժներ էին կախված: Հետո երկու ուրիշ սպասավորներ, ձեռքերից քարշ տված, տանում էին երկու վանդակներ, որոնց մեջ մի-մի կաքավներ էին դրած: Վանդակները ամեն կողմից ծածկված էին անթափանցիկ կտավով: Դրանցից հետո երկու ուրիշ սպասավորներ տանում էին երկու ուրիշ փոքրիկ վանդակներ, որոնց մեջ մի-մի լոր էր դրած: Այդ վանդակները նույնպես ծածկված էին անթափանցիկ կտավով: Պետք է նկատել, թե խոյերի, թե շների և թե աքաղաղների աչքերը, բոլորինն էլ կապած էին կտավով: Այդ նրա համար էր, որ միմյանց չտեսնեն, որ միմյանց հետ չընտելանան, որ նրանց աչքերը հանկարծ բաց անեն այն ժամանակ, երբ պիտի բաց թողնեին միմյանց հետ կռվելու...

Խոյերից, շներից, աքաղաղներից, կաքավներից ու լորերից հետո գալիս էր մեծ պարոնը իր սև նժույգի վրա նստած: Նրան հետևում էին թիկնապահները և ազնվականները: Բոլորն էլ ձիավորված էին:

Երբ այդ հանդիսավոր պրոցեսիան անց էր կենում, երբ բազմաթիվ զուռնաներն ու նաղարաները որոտում էին և երբ խառնաշփոթ ամբոխը ամեն կողմից վայրենի աղաղակներով վրա էր թափվում, այդ միջոցում հանդիսականներից մի մարդ մոտեցավ մեծ պարոնի մեծ շանը, այնպիսի մի սրտաշարժ կերպարանքով, կարծես, նա առաջին անգամ հանդիպում էր հին բարեկամին, մտերիմ ընկերոջը, երկար տարիների անջատումից հետո: Նա պատրաստվում էր գրկվել սիրելի անասունի հետ, համբուրել նրան, բայց նրա խղճը անկատար մնաց, որովհետև այդ ժամանակ սև ձիավորը բաժանվելով իր խումբից, մի ակնթարթում վրա հասավ, և մտրակի հարվածներով նրան հեռացրեց, գոչելով:

— Խոզի զավակ, ինչո՞ւ ես նեղացնում շանը...

Թեև շան աչքերը կապած էին, բայց խելացի անասունը, կարծես զգաց, թե ով էր իրան մոտեցողը, մի անհանգիստ շարժում գործեց, գլուխը շուռ տվեց, ուզում էր վազել նրա ետևից, փաթաթվելով նրա ոտներով, հայտնել իր սերը ու կարոտը, բայց նրա շղթայից բռնող երկու ուժեղ մարդիկը թույլ չտվեցին: Մոտեցողը՝ շան նախկին տերը, գյուղացի Լենտոն էր, որ սև ձիավորի մտրակներից զարհուրած, սասանված, այժմ կորել էր ամբոխի մեջ:

— Լսեցի՞ք ինչ ասեց նրան մեծ պարոնը, — լսեցի՞ք, — հարցնում էին միմյանց ռամիկները:

— Ոնց չլսեցինք, — պատասխանում էին միմյանց, — ասաց «խոզի զավակ»... Հիմա ի՞նչ կփքվի Լենտոն, որ մեծ պարոնը նրան ասաց «խոզի զավակ...»:

Լենտոյի կերած մտրակները հաշվի չէին առնում, բայց նրան բախտավոր էին համարում, որ նա պատիվ ունեցավ լսելու մեծ պարոնից մի այսպիսի փաղաքշական խոսք...

Ձիավորների խումբը, նվագածուները և մրցող անասունները արդեն հասել էին գետի ափի մոտ: Գիժ Կուրը այս տարի գարնան հորդ անձրևներից, սովորականից ավելի վարարվելով, բարձրանալով, իր պղտոր ալիքները տարածել էր ափերից շատ հեռու: Իսկ այնտեղ, ուր պիտի կատարվեր հանդեսը, նա սեղմած էր մի նեղ ձորի մեջ: Այս պատճառով զայրացած Կուրը, խելագարի նման փրփրելով, մռնչելով, իր կատաղի կոհակները առաջ էր մղում, սփռելով իր շուրջը մի խուլ, որոտաձայն դղրդոց:

Ինչո՞ւ էին ընտրել այդ աղմկալի ձորը: Ուրիշ պատճառ չկար, բացի նրանից, որ այդ ձորի մեջ, մի բլուրի գագաթի վրա դեռ մնացել էին ավերակները մի հին մատուռի, ուր ամեն տարի, Կանաչ կյուրակեի օրը ժողովուրդը սովորություն ուներ ուխտով գալ և հանդես կատարել: Ջերմեռանդ գյուղացիները, իրանց ընտանիքների հետ, մի քանի բարակ մոմեր իրենց գտակների ծայրին ցցած, դիմում էին դեպի մատուռը: Ոմանք, որ ավելի ունևոր էին, մի-մի ոչխար էին տանում մատաղի համար:

Մատուռի ավերակները, ինչպես ասեցինք, գտնվում էին մի բլուրի գագաթի վրա: Այդտեղից երևում էր նրա ամբողջ գեղադրական շրջակայքը: Մեծ պարոնի գերդաստանը, մի քանի ազնվական ընտանիքների հետ, դեռ շատ վաղ առավոտյան եկել, տեղավորվել էին մատուռից փոքր-ինչ հեռու, դարևոր ընկուզենիների հովանիների ներքո տարածված գորգերի վրա: Կանանց ջերմեռանդությունը այդ դեպքում գերակշռում էր իրանց ամուսինների կրոնական զգացմունքին: Իշխանական տան կնիկները, դեռ արևը չծագած, եկել էին ոտքով, իսկ նրանց ամուսինները եկան հետո, սիգապանծ նժույգների վրա նստած: Ավելի հասարակ արարածների կնիկներր եկել էին բոբիկ ոտներով:

— Մեծ պարոնը եկավ, — ասաց այն օրվա տոնախմբությունը կառավարող աբեղան իր եկեղեցական դասին, — գնանք ընդունելու:

Ը

Բլուրը, որի վրա գտնվում էր մատուռը, ծածկված էր ուխտավորների խուռն բազմությունով: Ամբողջ Մցխեթը այնտեղ էր: Ինչպես ասում են՝ ասեղ գցելու տեղ չկար: Մատուռի կործանված, քայքայված փլատակների վրա վառվում էին հազարավոր մոմեր, որ նվիրված էին ջերմեռանդ ձեռքերով: Օդը լցված էր ծխվող խունկի սրբազան անուշահոտությամբ:

Բայց ուխտավորների մեծամասնությանը այնքան չէր հետաքրքրում մատուռի սրբավայրը, որքան այն մրցությունները, որ պիտի կատարվեին այսօր: Նրանք իրանց կրոնական պարտքը կատարած էին համարում. մոմեր էին վառել, խունկ էին ծխել, ոմանք մատաղներ էին մորթել, իսկ այժմ կամենում էին զվարճանալ:

Մեծ պարոնի գերդաստանը, իր ուխտը կատարած լինելով, առանձնացել էր մատուռից փոքր-ինչ հեռու, դարևոր ընկուզենիների հովանիների ներքո: Այստեղ նորաբույս խոտերի վրա տարածված էին պարսկական նախշուն գորգեր և նրանց վրա շարված էին փափուկ մութաքաներ, պատած մետաքսյա գույնզգույն կերպասներով: Մեծ պարոնի տիրուհին, վրանց □մեծ մայրը□, ծալապատիկ նստած էր Արչիլ թավադի որդու տիկնոջ՝ Մելանիայի հանդեպ, և նարդու խաղատախտակը իրանց մեջտեղը դրած, նարդի էին խաղում: Նա վրայից հագած ուներ վարդագույն մախմուրից քաթիբա, որի եզերքը զարդարած էին ոսկեթել ջիակներով, իսկ տակից հագած ուներ մանիշակագույն մետաքսից դերիա: Մեջքի ոսկե քամարը և գլխի պաճուճանքները շողշողում էին պես-պես թանկագին գոհարներով: Ձեռքերի բոլոր մատների վրա մատանիներ կային: Ինքը տիրուհին հասակն առած կին էր, կոլոլված, պարարտացած մարմնով և կարմիր, ոչինչ չարտահայտող երեսով, որի հարթ, անորոշ գծերը նրան բոլորովին զնդակի ձև էին տալիս:

— Եթե մի զույգ շեշ ունենամ, ես տարած եմ, — ասաց նա ձեռքի զառերը (թավլի) մատների մեջ շիտկելով: Ո՜վ սուրբ մատուռ, դու հաջողի՛ր, — դարձավ նա դեպի նվիրական ավերակները, օգնություն հայցելով:

Նա գցեց զառը, մի զույգ շեշ ստացավ:

— Տեսա՞ր, Մելանիա, ինչպե՛ս շուտ կատարվեցավ իմ ուխտը, — բացագանչեց նա ծիծաղելով, — ես տարա, ես տարա...

— Շուտ կատարվեցավ... – կրկնեց Մելանիան նույնպես ծիծաղելով. — դու տարար...

Մի քանի ազնվականների կնիկներ, նույնպես խայտաճամուկ հագուստներով, բոլորել էին նարդու շուրջը և նայում էին խաղին: Նրանք ավելի ուրախացան, որ վերջապես տիրուհին տարավ Մելանիայից, որ հայտնի էր իր վարպետությամբ խաղի մեջ, — ուրախացան գլխավորապես այն պատճառով, որ երբ նա տանուլ էր տալիս, այնուհետև նրա հետ խոսել անկարելի էր լինում:

Մի փոքր հեռու նստած էր Թամարի խորթ մայրը և խոսում էր մի ալևոր պառավի հետ, որ հարգված էր ազնվական կանանց հասարակության մեջ ոչ միայն իր ծերության պատճառով, այլ բոլորը համարում էին նրան խիստ բարեպաշտ և առաքինի կին: Խոսակցությունը Թամարի մասին էր:

— Ինձ լսիր, զավակս, — ասում էր պառավը, — Լևանը լավ տղա է, սիրուն, շնորհքով, ջահել, էլ ի՞նչ է պակաս: Գլխի մազերի համբարքով ձորտեր ունի. նրա ապրանքին թիվ ու համար չկա: Նա սիրում է Թամարին, ինձ ասել է, որ սիրում է. ինձ մոր տեղ է ընդունում նա: Տո՛ւր աղջիկդ, ուզում է, տո՛ւր, նրանից լավ փեսա չես գտնի:

— Ո՞վ է պտռում նրանից լավը, — պատասխանեց խորթ մայրը զայրացած ձայնով, — բայց որ այդ սատանայի ծնունդը չէ ուզում, ես ի՞նչ պիտի անեմ:

— Սատանայի ծնունդը ո՞րն է, չուզելն ո՞րն է. ի՞նչ ասել է՝ չի ուզում. աչքը հա՛ն, ուզել տո՛ւր, — խոսեց պառավը նույնպես զայրացած ձայնով: — Դու, ինչպես էլ որ լինի, նրա մոր տեղն ես. նա ի՞նչ իրավունք ունի քո կամքին հակառակ կենալու:

— Ասում է կգնամ ջուրը կընկնեմ, ինձ կխեղդեմ ու Լևանին չեմ ուզի: Մի՞թե դու նրա բնավորությունը չես իմանում, թե ի՛նչ տեսակ անզգամն է: — Ես դրանից հետո ի՞նչ կարող եմ անել, — հարցրեց խորթ մայրը, իրան շվարած ձևացնելով:

— Ի՛նչ կարող ես անել... – կրկնեց պառավը գլուխը շարժելով. – շատ բան կարող ես անել: Շատ աղջիկներ սկզբում ասում են՝ ինձ կխեղդեմ, կգնամ ջուրը կընկնեմ.. բայց հենց որ փեսայի տնից եկած հագուստը հագնում են, ամեն բան մոռանում են...

Թամարը այդ միջոցին հասկանալով, որ խոսակցությունը իր մասին է, մի քանի իր հասակակից աղջիկների հետ հեռացավ, ասելով.

— Գնանք, Սալոմե, դեպի այն կողմը. տեսնո՞ւմ ես, ի՞նչ լավ բուսել են այնտեղ խոտերը: — Նա ցույց տվեց բլուրի ստորոտը, որտեղից սկսվում էր մի հարթ, կանաչազարդ տարածություն, որ հասնում էր մինչև Կուրի ափը:

Մանկահասակ իշխանազուն աղջիկները, արագավազ եղջերուների նման, խումբով սկսեցին վազել դեպի բլուրի ստորոտը: Նրանք ուրախ էին, որ վերջապես ազատվեցան իրենց մայրերի, պառավ տատերի և մորքույրերի ձանձրալի ներկայությունից և այժմ կարող էին ազատ շունչ քաշել:

Թամարը այսօր, տոնախմբության վայելչության համեմատ, հագել էր իր ամենաթանկագին հագուստները: Բազուկները զարդարած էին ոսկյա ապարանջաններով, իսկ պարանոցը ոսկով և գույնզգույն հուլուններով հյուսված մանյակով: Մեջքին կապած ուներ իր հանգուցյալ մոր ծանրագին քամարը: Մետաքսյա, ծիրանեգույն դերիայի տակից դուրս էին նայում նրա փոքրիկ ոտիկները, սեղմված կարմիր մաշիկների մեջ: Աղջիկների խումբը ցրիվ եկավ դաշտերի մեջ, ծաղիկներ էին որոնում: Թամարը և Սալոմեն հետ մնացին: Վերջինը Արչիլ թավադի որդու աղջիկն էր:

— Այն ո՞ւմ ոչխարներն են այնտեղ արածում, — հարցրեց Սալոմեն, խոսք բաց անելով:

— Ի՞նչ ոչխարներ, — պատասխանեց Թամարը, որպես թե ոչինչ չէ նկատում:

— Չե՞ս տեսնում, ահա այն հեռավոր բլուրների վրա, որ ծածկված են մանր թուփերով: — Այս կողմը մտիկ տուր, տե՛ս, այս կողմը, — ասաց Սալոմեն՝ մի ձեռքով բռնելով Թամարի թևքից, իսկ մյուս ձեռքը պարզելով դեպի ոչխարները:

— Հիմա տեսնում եմ... – պատասխանեց Թամարը, ավելի հետաքրքրությամբ նայելով դեպի հոտը. — բայց շատ հեռու են, դժվար է գիտենալ, թե ում ոչխարներն են:

— Ես գիտեմ... — ասաց Սալոմեն խորամանկ ժպիտով, — ձեր ոչխարներն են...

— Մեր ոչխարները այս կողմը չեն բերում:

— Այսօր բերել են...

— Ինչո՞ւ համար... — հարցրեց Թամարը, և նրա ձայնը զգալի կերպով դողաց:

— Նրա համար, որ դու այստեղ ես... — ասաց Սալոմեն այժմ ավելի վճռական կերպով:

Թամարը ոչինչ չպատասխանեց, գլուխը քարշ գցեց, բայց Սալոմեի սուր նկատողությունից անհայտ չմնաց, որ իր գեղեցիկ ընկերուհու մեծ, սևորակ աչքերը լցվեցան արտասուքով:

— Ա՛խ, Թամար ջան, քո հոգուն մատաղ, ես ամենևին նպատակ չունեի վիրավորելու քեզ, Թամար ջան, ինչո՞ւ ես լաց լինում, — անդադար կրկնում էր նա, իր գրկի մեջ խտտած ունենալով Թամարին, որը հեկեկալով ասաց.

— Ամենքը ծիծաղում են ինձ վրա... դո՞ւ էլ ես ծիծաղում, Սալոմե, ես քեզ իմ աչքի լույսի պես սիրում էի... ես քեզանից թաքուն ոչինչ չունեի... ես բոլորը պատմեցի քեզ...: Ի՛նչ անեմ, Սալոմե, ես էլ աշխատում եմ մոռանալ, հավիտյան մոռանալ «նրան», բայց որ չեմ կարողանում, էլ ի՞նչ անեմ...

Օրիորդի աչքերը ավելի ևս լցվեցան արտասուքով, և նա երեսը ծածկելով երկու ձեռքով, գլուխը քարշ զցած, նստեց մի քարի վրա, չկամենալով այլևս առաջ գնալ: Սալոմեն ևս նստեց նրա մոտ, աշխատում էր մխիթարել նրան, սաստիկ փոշմանելով իր անզգուշության վրա, որով ավելացրեց իր սիրելի ընկերոջ սրտի տխրությունը և նոր ցավ պատճառեց նրան: Մյուս աղջիկները արդեն գնացել էին բավական հեռու և վազվզում էին կանաչների մեջ:

Այդ ժամանակ մատուռի մոտ հասավ մեծ պարոնը իր թիկնապահների և ազնվականների հետ: Բոլոր բազմությունը մի կողմ քաշվեցավ ճանապարհի բաց անելու համար: Նրանք ցած իջան ձիաներից և խումբով դիմեցին դեպի մատուռի փլատակները, նախ համբուրելու և իրանց ուխտը կատարելու համար, որ այնուհետև սկսեն հանդեսը: Տոնախմբությունը կառավարող աբեղան, եկեղեցական դասի հետ, խաչը ձեռքին, բուրվառներով, երգելով դիմավորեցին նրան: Մեծ պարոնը առաջ անցավ և դիմեց դեպի մատուռի սեղանը, որ միայն ամբողջ էր մնացել ընդհանուր ավերակների մեջ: Նրա հետ եկողները հետևեցին նրան: Սեղանի վրա դրած էին՝ խաչ, Ավետարան և մի քանի սրբոց մասունքներ: Նրանց մոտ դրած էր մի թաս գանձանակի համար: Մեծ պարոնը համբուրեց խաչը, Ավետարանը, սրբոց մասունքները, գցելով գանձանակի թասի մեջ մի քանի ոսկի դրամներ: Նրա սվիտան հետևեց նրա օրինակին: Եկեղեցականները դեռ երգում էին, ուշադրությամբ նայում գանձանակի թասի վրա, որ այժմ բավական նախանձելի դրության մեջ էր գտնվում: Կրկին անգամ համբուրելով սրբությունները, մի քանի անգամ անխորհուրդ կերպով խաչակնքելով, նրանք հեռացան մատուռից և սկսեցին դիմել դեպի դարևոր ընկուզենիները, որոնց նվիրական հովանիների ներքո հանգստանում էր իշխանական գերդաստանը:

Վրաց «մեծ մայրը»՝ մեծ պարոնի տիրուհին, դեռ եռանդով շարունակում էր նարդու խաղը Մելանիա իշխանուհու հետ: Թամարի խորթ մայրը դեռ տաք-տաք խոսում էր պառավի հետ: Օրիորդները տակավին չէին վերադարձել իրանց զվարճալի զբոսանքից:

Մեծ պարոնը մի բարձրահասակ տղամարդ էր, այն հսկա տղամարդերից մեկը, որ ստեղծում է Կովկասը, հետևելով իր լեռների բարձր գագաթներին: Կախեթու գինու բարերար ազդեցությունից երեսի թրթշնած, անհարթ կաշին բոլորովին կարմիր գույն էր ստացել լուրջի հետ խառնված: Նույն գույնը տարածվում էր նրա ականջների և խորշոմներով պատած, ծալ-ծալ պարանոցի վրա: Աչքերի մեջ արյուն կար. այդ տալիս էր նրան մի առանձին վայրենի բնավորություն, որը միևնույն ժամանակ արտահայտում էր կատարյալ անհոգություն: Բոլորովին ածելած երեսի վրա հաստ բեղերը ձգվում էին մինչև ականջները: Բեղերի վրա առանձին ուշադրություն էր դարձրած. բացի շրթունքի մազերից. ավելացրած էր նրանց հետ և մեծ քանակությամբ ծնոտի մազերից: Գլխին դրած ուներ բուխարայի սև մորթից փոքրիկ գտակ, որ թեքված էր դեպի աջ ականջի կողմը: Հագել էր վարդագույն մախմուրից կարված, կարճ քուլաջա, զարդարած ոսկեթել եզերքով: Մեջքը գոտևորած էր ոսկի քամարով, որից քարշ էին ընկած՝ առջևից արծաթապատ, երկայն խենջարը, իսկ կողքից, նույնպես արծաթով պատած, կեռ թուրը: Խաչմազի մետաքսյա կերպասից կարված լայն շալվարի ստորին մասերը խրած էին մոխրագույն կաշուց պատրաստած լափչեքի մեջ, որոնք Թիֆլիսի հմուտ խարազների ձեռագործն էին: Մեծ պարոնի սվիտան թե՛ հագուստի ձևերով և թե՛ զենքերով չէին զանազանվում նրանից. տարբերությունը միայն հագուստների նյութերի և գույների մեջն էր, որոնք աչքի էին զարկում իրանց վառ խայտաբղետությամբ:

— Ինչո՞ւ այսքան ուշացար, — հարցրեց մեծ պարոնի տիրուհին, նարդու խաղատախտակը մի կողմ դնելով, և ուրախ ժպիտը երեսին ոտքի վրա կանգնելով, երբ նրա վեհափառ ամուսինը իր խումբի հետ մոտեցավ կանանց հասարակությանը:

— Ինչպե՞ս չուշանայի, — պատասխանեց նա որոտաձայն խրոխտումով. — այդ անպիտան Արչիլը ժամերով պահեց ինձ:

Արչիլը ուրախությունից սկսեց ծափ տալ: Բայց տիրուհին սաստիկ հետաքրքրում էր, թե «անպիտանը» ի՞նչ առիթով կարող էր ուշացնել իր ամուսնին: Երբ բոլորը նստեցին գորգերի վրա, ինքն էլ բռնելով իր ամուսնի ձեռքից և նստացնելով մութաքայի վրա, հարցրեց.

— Ի՞նչ բանի վրա էր վեճը:

Դեռ մեծ պարոնը չպատասխանած, Արչիլ թավադի որդին առաջ ընկավ:

— Ի՛նչ բանի վրա պիտի լիներ, տիրուհի, — ասաց նա, մի առանձին անապարծությամբ կանգնելով կանանց հասարակության առջև, — մենք վիճում էինք այն բանի վրա, թե ով ում ո՞րքան պիտի վճարե, եթե նրա խոյը հաղթող կհանդիսանա:

— Մի՞թե պիտի կռվացնեք այսօր, — հարցրեց տիրուհին ժպտելով, — այդ լա՛վ է, մենք էլ լավ թամաշա կունենանք, դարձավ նա դեպի մյուս իշխանուհիները, որոնք բոլորն էլ պատասխանեցին նրա ուրախությանը նույնպես ուրախ ժպիտներով:

— Պիտի կռվացնենք, — պատասխանեց Արչիլ թավադի որդին նույն անապարծությամբ: — Տեսնո՞ւմ եք իմ խոյը, փի՛ղ է, փի՛ղ. նրա հատը ամբողջ Վրաստանում չկա:

Բոլոր իշխանուհիների աչքերը դարձան դեպի մատուռի ավերակները, որի շուրջը այդ միջոցին պտտեցնում էին թե Արչիլ թավադի որդու խոյը, թե Լևան թավադի որդու շունը և թե այն բոլոր անասունները, որ այսօր պիտի մրցություն կատարեին: Պտույտը նվիրական սրբավայրի շուրջը պիտի կատարվեր յոթն անգամ, որպեսզի օրվա հերոսները ուժ և զորություն ստանային: Երբ այդ խորհուրդը վերջացավ, նրանց տարան առանձին տեղերում պահելու, մինչև հանդեսի սկսվելը: Բայց Ալեքսի և Զաքարա թավադի որդիների կաքավները իրանց վանդակներով մնացին դրված մատուռի ավերակների վրա: Նրանց մոտ դրված էին և լորերի վանդակները, որ պատկանում էին մեկը մեծ պարոնի սափրիչի որդուն, իսկ մյուսը՝ մեծ պարոնի ժառանգին:

Հեռվից բավական թամաշա անելուց հետո, տիրուհին կրկին դարձավ դեպի մեծ պարոնը, հարցնելով.

— Ինչո՞ով գրազ եկաք Արչիլի հետ:

— Եթե իմ խոյը կհաղթե, ես կստանամ Արչիլից 500 ծուխ ճորտեր իրանց հողերով, նրա կալվածներից որը որ ընտրելու լինեմ: Իսկ եթե Արչիլի խոյը հաղթելու լինի, նա կստանա ինձանից 600 ծուխ ճորտեր իրանց հողերով, իմ կալվածներից որը որ ընտրելու լինի, — պատասխանեց մեծ պարոնը, ավելացնելով. – ինչպե՞ս է, լավ չե՞մ բարիշել:

— Լավ եք բարիշել, — մեջ մտավ Արչիլի տիկինը՝ Մելանիան, — մենք հարյուր ծուխով ավելի կստանանք:

— Հա՛, ավելի կստանաք, — կրկնեց մեծ պարոնը հեգնական եղանակով, — ի՞նչ պիտի անեի, ես էլ հարյուր ծուխ ավելացրի. քո ջհուդ մարդը զահլես տարավ, ի՞նչ պիտի անեի:

Մելանիայի «ջհուդ մարդը» դարձյալ սկսեց ծիծաղել և ուրախությունից ծափ տալ:

— Իսկ ինձ մեծ պարոնը ոչինչ չավելացրեց, տիրուհի, — կոտրատվելով խոսակցության մեջ մտավ Լևան թավադի որդին, մի չորուցամաք երիտասարդ, որը իր մեջքը այնքան սեղմել էր արծաթե քամարով, որ փոքր էր մնում մեջքը կտրվի:

— Դու ի՞նչ պիտի կռվացնես, — հարցրեց տիրուհին, դառնալով դեպի Լևան թավադի որդին, — քեզ ինչո՞ւ պետք էր ավելացնել. քի՞չ ունես:

— Փառք աստուծո, քիչ չունեմ, բայց դարձյալ ես չէի ցանկանա հետ մնալ Արչիլից և մի բան ավել չստանալ, — պատասխանեց երիտասարդը փոքր-ինչ վշտացած եղանակով:

— Լավ, դու ի՞նչ պիտի կռվացնես, — կրկնեց տիրուհին իր հարցը:

— Իմ շունը ձեր մեծ շան հետ. եթե իմը հաղթե, կստանա 300 ծուխ ճորտեր իրանց հողերով, իսկ եթե ձերը հաղթե, կստանա նույնքան: Տեսնո՞ւմ եք, երկու կողմերի մրցանակներն ևս հավասար են: Ես խնդրում էի մեծ պարոնից, որ գոնե 50-100 ոչխար ավելացնե, բայց նա հակառակի պես ընդդիմացավ, չէ՛ ու չէ՛, ասաց. ճորտեր, որքան կամենաս, կավելացնեմ, բայց ոչխա՞ր, մի հատ էլ չեմ կարող ավելացնել:

— Իհարկե, ոչխարներ չէր կարելի ավելացնել, — պատասխանեց տիրուհին հմուտ տնտեսագետի եղանակով, — այս տարի առանց դրան էլ մեր յուղն ու պանիրը պակաս է, բայց ճորտեր կարելի էր. ճորտերն ի՞նչ են տալիս մեզ. թող սատկե՛ն նրանք...

Այս միջոցին Թամարի խորթ մոր հետ խոսող պառավը նրա ուշադրությունը ծածուկ դարձրեց Լևան թավադի որդու վրա:

— Տեսնո՞ւմ ես, ի՞նչ շուք ու շնորհքով տղա է. դրուստ Թամարի խարջն է. — երկուսն էլ սիրուն, երկուսն էլ աղունակի պես գեղեցիկ...

— Ի՞նչ անեմ, — պատասխանեց խորթ մայրը. – թո՛ղ քոռանա Թամարը, որ մի այդպիսի լավ տղին թողած, մի անպիտանի ետևից է ընկած...

— Պետք է խրատես, պետք է նրա աչքը հանես... — խորհուրդ էր տալիս պառավը:

Մյուս կողմում խոսակցությունը այժմ դարձել էր Զաքարա ու Ալեքսի թավադի որդիների աքաղաղների վրա և ուրիշ երկու ազնվականների կաքավների վրա: — Խոսում էին ու ծիծաղում, թե ո՞վ որքանով է գրազ եկել. մեկը ասում էր, թե այս ինչի աքաղաղը կհաղթե, մյուսը այն ինչի կաքավին էր ջատագովում, վիճում էին, բարկանում էին, աղաղակում էին, և միմյանց կոշտ-կոպիտ սպառնալիքներ էին կարդում: Բայց միակ ողորմելի արարածները, — որ այդ տաք վիճաբանությունների մեջ ձայն չունեին, որոնք գրազի ու շների մրցության առարկաներ էին դարձել, — էին ճորտերը, որ այժմ հեռվից զվարճությամբ նայում էին իրանց իշխանների վրա, և անհամբերությամբ սպասում էին, թե ե՞րբ կսկսվի հանդեսը, թեև այդ չարագուշակ հանդեսը վճռելու էր նրանց ամեն մեկի վիճակը և մի բռնավորի ձեռքից մյուս բռնավորի ձեռքն էր գցելու:

— Լա՛վ, լա՛վ, բավական է, ինչո՞ւ եք վիճում, — հանգստացրեց բոլորին մեծ պարոնի տիրուհին, — շուտով կտեսնենք, թե որը կհաղթե: Հիմիկվանից ինչո՞ւ եք միմյանց բողազը ծամում...

Այս միջոցում դրան սափրիչի որդու հետ, մառանի կողմից, հայտնվեցավ մեծ պարոնի մանկահասակ ժառանգը: Նա մի երիտասարդ էր մոտ քսանհինգ տարեկան, այն թեթևամիտ երիտասարդներից մեկը, որ աճում, բարձրանում են, միշտ տղա մնալով: Մայրը նրան տեսնելով, վեր թռավ իր նստած տեղից, և գրկելով որդուն, հարցրեց.

— Զավակս, դու ի՞նչ պիտի կռվացնես:

— Իմ լորը, դրա լորի հետ, — նա ցույց տվեց սափրիչի որդու վրա: — Իմը կհաղթե, անպատճառ կհաղթե, մայրիկ, տես, վանդակը այնտեղ եմ դրել, մառանի սեղանի վրա: Տերտերին էլ ասեցի, որ մի բան կարդա: Անպատճառ կհաղթե: Մի ամսից ավել է, որ նրան քիշմիշ եմ ուտացնում ես:

— Դուք ինչո՞վ գրազ եկաք, — հարցրեց մայրը, որին մեծ ուրախություն էր պատճառում որդու զվարճությունը:

Փոխանակ որդուն, պատասխանեց հայրը:

— Եթե սափրիչի որդու լորը հաղթելու լինի, ես խոստացել եմ նրան թավադություն տալ, իսկ եթե իմ որդու լորը հաղթելու լինի, չեմ իմանում, թե ինչ պիտի ստանա սափրիչի որդուց:

— Ի՞նչ պիտի ստանամ, — ասաց ժառանգը ծիծաղելով. — նա ի՞նչ ունի, որ ես մի բան ստանամ: Այս էլ բավական է, որ իմ լորը կհաղթե, և ոչինչ չեմ ուզում.

Մանկահասակ ժառանգի մեծահոգությունը զարմացրեց բոլորին. —Ղոչա՛ղ, ղոչա՛ղ... — ձայն տվեցին ամեն կողմից և սկսեցին ծափահարել:

Թ

Մրցությունները պիտի կատարվեին ճաշից հետո, այդ պատճառով մեծ պարոնը շտապեցրեց, որ ճաշը շուտ պատրաստեն:

— Տղերք, դարձավ նա դեպի թավադի որդիները, — դուք էլ օգնեցեք:

Դաշտային խոհանոցը շատ հեռու չէր նրանց նստած տեղից: Դրսում, բաց օդի տակ, ճաշ պատրաստելը վրացու համար, թե ազնվական լիներ նա և թե հասարակ գյուղացի, ամենամեծ զվարճություններից մեկն է: Ոչինչ այնքան բավականություն չէ պատճառում վրացուն, որպես իր ձեռքով եփելը և իր ձեռքով ուտելը: Թավադի որդիները, ձեռքերը մինչև արմունկները ծալած, վազեցին դեպի խոհանոցը: Լևանը սեղանի սփռոցը խլելով, բերեց, տարածեց գորգերի վրա. հետո վազեց, լավաշների ահագին կապոցը գրկելով, բերեց շարեց սեղանի շուրջը: Մեծ պարոնի ժառանգը կանաչեղենները տարավ և սկսեց լվանալ մերձակա աղբյուրի մեջ. այդ պատճառում էր նրա մորը չափազանց ուրախություն, որ իր որդին էլ մի բանով զբաղված է: Արչիլը խորովածի շամփուրները սկսեց դարսել կրակի վրա, անդադար այս սպասավորին, այն աղախնին ուշունցներ տալով, թե միսը մանր են կոտորել: Զաքարան խաշլամա միսը կաթսաներից դուրս էր տալիս, լցնում էր պղնձե պնակների մեջ, և մի կողմիցն էլ ինքը ճաշակելով, բարձր ձայնով բացականչում էր. «Ա՜խ, քո հոգուն մատաղ, ի՞նչ լավ եփվել է...»: Ալեքսին մեծ պարոնի մառանից բերած գինիները լցնում էր լիտրաների մեջ, նախապես ինքը բոլորի համը առնելով և ամեն մեկի հատկությունները առանձին-առանձին գովասանելով: Մեկ ուրիշը բոլոր ձայնով գոռում էր. «Աղը ո՞րտեղ է, ձեր տունը չքանդվի, աղ չկա, աղը մոռացել են շանորդիքը...»:

Սպասավորները, աղախինները, որոնք առաջ դաշտային խոհանոցի մոտ աշխատում էին, նկատելով, որ այդ զբաղմունքը բավականություն է պատճառում իրանց տերերին, ամենայն խոնարհությամբ թողնում էին շատ պատրաստություններ նրանց կատարելու: Այդ տեսնելով թավադի որդիների տիկինները, նրանց քնքուշ քույրիկները, իրանք էլ նախանձվեցան, սկսեցին մյուս կողմից այս և այն սպասավորությունը կատարել: Մի րոպեում բոլոր սեղանակիցները ոտքի վրա էին, և ընդհանուր շարժողության մեջ, մինը մյուսի ձեռքից գործը խլում էին: Մելանիան գինի խմելու եղջյուրներն էր մաքրում: Պառավ իշխանուհին, վերջացնելով իր երկար ու ձիգ խոսակցությունը Թամարի խորթ մոր հետ, անդադար հարցնում էր մեծ պարոնից. «Առաջ խորովա՞ծը լավ է որ տան, թե՞ խաշլաման»: Բայց երկուսն էլ մի վճռական եզրակացության չէին հասնում, որովհետև կարծիքները երբեմն թեքվում էին խորովածի կողմը, իսկ երբեմն՝ խաշլամայի կողմը: Թամարի խորթ մայրը պանիր էր դարսում փոքրիկ նալբաքիների մեջ: Անգործ չմնաց և մեծ պարոնի տիրուհին. այդ վերջինն էլ, որպեսզի մի բանով զբաղված լինի, դերիայի փեշերը վեր քաշած, նստած տեղում սոխ էր կոտորում, ինչի՞ համար, — ինքն էլ չգիտեր:

Մի քանի րոպեի մեջ սեղանը պատրաստ էր: Գինու լիտրաները շարված էին նրա շուրջը. լավաշների վրա դիզված էին խորովածի կույտեր. պղնձե պնակների մեջ լցված էր եփված խաշլաման: Այնտեղ կար մեծ քանակությամբ կարմիր ձու, որը զատկի հիշատակը պահպանելու համար դեռ մոռացված չէր. այնտեղ կար խաշած ձուկ, որ շրջակայքի ձկնորսները ընծա էին բերել մեծ պարոնին:

— Ո՞ւր են օրիորդները, ոչ մեկը չէ երևում, — իր շուրջը սայելով, հարցրեց տիրուհին:

— Երևի գնացել են զբոսնելու, — պատասխանեց պառավ իշխանուհին. – նրանց հասակում մենք էլ էինք մոռանում հացն ու գինին և շուտ սեղանի մոտ չէինք գալիս:

— Տղերք, այժմ նստեցեք, — ձայն տվեց մեծ պարոնը. – խորովածը սառչում է:

Թավադի որդիները շարվեցան սեղանի շուրջը ինչպես որ պատահեց. նրանց հետ խառն նստեցին և տիկինները: Նրանք վեր էին առնում միսը, և հում կանաչեղենների հետ փաթաթելով լավաշի մեջ, ուտում էին: Կարծես այդ հասարակությունը դեռ գտնվում էր մարդկային կենցաղավարության այն շրջանի մեջ, երբ մարդը դեռ չէ մոռացել խոտ ուտելը, իսկ նոր է սովորում եփած մսի գործածությունը:

— Ձեզ տոլուբաշի ընտրեցեք, — ասաց մեծ պարոնը:

— Արչի՜լը, Արչի՜լը... բարով կառավարեք, Արչիլ, — աղաղակեցին ամեն կողմից, լեցնելով իրանց եղջյուրները:

Կանանց հասարակությունը բողոքեց Արչիլի ընտրության դեմ, որովհետև նա սաստիկ խիստ էր և ձայն տվեց Լևանի ընտրության մասին: Վիճաբանությունը տևեց մի քանի րոպե, վերջապես Արչիլը ձայների մեծամասնություն ստացավ: Այդ սաստիկ վիրավորեց պառավ իշխանուհուն, որը ցանկանում էր Լևանին տոլուբաշի տեսնել: Տոլուբաշին սեղանի միապետն է. բոլորի ճաշակը, բոլորի ախորժակը կախված է նրա կամայականությունից:

— Սազանդարները թող գա՜ն, — հրամայեց տոլուբաշին:

Սպասավորները վազեցին նվագածուներն կանչելու, և մի քանի րոպեից հետո զուռնաչիների, նաղարաչիների խումբը պատրաստ էր սեղանի մոտ:

— Դե, մի լավ քոռօղլի ածեք, — հրամայեց տոլուբաշին:

Նվագածուները սկսեցին ածել քոռօղլու եղանակով: Ուխտավորների հետաքրքիր բազմությունը, լսելով զուռնայի ձայնը, ամեն կողմից մոտ վազեցին, և նստելով խոտերի, քարերի վրա, սկսեցին խորին հոգեզմայլությամբ լսել և մեծ բավականությամբ թամաշա անել, թե որպես էին զվարճանում երկրի տերերը:

Իշխանական սեղանից փոքր-ինչ հեռու, մատուռի շուրջը, այստեղ և այնտեղ, մերկ գետնի վրա նստած էին հասարակ մահկանացուներ և իրանց գերդաստանի հետ վայելում էին իրանց աղքատիկ ճաշը: Նրանք ուրախ էին այնքանով ևս, որ գոնե հեռվից լսում են մեծ պարոնի զուռնայի ձայնը:

Իսկ տոլուբաշին խիստ վերևից սկսեց կենաց բաժակները: Նախ հրամայեց խմել աստուծո կենացը, հետո Հիսուսի կենացը, հետո Քրիստոսի կենացը (նա Հիսուս-Քրիստոսին առանձին-առանձին անձնավորություններ էր համարում). դրանցից հետո հրամայց խմել մեծ պարոնի կենացը: Նվագածուները դեռ շարունակում էին քոռօղլու եղանակով.

— Եղջյուրները լցրե՛ք, — հրամայեց տոլուբաշին:

Բոլորը հնազանդվեցան նրա հրամանին:

— Այդ էլ խմում ենք մեր տիրուհու կենացը:

— Բայց սպասեցեք, մեծ պարոնը պիտի պար գա: Համեցեք, — դարձավ նա դեպի մեծ պարոնը:

Բոլորը, եղջյուրները ձեռքներին բռնած, սպասում էին: Մեծ պարոնին թեև փոքր-ինչ անվայել էր բազմության առջև պար գալ, բայց ի՞նչ պետք էր անել, տոլուբաշիի հրամանն էր, պետք էր կատարել, ուր մնաց, որ խմվում էր նրա թանկագին տերուհու կենացը: Նա վերկացավ:

— Լեկզեվար ածեցե՛ք, — հրամայեց տոլուբաշին նվագածուներին:

Նրանք սկսեցին լեկզեվար ածել: Բազմությունը այժմ ավելի մոտեցավ իշխանական սեղանին: Ամեն կողմից ամբոխը վրա էր թափվում:

Եթե սուրբ գիրքը տալիս է մեզ մի հետաքրքիր օրինակ, թե ինչպես Դավիթը, Իսրայելի մարգարեն և թագավորը, ներշնչված մի սրբազան ոգևորությամբ, պար էր գալիս տապանակ ուխտի առջև, — ոչ սակավ հետաքրքիր էր տեսնել, թե ինչպես վրաց երկրի տերն ու իշխանը, Կախեթու գինու ազդեցության ներքո, սկսեց իր պարը: Հազարավոր ձեռքեր ծափ էին տալիս, բազմաթիվ զուռնաներ և նաղարաներ որոտում էին: Այդ միջոցին սեղանակից տիկիններն էլ վեր առին իրանց մոտ դրած դայիրաներն ու թմբուկները, սկսեցին ածել: Նվագարանների հնչյունների հետ միախառնվում էին և հիացած բազմության խառնաձայն աղաղակերը, կազմելով խիստ անախորժ, վայրենի ներդաշնակություն:

— Բավակա՛ն է, — հրամայեց տոլուբաշին:

Նվագարանները դադարեցին, և մեծ պարոնը բոլորին գլուխ տալով, նստեց իր տեղը: Գինու եղջյուրները դատարկվեցան:

Տիրուհու կենացը խմելուց հետո տոլուբաշին հրամայեց խմել ժառանգի կենացը: Այժմ պիտի պար գար նրա մայրը: Տիրուհին հայտնի էր որպես լավ պար եկող: Նրան սիրեց, նրա հետ ամուսնացավ մեծ պարոնը միայն նրա լավ պար գալու համար. թեև այժմ մարմնի չափազանց ծանրությունը արգելում էր նրան առաջվա թեթև պտույտները գործել իր պարի մեջ: Այսուամենայնիվ, տիրուհին այս անգամ ևս զարմացրեց բոլորին իր հիանալի պարով:

Նվագածուները շարունակում էին ածել զանազան եղանակներ: Կենացների հերթը հետզհետե անցնում էր սեղանակիցների մեկից մյուսին: Տոլուբաշին ոչ մեկի «խաթրը չէր կոտրում». յուրաքանչյուրի կենացը խմելու ժամանակ հրամայում էր ածել և ստիպում էր սեղանակիցներից մեկին կամ պար գալ կամ երգել: Այսպես, թավադի որդիները համ ուտում էին, համ խմում էին, համ երգում էին, համ պար էին գալիս: Այդ չէր արգելում նրանց երբեմն վերկենալ նստած տեղից, վազել դեպի դաշտային խոհանոցը, կրակի վրայից վեր առնել խորովածի երկու տաք շամփուրներ, և երկու ձեռքով բռնած, ուրախ-ուրախ բերել, և բոլորին «թավազա» անելով, ասել.

— Համեցե՛ք, համեցե՛ք, ի՛նչ լավն է...

Մյուսները ձեռքները մեկնում էին, շամփուրից դուրս էին քաշում խորովածը, և արյունը ու յուղը կաթկթելով, դնում էին իրանց բերանները, ասելով.

— Փա՛հ, փա՛հ, փա՛հ... շա՛տ լավն է, շա՛տ լավը...

Թե այր և թե կին գտնվում էին անսահման բերկրության մեջ: Նրանց մեջ դադարել էր մտավորը, այժմ գործում էր միայն գրգռված զգացմունքը: Տոլուբաշին արդեն վերջացրած լինելով բոլորի կենացների խմելը, այժմ իրավունք տվեց սեղանակիցներին իրանց ընտրությամբ առաջարկել նոր կենացներ: Այդ կենացների ժամանակ, — որ կամավոր էին, որ զուրկ էին պաշտոնական բնավորությունից, — սովորություն կար, այն անձը, որի կենացը խմվում էր, պարտավոր էր «պռոշտի» անել բոլորի հետ: Այսպիսի բաժակները խմվում էին ըստ մեծ մասի գեղեցիկ սեռի կենացը:

— Բոլոր կնիկներից թույլ եմ տալիս ընտրել, բացի իմ կնկանից, — ասաց տոլուբաշին ծիծաղելով:

Մելանիան կարմրեց: Նրա ամուսին այրի հանաքը թելադրեց մեծ պարոնին առաջարկել հենց նախ գեղեցիկ Մելանիայի կենացը: Նա լիքը բաժակը ձեռին, շնորհալի կերպով վեր կացավ, և բոլորի հետ «պռոշտի» անելուց հետո, գլուխ տվեց և ապա խմեց:

— Այդ աստված կվեր առնի՞, որ իմ կնոջը իմ աչքի առջև համբուրում են, — ասում էր տոլուբաշին, ձեռքերը դեպի երկինք բարձրացնելով: — Եկ, Մելանիա ջան, մոտ եկ, քո հոգուն մատաղ, եկ ես էլ համբուրեմ, — աղաչում էր նա իր տիկնոջը: Բայց տիկինը չմոտեցավ նրան, անվայել համարելով հրապարակավ իր ամուսնի հետ համբուրվելը:

— Տեսնո՞ւմ եք, ի՛նչ «թարս» բաներ են այդ կնիկները, — ասում էր տոլուբաշին, այժմ ձեռքերը իր ծնկների վրա խփելով. — հրապարակավ ուրիշների հետ կհամբուրվեն, բայց իրանց ամուսնի հետ ամոթ կհամարեն:

Բոլորը ծիծաղեցին:

Այդ միջոցին Լևան թավադի որդին, իր շուրջը աչք ածելով, որոնում էր Թամարին: Նա մտածում էր առաջարկել նրա կենացը, որ դրանով առիթ ունենա իր վաղուց ցանկացած համբույրը քաղել նրա սիրուն շրթունքից: Բայց Թամարը չերևացավ, օրիորդներից դեռ ոչ մեկը չէր վերադարձել զբոսանքից: Նա առաջարկեց պառավ իշխանուհու կենացը, որը խիստ գոհունակությամբ վեր բարձրացավ իր տեղից և սկսեց իր չոր ու ցամաք շրթունքը կպցնել բազմականների շրթունքներին: Երբ մոտեցավ նա տոլուբաշուն, վերջինս ծիծաղելով ասաց:

— Եթե մի «խերով» բան լինեիր, ինձ մոտ չէիր գա:

Մինչ այստեղ երկրի պետերը զվարճանում էին, մինչ զուռնան և նաղարան որոտում էր, ուխտավորների բազմության մեջ, պարկապզուկը թևքի տակը դրած, դանդաղ քայլերով շրջում էր ժողովրդական բանաստեղծը: Ամենի մոտ ածում էր նա, ամենի մոտ երգում էր, և ամեն տեղ նրան տալիս էին կամ մի պատառ հաց, կամ սև փող: Նա իր շրջանը կատարելով, մոտեցավ իշխանական սեղանին, և որպես մարմնացած բողոք, սկսեց երգել:

Ճըտիկ, ճըտիկ, նախշուն փետրիկ, մեծացիր,
Քեզ կուտ կտամ, շուտ մեծացիր, չաղացիր,
Երբ գըզիրը տուրքը կուզե տարեկան,
Քեզ պարոնին ընծա կտամ պատվական:

Հորթիկ, հորթիկ, նախշուն մորթիկ, մեծացիր,
Քեզ խոտ կտամ, շուտ մեծացիր, չաղացիր,
Երբ գըզիրը տուրքը կուզե տարեկան,
Քեզ պարոնին ընծա կտամ պատվական:

Աղջիկ, աղջիկ, սիրուն աղջիկ, մեծացիր,
Քեզ հաց կտամ, շուտ մեծացիր, չաղացիր,
Երբ գըզիրը տուրքը կուզե տարեկան,
Քեզ պարոնին ընծա կտամ պատվական:

Եզիկ, եզիկ, իմ քաջ եզիկ, աշխատիր,
Վարը վարիր, ցանքը ցանիր, կալ կալսիր,
Երբ գըզիրը տուրքը կուզե տարեկան,
Ես պարոնին ընծա կտամ պատվական:

Կնիկ, կնիկ, սիրուն կնիկ, աշխատիր,
Մանը մանիր, կարը կարիր, շուտ պրծիր,
Երբ գըզիրը տուրքը կուզե տարեկան,
Ես պարոնին ընծա կտամ պատվական:

Աստղիկ, աստղիկ, փայլուն աստղիկ, խավարիր,
Ինձ քեզ մոտ տար, այս կյանքիցը ազատիր,
Շա՜տ գործեցի, վաստակեցա, հոգնեցա,
Իսկ պարոնիս գոհացնել ես չկրցա:

Նա ավարտեց իր երգը: Բայց ոչ ոք նրա վրա ուշադրություն չդարձրեց: Նրա քնարի տխուր հնչյունները խլացան, անհետացան զվարճասեր ազնվականների ընդհանուր աղմուկի մեջ...

Ժ

Կեսօրին բավական անցել էր արդեն: Ծառերի ստվերները դարձել էին դեպի արևելք: Սիկոն, մեծ պարոնի հովվապետը, իր երկայն ցուպը նեցուկ տված նույնպես երկայն իրանին, անշարժ արձանի նման կանգնել էր մի բարձրավանդակի վրա և այնտեղից արծվի աչքերով նայում էր դեպի հեռուն, ուր ուխտավորների բազմությունը դեռ ամբոխվում էր, դեռ խլրտվում էր մատուռի շուրջը: Կարծես, այդ հեռավորությունից նա որոշում էր բոլոր անձնավորությունները, ճանաչում էր բոլոր երեսները, ամեն մեկի հետ խոսում էր, և ամենին ողջունում էր, ասելով. «Ողորմած կենա...»: Այդ բարեպաշտական տեսարանը այն աստիճան գրավել էր ջերմեռանդ հովվին, որ նա ամենևին չէր նկատում իր սիրելի ոչխարներին, որոնք նրա շուրջը սփռված, մեծ ախորժակով արածում էին: Նա տեսավ մեկին, որ ձորի միջով անցնում էր:

— Դավիթ, Դավիթ, — գոչեց նա այնպիսի մի ձգական ձայնով, կարծես նրա ձայնը հազարավոր հնչյունների բաժանվելով, մինը մյուսին առաջ մղեցին և հասան մինչև Դավթի ականջները, որ բավական հեռավորության վրա, ձորի միջով գնում էր:

Նա դարձավ դեպի կոչող ձայնը և տեսավ հովվապետին բարձրավանդակի վրա կանգնած: Մի քանի վայրկյան մնաց իր տեղում անշարժ, դժվարանում էր վճռել, արդյոք գնա՞լ նրա մոտ, թե՞ շարունակել իր ճանապարհը, որի որ կողմ տանելն ինքն էլ չգիտեր: Նա ուղղեց իր քայլերը դեպի հովվապետը:

— Որտե՞ղ ես սատանայի նման կորել այսօր, չես երևում, — հարցրեց Սիկոն իր սովորական քնքշությամբ, — առավոտից ես քեզ, եմ տեսել:

Բայց Դավթի վրդովված սրտին, նույն րոպեում հազիվ թե կարող էին որևիցե ուրախություն պատճառել իր բարեկամի քնքշությունները. նա ոչինչ չպատասխանեց:

— Հասկանում եմ... — շարունակեց հովվապետը խորհրդավոր ձայնով. — գնացել էիր աղջիկներին մտիկ տալու, հա՞... հասկանում եմ... ես էլ քո հասակում աղջիկներից պոկ չէի գալիս...

— Ես ոչ մի տեղ չեմ գնացել, — պատասխանեց պատանին, և նստեց մի քարի վրա, այժմ միայն զգալով, որ սաստիկ հոգնած է:

Հովվապետը նույնպես նստեց նրա մոտ նույն քարի վրա:

— Ինչպե՞ս ոչ մի տեղ չես գնացել, — հարցրեց նա, — մի՞թե դու չգնացիր համբուրելու:

— Չգնացի, — պատասխանեց պատանին անուշադիր կերպով և սկսեց նայել բազմաթիվ կարմիր պողոճների վրա, որոնց սև բծերը ավելի էին հետաքրքրում նրան, քան հովվապետի հարցուփորձը:

— Դու չգնացի՞ր համբուրելու,-կրկնեց հովվապետը այժմ բավական բարկացած կերպով, — ուրեմն դու վրացու աստվածը, վրացու Հիսուս-Քրիստոսը, վրացու խաչն ու Ավետարանը, չե՞ս ընդունում:

Վերջին հարցերը շարժեցին պատանու ծիծաղը:

— Ընդունում եմ, — պատասխանեց նա. – վրացու աստվածը, Հիսուն Քրիստոսը, խաչն ու Ավետարանը միևնույնն է, ինչ որ հայերինն է:

— Ինչպե՞ս թե միևնույնն է. վրացու աստվածը ուրիշ է, հայինը ուրիշ է. վրացու Քրիստոսը ուրիշ է, հայինը ուրիշ է:

— Վրացու աստվածը վրացի է, հայինը հայ է, — նրա խոսքը կտրեց պատանին ծիծաղելով:

— Ապա, ի՞նչ ես կարծում. դրուստ այսպես է, — ասաց հովվապետը, զարմանալով պատանու լավ բացատրության վրա. – վրացու աստվածը վրացի է, հայինը հայ է. եթե չես հավատում, գնա մեր տերտերից հարցրու, նա էլ այդպես կասի:

— Գիտեմ, որ նա էլ այդպես կասի...-պատասխանեց պատանին, աշխատելով վերջ տալ հովվի աստվածաբանական քննություններին, որովհետև նրա ուշադրությունը դարձավ այդ րոպեում դեպի ձորը, որտեղից անց էին կենում մի խումբ աղջիկներ: Նա վեր կացավ:

— Ո՞ւր ես գնում, — հարցրեց հովվապետը:

— Գնում եմ համբուրելու... — ասաց պատանին ժպտելով, և աչքի տակով հետևելով աղջիկների խումբին:

Հովվապետը հալած յուղի տեղ ընդունելով պատանու խոսքը, և չհասկանալով նրա երկդիմի իմաստը, կարծեց, թե իրան արդեն հաջողվեցավ վրացու հավատքի բերել իր անհավատ օգնականին, և ֆանատիկոսի ուրախությամբ գրկելով նրան, ասաց.

— Գնա, զավակս, գնա՛, համբուրիր, ես այստեղ ոչխարները կպահեմ. թե փող չունես, փող էլ կտամ քեզ. մի զույգ մոմ առ, վառիր սեղանի վրա:

Այս ասելով, հովվապետը հանեց իր մախաղի միջից մի քանի սև փող և տվեց պատանուն: Դավիթը շնորհակալությամբ ընդունեց փողը և դիմեց դեպի մատուռը: Անցնելով ձորը, նա դուրս եկավ նեղ ճանապարհի վրա, որ տանում էր դեպի ուխտատեղը: Ճանապարհի վրա ոչ ոք չկար. նա տեսավ մի գոսացած մուրացկան, որ ծնկների ու ձեռքերի վրա սողալով, քարշ էր գալիս դեպի ուխտավորները:

— Ո՞ր կողմից, եղբայր, — հարցրեց նրանից պատանին:

— Քաղաքից, — պատասխանեց մուրացկանը և շարունակեց սողալ:

— Ինչո՞ւ այսպես ուշ, — հարցրեց պատանին, սաստիկ խղճահարությամբ:

— Այդ ոտներով շատ հեռու չես գնա, — ասաց մուրացկանը, ցույց տալով տախտակից շինված հողաթափերը, որ հագել էր ձեռքերի թաթերի վրա:

Պատանին ձգեց նրան հովվապետից ստացած սև փողերը և հեռացավ: Նա դուրս եկավ դեպի մատուռը տանող նեղ ճանապարհից և մտավ այն ձորի մեջ, որ կողմից մի քանի րոպե առաջ անցավ աղջիկների խումբը: Նրանք շատ չէին հեռացել. ամեն մի ծաղիկ, ամեն մի թիթեռնիկ, ամեն մի վտակ իր պայծառ, ուրախաձայն հոսանքով գրավում էր, հրապուրում էր, նրանց իր մոտ էր կանչում: Պատանին այժմ այնքան մոտացել էր, որ կարողանում էր հեռվից ճանաչել նրանց: Թամարը Սալոմեի հետ առանձնացած, գնում էին բոլորովին բաժանված ամբողջ խմբից: Պատանին, կարծես, լսում էր նրանց ձայնը և հասկանում էր նրանց խորհրդավոր քրթմնջոցը: Բայց իսկապես նա ոչինչ չէր լսում. միայն նրա սրտում խոսում էր Թամարի սերը: Նա մտավ թուփերի մեջ, որ չնկատվի: Սկսեց մի կողմից կամաց-կամաց հետևել նրանց: Խիտ մացառների միջով անցքը բավական դժվարին էր: Նա չէր նկարում, թե որպես պատառոտվում էր իր հագուստը. նա չէր զգում, թե որպես թփերի փշոտ ոստերը զարկվում էին իր երեսին: Նա երջանիկ էր և գոհ, որ գոնե հեռվից տեսնում է Թամարին:

Աղջիկների խումբը դիմում էր դեպի Կուրի ափը. այդ ձորը տանում էր ուղիղ դեպի գետի կողմը: Նրանք ցանկանում էին նայել հորդացած գետի վրա, ցանկանում էին տեսնել, թե որքան բարձրացել է այս տարի Կուրը: Ի՞նչ զվարճություն էին գտնում հեղեղատի պղտոր ալիքների մեջ: Պատանին, չդուրս գալով իր դարանից, շարունակում էր հետևել նրանց:

Այդ միջոցին մատուռի մոտ արդեն սկսվում էին մրցությունները: Բազմությունը հավաքվել էր մի հարթ տափարակի վրա: Դուրս էին բերել մեծ պարոնի և Արչիլ թավադի որդու խոյերը:

— Ետ քաշվեցեք, ետ քաշվեցեք, — ձայն էին տալիս բազմությանը:

Բազմությունը ետ քաշվեցավ և հարթ տափարակի վրա բացվեցավ հրապարակի նման մի տեղ: Նրա միջնավայրում կանգնեցրել էին երկու խոյերը միմյանցից փոքր-ինչ հեռու: Ազնվականները շրջապատել էին նրանց: Բազմությունը հեռվից նայում էր: Խոյերի աչքերը դեռ կապված էին: Ծառաները բաց արին նրանց աչքերը, և երկու ախոյանները իսկույն տեսնելով միմյանց, արձակեցին մի խուլ, որոտաձայն մռնչյուն: Մեծ պարոնը կանգնած էր իր խոյի կողմում, իսկ Արչիլ թավադի որդին կանգնած էր իր խոյի կողմում: Նրանք չվստահելով ծառաների հմտության վրա, սկսեցին իրանք կարգադրություններ անել: Խոյերը անհանգիստ կերպով տատանվում էին, այս կողմ և այն կողմ էին հարձակվում, աշխատելով իրենց շղթաները կտրել, որ պինդ բռնված էին ծառաների ձեռքում, բայց չէին կարողանում: Այդ արգելքը ավելի զայրացրեց նրանց:

— Ես մոտ եմ բերում, Արչիլ, — ձայն տվեց մեծ պարոնը:

— Ես էլ մոտ կբերեմ, — պատասխանեց նա, — միայն կամաց-կամաց, չթողնեք, որ հարձակում գործե:

Յուրաքանչյուր կողմից խոյերին սկսեցին կամաց-կամաց մոտ տանել, մինչև բոլորովին հասան միմյանց: Երկու ախոյանները նախ սկսեցին հոտոտել միմյանց, հետո մեծ պարոնի խոյը անցավ Արչիլի խոյի զավակի կողմը. վերջինը անպատվություն համարելով այդ, իսկույն շուռ եկավ և իր եղջյուրով խթեց նրա կողքը: Այդ սաստիկ կատաղեցրեց մեծ պարոնի խոյին, որ նույն կերպով պատասխանեց նրան:

— Այժմ ետ քաշեցեք, — ձայն տվեց մեծ պարոնը, ինքը բռնելով իր խոյի շղթայից և մի քանի քայլ հեռացնելով:

Արչիլը նույնպես ետ տարավ իր խոյին: Երկու ախոյանները կանգնած էին միմյանց հանդեպ, տասն քայլ հեռավորության վրա: Նրանք այն աստիճան զայրացած էին, որ այժմ կարելի է նրանց շղթաները բաց անել, ազատ թողնել, որ հարձակումներ գործեն:

Առաջին հարձակումը թույլ էր: Նրանցից հետո իրանք՝ խոյերը հետ-հետ քաշվեցան և, ռումբի արագությամբ վազելով միմյանց վրա, գլուխ գլխի և եղջյուր եղջյուրի զարկեցին: Չորս կողմից լսվում էին քաջալերական ձայներ: —Ա՜յ, դոչաղ, այ, դոչաղ, ասում էր մեծ պարոնը իր խոյին: Նույն խրախույսներով ոգևորում էր Արչիլը իր խոյին:

Խոյերը կրկին հետ-հետ քաշվեցան, և այժմ ավելի լայն տարածության վրա կանգնելով, կրկին մի ավելի սաստիկ հարձակում գործեցին, ճակատ ճակատի զարկելով: Եթե քար լիներ նրանց գլուխների փոխարեն, կարող էր իսկույն փշրվել, բայց նրանք, կարծես, ամենևին ցավ չզգալով, շուտով բաժանվեցան նոր հարձակում գործելու համար:

— Մերը կհաղթե, — ասաց տիրուհին մեծ պարոնին, — Արչիլի խոյը այս անգամ փոքր էր մնում, որ պիտի ցած գլորվեր:

— Այդ ձեր աչքերին այնպես երևաց, տիրուհի, — պատասխանեց Արչիլը, որ ավելի էր կատաղած, քան թե իր խոյը, — շուտով կտեսնենք, թե որը կհաղթե:

Այդ միջոցին խոյերը կատարեցին երրորդ հարձակումը և այնուհետև նաղդաները սկսեցին ավելի արագ և շուտ-շուտ կրկնվել: Բայց երկու անասուններն ևս դեռ մնում էին անպարտելի: Նրանք այժմ ավելի հեռանում էին միմյանցից, որպեսզի իրանց հարձակման թափը ավելի ուժգին, ավելի սաստիկ և ավելի սարսափելի լինի:

Բայց բազմության ուշադրությունը այժմ դարձավ դեպի մի ուրիշ կողմ: Գետի եզերքից լսելի եղան խառնաձայն աղաղակներ. «Խեղդվեցա՜վ... խեղդվեցա՜վ»... — գոչում էին հեռվից:

— Ո՞վ էլ կուզի, թող խեղդվի, ես պիտի վերջացնեմ կռիվը, — ասաց մեծ պարոնը, նորից խրախույսներ տալով իր խոյին:

Բազմությունը սկսեց վազել դեպի գետի կողմը: Բայց ազնվականները դեռ շրջապատել էին խոյերին և անհամբերությամբ սպասում էին կռվի վախճանին:

«Խեղդվեցա՜վ... Թամարը խեղդվեցա՜վ»...— այժմ սկսեց պարզ լսելի լինել:

— Վա՜յ, սև հազնեմ... Թամա՜րը... — գոչեց տիրուհին, վազ տալով դեպի գետի կողմը:

Մի քանի քայլ հեռանալով, նրա ծնկները թուլացան և ընկավ գետնի վրա: Բոլոր տիկինները, նրան նույն դրության մեջ թողնելով, շտապեցին դեպի գետեզրը: Այժմ մեծ պարոնն էլ Արչիլի ու մյուս ազնվականների հետ փութացին օգնության հասնելու:

Գետը կատաղած էր: Հարյուրավոր մերկ մարդիկ լողում էին պղտոր ալիքների մեջ և որոնում էին անբախտ աղջկա դիակը: Ազնվականները ապշած, սարսափած, չգիտեին, թե ի՞նչ պետք էր անել: Լևան թավադի որդին երեխայի նման լաց էր լինում: Թամարի խորթ մայրը անիծում էր «անզգամին»: Պառավ իշխանուհին աղոթում էր: Մեծ պարոնը իր ձեռքի գավազանով ծեծում էր գյուղացիներին, հայհոյանքներ էր արձակում, հրամայելով, որ ջուրը մտնեն, թեև առանց նրա հրամանին ևս հարյուրավոր մարդիկ ջրի մեջ էին: Այնքան ազնվականներից միայն Արչիլը, ուշադրություն չդարձնելով իր կնոջ՝ Մելանիայի աղաչանքին, մերկացավ և նետվեցավ գետի մեջ, գուցե կարող լիներ ազատել խեղդվողին:

Թամարի հետ զբոսնող օրիորդներից մի քանիսը ուշաթափ էին եղած, և ընկել էին այստեղ ու այնտեղ, իսկ մի քանիսը, որ ավելի պինդ սիրտ ունեին, վազելով հասան ազնվականների մոտ, և արտասուքը աչքերում պատմում էին, թե որտեղից և ինչպես նա ընկավ գետը: Բոլորը շվարած լսում էին: Ափերից բազմությունը գոռում, գոչում էր, ձայն էր տալիս լողորդներին, հասկացնելով, թե գետի որ կողմերում պետք էր որոնել: Ոմանք ջրասույզ շների նման սկում էին, ջրի տակն էին մտնում, ոմանք տարվում էին սրընթաց հոսանքի հետ:

Այդ ընդհանուր տոսկումի և իրարանցման րոպեում, մեծ եղավ բոլորի զարմանքը, երբ տեսան մի լողորդ, ջրի տակից դուրս գալով, իր հետ բերում էր մի դիակ: Նա մի ձեռքով կոհակների հետ կռվելով, մյուսով բռնած ուներ դիակը, աշխատում էր մոտենալ ափին: Այդ միջոցին ալիքների մի նոր հորձանք, ուժգին վրա տալով, երկուսին էլ տարավ դեպի հատակը: Մի քանի վայրկյանից հետո կրկին հայտնվեցավ նա ջրի երեսին, դիակը բռնած ունենալով ձեռքին: Ամեն կողմից լսելի եղան ցնծության աղաղակներ: Մյուս լողորդները շտապեցին նրան օգնության հասնել: Բայց մինչև նրանց հասնելը, նա դուրս եկավ ափի մոտ և անշնչացած մարմինը դրեց ցամաքի վրա:

— Կեցցե՜ Դավիթը, կեցցե՜... — գոռաց ամբողջ բազմությունը:

ԺԱ

Մցխեթի բոլոր ջաղուկները, ժողովրդական պառավ բժիշկները, որոնք բարեբախտաբար այնօր ուխտավորների մեջ էին գտնվում, հավաքվեցան Թամարի մարմնի շուրջը: Նրանց հետազոտությունից երևաց, որ օրիորդը բոլորովին խեղդված չէր: Նրա երակը դեռ զարկում էր և թույլ շնչառությունը իսպառ խափանված չէր: Իրանց կախարդական և բժշկական բոլոր հնարները գործ դնելուց հետո, օրիորդին այնպես ուշաթափ, մի պատգարակի վրա դնելով, տուն տարան:

Ժողովրդի մեջ զանազան կերպով էին բացատրում Թամարի հետ պատահած դժբախտությունը: Իսկ թավադների շրջանի մեջ խոսում էին, թե օրիորդին բռնությամբ ցանկանում էին կնության տալ Լևանին, որին նա ատում էր, և հուսահատությունից մտածեց ջրախեղդ լինել: Միևնույն ժամանակ ավելացնում էին, թե օրիորդը ծածուկ սիրում էր «մեկին», որի հետ ամուսնանալ չէր կարող. իսկ ո՞վ էր այդ «մեկը», — ոչ ոք չգիտեր:

Թամարի հետ զբոսնող օրիորդները նույնպես այլ և այլ կերպով էին պատմում անցքը. մի քանիսը ասում էին, թե նա ինքն իրան գետը գցեց, մյուսները ասում էին, թե անզգուշությունից ընկավ: Սալոմեն, որ նրա մոտ էր դժբախտությունը պատահելու րոպեում, պատմում էր, թե օրիորդը մոտեցավ գետեզրին, նայում էր ջրի վրա, հանկարծ գետեզրի այն մասը, որի վրա կանգնած էր նա, փուլ եկավ, և նա գլորվեցավ գետի մեջ: Այդ տեղը բավական բարձր էր ջրի մակերևույթից, երևում էր, որ տակից ջրով ողողված էր: Նա ավելացնում էր, թե ինքն էլ անպատճառ միևնույն դժբախտությանը կհանդիպեր, եթե ուղիղ Թամարի մոտ կանգնած լիներ:

Սալոմեի պատմությունը ամենից ճիշտն էր և ավելի հավանական, մանավանդ, որ պատանի Դավիթը հաստատում էր միևնույնը: Նա թաքցնելով նպատակը, որ բերեց իրան օրիորդների խմբի մոտ, մնացած պատմությանը այս ձևն էր տալիս. թե ինքը թփերի մեջ որոնում էր մի ոչխար, որ այնօր կորել էր. հանկարծ նրա ականջին հասավ օրիորդների արձակած ճիչն ու աղաղակը, վազեց դեպի այն կողմը. տեսավ Թամարի գետը ընկնիլը, իսկույն նետվեցավ ջրի մեջ. նրան բռնեց ուղիղ այն ժամանակ, երբ տակավին ջրի տակը չէր խորասուզված և կարողացավ երկար պահել մակերևույթի վրա: Եվ եթե չհաջողվեց իսկույն դուրս հանել, պատճառն այն էր, որ գետի այն տեղումը հոսանքը սաստիկ սրընթաց էր:

Ինքը Թամարը, երբ մի քանի օրից հետո բոլորովին ուշի եկավ, ոչինչ չէր հիշում, ոչինչ պատմել չէր կարողանում, թե ինչպես պատահեց իր հետ վտանգը: Նա բախտավոր էր համարում իրան նրանով միայն, որ ազատվեցավ Դավթի ձեռքով, և այն օրից իր անձը համարում էր նրա սեփականություն, և այն օրից պատանին բոլորովին պաշտելի դարձավ նրան:

Մեծ պարոնը և նրա տիրուհին Թամարին պատահած դժբախտության առաջին օրը, միանգամայն զբաղված լինելով իրանց հիվանդով, բոլորովին մոռացել էին նրա ազատչին: Երկրորդ օրը, թեև հիվանդը դեռևս իրան լավ չէր զգում, մեծ պարոնը իր դրանիկներից մեկին ուղարկեց կանչելու Դավթին: Նրան գտան ոչխարների հոտ մոտ, իր հովվական հագուստով: Երբ հայտնեցին, թե մեծ պարոնը կանչում է, պիտի վարձատրե նրան, այդ միջոցին բարեսիրտ Սիկոն, ուրախության արտասուքը աչքերում, գրկեց պատանուն, ասելով.

— Դե՛, հիմա գնա, աստված բարի ճանապարհ տա, ես քեզ միշտ ասում էի, որ վերջը թավադ կդառնաս. տեսա՞ր, կատարվեցավ իմ խոսքը:

Այդ խոսքերը այն աստիճան անկեղծ, սրտաշարժ էին, որ պատանին նույնպես չկարողացավ զսպել իր արտասուքը, և համբուրելով իր բարեկամի ձեռքը, ասաց.

— Ես ավելի ուրախ կլինեի, սիրելի Սիկո, եթե ինձ թողնեին միշտ քեզ մոտ մնալ, միշտ քեզ հետ լինել այս լեռների մեջ:

Հովվապետը նրան ճանապարհ դրեց, բավական հեռանալով իր հոտից: Երբ բաժանվում էին, դարձյալ գրկեց պատանուն, ասելով.

— Տե՛ս, Դավիթ, չմոռանաս Սիկոյին:

— Շուտ-շուտ քեզ մոտ կգամ, Սիկո, — պատասխանեց նրան պատանին բարեկամական մտերմությամբ, — քեզ չեմ մոռանա:

Մեծ պարոնը նստած էր իր պալատի սրահում, որի ճակատը բաց, առջևից ցած վանդակապատով կտրած, մի ծածկոց էր. այդ կացուցանում էր նրա ամառային դիվանատունը: Այնտեղ մերկ հատակի վրա, որ ծեփած էր հասարակ կավով, դրված էր մի մեծ թախտ, կոշտ-կոպիտ շինված անգույն փայտից, և ծածկված պարսկական գորգով ու մի քանի բարձերով: Նրա վրա նստած էր մեծ պարոնը իր անբաժան խորհրդականների հետ: Այնտեղ էր տիրուհին, այնտեղ էր Թամարի խորթ մայրը, որոնց մեկը նստած էր մեծ պարոնի աջ կողմում, իսկ մյուսը՝ ձախ կողմում: Նրանցից ներքը շարված էին Արչիլը, Լևանը, Զաքարա և Ալեքսի թավադի որդիները: Ժառանգը այդ ժամանակ, նրանց աչքի առջև, բակում խաղ էր անում մի փոքրիկ եղջերուի հետ, որ նրան ընծա էին բերել: Բակում ման էին գալիս մի քանի հնդկահավեր և աղբերի միջից ճճիներ, պողոճներ էին որոնում: Նրանց արուն փքված, կնճիթը երկարացրած, թևքերը գետնին քսելով, սիրային ախորժ հոգեզմայլության մեջ պտտվում էր իր նազելի էգերի շուրջը, երբեմն իր կոկորդային կռնչյունով աղմկելով բակի գերեզմանական լռությունը:

— Ձեր հնդկահավերն անցյալ տարի չավելացա՞ն, — հարցրեց Լևանը, որ վաղուց մի առարկա էր որոնում տիրուհու հետ խոսելու համար:

— Չավելալցան, — պատասխանեց տիրուհին հոգվոց հանելով. – Կեկելի աչքը քարը կծակե (նրա խոսքը պառավ իշխանուհու մասին էր). անցյալ տարի ոտը կոտրվեր ու այստեղ չգար. մտավ բակը, տեսավ երկու տասնից ավելի ճտեր բակումը ման էին գալիս. «Վո՜ւյ մե, ասաց, այդ ի՜նչ սիրուն ճտեր են». նրանից հետո խեղճ ճտերը մինը մյուսի ետնից սկսեցին սատկել:

Այդ միջոցին մեծ պարոնի մարդիկը ներս մտան, իրանց հետ բերելով Դավթին: Պատանին համարձակ կերպով առաջ եկավ, և գլուխ տալով, կանգնեց փայտյա վանդակապատի առջև, որ բաժանում էր բակը սրահից:

— Աստված է վկա, լա՜վ տղա է երևում, — խոսեց Արչիլը, ոտքից ցգլուխ նայելով պատանուն:

— Հա՜յ է... — ասաց Լևանը, այնպիսի մի արհամարհական եղանակով, կարծես, հայը լավ լինել կարող չէր: Նրա սիրտը ծակում էր այն նախանձը, թե ինչո՞ւ այդ «հայը» կարողացավ ազատել Թամարին, իսկ ինքը ոչինչով չկարողացավ օգնել նրան:

— Հայ է, բայց դոչաղ տղա է, — պատասխանեց տիրուհին, որին դուր չեկավ Լևանի նկատողությունը:

— Հայ էլ կա, հայ էլ կա. ամեն հայ խո մեկը չէ՞, — պատասխանեց Զաքարա և Ալեքսի թավադի որդիները: Նրանք միշտ միասին էին խոսում:

Իր խորհրդականների հիշյալ նկատողությունից մեծ պարոնը արդեն բավական նպաստավոր գաղափար կազմվեց Դավթի վերաբերությամբ, և դառնալով նրան, ասաց.

— Դու մահից ազատեցիր Թամարին, Դավիթ, ասա՜, ի՞նչ ես ցանկանում, որ ես տամ քեզ քո քաջության փոխարեն:

— Ես ձեր ողջությունն եմ ցանկանում, մեծ պարոն, — պատասխանեց պատանին սյունեցու համարձակությամբ: — Ես ինձ այսքանով ևս բախտավոր են համարում, որ կարողացա մի փոքրիկ ծառայություն անել իմ տիրոջը:

Մեծ պարոնի բոլոր խորհրդականները զարմացած միմյանց երեսին նայեցին: Պատանու համեստ, խելացի պատասխանը բոլորին հաճո թվեցավ, բացի Լևանից: Նրանք չէին կարող երևակայել, որ մի հայ, որ մի հովիվ ընդունակ լիներ այսպես խոսելու:

— Պահանջիր, որդի, ինչ որ ցանկանում ես, ես կտամ քեզ, — կրկնեց մեծ պարոնը:

Պատանին իսկույն չպատասխանեց: Նա մտածում էր՝ չոքել իր տիրոջ առջև, նրա ոտները համբուրել և հայտնել նրան, թե ինքը սիրում է Թամարին և Թամարն էլ սիրում է իրան. թե աշխարհի բոլոր փառքը, բոլոր հարստությունը իր աչքում արժեք չունեն, միայն թե Թամարը իր կինը լիներ: Բայց նա այդ չխոսեց. նա իրան դեռ այնքան անարժան էր համարում, որ Թամարի մասին մտածելն անգամ թվում էր նրան չափազանց անհամեստություն:

— Մեծերի կամքը սուրբ է, — պատասխանեց պատանին, երբ մեծ պարոնը մյուս անգամ դարձավ նրան. – ինչ որ շնորհելու լինի իմ տերը, ես գոհ կլինեմ և աղոթող նրա թանկագին կյանքի համար:

— Աստված է վկա, այդ տղան լավ տղա է, — դարձյալ խոսեց Արչիլը: — Երկար հարցուփորձ պետք չէ, Դավիթը թավադության արժանի է, — ավելացրեց նա:

— Արժանի է, — կրկնեց տիրուհին, հաստատելով Արչիլի խոսքը: — Պանդուխտ է, օտարական է, այստեղ ոչ ոք չունի, ես նրան կվերառնեմ մեր տանը, որպես իմ որդու ընկեր և նրա դաստիարակ: — Տեսնո՞ւմ եք, ի՛նչ խելացի տղա է. այսքան խելք մեր վարդապետներն էլ չունեն:

Պատանին հովվի օգնականից հանկարծ դարձավ մեծ պարոնի ժառանգի ընկեր և դաստիարակ, մի քանի խելացի պատասխանների պատճառով, որ նա դուրս էր բերել Տաթևի վանքից: Նրա ուրախությանը չափ չկար, թեև նա զգուշությամբ թաքցրեց: Ոչ թավադությունը և ոչ էլ ժառանգի հետ ընկերակցությունը չէին հրապուրում նրան: Նա ուրախ էր այն անսպասելի բախտով, որ պիտի ընդունվի մի տան մեջ, ուր բնակվում է Թամարը:

Պատանու ուրախությունը նկատեց միայն Թամարի խորթ մայրը, որին հայտնի էին Դավթի սիրային հարաբերությունները օրիորդ հետ: Եվ նա, որ մինչև այն րոպեն լուռ էր, արդարացրեց տիրուհու ցանկությունը, ասելով.

— Այդ լավ կլինի, շատ լավ կլինի, եթե այս տղային կընդունենք մեր տան մեջ: Ես էլ իմանում եմ, որ Դավիթը շատ խելացի տղա է. նա մինչև անգամ գրել կարդալ էլ իմանում է:

Վրացու կինը իր խելքով միշտ բարձր է տղամարդից. այդ իսկ պատճառով կանանց վճիռը իսկույն իրագործվեցավ: Մեծ պարոնը հրամայեց տանել պատանու հագուստը փոխել և իր հանդերձարանից նրան լավ խալաթներ ընծայել: Հետո նա հրամայեց գրել Դավթի թավադության հրովարտակը, որպեսզի, իբրև ազնվական, նա արժանավորություն ստանա մտնել իր դրանիկների կարգը և ընդունված լինել պալատում:

Բայց ի՞նչ սատանայական խորամանկություն էր, որ դրդեց Թամարի խորթ մորը համաձայնվել տիրուհու հետ, — այդ մենք կտեսնենք հետո: Իսկ Դավթի հրովարտակը գրելու համար դեռ բավական դժվարություններ կային: Այնտեղ, դիվանատան մեջ նստած խորհրդականներից և ոչ մեկը գրագետ էր: Մեծ պարոնի քարտուղարը, նրա միակ գրագիրը՝ Գաբրիել սարկավագը այնտեղ չէր: Իսկ Գաբրիելին գտնելը նույնպես հեշտ բան չէր: Մարդ ուղարկեցին նրան որոնելու:

Գաբրիելին գտան մի գյուղացու խրճիթում, գինու լիտրան կշտին դրած, նստել էր:

— Կգրեմ, ցավդ տանեմ, կգրեմ, ասում էր նա տանտիրոջը, — մի այնպիսի գիր գրեմ, որ եթե քարի վրա դնես, քարը կճակե:

Գաբրիելի հրաշալի գիրը, որ պիտի քարը ծակեր, շարժեց տանտիրոջ ուրախությունը, որը շնորհակալությամբ դարձավ դեպի սարկավագը, ասելով.

— Գրի՛ր, ցավդ առնեմ. կինս մեկ շաբաթից ավել գժվածի նման է, գլխումը խելք չի մնացել:

— Ո՞րտեղից խելք մնա, — գոչեց պառկած հիվանդը ցնցոտիների տակից, — մեռնում եմ, մեռնում...

Հիվանդի միայն ատամն էր ցավում և ծնոտի մի կողմը փոքր-ինչ ուռած էր: Գաբրիելը մի այնպիսի զորավոր գիր պիտի գրեր, որը կապելով ծնոտի վրա, համ ուռուցքը պիտի խափանվեր, համ էլ ատամի ցավը պիտի կտրվեր:

Երբ Գաբրիելը լսեց, որ իրան պալատում կանչում են, վերկացավ, տանտիրոջը ասելով.

— Երեկոյան գիրը կբերեմ, ցավդ առնեմ, բայց տասներկու հատ ձու պիտի պատրաստ ունենաս, մինչև չստանամ չեմ տա, առանց դրան չի լինի: Նա ուշադրությամբ շարժեց գինու լիտրան, և նկատելով, որ միջի հեղուկը բոլորովին սպառվել է, դուրս եկավ գյուղացու խրճիթից և սկսեց դիմել դեպի պալատը:

Գաբրիլի հայտնվելը պալատում շարժեց ընդհանուր ծիծաղ:

— Էլի գլորվում է Գաբրիելը, — նկատեց Արչիլը, նրան հեռվից տեսնելով:

— Եթե այդ հարբեցը չունենար, նրա հատը ողջ Վրաստանում չէր գտնվի, — ասաց մեծ պարոնը. — անիծածը ծովի չափ գիտություն ունի: Ի՞նչ ասես, որ նա չէ կարդացել. Սաղմոս, «Ղարամանիանի», մինչև անգամ «Վեփրիս տըղավոսանի»: Քանի օր առաջ մի նամակ էի ստացել Աբխազեթից, վանքի բոլոր վարդապետներին կանչել տվի, բոլորն էլ էշի նման կանգնեցին, մնացին. ոչ մեկը կարդալ չկարողացավ. հենց որ Գաբրիելը առեց ձեռքը, ջրի պես վազեց:

Գաբրիելը գլուխ տվեց, և որպես վայել էր պալատի քարտուղարին, բարձրացավ, նստեց թախտի վրա:

— Դե՛, Գաբրիել, գրիչդ ու թանաքամանդ քոքիր, — ասաց նրան մեծ պարոնը, — գրելու բան ունես:

Գաբրիելը պղնձե թանաքամանը, գոտիի մեջ խրած, միշտ պատրաստ էր: Նրան ման էր ածում իր հետ քարտուղարը ոչ միայն իբրև ապացույց իր անհուն գիտության, այլ առավել որպես նշան այն բարձր պաշտոնի, որ նա վարում էր պալատում: Նա ուներ ճիշտ այն թանաքամանների ձևն ու նմանությունը, որ մինչև այսօր գործ են ածում Էրզրումի և Վանի կողմերի հայերը: Նրա երկայն, խողովակաձև փողի մեջ կային եղեգնյա գրիչներ, գրչահատ և փոքրիկ պղնձե գդալ՝ մեջը ջուր ածելու համար: Այդ թանաքամանը, որ գուցե երկրորդն էր ամբողջ Մցխեթի մեջ, մեծ պարոնը ընծա էր ստացել մի տեղից և իր կողմից ընծայել էր քարտուղարին:

Որովհետև ամիսների ընթացքում հազիվ էր պատահում մի բան գրել, այդ պատճառով Գաբրիելի թանաքամանը միշտ ցամաք էր լինում: Այդ հանգամանքը բոլորին ծանոթ լինելով, Թամարի խորթ մայրը, առանց խնդրելու, վեր կացավ և մի ամանով ջուր բերեց, որ նա ածե թանաքամանի մեջ: Թեև այդ գործողության համար թանաքամանի խողովակի մեջ փոքրիկ գդալ կար, բայց Գաբրիելը գործը ավելի հեշտացնելու համար ձեռքը կոխեց ջրի ամանի մեջ և բռնեց թանաքամանի վրա. թրջված մատերից ջուրը սկսեց կաթկաթել նրա մեջ: Այնուհետև թրջված ձեռքը սրբեց իր փարաջայի փեշով:

Թանաքամանը կազմ և պատրաստ էր. մնում էր եղեգնյա գրիչներից մեկի բթացած ծայրը սրել. երբ այդ աշխատությունն էլ վերջացավ, քարտուղարը մի առանձին հպարտությամբ դարձավ դեպի ատյանը, ասելով.

— Հիմա թուղթ տվեցեք, որ գրեմ:

Այդ ամենադժվար խնդիրն էր. թղթի մասին դեռ ոչ ոք չէր մտածել: Ամբողջ պալատում ման եկան, ամեն տեղ որոնեցին, ոչ մի պատառ թուղթ չգտան: Հետո ուղարկեցին վանքը. այնտեղ էլ չգտնվեցավ: Բայց վանահայրը այնքան հնարիմաց էր, որ մեծ պարոնի մարդուն ձեռնունայն հետ չդարձրեց. նա կտրեց մի հին գրչագիր գրքի կազմից մի թերթ մագաղաթ և ուղարկեց:

Հրովարտակների գրելու ձևը Գաբրիելը «հայր մերի» նման անգիր գիտեր. հարկավոր էր միայն հարցնել անունը, հոր անունը, մնացածը նրան հայտնի էր: Պատանի Դավթին կանչել տվին հոր անունը հարցնելու համար: Այժմ լվացված, հագնված, զարդարված Դավիթը այլևս առաջվա հովիվ Դավիթը չէր: Նա իր նոր հագուստի մեջ երևում էր մի վայելչահասակ, շնորհալի պատանի, որ իսկույն իր վրա դարձրեց բոլորի ուշադրությունը:

— Քրիստոս վկա, այդ տղան հենց մորից ծնված է թավադ լինելու համար, — գոչեց Արչիլը ծափահարելով:

Արչիլի ենթադրությունը սխալ չէր. Դավիթը իսկապես ազնվական ծագումից էր, թեև ինքը չգիտեր այդ: Նա տոհմակից էր Սյունյաց երկրի Օրբելյանների հետ, բայց նրա հայրը աղքատանալով, հասարակ գյուղացիների կարգն էր ընկել:

Քարտուղարը մագաղաթի թերթը դրեց մի կտոր տախտակի վրա, և տախտակը դնելով իր ծնկի վրա, այսպիսով կազմվեցավ նրա գրասեղանը: Սկսեց գրել: Որքան և վարժ էր նա գրելու մեջ, այսուամենայնիվ, մի քանի ժամ տևեց, մինչև ավարտեց իր գործը: Երբ բոլորովին պատրաստ էր, սկսեց կարդալ միևնույն ձայնով, միևնույն եղանակով, որպես կարդում էր նա եկեղեցում ավետարանը: Հետո մագաղաթի թերթը իր թանաքամանի հետ դրեց մեծ պարոնի առջև: Մնում էր կնքել նրան: Մեծ պարոնը մատը թաթախեց թանաքամանի մեջ, նրանով մրոտեց իր մեծ, քառանկյունի կնիքը, որ մի թելով միշտ կախ տված ուներ գոտիից, և կնքեց հրովարտակի ճակատը: Նրանից հետո ինքը քարտուղարը, Արչիլը, Լևանը, Զաքարա և Ալեքսի թավադի որդիները, — Վրաստանի այդ հինգ առաջնակարգ պետական մարդիկը, — վավերացրին իշխանական հրովարտակը իրանց կնիքներով:

— Եկ, զավակս, — ասաց մեծ պարոնը, դառնալով դեպի պատանին և մագաղաթի թերթը մեկնելով նրան. – բարով վայելես:

Դավիթը մոտեցավ, չոքեց մեծ պարոնի առջև և, նրա հագուստի դրոշակը համբուրելով, ընդունեց հրովարտակը:

ԺԲ

Ես համառոտ կերպով անցա իմ պատմության այն մասը, թե Վրաստան գալուց հետո որպիսի հանգամանքներ նպաստեցին Դավիթ բեկին մտնել իր ասպարեզի այն շավղի մեջ, որ բնական ճանապարհով տարավ նրան դեպի առաջադիմություն և մինչև վրաց մեծ պարոնի երկրորդականը լինելու բարձր աստիճանին հասցրեց նրան: Այժմ կրկին վերադառնալով մեր վեպի ընդհատված տեղը, տեսնենք, թե ինչ կարգադրություններ արեց Դավիթ բեկը իր բարեկամ Ստեփաննոսի նամակը ստանալուց հետո:

Նամակաբերի եկած գիշերվա առավոտյան պահուն Մխիթար սպարապետը, փաթաթված իր երկայն յափունջի մեջ, միայնակ դիմում էր դեպի Բեկի տունը: Խուլ փողոցների մեջ ոչ ոք չէր երևում. բոլորը անձրևի տարափից քաշվել, մտել էին իրանց խրճիթները: Նա գնում էր մեծ անհամբերությամբ: Բեկի արած խոստումը, թե առավոտյան կպատմե նրան Աղասու գալստյան «գաղտնիքը», սաստիկ հետաքրքրում էր նրան: Ի՞նչը կարող էր բերել այդ սյունեցուն վրաց երկիրը, մտածում էր նա, ի՞նչ գործ կարող էր ունենալ այդ ծածկամիտ երիտասարդը Բեկի հետ: Եվ ինչո՞ւ գիշերը, մինչ Բեկի բոլոր հյուրերը ուտում էին, խմում էին, ուրախանում էին, ինքը Բեկը այնպես տխուր էր և զտնվում էր, կարծես, մի տեսակ անհանգիստ մտատանջության մեջ: Անպատճառ պետք է մի բան լինի և գուցե խիստ կարևոր բան, մտածում էր նա, փութացնելով իր քայլերը դեպի Բեկի տունը, և անցնելով ցեխով պատած փողոցների միջով:

Մխիթար սպարապետը բնիկ սյունեցի էր, տեղային մի հին, իշխանական տոհմից շառավիղած: Նա Վրաստանում ոչ մի պաշտոն չուներ և ոչ կամենում էր ընդունել: Թե ինչո՞ւ համար այդ երևելի վարատականը թողել էր իր հայրենիքը, — ոչ ոք չգիտեր: Նրա կյանքի պատմությունը ծածկված էր խորին մթության մեջ: Մցխեթում ապրում էր նա որպես մի օտարական հյուր և խիստ մոտ հարաբերություններ ուներ վրաց մեծ պարոնի հետ: Նրա տարիքը քառասունևհինգից հազիվ անցած կլինեին: Միջակ հասակով, թիկնավետ, բարեկազմ մարդ էր սպարապետը, առյուծի խրոխտալի դեմքով, որ ազդում էր նայողի մեջ երկյուղ և պատկառանք: Նրա անունը այլապես չեն արտասանում մեր պատմագիրները, առանց ավելացնելու «քաջ» կամ «այր անպարտելի» խոսքերը:

Նա Բեկի տան բակում գտավ պառավ Քեթևանին, որ իր առաջակալի մեջ սիմինդրի հատիկներ լցրած, գնում էր դեպի ախոռատունը՝ հավերին կուտ տալու:

— Բարի լույս, Քեթևան, — ասաց նա, մոտենալով պառավին, — Բեկը քնա՞ծ է, թե վեր է կացել:

— Աստծու բարին ձեզ, — պատասխանեց պառավը, շվարած կերպով կանգնելով: — Ի՞նչ ասեմ, իմ տեր, աստված գիտե, քնած է, թե արթուն է: Գիշերը ձեր գնալուց հետո նա եկավ անքուն մնաց. մինչև առավոտ ճրագը վառվում էր: Հետո կանչեց ինձ, ասաց. «Քեթևան, ես ուզում են մի փոքր հանգստանալ, ով որ գալու լինի, ինձ չզարթեցնեք, իսկ եթե սպարապետը գալու լինի, զարթեցրեք»: Հիմա դուք եկաք:

— Այո՛, ես եկա, դու խո տեսնում ես, որ եկա, դե, գնա զարթեցրու, իմ սիրելի Քեթևան, — ասաց սպարապետը, երբ տեսավ, որ պառավը տեղից չէ շարժվում:

— Կգնամ, ցավդ տանեմ, կգնամ, — ասաց պառավը, իր քայլերը ուղղելով դեպի ախոռատունը, — թող այդ կուտը առնեմ հավերին տամ, հետո կգնամ, ցավդ առնեմ:

— Իսկ ես այս անձրևի տակ կանգնած պիտի սպասե՞մ, սիրելի Քեթևան, — հարցրեց սպարապետը, փոքր-ինչ վրդովվելով:

— Ինչո՞ւ եք սպասում, ցավդ առնեմ, եկեք ինձ հետ, տանենք կուտը տանք, այնտեղ հավերի մոտ ծածկված է, չեք թրջվի, ցավդ առնեմ:

Սպարապետը նկատելով, որ պառավը կամենում էր դեռ առաջ հավերին մի ծառայություն անել տալ և հետո զարթեցնել Բեկին, այլևս չսպասեց, մտավ նրա ընդունարանը: Ընդունարանից, որի հետ ծանոթ է մեր ընթերցողը, մի նեղ դուռ տանում էր դեպի Բեկի ննջարանը, որը միևնույն ժամանակ վրաց առաջին պետական մարդու կաբինետն էր: Սպարապետը մի քանի անգամ բախեց դուռը: Շուտով հայտնվեցավ շեմքի վրա Բեկը: Նրա հոգնած, գունաթափ դեմքից երևում էր, որ նա ամբողջ գիշերը կամ ամենևին քնած չէր, կամ փոքր-ինչ նիրհել էր միայն առանց հանվելու:

— Դու հիվա՞նդ ես, ի՞նչ է պատահել քեզ, — հարցրեց սպարապետը հետ-հետ քաշվելով. — դու ամենևին քեզ նման չես:

— Ներս եկ, այստեղ ավելի լավ է, — խոսեց Բեկը, կարծես չլսելով, թե ինչ հարցրին իրանից: — Նստիր այստեղ, ոչ ոք չի խանգարի մեզ: — Նա ցույց տվեց փոքրիկ թախտը, որի վրա պառկում էր ինքը:

Սպարապետը չհանգստանալով, դարձյալ հարցրեց. – քեզ հետ, երևի, մի վատ բան է պատահել:

— Ոչինչ բան չի պատահել, միայն գիշերը անքուն եմ անցկացրել: Նստիր, — ասաց նա, կրկին ցույց տալով թախտը:

Ննջարանը տախտակից շինված փոքրիկ սենյակ էր, որի մի հատիկ լուսամուտը բացվում էր դեպի պարտեզը: Դրսում օրը բոլորովին անպամած լինելով, նեղ լուսամուտից ծագած աղոտ լույսը բոլորովին անզոր էր վանելու սենյակի մթությունը:

— Դու, կարծեմ, ինչ որ ասելու ունեիր ինձ, — հարցրեց սպարապետը, նստելով թախտի վրա:

— Այդ մարդը ինչո՞ւ համար է եկել: — Նրա վերջին հարցը Աղասու մասին էր:

— Կարդա այդ նամակները, հետո կխոսենք, — ասաց Բեկը, տալով նրան Աղասու բերած նամակները, իսկ ինքը դուրս գալով ննջարանից: Նա իր ծառաներից մեկին կանչեց, կանգնեցրեց ընդունարանի դռանը, պատվիրելով, որ ոչ ոքին ներս չթողնե:

Սպարապետը մոտեցավ լուսամուտին, սկսեց կարդալ: Նրա դեմքը, նամակների բովանդակության համեմատ, ընդունում էր երբեմն տխուր, երբեմն ուրախ, երբեմն բարկացկոտ արտահայտություն: Եթե նա լիներ տաքարյուն, շուտ հափշտակվող մարդերից, երբ Բեկը կրկին վերադարձավ իր ննջարանը, կգրկեր նրան և համբուրելով կասեր. «Այլևս ո՞ր օրվանն ենք սպասում, գնանք»... Բայց նա խիստ սառնասրտությամբ նամակները մի կողմ դնելով, ասաց.

— Այժմ հասկանում եմ, թե ինչու գիշերը անքուն ես անց կացրել... — և միևնույն ժամանակ նրա խորախորհուրդ աչքերի մեջ շողաց ուրախության նման մի բան:

Որքան սպարապետը խոհեմ, բազմափորձ, զգույշ և խոր մտածող մարդ էր, այնքան Բեկը սկզբից երկար մտածել չէր սիրում: Նա մտածում էր գործը սկսելուց հետո, բավականանալով մի քանի անհրաժեշտ նախապատրաստություններով միայն: «Գործը գործ ցույց կտա» — դրա մեջն էր նրա գործելու եղանակի բուն գաղտնիքը: Եվ հետևելով իր սովորությանը, նա մի առանձին վեհությամբ կանգնեց սպարապետի առջև, և անձնավստահ ժպիտը երեսին, ասաց.

— Գնա՛նք, բարեկամ, հայրենիքը կոչում է մեզ...

Սպարապետը իսկույն չպատասխանեց, որովհետև այդ միջոցում աղմուկի ձայն լսվեցավ:

— Դա անպատճառ Բայինդուրը կլինի, — ասաց Բեկը, շտապելով դուրս գալ ննջարանից նրան ընդունելու համար:

— Նրա մոտ կարո՞ղ ենք խոսել, — հարցրեց սպարապետը:
— Ինչո՞ւ չէ: Նա զեվզեքություններ անել սիրում է, միայն դատարկ բաների վերաբերությամբ, բայց ծանրակշիռ հարցերում նա սաստիկ ծածկամիտ է:
Հանգստացնելով սպարապետին, Բեկը դուրս եկավ Բայինդուր իշխանին ընդունելու համար: Նա տեսավ՝ պարսից թագավորի «բաթման ղլիճը» բռնել էր իր ծառայի ականջից, և ձիգ տալով, նրա գլուխը կպցրել էր գետնին, երեսը շփում էր ցեխի մեջ, ասելով.
— Էլ մյուս անգամ չհամարձակվես ասել Բայինդուրին, թե Բեկը ոչ ոքի չէ ընդունում:
Տեսնելով Բեկին, ասաց նրան.
— Գիշերը այստեղ շունը առաջս կտրեց. հիմա էլ այդ անպիտանը. մեկը մյուսից ոչնչով պակաս չեն. բայց երկուսն էլ լավ խրատվեցան. թող դրանից հետո գնան իրանց հանգուցյալ հորը խաբար տանեն, թե պարսից թագավորի «բաթման ղլիճը» ինչպես վարվել գիտե մարդերի հետ:
Այդ խոսքերը մրթմրթալու միջոցին, նրա աչքը ընկավ Բեկի երեսին:
— Ինչո՞ւ ես ռեխդ այդպես թթվացրել, — հարցրեց նրանից. – չլինի՞ թե վատ երազ ես տեսել: Այնտեղ ո՞վ կա, — նա ձեռքը մեկնեց դեպի ննջարանը:
— Ոչ ոք, սպարապետն է միայն: Գնանք, — ասաց Բեկը, նրա ձեռքից բռնելով:
— Ճշմարիտ, չգիտեմ, թե ինչո՞ւ այդ մարդու երեսը տեսնելիս, ինձ միշտ թվում է, թե տերտերի առջևը չոքած, ես խոստովանում եմ իմ հին ու նոր մեղքերը, պատմում եմ իմ երևելի ու աներևույթ հանցանքները:
— Լավ, գնանք, շատ դուրս մի տար, — ասաց Բեկը ծիծաղելով,-եթե երկար կմնաս այստեղ, անձրևը բոլորովին կթրջե քեզ:
Անձրևը դեռ մաղվում էր: Բայինդուր իշխանը դեռ կանգնած էր բակում և ջուրը նրա զանգրահեր յափունջու մազերից առատությամբ կաթկթում էր: Նա ներս մտավ ընդունարանը, յափունջին կախեց մի ցցից, որ ցամաքի, հետո մտավ Բեկի ննջարանը: Տեսնելով այնտեղ սպարապետին լուռ մտախոհության մեջ, ասաց նրան.
— Շատ մի մտածիր, շուտ կպառավես. աշխարհը հիմա գժերին է պատկանում. «Ով չուստ, նա կուշտ»:
Սպարապետը ոչինչ չպատասխանեց, միայն նայեց նրա երեսին և ծիծաղեց: Իսկ «բաթման ղլիճը», մի քննական հայացք ձգելով փոքրիկ սենյակի շուրջը, ասաց նրանց.
— Էլի ինչո՞ւ եք մտել այդ ծակը, էլ ի՞նչ սատանաներ ունիք նայելու:
— Նստիր, շատախոս, համբերություն ունեցիր,-ասաց նրան սպարապետը, ձեռքիցը բռնելով և քարշ տալով դեպի թախտը, որի վրա ինքը նստած էր: — Ես զարմանում եմ, թե դու ինչպե՞ս ես համբերել քո մոր արգանդում:
— Հովնան մարգարեն ինչպե՞ս երեք օր մնաց ձուկի փորում, իսկ ես, կարծեմ, նրանից ավելի չեմ մնացել, — պատասխանեց նա, նույնպես ծիծաղելով և նստելով սպարապետի մոտ:
Բեկը դեռ ոտքի վրա էր. նա դարձավ իր հյուրերին, հարցնելով, թե չէի՞ն ցանկանա մի փոքրիկ նախաճաշիկ անել:
— Ես բոլորովին խումար եմ, — ասաց նրան իշխանը, — գլուխս տրաքում է այս գիշերվա շատ խմելուց. ինձ առաջ խումարությունից դուրս բերեք, հետո ինչ որ տալու լինեք, կուտեմ:
Բեկը ձեռքերը թափահարեց և նրա ծափ տալու ձայնից ծառան ներս մտավ:
— Մի շիշ արաղ տվեք մեզ, — հրամայեց ծառային:
— Ոչ, ոչ, — նրա խոսքը կտրեց իշխանը, — դրանց ձեռքով բերված արաղը ինձ խումարությունից չի հանի. թող այն քածերից մեկը բերե:
— Դու հավիտյան այսպես ջահել կմնաս... — նկատեց նրան սպարապետը փոքր-ինչ կծու հանաքով:
— Ինչո՞ւ, պառավ ձին գարի չի՞ ուտի, — պատասխանեց իշխանը առանց վիրավորվելու: — Ես սրտով միշտ ջահել կմնամ և այդ ապրելու ամենախելացի եղանակն է կյանքի մեջ:

Այդ միջոցին Քեթևանի հարսներից մեկը, Դարոն, արաղի շիշը ձեռին մի փոքրիկ ֆինջանի հետ ներս բերեց: Պարսից թագավորի «բաթման ղլիճը» ստիպեց նրան, որ իր ձեռքով լցնե ֆինջանը և իրան տա: Դարոն կատարեց հրամանը, և իշխանը մեծ ախորժակով խմելով, ասաց.

— Հիմա գլուխս կարգի կընկնի. խումարությունս անցավ:

Բեկը իր կողմից հրամայեց Դարոյին, որ նախաճաշիկի համար ձվածեղ պատրաստեն: Երբ մանկահասակ կինը հեռացավ, Բայինդուր իշխանը բավական լրջամիտ դեմք ընդունելով, որ ամեննին սազ չէր գալիս նրան, դարձավ դեպի Բեկը, հարցնելով.

— Ես ինչ-որ բանի հոտ եմ առնում. դրուստն ասեցեք, ի՞նչ կա: Այստեղ, վաղ առավոտյան, սպարապետը, քնահարամ եղած, եկել, նստել է, այնտեղ, ախոռատնում, մի այունեցի անծանոթ երիտասարդ է պահված. խոսեցնում ես, խոսեցնում ես, մի բառ անգամ չես կարող դուրս քաշել սատանայի լակոտի բերնից, կարծես, սիրտը անտակ ծով լինի. ամեն բան խորասուզվում է, ամեն գաղտնիք թաքնված է այնտեղ...

Թե Բեկը և թե սպարապետը հասկացան, որ իշխանը նախքան իրանց մոտ գալը, ախոռատնում տեսնվել է Աղասու հետ: Եվ որովհետև իրանց մեջ արդեն վճռել էին, որ նրան ևս մասնակից անեն իրանց խորհրդին, այդ պատճառով տվեցին նրան Աղասու բերած նամակները կարդալու:

Նա մոտեցավ լուսամուտին և սկսեց լրջությամբ կարդալ: Զարմանալի փոփոխություն այդ միշտ ուրախ, միշտ անհոգ և կատակներ սիրող մարդու մեջ: Ընթերցանության ժամանակ նա մի քանի անգամ խորին կերպով հոգոց հանեց, մի քանի անգամ արձակեց խուլ հառաչանքներ, հետո նրա աչքերը լցվեցան արտասուքով: Վիթխարի հսկան, երկաթի մարդը սկսեց երեխայի նման լաց լինել: Նրա սիրտը այնքան փափուկ էր, նրա զգացմունքները այն աստիճան ազնիվ էին, որ չէր կարող դիմանալ, կործանվող հայրենիքի մահվան բոթը այդ նամակների մեջ նկարագրված տեսնելով: Նա հանկարծ վեր թռավ նստած տեղից և իր թուրը պատյանից դուրս քաշելով, դրեց Բեկի ոտների մոտ, ասելով.

— Ահա քո խոնարհ ծառան դնում է իր թուրը քո ոտների մոտ, առաջարկելով իր ծառայությունը: — Գնա՛նք, ես պատրաստ եմ. հայրենիքը կոչում է մեզ:

Բեկը գրկեց նրան և համբուրեց: Այնուհետև երկար ու երկար նրանք խոսում էին և խորհում այն բոլոր կարգադրությունների ու նախապատրաստությունների մասին, որ պետք էր գործ դնել նախքան Վրաստանը թողնելը:

ԺԳ

Միևնույն ավուր ուշ-գիշերային պահուն Դավիթ բեկի ննջարանը լուսավորված էր յուղային ճրագով, որ դրած էր փայտյա աշտանակի վրա: Թախտի վրա նստած էր Բեկը, իսկ նրա մոտ գերեվաճառ Սաքուլը: Տան բոլոր դռները կողպված էին: Ծառաները, սպասավորները, աղախինները, բոլորը քնած էին: Ամբողջ տունը մրափում էր խորին, խաղաղական լռության մեջ:

Գերեվաճառի մոտ մի ամանի մեջ դրած էր գինի, որից երբեմն իր ձեռքով ածում ու խմում էր, կարծես, կոկորդը թրջելու համար, որպեսզի ավելի դյուրություն ունենա շարունակելու իր երկարուձիգ խոսակցությունը:

— Ես, — ասում էր նա, — Դաղստանում այնպիսի անուն եմ ստացել, որ թե մեծը և թե փոքրը բոլորը իմ անունով են երդում ուտում: Այստեղ միայն այդ անպիտան վրացիները չեն հարգում Սաքուլին: Իսկ այնտեղ, Դաղստանի իմամի հետ, ես ծունկ ծնկի կպցրած եմ նստում:

— Այդ բոլորին հավատում եմ, Սաքուլ, — ասաց նրան Բեկը, դու այն ասա՛, թե իմամը ի՞նչ ազդեցություն ունի Դաղստանում:

— Այն ազդեցությունն ունի, որ եթե մատը բարձրացնելու լինի, ամբողջ Դաղստանը էշի նման կզռա: Նրանից մեծ էլ ո՞վ կա այնտեղ: Նա բոլոր լեզգիների թե հոգևոր և թե մարմնավոր գլուխն է: Ամենքը աստծու նման պաշտում են նրան:

— Կռիվներ սիրո՞ւմ է:

— Եթե առաջարկեին ջրի տեղ արյուն գործածել, նա կընտրեր այդ վերջինը:

Այդ բոլորը, ինչ որ հարցնում է Բեկը, իրան ավելի լավ հայտնի էր, քան թե Սաքուլին, միայն նա կամենում էր գերեվաճառի կարծիքը հասկանալ:

— Այդ բոլորը շատ լավ, — առաջ տարավ Բեկը. – ուղիղն ասա՛, Սաքուլ, դու հայոց ազգը, հայոց երկիրը սիրո՞ւմ ես:

— Այդ ի՞նչ հարցնելու բան է, հերօրհնած, իհարկե սիրում եմ, — պատասխանեց գերեվաճառը այնպիսի մի զարմացումով, որքան կզարմանար նա, եթե մեկը հարցնելու լիներ. «Դու այդ առջեդ դրած գինին սիրո՞ւմ ես», թեև գինու մասին նա ավելի պարզ, ավելի որոշ գաղափար ուներ, իսկ հայոց ազգի և հայոց երկրի մասին ոչինչ գաղափար չուներ:

— Ինչո՞վ ես սիրում, — հարցրեց Բեկը:

— Ինչո՞վ պետք է սիրեմ, իմ կյանքում ոչ մի անգամ հայոց պասը չեմ կերել, ես հայ եմ ծնվել, ինձ մկրտել են հայոց եկեղեցում. նույն եկեղեցում ամեն տարի հաղորդվում եմ ես. նույն եկեղեցում ես պսակվեցա, նույն եկեղեցին կտանեն իմ մարմինը, երբ կմեռնեմ. այնտեղ իմ մեղքերի համար պատարագ կմատուցանեն և այնտեղից քահանան կտանե ինձ թաղելու: Հիմա տեսնո՞ւմ եք, ես որքա՛ն սիրում եմ:

Այդ սիրով այն աստիճան հափշտակվեցավ Սաքուլը, որ լցրեց գինու բաժակը և լուռ անուշ արեց, գուցե իր մտքում օրհնելով այն ազգի կյանքը, որին սիրում էր:

Իսկ Բեկը նկատելով, որ գերեվաճառը «հայոց ազգ», «հայոց երկիր» բառերը չէր որոշում եկեղեցուց ու նրա կրոնական արարողություններից, — հենց այդտեղից պինդ բռնեց նա:

— Տեսնում եմ, սիրելի Սաքուլ, որ դու շատ ես սիրում հայոց եկեղեցին, որի մեջ դու մկրտվել ես, հաղորդվել ես, պսակվել ես, որի մեջ պիտի տարվի քո մարմինը մեռնելուց հետո, որի մեջ քո մեղքերին թողություն կլինի, երբ հայոց քահանան քո հոգու համար պատարագ կմատուցանե: Բայց դու գիտե՞ս, որքա՛ն շատ են քո մեղքերը և եկեղեցին որքա՛ն մեծ բարերարություն է անում քեզ, որ սրբում, մաքրում է նրանց:

— Գիտե՛մ... գիտե՛մ... – հոգվոց հանելով պատասխանեց գերեվաճառը, — գիտեմ որքան շատ են իմ մեղքերը...

Երևելի չարագործը գիտեր՝ որքան շատ էին իր մեղքերը, նա իր կյանքում ամեն տեսակ եղեռներ գործած էր: Եվ որպես վաճառական, որ ամեն բանի վրա շահի կետից է նայում, նա հասկանում էր, թե որքան շատ պարտական է հայոց եկեղեցուն, որ մաքրում էր նրա հոգու ախտերը, որ ազատում էր նրան դժոխքի կրակից: Եվ այդ բոլորը կատարում էր եկեղեցին համարյա ձրի, համարյա թե առանց վարձատրություն կամ փոխարինություն պահանջելու: Մի քանի շահիներ տալով տերտերին, կարելի էր նրա մոտ խոստովանել, հաղորդվել, նրան պատարագ մատուցանել տալ: Դա խիստ էժան բան էր Սաքուլի կարծիքով. մի քանի շահիներով նա գնում էր մի քանի հազարների մեղքեր: Կարելի էր մեկին կողոպտել, մյուսին խաբել և հազարներ վաստակել, բայց փոխարենը չոքել տերտերի առջև, «մեղա» ասել, և սրբված, մաքրված դուրս գալ եկեղեցուց: Ինչո՞ւ չսիրել մի այսպիսի եկեղեցին:

Բեկը աշխատում էր իսկույն օգուտ քաղել Սաքուլի այդ ջերմեռանդությունից, որ ծնուցել էր եղեռնագործի մեջ ոչ միայն լոկ կույր հավատ դեպի եկեղեցին, այլ մի տեսակ նախանձախնդրություն ևս դեպի նրա թշնամիները, մի տեսակ սեր ևս դեպի նրա հաստատությունը:

— Ի՞նչ կանեիր, Սաքուլ, եթե մեկ մարդ հայոց եկեղեցին, որը դու այնքան սիրում ես, կպղծե, նրան անասունների ախոռատուն կշինե, նրա սրբությունները կկողոպտե և իր կնոջ համար զարդեր կշինե, նրան քարուքան կանե ու իր տան շինվածքի համար կբանեցնե, նրա միջի ժամն ու պատարագը կարգելե. – ի՞նչ կանեիր, հարցնում եմ քեզանից, դու այդ մարդուն:

— Ես նրան կսպանեի:

— Ես էլ կսպանեի, Սաքուլ: — Իսկ եթե այդ չարագործությունները կատարողը մի մարդ չէ, այլ մի ամբողջ ժողովուրդ է, այն ժամանակ ի՞նչ կանեիր:

— Ես կաշխատեի այդ ժողովրդին ոչնչացնել:

— Շատ լավ, ես էլ նույնպես կվարվեի, Սաքուլ: — Բայց դու կարո՞ղ ես մի ամբողջ ժողովուրդ ոչնչացնել:

Սաքուլը մի քանի վայրկյան մտածեց և ոչինչ չգտավ պատասխանելու: Հանկարծ մի նոր գյուտ արած մարդու նման ուրախությամբ ասաց.

— Ես, իհարկե, մինակ չէի կարող ոչնչացնել, բայց ես հնարներ կմտածեի:

— Այդպես է, սիրելի Սաքուլ, ես էլ հնարներ կմտածեի: — Բայց դու ճանաչո՞ւմ ես մի ժողովուրդ, որ այդպես վատ է վարվում մեր հավատի, մեր եկեղեցու դեմ:

— Ես չեմ ճանաչում մի այդպիսի ժողովուրդ, — ասաց Սաքուլը. — ես Թիֆլիսից այն կողմը չեմ տեսել:

Սաքուլը ճշմարիտ էր ասում. նա Թիֆլիսից այն կողմը, դեպի Հայաստան երբեք չէր գնացել, և բնավ տեղեկություն չուներ ոչ միայն Հայաստանում բնակվող օտար ազգերի մասին, այլ նույնիսկ հայերի մասին: Նա ծանոթ էր Վրաստանի և Կովկասի լեռնաբնակների հետ միայն: Այդ պատճառով Բեկը ստիպվեցավ մանրամասնաբար պատմել նրան, թե Թիֆլիսից այն կողմը կա մի ընդարձակ աշխարհ, որ Հայաստան է կոչվում, թե այդ երկիրը հայոց բնիկ հայրենիքն է, հայերը մի ժամանակ այնտեղ թագավորություն ունեին, իսկ այժմ տիրում են այնտեղ մահմեդական պարսիկներն ու թյուրքերը: Հետո նկարագրեց հայերի թշվառ դրությունը մահմեդականների ձեռքում, և ամենասրտառուչ կերպով, որքան կարող էր ազդել Սաքուլի քարացած սրտի վրա, պատմեց, թե որպիսի բարբարոսություններ են գործ դնում մահմեդականները հայոց կրոնի և եկեղեցու դեմ:

— Ահա՛ դա է այն ժողովուրդը, որի մասին խոսում ենք, Սաքուլ, — ասաց Բեկը իր պատմությունը վերջացնելուց հետո: — Հիմա կարո՞ղ ես մի հնար մտածել այդ մահմեդականներին ոչնչացնելու համար:

Սաքուլը ձեռքը տարավ դեպի ճակատը, մի քանի անգամ շփեց նրան, գուցե իր գլխից մի միտք կարողանա դուրս բերել, բայց ոչինչ չգտավ: Հետո լցրեց գինու բաժակը, խմեց, իր մտածության ընդունակությունը ավելի զորացնելու համար, բայց դարձյալ ոչինչ հնար ցույց տալ չկարողացավ:

— Իմ խելքումը ոչինչ չէ գալիս, — ասաց նա երկար մտածելուց հետո:

— Տեսնո՞ւմ ես, Սաքուլ, դու բավական խելացի մարդ ես, յոթը սատանայի չափ բան գիտես, բայց այդ հասարակ բանը չես հասկանում:

Բեկի հանդիմանությունը գերեվաճառի անհասկացողության մասին սաստիկ ծանր թվեցավ նրան, մանավանդ երբ լսեց այն մեծ գովասանքը, թե նա «յոթը սատանայի չափ» բան գիտե: Այդ բավական ազդեց նրա ինքնասիրության վրա, թե ինչո՞ւ ինքը անընդունակ գտնվեցավ Բեկին մի որևէ հնար ցույց տալու մեջ:

— Ես քեզ կսովորեցնեմ մի հնար, Սաքուլ, — ասաց նրան Բեկը:

— Ի՞նչ հնար:

— «Պետք է շունը շան հետ կռվացնել»: — Հասկանո՞ւմ ես այդ խոսքերը, Սաքուլ:

— Հասկանում եմ... բայց չգիտեմ ո՞ր շունը ո՞ր շան հետ պետք է կռվացնել:

— Ես քեզ կասեմ, սիրելի Սաքուլ:

Երբ խոսակցությունը հասնում էր այն կետին, որ Բեկը մոտենում էր իր նպատակին, նա գործ էր ածում «սիրելի» բառը, որը սաստիկ դուր էր գալիս Սաքուլին, մանավանդ որ այդ բառը լսվում էր Վրաստանի առաջին պետական մարդու բերանից:

— Ասա, սիրելի Դավիթ, ո՞ր շունը ո՞ր շան հետ...-հարցրեց գերեվաճառը, իր կողմից ևս քնքշություններ գործ դնելով:

Բեկը ուշադրություն չդարձնելով նրա հանդգնության վրա, որ իրան թույլ էր տալիս այդ աստիճան ընտանեկանություն, շարունակեց.

— Դու մի քանի րոպե առաջ ասացիր, թե Դաղստանի իմամի հետ լավ ծանոթ ես, թե նրա հետ ծունկ ծնկի տված ես նստում, այդպես չէ՞:

— Ուղիղ այդպես է, ինչպես ես ու դու նստած ենք:

— Ուրեմն դու ազդեցություն ունե՞ս նրա վրա:

— Ինչ որ ասելու լինեմ, խոսքս գետին չի գցի:

— Եվ իմամը Դաղստանում առաջին մա՞րդն է:

— Նրանից հետո միայն աստծուն են ճանաչում:

— Հիմա լսի՛ր, Սաքուլ, — շեշտեց Բեկը, գերեվաճառի ուշադրությունը դարձնելով իր վերջին խոսքերի վրա. – պետք է այդ իմամին կռվացնել Հայաստանում բնակվող մահմեդականների հետ, պետք է միմյանց խեղդել տալ, որ հայերը ազատվեն: — Այժմ հասկանո՞ւմ ես, թե ո՛ր շունը ո՛ր շան հետ պիտի կռվացնել:

— Հասկանում եմ... Բայց ի՞նչ հնարքով, — հարցրեց գերեվաճառը, — ձեզ հայտնի է, որ մահմեդականին մահմեդականի հետ կռվացնելը բավականին դժվար բան է:

— Այդ ուղիղ է, եթե նրանք միևնույն աղանդին պատկանեին, բայց Դաղստանի լեզգիները պատկանում են սուննի աղանդին, իսկ Հայաստանի թյուրքերն ու պարսիկները պատկանում են շիա աղանդին: Իսկ այդ երկու աղանդները այնքան հակառակ են միմյանց, որ յուրաքանչյուր աղանդավորը մի առանձին կրոնական առաքինություն է համարում իր հակառակորդին սպանելը:

— Այդ լավ է, եթե այդպես լիներ, — խոսեց գերեվաճառը և ավելի սրեց իր ուշադրությունը:

— Ես Հայաստանից տեղեկություններ եմ ստացել, Սաքուլ, այնտեղ մի այնպիսի անցք է պատահել, որ եթե Դաղստանի իմամը լսելու լինի, սաստիկ կկատաղի մահմեդականների վրա:

Եվ Բեկը սկսեց պատմել այդ անցքի մանրամասնությունները, ասաց, որ Սյունյաց աշխարհում գտնվում են փոքրաթիվ մահմեդականներ, որոնք պատկանում են միևնույն աղանդին, որը պաշտում են Դաղստանի լեզգիները. այդ մահմեդականները կատարելիս են եղել մի կրոնական տոն իրանց խալիֆայի՝ Օմարի հիշատակի համար: Տեղային մյուս մահմեդականները, որոնք թվով ավելի շատ են, որոնք հակառակ աղանդին են պատկանում և որոնք սաստիկ ատում են, նզովում են Օմարին, — այդ տոնախմբության օրը հարձակվում են տոն կատարողների վրա, շատերին սպանում են, շատերին վիրավորում են և նրանց մզկիթները լցնում են սատկած շներով: — Մի այդպիսի անցք եթե լսելու լինի Դաղստանի իմամը, ես հավատացած եմ, որ առանց պատժի, առանց վրեժխնդրության չի թողնի իր կրոնակիցներին այսպես բարբարոսաբար անարգողներին:

— Ես էլ այդպես եմ կարծում, — պատասխանեց գերեվաճառը Բեկի պատմությունը լսելուց հետո: — Հիմա հավատացած եմ, որ կարելի է «շունը շան հետ կռվացնել»:

— Բայց այդ շուտ պետք է լինի, շատ շուտ, — ասաց նրան Բեկը, — գոնե այս ամսի վերջում:

— Ինչո՞ւ անպատճառ այս ամսի վերջում, — հարցրեց գերեվաճառը:

— Այդ իմ գիտենալու բանն է, Սաքուլ, դու այն ասա, կարո՞ղ ես այդ գործը գլուխ բերել:

Սաքուլը իսկույն չպատասխանեց: Բեկը համոզված լինելով, որ իր առաջվա քարոզները հայոց ազգի, հայոց երկրի և հայոց եկեղեցու մասին այնքան չէին կարող գրգռել գերեվաճառի նախանձախնդրությունը, որքան մի քանի դեղին ոսկիներ, ասաց նրան.

— Եթե դու այդ հանձնարարությունը կկատարես, կստանաս ինձանից հարյուր ոսկի:

Գերեվաճառի դեմքը փայլեց ուրախությունից:

— Լսիր, — շարունակեց Բեկը, — դու հենց այս առավոտ պետք է ճանապարհ ընկնես դեպի Դաղստան: Քեզ հետ կգա իմ կողմից, որպես աշխատակից, ղազախեցի գող Ծատուրը: Նա կառաջնորդե լեզգիներին դեպի Սյունյաց աշխարհը:

— Այդ հարյուր ոսկին ե՞րբ կարող եմ ստանալ, — հարցրեց գերեվաճառը:

— Կեսը այս րոպեիս, իսկ մնացած կեսը, երբ իմ հանձնարարությունը կատարած կլինես: Բայց իմացա եղիր, Սաքուլ, եթե դու որևիցե կերպով դավաճանես ինձ, իմ մարդիկը անպատճառ քո գլուխը կկտրեն:

— Այդ ես իմանում եմ, — պատասխանեց գերեվաճառը և ընդունեց հիսուն ոսկին:

ԺԴ

Միևնույն գիշերը, երբ Դավիթ բեկը Սաքուլի հետ առանձնացած էր իր ննջարանում, Բայինդուր իշխանը միայնակ նստած իր սենյակում, մեկին անհամբերությամբ սպասում էր: Ձիթային ճրագի աղոտ լույսը, որ ավելի ևս մռայլվել էր իշխանի անընդհատ ծխվող չիբուխի մուխով, հազիվ կարողանում էր լուսավորել սենյակի մեջ տիրող մթությունը: Պարսից թագավորի «բաթման ղլիճի» աղքատ բնակարանը իր կարգուսարքով բոլորովին համապատասխանում էր նրա սպարտական խստակեցությանը, որը նա ծայրահեղության էր հասցրել: Նա հոգով ճգնավոր էր, իսկ մարմնով զինվոր: Մերկ սենյակի մեջ դրած էր մի փոքրիկ թախտ, առանց սփռոցի, որի վրա պառկում էր նա: Տարվա բոլոր եղանակներում նրա անկողինը բաղկացած էր իր յափունջու: Սենյակի մեջ կրակ երբեք չէր վառվում. «Կրակը մարդու ներսիցը պիտի տաքացնե» — պատասխանում էր նա, երբ հարցնում էին, թե ինչո՞ւ չէ վառել տալիս սենյակը: Մի պատից քարշ էին ընկած իշխանի զենքերը. էլ ուրիշ ոչինչ չկար այնտեղ: Այդ տխուր, լույսից և օդից զրկված բնակարանին կից էր ախոռատունը: Այնտեղ կապված էր նրա մտերիմ ձին, այնտեղ բնակվում էր նրա նույնքան մտերիմ ծառան, որի հետ այն աստիճան ընտանեցած էր, որ շատ անգամ մոռանում էր, արդյոք նա՞ է տերը, թե՞ ինքը: Այդ էր նրա ընտանիքը, — ձին, ինքը և ծառան, — եթե ավելացնենք դրանց վրա նրա ահագին զայլանման շունը, ընդամենը չորս հոգի:

Իշխանը անհանգիստ էր. թախտի վրա պառկած, անդադար մի կողքից դեպի մյուսն էր շուռ գալիս: Նրա անհանգստությունը ուրախության անհանգստություն էր. դա նույնքան ծանր է, որքան տխրությունը: Լցված սիրտը կամենում էր թեթևացնել. իր ուրախությանը կամենում էր մի բարեկամի ևս մասնակից անել: Բայց «ո՞ւր մնաց նա, ի՞նչու ուշացավ»: Նա վեր կացավ, սկսեց անցուդարձ անել սենյակի մեջ. այդ ևս շուտով ձանձրացրեց նրան: Դուրս եկավ բակը: Գարնանային խաղաղ գիշերը բուրում էր զվարթացուցիչ անուշահոտությամբ: Ամենուրեք տիրում էր լռություն. ամբողջ Մցխեթը քնած էր: Նա սկսեց ման գալ բակում, որի տարածությունը շատ ընդարձակ չէր: Գրեթե հարյուր անգամ անցավ նա բակի մի ծայրից դեպի մյուսը, երբեմն կանգնելով, և ցանկապատից նայելով դեպի խավար փողոցը: «Ո՞ւր մնաց, ինչո՞ւ ուշացավ...» — անհամբերությամբ կրկնում էր նա: Եթե մեկը այն անագան գիշերային պահուն տեսնելու լիներ իշխանին այդ տենդային դրության մեջ, անպատճառ կմտածեր, թե նա սպասում է իր սիրուհուն, բայց նրան այժմ հազիվ թե կարող էր գրավել կնիկների ամենագեղեցիկն անգամ: Նա սպասում էր Մխիթար սպարապետին, որ ժամադիր էր եղած իր մոտ գալու մի քանի կարևոր հարցերի մասին խորհելու համար:

Վերջապես եկավ նա: Բակի ցանկապատից, որ այնքան բարձր չէր, տեսավ նա, որ մեկը փողոցով գալիս էր: Սպասավորը լուսավորում էր նրա ճանապարհը ձեռքի լապտերով: Իշխանը առանց իր ծառային զարթեցնելու, ինքը գնաց բակի դուռը բաց արեց:

— Լա՛վ հիվանդի խնձոր բերող կլինես, մինչև բերես, նա հոգին կտա, — ասաց իշխանը, բակի դուռը կրկին կողպելով;

— Ես գիտեի, որ այսպես պիտի ասես, — պատասխանեց սպարապետը, իսկ եթե գիտենաս իմ ուշանալու պատճառը, չես մեղադրի ինձ:

Երկուսն էլ մտան իշխանի սենյակը: Սպարապետի հետ եկող ծառան գնաց ախոռատունը սպասելու իր տիրոջը:

— Հիմա պատմիր, ի՞նչ շինեցիր, — հարցրեց սպարապետը, նստելով թախտի վրա:

— Գործը ինքն իրան շինվեցավ... և ես հավատացած էի, որ այսպես էլ կլիներ, —

պատասխանեց իշխանը ուրախությամբ: — Մի քանի ժամ առաջ ինձ մոտ էին, բոլորն էլ երդվեցան, թե կգան մեզ մոտ:

— Բայց դու չպիտի հայտնեիր նրանց գործի բուն նպատակը:

— Բայինդուրը խելքը հացի ու պանրի հետ չի կերել. նա այդ սատանայությունները շատ լավ է իմանում: Նա գիտե, որ բաիը չպիտի հասկանա, թե ինչ նպատակով մշակը նրանով փորում է հողը:

— Ուրեմն դու ի՞նչ կերպով բացատրեցիր նրանց:

— Շատ հասարակ կերպով. ես այսքանը միայն ասեցի, թե Բեկը մի սարսափելի տեղեկություն է ստացել. Հայաստանում կազմվել է մի մեծ դավադրություն. մահմեդականները պատրաստվել են հայերին կոտորելու և հայերը Բեկից օգնություն են խնդրում: Այդ հենց որ լսեցին, բոլորը կատաղեցան, բոլորը վառվեցան, և առանց իմ թելադրության, իրանք պատրաստակամություն հայտնեցին Հայաստան գնալու և իրանց հայրենակիցներին օգնելու: Այդ չափազանց ուրախացրեց ինձ. ես մինչև այսօր կարծում էի, թե Կախեթի գինին, վրացիներից ստացած անհոգությունը իսպառ փչացրել է դրանց, բայց այսօր համոզվեցա, որ հայի սրտում չէ հանգչում հայրենասիրության կայծը, նա հանգամանքներից փոքր-ինչ նսեմանում է միայն. բավական է փչել նրա վրա և ահա նա կբորբոքվի, կբոցավառվի...

Վերջին խոսքերը արտասանեց իշխանը խիստ զգալի ոգևորությամբ, երևում էր, միևնույն սուրբ հուրը բորբոքվում էր և նրա սրտում: Բայց սպարաետը բավական սառնությամբ հարցրեց.

— Ո՞վքեր են ցանկացողները:

— Այստեղ գտնվող բոլոր հայ վարատականները. լոռեցի Ավթանդիլ գնդապետը, մեծ Գիորգին, փոքր Գիորգին, երևանցի կաղ Օհանեսը, շուշեցի Զաքարիա իշխանը, նախիջևանցի պատանի Մոսին, չամախեցի Թադեոս բեկը, գանձակեցի Եղիազար աղան, վաղարշապատցի Հարություն տանուտերը, — բացի դրանցից կան ուրիշները, որոնց դու չես ճանաչում: Հաշվել եմ, մեր բոլորի թիվը քառասուն հոգի կլինի այստեղից դուրս գալու ժամանակ:

— Բայց դու վստահություն ունե՞ս այդ մարդկանց հավատարմության վրա, — հարցրեց սպարապետը ցածր ձայնով:

— Բոլորին իմ հինգ մատի պես ճանաչում եմ. չափազանց ճարպիկ, հաջողակ, փորձված և վերջին աստիճանի անձնվեր մարդիկ են: Եթե ասելու լինես՝ կրակի մեջը մտիր, իսկույն կնետվեն: Եվ գլխավորն այն է, որ այդ մարդիկներից ամեն մեկն ունի իր պատմությունը, տոգորված է իր տոհմային ավանդություններով: Նրանցից չկա մեկը, որ իր սրտում չկրեր մի գաղտնի վերք, որ ստացել էր բռնության կոպիտ ձեռքից; Եվ հենց այդ տեսակ հալածված, տանջված և վշտացած մարդիկը մեկ պետք կգան:

— Ես էլ այսպես եմ կարծում, — ասաց սպարապետը և նրա մռայլված դեմքը, որ մինչ այժմ բավական տխուր էր երևում, սկսեց փոքր առ փոքր պայծառանալ:

Հաղորդելով սպարապետին իր տեղեկությունները, իշխանը հարցրեց.

— Հիմա դու պատմիր, ինչպե՞ս վերջացրեց Բեկը մեծ պարոնի հետ, ես այսօր ժամանակ չունեցա նրան տեսնելու:

— Ես տեսնվեցա, շատ լավ է վերջացրել, — պատասխանեց սպարապետը, — մի այնպիսի բան է հնարել, որ կարողացել է մեծ պարոնի հաճությունը ստանալ:

— Այսպիսի դեպքերում փոքր-ինչ խորամանկությունը, իմ կարծիքով, ներելի է, — ասաց իշխանը ծիծաղելով, — ես կարող եմ երևակայել, թե ի՛նչ բան հնարած կլինի:

— Նա հայտնել է մեծ պարոնին, թե դիտավորություն ունի Էջմիածին ուխտ գնալու, թե այնտեղ մեռոն պիտի եփվի, ցանկանում է ներկա գտնվել այդ հանդիսին: Եվ այս առիթով նպատակ ունի այցելել իր հայրենիքը, որից շատ տարիներ բաժանված է:

— Վատ չէ հնարել, — ասաց իշխանը՝ շարունակելով իր ծիծաղը, — ուխտագնացությունը սնահավատների վրա միշտ մեծ ազդեցություն է անում: Իսկ եթե Բեկը պարզ հայտնելու լիներ իր նպատակը, ի՞նչ ես կարծում, գուցե մեծ պարոնը իր կողմից կօգներ նրան:

— Նա վրացիների օգնության վրա վստահություն չունի: Եվ մեծ պարոնը կախված լինելով պարսիկներից, գուցե ինքը առաջինը կլիներ, որ կմատներ նրան, պարսիկներին մի ծառայություն անելու համար:

— Շատ հավանական է, — ասաց իշխանը,-դրանցից ամեն բան կարելի է սպասել: Իսկ այդ ուխտագնացության պատրվակը կասկածի մեջ չի՞ ձգի մեծ պարոնին:

— Չկարծեմ, որովհետև Բեկը վաղուց խոսում էր ուխտագնացության մասին, իսկ մեծ պարոնը միշտ հետ էր զցում: Առաջ նա սուրբ տեղերի անունով դիտավորություն ուներ ճանապարհորդել Հայաստան, նրա դրությունը անձամբ հետազոտել և հետո սկսել գործը, իսկ այժմ հանգամանքները շտապեցրին նրան:

— Այդ ե՞րբ:

— Դեռ մի տարի առաջ, երբ տակավին Սյունյաց աշխարհից այդ նամակները չէին ստացված:

— Զարմանալի ծածկամիտ մարդ է եղել այդ Բեկը. — ասաց իշխանը գլուխը շարժելով. — ես մինչև այսօր հավատացած էի, որ նա ինձանից ոչինչ գաղտնիք չունի, բայց հիմա ուրիշ կերպով է դուրս գալիս: Մի տարի առաջ նա մտածում էր մի խաբուսիկ ուխտագնացության վրա, իսկ այդ մասին դեռ ոչինչ չգիտեմ:

— Գուցե այժմս էլ ես և դու շատ բաներ չգիտենք, ինչ բաների մասին որ մտածում է նա, — պատասխանեց սպարապետը ժպտելով, — բայց պետք է հավատանք, որ նրա վարմունքները, ինչ տեսակ և լինեին նրանք, անկեղծ են և գործի օգտին են ծառայում: Այս պատճառով, մենք նրանից խիստ պահանջող չպիտի լինենք, և պիտի բավականանանք այնքանով միայն, որքան որ նա հարկավոր է համարում մեզ հաղորդել: Նրա ազնվությունը մեծ երաշխավորություն է, որ նա չի խաբի մեզ: — Կարծեմ դու ինձ հետ կհամաձայնվես, որ նա չափազանց ազնիվ մարդ է:

— Բոլորովին համաձայն եմ, — պատասխանեց իշխանը, — նա ավելի ազնիվ է, որքան հարկավոր է, որ մարդս լինի ազնիվ:

Րոպեական մտածությունից հետո հարցրեց նա. – իսկ այդ պարոնները ի՞նչ անունով պիտի գան մեզ մոտ:

— Դարձյալ ուխտագնացության անունով, — պատասխանեց սպարապետը: — Իբրև հայ, Էջմիածին գնալու համար, ոչ ոք նրանց մասին կասկած չի տանի: Բացի դրանից, մի ուրիշ բանկ կա. այդ պարոնները թեև այստեղ զանազան պաշտոններ ունեն, բայց բոլորն էլ գտնվում են Բեկի հովանավորության ներքո և կազմում են նրա թիկնապահների խումբը: Այս մտքով Բեկը շատ պատճառներ ունի նրանց իր հետ տանելու: Իհարկե, նա իր պատվի ու աստիճանի համեմատ պիտի ունենա իր թիկնապահները, իր սվիտան, և քառասուն մարդը շատ չէ նրա համար:

— Իհարկե շատ չէ և ցանկացողները քառասուն մարդից ավել չեն լինի, — ասաց իշխանը: — Բայց դու գիտե՞ս, թե ումը հանձնվեցավ Բեկի պաշտոնը:

— Արչիլին, միայն առժամանակյա կառավարության համար, — պատասխանեց սպարապետը: — Բայց պետք է խոստովանած, որ Բեկը այդ մի քանի տարվա ընթացքում այնքան բարեկարգեց Վրաստանը, այնքան լավ կարգի գցեց նրա խանգարված գործերը, որ այսուհետև շատ հեշտ է կառավարել նրան, միայն թե կառավարիչները աշխատեին պահպանել այն, ինչ որ նա հիմնեց: Բայց ես հավատացած եմ, որ նրա բացակայության ժամանակ կրկին ամեն ինչ տակնուվրա կլինի:

— Իսկ ի՞նչ կարգադրություններ արեց Բեկը իր կալվածների և գյուղերի վերաբերությամբ, — հարցրեց իշխանը:

— Ոչինչ, նա իր կալվածների մասին ամենևին չի էլ մտածում, բոլորը թողնում է:

— Վատ չէր լինի, եթե ծախեր, գուցե փողերը մեզ պետք կգային:

— Միևնույնը ես առաջարկեցի նրան, — ասաց սպարապետը, — բայց նա ինձ պատասխանեց, թե «պատերազմի գործը պետք է պատերազմով սնանվի»:

— Այսուամենայնիվ, սկզբում միջոցներ հարկավոր են:

— «Ինձ խիստ փոքր միջոցներ հարկավոր են գործը սկսելու համար, իսկ այդ միջոցներն ունեմ ես», — ասում է Բեկը: — Եվ իմ կարծիքով, նրա անձնավստահությունը շատ ուղիղ է: Կալվածների վաճառելը կարող էր միայն կասկած հարուցանել և փչացնել այն ծրագիրը, որ կազմել է նա: Իսկ գործի սկսելու համար ես էլ համաձայն եմ նրա հետ, որ մեծ միջոցներ պետք չեն: Աղեքսանդր Մակեդոնացիները, Լենկ-Թեմուրները, Չինգիս-խանները իրանց հետ գանձ չէին ման ածում, այլ կերակրվում էին իրանց սրով:

— Բայց եթե մենք չգտնենք Հայաստանում այն նախապատրաստությունները, որ խոստանում են մեզ Սյունյաց աշխարհից ստացված նամակներով, — այն ժամանակ, կարծեմ, բանը կդժվարանա և փոքր միջոցներով մի նշանավոր գործ կատարել անհնարին կլինի, — ասաց իշխանը:

— Ես ավելի, քան թե դու, սիրելի Բայինդուր, սովորած եմ թերահավատությամբ վերաբերվել դեպի անակնկալ բախտի հաջողությունը, — պատասխանեց սպարապետը, — իսկ այդ գործում համոզված եմ, եթե Սյունյաց աշխարհում ոչինչ նախապատրաստություններ ևս չլինեն, մեզ դարձյալ կհաջողվի: Դու քանի րոպե առաջ ինքդ ասեցիր, թե հայերի սրտում բոլորովին չէ հանգած հայրենասիրության կայծը, այլ հանգամանքներից փոքր-ինչ նսեմացած է միայն. բավական է փչել նրա վրա և իսկույն կբորբոքվի, կբոցավառվի... Դրանք քո խոսքերն են: Իսկ բոցավառվել, բորբոքել հայրենասիրության սրբազան հուրը՝ մենք կարող ենք: Եվ այդ կլինի գործի հաջողակ սկիզբը. իսկ վախճանը աստուծո ձեռքումն է: Ես այնքան հավատում եմ Հայաստանի աստղին, որքան հավատում եմ, թե կա երկնքում մի արդար դատավոր, որը վերջապես կլսե թշվառի ձայնը և նրան ուժ ու զորություն կտա փշրելու ամբարտավան բռնակալի եղջյուրները:

Նրանք դեռ երկար խոսում էին և խորհում էին միմյանց հետ, մինչև զարմացած նկատեցին սենյակի նեղ լուսամուտներից վաղորդյան արեգակի ճառագայթները: Այժմ միայն հասկացան, որ ողջ գիշերը լուսացրել են:

ԺԵ

Վերջին օրերում Դավիթ բեկը սաստիկ զբաղված լինելով իր հայրենիքը գնալու պատրաստություններով, համարյա մոռացել էր այն, ինչ որ նրա սրտին ավելի մոտ էր, ինչ որ նրա համար ավելի թանկագին էր: Նա մոռացել էր գեղեցիկ Թամարին: Հայրենիքի ազատության բաղձանքը այն աստիճան տիրել էր նրա սրտին, այն աստիճան լարել էր նրա ամբողջ մտավոր զորությունը, որ նա գտնվում էր մի տեսակ հոգեկան հափշտակության մեջ, որ հասցնում էր ինքնամոռացության, և ամեն առարկա, ամեն մտածություն, որ չէր նպաստում այդ գաղափարին, նրա համար ոչ միայն նշանակություն չուներ, այլ նրա վրա ուշադրություն անգամ դարձնել ավելորդ էր համարում:

Բոլոր անհրաժեշտ նախապատրաստությունները կարգի դնելուց հետո, մի գիշեր, առանձնացած իր ննջարանում, գրում էր նա իր բարեկամ Ստեփաննոսից ստացած նամակի պատասխանը: Նամակաբեր Աղասին, ճանապարհի հագուստով, Բեկի ընդունարանում սպասում էր, որ նամակը վերջացնե, իրան տա և ինքը իսկույն ճանապարհ ընկնի: Նրա թամքած ձին բակում պատրաստ կանգնած էր:

Իր նամակի մեջ Բեկը հայտնում էր օրը, ժամը, երբ կթողնե Վրաստանը և կուղևորվի դեպի հայրենիքը: Հայտնում էր անունները այն քաջերի, որոնք իր հետ պիտի լինեն: Մանրամասնաբար պատվերներ էր տալիս այն զգուշությունների մասին, որ պետք էր գործ դնել իրան ընդունելու ժամանակ, որպեսզի իր ներկայությունը Սյունյաց աշխարհում սկզբում բոլորովին գաղտնի պահվեր: Նշանակում էր տեղը, ուր առաջ պիտի տեսնվեր «միմիայն» Ստեփաննոսի հետ, ապստամբության սկզբնական գործողությունների մասին խորհելու համար: Որոշում էր օրը, որ նա պիտի սպասե իրան նշանակյալ տեղում: Վերջացնում էր նամակը, հայտնելով, թե Սյունյաց աշխարհից ստացած եպիսկոպոսների, հոգևոր առաջնորդների, մելիքների և տանուտերների հանրագրի պատասխանը չգրեց, գլխավորապես այն պատճառով, որ այսքան անձինքների մեջ որևիցե խորհուրդ իբրև գաղտնիք պահպանել անհնարին էր:

Երբ կնքում էր նամակը, հանկարծ նրա ձեռքերը դողացին, և դեմքը սպիտակ կտավի նման գունաթափվեցավ: Այս ժամանակ միայն նա մտաբերեց գեղեցիկ Թամարին: Այդ նամակը վճռում էր նրանց միմյանցից անջատումը և գուցե հավիտյան անջատումը... Հանկարծակի հարվածք ստացած մարդու նման սարսափելի խռովության մեջ ընկավ: Նա, կարծես, տեսնում էր սիրած աղջկա արտասվալից աչքերը և լսում էր նրա աղաչավոր ձայնը. «Ո՞ւր ես գնում... ինձ ինչո՞ւ ես թողնում... մի՞թե այդ էր մեր ուխտը... մեր պայմանը...»:

Նամակը մի կողմ դնելով, նա ձեռքը տարավ դեպի ճակատը, աչքերը ծածկեց իր մտածությունները ավելի ամփոփելու համար: Ամբողջ տարիների ընթացքում պատահած անցքերի մի երկար շարք, իրանց տխուր և ուրախ գույներով, նկարվեցան նրա աչքի առջև: Նա հիշեց այն թանկագին ժամերը, որ անցուցել էր Թամարի հետ, հիշեց այն անսահման սերը, այն քնքուշ, հրեշտակային մխիթարությունը, որով նա քաղցրացնում էր իր կյանքի դառնությունը օտար աշխարհի պանդխտության մեջ: Եվ այդ սերը ավելի մեծ արժեք ուներ նրա համար գլխավորապես այն պատճառով, որ նազելի, իշխանական օրիորդը սիրեց նրան իր վիճակի ամենաթշվառ ժամանակում, երբ ինքը մի աննշան հովիվ էր, երբ նրա սպասավորը լինելու արժանավորություն չուներ: Իսկ այժմ իր փառքի ամենաբարձր աստիճանին հասած, երբ կարող էր բախտավորեցնել Թամարին, թողնել նրան, գնալ, և գուցե հավիտյան բաժանվել նրանից, — այդ ծանր էր, սաստիկ ծանր մի զգայուն սրտի համար, որպիսին էր Բեկի սիրտը: Ի՞նչ ասել, ինչպե՞ս բացատրել Թամարին իր գնալու նպատակը, ի՞նչ խոսքերով հանգստացնել նրան: Նրան խո չէ՞ր կարելի խաբել, թե ուխտ եմ գնում և շուտով կվերադառնամ: Նրան պետք էր պարզ ասել, թե գնում եմ կրակի և արյան մեջ, — գնում եմ սարսափելի վտանգների և փորձանքների հետ պատերազմելու: Արդյոք կդիմանա՞ր սիրող օրիորդի քնքուշ սիրտը այդ սոսկալի խոսքերին: Արդյոք ինքն այնքան ուժ և կամքի հաստատություն կունենա՞ր, որ հաղթեր իր զգացմունքներին, որ չընկճվեր նրա արտասուքի առջև, երբ լսելու լիներ այդ խոսքերը. «Ա՜խ, մի՜ գնա... եթե քեզ մի օր չտեսնեմ, ես կմեռնեմ...»:

Հարյուրավոր այս տեսակ հարցեր ծագեցան նրա մտքում, խռովում էին, տակնուվրա էին անում նրա սիրտը, և այն մարդը, որ մինչև այսօր ոչ մի դժվարության առջև խոնարհված չէր, այժմ գտնվում էր շվարած, շփոթված և բոլորովին անել դրության մեջ:

— Ո՜չ, — ասաց ինքնիրան երկար մտատանջությունից հետո, — Թամարը բարձր է բոլոր կանացի թուլություններից, ես այդ մտածություններով ստորացնում եմ նրա արժանապատվությունը: Նա ինքը կներշնչե իմ մեջ իր հոգին. նա ինձ ուժ և զորություն կտա հաջողությամբ կատարելու այն մեծ գործը, որի համար հայրենիքը կոչում է ինձ:

Այդ խոսքերից հետո նա վեր առեց նամակը և կնքեց: Հետո ներս կանչեց Աղասուն, որ ընդունարանում սպասում էր:

— Դու բոլորովին պատրա՞ստ ես, — հարցրեց նրանից:

— Պատրաստ եմ, ձին բակումը սպասում է, այս րոպեիս կարող եմ ճանապարհ ընկնել, — պատասխանեց սուրհանդակը, ընդունելով նամակը և դնելով իր կաշյա թղթապահի մեջ:

— Գիտե՞ս, Աղասի, — ասաց նրան Բեկը, — եթե դու այդ նամակը կորցնելու լինես, եթե դա մեր թշնամիների ձեռքը անցնելու լինի, այն ժամանակ շատ բան կկորցնենք:

— Այդ մասին անհոգ կացեք, տեր իմ, Աղասին երեխա չէ: Տեսնո՞ւմ եք այս հագուստը, որի մեջ մտել եմ, այս հագուստով ես անհուն գազանների բանակի միջով կարող եմ անցնել և հասնել մինչև մեր երկիրը:

Նա ոտքից ցգլուխ հագնված էր լեզգու ձևով:

— Ուրեմն մի ուշացիր, բարի ճանապարհ եմ ցանկանում քեզ, — ասաց Բեկը, տալով նրան մի քանի ոսկիներ՝ ճանապարհին ծախսելու համար:

— Պետք չէ, — պատասխանեց Աղասին հրաժարվելով, — եթե ճանապարհին փող հարկավոր լինի, ես կարող եմ ճարել:

— Ի՞նչ կերպով:

— Մեկի վզակոթին կտամ ու ձեռքից կառնեմ:

— Այդ լավ չէ, Աղասի, — ասաց Բեկը ծիծաղելով:

— Ո՞վ է ասում, որ լավ է, բայց ի՞նչ պետք է արած, այդ իմ սովորությունն է... — պատասխանեց քաջասիրտ ավազակը, և խոնարհվելով գրկեց Բեկի ոտները:

— Մի՛ ուշացեք, տեր իմ, շուտ եկեք, ամեն մի կորցրած րոպեն թանկ է մեզ համար, — ասում էր նա աղերսելով, — հայոց խեղճ ժողովուրդը սպասում է ձեզ...

Բեկի սաստիկ շարժված այդ խոսքերից, ձեռքը տարավ, վեր բարձրացրեց նրան: Նրա զարմանքը մեծ եղավ, երբ նկատեց երիտասարդի աչքերում արտասուք: Նրա ձեռքը բռնելով, ասաց նրան.

— Եթե հայոց բոլոր գյուղացիները քո սիրտն ու քաջությունը կունենային, այն ժամանակ մեր աշխարհը կորած չէր լինի: Գնա՛, դարձյալ բարի ճանապարհ եմ ցանկանում քեզ: Իսկ ես մի շաբաթից հետո իմ հայրենիքում կլինեմ:

Երիտասարդը, կրկին և կրկին գլուխ տալով, հեռացավ: Դրսում մթին գիշեր էր: Բեկի ծառաները, սպասավորները, աղախինները հավաքված բակում, սպասում էին նրան: Մի քանի օրվա մեջ Աղասին այն աստիճան ընտելացավ նրանց հետ, որ ամենքը խիստ ցավելով բաժանվեցան նրանից: Նա բոլորին մնաք բարով ասելով, խաչակնքեց երեսը, նստեց ձիու վրա և անհետացավ գիշերային խավարի մեջ:

ԺԶ

Մեծ պարոնի տան մեջ արդեն բոլորը խոսում էին Բեկի ուխտագնացության մասին և ոմանք պատմում էին, թե որպիսի ծանրագին ընծաներ է տանում նա հայոց վանքերի ու եկեղեցիների համար: Միայն Թամարը դեռ ոչինչ չէր լսել. բայց նրան սաստիկ անհանգստացնում էր այն հանգամանքը, որ մի քանի օր շարունակ չէր տեսել իր սիրելիին:

Գիշերից բավական անցել էր. աքաղաղները սկսել էին խոսել: Մեծ պարոնի տան մեջ բոլորը քնած էին, բացի Թամարից: Նա առանց հանվելու պառկել էր իր անկողնի վրա և տխուր մտահոգության մեջ նայում էր ճրագի ճաճանչներին, թե որպես նրանք, իր աչքերը ամեն մի բացուխուփ անելու ժամանակ, զանազան ձևեր էին ստանում: Նրա անկողնի մոտ լուռ կանգնած էր իր մտերիմ աղախինը՝ Կատոն, և անհամբերությամբ սպասում էր, մինչև օրիորդը քնե, որ ինքն էլ գնա հանգստանա:

— Կատո, — դարձավ նա դեպի աղախինը, — այդ ի՞նչ է պատահել, քանի օր է Բեկը չէ երևում:

Կատոն, որի միջնորդությամբ կատարվում էին երկու սիրահարների գաղտնի տեսությունները, ոչինչ գտավ պատասխանելու: Օրիորդի հարցումը բավական անակնկալ եղավ, և աղախինը ամենևին նախապատրաստված չէր մի հարմար պատասխան հորինելու, որպեսզի իր տիրուհուն խպառ չվհատեցնե:

— Ինչո՞ւ չես խոսում, Կատո, քեզանից բան եմ հարցնում, — կրկնեց օրիորդը:

Աղախինը կմկմաց և դարձյալ ոչինչ չկարողացավ խոսել: Այդ ավելի շարժեց օրիորդի կասկածը, և նա գլուխը վեր բարձրացնելով բարձի վրայից, նստեց անկողնի վրա: Ճրագի լույսը այժմ ուղիղ ընկավ նրա գունաթափ երեսի վրա, որ մասամբ սքողված էր գլխի սև մազերով, որոնք խիստ հույսերով թափվել էին նրա կիսաբաց կուրծքի և թիկունքի վրա:

— Կատո, ինչո՞ւ չես խոսում, ուղիղն ասա՛, ի՞նչ է պատահել. — դարձյալ հարցրեց օրիորդը այնպիսի մի ձայնով, կարծես, ինքը ավելի վախենում էր այն պատասխանից, որ պիտի տար աղախինը:

— Չե՞ք լսել, նա գնում է... — պատասխանեց Կատոն, մտածելով, որ իր աղջիկ պարոնին երկար անգիտակցության մեջ պահելը ավելորդ էր այնուհետև:

— Գնո՞ւմ է... — գոչեց օրիորդը սարսափելով. — գնո՞ւմ է առանց ինձ տեսնելու, առանց ինձ մի խոսք ասելո՞ւ... ո՞ւր է գնում... ե՞րբ է գնում...

Խեղճ աղջկա աչքերը լցվեցան արտասուքով: Նա երեսը ծածկեց բարձի վրա, սկսեց դառն կերպով հեկեկալ: Շվարած Կատոն չգիտեր ինչ անել, ինչով մխիթարել նրան: Նա մոտեցավ, աշխատում էր հանգստացնել նրան այս խոսքերով:

— Մի՛ լաց լինիք, ցավդ առնեմ, Թամար, նա իր երկիրը ուխտ է գնում, շուտով կվերադառնա: Նա առանց ձեզ տեսնելու, առանց ձեզ հետ խոսելու չի գնա: Հենց այսօր, ճաշին, մեծ պարոնի սենյակից դուրս գալու ժամանակ ինձ ասաց. «Կատո, Թամարին իմացում տուր, որ գիշերը պիտի գամ մնաք բարով ասելու: Բայց ես՝ հիմարս մոռացա, չհայտնեցի ձեզ:

Կատոն իրանից հնարեց վերջին խոսքերը: Բեկը նրան ամենևին այդպիսի բան ասած չէր: Նա մտածեց օրիորդին առժամանակ միայն հանգստացնել, մինչև կամ ինքը կգնա Բեկին կկանչե, կամ տեսությունը կհետաձգե հետևյալ օրը: Բայց փոխանակ հանգստացնելու, ավելի վրդովեց նրան:

— Ո՞ւր է, ապա ինչո՞ւ չեկավ, շուտով կես-գիշեր կլինի, — ասաց նա՝ գլուխը վեր բարձրացնելով բարձի վրայից և վայրենի հայացքով նայելով իր շուրջը: — Չէ՛, չէ՛, նա չի գա. ես ինքս կգնամ նրա մոտ...

Այս խոսքերը ասելով, կատաղածի պես գլուխը բաց, արձակ մազերով նա դուրս պրծավ սենյակից և անհայտացավ գիշերային խավարի մեջ: Աղախինը վազեց նրա ետնից և հազիվ կարողացավ բռնել, երբ տակավին չէր դուրս եկել տան բակից: — Թամար, ցավդ առնեմ, — աղաչում էր նա իր գրկի մեջ պահած ունենալով ցնորածի պես խելքն ու միտքը կորցրած օրիորդին: — Թամար, այդպես չէ կարելի, ի՞նչ կասեն, եթե փողոցում քեզ կտեսնեն: Այդպես չէ կարելի, Թամար: Բեկը ինքը կգա, անպատճառ կգա:

Աղախինի խոսքերը ամենևին չլսեց օրիորդը. նա այն աստիճան սարսափելի հոգեկան վրդովմունքի մեջ էր գտնվում, գուցե լսեց բոլորը, բայց չհասկացավ: Բորբոքված զգացմունքների կատաղությունը նրան ըմբիշի ուժ և զորություն էր տվել: Կատոն իր զորեղ ձեռքերով չկարողացավ պահել նրան իր գրկի մեջ: Նա դուրս պրծավ և վազեց դեպի բակի դուռը: Բարեբախտաբար դռները բաց էին, եթե ոչ ամբողջ տունը կզարթեցներ նա: (Մեծ պարոնի դռները սովորաբար գիշեր և ցերեկ բաց էին թողնում): Նա անցավ առանց նկատվելու: Պահապանները, կծկված իրանց յափունջիների մեջ, նիրհում էին:

Այդ միջոցին Կատոն շտապով մտավ օրիորդի սենյակը, խլեց այնտեղից մի շալ և վազեց նրա ետնից: Նա գտավ օրիորդին փողոցում, գլուխը բաց, հերարձակ աճապարում էր դեպի Բեկի տունը:

— Ծածկվեցեք այդ շալով, ես կտանեմ ձեզ, — կանգնեցրեց օրիորդին և սկսեց փաթաթել նրա գլուխը և ուսերը ընդարձակ շալով:

Փողոցները բոլորովին դատարկ էին և այնքան մութ, որ մի քայլ այն կողմը ոչ ոքին չէր կարելի տեսնել: Նրանք դուրս եկան բնակություններից և անցան դեպի ամայի դաշտը: Այս կողմից ավելի հարմար էր մոտենալ Բեկի տանը, թեև ճանապարհը բավական հեռու էր: Բայց ահագին տարածությունը անցան նրանք մի քանի րոպեի մեջ և շուտով հասան Բեկի տան պարտեզի ցանկապատին, որ հյուսված էր փշոտ մացառներից: Օրիորդը մոտեցավ ցանկապատին, կամենում էր վեր բարձրանալ նրա վրա և իջնել պարտեզի մեջ: Պարտեզի կողմից մուտքը դեպի Բեկի սենյակը ավելի ապահով էր. տանեցիներից ոչ ոք չէր տեսնի նրանց:

— Այդ ի՞նչ եք անում, դուք բոլորովին կծակոտեք ձեր մարմինը, — ասաց աղախինը՝ բռնելով օրիորդի փեշից, որ արդեն կատվի նման ճանկռտում էր փշոտ ցանկապատը:

Բայց օրիորդի խռովությունը թույլ չտվեց լսել աղախնի զգուշացնող ձայնը. նա արագությամբ ցանկապատից ցատկեց մյուս կողմը, իջավ պարտեզի մեջ: Աղախինը նույնպես հետևեց նրա օրինակին, սաստիկ ծակոտելով իր ձեռքերը:

Պարտեզի ամեն մի ճեմելիքները, ամենափոքրիկ շավիղներն անգամ ծանոթ էին Թամարին: Նա դիմեց ուղիղ դեպի այն կողմը, որտեղ բացվում էին Բեկի ննջարանի լուսամուտները: Նա ուրախացավ և ավելի փութացրեց իր քայլերը: Լուսամուտներից ճրագ էր երևում: Ուրեմն նա տանն էր, և եթե տանն էր, դեռ քնած չէր: Օրիորդի սիրտը սկսեց սաստիկ բաբախել, փոքր էր մնում, որ շնչասպառ լինի: Բայց դարձյալ նա շարունակեց իր շտապ քայլերը և մոտեցավ լուսամուտներին, որոնք բավական բարձր էին:

— Կատո, — ասաց աղախինը, — կարո՞ղ ես ինձ փոքր-ինչ բարձրացնել, որ գլուխս հասնի լուսամուտին:

— Կարող եմ, դուք միայն ձեր ոտները դրեցեք ափերիս մեջ և բարձրացեք ուսերիս վրա. ես կկանգնեմ պատի մոտ, ուղիղ լուսամուտի ներքևը:

Կատոն երկու ձեռքերի մատները միմյանց հետ հյուսելով, կազմեց շարժական սանդուղքի առաջին աստիճանը: Օրիորդը մի ոտքը նրա վրա դնելով, մյուսը դրեց նրա ուսի վրա, և իր ձեռքերով պատը բռնելով, բարձրացավ մինչև լուսամուտը: Սկսեց այնտեղից նայել: Ոչինչ չէր երևում, որովհետև լուսամուտի փեղկերը ապակու փոխարեն պատած էին թղթով: Նա իր մատով զգուշությամբ մի փոքրիկ ծակ բաց արեց թղթապատի մեջ: Այդ գործողությունը կատարվեցավ միևնույն րոպեում, երբ Բեկը իր երկար տենդային մտատանջությունից հետո, վերջապես վճռեց կնքել նամակը և հանձնել Աղասուն:

Օրիորդը դեռ նայում էր իր դիտարանից: Նա տեսնում էր, թե ո՛պես Բեկը սուրհանդակի գնալուց հետո սաստիկ հուզված էր, ո՛րքան օտարոտի կերպով վառվում էին նրա վրդովմունքով լի աչքերը, ո՛րքան անհանգիստ կերպով նայում էր նա թղթերի մի կապոցի վրա, որ դրած էին նրա մոտ: Հետո տեսավ, թե ինչպես նա մոտեցավ ճրագին և սկսեց գրել: Որքա՛ն գունաթափ, որքա՛ն սոսկալի էր նրա դեմքը ճրագի լույսի առջև:

Օրիորդը երկար նայել չկարողացավ: Նրա ոտները դողդողացին, փոքր էր մնում, որ պիտի ցած գլորվեր: Նա լարեց իր վերջին ուժերը, մի ձեռքով պատը բռնելով, մյուս ձեռքով սկսեց բախել լուսամուտը: Բեկը ոչինչ չլսեց: Նա սաստկացրեց զարկը: Բեկը այժմ լսեց, բայց կարծելով, թե քամին է, դարձյալ շարունակեց իր գրելը: Քանի րոպեից հետո նա լսեց իր անունը. — «Դավի՛թ»... Ծանոթ ձայնի մեղմ հնչյունները, կարծես, հասան մինչև նրա սրտի խորքը: Նա մի կողմ ձգեց գրիչը և շտապով վազեց դուռը բաց անելու:

ԺԷ

Բեկը ամենը հասկացավ: Թամարի խառնված գիսակները, ծվատված, արյունոտ ձեռքերը, ցեխոտված, փոշոտված հագուստը, գունաթափ դեմքը, բոցավառ աչքերը ավելի պարզ խոսում էին այն սաստիկ հոգեկան վրդովմունքի մասին, որ նրան այն ահագին գիշերային պահուն բերել էր իր բնակարանը: Նա խելագարի նման կախվեցավ Բեկի պարանոցից և երկար բաց չէր թողնում իր գրկից: Սրտի սաստիկ հուզմունքը խլել էր նրանից լեզվի ընդունակությունը. նա մի բառ անգամ չկարողացավ արտասանել. միայն ալեկոծված կուրծքից երբեմն դուրս էին թռչում խուլ հառաչանքներ և լսելի էին լինում մթին, անորոշ բացագանչություններ: Աչքերում արտասուք չկար:

— Եթե կարողանայի լաց լինել, ես կհանգստանայի, — ասաց նա, թաքցնելով իր երեսը Բեկի կուրծքի վրա:

Երիտասարդը նույնչափ խռովության մեջ լինելով, ոչինչ չպատասխանեց, միայն նստեցրեց նրան թախտի վրա, ինքն էլ տեղավորվեցավ նրա մոտ, օրիորդի դողդոջուն ձեռքերը բաց չթողնելով իր ձեռքերի միջից:

— Դու ամեն բան լսել ես, Թամար, բոլորը գիտես, — վերջապես խոսեց նա բավական հանգիստ ձայնով: — Դու ուրիշներից լսեցիր այն, ինչ որ ես ուղղակի պիտի ասեի քեզ: Այդ մի կողմից լավ է, որ դու արդեն նախապատրաստված ես, որ դու արդեն փորձել ես դառն տանջանքի ամենածանր մասը: Բայց ես ավելին պիտի ասեմ քեզ, և հավատացա եմ, որ դու այնքան սրտի ամրություն ունես, որ սառնությամբ կլսես ինձ: Մի կողմ դնենք մեր զգացմունքների թուլությունները, որ կարողանանք հասկանալ միմյանց:

Օրիորդը գլուխը քարշ զցած լսում էր: Բեկը շարունակեց:

— Դու դեռ բոլորը չգիտես, Թամար, դու լսել ես միայն, որ ես գնում եմ, բայց ո՞ւր եմ գնում, ինչի՞ համար, — այդ չգիտես դու: Ես բոլորը կասեմ քեզ, հավատացած լինելով, որ քեզ հայտնած ամեն գաղտնիք, դարձյալ իմ սրտումը կմնա: — Ես գնում եմ իմ հայրենիքը, Թամար, և գուցե հավիտյան բաժանվում եմ քեզանից, գուցե այլևս չպիտի տեսնենք միմյանց: Ես զգում եմ, թե այդ խոսքերը որքան ծանր են քո սրտին, զգում եմ, թե որքան դառն պիտի լինի քեզ համար ինձանից բաժանվելը: Բայց ես հենց քեզ դատավոր պիտի ընտրեմ, և գիտեմ, որ արդար դատավոր կլինես: Եթե դու ասելու լինես՝ «մի՛ գնա», — ես չեմ շարժվի իմ տեղից: Կամենո՞ւմ ես դատավոր լինել:

— Խոսիր, — ասաց օրիորդը գլուխը վեր բարձրացնելով:

— Մենք սիրում ենք միմյանց, Թամար: Ես այդ «սիրում ենքը» այդպես եմ հասկանում, թե մեր երկուսիս մեջ կա մի սիրտ, կա մի հոգի — այն, ինչ որ կրոնավորը այր և կնոջ մասին ասում է՝ երկու անձինք մի մարմնի մեջ միացած: Եթե այդպես է, եթե մենք երկուսս միևնույն հոգին, միևնույն սիրտն ենք կրում, ուրեմն, ես պիտի սիրեմ այն, ինչ որ դու ես սիրում, իսկ դու պիտի սիրես այն, ինչ որ ես եմ սիրում: Ուրիշ կերպ ներդաշնակություն կայանալ չէ կարող: — Այդպե՞ս է:

— Այդպես է, — պատասխանեց օրիորդը: — Հիմա այն ասա՛, թե ի՞նչ ես սիրում դու, որ ես էլ նույնը սիրեի:

— Ես սիրում եմ իմ հայրենիքը և իմ ազգը: Ես իմ անձի մասին շատ բան պատմել եմ քեզ, Թամար, դու գիտես իմ կյանքի բոլոր մանրամասները, սկսյալ իմ մանկությունից մինչև այժմ: Բայց իմ ազգի, իմ հայրենիքի մասին դեռ ոչինչ չեմ պատմել քեզ: — Եվ նա սկսեց նկարագրել Հայաստանը այնպիսի ազդու, կենդանի գույներով, որ չէր կարելի սառնասրտությամբ լսել: Նկարագրեց նրա անցյալ փառքը և ներկա անբախտ դրությունը: Նկարագրեց մահմեդականների անգութ բարբարոսությունները և ստրուկ ժողովրդի սարսափելի նեղությունները: Եվ որպես կնոջ՝ Թամարի զգացմունքների վրա ավելի ազդելու համար, նկարագրեց հայ կնոջ թշվառ վիճակը. – կինը այնտեղ իր ամուսնի սեփականությունը չէ, պատահած սրիկան կարող է նրան իր կրքերին ծառայեցնել: Մի փոքր ընդդիմությունը բավական էր, որ մոր երեխան իր կուրծքի վրա մորթեին: Աղջիկը այնտեղ իր տասն տարեկան հասակում զոհ է դառնում մի որևիցե անզգամի բռնաբարությանը: Նրան խլում են հայրենական օջախից և ոչխարի նման վաճառում են, կամ բարեկամը բարեկամին ընծա է ուղարկում:

Եվ ուրիշ շատ սոսկալի դեպքեր պատմելով ժողովրդի ընտանեկան և տնտեսական դրությունից, նա ասաց.

— Ահա այդ ողորմելի ժողովուրդը փրկություն է որոնում, աշխատում է ազատվել բռնակալի լծից և ինձանից օգնություն է խնդրում: — Ի՞նչ ես ասում, Թամար, գնա՞մ, թե ո՛չ, ես սկզբից քեզ դատավոր ընտրեցի:

— Գնա՛, աստված քեզ հետ, — պատասխանեց օրիորդը և միևնույն ժամանակ նրա դեմքը, որ մինչև այն րոպեն տխուր էր, պայծառացավ խիստ ուրախ զվարթությամբ: — Բայց ես քեզանից մի բան պիտի խնդրեմ, Դավիթ, պետք է ինձ էլ քեզ հետ տանես: Դու ինքդ ասացիր, որ ես պիտի սիրեմ այն, ինչ որ դու ես սիրում: Ես սիրեցի քո ազգը և քո հայրենիքը: Ինչո՞ւ միասին չկռվենք, ինչո՞ւ միասին չմեռնենք:

— Այդ շատ գեղեցիկ կլիներ, Թամար, բայց ես ցավում եմ, որ կռվի արյունոտ դաշտը կնիկների համար չէ:

— Ես գիտեի, որ այդպես պիտի ասես, — խոսեց օրիորդը փոքր-ինչ վիրավորված եղանակով: — Բայց դու ինձ բավական ճանաչո՛ւմ ես, Դավիթ: Դեռ փոքրիկ աղջիկ էի, սիրում էի լեռը, դաշտը, անտառը: Դու շատ անգամ տեսել ես ինձ միայնակ լեռների մեջ, երբ դեռ հովիվ էիր: Գազանների մռնչյունը, հեղեղատների կատաղի հոսանքը չէր վախեցնում ինձ: Ինձ միշտ մեծ զվարճություն էր պատճառում, երբ անապատում գտնված ժամանակ մրրիկի կամ փոթորիկի էի հանդիպում: Դեռ տասն տարեկան հազիվ կլինեի, որ հայրս ինձ ձիու վրա նստեցնելով, տանում էր իր հետ որսորդության: Շատ անգամ անձրևից թրջված, կարկուտից ծեծված, տուն էի վերադառնում: Գուցե ես այսպես չդաստիարակվեի, եթե մայրս վաղ մեռած չլիներ: Բայց խորթ մոր անհոգությունը ավելի ազատություն էր տալիս ինձ: Ես աճեցի, զարգացա, որպես մի վայրենի եղջերու: Բոլոր հեքիաթների, բոլոր պատումների մեջ ինձ ոչինչ այնքան չէր հետաքրքրում, որպես լեզգիների, չեչենների և չերքեզների կնիկների սովորությունները: Ես հիանում էի նրանց քաջագործությունների պատմությունները լսելիս, և միշտ մի առանձին նախանձով ասում էի ինձ ու ինձ. «Ի՞նչու ես էլ լեզգու կամ չերքեզի աղջիկ չեմ»: Այդ բոլորը դու ինքդ լավ գիտես, Դավիթ: Հիշո՞ւմ ես, շատ անգամ ասում էիր ինձ. «Ես սիրում եմ քեզ, Թամար, ավելի նրա համար, որ իշխանական տան թուլությունների մեջ չփչացար դու»: Այժմ ի՞նչ ես կարծում, թե ես քեզ հետ գալով, կարող եմ քո վրա մի ծանր բեռ դառնալ:

Բեկը մեծ ուրախությամբ լսում էր մանկահասակ հերոսուհու խոսքերը, հիանում էր նրա սրտի անկեղծ զեղմունքով: Նա գիտեր բոլորը, ինչ որ այնպես հպարտությամբ պատմում էր Թամարը, ճշմարիտ էր: Բայց տանել իր հետ նրան, սարսափելի փորձանքների ենթարկել այդ պատվական գանձը, նա անկարող էր: Օրիորդը նկատելով նրա լռությունը, երես առած երեխայի նման, կախվեցավ նրա պարանոցից, և անհազաքար նրա երեսը, աչքերը, շրթունքը համբուրելով, սկսեց ավելի և ավելի թախանձել նրան, ասելով.

— Տա՛ր, քո հոգուն մատաղ, ինձ էլ տա՛ր, աղաչում եմ, խնդրում եմ, պաղատում եմ, ինձ էլ տա՛ր: Մի քանի րոպե առաջ ինքդ ասեցիր, թե ինչ որ դու սիրում ես, ես էլ պիտի սիրեմ, թե մեր երկուսի մեջ միևնույն սիրտը պետք է լինի: Ինչո՞ւ ես էլ չպիտի սիրեմ քո հայրենիքը, երբ որ դու սիրում ես. ինչո՞ւ ես էլ չպիտի արյուն թափեմ նրա համար, երբ դու քո արյունը զոհում ես: Չէ՞ որ մեր երկուսի մեջ միևնույն սիրտն է բնակվում:

Բեկը վերջին խոսքից բռնելով, պատասխանեց նրան:

— Հենց այդ պատճառով, էլ մեր երկուսիս մեջ միևնույն սիրտն է բնակվում, հենց այդ պատճառով, որ մենք երկուքս մի մարմին ենք կազմում, քո ինձ հետ լինելը ավելորդ է, այսինքն կամենում եմ ասել՝ իսկապես դու ինձ հետ կլինես: Որովհետև ես սրտով, հոգով, մարմնով բաժանված չեմ լինի քեզանից: Դարձյալ քո հոգին պիտի ոգևորե ինձ, դարձյալ քո սիրտը պիտի սիրտ տա ինձ: Ես պիտի ուժ և զորություն ստանամ, միշտ այն տպավորության տակ գտնվելով, թե Թամարը ինձ հետ է: Մի՞թե դու չես հավատում այդ խոսքերին, որ այդ իսկապես այդպես է: Մենք հրեշտակներին չենք տեսնում, բայց հավատացած ենք, որ նրանք աներևութապես գործում են մեզ հետ. օգնում են մեզ, երբ նրանցից օգնություն ենք խնդրում, զորություն են տալիս մեզ, երբ նրանց աջակցությանն ենք դիմում: Դու կլինես իմ պահապան հրեշտակը, Թամար, դու այստեղից ևս կարող ես հովանավորել և պաշտպանել ինձ: Դու գիտե՛ս, Թամար, որ ես մինչև այսօր կատարած իմ ամենամեծ հաղթություններով պարտական եմ քեզ, միայն քեզ: Երբ ես վերադառնում էի կռվի դաշտից գերիներով և պատերազմական անհուն ավար ինձ հետ բերելով, ոչ մի վարձատրություն, ոչ մի գովասանք ինձ համար այնքան քաղցր, այնքան թանկագին չէր, որպես քո ժպիտը, որպես քո համբույրը, Թամար, երբ ինձ գրկելով ասում էիր. «Իմ քա՛ջ, իմ հերոս...»: Այդ խոսքերը լցնում էին իմ սիրտը անսահման բերկրությամբ, ինձ ավելի ուժ և զորություն էին տալիս, երբ մտածում էի, թե կա մեկը, որ անկեղծությամբ համակրում է իմ գործունեությունը, և ես աշխատում էի քեզ ավելի ու ավելի հաճելի լինել, և ավելի մեծ գործեր գործել: Եվ իմ այժմյան արշավանքը դեպի իմ հայրենիքը դարձյալ քո սիրո համար է, Թամար: Լսիր, այդ մասին մի փոքր երկար պիտի խոսեմ քեզ հետ:

— Իմ կյանքի պատմությունը ուսուցել է ինձ հավատալ ճակատագրին, հավատալ բախտին: Իմ նախազգացումները միշտ կատարված են եղել, երբ ես մի բանի վրա հույս և հավատ եմ ունեցել: Մենք սիրեցինք միմյանց դեռ այն ժամանակ, երբ ես հովիվ էի: Այդ իմ կողմից մի տեսակ լրբություն էր, բայց ես հավատացած էի, որ իմ վիճակը կբարձրանա և քեզ արժանի կլինեմ: Այդպես էլ եղավ: Անակնկալ դեպքեր ինձ հաջողեցրին մտնել պալատը և քեզ ավելի մոտ լինել: Ես դեռ խիստ ստոր աստիճանի վրա էի կանգնած, երբ քո խորթ մայրը աշխատում էր քեզ ձգել իմ գիրկը, որպեսզի ինքը ավելի դյուրություն ունենա իր հարազատ աղջիկը տալ Լևանին, որ քեզ սիրում էր: Բայց ես միշտ հետաձգում էի մեր ամուսնությունը, որովհետև ինձ դեռ բավական անարժան էի համարում քո ամուսինը լինելու: Այնուհետև իմ դիրքը շատ բարձրացավ, բայց ես դարձյալ մնացի այն համոզմունքի վրա, թե դեռ մի բան, և ամենագլխավոր բանը պակաս է: Այժմ մնում է լրացնել այդ պակասը: Ես վաղուց մտածում էի իմ հայրենիքի մասին, բայց սպասում էի, մինչև հաջող հանգամանքները նպաստեին իրագործելու իմ նպատակը: Այժմ հանգամանքները նպաստավոր են, և ես դիմում եմ այն նպատակին: Ազատել հայրենիքս, ազատել իմ ազգը և Հայաստանի թագուհու թագը քո գլխին դնել, — ահա այն մեծ նպատակը, Թամար, որի մասին խոսում եմ: Ես այն ժամանակ միայն պիտի պսակվեմ քեզ հետ, երբ հայոց թագավորների և թագուհիների թագերով կպսակեն մեզ: Այդ ցնորք չէ, Թամար, դա կախված է իմ քաջությունից և իմ սրի հաջողությունից: Իսկ քո սերը բավական է, Թամար, որ վառե իմ քաջությունը, որ առաջնորդե ինձ, որ լուսավորե իմ ճանապարհը այն հրեղեն սյունի նման, որ աստված ուղարկեց Իսրայելը Եգիպտոսի գերությունից ազատող Մովսեսի ճանապարհը լուսավորելու համար:

Մի ուրիշը Թամարի տեղ, լսելով այդ խոսքերը, կգրկեր իր սիրելիին, կհամբուրեր նրան, անվերջ, անթիվ կերպով կհամբուրեր, կթափեր նրա առջև իր հոգու ամենաջերմ զգացմունքները, և մարդկային լեզվի ամենաբարձր, ամենավսեմ խոսքերով կհայտներ իր սրտի անսահման ուրախությունը, թե որքան բախտավոր է ինքը, թե որքան երջանիկ է, որ ունի մի այսպիսի քաջ, անձնվեր և ազնիվ տղամարդ: Բայց Թամարը իր սովորական գեղեցիկ ժպիտը գեղեցիկ դեմքի վրա, դարձավ դեպի Բեկը, ասելով. — Այդ բոլորը շա՛տ լավ է, շա՛տ սքանչելի է, բայց ես դարձյալ կրկնում եմ իմ աղաչանքը, որ ինձ էլ քեզ հետ տանես, որ ես էլ մաս ու բաժին ունենամ այն սուրբ գործի մեջ, որ պիտի կատարես դու:

— Անկարելի է, Թամար: Եթե մի բան, որ պիտի խնդրեմ քեզանից իմ բաժանման րոպեում, թող այդ լինի. մնացի՛ր քո հոր տանը: Պատերազմական գործն ունի իր այլ և այլ խորամանկությունները: Դու բոլորովին կփչացնես իմ կարգադրությունները, եթե ինձ հետ գալու լինես: Պատճառները կբացատրեմ քեզ: Դու գիտես, որ ես հեռանում եմ այստեղից ուխտավորի անունով: Իբրև ամուսին քեզ ինձ հետ տանել չեմ կարող, որովհետև դու դեռ իմ նշանածն ես: Իսկ եթե իբրև նշանած տանելու լինեմ, դա մի կողմից անպատշաճ է, մյուս կողմից, հազիվ թե թույլ կտային: Բայց եթե թողնելու ևս լինեին, անպատճառ կշրջապատեին քեզ մի ամբողջ խումբ կնիկներով, աղախիններով և ծառաներով: Դրանց մոտ կբացվի իմ հնարած ուխտագնացության գաղտնիքը, որը ես ամենայն զգուշությամբ պետք է ծածուկ պահեմ: Մնում է մի ուրիշ հնար, այն է՝ քեզ փախցնել այստեղից: Այդ ես կանեի, բոլորովին ուշադրություն չդարձնելով բամբասանքի վրա, որովհետև սերը ավելի բարձր է, քան հասարակության նախապաշարմունքը: Բայց դարձյալ մի այսպիսի վարմունք կվնասեր գործին: Ես իսկույն կմերկացնեի այն պատրվակը, ինչ անունով որ այստեղից դուրս եմ գալիս: Իսկույն կսկսեին այստեղից հետամուտ լինել ինձ և լրտեսել իմ գործողությունը: Իմ պլանները այնուհետև բոլորովին կխախտվեին:

— Ես այժմ համաձայն եմ քեզ հետ, ես այստեղ կմնամ և կսպասեմ քո հաջողությանը...: -Վերջին խոսքերը այնպիսի մի եղանակով արտասանեց Թամարը, կարծես, նույն րոպեում նրա գլխից անցավ մի նոր և ավելի գործնական միտք: Բեկը ոչինչ չնկատեց, միայն գրկեց նրան և համբուրեց, ասելով. – իմ խելացի՛, իմ հրեշտա՛կ... — Բայց ի՞նչ միտք էր այդ. ի՞նչը համոզեց նրան հրաժարվել իր համառ պահանջից և այդպես շուտ համաձայնվել Բեկի հետ: Թամարը կամքի տեր աղջիկ էր, նա հեշտությամբ կոտրվող պտուղներից չէր: Չի՞ ցե թե նա մտածեց. «Թո՛ղ գնա իմ սիրելին, ես նրան չեմ խանգարի... ես կգնամ նրա ետևից այն ժամանակ, երբ նա գործը սկսած կլինի...»: Ի՛նչ էլ որ լիներ նրա խորհուրդը, այդ միայն աստված գիտե, բայց Բեկին մեծ ուրախություն պատճառեց, որ կարողացավ վերջապես համոզել նրան:

— Ե՞րբ ես մտադիր ճանապարհ ընկնել, — հարցրեց օրիորդը:

— Բոլոր պատրաստությունները կարգի դրած եմ, — պատասխանեց Բեկը. – ինձ մնում էր ամենադժվար խնդիրը, այն է՝ ստանալ քո համաձայնությունը. այժմ ուրախ եմ, որ մենք հաշտվեցանք: Ես հենց էգուց երեկոյան կարող եմ դուրս գալ այստեղից:

— Ուրեմն մի՛ ուշացիր, — շտապեցնում էր օրիորդը: — Բայց ես պատուհանից նկատեցի, դու գրում էիր մի թուղթ, ի՞նչ թուղթ էր այն: Դու այնքան հուզված էիր գրելու ժամանակ, որ ես կարծում եմ, մի շատ կարևոր բան պիտի լիներ:

— Որքան հետաքրքիր ես դու, Թամար, ամեն բան ուզում ես գիտենալ, — ասաց Բեկը ծիծաղելով: — Ես գրում էի իմ կտակը:

— Կտա՞կ...-բացականչեց օրիորդը շփոթվելով. — Ինչո՞ւ համար է կտակը:

— Որ կնքած քեզ հանձնեմ, որ դու նրա կնիքը լուծես միայն այն ժամանակ, երբ իմ սպանման լուրը քեզ կբերեն: Խո կարո՞ղ է պատահել, որ ինձ սպանեն:

— Կարող է պատահել...-տխրությամբ ասաց օրիորդը: — Բայց դու կասե՞ս ինձ այդ կտակի բովանդակությունը:

— Այժմ ոչ, բայց երբ կմեռնեմ, բոլորը կարող ես գիտենալ:

— Երևի քո կայքերի, քո ճորտերի մասի՞ն է, — դարձյալ հետաքրքրությամբ հարցրեց օրիորդը:

— Ավելի լավ է չհարցնես, իմ մահը միայն իրավունք կտա քեզ բաց անել այն ծրարը, որ պիտի հանձնեմ քեզ:

Այդ միջոցին Կատոն, որ ընդունարանում քնած էր, հանկարծ զարթեցավ, և նկատելով երդիկից վառորդյան լույսը, վազեց Բեկի ննջարանը, ասելով.

— Թամար, շուտով փողոցները կլցվեն մարդիկներով, դու շատ ես ուշանում:

— Լավ, դրսում սպասիր, ես այս րոպեիս կգամ, — ասաց նրան օրիորդը փոքր-ինչ բարկացած ձայնով և դարձավ դեպի Բեկը:

— Մենք էլի կտեսնվենք, այնպես չէ՞:

— Անպատճառ, ես առավոտյան կգամ մեծ պարոնին իմ վերջին մնաք բարյավը ասելու, հետո կանցնեմ քեզ մոտ: Միայն այնպես կարգադրիր, որ քո սենյակում ուրիշ ոչ ոք չլինի, բացի քեզանից:

Օրիորդը վեր կացավ: Բեկը բռնեց նրա երկու ձեռքերից և սարսափելով նկատեց, որ նրանց վրա արյան բծեր կային:

— Այդ ի՞նչ է, — հարցրեց նա, ավելի ուշադրությամբ նայելով օրիորդի կեղեքված ձեռքերի վրա:

— Ես այսօր ինձ նախապատրաստեցի արյան համար, — ասաց նա ժպտելով. – պարտեզի ցանկապատից անցնելու ժամանակ ձեռքերս ծվատեցի:

Երիտասարդը խորին հափշտակությամբ նրա ձեռքերը սեղմեց իր շրթունքի վրա, ասելով.

— Ես ավելի մեծ հաճությամբ կհամբուրեի այդ ձեռքերը, եթե մեր թշնամիների արյունով ներկված լինեին:

— Այդ էլ կլինի...-պատասխանեց օրիորդը խորհրդավոր ձայնով և փաթաթվեցավ երիտասարդի պարանոցին: Նրանք երկար չէին բաժանվում միմյանցից, մինչև նախասենյակից կրկին լսելի եղավ Կատոյի անախորժ կանչյունը. «Բավակա՛ն է... ուշանում ես, օրիորդ...»:

Օրիորդը փաթաթվելով իր շալի մեջ, Բեկի տան ետևի դռնով դուրս եկավ պարտեզը. Բեկը ճանապարհ դրեց նրան մինչև պարտեզի ցանկապատի չարչվան: Երկինքը բոլորովին ամպամած լինելով, նոր ծագող առավոտը դեռ մթին էր: Մոխրագույն մառախուղը պատել էր ամենուրեք: Օրիորդը բաժանվեցավ իր սիրելիից, կրկին և կրկին անգամ հարցնելով.

— Կգա՞ս ինձ մոտ, կգա՞ս... չուշանաս, սիրելիս...

— Չեմ ուշանա, իմ հրեշտակ...

Նույն ավուր երեկոյան պահուն Դավիթ բեկը թողեց Վրաստանի հին մայրաքաղաք

Մցխեթը, և դուրս գալով վրաց Շահնավազ իշխանի ծառայությունից, իր քառասուն քաջերի հետ ուղևորվեցավ դեպի Սյունյանց աշխարհը:

ԵՐՐՈՐԴ ԳԻՐՔ

Ա

1722 թվին Դավիթ բեկը թողեց Վրաստանը և վերադարձավ իր հայրենիքը:

Ի՞նչ դրության մեջ էր այն ժամանակ Հայաստանը, ի՞նչ քաղաքական նպաստիչ հանգամանքներ ի նկատի ուներ այդ հերոսը, որ այնպես վստահությամբ ձեռնարկում էր մի մեծ, միևնույն ժամանակ խիստ վտանգավոր գործի: — Այդ հարցերը պարզելու համար մենք համառոտ կերպով կնկարագրենք այն ժամանակվա մի քանի պատմական անցքեր:

Պարսկաստանը քայքայման վիճակի մեջ էր: Շահ-Սուլեյմանի որդի Շահ-Հյուսեին իններորդի 28 տարվա թույլ, անհոգ, միևնույն ժամանակ թմրեցուցիչ կառավարությունը խլել էր այդ սոսկալի պետությունից նրա պատերազմական ոգին: Արյունահեղությունը, բարբարոսական անգթությունը, դեպի ամեն կողմ ահ և սարսափ տարածելը, որ այնքան հատուկ էր բոլոր Սեֆեվիներին և որը այդ տոհմի բռնակալների իշխանությունը պահպանելու ամենագլխավոր պայմանն էր — այդ հատկություններից զուրկ էր երկչոտ Շահ-Հյուսեինը, Սեֆեվիների համարյա վերջին ժառանգը: Կրոնասեր, մոլեռանդ թագավորը շրջապատել էր իրան հոգևորականներով, դերվիշներով, սուրբ գրքի մեկնիչներով և, փոխանակ տերության գործերով զբաղվելու, իր ժամանակը անց էր կացնում դորանի ընթերցանությամբ և անդադար նամազներ անելով: Այդ պատճառով նա ստացավ ժողովրդից «մոլլա» կոչումը, որ մի ծաղրական կոչում էր պարսից թագավորի համար: Երկրի կառավարությունը թողված էր ավազակ, շահախնդիր փոխարքաների կամայականությանը, որքան անպատիժ կերպով կողոպտում էին ժողովուրդը, որոնք ամեն տեղ տարածում էին թշվառություն և աղքատություն, իսկ թուլամորթ շահի սիրտը գրավում էին նրանով միայն, որ երբեմն նահանգներից նրա համար ընծա էին ուղարկում գեղեցիկ աղջիկներ: Թագավորի հարեմը ճոխանում էր, լցվում էր աշխարհի ամեն տեսակ գեխություններով, իսկ ժողովուրդը ուտելու հաց չուներ: Արքունիքի դիվանի մեջ մեծ դեր էին խաղում խորամանկ ներքինիները և բազմաթիվ շողոքորթները: Խելացի մարդիկը, քաջ պատերազմողները, պետության փառքն ու պատիվը պահպանողները հեռացած էին ասպարեզից: Ամեն տեղ տիրում էր դժգոհություն, ամեն կողմից հայտնվում էին բողոքներ: Բայց ժողովրդի ցավերին ճար ու դարման անող չկար: Մի արտաքին զարկ բավական էր, որ այդ ընդարձակ, ահեղ պետությունը քայքայվեր, և նրա բազմասեռ տարրերը լուծվելով, բաժան-բաժան լինելով, կազմեին զանազան անկախ իշխանություններ:

Պարսկաստանի այդ խարխուլ, անդադար օրորվող դրությունը չէր կարող աննկատելի մնալ նրա հարևան պետություններից: Ավղանիստանը, որ այն ժամանակ պարսից իշխանության ներքո էր գտնվում, առաջինը եղավ, որ ապստամբության դրոշը բարձրացրեց: Ղանդահարի սուլթան Միր-Վեյսը, սպանելով պարսից զորապետ Գիորգի-խանին, իրան Ավղանիստանի անկախ ամիր հրատարակեց: Իսկ նրա որդի Միր-Մահմուդ-խանը, ավելի զորանալով, մտածում էր տիրել Պարսկաստանին և ինքը նրա թագավորը դառնալ:

Երիտասարդ Մահմուդի փառասիրությանը նպաստեցին մի քանի սաստիկ պարտություններ, որ կրեցին պարսից զորքերը այլ և այլ կողմերում: Զանազան վայրենի, գազանաբարո ցեղեր, որ բնակվում էին պետության մեջ, կամ թափառում էին նրա սահմանների վրա, ապստամբվելով, սկսեցին կողոպտել ժողովուրդը և ամայի դարձնել երկիրը: Նրանք քանդեցին շատ քաղաքներ, կրակի մատնեցին բազմաթիվ գյուղեր: Քրդերի ավազակ ցեղերը իրանց արշավանքները տարածեցին մինչև պարսից մայրաքաղաքի՝

Սպահանի պարիսպների մոտ: Հյուսիսից Խորասանի նահանգը ավերակ դարձավ կատաղի ուզբեկների և թուրքմենների բարբարոսություններից: Հարավային կողմից ապստամբվեցան Լորիստանի և Խուժիստանի թափառական ցեղերը: Միևնույն ժամանակ Մասկաղի իմամը հարձակվեցավ Պարսից ծոցի կղզիների վրա և տիրեց նրանց: Արևմտյան կողմից լեզգիների Ղազի-Ղումուխ ցեղի գլխավորը՝ Սուրխեյ-խանը, կովկասյան անթիվ լեռնաբնակներով հարձակվեցավ Շիրվանի վրա, տիրեց Շամախին և անցավ մինչև Սևանա լիճը, կոտորելով ժողովրդի մեծ մասը: Ի լրումն այդ բոլոր դժբախտությունների, արևմտյան Պարսկաստանի մայրաքաղաք Թավրիզը ենթարկվեցավ երկրաշարժության և բնակիչների մեծ մասը ոչնչացավ:

Պարսկաստանը իր օրհասականի մեջն էր: Երկնքի վրա հայտվող զանազան երևույթներ գուշակել էին տալիս շահի աստղագետներին, թե այդ պետության վախճանը հասել է:

Հիշյալ ներքին և արտաքին խռովությունների միջոցում, 24 տարեկան Միր-Մահմուդ-խանը, 20,000 ավղանական զորքով, Ղանդահարից արշավեց դեպի Պարսկաստան՝ այդ համարյա անիշխանության ենթարկված պետությունը տիրելու համար: Նա արդեն գտնվում էր Սպահանից մի երկու օրվա ճանապարհի հեռավորության վրա, բայց անհոգ Շահ-Հյուսեինը տակավին ոչ մի զորեղ միջոց ձեռք չէր առել թշնամու առաջը կտրելու համար: Նա բավականացավ նրանով, որ մարդիկ ուղարկեց Մահմուդի մոտ, առաջարկելով նրան մեծ գումար, որ թողնե պարսից երկիրը և վերադառնա իր տեղը: Բայց հպարտ Մահմուդը, ուշադրություն չդարձնելով շահի առաջարկությանը, շարունակեց իր արշավանքը: Այն ժամանակ միայն շահը ուղարկեց նրա առջև իր զորքերը, երբ թշնամին կանգնած էր Սպահանից երեք մղոն հեռավորության վրա: Գյուլնաբադի ճակատամարտի մեջ պարսից զորքերը սաստիկ ջարդվեցան, և մնացածները փախչելով, մտան քաղաքը: Ավղանները պաշարեցին քաղաքը, որ տևեց մի քանի ամիս: Բոլոր ուտեստները սպառվելով, բնակիչները սկսեցին ուտել հին կոշիկների կաշի, ոսկորներ և մինչև անգամ փեհին: Մի տղա, կտրելով սովից մեռած քրոջ ստնիքը, կերավ: Այդ ժամանակ շահը դեսպաններ ուղարկեց Մահմուդի մոտ այս խոսքերով. «Կտամ քեզ 100,000 թուման փող, Խորասանի և Քիրմանի նահանգները, — իմ աղջիկն էլ կտամ քեզ, միայն ե՛կ հաշտվենք և կապրենք միասին, ինչպես հայրը որդու հետ: — Ա՛ռ այդ բոլորը և հեռացիր իմ քաղաքից»: Մահմուդը այդ պայմանների հետ չհամաձայնվեցավ: — «Գնա, հայտնիր քո թագավորին, ասաց նա դեսպանին, — դու տալիս ես ինձ 100,000 թուման և այդ երկրները: Ախար նրանք արդեն ինձ են պատկանում, իսկ դու առաջարկում ես ինձ հենց իմ փողերն ու նահանգները: Դու առաջարկում ես ինձ քո աղջիկը: Ինչի՞ն է պետք ինձ քո աղջիկը: Քո բոլոր աղջիկներին, քո բոլոր որդիներին ես կտամ իմ ծառաներին: Խելքի մոտ բան չէ, որ դու մտածել ես: Ես չեմ հեռանա Սպահանից»:

Սպահանի պաշարման ժամանակ ավելի սարսափելի վիճակի ենթարկվեցան Նոր Ջուղայի հայերը: Նրանց թիվը այն ժամանակ հասնում էր 30 հազար հոգու, բնակվում էին մի առանձին արվարձանում, որ համարյա մի ջոկ քաղաք էր Սպահանի մոտ: Երբ ավղանները մոտեցան, հայոց հասարակությունը իր դարուղային և քալանթարին ուղարկեց շահի մոտ, խնդրելով, որ զորքեր տան իրանց քաղաքի պաշտպանության համար: «Մեր զորքերը ուղարկեցինք պատերազմելու, պատասխանեցին նրանց, դուք ուղարկեցեք շահի արքունիքի պահպանության համար 3,000 լավ զինվորված տղամարդիկ»: Քալանթարը և դարուղան կատարեցին այդ հրամանը, բայց շահի դրանիկները բոլոր հայ զինվորների զենքերը առնելով, ասեցին նրանց. «Գնացեք, այլևս մեզ պետք չեք»: Այս խաբեությունը սաստիկ զայրացրեց հայերին, մանավանդ, երբ պարսիկները սկսեցին զինաթափ անել Նոր Ջուղայի մնացած հայերին ևս: «Դուք մեզ զինվորներ չտվեցիք, աղաղակում էին հայերը, այժմ չե՞ք էլ թողնում, որ մեր զենքերով պաշտպանենք մեր քաղաքը»: Բայց անիրավ պարսիկները նրանց բողոքը չլսեցին, որովհետև հրամանը շահիցն էր: Այդ բավական չէր, որ անզեն, անպաշտպան հայերին թողեցին զազանաբարո ավղանների կամքին, բացի դրանից, նշանավոր քեդխուդաների ընտանիքները որպես պատանդ տարան Սպահան և փակեցին քաղաքի պարիսպների մեջ: Այդ բոլոր դավաճանությունները կատարվեցան այն նպատակով, որ բթամիտ շահի խորհրդականները խրատ էին տվել նրան, թե «հայերին զինաթափ անելով և ավղանների ձեռքը մտնելով, մենք կարող ենք ազատել Սպահանը, որովհետև ավղանները հափշտակասիրության նպատակով եկած են մեզ վրա, հայերի անբավ հարստությունը կկողոպտեն, և դրանով լիացած, բավականացած, հետ կդառնան ու մեզ հանգիստ կթողնեն»: Բայց նրանք սխալվեցան իրանց հիմար հաշիվների մեջ:

Նոր Ջուղան Սպահանի արվարձանը լինելով, պետք էր առաջ նրան տիրել և հետո անցնել բուն քաղաքին: Ջուղայի հայերը, հավաքելով իրանց մնացած ուժերը, սկզբում քաջությամբ պաշտպանվեցան: Բայց որովհետև չունեին ոչ թնդանոթներ և ոչ բավականաչափ ռազմամթերք, այդ պատճառով ստիպվեցան վերջը անձնատուր լինել: Չորս օր անցել էր, որ ավղանները տիրել էին Ջուղային, բայց դեռ հայերի ոչ քալանթարը, ոչ դարուղան և ոչ էլ քեդխուդաները չէին գնացել հաղթող Մահմուդին երկրպագելու և իրանց հպատակությունը նրան հայտնելու: Այդ սաստիկ գրգռեց ավղան բռնապետի բարկությունը և հրամայեց բոլոր հայերին կոտորել: Բայց հայոց գլխավորները իրանց արդարացրին նրանով, որ Մահմուդի ոտները ընկնելով, հայտնեցին. «Մեր ընտանիքները պահված են Սպահանի մեջ իբրև պատանդ, եթե մենք ձեզ մոտ գալու լինեինք, շահը կհրամայեր մեր կնիկներին, մեր զավակներին կկոտորեին»: Այդ իրավացի պատճառները թեև ամոքեցին Մահմուդի բարկությունը, բայց դարձյալ հրամայեց նա հայերից առնել 70,000 թուման տուգանք: Ահա ինչպես է նկարագրում մի ժամանակակից ականատես իր հիշատակարանի մեջ հիշյալ ահագին գումարի հավաքման եղանակը. «Այն րոպեում նշանակեցին հարկահաններ և ուղարկեցին 70,000 թումանը հավաքելու: Հարկահանները Ջուղայի քալանթարի և քեդխուդաների հետ սկսեցին ման գալ տնից տուն և հավաքել բոլորը, որքան կնիկները ունեին, թանկագին քարեր, մարգարիտ, ոսկի, արծաթ և մետաքսեղեն կերպասներ: Այդ բոլորը դիզեցին մի տեղում: Մետաքսեղեն կերպասները, արծաթը ընդունեցին քառորդ գնով: Մեկ մոխալ ոսկուն նշանակեցին 1000 դիան գին: Թանկագին քարերը, մարգարիտը և ոսկին կշռում էին այնպիսի կշիռքով, որը միայն գարի կշռելու համար էին գործածում: Դրանից հետո ավղանները տարան 62 աղջիկներ: Բացի դրանից, ջուղայեցիներից առնվեցավ 5000 կտոր ատլաս, դութնի, մահուդ, շալեր, և զանազան զգեստներ, որ բաժանեցին զորքերին: Այլև առեցին նրանցից բազմաթիվ վերմակներ, բարձր, անկողիններ, այդ բոլորը պատրաստված էր մետաքսից, դութնիից և ատլասից: Այլևս չեմ խոսում եկեղեցիների թանկագին անոթների և սուրբ սպասների հափշտակության մասին, որ կողոպտեցին ավղանները այն ժամանակ, երբ նրանք ինքնակամ թափվեցան հայոց տների մեջ, սկսեցին թալանել, և մինչև անգամ քանդել շինվածքները»:

Չնայելով, որ պարսիկները այսպես դավաճանությամբ Ջուղան մատնեցին ավղանների ձեռքը, որպեսզի Սպահանը ազատեն, բայց պարսից մայրաքաղաքը ավելի վատթար վիճակի ենթարկվեցավ: Ոչինչ չէր կարող լիացնել անհագ ավղանների հափշտակասիրությունը: Շահի զանձը, նրա արքունիքը այնպես կողոպտվեցավ, որպես ջուղայեցի հայի տունը: Նրա որդիները կոտորեցին, ամբողջ հարեմը բաժանեցին իրանց մեջ, տալով շահին երեք կին միայն: Նրա որդիներից կենդանի մնաց միայն Թահմազ-Միրզան, որ Սպահանի պաշարման ժամանակ գաղտնի փախավ դեպի Մազանդարան: Մի քանի ամբողջ շաբաթներ Պարսկաստանի լայնատարած մայրաքաղաքում կատարվում էր ավարառություն և կոտորած: Այդ միջոցին երիտասարդ Միր-Մահմուդ-խանը դեռ չէր մտել քաղաքը: Նա գտնվում էր Ֆարահաբադի փառավոր ապարանքի մեջ և սպասում էր, մինչև իր զորքերը վերջացնեն իրանց բոլոր բարբարոսությունները:

Երբ ամեն ինչ վերջացած էր, Միր-Մահմուդ-խանը պահանջեց, որ շահը անձամբ գա իր մոտ և տանե քաղաքը հանձնե իրան: Ծերունի Շահ-Հյուսեինը իր պալատականներով գնաց հաղթողի մոտ: Նա մտավ Ֆարահաբադի այգին, այն այգին, որ թե իր և թե իր նախորդների մշտական զվարճության դրախտն էր, ուր վատնվում էին Պարսկաստանի ահագին զանձերը, ուր հավերժական հյուրիների նման փայփայվում էին այդ երկրի ամենագեղեցիկ կնիկները: Նա մտավ այդ այգին հաղթված, խոնարհված, անարգված: Մի քանի ժամ արեգակի տակ սպասել տալուց հետո ընդունեցին նրան Մահմուդի մոտ: Նա արտասուքը աչքերում մոտեցավ հպարտ ավղանին, և արքայական ջիխկան իր գլխիցը առնելով, և իր ձեռքով նրա ճակատին կապելով, ասաց. «Որդի, իմ մեղքերի համար աստված այլևս ինձ արժանի չէ համարում կառավարելու իմ թագավորությունը: Իմ թագը նա տվեց քեզ: Ահա ես դնում եմ քո գլխին: Եվ թող օրհնյալ լինի քո թագավորությունը»:

Նույն օրը Միր-Մահմուդ-խանը, որպես պարսից թագավոր, մտավ Սպահան քաղաքը, և հաղթական փառքով գնաց Սեֆեվիների արքունիքը: Այդ օրից այդ տան թագավորությունը համարյա թե վերջացավ:

Բ

Միր-Մահմուդ-խանը տիրելով Սպահանին, Պարսկաստանի արևելյան մասը ամբողջապես ընկավ ավղանների իշխանության ներքո: Իսկ արևմտյան մասում, որի հետ և Հայաստանում, այդ ժամանակ կատարյալ անիշխանություն էր տիրում: Թեև աթոռազուրկ Շահ-Հյուսեինի որդի Թահմադ-Միրզան, Սպահանի պաշարման միջոցում, գաղտնի փախչելով դեպի Մազանդարան, իրան պարսից թագավոր հրատարակեց, և այնտեղից գալով Ատրպատական, երկրաշարժությունից քայքայված Թավրիզը իրան աթոռանիստ քաղաք ընտրեց, բայց նրա ուժերը այնքան թույլ էին, որ հազիվ թե կարող էր այդ երկրները պահպանել: Մտածելով, թե իր բոլոր դժբախտությունների պատճառը հայերն են, թե նրանք առաջնորդեցին ավղաններին, թե նրանք միացած են իր թշնամիների հետ, Թահմադ-Միրզան, որ այժմ կոչվում էր Շահ-Թահմազ, կամեցավ իր վրեժխնդրության թույնը թափել Թավրիզի հայերի վրա, հրամայելով նրանց բոլորին կոտորել: Բայց նրա Հովհաննես անունով հայազգի ժամագործը, որ շատ սիրելի էր թագավորին, ամոքեց նրա բարկությունը և ազատեց հայերին մի մեծ կոտորածից:

Բոլոր հանգամանքները նպաստում էին Պարսկաստանի բաժան-բաժան լինելուն և նրա իսպառ կործանմանը: Այդ հանգամանքներից օգուտ քաղելով, երկու ավելի հզոր պետություններ՝ օսմանցիք և ռուսները, աշխատում էին իրանց ձեռքը գցել Պարսկաստանի արևմտյան մասը, որ դեռ ազատ էր մնացել ավղանների տիրապետությունից: Ռուսաց թագավոր Պետրոս մեծը աչք ուներ Կասպից ծովի հարավային եզերքի ամենաբարեբեր նահանգների վրա: Գիլանը և Ռաշտը արդեն ռուսների ձեռքումն էին: Իսկ օսմանցիք մտածում էին տիրել պարսկական Հայաստանին, որպեսզի արգելեն ռուսների իրանց սահմաններին մոտենալը:

Ի՞նչ էին մտածում այդ ժամանակ հայերը. ի՞նչ էր մտածում ամենից շատ հալածված, ամենից շատ տանջված, ամենից շատ հարստահարված ժողովուրդը: — Հայերը նույնպես անտարբեր չէին. նրանք ևս պատրաստվում էին ձգել պարսկական ծանր լուծը, որ դարերով ճնշել էր նրանց: Բայց նրանք մտածում էին, թե իրանց պետք է մի հովանավորող ձեռք, մի արտաքին զորեղ պաշտպանություն: Այդ պատճառով ամենի աչքը դարձրած էր դեպի Պետրոս մեծը:

Պարսկաստանի հայերը շատ հին ժամանակներից հարաբերություններ ունեին ռուսաց արքունիքի հետ, իսկ Ալեքսեյ Միխայլովիչ թագավորի օրերում նրանց հարաբերությունները ավելի կանոնավոր ձև ստացան: Սպահանի հայերը, որ այն ժամանակ մեծ դեր էին խաղում հնդկա-եվրոպական վաճառականության մեջ, ոչ սակավ անգամ ուղարկում էին իրանց պատվիրակներին հիշյալ թագավորի մոտ, կապում էին նրա հետ զանզան առևտրական դաշնագրեր և ստանում էին նրանից զանազան արտոնություններ իրանց Ռուսաստանի վրայով դեպի Եվրոպա կատարած վաճառականության վերաբերությամբ: Ամեն անգամ երբ հայոց պատվիրակները հայտնվում էին ռուսաց արքունիքում, բերում էին իրանց հետ թանկագին ընծաներ. դրանցից մեկն էր այն գեղեցիկ բազկաթոռը, շինված արծաթից և ոսկուց, զարդարած խոշոր ալմաստներով, յաղութներով, մարգարիտներով ու ֆիրուզաներով, որը Սպահանի մի առևտրական ընկերության կողմից Խոջա-Զաքար Սարհադյանցը մատուց Ալեքսեյ Միխայլովիչին: Բացի վաճառականական հարաբերություններից, Սպահանի հայերը ռուսների արևելյան քաղաքականության մեջ նույնպես մեծ դեր էին խաղում: Նրանք շատ անգամ լինում էին միջնորդներ ռուսաց արքունիքի և պարսից դռան մեջ, պայմաններ էին կապում և վճռում էին այլ և այլ խճճված գործեր:

Պետրոս մեծ թագավորության ժամանակ Պարսկաստանի հայերի հարաբերությունները ռուսաց արքունիքի հետ ավելի ևս ամրապնդվեցան: Մեծ թագավորի նախորդները գտնում էին հայերի մեջ ավելի առևտրական ընդունակություններ և նրանց ձեռքով կամենում էին վաճառականությունը Ռուսաստանում զարգացնել: Իսկ Պետրոս մեծը, բացի այդ ընդունակություններից, գտավ հայերի մեջ բոլոր այն հատկությունները, որ կարող էին նպաստել նրան իր աշխարհակալությունները դեպի արևելք տարածելու: Կասպից ծովի վրա լողում էին հայերի բազմաթիվ նավերը: Արևելքի ամբողջ արդյունաբերական աշխարհը նրանց ձեռքումն էր: Հնդկաստանի բոլոր նշանավոր առևտրական կենտրոններում նրանք ունեին կալոնիաներ: Ջավա, Սումատրա և Փիլիպյան կղզիների վրա նրանք տեղափոխվեցան դեռ XVI դարու վերջերում, իսկ Մադրասի, Կալկաթայի, Բոմբայի, Սինգապուրի մեջ Շահ-Աբաս մեծի մահից հետո: Ամեն տեղ նրանք առնտուր ունեին ոչ միայն ժողովրդի հետ, այլ գլխավորապես ժողովրդի իշխողների հետ, որոնց ձեռքում հավաքվում էր երկրի հարստությունը որպես հարկերի փոխանորդ: Բիրմանիայի ալմազը, որ սեփականություն էր միայն թագավորի, ծախվում էր հայերի ձեռքով: Պարսկաստանի մետաքսը, որ ստանում էին թագավորները, բոլոր հայերի ձեռքով էր տարվում դեպի Եվրոպա: Անդադար հարաբերություններ ունենալով թագավորների և զանազան երկրների իշխանների հետ, հայերը այն աստիճան մտերմացել էին նրանց հետ, այն աստիճան հավատարմություն էին գտել նրանց մոտ, որ ծանոթ էին նրանց բոլոր թույլ կողմերին, գիտեին նրանց բոլոր գաղտնիքները: Այդ առիթ էր տալիս հայերին երբեմն մեծ դերեր խաղալ արևելքի իշխողների միմյանց հետ ունեցած հարաբերությունների մեջ, մանավանդ որ այդ իշխողները նրանց փողին, խելքին և օգնությանը միշտ կարոտություն ունեին: Պետրոս մեծի արծվի աչքերից չէր կարող աննկատելի մնալ այդ իրողությունը և նա աշխատեց իր ձեռքը ձգել հայերին — արևելքի այդ ամենահարմար բանալին:

Հայերը ցույց էին տալիս ամեն տեսակ պատրաստականություն մեծ թագավորի մեծ նպատակները իրագործելու համար: Բաքուն և Կասպից ծովի հարավային եզերքի վրա գտնված պարսկական երկրները – Ռաշտը, Գիլանը, Մազանդարանը, — այդ կիտրոնիների, ձիթենիի, մետաքսի և վարդենիների աշխատանքը սկսվեց նա գլխավորապես հայերի առաջնորդությամբ: Հայերը նրա պիոները դարձան ամեն տեսակ գործողությունների մեջ: Հաշտարխանում նստած էր որպես հայոց հոգևոր առաջնորդ, բայց իսկապես որպես ռուսաց պատերազմական գործակատար, Մինաս վարդապետը: Նրա հավատարմատարը՝ Պետրոս Դի-Սարգիս Գիլանենց հայազգին նստած էր Ռաշտում և Պարսկաստանի ու առհասարակ արևելքի բոլոր նշանավոր անցքերի մասին տեղեկություններ էր տալիս Սարգիս վարդապետին, որը իր կողմից հաղորդում էր ռուսաց կառավարությանը: Ղարաբաղի մելիքների բանակցությունները ռուսաց կառավարության հետ կատարվում էին սկզբում Գանձասարի առաջնորդ Եսայի եպիսկոպոսի ձեռքով, իսկ հետո Ներսես եպիսկոպոսի և Դուզախի կառավարիչ մելիք Եգանի ձեռքով:

Երբ ռուսները տիրեցին Դերբենդին և Բաքվին, Ղարաբաղի մելիքները առաջարկում էին Պետրոս մեծին 60,000 զինված մարդիկ, առաջարկում էին իրանց աջակցությունը տիրելու ոչ միայն այժմյան Անդրկովկասը, այլ ամբողջ Ատրպատականը: Նրանք խնդրում էին միայն մի քանի փորձված օֆիցերներ և 2000 ռուս զինվորներ, որ խոստանում էին իրանց ծախքով պահել: Միայն թե կարողանային ազատվել պարսից լծից և քրիստոնյա մեծ թագավորի հովանավորության ներքո ունենային իրանց անկախ ինքնավարությունը: Այդ բոլոր ծառայությունների փոխարեն հայերը ստանում էին միայն ապարդյուն խոստումնքներ և նրանց խորհուրդ էին տալիս դեռևս սպասել:

Բայց հայերի հարաբերությունները ռուսների հետ այն աստիճան ակներև և աչքարա էին դարձել, որ այլևս չէր կարող ծածուկ մնալ պարսից կառավարությունից: Եվ այդ ավելի կատաղեցնում էր պարսիկներին, երբ պարզ տեսնում էին, որ հայերը առաջնորդում են իրանց թշնամուն՝ «մոսկոֆների» թագավորին՝ Պարսկաստանը տիրելու: Զանազան տեղերում սկսվեցան խիստ հալածանքներ նրանց դեմ: Երևանի նահանգում մինչև անգամ հրամայվեցավ կոտորել բոլոր հայերին: Համադանցի Աստվածատուր կաթողիկոսի եռանդոտ միջնորդությունը հազիվ կարողացավ ազատել նրանց: Նա հանգստացրեց Շահ-Թահմազին բավական գումար նրան ընծա տալով և հավատացնելով, թե ինքը և իր ժողովուրդը ամենևին ապստամբության նպատակներ չունեն և պարսից հավատարիմ հպատակներ են: Իսկ այդ խոսքերը միայն ժամանակավոր կերպով կարողացան միամտացնել պարսիկներին: Երբ պարսից կառավարության պատգամավորները հայտնվեցան Ղարաբաղի ապստամբության գլխավորների մոտ, խոստանում էին նրանց առատ փող, ընդարձակ երկրներ և պատիվներ, միայն թե նրանք ցած դնեն իրանց զենքերը և չօգնեն ռուսներին, — այսպես պատասխանեցին հայոց մելիքները. «Մեզ պետք չէ ձեր փողը, երկիրը և պատիվները: Մեզ ոչինչ պետք չէ: Մենք ձեզ ճանաչել անգամ չենք կամենում: Մենք հավաքվել ենք մեծ կայսրի և թագավորի (Պետրոսի) կամքով և մեր հույսը դրել ենք նրա վրա: Մենք նրա մարդիկն ենք: Եթե նա աստուծո օգնությամբ կգա դեպի մեր կողմը, մենք կմիանանք նրա հետ և կկատարենք բոլորը, ինչ որ նա մեզ կհրամայե: Բայց եթե, աստված մի արասցե, մեծ կայսրը չի գա մեր կողմերը, և ոչ մի կարգադրություն չի անի մեր մասին, և կմոռանա իր խեղճ ծառաներին, այն ժամանակ մենք կցրվինք ամեն մեկս դեպի մի կողմ: Իսկ պարսից շահը թող չերևակայե, որ մենք երբևիցե կխոնարհվենք նրան»:

Ամենքը հավատացած էին, որ Պետրոս մեծը հաստատ դիտավորություն ունի Ղարաբաղի և Արարատյան աշխարհի հայերին ազատել պարսից լծից և նրանց անկախություն շնորհել: Բանակցությունները հայոց ժողովրդի և ռուսաց կառավարության մեջ այդ հարցի մասին կատարվում էին հնդկաստանցի հայազգի իշխան Իսրայել Օրիի միջնորդությամբ, դեռ այն ժամանակ, երբ տակավին Սպահանը առնված չէր ավղաններից:

Երբ Պետրոս մեծը ուղարկեց Սպահան պարսից Շահ-Հյուսեինի մոտ մի դեսպանություն, այդ Իսրայել Օրին դեսպանախմբի գլխավորն էր: Դեռ դեսպանությունը պարսից մայրաքաղաքը չէր հասած, Շամախու խանը հաղորդեց շահին, թե այս կողմերում տարածվել են կարծիքներ, թե այդ Օրին պիտի վերականգնե հայոց թագավորությունը, թե ժամանակը հասել է, որ հայերը պիտի ազատվեն պարսից իշխանությունից: Այդ տեղեկությունները մեծ տպավորություն գործեցին Սպահանում. պարսիկները սաստիկ վրդովվեցան, իսկ տեղային հայերի ուրախությանը չափ չկար: Շահ-Հյուսեինին հայտնի լինելով Պետրոս մեծի պատերազմական ձգտումները, մոլեռանդ մոլլաների խորհրդով, մինչև անգամ չէր կամենում ընդունել այդ քրիստոնյա դեսպանությունը: Բայց կայսրի անունը այն աստիճան սարսափ էր տարածել Պարսկաստանում, որ շահը ակամա ընդունեց դեսպանությունը: Այն օրից Հայաստանի անկախության խնդիրը միօրինակ զբաղեցնում էր ամեն կողմերում տարածված հայերին:

Սպահանի և Հնդկաստանի հայերը, թեև հեռու էին հայրենի երկրից, բայց այնքան ոգևորված էին իրանց եղբայրների ազատության գաղափարով, այնքան մեծ էր նրանց բաղձանքը անկախ Հայաստան տեսնել, որ պատրաստ էին հանձն առնել ամեն տեսակ զոհողություններ: «Դուք, գրում էին նրանք Սյունյաց աշխարհի ապստամբության պետերին, սիրտ ունեք և քաջություն, իսկ մենք փող ունենք և միջոցներ ձեզ օգնելու: Կռվեցե՛ք հայրենիքի ազատության համար, մենք ձեզ փող և զենքեր կուղարկենք: Մենք կդիմենք բոլոր քրիստոնյա թագավորների դռները, ձեզ համար կբարեխոսենք: Մեր մարդիկը արդեն ուղարկել ենք ֆրանգների և Մոսկովի թագավորների մոտ»:

Հարաբերություններ ունենալով Եվրոպայի նույն ժամանակվա բոլոր նշանավոր առևտրական կենտրոնների հետ, Սպահանի և Հնդկաստանի հայերին խիստ դյուրին էր Եվրոպայից զենքեր տեղափոխել Հայաստան: Նրանք ունեին Կասպից ծովի վրա սեփական նավեր: Եվ դեռ XVII դարու կիսում Մոսկվայի կառավարության հետ կապած դաշնագրության համեմատ, իրավունք ունեին իրանց ապրանքները Ռուսաստանի վրայով անցկացնել տրանզիտի պայմաններով: Հայերի նավերը և կարավանները, որ սովոր էին ծանրաբեռնվել Եվրոպայի և Ասիայի հարստություններով, այդ ժամանակ զբաղված էին զենքերի և զանազան ռազմամթերքի տեղափոխություններով: Շահախնդիր վաճառականը, մոռացած արծաթի և ոսկու անհագ բաղձանքը, այժմ հրապուրված էր հայրենիքի ազատության սիրով: Այդ սերը սրբել, մաքրել էր նրա սիրտը, և նա պատրաստ էր նվիրել հայրենիքին բոլորը, ինչ որ ունի:

Գ

Մնում է մի քանի խոսք ասել, թե ի՞նչ դրության մեջ էր այն ժամանակ Վրաստանը, ի՞նչ էին անում վրացիները, երբ հայերը իրանց հայրենիքի ազատության մասին էին աշխատում: Արդյոք այդ երկու հարևան քրիստոնյա ազգերը, որոնք միևնույն վիճակի մեջ էին գտնվում, մտածո՞ւմ էին ձեռք ձեռքի տալ և միասին, ընդհանուր ուժերով թոթափել պարսից լուծը:

Վրաստանը բաժան-բաժան էր եղած այնքան մանր, միմյանցից անկախ իշխանությունների, որքան միմյանցից տարբեր ցեղեր և բարբառներ կային այնտեղ: Կարթալինիան, Կախեթիան, Իմերեթիան, Օսեթիան, Մինգրելիան, Գուրիան, Աբխազիան և ուրիշ շատ երկրներ, առանձին-առանձին իշխանություններ էին կազմում: Տիրապետող իշխանների քաղաքական նշանակությունը ոչնչով չէր տարբերվում, օրինակ, նույն ժամանակվա Ղարաբաղի մելիքների իշխանությունից: Ղարաբաղի մելիքը թե իր կառավարած երկրի տարածությամբ և թե իր վայելած արտոնություններով նույնքան իրավունք ուներ իր գավառի մեջ, որքան վրաց իշխանը իր նեղ, սահմանափակ երկրի մեջ: Թե վրաց իշխանները և թե Ղարաբաղի մլիքները միօրինակ կախումն ունեին պարսից կառավարությունից, նրանցից նշանակվում էին և նրանց հարկ էին վճարում: Ղարաբաղի մելիքները այն առավելությունը ունեին, որ իրանց հավատարմությամբ այնքան համարում էին ստացել պարսից կառավարության առջև, որ առանց իրանց կրոնը փոխելու, առանց մահմեդականություն ընդունելու հավատում էին նրանց: Թեև լինում էին դեպքեր, որ հայ մելիքներից մեկը ուրանում էր կրոնը փառք և իշխանություն ձեռք բերելու համար, բայց այսպիսիներին հայ հասարակությունը բոլորովին մերժում էր իր միջից: Որի ընդհակառակն, պարսից արքունիքում, Սեֆևիների տիրապետության ժամանակ համարյա ընդունված սովորությունների կարգն էր անցել, որ մինչև վրաց իշշխանները մահմեդականություն չընդունեին և իրանց անունը չփոխեին, իրավունք չունեին ստանալ Վրաստանի կառավարությունը: Շահ-Աբաս մեծի տիրապետությունից հետո (1617 թ.), երբ Վրաստանը պարսկական նահանգ դարձավ, հիշյալ սովորությունը բոլորովին օրինական ձև ստացավ: Վրացիների պարսից կառավարության հետ կապած դաշնագրի գլխավոր պայմաններից մեկը այն էր, որ Վրաստանի կառավարիչները կարող են լինել տեղացիներ, վրացիք, միայն մահմեդականություն ընդունած, և պիտի նշանակվեն պարսից կառավարությունից: Այդ օրից մինչև ռուսների տիրապետությունը գտնում ենք մի շարք մահմեդականություն ընդունած վրացի ազնվականներ, որ կառավարում են երբեմն Կախեթիան և երբեմն Կարթալինիան, որպես պարսից «վալիներ» և որոնց վրացիք «մեփե» են կոչում:

Սպահանը՝ պարսից մայրաքաղաքը լիքն էր այդ ժամանակ վրացի ազնվականներով. նրանք պատվի և պաշտոնի համար ծախում էին ամեն բան, ինչ որ սուրբ և նվիրական էր իրանց ազգի համար, և մահմեդականություն ընդունելով, ստանում էին պաշտոններ կամ իրանց հայրենիքում, կամ Պարսկաստանում: Շատերը այնտեղ ամուսնանում էին պարսիկների հետ, որդիք էին ծնում, որոնք պարսկական սովորությունների մեջ կրթվելով, բերում էին պարսից զեխությունը, շռայլությունը, անբարոյականությունը դեպի իրանց հայրենիքը: Այսպիսով վրաց ազնվականների վաղեմի պարզ, նահապետական բարքուվարքը փչացավ և նրան փոխարինեց պարսից հարեմներից ստացված ծույլ, անհոգ, ամեն ինչ վատնող, ամեն ինչ ոչնչացնող բնավորությունը, որի հետքերը մնում են մինչև այսօր: Վրաց այն ժամանակվա տիրապետող իշխաններից ոչ մեկը չէ կարելի ցույց տալ, որ իր կյանքի մեծ մասը Պարսկաստանի մայրաքաղաքում մաշած չլիներ: Նրանք կողոպտում էին իրանց երկիրը, աղքատացնում էին ճորտերին, և նրանց դառն աշխատության պտուղը շռայլությամբ վատնում էին Պարսկաստանում: Վրաստանը լեզգիների ոտքի տակ ավերակ էր դարձել. Դաղստանը լիքն էր վրացի գերիներով, բայց վրաց իշխանները, փոխանակ իրանց աշխարհը պահպանելու, նրան անտեր թողած, իրանց երկրի ամենաընտիր տղամարդիկը տանում էին Պարսկաստան և պարսից շահի համար հեծելազորք էին կազմում, ավղանների հետ էին պատերազմում, որ խանություն ստանան: Պատվի և պաշտոնի համար ամեն բան ծախում էին նրանք, մինչև անգամ իրանց քույրերը, հարազատ աղջիկները, որ տալիս էին պարսից մեծամեծներին, նրանց պաշտպանությունը վայելելու համար: Խիստ ճիշտ է նկատում մի գրող, որ իրանք՝ վրացիները այնքան գեղեցիկ աղջիկներ տարան Պարսկաստան, որ պարսիկների ցեղը ազնվացրին:

Պարսից Շահ-Սեֆի 1-ի և օսմանցոց Սուլթան Մուրադ IV-ի ժամանակ (1636 թ.) Վրաստանը բաժանվեցավ պարսիկների և թուրքերի միջև: Կարթալինան և Կախեթիան դարձան պարսկական նահանգ, իսկ Ախալցխայի նահանգը և Վրաստանի ամբողջ արևմտյան մասը ընկավ թյուրքերի իշխանության ներքո: Ախլցխան դարձավ թյուրքերի գլխավոր բերդաքաղաքը, և այստեղից մահմեդական իշխանության հետ նրանց ազդեցությունը տարածվեցավ Իմերեթիայի, Մենգրելիայի, Գուրիայի և Աբխազիայի վրա: Ղորանը փոխարինեց Ավետարանին: Մոլեռանդ թյուրքերը ամեն տեղ մտցրին իրանց հոգևորականներին, սկսեցին հալածել քրիստոնեությունը և տարածել մահմեդականություն: Թյուրքերը ավելի խստություններ էին գործ դնում կրոնի վերաբերությամբ, քան թե պարսիկները: Թյուրքաց նահանգապետ Ասլան-փաշայի կառավարության ժամանակ (1659-1679) այդ կողմերի ազնվականները, մահմեդականություն ընդունելով, ստանում էին «բեկ», «փաշա», «աղա» տիտղոսները և պաշտոններ էին վարում որպես թյուրքերի ներկայացուցիչներ: Վրաստանը այդ ժամանակներում ընկած էր երկու կրակների մեջ. – մի կողմից պարսիկները, մյուս կողմից թյուրքերը: Դեպի ո՛ր կողմը երեսը շուռ էր տալիս, այրում էր...: Վրաց ազնվականները իրանց դիրքը պահպանելու համար, երբ պարսիկներից հուսահատվում էին, դիմում էին դեպի թյուրքերը, իսկ երբ այդ վերջիններից հուսահատվում էին, դիմում էին դեպի պարսիկները: Ամեն տեղ կրոնափոխությունը մեծ դեր է խաղում պաշտոններ և իշխանություն ձեռք բերելու համար: Վերջին ժամանակներում նրանք ծանոթացան ռուսաց կառավարության հետ և երբեմն անձամբ կամ խնդիրքներով դիմում էին ռուսաց թագավորներին, որ իրանց օգնեն:

Դավիթ բեկի Վրաստանում գտնված ժամանակվա վերջին տարիներում այնտեղ կային երեք նշանավոր իշխանություններ՝ Իմերեթիայի իշխանությունը, որ կառավարում էր Ալեքսանդր V-ը, որպես թյուրքաց ներկայացուցիչ, Կարթալինիայի իշխանությունը և Կախեթիայի իշխանությունը, որոնք կախումն ունեին պարսից կառավարությունից: Մենք կխոսենք վերջին երկուսի մասին:

Կարթալինիայի իշխանության կենտրոնը Թիֆլիսն էր. այստեղ Մետեխի բերդի մեջ կանգնած էր մի ամբողջ գունդ պարսկական պահապան զորք, որը միևնույն ժամանակ հսկում էր թե քաղաքի և թե վրաց իշխանի գործողությունների վրա: Այդ գունդը պահվում էր այնտեղ սկսյալ այն օրից, երբ Վրաստանը պարսկական նահանգ դարձավ:

Դավիթ բեկը իր մանկության հասակում բերվեցավ Մցխեթ ավանը, որ այդ ժամանակ դադարել էր Վրաստանի մայրաքաղաք լինելուց: Այստեղ առաջին անգամ ծանոթացավ նա Վախթանգ VI-ի հետ, որը հալածված իր եղբոր Յասսեի (Ալի-Ղուլի-խանի) չարագործություններից, անպաշտոն առանձնացել էր Վրաստանի հին մայրաքաղաքում: Սկզբում նա վարում էր լի զվարճություններով անհոգ կյանք և անձնատուր էր եղած արբեցողության: (Մեր վեպի երկրորդ գրքում հիշված «մեծ պարոնը» նույն իսկ այդ Վախթանգն է): Հետո նա մոտենալով Մցխեթի աբեղաներին, սկսեց պարապվել վրաց գրականությամբ և օրինավոր կյանք վարել: Դավիթ բեկը այդ ժամանակ թողեց նրան և ծառայում էր երբեմն Կարթալինիայի, երբեմն Կախեթիայի իշխանների մոտ, որոնք անդադար մինը մյուսի ետնից փոխվում էին պարսից կառավարությունից: Իսկ երբ Կարթալինիայի իշխանությունը անցավ Գիորգին-խանի ձեռքը, այդ ժամանակ Վախթանգը թողեց Մցխեթը, տեղափոխվեցավ Թիֆլիս, և սկսեց որպես փոխանորդ կառավարել Կարթալինիան, որովհետև Գիորգին-խանը բացակա էր, Պարսկաստանում էր գտնվում: Այդ ժամանակ Դավիթ բեկը կրկին հանձն առեց Վախթանգի մոտ ծառայել և չբաժանվեցավ նրանից, մինչև իր Հայաստան գնալը:

Գիորգին-խանը սպանվեցավ Ղանդահարում առանց ժառանգ թողնելու: Որովհետև Վախթանգը պահպանել էր քրիստոնեական կրոնը, շահը նշանակեց Գիորգին-խանի փոխարեն Կարթալինիայի իշխան Վախթանգի եղբորը՝ մահմեդականություն ընդունած Քեյ-Խոսրով խանին: Երբ այդ վերջինն էլ սպանվեցավ պարսից ավղանների հետ ունեցած պատերազմում, այն ժամանակ Վախթանգը կանչվեցավ Սպահան, որ իշխանությունը նրան հանձնեն:

Բայց բարեպաշտ Վախթանգը չխոնարհվեցավ այն կանոններին, որ ընդունված էին իր նախորդների օրերում, այսինքն՝ նա չհամաձայնվեցավ իր կրոնը փոխելով ընդունել Կարթալինիայի իշխանությունը: Շահը բարկացավ նրա վրա, հրամայեց բանտարկել: Յոթը տարի որպես կալանավոր մնաց Սպահանում: Երկար ընդդիմադրություններից հետո, երբ լսեց հայրենիքի դժբախտությունը, նրա ավերակ դառնալը մի կողմից լեզգիների ձեռքով, մյուս կողմից, իր եղբոր Յասսեի (Ալի-Ղուլի-խանի) չարագործություններով, — վշտացած Վախթանգը վերջապես ակամայից ընդունեց մահմեդականությունը, կոչվեցավ Հյուսեին-Ղուլի-խան, և ստանալով Կարթալինիայի իշխանությունը, վերադարձավ Թիֆլիս:

Այստեղ հանդիպեց նա իր երկու վաղեմի անհաշտ թշնամիներին, մեկը՝ իր եղբայր Յասսեն, մյուսը՝ Կախեթիայի Մամադ-Ղուլի-խանը (Կոնստանդին II-ը): Եղբոր հետ Վախթանգը կարողացավ հաշտվել, թեև այդ հաշտությունը երկար չտևեց, բայց Կոնստանդինի հետ ունեցավ անվերջ կռիվներ: Կոնստանդինը աշխատում էր տիրել Կարթալինիային և ամբողջ Վրաստանի իշխանը դառնալ: Այստեղից ծագում էին բոլոր երկպառակությունները, որ տակնուվրա էին անում երկիրը:

Վախթանգը նեղվելով իր թշնամիներից, խնդիրքով դիմեց ռուսաց թագավոր Պետրոս մեծին, առաջարկեց իր հպատակությունը և սկսեց նրանից օգնություն խնդրել: Այդ բավական փաստ էր Կոնստանդինի համար մատնել նրան պարսից կառավարության առջև, թե նա խաբում է շահին, թե նա անունով միայն մահմեդական է, իսկ սրտով քրիստոնյա է և գաղտնի բանակցություններ ունի ռուսաց թագավորի հետ, կամենում է Վրաստանը դուրս բերել պարսից իշխանությունից և հանձնել ռուսներին:

Վախթանգը այժմ ստիպված էր երկերեսանի դեր խաղալ, մի կողմից պահպանել իր հարաբերությունները ռուսների հետ, մյուս կողմից արդարացնել իրան պարսից կառավարության առջև, թե ինքը պարսից հավատարիմ հպատակ է, թե Կոնստանդինի հաղորդածները բոլորը զրպարտություն են, թե նա դիտավորություն ունի իր երկրին նս տիրելու, այս պատճառով չարախոսություններ է անում, և այլն: Ռուսաց կառավարությանը ուղղած թղթերի վրա Վախթանգը ստորագրում էր «թագավոր Վրաստանի», իսկ պարսից կառավարությանը ուղղած թղթերը ստորագրում է «վալի» Պարսկաստանի:

Մինչև Վրաստանը այդ խռովությունների մեջ տակնուվրա էր լինում, Սյունյաց աշխարհում հայոց ապստամբները պատրաստվում էին: Էջմիածնի Աստվածատուր կաթողիկոսը, որը գաղտնի ուժ էր տալիս ապստամբությանը, աշխատում էր կազմել վրացիներից և հայերից մի ընդհանուր միություն, որ միասին կռվեն պարսիկների դեմ: Բայց այդ նպատակին հասնելու համար նախ պետք էր, որ Վրաստանի մեջ երկպառակությունները դադարեին, վրացիները միմյանց հետ միանային, որ հետո կարելի լիներ կայացնել նրանց հայերի հետ միությունը: Այս մտքով հայոց կաթողիկոսը անձամբ Վրաստան գնաց, որ Վախթանգին հաշտեցնե Կախեթիայի իշխան Կոնստանդինի հետ: Բայց չնայելով կաթողիկոսի եռանդուն աշխատությանը, հաշտությունը չկայացավ: Մինչև անգամ Կոնստանդինը թշնամացավ կաթողիկոսի հետ և նրա նամակները բռնելով, մատնեց պարսից կառավարությանը, որից կաթողիկոսը հազիվ կարողացավ ազատվել, ուրանալով, թե նամակները իր գրածը չեն, այլ իր կնիքը գողանալով, դրոշմել են նրանց վրա: Այդ պատճառաբանությունը, իհարկե, բավական թանկ նստեց նրան, որովհետև կաթողիկոսի բացակայության ժամանակ, երբ նա Վրաստանումն էր, պարսիկները եկան Էջմիածինը կողոպտեցին:

Դավիթ բեկը դեռ Վրաստանում էր, երբ կատարվեցան այդ բանակցությունները: Նա ինքը աշխատում էր, որ հայոց կաթողիկոսի միջնորդությունը ապարդյուն չմնա, բայց վերջը ցավելով հասավ այն համոզմունքին, թե հայերի և վրացիների մեջ միություն կազմելը անհնարին է: Վրացիները ավելի բարվոք էին համարում իրանց կամ ռուսների գիրկը գցել, կամ պարսից ծանր լծի տակ մնալ, կամ օսմանցիներին հրավիրել, — բայց ոչ երբեք միանալ հայերի հետ և ազատ լինել: Այդ երկու համանման վիճակի մեջ գտնվող, համանման պայմանների ենթակա ազգերի միմյանց դեմ ունեցած ատելությունը սաստիկ վշտացնում էր Դավթի զգայուն սիրտը: Նրա հեռատես աչքը խիստ պարզ տեսնում էր, թե ի՜նչ բախտավոր ապագա կարող էին պատրաստել այդ երկու հարևան ազգերը, եթե իրանց շահերը միացնեին, եթե ձեռք ձեռքի տված, մի սրտով, մի հոգով տանեին իրանց ընդհանուր գործերը: Ո՞ր սատանան մտցրեց այդ դարևոր ատելությունը երկու ազգերի մեջ — այդ միտքը սաստիկ տանջում էր Դավթին: Բայց ի՞նչ կարող էր անել, դարերով կազմված նախապաշարմունքին դարեր հարկավոր էին ոչնչացնելու համար, իսկ նրան պետք էր շուտափույթ ձեռնարկություն իր հայրենիքի փրկության համար: Այդ էր պատճառը, որ նա բաժանվեցավ Վախթանգից առանց իր դիտավորությունը նրան հայտնելու, երբ նկատեց, թե վրացիների վրա հույս դնելն անօգուտ էր:

Դավիթ բեկի հեռանալուց հետո Վրաստանը սաստիկ պատժվեցավ: Պարսից կառավարությունը նկատելով Վախթանգի համակրությունը դեպի ռուսները, հրամայեց Կախեթիայի կառավարիչ Կոնստանդինին տիրել Թիֆլիսը և հրաժարեցնել Վախթանգին Կարթալինիայի իշխանությունից: Կոնստանդինը մի այսպիսի հրամանի էր սպասում, որ իր վաղեմի բաղձանքը իրագործե և Թիֆլիսը իր ձեռքը գցե: Նա միացավ լեզգիների հետ, եկավ տիրեց Թիֆլիսը, նրան ավերակ դարձրեց և մինչև անգամ կողոպտեց Սիոնի եկեղեցին:

Թիֆլիսի առումից հետո Վախթանգը փախավ Իմերեթիայի կողմերը: Բարեսիրտ իշխանը այնուհետև շատ աշխատեց կրկին ձեռք բերել Վրաստանի մայրաքաղաքը, և ռուսներից հուսացած օգնությունը չգտնելով, իր եղբայր Յասսեին ուղարկեց Ախալցխայի թյուրքից Իսակ փաշայի մոտ և նրանից օգնություն խնդրեց: Բայց դավաճան Յասսեն, փոխանակ հոգուտ իր եղբոր աշխատելու, առաջարկեց թյուրքերին իր ծառայությունը, թե կառաջնորդե նրանց Թիֆլիսը գրավելու, միայն թե իրան այնտեղի կառավարիչ նշանակեին: Այդ չարագործը, որ մի ժամանակ Կարթալինիայի իշխանությունը ստանալու համար, պարսիկներին իր հպատակությունը առաջարկելով, ընդունել էր Ալիի կրոնը և կոչվում էր Ալի-Ղուլի-խան, — այժմ միևնույն իշխանությունը ձեռք բերելու մտքով, և թյուրքերից օգնություն գտնելու համար, ընդունեց թյուրքաց Օմարի կրոնը և կոչվեցավ Մուստաֆա-փաշա:

Եվ այսպես, Կոստանդինի իշխանությունը Թիֆլիսում երկար չտևեց, որովհետև Իսակ-փաշան Յասսեի առաջնորդությամբ եկավ, տիրեց Թիֆլիսը, և Կոստանդինին բռնելով, բանտարկեց: Նրան ազատեց բանտից մելիք Աշխարատը, գիշերով Կուր գետի վրա նավակ կանգնեցնելով, և Կոստանդինին նրա մեջ իջեցնելով, փախցրեց: Դրա համար Իսակ-փաշան հրամայեց մելիքին գլխատեցին:

Վրաստանը այժմ պարսիկների ձեռքից դուրս գալով, ընկավ թյուրքերի իշխանության ներքո (1724 թ.) կառավարում էր Իսակ փաշան: Իսկ դավաճան Յասսեն իր նպատակին չհասավ, որովհետև օսմանցիք փոխանակ Թիֆլիսը նրան հանձնելու, հանձնեցին Վախթանգի որդի Բակարին: Այս վերջինս էլ տեսնելով, որ պարսիկների դարը անցավ, ընդունեց թյուրքաց կրոնը, և իր գլխին օսմանցոց չալմա փաթաթելով, կոչվեցավ Իբրահիմ-փաշա: — Ահա այդ էր վրացոց երևակայական թագավորությունը: Նրա իշխանները պարսից տիրապետության ժամանակ՝ պարսից կրոնն էին ընդունում և պարսից խաների անունով էին կոչվում, իսկ օսմանցոց տիրապետության ժամանակ՝ թյուրքաց կրոնն էին ընդունում և թյուրքաց փաշաների անունով էին կոչվում:

Այդ բոլոր դժբախտություններից հետո Վախթանգը իր ընտանիքով և 1400 հոգով գնաց Ռուսաստան: Նա չգտավ Պետրոս մեծին կենդանի, նրան պատվով ընդունեց Եկատերինա կայսրուհին: Վերջը մեռավ Պարսկաստանում, և մարմինը բերվելով թաղվեցավ Հաշտարխանում:

Դ

Սյունյաց աշխարհի Սիսիան գավառի Ուչ-թափե կոչված դաշտավայրի վրա երևում էին մի քանի սպիտակ վրաններ: Այդ խուլ, մարդկային բնակությունից հեռու անապատում երբեմն թափառում էին Կարա-չոռլու կոչված թյուրք ցեղի կիսավայրենի խաշնարածները: Ուրիշ ոչ ոք այդ ավազակների երկյուղից այն կողմերից անցնել չէր համարձակվում: Իսկ այժմ սպիտակ վրանների երևույթը բավական աչքի զարկող էր: Ո՞ւմն էին այդ վրանները, ո՞վքեր էին բնակվում նրանց մեջ, — ոչ ոք չգիտեր: Կարծես, նրանք սունկի նման հանկարծ բուսել էին գետնից և ոչ ոք չէր տեսել նրանց տերերի որևիցե կողմից գալը:

Վրանները կազմված էին դաշտավայրի լեռնային կողմում, մի ձորի մեջ, որ երեք կողմից պատած էր բարձր սարերով, իսկ մի կողմից նեղ փապարով բացվում էր դեպի ընդարձակ, ամայի անապատը, որ ծածկված էր ճոխ խոտաբույսերով: Մի խումբ թամքած ձիաներ արածում էին վրանների շուրջը: Մարդիկ չէին երևում: Նրանք, երևի, նոր էին եկել հեռավոր ճանապարհից և պառկած էին վրանների մեջ իրանց հոգնածությունը կազդուրելու համար: Մի մարդ միայն, մերձակա քարաժայռի բարձրության վրա նստած, այդ դիտանոցից զգուշությամբ նայում էր իր շուրջը: Դա, երևի, նրանց պահակն էր:

Արեգակը մայր մտնելու վրա էր: Սարերի գագաթները դեռ լուսավորված էին վերջին ճառագայթներով, բայց խուլ ձորերի մեջ, որտեղ կազմված էին վրանները, արդեն տիրում էր երեկոյան մռայլը:

Վրաններից մեկի մեջ նստած էր Դավիթ բեկը, իսկ նրա մոտ իր մանկության ընկեր և բարեկամ Ստեփաննոս Շահումյանը: Երիտասարդ իշխանը համարյա նոր էր իջել ձիուց և նրա անբաժան ծառաները՝ Աղասին և Ջումշուդը դեռ ման էին ածում հոգնած, քրտինքի մեջ թաթախված ձիաները, որ հանգստացնեն: Երկար տարիների անջատումից հետո, երկու կարոտյալ բարեկամները, առաջին անգամ միմյանց հանդիպելով, որպես երկու սիրահարներ, երկար համբուրվեցան, երկար ողջագուրեցին միմյանց: Իսկ այժմ թե Բեկը և թե իշխանը երկուսն էլ լուռ էին: Ի՞նչ լռություն էր այդ, որ տեղի ունեցավ այն ջերմ գրկախառնություններից, այն առաջին սիրալիր խոսքերից հետո:

— Ես կամենում եմ քեզ հետ կարճ կտրել, Դավիթ, — ասաց իշխանը գլուխը վեր բարձրացնելով և ուղիղ Բեկի երեսին նայելով: — Նախ քան քո հարցափորձը սկսելը, իմացած եղիր, որ ես խաբել եմ քեզ:

— Ի՞նչ... խաբե՞լ ես... — հարցրեց Բեկը զարմացած կերպով:

— Այո՛, քեզ, — պատասխանեց նա ծանր կերպով: — Այն նամակները, որ դու ինձանից ստացար, դրոշմված զանազան եպիսկոպոսների և մելիքների կնիքներով, — բոլորը կեղծ էին: Այդ կնիքները ես շինել էի տվել մի հրեա քանդակագործի, իսկ նամակները ինքս էի շարադրել: Իմ նպատակս էր քեզ բերել հայրենիքը և ես հասա իմ նպատակին: Գործի մեծությունը ինձ թույլ տվեց մի այսպիսի խորամանկության դիմել: Այժմ կամենում ես բարկացիր, կամենում ես ինձ խաբեբա անվանիր, — միևնույն է:

Լսելով այդ խոսքերը, Բեկը կարծում էր, որ իր բարեկամը երևի կատակ է անում:

— Դու, Ստեփան, — ասաց նա ժպտելով, — դեռ չես թողել քո հին սովորությունները:

— Ես հանաք չեմ անում, ինչ որ ասում եմ, ճշմարիտ է, — պատասխանեց նա սառնությամբ:

— Ուրեմն ոչինչ պատրաստություններ չկա՞ն այստեղ:

— Այստեղ կան անհաշտ, միմյանցից բաժանված, անշարժ ուժեր միայն, որոնց միացնելու համար մեծ ջանք է հարկավոր:

Բեկին տիրեց մի տեսակ շվարում, մի տեսակ թուլացած վհատություն: Այդ մարդը, որ երբեք հուսահատվել չգիտեր, սաստիկ զայրացավ, երբ նկատեց, որ իր ձեռնարկության հենց առաջին քայլափոխում հանդիպում է դատարկության, հանդիպում է մթին ունայնության: Ի՛նչ քաղցր հույսերով եկել էր նա իր հայրենիքը. ինչե՛ր էին խոստացել նրան. որքա՛ն մեծ ակնկալություններ ուներ իր հայրենակիցներից, իսկ այժմ ասում էին նրան՝ «դու խաբված ես...»: Ուրեմն այդ բոլորը երազ էր, բոլորը մի տաքարյուն երիտասարդի երևակայության ցնորք էր, որ մի հնարքով կամեցել էր նրան իր հայրենիքը բերել:

— Ես այս աստիճան անհեռատես չէի համարում քեզ, Ստեփան, — ասաց նա փոքրինչ խռովյալ ձայնով. — եթե դու ինձ ուղիղը գրեիր և ոչինչ չթաքցնեիր ինձանից, ես դարձյալ կգայի, բայց բոլորովին ուրիշ պատրաստություններով: Իսկ քո այդ գործ դրած ձևը կփոխե իմ ծրագիրը, որ առաջուց կազմել էի, հիմնվելով այն խոստումների վրա, որ դու արել էիր ինձ քո նամակների մեջ: Այսուամենայնիվ, ես պետք է շնորհակալ լինեմ քո հնարագիտության համար, Ստեփան, դու ցանկանում էիր, որ ես իմ հայրենիքումը լինեմ, — ահա այստեղ եմ:

Վերջին խոսքերի ժամանակ նա բռնեց իր բարեկամի աջը և համակրությամբ սեղմեց:

— Վհատելու ոչինչ չունենք, — ասաց երիտասարդ իշխանը, — ես դարձյալ քեզ համար գունդեր կկազմեմ, ինձ հարկավոր էր միայն քո այստեղ ներկայությունը, — և այդ բավական է ժողովուրդը ոտքի կանգնացնելու համար:

Այդ խոսքերը այնպիսի մի զգացմունքով արտասանեց նա, որ սաստիկ ազդեց Բեկի սրտին: Նրա մի քանի րոպե առաջ մռայլված դեմքը կրկին պայծառացավ և նրա զգայուն հոգին լցվեցավ անսահման ուրախությամբ: Նա տեսնում էր իր առջև մի եռանդոտ երիտասարդ, որ այնքան անկեղծ և ջերմ սրտով նվիրված էր հայրենիքի փրկության գործին և դրանով մխիթարվում էր:

— Ես ամենևին չեմ վհատում, Ստեփան, — ասաց նա, — որ այստեղ չգտա այն, ինչ որ սպասում էի: Ես դարձյալ ուրախ եմ, որ իմ հայրենիքում գտնում եմ գոնե մի բարեկամ, որ համակրում է ինձ:

— Մի մարդով ոչինչ չի դառնա:

— Այդ մի մարդը կդառնա հարյուր, իսկ հարյուրը – հազարներ:

— Ես քեզ ասեցի, որ իմ առաջուց կազմած ծրագիրը փոխեցի արդեն, — շարունակեց նա այժմ ավելի համոզիչ եղանակով: — Ես հույս ունեի, որ այստեղ կգտնեմ բազմաթիվ պատրաստի ուժեր, որոնց գլուխը անցնելով, կսկսեմ գործը: Այժմ հանգամանքները փոխվեցան, ես էլ ստիպված եմ փոխել իմ ձեռնարկության ձևը: Ես այժմ գործը փոքրով կսկսեմ և դրա համար բավական մարդիկ ունեմ:

— Քառասո՛ւն հոգի միայն...-ընդհատեց իշխանը ծիծաղելով:

— Սկսելու համար քառասուն հոգին փոքր չէ, — ասաց Բեկը վստահությամբ:

— Եթե դու կսպասեիր, ես մի քանի օրվա մեջ մի քանի գունդեր կպատրաստեի: Դարձյալ կրկնում եմ իմ խոսքը:

— Այժմ գունդեր ամենևին պետք չեն: Մարդիկների բազմությունը կծանրաբեռնե ինձ: Մեր գունդերը ինքնըստինքյան կկազմվեն: Շտապել պետք չէ: Բոլորը կախված է գործի սկզբնական հաջողությունից: Եթե այս գիշեր աստված կտա ինձ ջարդել Կարա-չոռլուների ցեղը, որ մեզանից մի մղոն հեռավորության վրա է գտնվում, — այնուհետև հաղթությունը մեր կողմը կլինի: Եվ այն բոլոր անհաշտ, միմյանցից բաժանված, անշարժ ուժերը, որոնց մասին ակնարկեցիր դու, այնուհետև իրանք կգան և կմիանան մեզ հետ:

— Ես չեմ հասկանում, թե ի՞նչ վնաս կլիներ, եթե սկզբից հրավիրեինք նրանց, — խոսեց իշխանը, չհամաձայնվելով Բեկի չափազանց անձնավստահության հետ: — Ես կարծում եմ, քո անունը բավական հաստատ երաշխավորություն կարելի է համարել, որ նրանք չեն մերժի քո հրավերը:

— Դու դեռ անփորձ ես, Ստեփան, — ասաց Բեկը ժպտելով: — Այդ զգույշ, մտածող և իրանց կարծիքով խոհեմ պարոններին, — որ իրանց մելիքներ, տանուտերեր ու բեկեր են կոչում և որոնց յուրաքանչյուրը մի-մի վիճակի տեր է, — լոկ խոսքերով չես կարող համոզել: Նրանք դարձյալ կմնան իրանց խոհեմության մեջ, որ ուրիշ ոչինչ չէ, բայց միայն մի տեսակ խոհեմ անտարբերություն, ավելի լավ է ասել՝ մի տեսակ խոհեմ մեռելություն: Նրանց պետք է ցույց տալ շոշափելի փաստ. պետք է ցույց տալ, որ փոքրաթիվ մարդիկներով ևս կարելի է մեծ գործ սկսել, միայն թե պետք է գիտենալ, թե ինչպես սկսել:

Այդ փոքրիկ պատերազմական խորհուրդը տևեց մի քանի ժամ. նրանք երկար խոսում էին, վիճում էին և մի քանի կետերի մեջ միմյանց հետ չէին համաձայնվում: Վերջը իշխանը հարցրեց.

— Ուրեմն դու վճռել ես հենց ա՞յս գիշեր հարձակում գործել, այն ևս Կարա-չոռլուների վայրենի ցեղի վրա:

— Այո՛, Կարա-չոռլուների վրա: Վիշապին պետք է գլխից զարկել. ուրիշ կերպ չես սպանի նրան: Դրա համար ես ընտրեցի այդ բարբարոս ցեղը, որ սարսափի մեջ էր պահել ամբողջ երկիրը:

— Դա խիստ վտանգավոր վստահություն է, եթե չհաջողվի, մենք ամեն ինչ կկորցնենք:

— Իսկ եթե հաջողվի, մենք ամեն ինչ կշահենք: Վտանգի մեծության հետ կապված է և արդյունքի մեծությունը:

— Գոնե ինձ թույլ տուր հրավիրել մի քանի վստահության արժանի մարդիկ, որոնց ես ի նկատի ունեմ:

— Դու դարձյալ նույնն ես կրկնում, ինչ որ մի քանի րոպե առաջ ասեցիր: Մեզ պետք չեն այն մարդիկը, որոնց մենք ստիպված պիտի լինենք հրավիրել: Մարդիկ իրանք իրանց սեփական կամքով պետք է հետևեն մեզ: Գործի բնավորությունն այդ է պահանջում: Իսկ մարդիկ գրավելու համար, որպես քեզ ասեցի, հարկավոր է ցույց տալ նրանց մի շոշափելի օրինակ: Խրատներով բան չի դառնա: Իմ անցյալը, իմ Վրաստանում ունեցած հեղինակությունը բավական չէ մարդկանց հավատը որսալու համար: Նրանք պետք է տեսնեն, թե այստեղ ինչ եմ շինում ես: Եվ այդ ես ցույց կտամ հենց այս գիշեր:

Դավիթ բեկը ընտրել էր իր հայրենիքի ամենաընդարձակ մասը, որ ընդհանուր անունով կոչվում էր Մեծ-Սյունիք: Այստեղ դեռ շարժում չկար, թեև այս կողմերումն էին երկրի գլխավոր ուժերը, թեև այստեղ էին հայոց նշանավոր մելիքները: Մեծ-Սյունիք նահանգը բաժանված էր այդ ժամանակ յոթ ընդարձակ գավառների, որոնք սկսյալ Երասխի ափերից տարածվում էին մինչև Սևանա լիճը, մինչև Հաքարի գետը: Այդ յոթ գավառները հետևյալներն էին.

1. Գողթան, ուր տիրում էր Մելիք-Մուսան, 2. Գենվազ, ուր տիրում էր իշխան Ստեփաննոս Շահումյանը, 3. Ղափան, ուր տիրում էր Մելիք-Փարսադանը, 4. Չավնդուր, ուր տիրում էր Թորոս իշխանը, 5. Բարգյուշատ, ուր տիրում էր մելիք Ֆրանգյուլը, 6. Սիսիան, ուր տիրում էր Բայինդուր իշխանը, 7. Զանգեզուր, ուր տիրում էր Մխիթար սպարապետը: Այս կողմերում դեռ շարժում չկար, դեռ սպասում էին, դեռ գտնվում էին անվճռականության մեջ:

Շարժումը սկսվել էր վերոհիշյալ գավառների, այսինքն Մեծ-Սյունիքի հյուսիս-արևելյան կողմերում: Այստեղ սկսյալ Երասխի ափերից մինչև Գանձակի սահմանը, որ էր Քուրակ-չայ գետը, տարածվում էին հինգ փոքրիկ գավառներ, որոնք միասին կազմում էին մի ամբողջ նահանգ, որ կոչվում էր Փոքր-Սյունիք կամ Արցախ: Դա այժմյան Ղարաբաղն է:

Ղարաբաղի կամ Արցախի հինգ գավառները հետևյալն էին.

1. Գյուլիստան, ուր տիրում էր Մելիք-Յուսուբը, 2. Ջրաբերդ, ուր տիրում էր Մելիք-Աթամը, 3. Խաչեն, ուր տիրում էր Մելիք-Ալլահվերդին, 4. Վարանդա, ուր տիրում էր Մելիք-Հյուսեինը, 5. Դուզախ, ուր տիրում էր Մելիք-Եգանը:

Հիշյալ հինգ գավառները կազմում էին հինգ հայ մելիքությունների դաշնակցական մի իշխանություն, որ պարսիկները կոչում էին Խամսա-մելիքլար, այսինքն հինգ մելիքություններ: Այդ հինգ մելիքներից մեկը, Դուզախի Մելիք-Եգանը, որ հետո կոչվեցավ մելիք-Ավան-խան, գերիշխանություն ուներ մյուսների վրա: Նրա գլխավոր դաշնակիցն էր Ավան-Միրզան, որ բնակվում էր իր անմատչելի ամրոցում, որ գտնվում էր այժմյան Շուշի քաղաքի մոտ և մինչև այսօր կոչվում է Ավանի քերծ (Ավանի ժայռ):

Ավան-Միրզան մեր պատմության մեջ հայտնի է անունովս Հովհաննես իշխան: Նրան երբեմն կոչում են գուգարացոց, երբեմն ուտեացոց, իսկ երբեմն իր բերդի անունով կոչում են Մեծ-Աղնախի իշխան, որովհետև իշխում էր զանազան տեղերում, ուր իր սուրը հաջողություն էր գտնում: Նա չափազանց խիստ, կամակոր և հպարտ մի անձնավորություն էր, իր մեջ կրում էր արկածախնդիր ասպետի բոլոր հատկությունները:

Իր թշնամիներին սարսափի մեջ պահելը — գլխավոր պայմանն էր նրա զորության: Ահա այդ հերոսից գլխավորապես օգուտ քաղեց Մելիք-Ավան-խանը (Մելիք-Եգանը) իր մեծ ձեռնարկությունների մեջ:

Լինելով գլուխ հինգ դաշնակցական մելիքությունների, Մելիք-Ավան-խանը միացրել էր ամբողջ Ղարաբաղը (Փոքր-Սյունիքը կամ Արցախը) և այսպիսով կազմել էր մի ահագին ուժ: Երբ ռուսները տիրեցին Դերբենդը և Բաքուն, նա սկսեց իր դաշնակից Ավան-Միրզայի հետ բանակցություններ անել Պետրոս մեծի հետ, առաջարկելով կայսրին իրենց ծառայությունը, և խնդրելով նրա հովանավորությունը պարսից լծից ազատվելու համար: Այդ է պատճառը, որ այդ երկու նշանավոր իշխանների անուններին մենք հաճախ հանդիպում ենք ռուսաց հին ակտերում:

Այդ երկու Ավանները, որպես երկու հզոր հսկաներ, ամենայն եռանդով աշխատում էին իրանց հայրենիքի վերածնելության գործում. մեկը, իբրև հանճարեղ քաղաքականագետ, մյուսը, իբրև քաջ պատերազմող:

Եվ այսպես, Փոքր-Սյունիքի կամ Արցախի նահանգում շարժումը սկսվել էր, որովհետև այստեղ միություն կար, մելիքների դաշնակցություն կար: Իսկ Մեծ-Սյունիքի նահանգում, որտեղ Դավիթ բեկը կամենում էր սկսել իր գործողությունները, դեռ ամեն ինչ անշարժ էր, որովհետև այստեղ մելիքները ոչինչ կապ չունեին միմյանց հետ:

Ցավալին այն էր, որ Փոքր-Սյունիքը և Արցախը թե քաղաքական և թե եկեղեցական կառավարության կողմից բոլորովին բաժանված էին Մեծ-Սյունիքից: Քաղաքական կողմից բաժանված էին նրանով, որ մեր հիշած հինգ դաշնակցական մելիքությունները իրանց առանձին ինքնավարությունն ունեին և կապված չէին Մեծ Սյունիքի հետ: Իսկ եկեղեցական կառավարության կողմից նույնպես բաժանված էին, որովհետև սկսյալ ամենահին դարերից Աղվանից կաթողիկոսները, միտրոպոլիտները, եպիսկոպոսները առանձին հոգևոր իշխանություն ունեին Էջմիածնից անկախ: Գանձասարի վանքը որպես առաջ նույնպես և Դավիթ բեկի օրերում Աղվանից հոգևոր իշխանության աթոռանիստն էր: Նրա ներկայացուցիչները, որպես էին՝ սկզբում Եսայի եպիսկոպոսը, իսկ հետո Ներսես եպիսկոպոսը ձեռք ձեռքի տված միասին էին գործում Հովհաննես իշխանի հետ: Թե ռուսների հետ ունեցած բանակցությունների մեջ և թե իրանց ներքին զինվորական պատրաստությունների մեջ այդ երկրի հոգևոր և մարմնավոր իշխանությունների ներկայացուցիչները համերաշխ էին:

— Պետք է աշխատել գոնե միանալ Հովհաննես իշխանի հետ, — ասաց Ստեփաննոսը, երբ նկատեց, որ Բեկը շարունակում է համառությամբ պնդել իր կամքը: — Ես կարող եմ այդ միությունը կայացնել, իմ հարաբերությունները իշխանի հետ շատ լավ են:

— Ես միության հակառակ չեմ, Ստեփան, — պատասխանեց Բեկը: — Բայց դու գիտես, Հովհաննես իշխանը որ աստիճան հպարտ մարդ է. նա, շատ հասկանալի է, որ ինձ չի ենթարկվի, իսկ ես նրա զորապետը լինել չէի ցանկանա:

— Պետք է աշխատել գոնե Գանձասարի միտրոպոլիտներին միացնել Էջմիածնի հետ, — ասաց իշխանը:

— Թեև մի առանձին օգուտ չունի, բայց այդ մասին ինքը՝ Էջմիածնի Աստվածատուր կաթողիկոսը աշխատում է, — պատասխանեց Բեկը:

Հետո նա սկսեց պատմել, թե ինչպես ինքը դուրս եկավ Վրաստանից Էջմիածնի ուխտավորի անունով, գնաց այնտեղ գլխավորապես կաթողիկոսի հետ տեսնվելու նպատակով: Այդ մարդը «շարժման» եռանդոտ և ամենաջերմ գործիչներից մեկն է, ասաց նա, ավելացնելով, թե հայերը միշտ հրաշքներ են գործել, երբ հոգևոր գլուխները միացած են եղել ժողովրդի ներկայացուցիչների հետ:

— Այստեղ նույնպես ունենք մի ամենալավ եկեղեցական, որի վրա կարելի է հույս դնել, — ընդհատեց իշխանը Բեկը խոսքը:

— Ո՞վ է:

— Տաթևի վանքի Ներսես արքեպիսկոպոսը: Ես ամեն ինչ հայտնել եմ նրան, և նա մեծ անհամբերությամբ սպասում էր քո գալստյանը:

— Ներսեսին հատավալ կարելի է. մեր պատմության մեջ Ներսեսները ներկայացնում են միշտ պայծառ բացառություններ:

Արեգակը վաղուց մայր էր մտել, բայց վրաններից ոչ մեկի մեջ դեռ ճրագ չէր երևում: Լուսնկա գիշերը բավական պարզ էր: Բեկի և իշխանի մեջ խոսակցությունը ընդհատվեցավ, երբ հեռվից լսելի եղավ սուլելու խորհրդավոր ձայն: Բեկը ավելի ուշադրությամբ ականջ դրեց, երբ ձայնը կրկնվեցավ: Այդ միջոցին երկու ձիավորներ, ամենայն թափով իրանց նժույգները վազեցնելով, մտան ձորի մեջ և մոտեցան Բեկի վրանին: Եկվորները նրա մարդիկն էին, մեկը մեծ Գիորգին, մյուսը փոքր Գիորգին: Նրանք ուղարկված էին Կարա-չոռլուների կեցած տեղի դիրքերը հետազոտելու: Բեկը իսկույն իմացում տվեց իր ծառաներից մեկին, որ Մխիթար սպարապետին և Բայինդուր իշխանին կանչեն իր մոտ:

Երբ նրանք եկան, Բեկը ծանոթացրեց Ստեփաննոսին նրանց հետ, ասելով.

— Ահա այն մարդը, որ մեզ հրավիրել էր այստեղ – իշխան Ստեփաննոս Շահումյանը:

Բայինդուր իշխանը թեք աչքով նայելով նրա վրա, ասաց.

— Դուք կանչեցիք, մենք եկանք, եթե այս րոպեիս ինձ հինգ հազար հրացանավոր չտաք, պարսից թագավորի «բաթման դլիճը» քեզ հինգ հազար կտոր կանե:

Բոլորը ծիծաղեցին: Այդ միջոցին մեծ Գիորգին և փոքր Գիորգին նույնպես մտան Բեկի վրանը: Սկսվեցավ խորհուրդը գիշերային արշավանքի մասին Կարա-չոռլուների ցեղի վրա:

Ե

Առավոտ էր, վաղորդյան այն ժամը, երբ մութը դեռ չէր բաժանվել լույսից: Տաթևի վանքի առաջնորդարանի դուռը կամաց բացվեցավ. մի բարձրահասակ աբեղա հայտնվեցավ շեմքի վրա: Նա աչք ածեց իր շուրջը, ոչ ոք չէր երևում: Ամբողջ միաբանությունը դեռ քնած էր: Վեղարը ավելի ցածր թողնելով աչքերի վրա, նա սկսեց դիմել դեպի վանքի շրջապարիսպի մեծ դուռը: Դռնապանը փաթաթված իր վերարկուի մեջ, նույնպես քնած էր: Չզարթեցնելով նրան, աբեղան հանեց իր գրպանից մի բանալի, բաց արեց ահագին երկաթե կողպեքը, որ քարշ էր ընկած նույնպես երկաթե սողնակից: Երկփեղկյա դուռը նրա ոտքի մի հարվածով հետ-հետ գնաց: Նա դուրս եկավ և իր ետևից կրկին կողպեց դուռը:

Վաղորդյան լռությունը սքանչելի է. ամեն ինչ չորս կողմում դեռ նիրհում էր քաղցր, խաղաղ անդորրության մեջ: Նա աչքերը դարձրեց դեպի արևելք, տեսնելու, արդյոք շա՞տ էր մնացել, մինչև արևի ծագելը: Արշալույսը դեռ նոր էր սկսել պարզվել: Հետո դիմեց նա դեպի վանքի մերձակա բլուրներից մեկը, բարձրացավ նրա գագաթի վրա: Այստեղից սկսեց նայել դեպի նեղ ճանապարհը, որ ոլոր-մոլոր պտույտներով բարձրանում էր դեպի վանքի զառիվերը: Ոչ ոք չէր երևում: Իսկ նա արձանի պես կանգնած, երկար նայում էր: Վաղորդյան մռայլը թույլ չէր տալիս խիստ հեռուն նշմարել. նա այժմ լարեց իր լսողության բոլոր ուժը: Արդյոք չէ՞ր լսվում մի որևիցե ոտնաձայն, արդյոք ճանապարհի վրա ոչ ոք չէ՞ր գալիս:

Դա մի բարձրահասակ աբեղա էր, որի փառավոր սև մորուքի մեջ դեռ նոր երևում էին հատ-հատ սպիտակ մազեր: Նրա նույնպես սև և խոշոր աչքերը դեռ պահպանել էին երիտասարդական փայլը: Փոքր-ինչ թուխ դեմքը արտահայտում էր տաք, եռանդոտ, անվեհեր բնավորություն: Իսկ այժմ նրա կրակոտ աչքերում կարելի էր նկատել սաստիկ անհանգստություն, որ ավելի բարկության նշան էր, քան թե հուսահատության: «Ի՞նչ եղան... հիմա պետք է եկած լինեին... ինչո՞ւ ուշացան...» — կրկնում էր իր մտքում անհամբերությամբ:

Երկար սպասելուց հետո, երբ նկատեց, ոչ ոք չէ երևում, ցած իջավ բլուրից և վերադարձավ վանքը: Այժմ միայն նա զարթեցրեց դռնապանին, պատվիրելով.

— Արթուն եղիր, երբ դռան ձայնը կլսես, շուտ բաց արա ու ինձ իսկույն իմացում տուր:

— Ե՞րբ եք տեսել, սրբազան, որ Օհանը քնի, — ասաց նա աչքերը տրորելով, — Օհանը միշտ էլ մի աչքը խուփ, մյուսը բաց է քնում. ճանճն էլ անցնելիս իսկույն զարթնում է:

Սրբազանը միայն ժպտաց ծերունի դռնապանի ինքնագովության վրա և հեռացավ, կրկին պատվիրելով, որ արթուն կենա:

Մտնելով իր խուցը, նա մոտեցավ ճրագին, շարունակեց գրել նամակը, որ դեռ չէր վերջացրել: Նրա ուրախ դեմքի վրա կարելի էր կարդալ բոլորը, թե ինչ է գրում: Մերթ-մերթ մի ինքնաբավական ժպիտ ցնցում էր նրա փոքր-ինչ ուռած շրթունքը և աչքերի մեջ փայլում էր խիստ վսեմ, խորհրդավոր բերկրություն: Կարծես նրա հոգին թափում էր իր բոլոր սրբազան զգացմունքները այն թղթի մեջ, որի վրա վազում էր նրա գրիչը:

Մեկ ժամից հետո լսելի եղան վանքի զանգակների մեղմ հնչյունները: Հրավիրում էին մենակյացներին կատարելու առավոտյան ժամերգությունը: Նա չշարժվեցավ իր տեղից. դեռ գրում էր: Ամբողջ միաբանությունը զարթնեցավ: Նրանք մինը մյուսի ետևից դուրս եկան իրանց նեղ խցերից, և լուռ, դանդաղ քայլերով սկսեցին դիմել դեպի աստուծո տաճարը աղոթելու:

Այդ միջոցին Օհանը բաց արեց սրբազանի խցի դուռը, հայտնեց, թե վանքի ջորիները վերադարձան, ո՛րտեղ է հրամայում դարսել բեռները:

Սրբազանի սպասածն էլ հենց այդ էր. նա իսկույն նամակը թողեց և դուրս եկավ: Արշալույսը արդեն սկսել էր շառագունիլ, բայց դեռ բավական մութն էր: Մի խումբ բեռնած ջորիներ վանքի մեծ դռնից մտան բակը: Ջորեպանները տեսնելով սրբազանին, գտակները վեր առին, մոտեցան, համբուրեցին նրա աջը:

Նա դարձավ դեպի նրանցից մեկը, որի ծպտյալ հագուստը ամենևին չէր ցույց տալիս, թե աբեղա է, հարցրեց.

— Խորեն հայր սուրբ, ինչո՞ւ այդչափ ուշացաք:

— Ուշացանք, իրավ է, — պատասխանեց Խորեն հայր սուրբը ուրախ ծիծաղով. — բայց լավ բեռնով ու բարձով հետ դարձանք... Ոչ մի տարի այսքան առատ «պտուղ» հավաքած չունեինք... Ինչ ասես բերել եմ, — յուղ, պանիր, չորթան, բուրդ, բամբակ, — ինչ որ ուզեք...

— Օրհնյա՛լ լինի ժողովուրդը, նա իր տուրքը երբեք չի խնայել մեր վանքից, երբ ունեցել է, տվել է, — ասաց սրբազանը ժպտելով և հրամայեց բեռները ցած իջեցնել:

Ջորեպանները կատարեցին նրա հրամանը և սկսեցին բեռները կրել ոչ թե վանքի ամբարը, ուր սովորաբար պահվում էին վիճակներից հավաքված յուղը, պանիրը և այլ «պտուղները» — այլ տարան դարսեցին մի ստորերկրյա մառանում, որի դուռը սրբազանը իր ձեռքով բաց արեց:

— Ես կարծում եմ, այժմ մի ամբողջ տարվա համար պաշար կունենանք... — ասաց Խորեն հայր սուրբը, մի առանձին հրճվանքով նայելով այնտեղ դիզված մթերքների վրա:

— Ով գիտե, թե սպառողները շատ կլինեն, գուցե այդ չի բավականանա...- պատասխանեց սրբազանը և խորհրդավոր ժպիտը դարձյալ երևաց նրա համակրական դեմքի վրա:

Երբ բոլոր բեռները ներս բերեցին, սրբազանը հրամայեց ջորեպաններին, որ տանեն անասունները հանգստացնեն: Նրանք հեռացան: Իսկ ինքը մոտեցավ, սկսեց նոր բերված հակերից մեկը բաց անել, ասելով.

— Տեսնենք, Խորեն հայր սուրբ, ձեր այս անգամ բերած յուղն ու պանիրը ի՞նչ համ ունի:

— Շա՛տ համեղ է, սրբազան, — պատասխանեց Խորեն հայր սուրբը և սկսեց օգնել սրբազանին հակը բաց անելու:

Հակի մեջ հայտնվեցավ ոչ յուղ, ոչ պանիր և ոչ ուրիշ ուտեստներ, այլ դրանց փոխարեն առատ վառոդ և գնդակ, որ լցրած էին կաշյա պարկերի մեջ: Սրբազանը մեծ բավականությամբ ձեռքերով շոշափում էր այդ մահաբեր մթերքը, որից ամեն մի եկեղեցական սարսափում է: Օրհնյա՛լ լինիս, Խորեն հայր սուրբ, — ասաց նա դառնալով դեպի երիտասարդ աբեղան: — Շա՛տ համեղ է, անչափ շա՛տ համեղ...

Հետո նա կողպեց ստորերկրյա մառանի դուռը, բանալին դրեց գրպանը և դիմեց իր խուցը, Խորեն հայր սուրբին ևս իր մոտ հրավիրելով:

— Ես այդ րոպեիս կգամ ձեզ մոտ, սրբազան, — ասաց նա գնալով դեպի իր խուցը. – ինձ պետք է առաջ հագուստս փոխել:

Խորեն հայր սուրբը բոլորովին նորընծա, երիտասարդ աբեղա էր, միջակ հասակով և բավական նուրբ կազմվածքով: Նրա գեղեցիկ դեմքը կնոջ դեմքի քնքուշ արտահայտությունն ուներ, թեև այժմ բավական այրվել էր արևից, որովհետև մի քանի ամբողջ շաբաթներ ճանապարհորդում էր: Մտնելով իր խուցը, նա արձակեց զենքերը, մի կողմ դրեց, հետո սկսեց մերկանալ հագուստը, որի մեջ շիրվանաձորցի բեռնակիր գյուղացու էր նմանում: Վանքի ծառաներից մեկը ջուր բերեց լվացվելու համար: Երբ նա շապկի թեքերը վեր ծալած լվացվում էր, այդ ժամանակ կարելի է նկատել նրա սպիտակ պարանոցի վրա, ետևի կողմից, մի վարդագույն սպի, որ առաջ էր եկած սրի հարվածից: Այդ սպին կրում էր նա այն ժամանակից, երբ դեռ իրան չէր նվիրել կուսակրոնության: Այդ սպիի հետ կապված էր նրա կյանքի ամենատխուր պատմություններից մեկը...

Նա հագավ իր վանականի հագուստը և դիմեց սրբազանի խուցը: Անցնելով վանքի մոտից, նկատեց, որ առավոտյան ժամերգությունը դեռ ավարտված չէր: Ներս չմտավ, միայն համբուրեց վանքի դուռը, երեսը խաչակնքեց և անցավ:

— Նստիր, Խորեն հայր սուրբ, — ասաց սրբազանը, նրան տեղ ցույց տալով փոքրիկ թախտի վրա, որ դրած էր նրա խցում և ծածկած պարսկական գորգով: Իսկ ինքը տեղավորվեցավ գրասեղանի հանդեպ, որի վրա դիզած էր թղթերի մի կույտ: Ամբողջ գիշերը նա անքուն էր մնացել և գրել էր այդ թղթերը; Այժմ մեկ-մեկ վեր էր առնում, խնամքով ծալում էր և նրանց նամակի ձև տալով, կնքում էր, գրում էր հասցեները: Նա դարձավ դեպի վարդապետը՝ ասելով.

— Խորեն հայր սուրբ, այս նամակները հենց այս առավոտ պետք է ուղարկվեն, աշխատեցեք մեր ծառաներից այնպիսիներին ընտրել տանելու համար, որ համ սրտումը քաջություն ունենա, համ գլխումը խելք:

Վարդապետը նայեց հասցեներին, նամակները գրված էին Սյունյաց աշխարհի նշանավոր իշխանների և մելիքների անուններով:

— Դուք արդեն հրավիրո՞ւմ եք նրանց, — հարցրեց վարդապետը հետաքրքրությամբ:

— Հրավիրում եմ... «Բեկը» արդեն հայտնվել է... – պատասխանեց սրբազանը:

Այս խոսքը այն աստիճան ուրախություն ազդեց երիտասարդ աբեղայի մեջ, որքան չէր ուրախանա մի բարեպաշտ խիրայելացի, եթե նրան ասեն. «Մեսիան հայտնվել է, որ պիտի վերանորոգե քանդված Երուսաղեմը և պիտի վերականգնե Դավթի թագավորությունը»:

— Այս գիշեր լավ տեղեկություններ ստացա, Խորեն հայր սուրբ, Բեկը հասել է արդեն Սիսիան. այնտեղ Ուչ-Թեփեի դաշտավայրի վրա զարկել է Կարա-չոռլուների ցեղը. մեծ հաղթություն է գործել. ամբողջ Սիսիանը սարսափի մեջ է. թյուրքերը թողնելով իրանց գյուղերը, փախչում են դեպի լեռները: Տեղացի հայերը տեսնելով Բեկի փառավոր հաղթությունը, հավաքվում են նրա դրոշի տակ: Այժմ մոտ 500 ձնավոր ունի, բոլորը ամենաընտիր տղամարդիկ: Բայց գիտե՞ք քանի հոգով կատարեց նա իր առաջին հաղթությունը, — իր հետ Վրաստանից բերած քառասուն հոգով:

— Այդ հրա՛շք է, կատարյալ հրաշք, — բացականչեց երիտասարդ աբեղան և ուրախությունից չգիտեր ինչ անել:

— Այո՛, հրաշք է, և մի այդպիսի հրաշք պետք էր: Կույր ժողովուրդը միշտ հրաշք է պահանջում. նա սեփական հավատ չունի: Հիսուն Քրիստոսը քանի որ խոսքերով էր քարոզում, ոչ ոք չէր լսում, բայց երբ սկսեց հրաշքներ գործել, ժողովուրդը հետևեց նրան: Այսպես էլ Բեկը իր հետևողներն ունեցավ. հաղթության հենց մյուս օրը հավաքվեցան նրա մոտ ավելի քան չորս հարյուր ձիավորներ:

— Այդ տեղեկությունները ումի՞ց ստացաք:

— Իշխան Ստեփաննոս Շահումյանից: Կարող եք կարդալ նրա նամակը, որ ստացա բանակից: — Սրբազանը տվեց նրան մի նամակ, որ գրված էր շտապ ձեռքով:

Նամակի մեջ նկարագրված էր Ուչ-թեփեի արշավանքի մանրամասները, թե ի՛նչպես Բեկը գիշերով հանկարծ հարձակում գործեց Կարա-չոռլուների վրա, և ո՛րպես նրանք խռովության մեջ ընկան, կարծելով, թե զորքերի ահագին բազմության հետ գործ ունեն, այդ պատճառով մեծ մասը իրանց չադրները ու անասունները թողնելով փախան, իսկ նրանք, որ ընդդիմադրություն գործեցին, սաստիկ ջարդվեցան: Իշխանը իր նամակը վերջացնում էր, հրավիրելով սրբազանին Բեկի մոտ մի քանի կարևոր կարգադրությունների մասին խորհրդակցելու համար:

— Ուրեմն դուք պետք է գնա՞ք, — հարցրեց Խորեն հայր սուրբը՝ նամակը կարդալուց հետո:

— Ես պատրաստվում եմ իսկույն ճանապարհ ընկնել, — պատասխանեց սրբազանը: — Նոր և ավելի ուրախալի համբավ ևս կհաղորդեմ ձեզ՝ Շընհերը գրավված է Բեկի կամավորներով:

— Շընհե՞րը... մի՞թե, ե՞րբ... – հարցրեց հայր սուրբը, դժվարանալով հավատալ իր ականջներին:

— Ուչ-թեփեի արշավանքից հետո, երբ Բեկի հաղթության լուրը տարածվում է Սիսիանի մեջ, ինչպես ասեցի ձեզ, հավաքվում են նրա մոտ ավելի քան չորս հարյուր կամավորներ: Դրանցից շատերը զենք և ձիաներ չեն ունենում: Բեկը զինավորում է նրանց Կարա-չոռլուներից խլած ավարով, և առանց ժամանակ կորցնելու, սկսում է դիմել դեպի Շընհեր: Շընհերը առանց կռիվի անձնատուր է լինում, և տեղային հայերը միանում են Բեկի հետ: Նրա ուժերը այժմ ավելի զորություն են ստանում, մանավանդ, երբ Բեկը զարկում է շրջակա այլազգիներին և նրանցից խլած զենքերը բաժանում է իր նոր կամավորներին:

— Այդ լա՛վ է, — հայր սուրբը ծիծաղելով ընդհատեց սրբազանի պատմությունը. — թշնամիներից խլել և իր կամավորներին զինավորել: Ասպիսով Բեկը մեծ ծախսեր չի ունենա:

— Այսպես էլ պետք է, — պատասխանեց սրբազանը. – մի՞թե պարսիկները մեզ հետ միևնույն կերպով չէին վարվում: Մեր փողը, մեր կայքը, մեր զենքերը խլում էին, իրանց համար ասպատակներ էին պատրաստում ու հետ դառնում կրկին մեզ կողոպտում, կրկին մեր զենքերով մեր արյունն էին թափում: «Ակն ընդական, ատամն ընդ ատաման» — այդ օրենք է, և Բեկը խիստ խելացի կերպով է վարվում, որ հետևում է այդ օրենքին:

— Բայց նոր առակ լվարուք, Խորեն հայր սուրբ, — շարունակեց սրբազանը: — Շընհերը գրավելուց հետո և շրջակա այլազգիներին ջարդելուց հետո, պարսիկների Ջվանշիր կոչված ցեղը, որ շատ հեռու չէ այնտեղից, լսում է Բեկի հաղթությունները և կատաղում է: Տասնևվեց հազար հոգով դրանք գալիս են Բեկի վրա: Կռիվը տևում է երկու ամբողջ օր և երկու ամբողջ գիշեր, վերջը Ջվանշիրները հաղթվում են, և թողնելով պատերազմի դաշտում ահագին ավար, սկսում են փախչել: Ջվանշիներին օգնության են հասնում Կուրթլար ավանի պարսիկները: Բեկը ուղարկում է նրանց դեմ Մխիթար սպարապետին և հրամայում է բոլորովին ոչնչացնել այդ ավանը: Այժմ Կուրթլարը ներկայացնում է մոխիրի ահագին կույտ միայն, իսկ բնակիչներին սրից անց է կացրած:

— Այդ, եթե չասեմ անգթություն է, բայց փոքր-ինչ խիստ է, — նկատեց հայր սուրբը:

— Դուք սխալվում եք, Խորեն հայր սուրբ, — պատասխանեց սրբազանը: — Բեկի սկսած գործի հաջողության ամենագլխավոր պայմանը ոչ թե նրա հաղթությունները կարող են լինել, այլ այն սարսափը, որ նա կտարածե թշնամիների վրա: Իսկ թշնամուն սարսափի մեջ ձգելու համար, գոնե սկզբում այս տեսակ անգթությունները պետք են: Եվ Բեկը այդ անհրաժեշտությունը շատ լավ է հասկանում: Գազանների հետ բարեսրտությամբ ոչինչ չես կարող շինել:

— Մի բան էլ կա, — առաջ տարավ սրբազանը. — Բեկի այս տեսակ գործողությունները ոչ միայն մեծ սարսափ կտարածեն մահմեդականների վրա, այլ սաստիկ ազդեցություն կունենան նույնիսկ հայերի վրա, որոնք առանց առաջնորդի, առանց ուղեցույցի միշտ դժվարանում են գտնել ուղիղ և անմոլոր ճանապարհը: Նա իր հաղթություններով նպաստեց և մեր նպատակներին: Ես մեծ վստահություն չէի ունենալ, թե իմ նամակներով, թե իմ հրավերքով հայոց իշխանները կհավաքվեին այստեղ և կմիանային Բեկի հետ, եթե նա այդ հրաշքները գործած չլիներ: Համարյա մեկ շաբաթվա մեջ նա կատարեց չորս փառավոր հաղթություններ, ինչպես են՝ Ուչ-թեփեի, Շընիերի, Ջիվանշիրների և Կուրթլարի ճակատամարտը, և այդ բոլորը սկսեց նա քառասուն հոգով:

— Վերջին տեղեկությունները նույնպես Ստեփաննոս իշխա՞նն է հաղորդել ձեզ, սրբազան, — հարցրեց Խորեն հայր սուրբը:

— Նա է հաղորդել: Բայց մենք ուշանում ենք, Խորեն հայր սուրբ, — խոսքը փոխեց սրբազանը, նամակների ծրարները գրասեղանի վրայից առնելով և նրան տալով: — Այս նամակները հենց այս առավոտ պետք է ուղրկվեն: Շուտով կկատարվի սուրբ Վարդանանց նահատակների հոգեհանգիստը: Ես իմ նամակների մեջ նշանակել եմ, որ այդ հանդիսավոր տոնին բոլորը այստեղ գտնվեն, որպեսզի այդ խորհրդավոր օրում կնքվի և խորհրդավոր գործի ուխտը:

— Նամակները ես ինքս կտանեմ, — ասաց Խորեն հայր սուրբը;

— Դուք նոր եկաք ճանապարհից, բավական հոգնած կլինեք, — պատասխանեց սրբազանը:

— Ձեր հաղորդած ուրախալի տեղեկությունները բոլորովին կազդուրեցին իմ հոգնածությունը: Այդ նամակների հետ նշանակություն ունի և կենդանի խոսքը: Թույլ տվեցեք, սրբազան, որ այդ ցանկալի դեսպանախոսությունը ես կատարեմ:

— Օրհնյալ լինիք, որդի, ասաց սրբազանը: Իսկ Խորեն հայր սուրբը, առնելով նամակների ծրարները, համբուրեց իր մեծավորի աջը և հեռացավ:

Արեգակը արդեն ծագել էր: Վանքի ծառազարդ շրջակայքը վառվում էին առաջին ճառագայթների ջերմ լույսով: Առավոտյան ժամերգությունը ավարտված էր: Վանքի բազմաթիվ միաբանները դուրս գալով աստուծո տնից, այլևս իրանց սովորության համեմատ չէին նստած բակի ծառերի հովանիների տակ և ժամանակը սպանում դատարկ շատախոսություններով կամ բամբասանքով: Նրանք առանձնացել էին իրանց մթին խցերում, ինչ-որ գործով լուռ ու մունջ զբաղված էին: Եթե մեկը աներևույթ հոգու նման մտներ նրանց փակված խցերի դռնից, կտեսներ, որ այս Սաղմոս և Նարեկ կարդացող ծույլ մարդիկը, նստած իրանց մենարանների խուլ զաղտնարանում, վառոդից և գնդակներից փամփուշտներ են շինում:

Այդ միջոցին վանքի ախոռապետ հայր սուրբը ներս մտավ սրբազանի սենյակը, հայտնեց, թե ձիաները պատրաստ են:

— Իսկ թվանքչիները (հրացանավորները) նույնպես պատրա՞ստ են, — հարցրեց սրբազանը:

— Պատրաստ են, որպես հրամայեցիք, տասներկու ձիավորներ:

— Լավ, ես այս րոպեից դուրս կգամ, կանչեցեք ինձ մոտ Մեսրոպ սրբազանին:

Ախոռապետ հայր սուրբը հեռացավ: Քանի րոպեից հետո ներս մտավ մի ծերունի եպիսկոպոս, սպիտակ, փառավոր մորուքով: Դա սրբազանի տեղապահը և վանքի կառավարիչն էր նրա բացակայության ժամանակ:

— Հայր Մեսրոպ, — ասաց նրան սրբազանը՝ կանգնելով և պատրաստվելով ճանապարհի համար, — ես այս րոպեիս գնում եմ Շընհեր՝ Բեկի հետ տեսնվելու, դուք, իհարկե, գիտեք, թե ինչ կարգադրություններ պիտի անեք իմ գնալուց հետո: Մենք երեկ բավական խոսեցինք այդ մասին:

— Գիտեմ... — պատասխանեց Մեսրոպ եպիսկոպոսը. – իմ ծերացած հիշողությունը դեռ այնքան չէ բթացել, որ մոռանամ, ընդհակառակն, այդ վերջին օրերում բավական սրվել է...

— Գոհություն աստուծո, — ասաց սրբազանը ժպտելով, և տալով իր տեղապահին մի քանի նոր պատվերներ, միասին դուրս եկան սենյակից:

Վանքի դռանը սպասում էին տասներկու զինված ձիավորներ. այնտեղ պահած էր և սրբազանի երիվարը: Նա դուրս եկավ, երեսը խաչակնքելով, նստեց իր ձին և գնաց դեպի Շընհեր, Բեկի բանակը:

Դա Տաթևի վանահայր, միևնույն ժամանակ Սյունյաց աշխարհի առաջնորդ Ներսես արքեպիսկոպոսն էր:

Զ

Տաթևի վանքը կառուցված էր նույն անունով ավանի մոտ և սկսյալ 896 թվից գոյություն ուներ: Շաղատա վանքից հետո Տաթևը աթոռանիստ եղավ Սյունյաց արքեպիսկոպոսների, որոնք այլ անունով կոչվում էին միտրոպոլիտներ: Տաթևի միտրոպոլիտները թեև ճանաչում էին Էջմիածնի Հայրապետի գերիշխանությունը, բայց միևնույն ժամանակ իրանց առանձին հոգևոր կառավարությունն ունեին:

Վանքը շինված էր լեռնային դժվար մատչելի բարձրավանդակի վրա, շրջապատած աշտարակներով և ամուր պարիսպներով, որոնք դրսից նրան ավելի մի անառիկ բերդի նմանություն էին տալիս: Նրա առջևից ընկած էին անդունդի նման խոր և մթին ձորեր, որոնց միջով գոռալով, որոտալով անցնում էր Որոտան գետը: Շրջակա բոլորը լեռները, որոնց սուր գագաթները կորչում էին ամպերի մեջ, պատած էին խուլ, անանցանելի անտառներով: Դեպի վանքը տանող ճանապարհները ընկած էին նեղ փապարների, սարսափելի կիրճերի միջով, որտեղից մի մարդ միայն կարող էր անց կենալ: Մի հիսուն հրացանավոր բավական էր կանգնեցնել մի որևիցե բլուրի գլխին, որ թույլ չտային մի ամբողջ լեգեոնի մուտք գործել դեպի վանքը: Գուցե վանքի այդ անառիկ դրությունը, որ պաշտպանված էր բնական ամրություններով, պատճառ տվեց տեղափոխել այնտեղ Սյունյաց աշխարհի արքեպիսկոպոսության մայր աթոռը, ժամանակի փոթորիկներից անվտանգ պահելու համար:

Դավիթ բեկի օրերում այստեղ կային՝ մի արքեպիսկոպոս, տասներկու եպիսկոպոսներ, քառասունչորս վարդապետներ: Վանքը ուներ շատ գյուղեր, ագարակներ, ընդարձակ անտառներ, լայնատարած արոտամարգեր և ուրիշ շատ կալվածքներ, որոնք ընծայված էին Սյունյաց թագավորներից, իշխաններից, իշխանուհիներից, կամ գնել էր ինքը միաբանությունը:

Վարդանանց տոնն էր: Վանքի մեջ կատարվում էր Ավարայրի դաշտի նահատակների հոգեհանգիստը: Տաճարի մեջ, սեղանի հանդեպ, դրած էր մի դագաղ, որ ծածկված էր ոսկեհուռ դիպակներով: Երեք մոմեր արծաթե աշտանակների մեջ լուսավորում էին դագաղը: Նրա վրա դրած էին՝ մի խաչ, մի Ավետարան և մի քանի հատ սրեր:

Սեղանի վրա մատուցվում էր սուրբ պատարագը: Ինքը վանահայրը՝ Ներսես արքեպիսկոպոսը, պատարագիչ էր: Վանքի ամբողջ միաբանությունը, զարդարված թանկագին զգեստներով, սպասավորություն էր անում սուրբ խորհրդին:

Նախատակի դագաղը շրջապատել էին Սյունյաց աշխարհի նշանավոր ավագները: Նրանց մեջ կանգնած էր Դավիթ բեկը Մխիթար սպարապետի և իր մյուս ընկերների հետ: Տաճարը լիքն էր բազմությունով: Վանքի բակում նույնպես ասեղ գցելու տեղ չկար: Վանքի դուրսը շրջապատված էր բազմաթիվ կամավոր զինվորներով և մերձակա գյուղացիների ամբոխով:

Պատարագի խորհուրդը ավարտվելուց հետո, եկեղեցական դասը կատարեց հոգեհանգիստ: Երբ ամեն ինչ վերջացած էր, Ներսես արքեպիսկոպոսը խոսեց մի քարոզ:

«Այստեղ ձեր աչքի առջև դրած է մի դագաղ, — այսպես սկսեց իր քարոզը, — դա Վարդանի դագաղն է: Ձեզանից ամեն մեկը գիտե, թե ով էր Վարդանը: Բայց գուցե շատերը չգիտեն, թե ի՛նչ էր Վարդանը: — Վարդանը մի ամբողջ ժողովուրդ էր. Վարդանը այդ ժողովրդի մարմնացած բողոքն էր: Բողոք՝ բռնության դեմ. բողոք՝ անարդարության դեմ. բողոք՝ անազատության դեմ:

Մեր պատմությունը տվել է մեզ շատ նշանավոր մարդիկ: Մենք ունեցել ենք Հայկ, որ տիտանների հետ էր պատերամում: Մենք ունեցել ենք Արամ, որ սպանեց ասորոց արևի որդուն: Մենք ունեցել ենք Տիգրան, որ ջնջեց վիշապները ցեղը: Մենք ունեցել ենք մի ուրիշ Տիգրան, որ ջարդում էր Լուկուլլոսի ու Պոմպեոսի լեգեոնները: Մենք ունեցել ենք ուրիշ շատ հերոսներ, բայց դրանցից և ոչ մեկը Վարդան չէ կարող լինել:

Այդ քաջերի հետ միացած էր զորքը, այսինքն վարձկանների մի դասակարգ, որոնց գործ էին ածում շատ անգամ աննպատակ աշխարհակալությունների մեջ, միայն իրանց դրոշի փառքը բարձրացնելու համար: Զորքը արյուն էր թափում, իսկ նրանք փառք էին վայելում: Զորքը հողեր էր տիրում, բայց նրա որդիքը քաղցած էին մնում. արդյունքը շռայլում էր զորքի տերը:

Բայց Վարդանի անձնավորության մեջ միացած էր ժողովուրդը: Նրա փառքը ժողովրդին էր պատկանում: Վարդանը – ինքը ժողովուրդն էր:

Նրա հետ միացած էր կղերը, մի ձեռքում խաչ, մյուս ձեռքում սուր բռնած: Նրա հետ միացած էր շինականը, մի ձեռքում բահ, մյուս ձեռքում նիզակ բռնած: Նրա հետ միացած էր ազնվականը, քաղաքացին, և որ ամենագլխավորն է՝ հայ կինը:

Սկսյալ նախարարների շքեղ դահլիճներից, մինչև գյուղական աղքատ խրճիթը, զարթնեց ազատասիրության վսեմ հոգին: Զարթնեց և հայ կինը: Նա իր հրեշտակային կենսատու շնչով ավելի վառեց, ավելի բորբոքեց ժողովրդի եռանդը: Նա թողեց իր պաճուճանքը, մոռացավ իր փափկությունը և սովորեց տանել զինվորի կյանքի խստությունները: Թանկագին բեհեզների, նուրբ կերպասների փոխարեն զգեցավ պատերազմող մարդու կոշտ հագուստը: Ոսկեհուռ մարգարիտների փոխարեն նա իր կուրծքը զարդարեց երկաթե զրահով: Գոհարեղեն պսակի փոխարեն նա իր գլխին դրեց պողովատյա սաղավարտը: Ոսկի մատանիների փոխարեն կրեց սուր, վահան, նիզակ: Ամեն ինչ տվեց նա, ամեն ինչ զոհեց հայրենիքը փրկելու համար:

Երբ կինը խառնվում է գործի մեջ, դա նրա հաջողության ամենապարզ նշանն է: Հայ կինը շարժեց, ոգևորեց, ոտքի կանգնեցրեց ժողովրդի բոլոր դասակարգերը: Իսկ Վարդանը այդ դասակարգերի միավորիչ հողը, նրանց միմյանց հետ կապող օղակը դարձավ:

Վարդանը ժողովրդի հոգու արտահայտության ծնունդն էր: Բայց ի՞նչ էր ժողովրդի պահանջը. ի՞նչ նպատակ ունեին նրա հոգեկան ձգտումները:

Հայաստանը իր օրհասականի մեջ էր գտնվում: Արշակունյաց հզոր պետությունը զոհ էր գնացել Տիզբոնի նենգությանը: Օծյալ թագավորների գահը խորտակված էր. նրանց փոխարեն տիրում էին պարսիկ մարզպանները: Սուրբ Գրիգոր Լուսավորչի հայրապետական օրինյալ տան ներկայացուցիչները վերջացրած էին: Պարսիկը իր պիղծ ձեռքը տարածել էր մինչև եկեղեցու սրբարանը: Քրիստոսի հոտը մնացել էր առանց անձնանվեր հովվապետի: Ներսես մեծի, Սահակ Պարթևի, Արիստակեսի և Վրթանեսի աթոռի վրա պարսիկները նստեցնում էին Սուրմակին, Շմուելին, Բրքիշոյին ու դրանց նման չարագործներին:

Կանգուն մնացել էին միայն հայոց նախարարները: Դրանք, որպես հայրենիքի բոլոր ծանրությունը իրանց վրա կրող սյուներ, դեռ պահպանում էին կործանված Հայաստանի մնացած փշրանքները: Պարսկական նենգությունը սկսեց այդ նեցուկները ևս տապալել, նրանց ևս խորտակել, որպեսզի ազգային շենքը միանգամայն քարուքանդ անե: Հայաստանը թողնում էին հայ զինվորից թափուր, հայ նախարարից զուրկ, իսկ նրանց երկար տարիներով ուղարկում էին հեռավոր արևելքում, Խուժաստանի կամ Սագաստանի կողմերը, Քուշանաց հետ պատերազմելու: Անսովոր կլիման, տաժանակիր կյանքը, հայրենիքի կարոտը հալում, մաշում էր պանդուխտ հայ զինվորին օտար, անծանոթ աշխարհում: Նրանցից շատերը չէին վերադառնում: Այդ անում էր պարսիկը, որ հայ ժողովուրդը անտեր, անգլուխ մնա, որպեսզի նրան կարողանա ավելի հեշտությամբ կլանել: Ընդդիմություն գործել դժվար էր: Ով որ փոքր ի շատե դժգոհություն էր հայտնում, նրան ցմահ թաղում էին անել բանտի մեջ:

Ժողովուրդը ավելի սարսափելի դրության մեջ էր: Աղքատությունը, չքավորությունը պարսիկները ընդունել էին որպես գլխավոր պայման ամբոխը հնազանդության մեջ պահելու համար: Այդ պատճառով ծանրաբեռնում էին նրան անտանելի հարկերով: Բայց խորամանկ պարսիկը չէ բավականանում միայն նյութապես աղքատացնելով: Նա աշխատում էր աղքատացնել և հոգեպես, և բարոյապես, և մտավորապես: Հայոց սրբարանները, որոնց մեջ հայ մարդը համ աղոթում էր իր աստծուն, համ սովորում էր իր մայրենի լեզվի դպրությունը, — փակված էին: Եկեղեցիների փոխարեն հիմնել էին կրակապաշտության ատրուշաններ: Հայոց մանուկների դաստիարակությունը քահանաների ձեռքից անցել էր մոգերի ձեռքը: Հայոց խոսքը, այն լեզուն, որով խոսում էին Ադամը և Նոյը, — արգելված էր: Հայ մարդը պետք է պարսկերեն խոսեր, պարսկերեն գրեր և պարսկերեն աղոթեր:

Ամեն ինչ, որ թանկ և նվիրական էր հայի համար, ոչնչանալու վրա էր: Նրա հայրենիքը պարսկական նահանգ էր դարձել: Նրա եկեղեցին սրբապղծված էր: Նրա լեզուն, այդ մայրենի սուրբ ավանդությունը, խլում էին նրանից: Ազատության փոխարեն տիրում էր բռնություն: Արդարության փոխարեն տիրում էր անիրավություն: Խաղաղության փոխարեն տիրում էր հալածանք, խռովություն, երկպառակություն: Պարսիկը ինքն էր սերմանում խռովությունը: Անարժաններին առաջ էր քաշում, իսկ արժանավորներին հետ մղում: Վատերը, մատնիչները, ուրացողները ստանում էին փառք, պատիվ և բարձր պաշտոններ, իսկ ազնիվ մարդիկ անարգվում էին: Ազգասիրությունը, հայրենասիրությունը, կրոնասիրությունը մի քրեական հանցանք էր, որ պատժվում էր ամենաաստիկ կերպով: Պարսկաստանի բանտերը, Սագաստանի աքսորավայրերը լցված էին այս տեսակ զոհերով: Ժողովրդի ընտիր, օգտակար, բարեմիտ անդամներին ոչնչացնում էին և թողնում էին վատերին, անպիտաններին միայն, որպեսզի ազգը, կորցնելով իր լավ ու կենդանի ուժերը, բոլորովին դիակնանա, որ կարողանան հեշտությամբ կլանել, հեշտությամբ մարսել նրան:

Տեսնելով այդ բոլոր չարիքները, ժողովուրդը այլևս չկարողացավ համբերել: Նա անցավ Վարդանի դրոշի տակ, մտածեց ազատվել անտանելի դրությունից: Մի քանի օրվա մեջ Արտաշատում կազմվեցավ 60 հազարից բաղկացած մի բանակ: Այդ բանակի մեջ, որպես մի ամբողջ մարմին, միացած էին ժողովրդի բոլոր դասակարգերը: Նրանց առաջնորդում էին՝ հոգևորականությունը և ազնվականությունը, երկուսն էլ ձեռք ձեռքի տված, երկուսն էլ մի սիրտ՝ մի հոգի դարձած: — Այդ միությունն էր պատճառ, որ հայոց քաջերը Ավարայրի դաշտում կատարեցին այն փառավոր հաղթությունը, որը մեր պատմության մեջ մինչև դարերի վերջը կփայլի որպես մի պայծառ աստղ: Թեև այդ հաղթությանը զոհ գնաց մի մեծ մարդ, որի դագաղը դրած է ձեր աչքի առջև, որի հոգեհանգիստը կատարում ենք այսօր:

Այժմ ես այդ դագաղից դուրս կկոչեմ Վարդանի հոգին, թող նա խոսե ձեզ, թող նա բացատրե ձեզ մեր աշխարհի այժմյան դրությունը:

Մեր վիճակը այժմ ինչո՞վ է տարբերվում Վարդանի ժամանակներից: Մի՞թե օտարի դառն լուծը նույնքան ծանրացած չէ մեզ վրա, որպես Վարդանի օրերում: Մի՞թե այսօր ևս մեզ վրա չէ տիրում նույն պարսիկը, նույն խորամանկ, նենգավոր և չարամիտ պարսիկը: Ինչո՞վ են ապահովված մեր կյանքը, մեր ընտանիքը, մեր կայքը, մեր ազգային սրբությունները: Մի՞թե մեր դրությունը չէ տանում մեզ դեպի արագ ոչնչություն, դեպի հավիտենական կորուստ:

Մի լավ մտածենք, թե ինչ էինք մենք առաջ, իսկ ինչ ենք այժմ: Այդ երկու համեմատությունների մեջ երկնքից մինչև գետինք հեռավորություն կա: Մեր ներկան ոչինչով չէ նմանում մեր անցյալին:

Մենք ապրում ենք Սյունյաց աշխարհում: Այդ երկիրը իր բնական հատկանիշներով միշտ պահպանել է մի առանձնական, ինքնուրույն դրություն Հայաստանի մյուս նահանգների վերաբերությամբ: Սկսյալ մեր Սիսակ նահապետի օրերից, հայոց իշխանությունը անպակաս է եղել մեր երկրից: Հայաստանում երբեմն ընկել է հայոց թագավորությունը, երբեմն կանգնել է, երբեմն անիշխանություն է տիրել, երբեմն օտարներն են տիրել, — բայց Սյունյաց աշխարհը պահպանել է իր առնձին պատմությունը և խիստ սակավ անգամ ենթարկվել է Հայաստանում պատահած փոփոխություններին: Մենք ունենք թագավորների ու իշխանների մի երկայն շարք, որոնք միմիայն մեր աշխարհին են պատկանում: Բայց այժմ ո՞ւր են նրանք: Ո՞ւր են այն քաջերը, որոնք պարսիկներին, հոներին, արաբներին, թաթարներին սարսափեցնում էին: Ո՞ւր են մեր աշխարհի բազմամարդ քաղաքները, հազարավոր գյուղերը, անառիկ բերդերը: Ո՞ւր է մեր անկախությունը:

Մի՞թե դուք չեք լսում Վարդանի դառն հանդիմանությունը. մի՞թե նա չէ ասում մեզ. «Անարի՛ և վա՛տ մարդիկ, դուք այնքան թույլ գտնվեցաք, որ կորցրիք բոլորը, ինչ որ ձեր նախնիքը գնել էին արյան գնով և թողել էին ձեզ որպես ժառանգություն»:

Այսօր հայը ամոթի, նախատինքի, ծաղրածության առարկա է դարձել: Ով որ կամենում է մեկին վիրավորել, ով որ կամենում է ցույց տալ, որ նա ցած, անարգ և չնչին արարած է, ասում է՝ «դու հայ ես»: Ինչո՞վ ժառանգեցինք մենք այդ նախատինքը, — իհարկե, մեր վատություններով: Մենք մեր հայրերի անարժան, անհարազատ սերունդն ենք, այն հայրերի, դեպի որոնք հարգանք և պատկառանք էր զգում ամեն օտարազգի: Ինչո՞վ կարող ենք վերականգնել մեր պատիվը: — Ոչինչով, քանի որ մենք կմնանք ստրուկ, օտարի գերի, քանի որ մենք մեր երկի ու գլխի տերը չենք լինի:

Եթե մի օր հայոց աստվածը կխնդրե Հայաստանի կործանման ու նրա զավակների արյան վրեժը մեր ազգի թշնամիներից, — առաջին պատասխանատուն կլինեն մեր եկեղեցականները: Դրանք թուլացրին ժողովրդի սիրտը, խլեցին նրա քաջությունը, մեռցրին նրա բոլոր կենսական ուժերը, և քրիստոնեական խոնարհության, քրիստոնեական համբերության անունով սովորեցրին նրան ստրուկ լինել:

Մարդկության գազանները իրանց բարբարոս հրոսակներով մինը մյուսի ետևից անդադար գալիս էին, և ոտնակոխ անելով Հայաստանը, անցնում էին: Նրանք թողնում էին իրանց ետևից արյուն, կոտորած, ավերմունք և բոլորովին անապատ դարձրած մի երկիր: Այսպիսի դեպքերում եկեղեցականները, որոնք առաջնորդում էին ժողովրդին, փոխանակ նրա մեջ կյանք և քաջություն ներշնչելու, փոխանակ նրան խրախուսելու, որ սուրը ձեռքում պաշտպանե իր հայրենիքը, ասում էին. «Դու արժանի էիր այդ պատուհասին. քո մեղքերի համար աստված պատժեց քեզ: Նրա դատաստանը արդար է. ինչ որ աստված է անում, նրա դեմ բողոքել հանցանք է...»: Եվ այս տեսակ խոսքերով քարոզում էին ժողովրդին, որ ապաշխարհե, որ աղոթե, որպեսզի աստուծո բարկությունը անցնի:

Մեր պատմության մեջ խիստ փոքր է եղել այն եկեղեցականների թիվը, որոնք դրա հակառակն են քարոզել, և այդ մարդիկն են, որ պաշտելի անուն են թողել:

Մեր կրոնը անձնապաշտության դեմ չէ: Նույն հնազանդություն քարոզող Հիսուս Քրիստոսը, որ ասում էր՝ «թե ձախ երեսիդ ապտակ տալու լինեն, աջն էլ շուռ տուր», — երբ իր անձի վրա փորձեց այդ պատվիրանքը, երբ Կայիփա քահանայապետի ծառայից մի ապտակ կերավ, ինքը առաջինը եղավ, որ բողոքեց այդ անիրավության դեմ: Քրիստոնեությունը ազատության և մարդկային հավասարության կրոն է: Ինչ որ ընդդեմ է ազատության, ինչ որ ընդդեմ է հավասարության, ընդդեմ է և քրիստոնեության:

Սեփականության իրավունքը սուրբ է աստուծո համար: «Մի՛ գողանարը» նրա մեզ տված տասն պատվիրանքներից մեկն է: Ինչ որ ունե մի անհատ, ինչ որ ունե մի ամբողջ ազգ, պետք է նրան պատկանի: Իսկ երբ մի ուրիշը գողանում է, հափշտակում է, — հանցանք է գործում: Այսպիսիներին ոչ միայն զրկված մարդը, այսինքն սեփականատերը, իրավունք ունի պատժելու և հափշտակությունը ետ խլելու, — այլ աստված ինքը օգնում է զրկվածին:

Մենք մի ազգ ենք: Ազգը – մի մեծ անհատ է, որ ունե իր սեփականությունները: Մենք էլ ունեինք մեր հայրենիքը, որ մեր հորերից մնացել էր մեզ որպես ժառանգություն: Այդ հողի վրա, որպես մեր սեփական տան մեջ, մենք ազատ վարում էինք, ցանում էինք, հնձում էինք ու հանգիստ ապրում էինք: Այստեղ մենք ունեինք մեր օրենքները և մեր կառավարությունը: Մեր թագավորը, որպես ազգային մեծ ընտանիքի հայրը, իշխում էր մեզ վրա: Բայց թշնամին եկավ, բոլորը հափշտակեց, բոլորը ոչնչացրեց և մեզ իր ստրուկը դարձրեց: — Այդ էլ գողություն է, մի ահագին գողություն: Եվ աստված ինքը կօգնե մեզ, երբ մենք կպատժենք գողին և հետ կխլենք նրա հափշտակությունը:

Աստված իր սուրբ գրքի մեջ մեզ տվել է հազարավոր օրինակներ այդ մասին. ես կհիշեմ մի քանիսը միայն:

Ահա ինչ է ասում Եհովան Մովսեսի բերանով Իսրայելի ժողովրդին. «Երբ որ քո տեր աստվածը քեզ կտանե այն երկիրը (Քանանացոց երկիրը), ուր որ պիտի մտնես ժառանգելու համար, նա քո առջևից շատ ազգեր պիտի հալածե, այսինքն՝ քետացիներին, գերգեսացիներին, ամորհացիներին, քանանացիներին, փերեզացիներին, խևացիներին ու հիբուսացիներին: Այդ յոթը ազգերին, որոնք քեզնից մեծ ու զորավոր են, երբ որ քո տեր աստվածը դրանց քո ձեռքը կտա, պետք է դրանց կոտորես ու բոլորովին ոչնչացնես»:

Աբրահամի, Իսահակի և Հակոբի հայրենիքին տիրում էին օտարազգիները: Աստված կամենում էր, որ Իսրայելը կրկին տեր դառնար իր հայրենական ժառանգությանը և հրամայում էր նրանց կոտորել, եթե չհնազանդվեին:

Դարձյալ ասում է Եհովան Մովսեսի բերանով Իսրայելի ժողովրդին. «Երբ որ մեկ քաղաքի մոտենալու լինես, նրա հետ պատերազմելու համար, նախ նրան խաղաղության հրավիրե: Եվ եթե որ քեզ խաղաղության պատասխան կտա ու դռները քո առջև կբաց անե, այն ժամանակ քաղաքի մեջ գտնված բոլոր ժողովուրդը պետք է քեզ հարկատու լինի և քեզ ծառայություն անե: Բայց թե որ քեզ հետ խաղաղություն անել չկամենա, և պատերազմ անե, այն ժամանակ պետք է քաղաքը պաշարես: Եվ երբ որ քո տեր աստվածը քո ձեռքը կմատնե այդ քաղաքը, նրա բոլոր արուներին պետք է սրի բերնից անցկացնես: Իսկ կնիկներին, տղաներին, անասուններին և ինչ որ կա այն քաղաքի մեջ, — նրա բոլոր ավարը քեզ համար պետք է վեր առնես, և քո տեր աստուծուդ քեզ մատնած քո թշնամիների ավարը պիտի ուտես: Ահա այսպես պիտի անես քեզնից հեռու գտնվող բոլոր քաղաքների հետ: Եվ քո տեր աստուծո քեզ ծառայության տված այս ազգերի (օտարների) քաղաքների մեջ մի որևիցե շունչ ունեցողին պետք է բնավ ողջ չթողնես»:

Եվ աստված կատարեց իր խոստումնքները, օգնելով Իսրայելի ժողովրդին, որ նա տիրե իր հայրենական երկրին և ոչնչացնե այնտեղ բնակվող բոլոր օտարազգիներին, որ նույն երկրի տերն էին դարձել: Իր հրեշտակներով նա մինչև անգամ միջամտություն էր գործում, միանում էր իսրայելացոց բանակի հետ: Երբ Հեսուն ամորհացոց հինգ թագավորների հետ պատերազմ ուներ, աստված նրան օգնության հասավ, և Գաբավոնի ճակատամարտի ժամանակ, երկնքից քարե կարկուտ թափելով ամորհացիների վրա, բոլորին կոտորեց: Իսկ Հեսուն նրանց հինգ թագավորներին բռնել տալով, հրամայեց կախ տալ հինգ ծառից:

Երբ ասորոց Սենեքերիմ թագավորը Իսրայելի Եզեկիա թագավորի հետ կռիվ ուներ, աստված իր հրեշտակի ձեռքով մի գիշերվա մեջ կոտորեց Սենեքերիմի զորքերից հարյուր ութսուն և հինգ հազար հոգի:

Հազարավոր այսպիսի օրինակներ կարելի է բերել սուրբ գրքից, որոնք ցույց են տալիս, թե հայրենասիրությունը, ազգասիրությունը ամեն մի անհատի սուրբ պարտավորությունն է: Եվ հայրենիքի ազատության, հայրենիքի պաշտպանության համար կատարված պատերազմը սուրբ պատերազմ է: Այլևս չեմ խոսում Դավթի, Սողոմոնի պատերազմների մասին, որոնք միևնույն ժամանակ Իսրայելի թե մարգարեն և թե թագավորն էին: Բայց կասեմ ձեզ մի փոքրիկ դեպք Մովսեսի կյանքից, որ ցույց է տալիս, թե ո՜ր աստիճան մոլեռանդության էր հասած ազգասիրությունը այդ մեծ մարգարեի և օրենսդրի մեջ: Մի անգամ Մովսեսը տեսնում է մի եգիպտացու, որ նախատում էր մի իսրայելացու, այն բռպեում սպանում է նրան և նրա դիակը թաղում է Նեղոսի ավազների մեջ: Այստեղից շատ պարզ է ազգային նախանձախնդրությունը:

Բայց մեր կույր, տգետ, անկիրթ եկեղեցականները, որոնք ամեն օր աստուծո տաճարի մեջ կարդում են ձեզ Մովսեսի, Հեսուի, Դավթի և Իսրայելի մարգարեների գործերը, — երբեք չբացատրեցին, երբեք չքարոզեցին ձեզ, թե աստուծո այդ ընտրյալները ո՜րքան միլիոնավոր մարդիկ են կոտորել, որքան ազգեր են ոչնչացրել, մինչև կարողացել են իրանց ազգը՝ Իսրայելը հաստատել իր հայրենական երկրում:

Եվ մենք տեսնում ենք Հայաստանի բարօրությունը այն դարերում միայն, երբ նրա հոգևոր հովիվները Մովսեսի, Դավթի, Հեսուի հոգին ունեին: Երբ նրանք խաչի հետ կրում էին և սուր: Երբ նրանք քրիստոնեական առաքինության հետ քարոզում էին և՜ անձնապաշտպանության, և՜ հայրենիքի պաշտպանության առաքինությունը: Երբ նրանք հայրապետական աթոռի պարտավորությունները միացրել էին թագավորի գահի պարտավորությունների հետ: Երբ նրանք եկեղեցու շահերը հաշտեցրել էին պետության շահերի հետ: Հայաստանը երջանիկ էր դրանց օրերում: Բայց ցավելով պիտի խոստովանեմ, որ այսպիսիների թիվը այնքան սակավ է, որ նրանք ներկայացնում են փոքրիկ, կանաչազարդ օազիսներ մեր հասարակության տխուր, լայնատարած անապատի մեջ: Ես կարող եմ մի քանիսի անունները միայն հիշել: Ներսես մեծը, մի ոտքը Բյուզանդիա, մյուսը Տիզբոն դրած, անդադար բանակցությունների մեջ էր, երբեմն պարսից, երբեմն հունաց արքունիքի հետ: Երբ դիվանագիտական բանակցությունները ցանկացած նպատակին չէին հասցնում, նա սկսում էր կռվել: Ծիրավ դաշտի ճակատամարտի ժամանակ, երբ հայերը պարսիկների հետ պատերազմում էին, նա Նպատ լեռան գագաթի վրա, ձեռքերը դեպի երկինք բարձրացրած, հայոց քաջերի բազուկներին զորություն էր խնդրում: Նրա որդին՝ Սահակ Պարթևը տվեց Հայաստանին գիր, դպրություն, գիտություն: Որպես զոհ քաղաքական հալածանքների, նա շատ անգամ աքսորվեցավ, բանտարկվեցավ Պարսկաստանում: Հովսեփ եպիսկոպոսը, Ղևոնդ երեցը այն հոգևորական-հերոսներն էին, որ միացան Վարդանի հետ և կատարեցին այն հրաշալի պատերազմը պարսից ահագին զորության դեմ:

Այսօր մենք կատարեցինք նույն պատերազմի մեջ ընկած քաջերի հոգեհանգիստը: Այսօր Վարդանանց նահատակների առնախմբության օրն է: Մեր առջև դրած է Վարդանի դագաղը, իսկ նրա վրա դրած են մեր սրերը: Մենք հավաքվել ենք այս տաճարի մեջ մի մեծ ուխտագրության համար: Մեր ուխտը նույն բնավորությունը, նույն նպատակն ունի, ինչ որ էր Վարդանի հետ միաբանված հոգևորականների, նախարարների և ժողովրդի ուխտը: Այստեղ, այս տաճարի մեջ, նույնպես հավաքված է մեր աշխարհի հոգևորականությունը և իշխանավորները: Իսկ ձեր մեջ կանգնած է մի նոր Վարդան, որ կամենում է հայրենիքի ազատության դրոշը բարձրացնել: — Վերջին խոսքերի միջոցին քարոզիչը ձեռքը մեկնեց դեպի Դավիթ բեկը: — Թող ձեզանից ամեն մեկը մոտենա այդ սուրբ դագաղին, թող համբուրե Խաչն ու Ավետարանը, և ուխտ դնե, հավատարմության երդում տա, որ կհետևի այդ հերոսին, որը իր փառավոր հաղթություններով մեզ ցույց տվեց, որ ընդունակ է իր հանձն առած գործին:

Քարոզիչը ավարտեց իր խոսքը, և մինչև որ կկատարվեր ուխտադրության արարողությունը, նա կարդաց մի աղոթք.

«Ով տեր աստված, աստված Հայկի, Արամի և Տիգրանի, առաքիր մեզ Վարդանի ու նրա աջակից քահանաների՝ Հովսեփի ու Ղևոնդի հոգին: Թող հայրենիքի այդ մեծ պաշտպանների հոգին ուժ և զորություն տա մեզ, թող ներշնչե մեր մեջ հայրենասիրության եռանդը, որ հետևենք այդ քաջերի օրինակին, որ նրանց պես մեր հայրենիքի ազատության համար պատերազմենք, որ նրանց պես փառավոր մահով մեռնենք; Ով տեր աստված, դու, որ առաջնորդեցիր Մովսեսին Իսրայելը դուրս բերել Եգիպտոսի գերությունից, դու, որ քո օգնական աջը տարածելով Աբրահամի զավակների վրա, ծովի և կրակի միջից անցկացրիր նրանց, և ահագին ազգեր նրանց առջևից ոչնչացնելով, Իսրայելը բնակեցրիր նրա հայրերին խոստացած երկրում, — նույն օգնական աջի հովանավորությունը տարածիր և Հայկի զավակների վրա, որոնք նախ քան բոլոր ազգերը, ընդունեցին քո սուրբ ավետարանի լույսը, որոնք ամեն ինչ զոհեցին, ամեն ինչ կորցրին քո տաճարների սրբությունը պահպանելու համար: Ո՜վ տեր աստված, հիշի՜ր դրախտը, ուր բնակեցրիր մարդկության նախաստեղծ զույգը, հիշիր քո սուրբ Արարատը, ուր Նոյը առաջին անգամ զոհաբերության սեղան կազմեց քեզ համար, հիշի՜ր սուրբ Էջմիածինը, ուր քո միածին որդին երկնքից իջնելով, տեսնվեցավ Հայաստանի Լուսավորչի հետ և օրհնեց հայկական նորընծա հոտը, — հիշի՜ր աշխարհի սկզբից քեզ նվիրված երկիրը և նրա հավատարիմ ժողովուրդը, և մի՜ թող տուր, որ նա կորչի, ոչնչանա անօրենների ձեռքից: Ով տեր աստված, մաքրիր մեր սրտերը, որ հավատով և անկեղծությամբ մոտենանք քո սուրբ Խաչին ու Ավետարանին, և ընդունիր մեր ուխտը որպես կրոնի, ազգության և հայրենիքի փրկության ուխտ, և առաքիր մեզ քո օրհնությունը, տուր զորություն քո ծառաներին, որ քաջությամբ կատարեն այն մեծ գործը, որ սկսած են քո անունով: Եվ որի համար լինի քեզ փառք, հավիտյանս, ամեն»:

Աղոթքից հետո եկեղեցական ամբողջ դասը երգեց երկրորդ սաղմոսը. Խզեցուք զկապանս նոցա, և ընկեցուք ի մէնջ զլուծ նոցա»: Այդ սաղմոսերգության ժամանակ վանքի զանգակները սկսեցին հնչել, և կարծես, երկնքի բոլոր անմահները ցած իջան և սկսեցին ձայնակցել հայոց ուխտավորների ոգևորությանը:

Հետո կատարվեցավ ուխտի խորհուրդը: Ներսես արքեպիսկոպոսը նախ օրհնեց իշխանների սրերը, որ դրած էին Վարդանի դագաղի վրա, խաչի և Ավետարանի մոտ: Իսկ հետո կարդացվեցավ երդման թուղթը: Դա համարյա նույն բովանդակությունն ուներ, որ գրվեցավ Վարդանանց պատերազմի սկզբում. փոփոխությունը մի քանի ավելվածների մեջ էր միայն: Ահա նրա օրինակը:

«Հարազատ եղբոր սուրը իր մերձավորի վրա պիտի բարձրանա, երբ որ նա դավաճանություն կգործե ուխտի և միաբանության դեմ: Հայրը պիտի չխնայե իր որդուն, և որդին ակնածություն չի պիտի անե հոր պատվին: Կինը պետք է կռվե իր ամուսնու այրի հետ և ծառան պիտի դառնա իր տիրոջ դեմ, երբ նրանում անհավատարմություն կնկատի: Հայրենիքի սերը և նրա ազատության միտքը պետք է թագավոր լինի ամեն գործողությունների վրա, և ամեն ինչ պիտի զոհվի այդ ազատությունը գնելու նպատակին: Անպայման հնազանդություն դեպի գործի գլխավորը, — պետք է լինի օրենք, և այդ օրենքի հակառակորդը կընդունի իր դատապարտության պատիժը նույն գլխավորից»:

Երբ երդման թղթի ընթերցումը վերջացավ, եպիսկոպոսը հրավիրեց Դավիթ բեկին կանգնել իր մոտ: Օրվա հերոսի դեմքը չէր ցույց տալիս այն անսահման հոգեզմայլությունը, որ տիրում է ամեն մի մարդու սրտին այսպիսի հանդիսավոր րոպեներում: Նրա ընթացքը, որով մոտեցավ նա սրբազանին, արտահայտում էր մի առանձին վեհություն, որ ծածկված էր համեստության քողի տակ: Կանգնելով եպիսկոպոսի մոտ, խոսեց մի փոքր ճառ.

«Եղբայրնե՛ր, — ասաց նա իր սովորական ամուր ձայնով, — ես ինձ բախտավոր եմ համարում, որ ինձ վիճակվեցավ անցնել այն շարժման գլուխը, որին կարոտ էր մեր հայրենիքը, որին վաղուց սպասում էր նա: Իմ հույսը մեծ է: Ես հավատացած եմ, որ Հայաստանի աստվածը նույնպես կպսակե մեր գործը, որպես շատ անգամ ցույց է տվել իր աջակցությունը մեր հայրերին: Մեր նպատակը սուրբ է. մեր ձեռնարկությունը չէ կրում իր վրա անիրավության ոչ մի բիծ: Մենք պիտի կռվենք բռնության, անարդարության և ստրկության դեմ: Իսկ բռնությունը, անարդարությունը և ստրկությունը պիղծ են աստուծո առջև: Ես իմ հույսը դրել եմ նեղված, տանջված, հարստահարված ժողովրդի վրա և ձեզ վրա, եղբայրներ, որ ժողովրդի ներկայացուցիչներն եք: Հավատքով, անկեղծությամբ, անձնազոհությամբ դիմենք մեր նպատակին, — և այդ նրա հաջողության ամենագլխավոր պայմանն է»:

Այնուհետև իշխաններից յուրաքանչյուրը սկսեցին հերթով մոտենալ Բեկին: Նրանք նախ համբուրում էին Վարդանի դազաղի վրա դրած խաչն ու Ավետարանը, հետո հավատարմության ձեռք էին տալիս Բեկին: Իսկ Բեկը վեր էր առնում դազաղի վրայից նրանց սրերը և իր ձեռքով հանձնում էր տերերին:

Ամենից առաջ մոտեցավ Չավնդուրի Թորոս իշխանը, հետ նրա քրոջ որդին՝ Գենվազի իշխան Ստեփաննոս Շահումյանը և Թորոսի ազգականը՝ Մելիք-Նուբարը: Հետո մոտեցավ Հալիձորի Մելիք-Փարսադանը իր փեսա տեր Ավետիքի և իր որդի Բալի զորավարի հետ: Դրանցից հետո մոտեցան հետևյալ անձինքը՝ Կալերից՝ Պապ զորավարը. Սիսիանից՝ մելիք Կոջո սիսական զորավարը և տեր Գասպարը, որ կոչվում էր «Ավշար երեց». Բաղաբերդից՝ Աղամ զորավարը. Գյուլ-բերդից՝ Ղազար զորավարը. Շիրվանաձորից՝ Սարգիս զորավարը, Ջուղայից՝ Մազա մելիքի երկու որդիները՝ Աշոտ և Սմբատ, Տաթևից՝ Կիջի տանուտերը, իսկ Տաթևի շրջակայքից՝ Այտի, Եսայի և տիրացու Սիմեոն տանուտերերը. Շընհերից՝ Մինաս և Ստեփան տանուտերերը. Չավնդուրից՝ Վարդան, Թովմաս, Թուրինջ և Հովհաննես տանուտերները. Մեղրիից՝ մելիք Կոնստանդինը, իսկ նրա շրջակայքից՝ Հովհաննես, Սարի և Առաքել տանուտերները:

Այնուհետև մոտեցան Դավիթ բեկի հետ Վրաստանից եկած քաջերը՝ Մխիթար սպարապետը, Բայինդուր իշխանը և մյուսները, որոնց անունները հայտնի էր մեզ: Բոլորից հետո հավատարմության երդում տվեց Տաթևի վանքի միաբանությունը՝ վանահայր Ներսես արքեպիսկոպոսը, որ այնօր պատարագիչ էր, տասներկու եպիսկոպոսներ, և քսանչորս վարդապետներ:

Վանքի մեծ դահլիճը, որ կոչվում էր «Թանաբի», այսօր սովորականից ավելի զարդարած էր: Այնտեղ պատրաստված էր մի ճոխ սեղան ճաշի համար: Տաճարից դուրս գալով, եկեղեցական դասը իշխանների ու երկրի ավագների հետ դիմեցին դեպի դահլիճը: Բազմությունը այդ միջոցին լցրել էր վանքի բակը: Երբ տեսան Բեկին, հազարավոր ձայներ ողջունեցին նրան «կեցցեներ» գոչելով: Նա բոլորին գլուխ տվեց և անցավ:

Նույն օրը հավաքվեցան նրա շուրջը 6628 կամավոր զինվորներ:

Է

Տաթևի վանքը թե իր շինվածքների ընդարձակությամբ և թե իր ամրություններով ամեն հարմարություններ ուներ բերդի տեղ ծառայելու: Այս պատճառով Դավիթ բեկը ընտրեց նրան որպես կենտրոն իր գործողությունների:

Կար և մի ուրիշ բան. այդ վանքը, որպես Սյունյաց աշխարհի հոգևոր կառավարության մայր աթոռը, ուներ ահագին հարստություն: Վանքի միաբանությունը իր հարստությունը դրեց Բեկի տրամադրության ներքո, իրավունք տալով նրան, գործ ածել իր պատերազմական ծախքերի համար, որպես կբարեհաճի: Ավելի քան ութ հարյուր տարի գոյություն ունեցող այդ վանքը, դարերի ընթացքում, դիզել էր արծաթի, ոսկու, թանկագին քարերի մեծ քանակություն: Ամեն մի թագավոր, ամեն մի թագուհի, ամեն մի իշխան և իշխանուհի, իր հոգու փրկության համար, նվիրել էր վանքին՝ որը գյուղ, որը ագարակ, որը ընդարձակ անտառներ, որը թանկագին անոթներ, խաչեր և այլն: Զանազան ժամանակներում պատահած հափշտակությունները, ավարառությունները չէին կարողացել բոլորովին սպառել այդ ահագին հարստությունը: Վանքի գաղտնի պահարանները խիստ ապահով տեղեր էին ասպատակների ձեռքից նրանց պահպանելու համար:

Վանահոր կացարանը բաղկացած էր մի քանի սենյակներից, որոնց դռները բացվում էին միմյանց մեջ: Դրանցից մեկը, որ ետնի կողմումն էր, ուներ մի նեղ լուսամուտ միայն առաստաղի մոտ և այնքան մութն էր, որ ցերեկով նս պետք էր ճրագ վառել մի բան տեսնելու համար: Այստեղ միայնակ նստած էր մի ծերունի աբեղա և նրա առջն դրած էր մի շարժական քուրա, որ ասիական ոսկերիչների հալոցի ճիշտ նմանությունը ուներ: Նա մի ձեռքով փչում էր փուքսը, իսկ մյուսով, որով բռնած ուներ փոքրիկ ունելի, անդադար շարժում էր ածուխները, որ ավելի շիկանան, որ ավելի բոցավառվեն: Ածուխների մեջ ծածկված էր մի մեծ բութակ, որի մեջ հալվում էր մետաղ: Ծերունի աբեղան դեռ իր գործողությունը չէր վերջացրել, երբ ներս մտավ վանահայրը՝ Ներսես սրբազանը:

— Տեսնո՞ւմ եք, Վահան հայր սուրբ, — ասաց նա ծիծաղելով, — ձեր ոսկերչությունը վերջապես պետք եկավ մեզ:

Վահան հայր սուրբը միայն բարեսրտությամբ ժպտաց և շարունակեց փուքսը փչել: Նա իր պատանեկության հասակում, իրավ, ոսկերչի աշակերտ էր, վարպետից փախչելով, եկավ վանքը և աբեղա դարձավ:

— Այդ ի՞նչ եք հալում, — հարցրեց սրբազանը՝ նայելով քուրայի մեջ:

— «Սուրբ սքանչելագործի» աջը, — պատասխանեց աբեղան, և նկատելով, որ մետաղը բոլորովին հալված էր, բութակը ունելիով դուրս հանեց քուրայի միջից և հեղուկ դարձած արծաթը խնամքով ածեց մի կաղապարի մեջ, ուր սառչելով, երկայն շերտի ձև ստացավ: Հետո կաղապարի միջից դուրս հանեց շերտը, դրեց մյուսների մոտ, որ դիզված էին միմյանց վրա:

Վանահայրը սկսեց համբարել արծաթե շերտերը: Երբ վերջացրեց, նա դարձավ դեպի ծերունի աբեղան, հարցնելով.

— Երևում է, դեռ բոլորը չեք վերջացրել, Վահան հայ սուրբ: — Շա՞տ է մնացել:

Չսպասելով Վահան հայր սուրբի պատասխանին, որն ինքն էլ չգիտեր, թե որքան է մնացել, — վանահայրը մոտեցավ մի ահագին արկղի, որ շինված էր ամուր սև փայտից և զամած երկաթներով: Նրա մեջ լցրած էին զանազան արծաթյա անոթներ, խաչեր, բուրվառներ, աշտանակներ և այլ եկեղեցական սպասներ:

Վանահայրը վեր առեց մի գեղեցիկ սկիհ, սկսեց նայել: Սկիհի պատվանդանի վրա բավական ճարտարությամբ քանդակված էր նվիրողի անունը: Վանահայրը կարդալով այդ, ասաց.

— Մոտ վեց հարյուր տարվա հնություն է, հայոց Լևոն թագավորից ընծայված: Երբ Սյունյաց Հայրապետ եպիսկոպոսը գնաց Երուսաղեմ, Կիլիկիայով անցավ. այնտեղ տեսնվեցավ Լևոնի հետ: Թագավորը նվիրեց մեր վանքին այդ սկիհը ուրիշ շատ անոթների հետ: Այնօրից մեր միաբանությունը սահմանեց ամեն տարի զատկի միաշաբաթի օրը պատարագի ժամանակ հիշել բարեպաշտ թագավորի հիշատակը:

— Մենք կշարունակենք դարձյալ հիշել, — ասաց Վահան հայր սուրբը, — բայց սկիհը կհալենք այդ քուրայի մեջ, որովհետև այժմ նա ուրիշ բանի պետք է: — Վերջին խոսքերի հետ նա առեց սկիհը, և դնելով զնդանի վրա, մուրճով ջարդեց, հետո ձգեց բութակի մեջ:

Վանահայրը վեր առեց մի ահագին արծաթե կոնք (լագան), որի մեջ ոտնլվայի խորհուրդը կատարելու ժամանակ լվանում էին միաբանների ոտները:

— Այդ կոնքը Սյունյաց Փիլիպպե զահերեց իշխանի նվիրածն է, — ասաց վանահայրը: — Նա ընծայեց մեր վանքին ահագին կայք ու կալվածներ: Տաթև գյուղը, Արծիվ գյուղը,

Բերդկամեջ գյուղը նրա հայրենական կալվածքներն էին, բոլորը տվեց մեր վանքին: Նա շինեց վանքի մոտ և սուրբ Լուսավորիչ անունով եկեղեցին: Այն ժամանակվա վանահայր Դավիթ եպիսկոպոսը պարտավորացրեց վանքի միաբանությանը, որ ամեն տարի իշխանի հոգու փրկության համար քառասուն օր պատարագ մատուցանեն և վաթսուն օր «Տեր ողորմյա» ասեն:

— Մենք այսուհետև յոթանասուն օր «Տեր ողորմյա» կասենք իշխանի հոգու փրկության համար, — պատասխանեց ծերունի աբեղան, — այսուամենայնիվ, նրա նվիրած կոնքը պետք է մտնի իմ քուրայի մեջ:

Այնուհետև վանահայրը վեր առեց մի փոքրիկ արծաթե արկղիկ, զարդարած գեղեցիկ քանդակներով և ոսկեջրած: Նրա մեջ պահվում էր սուրբ աստվածածնի գիսակների մի մասը:

— Այդ արկղիկը, — ասաց նա, — ընծայել է աղվանից Վարազ-Տրդատ անունով զահերեց իշխանի դուստրը՝ Շահանդուխտ օրիորդը: Երբ հայկազուն իշխանները նրան հարսնության էին տանում Բաղաց երկիրը, և երբ հասան Տաթևի հանդեպ, այդ միջոցին վրա հասան մի գունդ սպառազինված պարսիկներ: Նրանք կամենում էին առևանգել չքնաղագեղ օրիորդին և իրանց թագավորի համար տանել: Օրիորդը անօրենների ձեռքը չընկնելու համար, երեսը խաչակնքեց, մտրակեց իր ձին, և ահագին բարձրությունից գահավեժ եղավ խորին անդունդի մեջ: Աստուծո հրեշտակները նրան օգնության հասան, և կարծես կառքի մեջ նստած, անվնաս իջավ անդունդի հատակի վրա: Նույն տեղում բարեպաշտ օրիորդը շինեց մատուռ և այնուհետև իր անձը նվիրեց ճգնության: Վերջը այդ մատուռը կուսանոց դարձավ: Նա իր հարստության կեսը բաժանեց կարոտյալներին, իսկ մնացածը նվիրեց մեր վանքին: Շընհերի սահմաններից սկսած մինչև Գինական գետը, մեր ունեցած կալվածքների բոլորը նրա ընծայածն է: Իսկ այդ գեղեցիկ արկղիկի մեջ պահում էր նա իր հարսնության գոհարեղենները; Նա այդ գոհարեղենները վաճառեց, արծաթը բաժանեց աղքատներին, իսկ արկղիկը նվիրեց մեր վանքին, որ դրա մեջ պահվի սուրբ աստվածածնի գիսակները:

— Աստված հոգին լուսավորեսցե, — պատասխանեց ծերունի աբեղան. – մենք այսուհետև սուրբ Աստվածածնի գիսակները մի հասարակ տուփի մեջ կպահենք. այդ մասին ես հավատացած եմ, որ սուրբ աստվածածինը չի բարկանա:

— Ես էլ կարծում եմ, որ չի բարկանա, — պատասխանեց սրբազանը և վեր առեց արկղի միջից մի արծաթե բուրվառ:

— Այս բուրվառը, — ասաց նա, — Սյունյաց տիկին Շուշանի նվերն է: Նա Աշոտ իշխանի ամուսինն էր: Դրա ժամանակում Վայոց ձորի լեռների մեջ ցրված էին մի կարգ կրոնավորներ, որոնց «խոտաճարակներ» էին կոչում: Եվ իրավ, այդ ճգնավորները ոչ հաց, ոչ միս և ոչ էլ այն բոլոր ուտեստները, որ գործ են ածում մարդիկ, չէին ուտում: Կերակրվում էին բանջարներով, ընդեղեններով, որ գտնում էին լեռների մեջ: Մարդկային բնակության չէին մոտենում, և երբ հեռվից մարդիկ էին տեսնում, իսկույն փախչում էին ու թաքնվում քարերի մեջ: Զարմանալին այն էր, որ այդ կրոնավորները հագուստ չէին հագնում, բոլորն էլ Ադամի նման մերկ էին: Պատմում են, որ նրանց մորուքի, գլխի և մարմնի մազերը այնքան աճում էին, որ ծածկում էին նրանց մերկությունը: Այրերը, լեռների մեջ գտնվող քարանձավները նրանց ծառայում էին որպես բնակարան: Միայն կիրակի օրերը հավաքվում էին մի տեղ և կատարում էին պատարագի խորհուրդը, հետո կրկին ցրիվ էին գալիս լեռների մեջ և միմյանց երես չէին տեսնում: Շուշան տիկինը, ցանկանալով մի տեղ հավաքել այդ կրոնավորներին, նույն լեռների մեջ շինեց մի վանք, որ կոչվեցավ «խոտաճարակաց» վանք: Նա նվիրեց այդ վանքին իր սեփական Արաստամուխ անունով գյուղը որպես մշտական ժառանգություն: Խոտաճարակները հավաքվեցան այդ վանքում, բայց երկար ժամանակ չթողեցին իրանց սովորությունները. դարձյալ կերակրվում էին բանջարեղեններով. դարձյալ հագուստ չէին հագնում, կրում էին երկայն, սպիտակ շապիկ միայն, ոտնամաններ չունեին, ման էին գալիս բոբիկ ոտներով: Այդ Շուշան տիկինը շինեց ուրիշ հինգ եկեղեցիներ իր հինգ որդիների հիշատակը անմահացնելու համար:

— Հինգ եկեղեցինե՜ր...-կրկնեց Վահան հայր սուրբը, գլուխը շարժելով, — որոնցից մեկն էլ այժմ չէ մնացել:

— Չէ մնացել... Քարն ու կիրը երկար ժամանակ չեն պահպանում մարդերի հիշատակը. նրանք ժամանակների հետ քսվում են, մաշվում են և անհետանում են, իրանց կառուցողների հիշատակն էլ իրանց հետ տանելով:

Այդ խոսքերը սաստիկ դառնությամբ արտասանեց սրբազանը, կարծես, նրա սրտի վրա ծանրացած էր մի անախորժ բեռ, որ կամենում էր թոթափել:

— Այն օրից, Վահան հայր սուրբ, երբ մեր թագավորները, իշխանները ու իշխանուհիները սկսեցին իրանց հարստությունը վատնել եկեղեցիների ու վանքերի թիվը բազմացնելու, — այն օրից մեր զորությունը օրըստօրե թուլացավ, և մենք բոլորովին ընկանք: Երբ Հիսուս Քրիստոսին ցույց տվեցին Երուսաղեմի տաճարի շքեղությունը, այն տաճարի, որ կուլ էր տվել Իսրայելի մի քանի ամենահարուստ թագավորների գանձերը, — Հիսուս Քրիստոսը ասաց նրանց. «Կգա մի օր, որ մի քար էլ չի մնա քարի վրա»: Նրան չէր հետաքրքրում հոյակապ տաճարի փառքը. նրան ավելի թանկագին էր մի ճշմարիտ հավատացող, որի սիրտը աստուծո համար ամենամաքուր տաճար է: Երևակայեցեք, միայն Սյունյաց աշխարհում մենք ունենք 43 հոյակապ վանքեր, իսկ երեք հատ օրինավոր բերդեր չունենք: Այլևս չեմ խոսում եկեղեցիների մասին, որոնք թիվ չունեն: Այդ վանքերից ամեն մեկը ունի իր ընդարձակ կալվածքները, սեփական գյուղերը, անտառները և այլն: Բայց ի՞նչ օգուտ են քաղում նրանցից: Օրինակ, վեր առնենք մեր վանքը. նա ունի այնքան գյուղեր, այնքան լայնատարած հողեր, որոնց վրա մի փոքրիկ իշխանություն կարելի է հիմնել: Բայց մեր ձեռքը զգելով այդ երկրները, դարձրել ենք բոլորովին ապարդյուն:

— Հողերի հարցը թողնենք, — սրբազանի խոսքը ընդհատեց Վահան հայր սուրբը, — դուք տվեցեք ինձ Շուշան տիկնոջ ընծայված բուրվառը:

Սրբազանը տվեց նրան բուրվառը, որ դեռ իր ձեռքում պահած ուներ: Վահան հայր սուրբը մուրճի տակ ջարդելով նրան, ասաց.

— Այդ հոյակապ բուրվառը մենք գործ էինք ածում հանդիսավոր օրերում՝ միայն մեր վանքի տաճարը խնկարկելու համար: Այժմ կհալենք, նրա արծաթով հրացան կգնենք: Վառոդի ծուխը այժմ ավելի փրկարար է մեզ համար, քան թե խունկի ծուխը:

Վանահոր՝ Ներսես արքեպիսկոպոսի նպատակն էլ հենց այդ էր, որ վանքի ավելորդ արծաթեղենները վաճառքի հանե՝ ստացած փողը պատերազմական գործողությունների համար գործ դնելու: Իհարկե, այդ արծաթեղենները, որպես եկեղեցական անոթներ, իրանց ողջ ձևով ոչ մի քրիստոնյա չէր գնի, այդ պատճառով հալում էին նրանց:

Սրբազանը թողեց Վահան հայր սուրբին շարունակել իր գործը, իսկ ինքը դուրս եկավ սենյակից, երբ նրան հայտնեցին, թե Դավիթ բեկը կանչում է: Նա դիմեց դեպի վանքի թանաբին (դահլիճը), ուր այդ միջոցին առանձնացած էր Բեկը: Նրա մոտ նստած էին՝ Մխիթար սպարապետը, Թորոս իշխանը, Մելիք-Փարսադանը, նրա փեսա տեր Ավետիքը և իր սիրելին՝ Ստեփաննոս Շահումյանը:

Դահլիճի պարսկական ձևով շինված փենջերեները (լուսամուտ) նայում էին դեպի ընդարձակ բակը, որ զարդարված էր դեռ նոր տերևները բաց արած ծառերով: Բակում ոչ ոք չէր երևում: Վանքի դռները դեռ կողպված էին, թեև առավոտից մի քանի ժամ անցել էր:

Այդ միջոցին դեպի վանքը տանող ճանապարհով գալիս էին մի խումբ ձիավորներ, որ բերում էին իրանց հետ մի կալանավոր: Վերջինը ոտքով էր գնում, նրա ձեռքերը ետևի կողմից կապված էին մեջքի վրա, իսկ երկայն պարանի ծայրը բռնած ուներ մի ձիավոր: Այդ դրության մեջ նա նմանում էր մի փախստական շան, որի վզից թոկով կապելով, ձիավորը իր ետևից քարշ է տալիս, և նա ստիպված է իր ընթացքը հարմարեցնել ձիու քայլերին, եթե ոչ կխեղդվի:

Երբ մոտեցան վանքին, մի քանի մարդիկ հեռվից տեսնելով նրանց, գոչեցին. «Բերեցի՜ն... բերեցի՜ն...», և վազելով վանքը, շտապեցին ուրախալի համբավը տանել:

Ձիավորները իջան վանքի դռանը, և կալանավորին իրանց առջևը առած, ներս տարան: Նրա կնճռած դեմքի վրա չէր երևում սարսափած կամ հուսահատված մարդու գունաթափությունը, ընդհակառակն, բավական հանգիստ կարելի է համարել նրան, եթե աչքերի մեջ չնկատվեր մի տեսակ գազանային կատաղություն: Երբ նրան հասցրին դահլիճի առջև, լուսամուտները ներսից բացվեցան, Դավիթ բեկը իր մոտ նստած ավագների հետ մոտեցավ լուսամուտներին և սկսեցին վերևից նայել կալանավորի վրա:

Ցեխոտված, փոշիներում թաթախված, այդ պատառոտած հագուստով մարդուն այժմ դժվար էր ճանաչել: Այն մարդը, որ ամբողջ երկիրը պահել էր ահի և սարսափի մեջ, այժմ մի թրջված հավի էր նմանում:

Բայինդուր իշխանը, որ նրան բերող ձիավորներից մեկն էր, առաջ անցավ, ասելով. — ահա, Սյունյաց աշխարհի քանդողը: Թույլ տվեցեք ինձ հենց այս րոպեիս դրան բարձրացնեմ սուրբ երրորդության սյունի վրա և այնտեղից ցած գլորեմ, որ իր արժանավոր հատուցումը ստանա:

— Ո՞րտեղից բռնեցիք, — հարցրին վերևից:

— Ճանապարհից: Նզովից արմատը գնում է Ֆաթալի խանի մոտ, մեր դեմ պատերազմի պատրաստվելու համար, բայց չգիտեր, որ պարսից թագավորի «բաթման ղլիճի» ձեռքից ինքը սատանան էլ չի կարող պրծնիլ:

— Անիծյա՛լ... — ասաց սրբազանը, նայելով չարագործի վրա:

— Ի՛նչ զարշելի դեմք ունի... — ասաց Մխիթար սպարապետը:

Դավիթ բեկը ոչինչ չխոսեց: Այդ մարդուն նա առաջին անգամն էր տեսնում: Այդ մարդը նրա հոր, մոր, ազգականների դահիճն էր: Այդ մարդն էր վառել այն կրակը, որի միջից նա մի բախտով ազատվեցավ իր պատանեկության հասակում: Այժմ հին եղեռնագործը, գլուխը դեպի ցած խոնարհած, կանգնել էր նրա առջև:

— Տարեք, բանտարկեցեք, — ասաց Բեկը և հեռացավ լուսամուտից:

Կալանավորը մեր նախածանոթ մելիք Դավիթ ուրացողն էր:

Ը

Վանքը մերկանում էր իր տաճարի զարդերը: Խաչերը, բուրվառները, սկիհները, որ մինչև այն օր ծառայում էին որպես անոթներ, որ գործ էին դրվում մեղքերի քավության համար, — այդ դարավոր հարստությունները այժմ սկսվեցան գործ ածվիլ հայրենիքի փրկության համար: Այդ ժամանակ ինքը ժողովուրդը ոչ սակավ զոհաբերություններ էր անում: Ծնողներից որն որ ունևոր էր և պատերազմելու ընդունակ որդի ուներ, իր ծախքով զինվորում էր նրան և ուղարկում էր կռվելու: Իսկ այն ընտանիքները, որ զուրկ էին չափահաս տղամարդից, օգնում էին իրանց աղքատ դրացուն. եթե ձի չուներ, ձի էին տալիս նրան, եթե զենք չուներ, զենք էին տալիս: Եվ այսպես, ընդհանուր զինվորությունը օրըստօրե աճում էր, ընդարձակվում էր ժողովրդի ջերմ ոգևորության հետ:

Այլևս սեփականության խմուքոյություն չկար: Ով ինչ որ ուներ, բոլորը ծառայում էին միայն մեկ նպատակի և այդ նպատակը ամենի համար սուրբ էր: Եթե գտնվում էին այնպիսիները, որոնք խնայում էին, որոնք չէին ցանկանում նվիրել, պատահած կամավոր զինվորը համարձակություն ուներ մտնել նրա տունը և իրան հարկավոր եղած բանը՝ մի ձի, մի զենք դուրս տանել, ասելով.

— Քեզ համար միևնույն է, այդ խո պարսիկը պիտի տաներ, և դու լուռ ու մունջ պիտի մտիկ տայիր: Այժմ ինձ պետք է. ես գնում եմ պարսիկի հետ կռվելու և քեզ նրա հարստահարությունից ազատելու: Գոնե քո որդիների կայքը ապահովված կլինի:

Թե Բեկը և թե նրա զորապետները այս տեսակի կամայականությունների վրա միշտ ներողամտությամբ էին նայում:

Ուխտադրության օրվա երեկոյան պահուն վանքի մեջ տեղի ունեցավ մի սրտաշարժ տեսարան: Բեկը նստած էր դահլիճում, նրան շրջապատել էին իր ավագները: Վանքի հյուրընկալը ներս մտավ, հայտնեց, թե կնիկների մի պատգամավորություն կամենում է ներկայանալ:

— Կնիկների պատգամավորությո՛ւն...-կրկնեց Բեկը ժպտալով. – տեսնենք ի՞նչ են կամենում մեր քույրիկները:

Նա վերկացավ, և գեղեցիկ սեռը ավելի հարգած լինելու համար, ինքը անձամբ գնաց նրանց դիմավորելու: Ներսես արքեպիսկոպոսը և բոլոր ավագները, որ դահլիճում նստած էին, գնացին նրա հետ:

Մի քանի հարյուր կնիկներ լցրել էին վանքի բակը: Հայոց աշխարհի այդ համեստուհիները, որոնք հայ կնոջ վաղեմի սովորությամբ երեսները միշտ կալած ունեին և ցույց էին տալիս իրանց ամենամերձավոր ազգականներին միայն, — այն օր, ընդհակառակն, բոլորի երեսներն էլ բաց էին: Կարծես, նրանք ներկայանում էին հարազատ եղբորը կամ իրենց ծնողին: Դրանք Տաթևի ավանիցն էին: Երբ Բեկը հայտնվեցավ բակում, նրանցից երկուսը բաժանվեցան խումբից և առաջ եկան: Մեկը Տաթևի ավագ քահանայի երեցկինն էր, իսկ մյուսը նույն տեղի տանուտիրոջ տիկինն էր:

— Մեր տղամարդիկը, — ասաց երեցկինը առաջ ընթանալով, — զոհում են իրանց կյանքը, իրանց արյունը մեր հայրնիքի ազատության համար. իսկ մենք՝ կնիկներս, որպեսզի անմասն չմնանք սուրբ գործից, նվիրում ենք մեր զարդերը: Ընդունեցեք, Բեկ, մեր կողմից այդ փոքրիկ նվերը, որպես նշան մեր համակրության և խորին զգացմունքի: Այդ զարդերով թող զենք, վառոդ ու գնդակ գնվի, թող մեր երկրի տղամարդիկը պատերազմեն նրանցով: Երբ նրանց հաղթության համբավը կլսենք, այնուհետև մեր ամենաթանկագին զարդը կլինի նրանց քաջությունը:

Բեկը չկարողացավ թաքցնել իր սրտի ամենազգալի ցնցումը: Ուրախության արտասուքը դուրս ցայտեց նրա խորախորհուրդ աչքերից, երբ մի քանի ուրիշ կնիկներ առաջ մատուցին պղնձե սինիների վրա դիզած նվերները: Այդ նրանց զարդերն էին: Սինիների մեջ կային՝ գինտեր, մատանիներ, պարանոցի մանյակներ, ապարանջաններ և զանազան այլ տեսակ արծաթեղեն, ոսկեղեն զարդեր: Առաջին սինու վրա դրած էր մի փունջ ծաղիկ: Պսակ պատրաստելու գաղափարը դեռ անծանոթ էր նրանց: Տանուտերի կինը, որ ավելի մանկահասակ էր, քան թե առաջինը, վեր առեց փունջը և իր ձեռքով տվեց Բեկին: Նա, երևի, կամենում էր մի բան ասել, բայց շփոթությունից լեզուն կապվեցավ: Իսկ այդ լուռ շփոթության մեջ զգացմունքի և շնորհակալության այնքան ազդու արտահայտություն կար, որ Բեկը իսկույն ըմբռնեց, թե ինչ էր կամենում ասել հայրենասեր կինը, և նրա ձեռքից առնելով փունջը, ասաց.

— Ձեր վարմունքով դուք նմանում եք ձեր հինգերորդ դարու քույրերին. նրանք էլ ձեզ պես նվիրեցին իրանց զարդերը հայրենիքի ազատության գործին: Նրանք նվիրեցին և իրանց արյունը, մասնակցելով կռվի մեջ: Իսկ եթե դուք չեք կարող հետևել նրանց օրինակին՝ վերք տալ և վերք ստանալ թշնամուց, գոնե ընդունեցեք դարմանել ձեր տղամարդերի վերքերը: Եվ այդ ամենամեծ առաքինությունն էր, որ կինը կարող է մատուցանել պատերազմող մարդուն:

— Մենք ամեն բանի պատրաստ ենք, ամեն զոհաբերություն հանձն կառնենք, — պատասխանեցին կնիկները: — Թշնամին մեր տունը քանդեց, մեր օջախի ծուխը մարեց, էլ ո՞ր օրվա համար ենք ապրում: Նա արատավորեց ամեն ինչ, որ սուրբ և մաքուր էր մեզ համար: Այլևս համբերություն չէ մնացել: Կամ պիտի միանգամով մեռնենք, կամ պիտի ազատվենք վատ դրությունից: Մենք մեր պատվի, մեր ընտանիքի, մեր կյանքի տերը չէինք: Որդիք էինք մեծացնում, նա էր տանում. անասուններ էինք հասցնում, նա էր տանում, մեր զավակների համար շալեր էինք գործում, կտավ էինք պատրաստում, նա էր տանում, իսկ մեր զավակները մնում էին մերկ: Նա մեզ մոտ ոչինչ չէր թողնում, ինչ որ լավ էր, ինչ որ մեզ հարկավոր էր: Էլ ինչի՞ն է պետք այսպիսի կյանքը, երբ մարդ իր գլխի, իր տան տերը չէ: Մենք շատ անգամ ցույց ենք տվել, թե հարկավոր ժամանակ ինչպես պետք է վարվել թշնամու հետ: Այն երևելի կինը, տաթևացի Սոնան, մեր քույրերից մեկն էր, որ իր գեղեցկությամբ հրապուրեց Ալի-խանին, և մի գիշեր իր տունը բերելով, գլուխը կտրեց: Նա մեր երկիրը ազատեց մի բռնակալից, թեև ինքն էլ իրան սպանեց գործողությունը կատարելուց հետո: Նրա պատմությունը մենք միշտ համակրությամբ ենք լսել մեր ծնողներից:

Թե Բեկը, թե Ներսես եպիսկոպոսը և թե այնտեղ կանգնած ավագները մեծ ուրախությամբ էին լսում կնիկների խոսքերը: Երբ նրանք ավարտեցին, եպիսկոպոսը ասաց.

— Ես հավատացած եմ, որ սյունեցի կինը նույնքան քաջասիրտ է, որքան սյունեցի տղամարդը: Բայց դուք մոռանում եք մի անցք, որ պատահեց մեզանից մոտ քսան տարի առաջ: Այդ անցքը կարող է ձեզ լավ օրինակ լինել: Պարսիկները տիրեցին Գենվազի ամբողջ գավառը, մնաց միայն Կալեր ավանը, որը չկամեցավ անձնատուր լինել և քաջությամբ պաշտպանվում էր: Վերջը պարսիկները խաբեությամբ տղամարդերին կանչեցին իրանց բանակը, հրամայեցին բոլորին կոտորել: Այդ դավաճանությունից հետո կամենում էին տիրել Կալերին: Բայց կնիկները զինվեցան թշնամու դեմ և սկսեցին կռվել: Երկար պաշտպանվում էին նրանք, իսկ երբ նկատեցին, որ այլևս ընդդիմանալ չեն կարող, թունավորեցին բոլոր աղբյուրները, և իրանց տներին կրակ տալով, պատսպարվեցան անտառների մեջ: Այդ բոլորը դուք գիտեք, շատ ժամանակ չէ անցել այն օրից:
Կնիկները հայտնեցին, որ ամեն մի դեպքում կաշխատեն հետևել իրանց արժանահիշատակ քույրերի օրինակին: Եվ նրանց ներկայացուցիչները՝ երեցկինն ու տանուտերի կինը համբուրեցին սրբազանի աջը, և նրա օրհնությունն առնելով, բոլորը գլուխ տվեցին, ուրախությամբ դուրս եկան վանքից:

Բեկը հրամայեց նրանց բերած նվերները տանել իր գանձարանը, որ արդեն կազմված էր վանքում: Հետո իր ավագների հետ դիմեց դեպի դահլիճը: Գնալու միջոցին եպիսկոպոսը մի առանձին ոգևորությամբ ասաց նրան.
— Տեսնո՞ւմ եք, Բեկ, իմ այսօրվա քարոզը հինգերորդ դարու կանանց մասին, երևում է ազդեցություն է գործել դրանց վրա: Ես ուրախությամբ նկատում էի, որ քարոզի ժամանակ տաճարում կային բազմաթիվ կնիկներ, որոնք ուշադրությամբ լսում էին ինձ: Ա՛խ, որպես սաստիկ ազդում են կենդանի քարոզները, որ ուղղակի վերաբերվում են իրական կյանքին: Ո՛րքան մեղավոր ենք մենք ժողովրդի առջև, ո՛րքան շատ կորցրել ենք մենք մեր նախապաշարմունքներով, անդադար խոսելով դժոխքի և արքայության վրա:
— Երանի՛ թե այդ տեսակ քարոզները մի քանի դար առաջուց կրկնվեին մեր եկեղեցու բեմից, այժմ մենք կգտնեինք հողը բոլորովին պատրաստ, — ասաց Բեկը տխրությամբ: — Բայց մենք հայերս սովորություն ունենք հիվանդի մասին մտածել միայն այն ժամանակ, երբ նրա կենսական ուժերը բոլորովին սպառված են, երբ բժշկի օգնությունը հազիվ թե կարող կլիներ ուղղել, կարգի բերել հիվանդի խանգարված կազմվածքը...

Վերադառնալով դահլիճը, Բեկը հենց նույն գիշերը կատարեց իր զինվորական կարգադրությունները: Նա իր ուժերը երկու գլխավոր մասերի բաժանեց. մեկին կոչում էր տիրապետող ուժ, իսկ մյուսին՝ «թշնամու գլուխը խառնող», այսինքն՝ նրան շփոթության մեջ գցող ուժ: Այս վերջինը կազմված էր զանազան մանր խումբերից, որոնք ավազակների հրոսակի բնավորություն ունեին: Խումբերից յուրաքանչյուրը ուներ իր առանձին առաջնորդը, որին անպայման կերպով պետք է խոնարհվեին ստորադրյալները: Ամեն մի խումբի թիվը հիսուն ձիավորից չէր անցնում: Նրանց նպատակը պետք է լիներ անակնկալ կերպով հարձակումներ գործել մահմեդականների կարավանների և գյուղերի վրա, այրել, հափշտակել և անցնել, առանց մի տեղում երկար մնալու: Այդ խումբերը, թեև առանձնացած պիտի գործեին, բայց ընդհանուր կապ պիտի ունենային միմյանց հետ, և հարկավորած ժամանակ, պետք է մինը մյուսին օգնության հասներ: Այս պատճառով յուրաքանչյուր վիճակի համար որոշված էին մի քանի խումբեր: Խմբապետը գլխավորապես այն անձինքն էին, որ Բեկը իր հետ բերել էր Վրաստանից: Լոռեցի Ավթանդիլ զնդապետը և երևանցի կաղ Օհանեսը, որ հայտնի էր իր ճարպկություններով, ուղարկվեցավ դեպի Հին Նախիջևանի կողմերը: Մեծ Գիորգին և փոքր Գիորգին ուղարկվեցան դեպի Զանգազորի կողմերը: Զաքարիա իշխանը և պատանի Մոսին ուղարկվեցան Երասխ գետի ափերի վրա՝ դեպի

Բարգյուշատի կողմերը: Թաթեոս բեկը և զանձակեցի Եղիազար աղան ուղարկվեցան դեպի Սիսիանի կողմերը: Վաղարշապատցի Հարություն տանուտերը ուղարկվեցավ դեպի Գողթնյաց երկրի կողմերը:

«Եթե թշնամու տունը կամենում ես հրդեհել, պետք է կրակը մի քանի տեղից վառել, որ չկարողանա հանգցնել», — ասում էր Բեկը: Վերոհիշյալ խումբերը ուրիշ նշանակություն չունեին, բայց միայն կայծեր զցել Սյունյաց աշխարհի զանազան կողմերում, խռովել, աղմկել և զբաղեցնել թշնամուն:

Բայց Բեկի գլխավոր ուժերը, որոնց նա կարգել էր որպես պատերազմող և տիրապետող ուժեր, կազմված էին ավելի խոշոր խումբերից: Այդ խումբերը հանձնված էին Սյունյաց աշխարհի նշանավոր ավագների ձեռքը, որոնք ուխտակից եղան Բեկին և հավատարմության երդում տվեցին:

Չավնդուրի Թորոս իշխանը ուներ իր հրամանի ներքո 2000 հոգի. նրան օգնական էր տվել Բեկը Բայինդուր իշխանին և Թորոսի ազգական Մելիք-Նուբարին: Հալիձորի Մելիք-Փարսադանը և նրա որդի Բալի զորապետը ունեին իրանց հրամանի ներքո 500 հոգի: Մելիք-Փարսադանի փեսա տեր Ավետիքը ուներ իր հրամանի ներքո 468 հոգի: Կալերի Պապ զորապետը և Բեկի սիրելի Ստեփաննոս Շահումյանը ունեին իրանց հրամանի ներքո 700 հոգի: Սիսիանի Լևոն զորավարը ուներ իր հրամանի ներքո 500 հոգի: Սիսիանի մելիք Կաջոն ուներ իր հրամանի ներքո 200 հոգի: Սիսիանի տեր Գասպարը, որ և կոչվում էր «Ավշար երեց», ուներ իր հրամանի ներքո 250 հոգի: Բաղաբերդի Ադամ զորավարը ուներ իր հրամանի ներքո 150 հոգի: Գյուլ-բերդի Ղազար զորավարը ուներ իր հրամանի ներքո 110 հոգի: Շիրվանաձորի Սարգիս զորավարը ուներ իր հրամանի ներքո 250 հոգի: Ջուղայի Մաղա մելիքի երկու որդիները՝ Աշոտ և Սմբատ ունեին իրանց հրամանի ներքո 400 հոգի: Տաթևի Կիջի, Այտի, Եսայի և տիրացու Սիմեոն տանուտերները ունեին իրանց հրամանի ներքո 400 հոգի: Շընհերի Մինաս և Ստեփան տանուտերները ունեին իրանց հրամանի ներքո 550 հոգի: Մեղրիի մելիք Կոնստանդինը, Հովհաննեսը, Սարի և Առաքել տանուտերները ունեին իրանց հրամանի ներքո 400 հոգի: Բոլոր զորքերի թիվը հասնում էր 6878 հոգու: Հիշյալ գունդերի վրա Բեկը սպարապետ կարգեց Մխիթարին, բայց ընդհանուր հրամանատարությունը իր վրա պահեց:

Այդ կամավոր զինվորները հավաքված էին նույն զորապետների ձեռքով, որոնց հրամանի ներքո և գտնվում էին նրանք: Զորապետներից շատերը, որպես էին Թորոս իշխանը, Մելիք-Փարսադանը, Պապ զորապետը, իրանց ծախքով զինվորել էին իրանց գունդերը: Իսկ ոմանք հավաքել էին իրանց իշխանության տակ եղող գյուղերից:

Բեկը վճռեց շուտով սկսել իր հարձակողական գործողությունները:

Թ

Դավիթ ուրացողին կալանավորելուց հետո Տաթևի վիճակը ազատվեցավ մի չարագործից: Այդ նոր Վասակը, որ Ֆաթալի խանի աջ ձեռքն էր, հենց որ լսեց Բեկի Սիսիանի մեջ կատարած հաղթությունները, հենց որ իմացավ նրա Տաթևին մոտենալը, պատրաստվեցավ առաջն առնել: Նա հավաքեց իր ձեռքի տակ գտնվող պարսկական զորքերը, և տեղային հայերից ևս բավական բազմություն ստիպմամբ պարսիկների հետ միացնելով, աշխատում էր թույլ չտալ Բեկին Տաթևի սահմանը մտնել: Հորը աջակցում էր Շահ-կուլի անունով որդին, որ ծնված էր պարսիկ կնոջից:

Բեկի հրամանի ներքո, ինչպես մեզ հայտնի է, այդ ժամանակ կային մոտ 500 զինված մարդիկ: Իսկ ուրացողի ուժերը հնգապատիկ ավելի էին: Նրանք բռնել էին դեպի Տաթև տանող ճանապարհների բոլոր անցքերը;

Բեկը նստած էր իր սառուլար ձիու վրա, որ Սյունյաց աշխարհի ամենաընտիր նժույգների տեսակիցն էր: Նա գնում էր ամենից առաջ, շրջապատված իր թիկնապահներով:

Նրա կողքին ձիավորում էր Ներսես արքեպիսկոպոսը։ Ճանապարհը ընկած էր նեղ ձորի միջով, որ իր դժվարին ելևէջներով երբեմն բարձրանում էր լեռների բարձրավանդակների վրա, իսկ երբեմն իջնում էր խորին անդունդների մեջ։ Սարերը պատած էին անթափանցիկ անտառով։ Ամեն րոպե կարելի էր սպասել խիտ ծառերի ետևից դարանամուտ թշնամու հրացանի արձակվիլը և գնդակի սլացումը։

Բայց Բեկը, այդ զգույշ, շրջահայաց զինվորը, կարծես, ուշադրություն չէր դարձնում։ Նա լուռ էր և մտախոհ։ Ակամա տխրությունը, որ տիրեց նրա սրտին, համարյա մոռանալ էր տվել, թե ի՜նչ վտանգավոր տեղում է գտնվում ինքը, ուր ամեն մի քար, ամեն մի ժայռ, ամեն մի թուփ ու ծառ մահ էին սպառնում անցավորին։ Նա մինչև անգամ մոռացել էր այն զինված բազմությունը, որ նրա ետևից գալիս էր։

Նրա աչքի առջև տարածվում էր իր ծննդավայրը՝ Տաթևի երկիրը։ Բոլոր լեռները, անտառները, ձորերը ու հովիտները ծանոթ էին նրան։ Բոլոր ճանապարհները, ամենաաննշան շավիղներն անգամ գիտեր նա։ Այդ լեռների վրա, իր մանկության օրերում, արածացնում էր նա իր հոր այծերը։ Այդ անտառներում իր ընկերների հետ քաղում էր նա զանազան տեսակ պտուղներ։ Այդ սրընթաց, փրփրացող գետակների մեջ շատ անգամ լողացել է նա։ Բոլորը մնացել էր միևնույնը. ոչինչ չէր փոխվել. փոխվել էր միայն ինքը...

Շուտով կտեսներ նա Տաթևի ավանը։ Գուցե դեռևս շեն էր մնացել իր հայրական խրճիթը, որի մեջ անցուցել էր իր մանկության անհոգ, պայծառ օրերը։ Բայց ո՞վքեր էին բնակվում այժմ այն խրճիթի մեջ։ Ովքեր և բնակվեին, բայց նրանցից և ոչ մեկը այն չէր լինելու, որին նա կփափագեր տեսնել։

Ծանոթ առարկաները զարթուցին նրա մեջ տխուր հիշողություններ։ Արդյոք կտեսնե՞ր այն մորը, որ այնքան քնքուշ սրտով սիրում էր իրան։ Արդյոք կտեսնե՞ր այն հորը, որ այնքան բարի էր, որ իր չքավորության և դժբախտության մեջ ևս դարձյալ գիտեր լավ կրթել, սնուցանել սիրելի որդուն։ Ո՞րտեղ էին նրանք։ Ինքը չի պիտի կարողանար ուրախացնել նրանց, ասելով. «Տեսե՜ք, ահա ձեր որդին, վերադառնում է ձեզ մոտ փառքով ու պատվով. գրկեցեք նրան»։

Նա հիշեց Ֆաթալի խանի բանակը, հիշեց այն կրակը, որի մեջ այրվեցան իր հայրը, իր մայրը, իր ազգականները... Հիշեց այն մարդուն, որ իր ծնողների մահվան պատճառ դարձավ։ Այսօր նույն չարագործը պարսիկ զորքերով կանգնած էր իր ճանապարհի վրա, որ արգելե նրան իր հայրենիքի գոնե ավերակները տեսնելու։

— Տեսնո՞ւմ եք, սրբազան, — ասաց Բեկը Ներսես արքեպիսկոպոսին, որ եկել էր Շընհերից նրան Տաթև տանելու, — մեր ձեռնարկության հենց սկզբում մեր առջև դուրս է գալիս մի ուրացող հայ։

— Այն հայը, որի հարստահարություններից ազատվելու համար ձեր ծնողները իրանց այրեցին կրակի մեջ, — պատասխանեց սրբազանը։ — Այն կրակից դուք միայն ազատվեցաք, Բեկ։

— Այդ տխուր պատմությունը դուք արդեն գիտեք, սրբազան, — խոսեց Բեկը։ — Երևում է, իմ և այդ մարդու ճակատագրի մեջ մի բան կա, ուր կրակը մեծ դեր է խաղում...

— Այո՛, այն ժամանակ նա կրակ թափեց ձեր ծնողների վրա, իսկ այսօր դուք կրակ կթափեք նրա գլխին, — ասաց սրբազանը ծիծաղելով։ — Հաշիվը պարզ կդուրս գա։

— Տեսնենք... – պատասխանեց Բեկը և դարձյալ ընկավ տխուր մտախոհության մեջ։

Նրանք դուրս գալով ձորից, գտնվում էին այժմ մի լեռնային բարձրավանդակի վրա, որտեղից երևում էր բոլոր շրջակայքը։ Սրբազանը, նկատելով Բեկի տխուր տրամադրությունը, թողեց նրան, և իր ձին հետ պահելով, կանգ առեց, մինչև հասավ Մխիթար սպարապետը Բայինդուր իշխանի հետ։

— Նայեցեք, — ասաց նրանց, — նայեցեք, այդ հրաշալի բնությանը։ Սյունեցի հայը ոչ մի բանով իրավունք չունի զանգատվելու աստուծուն, թե ինչո՞ւ ինքը թշվառ է և օտարի ծառա։ Երբ աստված մի ժողովրդի տալիս է այսպիսի երկիր, որ իր բնական ամրություններով ամեն հարմարություններ ունի պաշտպանելու նրան թշնամու հարձակումներից, — այդ ժողովուրդը ինքն է մեղավոր, որ չէ կարողանում օգուտ քաղել աստուծո շնորհած պարգևից:

Եվ իրավ, վայրենի բնությունը հիացնելու չափ սքանչելի էր: Դեպի ամեն կողմ անկանոն կերպով տարածվում էին լեռնային ցանցատեսակ շղթաներ, որոնք խիտ կերպով զետեղված էին մինը մյուսի մոտ, թողնելով իրանց միջավայրում նեղ և խորին ձորեր: Այդ շղթաների վրա, սղոցի ատամների նման, բարձրանում էին սարերի սուր գագաթները, որ կորչում էին ամպերի մեջ: Կուսական անտառը, որպես մի կանաչազարդ վերարկու, ծածկում էր լեռների մերկությունը և նրանց ավելի անմատչելի էր դարձնում: Ոչ մի մարդկային արարած չէր կարող ոտք կոխել այդ բարձրությունների վրա. միայն արագաթռիչ արծիվը այնտեղ ժայռերի պատռվածքի մեջ դնում էր իր բույնը:

— Ճշմարիտ է, սրբազան, — պատասխանեց Մխիթար սպարապետը, — սյունեցի հայը ինքն է մեղավոր, որ չէ կարողացել օգուտ քաղել իր հայրենիքի ամուր դիրքերից: Բայց Հայաստանի ո՞ր կողմը այսպես չէ: Հայաստանը ամեն տեղ տալիս է մեզ բնական ամրություններ: Բայց մեր լեռներից ավելի օգուտ են քաղել օտարներ, քան թե մենք ինքներս:

Բայինդուր իշխանը, որ լսում էր այդ խոսակցությունը, և ինքը ոչ սակավ հիացած էր շրջապատող լեռներով և անտառներով, խոսակցության մեջ մտավ, ասելով.

— Աստված է վկա, այդ ժողովուրդը մորթելու արժանի է: Ես ինքս մեծ ուրախությամբ կվեր առնեի մի սուր և բոլորին կկոտրեի: Բայց մի զարմանալի բան կա, որ ինքս էլ չեմ հասկանում, թե ինչ է: Ես սաստիկ ատում եմ մեր հայերին, բայց միևնույն ժամանակ սիրում եմ: Այդ ատելությունից բխած սերը ես չեմ կարողանում բացատրել ինձ: — Սիրում եմ այդ ազգը, որպես մի սիրահար բորբոքված սրտով սիրում է մի ցած, բարոյապես ընկած, պոռնիկ կնոջ: Նա տեսնում է, թե ինչպես այդ կինը թաթախվել է բարոյական ցեխի մեջ, նա զզվում է, բայց հենց որ աչքն ընկնում է աչքին, չէ կարողանում համբերել, սկսում է գրկել, սկսում է համբուրել նրան: Թեև գիտե, որ նրա մարմնի վրա ոչ մի մաքուր տեղ չէ մնացել: Մեր ազգը մի այսպիսի անբարոյական կին է. նա մի մեծ պոռնիկ է, նրա երեսին ամոթի և պատվի մի կաթիլ անգամ չէ մնացել: Մոտ չորս հազար տարի նա պոռնկություն է անում, բայց տակավին չկշտացավ, տակավին չհագեցավ օտարներից: Ասորեստանցին դարերով գործ դրեց նրա վրա իր անբարոյական կրքերը: Հազարավոր տարիներ անցկացրեց նա երբեմն հույնի, երբեմն պարսկի և երբեմն հռոմեացու գիրկն ընկնելով: Մինչև անգամ անապատի սև արաբը իր հաստ շրթունքներով շոշափեց նրա երեսը: Մինչև անգամ Թուրանի տափակաքիթ, դեղնակաշի մոնղոլը դարերով պառկեց նրա հետ: Ի՞նչ ազգ մնաց, որի վրա չսիրահարվեր նա, որին անձնատուր չլիներ: Նա բոլոր օտարներին տալիս էր իր սերը, անհավատարիմ էր միայն իր ամուսնին, որի հետ կապված էր օրինավոր պսակով: — Այսուամենայնիվ ես դարձյալ սիրում եմ այդ թեթևամիտ, վավաշոտ կնոջը, որ դարերի ընթացքում իր անբարոյական կյանքով մաշվել, տրորվել, քրքրվել է և միայն իր վաղեմի գեղեցկության կմախքն է պահպանել: Սիրում եմ այդ կմախքը: Սիրում եմ այդ թունավորված, հազարավոր հիվանդություններով վարակված մարմինը, որից մահվան հոտ է փչում, — հիվանդություններ, որ նա ստացել է իր բազմաթիվ հոմանիներից, որոնց նա շապիկի նման մինը մյուսի ետևից փոխում էր: Սիրում եմ, բայց ինչո՞ւ համար, ինքս էլ չգիտեմ: Սիրում եմ ատելով, սիրում եմ զզվելով... բայց սիրում եմ:

— Սիրելուց բխած այդ զզվանքը, այդ դառն ատելությունը շատ բնական է, — ասաց սրբազանը՝ կտրելով իշխանի խոսքը: — Դա սիրող մարդու արդար վրդովմունքն է, որ առաջ է գալիս նրանից, երբ իր սիրած առարկայի մեջ գտնում է մի որևիցե արատ, մի որևիցե բիծ, որ մաքրել չէ կարող: Ձեր ատելությունը դեպի այն ազգը, որին դուք շատ իրավացի կերպով պոռնիկ կնոջ հետ համեմատեցիք, ես բոլորովին բաժանում եմ: Այդ ատելությունը ցույց է տալիս, իշխան, ձեր չափազանց բարի ցանկությունները, որով փափագում եք պոռնիկը դուրս քաշել իր բարոյական ցեխից և նրան օրինավոր, պատվավոր կյանքի սովորեցնել: Բայց երբ նկատում եք, որ նա ուղղվելու ոչ մի ընդունակություն չէ ցույց տալիս, սկսում եք բարկանալ, սկսում եք ատել, բայց չդադարելով միևնույն ժամանակ սիրելուց:

Ինքը Հիսուս Քրիստոսը սիրում էր ընկած կնիկներին, սիրում էր նրանց ուղղելու համար: Եվ նա հասավ իր նպատակին, նրա վարդապետության ամենաջերմ տարածողները եղան այդ ժողովրդի մերժված կնիկները:

— Ինչո՞ւ ենք հեռու գնում, — առաջ տարավ սրբազանը իր խոսքը. — ահա մի մարդ, ինչպես մելիք Դավիթ ուրացողը. նա բարոյապես ընկած մի մարդ է: Նա դավաճանեց իր հայրենիքին, և պարսիկների ձեռքում գործիք դառնալով սկսեց նրան ավերակ դարձնել: Նույն չարագործությունները շարունակելու համար և պարսից լուծը մեր ժողովրդի վրա պահպանելու համար նա կանգնած է այժմ մեր ճանապարհի վրա, որ արգելե մեր մուտքը, որ թույլ չտա մեզ պարսիկների անիրավությամբ տիրած երկրի վրա ոտք կոխենք: Այսպիսի դավաճաններին ոչ սակավ անգամ ծնել են Հայաստանի մայրերը: Բայց դրանք ինչո՞վ են մեղավոր: Դրանք արդյունք են նույն անբարոյականացած, նույն փչացած ժողովրդական կյանքի: Հիվանդոտ կինը չի կարող առողջ որդիք ծնել: Հիվանդ ժողովրդից այս տեսակ հրեշներ առաջ կգան: Եթե կամենում ենք, որ դրանք չլինեն, պետք է ուղղենք ժողովրդի առողջություն, — ուղղենք նրան սիրելով:

Այդ խոսակցությունը, որ բոլորի համար հետաքրքիր էր, ընդհատվեցավ: Նրանք նկատեցին, որ Բեկը բավական տարածություն առաջ էր անցել: Այժմ կանգնել էր նա և խոսում էր Ստեփաննոս Շահումյանի հետ, որին առաջուց ուղարկել էր թշնամու բռնած դիրքերը հետազոտելու:

— Ստեփաննոսը վերադարձավ, — ասաց Մխիթար սպարապետը, — տեսնենք, ինչ տեղեկություններ է բերել:

Երեքն էլ՝ սրբազանը, Մխիթար սպարապետը և Բայինդուր իշխանը, իրանց ձիաները թափով քշեցին և մի քանի րոպեի մեջ հասան Բեկի կանգնած տեղը:

Ստեփաննոսի բերած տեղեկություններից երևաց, որ Դավիթ ուրացողը բռնել էր երկու գլխավոր անցքեր, որտեղից պետք էր մտնել Տաթև: Մի անցքի վրա կանգնել էր նա ինքը, իսկ մյուսի պահպանությունը հանձնել էր իր Շահ-կուլի որդուն: Երկուսի ձեռքի տակ կային ավելի քան երկու հազար մարդիկ:

— Ես ձեզ մի ուրիշ ճանապարհով կտանեմ, — ասաց սրբազանը, — որը թեև բավական դժվարանցանելի է և բավական երկար է, բայց ավելի ապահով է: Այդ ճանապարհով մենք չենք հանդիպի թշնամուն:

— Ի՞նչ օգուտ դրանից, — պատասխանեց Բեկը, — ես կամենում եմ անպատճառ հանդիպել նրանց: Ինձ պետք է այսօր ձերբակալել այդ անզգամին:

— Այդ ձեր կամքն է, — ասաց սրբազանը: — Եթե դուք վճռել եք ուղղակի նրանց վրա գնալ, իմ կարծիքով, ավելի լավ կլինի փոքր-ինչ սպասել, մինչև մութը կպատեր: Մենք համեմատաբար շատ փոքր թվով մարդիկ ունենք մեզ մոտ: Եթե ցերեկով թշնամին մեզ տեսնելու լինի, մեր սակավությունը նկատելով, ավելի սիրտ կառնի: Բայց խավարի մեջ փոքրիկ խումբերն ևս, եթե քաջությամբ կգործեն, կարող են սարսափեցնել թշնամուն:

— Դուք, սրբազան, — ժպտալով ասաց Բեկը, — ոչ միայն հմուտ աստվածաբան եք, այլ ձեր մեջ երևում է և պատերազմական տաղանդ:

— Կատակը մի կողմ կենա: Թույլ տվեցեք այսօր փորձել իմ տաղանդը, որը ծաղրում եք դուք:

— Այդ խիստ վտանգավոր փորձ կլինի: Այսուամենայնիվ, ես կարող եմ ապահովացնել ձեզ, սրբազան, որ մինչև թշնամու մոտ հասնելը, ձեր ցանկացած խավարը կպատե մեր աշխարհը: Նայեցեք արեգակին, որքան թեքվել է դեպի իր մուտքը: Եվ ես ցավում եմ, որ դուք Հեսուի հրաշքը կատարել չեք կարող, որ արեգակը առժամանակ կանգնեցնեիք, մինչև մենք լուսով ավարտեինք մեր կռիվը:

— Դարձյալ կատակ: Ես չեմ հասկանում, թե դուք ինչո՞ւ եք փախչում խավարից:

— Նրա համար, որ խավարի մեջ մենք աչքից կկորցնենք այն մարդուն, որին ես ցանկանում եմ այսօր անպատճառ բռնել, — պատասխանեց Բեկը:

Հետո նա իր մոտ գտնված զինվորներին երկու մասերի բաժանեց. մի մասը հանձնեց

Մխիթար սպարապետին և նրան Ներսես արքեպիսկոպոսի հետ ուղարկեց ուրացողի որդի Շահ-կուլու վրա, իսկ մյուս մասը ինքը վեր առնելով, ուղղակի դիմեց ուրացողի վրա, իր հետ տանելով Բայինդուր իշխանին և իր սիրելի Ստեփաննոս Շահումյանին:

Ճ

Խավար գիշեր էր: Մի երիտասարդ, անդադար մտրակելով իր ամեհի նժույգը, ձիավարում էր: Բայց ոչ մի ժամանակ այդ ուժեղ, սրընթաց անասունը այնպես վատ ծառայություն չէր արել իր տիրոջը, որպես այս գիշեր: Բավական էր փոքր-ինչ խթել նրա կողքը և նա արծվի պես կսլանար: Իսկ այս գիշեր նրա տերը ստիպված էր գործ դնել իր մտրակի ուժը, որ նա շարժվի: Գիշերվա մթությունը մի կողմից, ձիավորի խռովությունը մյուս կողմից, թույլ չէին տալիս նկատել նրան, որ խեղճ անասունը համարյա երեք ոտքի վրա էր ընթանում, իսկ մի ոտքից կաղում էր: Վերջապես ընկավ նա, այլևս չբարձրացավ:

Երիտասարդը աշխատում էր կանգնեցնել ձիուն, բայց նա գլուխը գետնին զարկելով, խռխռում էր, ցավալի ձայներ էր արձակում, որ նշան էին մահվան տագնապի: Նրա մի ոտքը բոլորովին ջախջախվել էր գնդակի հարվածքից, արյունը սաստիկ վազում էր, և այդ դրության մեջ նա անցել էր մի քանի մղոն ճանապարհ: Մարմնի մի այլ տեղից նույնպես վերք էր ստացել:

Այդ դրության մեջ թողնելով ձիուն, երիտասարդը անցավ: Նա սկսեց այժմ փախչել ոտքով, այնպիսի արագությամբ, որ շատ անգամ զարկվում էր քարերին, շատ անգամ խրվում էր թուփերի մեջ, պատառոտում էր իր հագուստը, և շատ անգամ չնկատելով ճանապարհի դարուփոսը, գլորվում էր, վայր էր ընկնում: Այսպես մնում էր նա մի քանի րոպե, երբ մի փոքր շունչ էր առնում, հանգստանում էր, հետո վեր էր կենում, դարձյալ շարունակում էր իր փախուստը:

Նա աչքը դարձրեց դեպի երկինքը, տեսնելու, թե գիշերից որքան էր անցել: Ոչինչ նշմարել չկարողացավ. երկինքը պատած էր ամպերով: Նա ամեն բան կտար, որ գիշերը երկար ու շատ երկար լիներ, և ինքը խավարով շրջապատած, կարողանար անցկենալ ընդարձակ տարածություն:

Հանկարծ նա սոսկաց: Կարծես, նրա ոտքերից բռնեցին և ցած գլորեցին: Կարծես հարյուրավոր մարդիկ շրջապատեցին նրան: «Մի՛ սպանեք, — գոչեց նա ողորմելի ձայնով, — ես անձնատուր կլինիմ... ահա իմ զենքերը»: Նա իր դատարկ ձեռքերը տարածեց օդի մեջ, որպես թե մի բան տալիս էր: Բայց նրա զենքերից և ոչ մեկը չէր մնացել իր վրա: Գոտին կտրվելով, թուրը ճանապարհին վայր էր զցել. ատրճանակները նույնպես կորցրել էր. նրա գտակը մինչև անգամ գլխին չէր:

Նկատելով, որ երևակայական զենքերը իր ձեռքից ոչ ոք չէ առնում և թշնամիներից ոչ ոք չէ մոտենում, նա խոսեց ինքն իրան. «Երևի, վախեցան, երևի, փախան, էլ չեն երևում...»:

— Ես այստեղ եմ... – լսելի եղավ մի ձայն:

Երիտասարդը դարձյալ սարսափեցավ: Ձայնը լսելի եղավ հենց նրա մոտից, հենց նրա ոտքերի տակից: Նա դողդողաց և ընկավ մի դիակի վրա:

— Էդ էր պակաս, ես շարժվել չեմ կարողանում, դա էլ իմ վրա մի ծանր բեռ դարձավ... – խոսեց դիակը, աշխատելով իր վրայից հեռացնել ընկած երիտասարդին: Բայց երիտասարդը ինքն իրան գլորվեցավ դեպի մի կողմ:

— Երևի դա էլ վիրավորված է, — խոսեց առաջին ձայնը:

— Ես վիրավորված չեմ, — պատասխանեց երիտասարդը, — ի սեր աստուծո, մի՛ սպանեցեք ինձ:

— Շատ էլ որ ուզենամ, չեմ կարող սպանել, ինձ մոտ սպանելու ոչինչ չէ մնացել. իսկ մի փոքր հեռու գնալու և մի քար վեր առնելու չափ ուժ չունեմ:

Վերջին խոսքերից խրախուսվելով, երիտասարդը հարցրեց.

— Դու ո՞վ ես:

— Ես վիրավորված զինվոր եմ: Անիրավները այնպես ծակեցին կողքս, որքան էլ ձեռքով հուպ եմ տալիս, չեմ կարողանում արյունը կանգնեցնել: — Ա՜խ, մի փոքր ջուր եթե կարելի լիներ գտնել այստեղ:

Երիտասարդը առանց ուշադրություն դարձնելու նրա աղաչանքի վրա, հարցրեց.

— Ո՞ր կողմից ես:

Կամենում էր գիտենալ՝ Դավիթ բեկի զինվորների՞ց է, թե Դավիթ ուրացողի:

— Մելիք Դավթի կողմիցն եմ, — պատասխանեց վիրավորը:

Երիտասարդը այդ լսելով, ավելի սիրտ առեց: Զինվորը թշնամու բանակին չէր պատկանում:

— Ինչպե՞ս վերջացավ կռիվը, — հարցրեց նա:

— Կռի՞վը... շատ վատ վերջացավ... – պատասխանեց վիրավորը: — Մեզ բոլորիս ջարդեցին: Ի՞նչ կարող ես անել դրանց հետ: Դրանք մարդիկ չեն, կատարյալ սատանաներ են: Մտնում են ամեն տեղ, որտեղ ուզում ես: Ոչ կրակից են վախենում և ոչ սրից: Թռչում են անդունդների վրայով և ծտի նման անցնում են սարսափելի ժայռերից: Նրանց սրի առջևից մարդիկ այնպես ցած են թափվում, որպես չորացած հասկերը հնձավորի մանգաղի առջևից: Ես իմ աչքով տեսա և հիմա հավատում եմ, որ այդ մարդիկների մարմինը անխոցելի է: Ի՞նչ կարող ես անել կախարդված մարդու հետ, որի մարմնի վրա ոչ հրացանի գնդակը և ոչ էլ նիզակի սուր ծայրը չեն ներգործում:

Դավիթ բեկի և նրա զորապետների մասին արդեն տարածվել էին սնահավատ ժողովրդի մեջ շատ առասպելական զրույցներ, որոնք սարսափ էին զգում Բեկի թշնամիների վրա:

— Դու ո՞ր զորաբաժնի մեջն էիր, — հարցրեց երիտասարդը, ցավալի պատմությունը լսելուց հետո:

— Ես մելիք Դավթի զորաբաժնի մեջն էի, -ասաց վիրավորը. — բռնել էինք դեպի Տաթև տանող ճանապարհի անցքը: Բայց վերևից այնքան քարեր թափեցին մեր գլխին, կարծես բոլոր լեռները փուլ եկան մեզ վրա:

— Իսկ հա՞յրս... ի՞նչ եղավ հայրս... – հարցրեց երիտասարդը դողդոջուն ձայնով:

Վիրավոր զինվորը ճանաչեց նրան. երիտասարդը Դավիթ ուրացողի որդի Շահ-կուլին էր:

— Հա՞յրդ... — ասաց նա ձգական ձայնով, — ո՞վ է իմանում, թե ի՜նչ եղավ: Սպանվեցավ, մնաց, փախավ, բռնեցին, — ո՞վ կարող էր գիտենալ այն խառնակության ժամանակ, երբ ամեն մարդ իր գլխի մասին էր մտածում:

Երիտասարդը բավական տեղեկություններ ստացավ հոր անաջողությունների մասին, իսկ իր հրամանի տակ գտնվող զորքերի պարտությունը նրան արդեն հայտնի էր: Նա վերկացավ, մի վերջին հարց առաջարկեց վիրավոր զինվորին և կամենում էր շարունակել իր փախուստը, մի գուցե ընկնի Բեկի զինվորների ձեռքը:

— Դու գիտե՞ս, մենք այժմ ո՞րտեղ ենք գտնվում:

Վիրավոր զինվորը ոչինչ չպատասխանեց և ոչ լսեց երիտասարդի հարցմունքը: Նրա ձեռքը, որով բռնել էր իր վերքը, թուլացել, ընկել էր գետին, իսկ աչքերը փակվել էին...

Նույն դրության մեջ թողնելով զինվորին, երիտասարդը սկսեց վազել, թեև ուր գնալը ինքն էլ չգիտեր: Առավոտյան լույսը դեռ լծացած, նա հասավ մի գյուղի, սկսեց բախել առաջին հանդիպած խրճիթի դուռը: Երկար բախում էր նա, մինչև մի մանկահասակ կին, դուռը բաց անելով, հայտնվեցավ շեմքի վրա:

— Ի՞նչ եք կամենում, — հարցրեց նա, ուշադրությամբ նայելով օտարականի վրա, թեև խավարի մեջ դժվար էր նրան ճանաչել:

— Ճանապարհից մոլորված եմ, ի սեր աստծու, մի անկյուն շնորհեցեք ձեր տան մեջ, որ փոքր-ինչ հանգստանամ:

Այդ խոսքերը այնպիսի մի ողորմելի եղանակով արտասանեց նա, որ տանտիկինը խղճալով, ներս հրավիրեց:

Երբ մտան խրճիթը, տանտիկինը իսկույն ճրագ վառեց, այժմ միայն տեսավ իր հյուրի այլանդակված կերպարանքը, որ ավելի սարսափելի էր իր պատառոտած և աղտոտված հագուստի մեջ:

Խրճիթում ուրիշ ոչ ոք չկար. մի քանի երեխաներ պառկած էին թոնրի մոտ, փսիաթի վրա և ծածկված էին ցնցոտիներով: Չնայելով դառն չքավորությանը, որ ամեն կողմից աչքի էր զարկում, տանտիկինը առաջարկեց հյուրին, արդյոք չէ՞ր կամենա նա մի բան ուտել:

— Շնորհակալ եմ, — պատասխանեց երիտասարդը, — ուտելու ախորժակ չունեմ, ինձ տվեցեք միայն խմելու ջուր:

Տանտիկինը տվեց նրան ահագին թասը լիքը ջրով: Երիտասարդը կեսը խմեց և թասը դրեց իր մոտ, որ մնացածն էլ խմե: Կարծես, նրա ներսում կրակ էր վառվում, որ պետք էր հանգցնել:

— Դուք տանը մենա՞կ եք, — հարցրեց երիտասարդը իր շուրջը նայելով:

— Մենակ եմ, — պատասխանեց տանտիկինը, — մարդս տանը չէ:

— Ո՞ւր է գնացել:

— Գնացել է կռվելու:

— Ո՞ւմ դեմ:

— Պարսիկների դեմ:

Երիտասարդը հասկացավ, որ թշնամու տան մեջ է ընկել և աշխատեց ծածկել իր ով լինելը: Տան տղամարդը գնացել էր պարսիկների դեմ կռվելու, կնշանակե, նա մտել է Դավիթ բեկի խումբի մեջ. կնշանակե՝ նա նույն կամավոր զինվորների թվումն էր, որ այս գիշեր ջարդեցին իր հոր և իր զորքերը:

Տանտիկինը նստեղ իր երեխաների անկողնի մոտ: Երիտասարդը նստած էր նրանցից փոքր-ինչ հեռու՝ կապերտի կտորի վրա: Նա մտատանջության մեջ էր, թե ի՞նչ կլինի իր դրությունը, եթե այդ կինը կճանաչի իրան: Մտածեց կաշառել նրան:

— Երևի, ձեր ամուսին այրը աղքատ է, — հարցրեց նա, դարձյալ նայելով իր շուրջը:

— Տեսնո՞ւմ եք իմ խրճիթը, պարոն, էլ ինչո՞ւ եք հարցնում, — պատասխանեց տանտիկինը մաղձոտ կերպով: — Անիծվի՛ մելիք Դավիթը, նա ոչ մի գյուղացու մոտ ուտելու հաց չի թողել: Հինգ օր չկա, որ մեր տան կայքը ծախել տվեց հարկերի փոխարեն:

Երիտասարդը բարկությունից գունաթափվեցավ: Նրա աչքի առջև նզովում էին, հայհոյում էին իր հորը: Բայց նա զսպեց իրան և ոչինչ չպատասխանեց: Այդ նզովքը, ընդհակառակն, սկսեց նրան փոքր առ փոքր հանգստացնել, որովհետև դրանից կարելի էր եզրակացնել, որ տան տիրուհին չէ ճանաչում իրան. եթե ճանաչելու լիներ, չէր համարձակվի որդու մոտ հայհոյել հորը:

Եվ իրավ, նա սկզբից չճանաչեց, բայց երբ ավելի ուշադրությամբ նայեց նրա վրա իսկույն ճանաչեց, որ դա նույն չարագործի որդին էր, որ Տաթևի ամբողջ վիճակը սարսափի մեջ էր պահում, որ աղքատությունը տարածել էր ոչ միայն իր տան մեջ, այլ բոլոր գյուղացիների խրճիթներում: Անողորմ մարդու նույնպես անողորմ որդին իրան լավ ծանոթ էր: Շատ անգամ նրան տեսել էր իրանց գյուղում հարկերը հավաքելիս կամ գյուղացիներին ծեծելիս: Բացի դրանից նա ուներ մի բնական նշան, որ մի անգամ նրան տեսնողը, մյուս անգամ պատահելու ժամանակ, իսկույն կարող էր ճանաչել: Նրա աչքերից մեկը սև գույն ուներ, մյուսը՝ կապույտ:

Բայց ինչո՞ւ լռեց նա, ինչո՞ւ ոչինչ չպատասխանեց, եբ լսեց աղքատ կնոջ նզովքը իր հոր մասին: Մի ուրիշ ժամանակ այսպիսի մի խոսք բավական էր, որ Տաթևի մելիքի հզոր որդին հրամայեր անզգամին խեղդեին: Այժմ ինչո՞ւ համբերեց նա: Եվ ինչո՞ւ նա մենակ էր, ո՞ւր էին նրա բազմաթիվ ծառաները: Այս գիշերային անազան պահուն, այսպես պատառոտված, ցեխերում թաթախված, նա ո՞րտեղից էր գալիս: — Ահա այդ հարցերը ծագեցին տանտիկնոջ գլխում, երբ նա բավական քննողական աչքով հետազոտեց երիտասարդի աննախանձելի դրությունը:

Տանտիկնոջը դժվար չէր հասկանալ, որ երիտասարդը հաղթված և պատերազմի դաշտից փախած պետք է լինի: Բեկի կռիվների համբավը արդեն տարածվել էր ամեն տեղ, բոլորը նրա մասին էին խոսում: Նա լսել էր և այն, որ Դավիթ ուրացողը իր որդու հետ հավաքել է բազմաթիվ զորք, որ արգելեն Բեկի Տաթևի սահմանը մտնելը: Այժմ ուրացողի որդին, ողորմելի դրության մեջ, իր խրճիթում ապաստան էր գտել: Այժմ ամեն ինչ պարզ էր տանտիրուհու համար: Իսկույն ծագեց նրա գլխում մի միտք և նրա շրթունը զգալի կերպով դողդողացին:

— Ձեր խրճիթում չկա՞ մի առանձին տեղ, — հարցրեց երիտասարդը:

— Ինչո՞ւ համար է, — ասաց տանտիկինը:

— Ես սաստիկ հոգնած եմ, կամենում եմ փոքր-ինչ հանգստանալ, կցանկանայի առանձին տեղում պառկել, որ ինձ ոչ ոք չխանգարեր:

«Նա կամենում է թաքնվել...» — մտածեց կինը և միևնույն ժամանակ նրա դեմքի վրա փայլեց մի չարագուշակ ուրախություն:

— Իմ ամբողջ տունը ձեր աչքի առջևն է, պատվելի պարոն, — պատասխանեց կինը, — տեսնումե եք, որ առանձին տեղ չունեմ: Բայց եթե հարմար կհամարեք, ես ձեզ ցույց կտամ մի տեղ:

Նա վեր առեց ճրագը և իր հյուրի ճանապարհը լուսավորելով, տարավ նրան բակը, և մի անկյունում ցույց տվեց փոքրիկ շինվածք նեղ դռնով: Այստեղ մի ժամանակ հավաբույն էր, բայց երբ հարկահանները (այսինքն նույն իսկ հյուրը) տարան հավերը, այնուհետև այդ շինվածքը մնաց դատարկ: Այնտեղ ժամանակ առ ժամանակ, անձրևային եղանակներում պառկում էր տանտիրոջ շունը, և այժմ ավելի շան որջ էր, քան թե հավաբույն: Երիտասարդը գլուխը ներս տարավ, նայեց, ասելով.

— Վատ չէ, դուք միայն մի շոր տարածեցեք, որի վրա կարելի լիներ պառկել:

— Ես ձեզ համար բարձ էլ կբերեմ, — ասաց տանտիկինը և վազեց դեպի խրճիթը:

Երկյուղը այն աստիճան տիրել էր երիտասարդի սրտին, որ նա պատրաստ էր այդ շնաբույնի մեջ ևս ապաստան գտնել: Նա գիտեր, որ Բեկի մարդիկը իրան հետամուտ եղան, գիտեր, որ հիմա որոնում են իրան, — և դրանից ավելի հարմար, ավելի անկասկած տեղ գտնել չէր կարող իր գլուխը ազատելու համար: Պետք էր մի փոքր հանգստանալ, մի փոքր կազդուրել սպառված ուժերը, որ կարող լինի, դեռ արևը չծագած, շարունակել իր փախուստը:

Մի քանի րոպեից հետո տանտիկինը վերադարձավ, բերելով իր հետ մի փալասի կտոր, մի բարձ և մի վերմակ: Ավելով շնաբույնի անմաքրությունները մի կողմ տանելով, պատրաստեց նա իր հյուրի անկողինը:

— Դուք մի քանի րոպե առաջ գանգատվում էիք ձեր աղքատության վրա, — ասաց նրան երիտասարդը. — ահա ձեզ տալիս եմ բոլորը, ինչ որ ինձ մոտ ունեմ. դրանով դուք կարող եք ուղղել ձեր դրությունը:

— Ձեր արծաթը թող ձեզ մոտ մնա, — պատասխանեց կինը. – մենք սովորություն չունենք աստուծո հյուրերից փող ընդունելու:

— Բայց ես մի շատ թեթև բան կխնդրեի ձեզանից:

— Ինչ որ կամենում եք հրամայեցեք:

— Դուք ձեր հյուրի այստեղ լինելը բոլորովին գաղտնի պիտի պահեք: Իսկ պատճառները հետո ինքներդ կիմանաք:

— Այդ մասին անհոգ կացեք, պարոն, դուք կարող եք հանգիստ քնել այստեղ: Ինձ համար միևնույն է, թե դուք ով եք, կամ ինչ հանգամանքներից ստիպված ձեզ թաքցնում եք: Բավական է, որ ես մի լավություն արած կլինեմ ձեզ: Ինքս լավ եմ հասկանում, որ պատերազմական ժամանակ է, քի՞չ բաներ կարող են պատահել մարդիների հետ...

— Շնորհակալ եմ, բարեսիրտ կին, — ասաց երիտասարդը և մտավ շնաբույնի մեջ, — ես հավատացած եմ, որ դուք կկատարեք ձեր խոստմունքը:

Այն մարդը, որ սովորած էր գեղեցիկ սենյակներում, մետաքսից պատրաստած փափուկ անկողինների մեջ պառկել, տարածվեցավ կապերտի կտորի վրա, գլուխը դրեց կտավի բարձի վրա, որ լցրած էր խոտով և մի քրքրված վերմակով ծածկվեցավ: Այդ ողերմելի անկողինը նա ինքն էր պատրաստել իր համար: Դա մի պատիժ էր, որ աստված ցույց էր տալիս նրան, ասելով. «Հիմա քո անձի վրա փորձիր, թե ինչ բան է աղքատությունը. քանի՜ հազար ընտանիքներ դու զրկել ես հացից և հագուստից. հիմա տես, թե ինչ տեսակ տեղում են պառկում քո զոհերը...»:

Բայց երիտասարդը ամենևին ուշադրություն չդարձրեց իր կացության վրա: Նրա զգայարանքները այն աստիճան բթացած էին, որ ամենևին չէր զգում շնաբույնի մեջ տիրող անտանելի գարշահոտությունը: Նրա հոգնած, ջարդված անդամները իսկույն հրավիրեցին մի խորին և հանգիստ քուն, որ երբեք չէր վայելած իր հոր տան մետաքսյա անկողիններում:

Տանտիկինը ձեռքի ճրագը հանգցնելով, կանգնած մնաց շնաբույնի դռան մոտ և երկար ուշադրությամբ լսում էր քնած հյուրի խռմփալու ձայնը: Եթե մեկը խավարի մեջ կարող լիներ նշմարել այդ մանկահասակ կնոջ դեմքի ուրախ արտահայտությունը, կհասկանար, թե որպիսի անսահման հոգեկան բերկրության մեջ է գտնվում նա: Իր երկրի տիրող իշխանի որդուն, իր հարստահարչին, նա կոխել էր շնաբույնի մեջ: Դա մի կատակ էր, մի դա՛ռն և չա՛ր կատակ: Ուրիշ կերպով վրեժխնդիր լինել չէր կարող նա, բայց դրանով ևս չբավականացավ:

Երբ բոլորովին համոզվեցավ, որ նա քնած է, հեռացավ շնաբույնից, դիմեց դեպի բակի դուռը, ձեռքը տարավ փականքին, տեսավ, որ կողպված է: Թեև դուռը ինքն է կողպել, բայց կամենում էր նորից ստուգել: Հետո մտավ խրճիթը և կրկին վառեց ճրագը: Մոտեցավ պառկած երեխաներին, նրանք նույնպես քնած էին, բոլորը մեկ վերմակի տակ: Նա ուղղեց վերմակը, որ անհանգիստ երեխաները մի կողմ էին գցել: Եվ ապա սկսեց ճրագով խրճիթի քունջ ու պուճախը որոնել: Նա անդադար վեր էր առնում այս և այն առարկաները, նայում էր և մի կողմ էր գցում: Կարծես, նրանք չէին հարմարվում մի նպատակի, որի համար կամենում էր ծառայեցնել: Հետո գտավ մի կոտրած դանակ, փորձեց ձեռքի վրա, տեսավ, որ շատ բութ է: Դանակը նույնպես մի կողմ դրեց: Վերջապես գտավ մի թավլամեխ. այդ լավ էր, բայց պետք էր մի ուրիշ գործիք ևս նրան ցանկացած տեղը խրելու համար: Վեր առեց քուֆտա ծեծելու օթակը: Այդ երկու զենքերով դիմեց նա դեպի շնաբույնը: Կատվի նման իր քայլերը այնքան ուշիկ-ուշիկ էր փոխում, որ ամենևին ձայն չէր լսում: Մի քանի րոպե կանգնեց շնաբույնի դռան առջև, ականջ էր դնում: Երիտասարդը ոչ միայն ծանր կերպով խռմփում էր, այլ սկսել էր քնի մեջ խոսել: Այդ ավելի հաստատ նշան էր, որ նա արթուն չէ:

Նա զգույշ կերպով մտավ շնաբույնի մեջ, ճրագը վառեց, մի կողմ դրեց և սկսեց նայել երիտասարդի վրա: Շնաբույնը այնքան նեղ էր, որ դժվար էր արձակ շարժումներ գործել, այսուամենայնիվ, նա առանց մի ձայն հանելու, տեղավորվեցավ երիտասարդի գլխի մոտ: Նա քնած էր քամակի վրա: Գլուխը թեքվել էր դեպի բարձի եզրի կողմը: Սկսեց կամաց-կամաց գլուխը տանել դեպի բարձի մեջտեղը, և նրան այնպիսի դիրք տալ, որ ճակատը դեպի վեր լինի, իսկ ծոծրակը բարձի վրա դրած: Այդ գործողության ժամանակ հանկարծ նրա ձեռքերը կսեցին դողալ. խղճահարության նման մի զգացմունք սկսեց տանջել նրան: Նա մեղանչում էր հյուրասիրության դեմ, մեղանչում էր տված խոստման պահպանելու դեմ: Այդ մարդը ապաստան էր գտել նրա խրճիթում, երկրի իշխանը պատսպարվել էր մի աղքատ կնոջ հովանավորության ներքո: Ինչպե՞ս դավաճանել նրան, ինչպե՞ս մեղանչել խղճի և ազնվության դեմ: Այդ հանցանք չէ՞ր լինի, մի մեծ և սարսափելի հանցանք: Նրա սիրտը սկսեց սաստիկ բաբախել: Պատրաստ էր վեր կենալ, թողնել և հեռանալ այդ զարհուրելի բնակարանից:

Այդ միջոցին երիտասարդը դեռ շարունակում էր խոսել քնի մեջ: Նրա անկապ, խառնափնթոր խոսքերից կինը խիստ պարզ որոշեց այս նախադասությունը. «Պետք է կոտորել բոլոր բեկյաններին»...

Նա բոլորովին կատաղեց այդ խոսքերը լսելու ժամանակ: Նա ինքը պատկանում էր նույն կուսակցությանը: Նրա ամուսին այրը նույնպես բեկյան էր, և Բեկի կամավորների թվում, գուցե հենց նույն ժամում, կռվում էր նույն մարդու զորքերի հետ, որ այժմ տարածվել էր իր առջև, որի կյանքը այդ րոպեում իր ձեռքումն է:

«Դրանց պետք չէ խնայել...» — ասաց նա իր մտքում, և նրա աչքերը վառվեցան կատաղի բարկությամբ, — «որքա՛ն մարդիկ են կոտորել դրանք, որքա՛ն կնիկներ են անբախտացրել... չկա մի գյուղ, չկա մի խրճիթ, որ դրանց ձեռքով ոչնչացած չլինի... Դրանց պետք չէ խնայել...»:

Վերջին խոսքերի ժամանակ նա խաչակնքեց իր երեսը, ահագին երկաթյա մեխի սուր ծայրը դրեց երիտասարդի ճակատի վրա և օթակով այնպես սաստիկ զարկեց, որ մեխը մինչև կեսը խրվեցավ նրա գլխի մեջ: Նա կրկնեց զարկը և տաք արյունը դուրս ցայտեց վերքից: Երիտասարդը գործեց մի քանի ցնցողական շարժումներ և հանգստացավ:

Կինը իսկույն դուրս եկավ, իր ետնից կողպելով շնաբույնի դուռը:

ԺԱ

Տաթևի վանքի բոլոր խուցերը շինված էին տաշած քարից, ունեին նեղ լուսամուտներ, նույնպես քարե շրջանակներով, որոնց միջով մի կատու միայն կարող էր անցնել: Շատ հասկանալի է, որ նրանք փեղկերի պետք չունեին, կես թերթ թուղթ բավական էր ամբողջ լուսամուտը կալելու համար:

Խուցերից մեկի մեջ դրած էր մի կոճղ, որ տեղացիք «քունդա» էին կոչում, դա կազմարարների մամուլի նմանություն ուներ և հատկապես շինված էր բանտի գործածության համար: Մի կալանավորի ոտները ամրացրած էր այդ կոճղի մեջ: Նա պառկած էր քամակի վրա և անկարող էր շարժվել, որովհետև թեքերը քամակի կողմից պրկված էին չվանով, որի երկու ծայրերը կապել էին խուցի սյունին:

Դուռը բացվեցավ, վանքի աբեղաներից մեկը ներս մտավ: Կալանավորը թեև քնած չէր, բայց գտնվում էր մի տեսակ թմրած դրության մեջ: Դռան ճռոցը լսելով, նա աչքերը բաց արեց: Վանքի զինված շաթրներից երկուսը կանգնած էին դրսում: Աբեղան իր ետնից դուռը կողպելով մոտեցավ կոճղին, թուլացրեց նրա գալերանները, կալանավորի ոտները դուրս բերեց: Նա նստեց, բայց թեքերը կապված մնացին:

Կալանավորի դեմքը բոլորովին այլանդակված էր, աչքերում վառվում էր մի տեսակ տենդային կրակ, մորուքի և գլխի մազերը անկարգ կերպով խճճված էին:

— Դուք երազահան ունե՞ք, հայր սուրբ, — դարձավ նա դեպի աբեղան:

— Չունեմ, բայց երազների միտքը հասկանում եմ, — պատասխանեց աբեղան, նստելով նրա մոտ: — Երևի, երազ եք տեսել, մելիք:

— Տեսել եմ, շատ վատ երազ, — ասաց կալանավորը հոգվոց հանելով: — Ֆաթալի խանի ընծայած խալաթը երազումս այրվում էր... Ինչքան էլ աշխատում էի հանգցնել, ինչքան էլ ջուր էի ածում, նա ավելի և ավելի բոցավառվում էր... Վերջը այրվեցավ, բոլորովին մոխիր դարձավ...

— Այդ երազը այնքան պարզ է, որ ամենևին բացատրության կարոտություն չունի, — ասաց աբեղան: — Ֆաթալի խանի ձեզ ընծայած խալաթը նրա ձեզ տված իշխանության նշանակն էր. խալաթը այրվեցավ, նրա հետ էլ վերջացավ ձեր իշխանությունը:

— Ինչպե՞ս, — հարցրեց կալանավորը կատաղած կերպով:

— Մի՞թե չեք հասկանում, մի լավ նայեցեք, թե ո՞րտեղ եք գտնվում և ինչ դրության մեջ...

— Այդ ես հասկանում եմ... — ասաց կալանավորը խորին վրդովմունքով. — եթե խանը մի ժամ առաջ հասցներ ինձ իր զորքերը, ես այստեղ չէի գտնվի: Բայց նրանք հասան այն ժամանակ, երբ ամեն ինչ վերջացած էր...

— Ես հույս ունեի գտնել ձեզ, մելիք, բոլորովին զղջացած, բոլորովին փոշմանած, — խոսեց աբեղան ծանր կերպով: — Բայց դուք, ինչպես երևում է, դեռ չեք կամենում հեռանալ հին մեղքերից, դեռ չեք մտածում թողնել ձեր առաջվա խորհուրդները, որոնք այնքան վնասներ, այնքան դառն ցավեր պատճառեցին մեր հայրենիքին: Մի՞թե ձեր խիղճը բոլորովին մեռած է, մի՞թե նրա մեջ չէ մնացել մի նշույլ անգամ կենդանության: Ինչի՞ համար կուզեիք պարսիկ զորքերը, ո՞ւմ դեմ պիտի պատերազմեիք, մեր հայրենիքի ազատչի՞ դեմ, հա՞:

— Ոչ, մի ավազակի դեմ, մի ապստամբի դեմ, մի անզգամ խռովարարի դեմ, որ ձգտում է հայոց իշխան դառնալ:

— Նա իր գործով արժանի է ոչ միայն հայոց իշխան դառնալու փառքին, այլ ավելի ևս մեծ փառքի, — պատասխանեց աբեղան:

— Նա իր գործով արժանի է գլխատման, արժանի է, որ մի թոկ կապեին նրա պարանոցին և քարշ տային Տաթևի բոլոր փողոցներով:

Խոսողը Տաթևի մելիք Դավիթ ուրացողն էր: Մենք արդեն գիտենք, թե ինչպես վերջացավ նրա կռիվը Բեկի հետ, գիտենք, նույնպես, թե ինչպես ջարդվեցան պարսից և հայոց զինվորներից կազմված նրա զորքերը: Իր անաջողությունից հետո ուրացողը մի քանի ձիավորներով փախավ դեպի Բարգյուշատի կողմերը, որ իր մեծավորից՝ Ֆաթալի խանից օգնություն ստանա և կրկին վերադառնա Բեկի վրա: Բայց Բայինդուր իշխանը նրան հետամուտ լինելով, փախչելու միջոցին բռնեց: Ֆաթալի խանի օգնական զորքերը հասան նրան այն ժամանակ, երբ արդեն կալանավորված էր:

Նրա այցելուն, որ եկել էր հոգևորապես մխիթարել նրան և դարձի բերել, Խորն հայր սուրբն էր, վանքի միաբանության բավական զարգացած վարդապետներից մեկը, որ իր երիտասարդ հասակում միացրել էր իր մեջ կրոնի և քաջության առաքինությունները: Հանդիպելով կատաղի համառության ուրացողի կողմից, նա սաստիկ վշտացավ, որ մի հայ մելիք կարող էր բարոյապես այնքան ընկած լինել, որ պարսից լուծը ավելի գերադասել, քան թե տեսնել մի անկախ հայոց իշխանություն:

Մելիք Դավիթը չի խոնարհիվի ավազակ Դավթին, — ասաց նա դառնությամբ:

— Դուք պիտի խոնարհիվեք աստուծո կամքի և ժողովրդի պահանջի առջև, մելիք, — պատասխանեց աբեղան հանդարտ կերպով: — Բեկը ժողովրդի պահանջի արտահայտությունն է: Ուրիշ ապացույց բերել պետք չէ. գործը ինքը վկայում է իր համար: Դուք տեսաք, թե ինչպես ժողովուրդը առանց հրավերքի, ինքնակամ հետևեց նրան:

— Տեսա, — պատասխանեց կալանավորը հեգնական ժպիտով: — Բայց ի՞նչ ասել է ժողովուրդը: Ժողովուրդը մի կտոր փափուկ մոմ է, նրան դեպի ո՛ր կողմը և հուպ տաս, դեպի այն կողմը կթեքվի. նրան ինչ կաղապարի մեջ և դնելու լինես, այն ձևը կստանա: Այսօր Բեկը հաղթող հանդիսացավ, ժողովուրդը նրան կհետևի, իսկ եթե էգուց ես հաղթելու լինիմ, ինձ կհետևի: Ես ավելին կասեմ. ժողովուրդը մի հլու գրաստ է, մի մեծ ավանակ է. նրա երասանակը (նոխտան) ում ձեռքը որ ընկավ, իր ետևից քարշ կտա, կտանե ամեն կողմ, որ կողմը և ցանկանում է: Ժողովուրդը սեփական կամք չունի:

— Դուք սխալվում եք, մելիք, — ասաց աբեղան, — ժողովուրդը սեփական կամք ունի: Այդ ուրիշ բան է, որ նա երբեմն ճնշված, երբեմն կաշկանդված է լինում և իր կամքը արտահայտել չէ կարողանում: Բայց երբ նա կտրեց իր կապանքները, այլևս նրա թափին ընդդիմանալ անկարելի է: Նա դառնում է մի հսկայական հեղեղ և փոթորկի նման որոտում է, ալեկոծվում է, առաջ է վազում, խորտակելով, ոչնչացնելով իր առջևից ամեն տեսակ խոչընդոտներ: Ո՞ր մահկանացուն կարող է ժողովրդի կատաղի հոսանքի առաջը կտրել: Դժվար է միայն շարժել նրան, երբ մի անգամ շարժվեցավ, այլևս այնուհետև կանգ չի առնի, որպես մի ահագին ժայռ, որ բեկվում է լեռան բարձրությունից, գլորվում է դեպի ցած, և առաջ ընթանալով, հետզհետե ավելի և ավելի սաստկացնում է իր թափը...

— Մինչև ընկնում է անդունդի մեջ... – կտրեց կալանավորը աբեղայի խոսքը: — Բայց գիտե՞ք, հայր սուրբ, այդ ձեր նկարագրած ահագին քարաժայռը իր գլորման ընթացքում, մյուս ժայռերին զարկելով, որքան փշրվում է, որքան մաշվում է, և միայն նրա կտորտանքն են հասնում մինչև սարի ստորոտ...

— Գիտեմ... ինչպես էլ և լինի, շարժման մեջ կյանք կա:

— Դիակի շարժումները կյանքի նշաններ չեն, նրանք բոպեական ցնցումներ են միայն, — պատասխանեց կալանավորը և սովորական դառն ծիծաղը դարձյալ երևաց նրա գունաթափ շրթունքի վրա: — Հայ ժողովուրդը կատարյալ դիակ է: Դիակին կարելի է ձեռքով բարձրացնել, ոտքի վրա կանգնեցնել, բայց հենց որ բաց թողեցիր, իսկույն կընկնի, կտարածվի գետնի վրա, դարձյալ անշարժ կմնա:

— Թե որքան դուք սխալվում եք ձեր կարծիքի մեջ հայոց ժողովրդի վերաբերությամբ, — ես այդ մասին հարկավոր չեմ համարում խոսել, մելիք, — ասաց աբեղան: — Բայց դիցուք թե այդպես լինի, որպես դուք կարծում եք, թե հայ ժողովուրդը մի դիակ է. մի՞թե դուք չեք մտածում կյանք տալ դիակին, քանի որ ինքներդ նույն ժողովրդի ծնունդն եք, քանի որ ինքներդ ազգով հայ եք, թեև մահմեդական կրոնը ընդունած:

— Ես, եթե կցանկանայի հայ ժողովրդի հետ գործ ունենալ, ոչ այլ կերպով չէի ընդունի, բայց միայն նրա գլուխը լինել և ոչ ոքի ստորադրյալ:

Վերջին խոսքերը բարկության չափ վրդովեցրին աբեղային, և նա չկարողանալով պահպանել իր սառնասրտությունը, պատասխանեց.

— Դուք դեռ ձեր հին ցնորքների մեջն եք գտնվում, մելիք: Ով որ ձգտում է ժողովրդի գլուխ լինել միայն նրան կեղեքելու, միայն նրան կողոպտելու համար, եթե հասնելու ևս լինի իր նպատակին, չէ կարող երկար պահպանել իր դիրքը: Բռնավորների կյանքը կարճ է լինում: Ժողովրդի գլուխ լինելու համար պետք է պաշտպանել նրա բարին, պետք է ունենալ նրա հետ նույն հարաբերությունները, ինչ հարաբերություններ որ ունի մարմնի բնական գլուխը մարմնի անդամների և ամբողջ կազմվածքի վերաբերությամբ: Դուք անբնական գլուխ էիք, մելիք. – հայ՝ պարսիկի հոգով, պարսիկի սրտով: Այս պատճառով էլ ժողովուրդը մերժեց ձեզ: Դուք այժմ ամեն ինչ կորցրել եք. ձեզ մնում է երկու բան՝ կամ զղջալ և Բեկից ներումն ստանալ, կամ կրել ձեր դատապարտության պատիժը: Որը կամենում եք, ընտրեցեք: Ես հավատացած եմ, որ Բեկը այնքան մեծահոգի է, որ կներե ձեզ, եթե զղջալու լինիք:

— Ես ինձ չեմ հասցնի այն ստորության, որ որևիցե հայից ներումն խնդրեմ, — պատասխանեց կալանավորը արհամարհանքով: — Ինչ լինելու է, թող լինի. ես կխոնարհվեմ ճակատագրի առջև:

— Ձեր ճակատագիրը նրանով կվերջանա, որ Բեկը կիրամայե այսօր գլխատել ձեզ:

— Այդ ինձ համար միևնույն է, բայց ես հավատացած եմ, որ իմ որդին վրեժխնդիր կլինի հոր արյան համար:

— Այդ հույսը մի ունեցեք, ձեր որդին չի կարող այդ անել:

— Կարող է. նա պարսիկ զորքերով կոչնչացնե Բեկի բոլոր զորությունը:

— Եթե կենդանի լիներ... Ձեր որդին սպանված է:

— Որդի՛ս... սպանվա՜ծ է... — գոչեց նա կատաղի հառաչանքով և նրա գլուխը թեքվեցավ կոճղի վրա:

Աբեղան հասցրեց երկրորդ և ավելի սաստիկ հարվածը.

— Այո, սպանված է. գիտե՞ք ում ձեռքով. մի գյուղացի աղքատ կնոջ ձեռքով, որը նույն ժողովրդի զավակն է, որին մի րոպե առաջ դիակ էիք կոչում: Տեսնում եք, այդ ժողովուրդը գիտե հարկավորված ժամանակ պատժել իր բռնավորներին: Նա զգում է անիրավ ձեռքից կրած վերքը և աշխատում է վրեժխնդիր լինել: Բայց դիակները ոչինչ չեն զգում:

Վերջին խոսքերը չլսեց կալանավորը: Բոթաբեր լուրը միանգամայն խորտակեց թե նրա սիրտը և թե նրա հույսերը: Մինչև այժմ նա հանգիստ էր, հանգիստ էր գլխավորապես այն պատճառով, որ մտածում էր, եթե իրան կգլխատեն, եթե իրան կախաղան կբարձրացնեն, դարձյալ կթողնե երկրի վրա իր շարունակությունը – որդուն: Որդին կպահպանե անիրավությամբ ձեռք բերած իշխանությունը: Իսկ այժմ բոլորը կորավ, բոլորը ոչնչացավ: Փառասիրության ցանկությունը ավելի զորեղ էր նրա մեջ, քան որդեսիրության զգացմունքը; Եվ նա ափսոսում էր ոչ այնքան սպանված որդուն, որքան կորցրած փառքը: Արտասուքի ոչ մի կաթիլ չհայտնվեցավ նրա անգութ աչքերում, որ այժմ լի էին վայրենի կատաղությամբ, միայն երբեմն խորին հառաչանքներ դուրս էին թռչում խոտասիրտ մարդու ջախջախված կուրծքից: Երբ նա փոքր-ինչ հանգստացավ հայր սուրբը խոսեց.

— Այսպիսի հուսահատական րոպեներում միակ մխիթարությունը մարդ կարող է գտնել աստուծո մեջ: Դիմեցեք աստուծուն, մելիք, հեզությամբ և խոնարհված սրտով, նրանից թողություն խնդրեցեք: Ձեր աշխարհիային թշվառությամբ անցավ, գոնե մյուս կյանքում դուք երջանիկ կլինեք, եթե կզղջաք, եթե կխոստովանեք ինձ մոտ ձեր մեղքերը;

— Եթե ես գործել եմ մի մեղք, լավ է, որ նրա մեջ մեռնեմ, — ասաց կալանավորը դառն ատելությամբ. — Դա կլինի մի ազդու բողոք բարության աստուծո դեմ, որ որդուս ինձնից խլելուց հետո՝ ինձ ձգեց այդ կապանքների մեջ:

— Դուք հայհոյում եք ամենակալի արդարադատությունը, մելիք: Դարձյալ կրկնում եմ, այսօր Բեկը կտա ձեր մահվան դատավճիռը. դեռ բավական ժամանակ ունեք զղջալու և ներումն խնդրելու:

— Ես ներում խնդրելու սովորած չեմ, ոչ երկնքից և ոչ երկրի վրա բնակվող մարդերից: Լավ է, որ ինձ հանգիստ թողնեք, հայր սուրբ:

Աբեղան վեր կացավ, ներս կանչեց դրսում կանգնած շաթրներին, կրկին կալանավորի ոտները ամրացրին կոճղի մեջ, և խուցի դուռը կողպելով, նրան թողեցին այնտեղ միայնակ:

Նույն ավուր կեսօրային պահուն Տաթևի հրապարակի վրա հավաքվել էր խուռն բազմություն: Բոլորը անհամբերությամբ սպասում էին հանդիսատես լինելու երկրի բռնավորի և ավերիչի մահվան պատժին: Բոլորի աչքերը դարձրած էին դեպի վանքի ճանապարհը, որտեղից պետք է բերեին մահապարտին:

Հրապարակի մեջտեղում կանգնած էին զինված մարդիկ, թողնելով իրանց միջնավայրում բոլորակ տարածություն: Այստեղ դանակը սրելով ման էր գալիս արբած դահիճը, ոտքից ցգլուխ կարմիր հագնված:

— Ի՜նչպես արդար է աստուծո դատաստանը, — ասաց մի գյուղացի իր մոտ կանգնած հանդիսականին. – հինգ տարի առաջ չարագործը հենց այս հրապարակի վրա գլխատել տվեց քաննիհինգ անմեղ երիտասարդներ, և ո՛րպիսի քաջ երիտասարդներ, ամեն մեկը հազար մարդու արժեր: Հիմա ինքը նույն տեղում գլխատվում է:

— Հիշում եմ... – հոգվոց հանելով ասաց մյուսը. — այդ երիտասարդները պատկանում էին վանքեցի Խեչոյի խմբին, որոնք ամրացել էին Ցուրա բերդում, կողոպտում էին պարսիկ հարկահաններին, և զանազան միջոցներով սպանում էին այն հայերին, որոնք պարսիկներից պաշտոններ ընդունելով, նեղացնում էին իրանց ազգայիններին: Չարագործը կաշառեց մի գյուղացու, և այդ անիրավը իրան բարեկամ ձևացնելով Խեչոյի մարդիկներին, իր տան դռները ամեն ժամանակ բաց էր անում նրանց առջև: Մի գիշեր հարբեցրեց նրանց, քնացրեց, հետո մատնեց ուրացողի յասավուլների ձեռքը:

Վանքի ճանապարհի վրա երևաց մի խումբ, որ շարժվում էր դեպի հրապարակը:

— Բերում են... – լսելի եղավ ամեն կողմից:

Հրապարակի վրա հավաքված բազմությունից շատերը վազեցին դեպի այն կողմը. շատերը անշարժ մնացին իրանց ընտրած տեղում, որ մի ուրիշը չկանգնե այնտեղ, որ կարողանան լավ տեսնել:

Բերում էին մահապարտին: Ամեն բերանից լսվում էին ամեծք, նզովք, հայհոյանք, որ խառնվում էին ուրախության բացագանչությունների հետ: Մանուկները, որոնց սիրտը ավելի անկեղծությամբ է արտահայտում ամբոխի զգացմունքը, հարյուրներով խմբվել էին չարագործը շուրջը, թնդեցնում էին օդը իրանց աղաղակներով: Նրանք երգում էին մի ժողովրդական ասացվածք, որ առածի ձև էր ստացել:

«Լույսը Լուսավորչի հավատին,
Վա՜յ ուրացող մարդին...»:

Երգը թռչում էր հարյուրավոր մանուկների բերանից, և որպես բարկության շանթեր, տարածվում էր դեպի ամեն կողմ: Ոմանք մանուկներից քարեր էին վեր առնում և ձգում էին դատապարտյալի վրա: Նա այդ միջոցին նմանում էր մի կատաղած շան, որ չորս կողմից կաշկանդված, տարվում էր դեպի խեղդանոցը:

Մահապարտին նստեցրել էին սև ավանակի վրա, առանց համետի, երեսը դեպի գավակի կողմը դարձրած։ Սանձի փոխարեն նրան բռնել էին տվել ավանակի պոչը։ Այդ խայտառակությունը ավելի սպանիչ էր, քան թե մահը, այն մարդու համար, որ սովորել էր հեծնել ամենաընտիր նժույգների վրա, զարդարած թանկագին ասպազենով։

Երբ նրան հասցրին հրապարակը, ամբոխը ճեղքվեցավ և ճանապարհ բաց արեց։

Զինվորները մոտեցան նրան, ցած բերեցին ավանակից։ Այժմ կանգնած էին նրա մոտ երկու մարդիկ, մեկը՝ դահիճը դանակը ձեռքին, մյուսը՝ քահանան խաչը ձեռքին։ Վերջինը սկսեց մխիթարել թշվառին հոգևոր խոսքերով, հորդորում էր խոստովանել և համբուրել խաչը։ Դատապարտյալը մերժեց որպես խոստովանությունը, նույնպես և խաչի համբուրելը։ Նրան ասեցին՝ չէ՞ր ցանկանա, որ կանչեին մի մահմեդական մոլլա։ Այդ ևս մերժեց նա։

— Շուտով.. մի՛ ուշացրեք... — աղաղակում էր ամբոխը, որ այդ ժամանակ գտնվում էր սաստիկ վրդովմունքի մեջ։

Դահիճը մոտեցավ, կապեց դատապարտյալի թևքերն ու ոտները։ Մի ձեռքի հարվածքով նա փայտի նման ընկավ, տարածվեցավ գետնի վրա։

Ոչ մի դեմք ցավակցության նշան չէր ցույց տալիս, ոչ մի սիրտ չէր բաբախում նրա համար։ Բոլորի սրտերը լցրել էր նա թույնով և դառնությամբ։

Մանուկների բազմությունը դարձյալ սկսեց եղանակել իր երգը։ Այդ երգի հնչյունները հասան դատապարտյալի ականջներին ուղիղ այն րոպեում, երբ դահիճը բռնելով նրա մորուքից, դանակը դրեց կոկորդի վրա։

«Լույսը Լուսավորչի հավատին,

Վայ ուրացող մարդին...»։

Կրկնեց և թշվառը, իսկ դահիճը ավարտեց իր գործը։

Ամբոխի մեջ տիրեց ընդհանուր ցնծություն, երբ դահիճը չարագործի կտրած գլուխը. ցցելով նիզակի ծայրին, բարձրացրեց օդի մեջ։

Այդ միջոցին սկսեցին ածել դավուլ և զուռնա, և դահիճը շրջապատած նվագածուներով, սկսեց նիզակի ծայրին ցցած գլուխը ման ածել Տաթևի փողոցներում։ Կնիկները դուրս էին գալիս տներից, թքում էին նրա վրա և տալիս էին դահճին մի քանի սև փող։

ԺԲ

Դեպի Զեվու բերդը տանող ճանապարհի մի կողմում, աղբյուրի մոտ, որ հովանավորված էր չինարի ահագին ծառերով, նստած էին մի քանի հոգնած ուղևորներ։ Թուփերով պատած լեռների մեջ տիրում էր կեսօրվա տոթը։ Ուղևորներից մի քանիսը պառկած էին խոտերի վրա և հանգիստ քնի մեջ էին։ Իսկ երեք հոգի, որ նոր էին հասել այնտեղ, առանձնացած էին մյուսներից, նստել էին մի կողմում, ճաշում էին։ Նրանց առջև դրած էր մի կտոր պանիր և չոր հաց։

— Այնքան չորացել է հացը, որ չէ ուտվում, — ասաց սեղանակիցներից մեկը։

— Առանց սումբայի հրացանը լցնել չես կարող, — նրան պատասխանեց սեղանակիցներից մյուսը, — այդ հացին սումբա պետք է։

Նա հանեց պարկի միջից խեցեղեն փոքրիկ աման, լիքը արաղով, առաջ ինքը խմեց, հետո տվեց ընկերներին, ասելով.

— Աստված է վկա, մարդու կոկորդը փափկացնում է։

Մյուսներն էլ ընդունելով ամանը, խմեցին, միևնույն կարծիքը հայտնելով փափակցնող ըմպելիի մասին, և այժմ ավելի ախորժակով սկսեցին ուտել չոր հացը։

Երբ ճաշը վերջացած էր, նրանցից մեկը ժամացույցի փոխարեն նայեց արևին, իր ընկերին ասաց.

— Հիմա կարելի է ճանապարհ ընկնել, շուտով զովը կսկսվի։

— Կարելի է, — ավելացրեց մյուսը, — մեր առջևում անտառը ավելի խիտ է, արևը շատ չի նեղացնի;

— Ինչպես էլ և լինի, պետք է գնալ. դեռ բավական ճանապարհ ունենք, — ասաց երրորդը: — Արեգակը ի՞նչ կարող է անել. խո ձյուն չենք, որ հալվենք:

Սկսեցին պատրաստվել:

Այդ միջոցին մյուս ուղևորներից մեկը, պառկած տեղից գլուխը վեր բարձրացնելով, ծույլ կերպով հարցրեց.

— Եղբայրներ, ո՞ւր եք գնում:

— Դեպի Զեվու, — պատասխանեցին նրան:

— Հիմա Զեվուից ամենքը փախչում են, դուք ի՞նչ խելքով այնտեղ եք գնում:

— Ինչո՞ւ են փախչում:

— Չե՞ք լսել, շուտով Զեվուն կպաշարվի Դավիթ բեկի զորքերով: Նրա բանակը հիմա գտնվում է բերդից ոչ այնքան հեռու Ղարաչիման գյուղի մոտ:

— Մեզ ի՞նչ վնաս, եթե կպաշարվի, — ասաց երեք ընկերներից մեկը:

— Ձեզ այն վնասը կլինի, որ վտանգի մեջ կընկնեք, — պատասխանեց ուղևորը՝ դարձյալ չշարժվելով իր պառկած տեղից: — Շատ ախորժելի բան չէ պաշարված բերդի մեջ լինել, երբ ամեն կողմից կրակ են թափում:

— Բայց բավական ախորժելի բան է պաշարված բերդից կռվել թշնամու դեմ, — ասաց երեք ընկերներից մի ուրիշը:

— Ի՛նչ ասել կուզե, — պատասխանեց պառկած ուղևորը հեգնական կերպով, — ձեզ խիստ սազ է գալիս թշնամու հետ կռվելը... Ավելի լավ կանեք, որ գնաք ձեր բանին, ինչպես տեսնում եմ, կռիվը ձեր գործը չէ:

— Բոլորովին ուղիղ է քո ասածը, — խոսեց երեք ընկերներից մեկը: — Շնորհակալ եմ, եղբայր, որ մեզ զգուշացրիք. մենք արհեստավոր մարդիկ ենք. Զեվուի մեջ այժմ հազիվ թե կարելի կլինի մի աշխատություն գտնել, երբ ամեն մարդ իր գլխի համար է մտածում: Մենք կգնանք մի ուրիշ կողմ, արհեստավոր մարդուն ամեն տեղ հացը պակաս չի լինի:

Նրանք բոլոր ժամանակ խոսում էին թուրքերեն: Պառկած ուղևորը նկատելով, որ իր խրատները ազդեցություն գործեցին երեք ճանապարհորդների վրա, գլուխը կրկին դրեց խոտերի վրա, աչքերը փակեց, սկսեց քնել, ասելով.

— Գնացեք, աստծուն եմ հանձնում ձեզ:

Ցույց տալով, թե ուրիշ կողմ են գնում, նրանք դուրս եկան դեպի բերդը տանող ճանապարհից: Բայց երբ բավական հեռացան աղբյուրից, երբ ծածկվեցան բլուրների ետևում, իսկույն շեղվեցան իրանց բռնած ուղղությունից և կրկին բռնեցին բերդի ճանապարհը:

Ճանապարհին ոչ ոք չէր երևում, միայն երբեմն պատահում էին բերդից փախստականներ, որոնք միևնույն հարցերն էին առաջարկում. «Ո՞ւր եք գնում, բերդը շուտով կպաշարվի...»:

Երեք ճանապարհորդներից մեկը սափրիչ էր, գոնե այսպես երևում էր այն բոլոր գործիքներից, որ նրա մոտ գտնվում էին: Նա իր ամբողջ խանութը իր վրա բարձած ուներ: Կաշյա լայն գոտիի առջևի կողմում ուներ մի պահարան, զինվորների փամփուշտներ դարսելու պահարանի նման, այն զանազանությամբ միայն, որ փամփուշտների փոխարեն այնտեղ խրած էին ածելիներ, մկրատներ և բութ նշտարը, որով երակներից արյուն էր բաց թողնում: Աջ կողմում, նույն գոտիից քարշ էր ընկած նրա երկայն հեսանաքարը և մի ահագին քալփաթին, որով ատամներ էր դուրս քաշում և որը ավելի հարմար էր էշի ոտներից նալեր պոկելու համար: Ձախ կողմում, նույն գոտիից, քարշ էր ընկած նրա մեծ լագանը, որի մեջ մազեր էր թրջում: Առջևից կախված էր սև ժապավենի նման մի երկայն կաշի, որի վրա սրում էր ածելիները: Եթե ավելացնենք դրանց վրա մի կոտրած հայելի, որ նա պահած ուներ իր ծոցում, և փոքրիկ մաղաշը, որով քթի մազեր էր դուրս քաշում, — կստանանք մի օրինավոր սափրիչի արհեստի բոլոր պարագայքը: Մոռացանք հիշել, որ նույն կաշյա գոտիի խորհրդավոր պահարաններից մեկի մեջ կար բավական քանակությամբ բամբակ, որից նա սափրելու միջոցին կպցնում էր ածելիով կտրած տեղերը, որ արյունը դադարի:

Ինչպես աշուղները ըստ մեծ մասին կույր են լինում, այնպես էր գյուղական սափրիչները կամ կաղ են լինում, կամ սապատող: Մեր վարպետը վերջին տեսակիցն էր, այն առավելությամբ, որ նա ուներ երկու սապատներ, մեկը մեջքի վրա, մյուսը կուրծքի վրա: Այդ երկու սապատների միջից, մի փոքրիկ գունդի նման, հազիվ երևում էր նրա գլուխը: Նա ուներ մի ուրիշ հատկանիշ ևս. սապատողները առհասարակ կարճահասակ են լինում, բայց բնությունը այդ մարդու վերաբերությամբ մի սխալ էր գործել. նա բարձրահասակ էր և իր սապատներով ավելի նմանում էր ուղտի, քան թե մի այլ արարածի:

Երկրորդ ուղևորը երիտասարդ էր. դրան սափրիչը կոչում էր իր աշակերտ, բայց աշակերտ լինելու հասակից շատ մեծ էր նա: Իր ճանապարհորդական մահակի ծայրին անցուցել էր նա մի փոքրիկ խուրջին և դրել էր ուսի վրա: Այդ խուրջինի մեջ գտնվում էին նրա վարպետի մյուս պարագայքը՝ զանազան տեսակ սպեղզանիներ, որ լցրած էին փայտյա փոքրիկ տուփերի մեջ: Սափրիչը գիտեր և վիրաբուժական արհեստը: Նույն խուրջինի մեջ կային և զանազան կտավիք վերքեր փաթաթելու համար: Բայց նրա աշակերտի քնքուշ կազմվածքը, երեսի և ձեռքի մաքուր կաշին, որ, կարծես, դիտմամբ պատած էր թանձր կեղտով, — ցույց էին տալիս, որ այդ գեղահասակ երիտասարդը ծնված էր ավելի վայելուչ պարապմունքի համար, քան թե բժիշկ-սափրիչի աշակերտ լինել:

Երրորդ ուղևորը մի պնդակազմ երիտասարդ էր. նրա առողջ և զորեղ անդամները ամեն ընդունակություններ ունեին լավ բանվոր լինելու համար: Մի տոպրակի մեջ լցրած պարագայքից, որ կրած ուներ մեջքի վրա, կարելի էր իսկույն հասկանալ, որ արհեստով նա հյուսն էր: Տոպրակի մեջ կային մի քանի տեսակ սղոցներ, մեծ և փոքր ուրագներ, շաղափներ և ատաղձագործի այլ գործիքներ: Դա այն թափառաշրջիկ հյուսներից մեկին էր նմանում, որ գյուղից գյուղ ման են գալիս, շինում են կամ ուղղում են երկրագործական անոթները:

Դեռ արեգակը մայր չէր մտել, նրանք հեռվից տեսան բերդը: Նա գտնվում էր Փուխուրութա լեռների մեջ և առջևից, խոր ձորի միջով, վազում էր Հալիձորի գետը: Ահռելի բերդը շրջապատած էր ամուր պարիսպներով, որի հպարտ աշտարակները բարձրանում էին դեպի վեր, կարծես, ձգտելով մրցություն անել սրածայր լեռների հետ: Այդ բերդը առաջ պատկանում էր Ղափանի հայոց իշխաններին, իսկ այժմ նրան գրավել էր Ասլամազ-Կուլի անունով մի թյուրք բռնապետ, որ ահի և սարսափի մեջ էր պահել բոլոր շրջակայքը:

Ուղևորները, որ առաջ շտապով էին գնում, երբ հեռվից տեսան բերդը, սկսեցին մեղմացնել իրանց քայլերը:

— Շտապել պետք չէ, հարկավոր է մտնել բերդը ուղիղ այն ժամանակ, երբ խավարը բավական պատած կլինի, — ասաց սափրիչը:

Հյուսնը ոչինչ չխոսեց, որովհետև այդ միջոցին մոտեցավ մի ուրիշ ուղևոր, որ գալիս էր ճանապարհի հակառակ կողմից: Նա ողջունեց առաջիններին նույն խոսքերով, որպես ողջունում է մահմեդականը մահմեդականին: Որովհետև նրանք ուղևորների թե հագուստի ձևերը և թե արտաքին կերպարանքը ոչինչով չէին ցույց տալիս, որ նրանք քրիստոնյա լինեին, թեև իրենց մեջ հայերեն էին խոսում:

— Երևի, բերդից եք գալիս, — հարցրին նրանից:

— Ուղիղ բերդից, — պատասխանեց նա կանգնելով:

— Ի՞նչ խաբար կա:

Նա պատմեց, թե շրջակա գյուղերի բոլոր մահմեդականները փախել, մտել են բերդի մեջ և մեծ երկյուղով սպասում են Բեկի զորքերի պաշարելուն: Խանը ամրացնում է բերդը և բնակիչներին զենքեր է բաժանում, որ ընդդիմանան: Բայց ժողովրդի սարսափը այնքան մեծ է, որ հուսահատության մեջ են ընկած: Մոլլաները լցրել են մեչիտները, հրավիրում են մարդկանց աղոթել և աստուծուց օգնություն խնդրել:

Այդ պատմության ժամանակ սափրիչի դեմքի վրա երևաց բարկության նման մի բան, և ձեռքը դնելով ածելիների պահարանի վրա, ասաց.

— Ախ, եթե այդ անհավատ Բեկին տային իմ ձեռքը, ես մեծ ուրախությամբ այս ածելիով նրա կոկորդը կկտրեի:

— Իմ ուրագով ավելի հարմար կլիներ նրա գլուխը ջարդել, — մեջ մտավ հյուսնը:

— Ո՞ւր եք գնում, — հարցրեց սափրիչը:

Ուղևորը նկատելով իր նախանձախնդիր խոսակիցների վրդովմունքը դեպի «անհավատ Բեկը», այնքան մտերմացավ նրանց հետ և այն աստիճան հավատաց նրանց անկեղծությանը, որ հայտնեց իր ինչ մարդ լինելը և ուր գնալը:

— Ուրեմն դուք սուրհանդա՞կ եք, խանից նամակ եք տանում, — հարցրեց սափրիչը:

— Նամակ եմ տանում Ֆաթալի խանին, — պատասխանեց սուրհանդակը. – պետք է էգուց առավոտյան հասցնեմ:

— Աստված ոտներիդ զորության տա, — ասաց սափրիչը. — էգուց առավոտյան կհասցնես, իհարկե, կհասցնես: Երևի, խանը օգնություն է խնդրում:

— Այո, օգնություն է խնդրում, թե Ջեվուն առնվի, նրանից հետո Որոտնա բերդը, Ալթինջի բերդը, որտեղ նստած է Ֆաթալի խանը, հեշտությամբ կտիրեն: Այս պատճառով Ֆաթալի խանը պարտավոր է օգնել մեր խանին:

— Աստված հաջողե, — պատասխանեց սափրիչը մի առանձին զգացմունքով: — Շտապեցեք, եղբայր, շտապեցեք, մենք բավական ճանապարհից հետ զցեցինք ձեզ:

Միամիտ սուրհանդակը չնկատեց, թե ինչպես սափրիչը վերջին խոսքերի միջոցին նայեց հյուսնի երեսին և իր հոնքերի խորհրդավոր շարժվածքով մի գաղտնի ակնարկություն արեց նրան: Հյուսնը իսկույն հասկացավ, թե ինչ էր կամենում ասել նա:

Սուրհանդակը մնաք բարով ասելով, կամենում էր բաժանվել իր խոսակիցներից: Այդ միջոցին սափրիչը բռնեց նրա ձեռքից, և մի կողմ տանելով, ասաց.

— Եղբայր, այդ ճանապարհով մի գնա, ամեն րոպե կարող ես ընկնել Բեկի մարդիկների ձեռքը. սատանայի ծնունդները ամեն տեղ սար ու ձոր բռնել են. եկ, այս կողմից քեզ մի լավ ճանապարհի կցույց տամ, համ մոտիկ է, համ անվտանգ:

Այս խոսքերով նա դուրս հանեց սուրհանդակին մեծ ճանապարհից, տարավ դեպի մի նեղ շավիղ, որ անցնում էր թփառատ բլուրների միջով և հետո ճյուղավորվում էր դեպի զանազան կողմեր: Սուրհանդակին ևս ծանոթ լինելով այդ ճանապարհը, շնորհակալություն հայտնեց սափրիչի բարի խորհրդի համար, ասաց, ինքը ամենևին չէր մտածել այդ մասին:

Այդ խոսակցության ժամանակ հյուսնը կանգնած էր սուրհանդակի ետևի կողմում. երբ վերջինը շարժվեցավ, կամենում էր գնալ, նա ձեռքը արագությամբ տարավ դեպի իր ուսից քարշ ընկած տոպրակը, և նրա միջից ուրագի հանելը ու սուրհանդակի գլխին մի սաստիկ հարված տալը՝ մի րոպեի գործ եղավ:

Շվարած, սասանված սուրհանդակը ձեռքը տարավ դեպի ատրճանակը, որ քարշ էր ընկած նրա գոտիից: Այդ միջոցին սափրիչի աշակերտը դանակը խրեց նրա կուրծքի մեջ: Նա ընկավ գետին: Հյուսնը զորեղ ձեռքով դիակը քարշեց ճանապարհի մի կողմը, ծածկեց թուփերի մեջ, նախապես նրա ծոցից հանելով նամակը, որ նա պիտի տաներ Ֆաթալի խանին, բերդի պաշտպանության համար օգնություն խնդրելու:

Արևը արդեն մայր էր մտել. երեկոյան խավարը բավական թանձրացել էր: Երթևեկությունը դեպի ամեն կողմ դադարած էր: Երեք ուղևորները, որպես թե կատարել էին մի սովորական գործ, հանգիստ, անխռով կերպով շարունակեցին իրանց ճանապարհը:

— Եթե լույս լիներ, ես կցանկանայի այդ նամակը կարդալ, — ասաց հյուսնը:

— Առանց կարդալու ևս, ես կարող եմ ասել, թե նրա մեջ ինչ գրված կլինի, — պատասխանեց սափրիչը: — Մեզ հարկավոր էր այսքան միայն, որ այդ նամակը Ֆաթալի խանի ձեռքը չհասներ: — Մենք ուշանում ենք, եղբայրներ, մի փոքր ոտներիդ ուժ տվեցեք, ավելացրեց նա:

Նրանք հասան բերդը, երբ գիշերից բավական անցել էր: Բերդի մեջ տիրում էր խորին լռություն, երբեմն միայն լսելի էին լինում գիշերապահ պահապանների զգուշացնող ձայները: Բոլոր դռները կողպված էին. անկարելի էր ուրիշ տեղից ներս մտնել. բարձր պարիսպները միանգամայն անմատչելի էին կացուցել ավազակների այդ որջը:

Նրանք դիմեցին դեպի բերդի մի կողմում ընկած ձորը, որի խորության միջով անցնում էր Հալիձորի սրընթաց գետը: Գետի ափերի վրա ձորի երկարությամբ տարածվում էին գեղեցիկ, մրգաբեր այգիներ և ձեռատունկ ծառեր, որոնք այժմ ծածկված էին գիշերային խավարի մեջ: Այստեղ մեկին որոնում էին նրանք:

— Բըժի՜... բըժի՜... – կոչեց սափրիչը այնպիսի մի ձայնով, որպես հոգատար տանտիկինը կոչում է թուփերի մեջ կորած, մոլորված հորթին:

Հորթը չհայտնվեցավ: Սափրիչը կրկնեց իր կոչելը: Այդ միջոցին հեռվից լսելի եղավ հորթի ձայնը՝ «բա՜-ա՜...», և մի մարդ, որ ծածկված էր ծառերի մեջ, դուրս եկավ իր թաքստի տեղից, մոտեցավ երեք ուղևորներին:

— Վերջապես եկաք դուք, — ասաց նա հազիվ լսելի ձայնով. – հոգիս դուրս եկավ սպասելուց, ինչո՞ւ այդքան ուշացաք:

— Ճանապարհին մի փոքրիկ գործ ունեցաք խանի սուրհանդակի հետ, այդ խլեց մեզանից մի քանի րոպե, — պատասխանեց սափրիչը: — Դու այն ասա, ո՞ր կողմից պիտի տանես մեզ:

— Ուղիղ բերդի դռնից, — ասաց անծանոթը, — և ինքը դռնապանը կբաց անե դուռը: Եկեք իմ ետևից, ես ամեն բան սարքել եմ...

Բոլորը միասին սկսեցին դիմել դեպի բերդի գլխավոր դուռը:

Եթե մեկը ցերեկով տեսնելու լիներ այդ անծանոթ մարդուն, իսկույն կընդուներ նրան բերդի տեր խանի ֆարրաշներից մեկի տեղ: Նրա թե հագուստը և թե զենքերը այդ էին ցույց տալիս, թեև նա այժմ խոսում էր հայերեն այնքան վարժ կերպով, որպես կխոսի ամեն մի սյունեցի հայ:

Երբ հասան բերդի գլխավոր դռանը, անծանոթը սկսեց բախել դուռը, ձայն տալով այժմ թյուրքերեն լեզվով.

— Հասան, բա՜ց արա:

Հասանին թեև հրամայված էր գիշերը ոչ ոքի առջև չբաց անել դուռը, բայց խանի ֆարրաշները բացառություն էին կազմում: Իսկ նա ավելի կարգ պահպանելու համար, ներսից հարցրեց.

— Գիշերվա անո՞ւնը:

— «Աղավնի», — պատասխանեց անծանոթը:

Լսելի եղավ ծանր բանալիի դառնալու ձայնը և շուտով ահագին դարվազեի դռնակը բացվեցավ: Անծանոթը ներս մտավ, նրան հետևեցին մյուսները: Բացի դռնապանից, այնտեղ կային մի խումբ պահապաններ: Մի մեծ լապտեր լուսավորում էր մուտքը:

— Դրանք ո՞վքեր են, — հարցրեց դռնապանը, ցույց տալով երեք ուղևորների վրա:

— Մոռացա՞ր, ես առավոտյան այստեղից դուրս գալու ժամանակ քեզ ասեցի. Հասան, ես գնում եմ, բայց գիշերը կրկին կվերադառնամ, զգույշ կաց, որ դուռը շատ բաց անես: — Ասեցի՝ խանի կնոջ ատամները ցավում են, գնում եմ մի սափրիչ կանչելու: Հիմա տեսնո՞ւմ ես, դա սափրիչն է, դա նրա աշակերտն է, դա էլ մի հյուսն է, որ խանի համար փայտից մի այնպիսի սատանայական բան պիտի շինե, որ նրանով ահագին քարեր կարելի է նետել թշնամիների վրա, երբ մեր բերդը պաշարելու լինեն:

Թե խանի կնոջ ատամների ցավը և թե բերդի պաշարումը այնպիսի կարևոր բաներ էին, որ երկուսին էլ պետք էր շուտափույթ օգնություն հասցնել: Մանավանդ Հասանին ավելի գրավեց այն «սատանայական բանը», որ պիտի շիներ հյուսնը, և իր հավանությունը հայտնելով, ասաց.

— Այդ լավ բան է, եթե մի այսպիսի բան չլինի, այն ժամանակ մեր բերդը աստված ազատե՜...

Երեք ուղևորները անծանոթ մարդու հետ հեռացան դռնապանից, բայց փոխանակ խանի տունը գնալու, կորան բերդի խուլ փողոցների մեջ, որ պատած էին գիշերային խավարով:

Ջեվու բերդի մեջ, հայոց թաղի մի անկյունում, ուղիղ ամրոցի պարսպի մոտ, կանգնած էր մի քարաշեն տուն: Այնտեղ իր միակ փոքրիկ որդու հետ բնակվում էր մի այրի կին: Նրա ամուսին այրը ուներ սեփական այգի, որի թթենիների պտուղներից արաղ էր քաշում, իսկ խաղողից գինի էր պատրաստում: Նա գինեվաճառ էր և նրա տունը ուրիշ ոչինչ չէր, եթե ոչ գինետուն: Ամուսնի մեռնելուց հետո նրա առևտուրը շարունակեց կինը: Նա հայտնի էր ամբողջ բերդի մեջ որպես լավ արաղ քաշող և նրա պատրաստած գինիները ամենաընտիրն էին իրանց տեսակի մեջ:

Այդ կինը կոչվում էր Սառա. նրա տարիքը անցել ին երեսունից, բայց տակավին թարմ էր մնացել և պահպանել էր իր երիտասարդության գեղեցկությունը: Սառան այն վարպետ կնիկներից մեկն էր, որ անդադար ընկնելուց և կանգնելուց հետո, նոր ճանաչում են կյանքը, որ գիտեն, թե այժմ ինչպես պետք է վարվել մարդիկների հետ: Նա իր հաճախորդների մեջ լավ ընտրողություն անել գիտեր. երբեք թույլ չէր տալիս, որ իր չհավանած գինի կամ արաղ գնողները իր տանը նստեին կամ այնտեղ խմեին, այլ պարտավոր էին առնել և դուրս տանել: Դրա համար բակի մեծ դռան մեջ բացված էր մի դռնակ, որտեղից նա հաճախորդների փողը և դատարկ ամանները ընդունում էր, և արաղով կամ գինիով լցնելով, ճանապարհ էր դնում:

Երկրի սովորությունը արդարացնում էր Սառայի վարմունքը. Սառան կին էր, բավական գեղեցիկ կին, նրա տղամարդը մեռած էր և իր տանը օտար մարդիկ ընդունելը անպատշաճ էր նրա համար: Իսկ այդ գիշեր, ընդհակառակն, նրա տան ստորերկրյա մառանում, ուր դրած էին գինում կարասները, ճրագ էր վառվում: Հինգ հոգի նստած էին այնտեղ, խմում էին: Նրանց առջև դրած էր հաց, և տաք խորովածը ինքը Սառան շամփուրներով ներս էր բերում և բաժանում էր ընթրողներին: Արդյոք նրա ծառաները տանը չէի՞ն, թե տանտիրուհին ցանկանում էր, որ իր հյուրերին ոչ ոք չտեսնե, և այդ պատճառով ինքն էր հանձն առել ծառայությունը, — հայտնի չէ: Միայն նա մի առանձին հարգանքով էր վերաբերվում դեպի իր հյուրերը, որոնց թե դեմքերը և թե հագուստը բավական կասկածավոր արտահայտություն ունեին:

— Կես-գիշերից անցավ, — ասաց հյուրերից մեկը. — դեռ ոչինչ ձայն չկա:

— Եթե մի ձայն լիներ, իմ շունը առաջինը կլիներ, որ խաբարը մեզ կտար, — պատասխանեց տանտիկինը: — Դուք ձեր քեֆին կացեք, ես իսկույն կբաց անեմ, երբ դռան թխկոցը կլսեմ:

Նա դուրս գնաց: Երևում էր, այդ մարդիկը անհամբերությամբ սպասում էին ուրիշներին, որոնց ուշանալը նրանց անհանգստություն էր պատճառում: Մեկը ասաց.

— Չի լինի թե մի վտանգի պատահած լինեն:

— Նրանց եթե ջրաղացի տակն էլ գցես, ողջ կդուրս գան, — պատասխանեց մյուսը:

— Ապա ինչո՞ւ այդքան ուշացան:

— Ո՞վ է իմանում, կարելի է մի արգելք պատահած լինի:

Նրանք սկսեցին դարձյալ խմել, հանգստանալով այն մտքով, թե իրանց սպասած մարդիկը եթե ջրաղացի տակն էլ ընկնելու լինեն, ողջ կդուրս գան:

Իսկ Սառան դուրս գալով մառանից, որտեղ նստած էին հյուրերը, քարյա սանդուղքներով բարձրացավ և մտավ մի սենյակ, որ կացուցանում էր նրա քնարանը: Այստեղ պառկած էր նրա միակ զավակը՝ փոքրիկ Պետրոսը: Բարակ վերմակը ծածկում էր նրա երեսը. մայրը հետ քաշեց, որ շնչառությունը ազատ լինի: Սենյակի տաքությունից նա քրտնել էր, և կաթիլները մանրիկ ցողի նման պատել էին նրա շուշանի գույն ճակատը և շառագունած, վարդագույն թշերը: Մայրը խոնարհվեցավ, համբուրեց նրան, այնքան զգուշությամբ, որ երեխան ոչինչ չզգաց: Հետո նստեց անկողնի մոտ և խորին տխրությամբ նայում էր նրա երեսին: Շուտով խեղճ կնոջ աչքերը լցվեցան արտասուքով. սկսեց խուլ կերպով լաց լինել: Այդ կինը, որ հազարավորներին սեր էր ծախել և ոչ մեկին չէր սիրել, — սիրում էր իր զավակին, այն ջերմ և բնական սիրով, որ տված է մայրերին միայն: Բայց ինչո՞ւ էր լաց լինում նա:

Բերդի մեջ բնակվում էին հիսունի չափ հայ ընտանիքներ. երբ լուր տարածվեցավ, թե Դավիթ բեկի զորքերը պիտի պաշարեն բերդը, հայերը կամեցան դուրս գալ այնտեղից: Ասլամազ-Կուլի խանը, բերդի տերը, արգելեց, ասելով. «Ձեզ պետք է պահեմ իմ ձեռքիս մեջ, եթե ձեր հավատակիցները կպաշարեն իմ բերդը, այն ժամանակ ձեր գլուխները ռումբերի փոխարեն թնդանոթների մեջ կդնեմ և կնետեմ դեպի թշնամու բանակը»: Պարսիկը պահել էր նրանց որպես պատանդ, եթե թշնամին նեղեր, պետք է նրանց վրա թափեր իր վրեժխնդրության թույնը: Այդ պատճառով բոլորը մեծ երկյուղով սպասում էին իրանց սարսափելի վախճանին: Այդ բոլորից հետո շատ հասկանալի էր, թե ինչու էր լաց լինում Սառան: Գուցե իր զավակն ևս այն բազմաթիվ երեխաներից մեկը կլիներ, որ պիտի մորթվեին բերդի փողոցների մեջ:

Նրան իր հոգեկան տխրությունից դուրս բերեց դռան ձայնը, որ հազիվ լսելի կերպով բախեցին: Նա վազեց դեպի դուռը և իսկույն բաց արեց: Ներս մտան չորս հոգի: Սառան նրանց տարավ մառանը, ուր նստած էին առաջին հյուրերը: Նորեկներից մեկը կուզ սափրիչն էր իր կրկնակի սապատներով, մյուսը նրա գեղեցկադեմ աշակերտն էր, երրորդը հսկայատիպ հյուսն էր, իսկ չորրորդը՝ այն անծանոթ տղամարդը, որ բերդի դրսում միացավ նրանց հետ և իրան խանի ֆարրաշ էր կոչում:

Առաջինները, տեսնելով նորեկներին, սկզբում շփոթվեցան, խռովության մեջ ընկան: Բայց երբ սափրիչը մոտենալով ասաց. «Ողջույն ձեզ», բոլորը ուրախությամբ շրջապատեցին և սկսեցին համբուրել նրա աջը, բացականչելով.

— Աստված է վկա, տեր հայր, դժոխքի սատանան էլ չէր կարող ճանաչել ձեզ, եթե դուք ինքներդ ձեզ չմատնեիք:

Սափրիչը հալիձորցի տեր Ավետիքն էր, Դավիթ բեկի ամենաքաջ զորապետներից մեկը:

— Նստեցեք, տեր հայր, ասեցին նրան, — խորովածը դեռ չէ սառել, ձեր բաժինը պահել ենք:

— Օրհնյալ լինիք, որդիք, — պատասխանեց քահանան, — կնստեմ, իհարկե, կնստեմ: Թող առաջ այդ բաները վրայիցս արձակեմ, հետո կնստեմ: Եվ նա սկսեց արձակել սափրիչի բոլոր պարագայքը, որ իր վրա կրած ուներ, սկսեց քանդել թե կուրծքի և թե մեջքի սապատները, որ արհեստական կերպով կազմել էր:

Այդ միջոցին առաջիններից մեկը մոտեցավ սափրիչի գեղեցկադեմ աշակերտին, որը մի կողմում կանգնած էր, տեսնելու համար, արդյոք իրան կճանաչե՞ն, թե՞ ոչ:

— Ա՜խ, Խորեն հայր սուրբ, — գոչեց նա ծիծաղելով. — ճշմարիտ, ես քեզ ճանաչել չէի կարող, եթե պարանոցիդ վրայի սպին չտեսնեի:

Խորեն հայր սուրբը Տաթևի երիտասարդ աբեղաներից մեկն էր: Նրան առաջին անգամ մենք տեսանք շիրվանաձորցի բեռնակրի հագուստով, երբ վիճակից հավաքած «հոգևոր պտուղի» անունով ռազմամթերք էր տեղափոխում վանքը: Այժմ սափրիչի աշակերտի հագուստի մեջ բոլորովին անճանաչելի էր դարձել:

Նորեկների երրորդ ընկերը՝ հյուսնը, իսկույն ճանաչվեցավ. նրա հսկայատիպ կազմվածքը, դեմքի խոշոր գծագրությունը ոչ մի կեղևի տակ ծածկվել չէին կարող. ով որ մի անգամ տեսել էր նրան, մյուս անգամ տեսնելիս կարող էր ճանաչել: Դա Ստեփաննոս Շահումյանն էր, Դավիթ բեկի սիրելին:

— Իշխան, — ասաց նրան առաջիններից մեկը. – քո այդ սղոցները, ուրագները հազիվ թե կարող են քեզ բանվոր մարդու տեղ դնել:

— Իհարկե, նրանց մոտ, որոնք ինձ ճանաչում են, — պատասխանեց իշխանը, ցած դնելով իր խուրջինը, որ լցված էր ատաղձագործի գործիքներով:

Չորրորդը, որ իրան բերդի տեր խանի ֆարրաշ էր կոչում, հալիձորցի Մելիք-Փարսադանի որդի Բալի զորավարն էր, մի չափազանց հնարագետ և ճարպիկ երիտասարդ, որ սատանայի նման ամեն կերպարանքի մեջ կարող էր մտնել:

Մառանի մեջ գտնվող առաջին հյուրերը տեղացի հայերիցն էին, որոնցից մեկը բերդաբնակ հայոց տանուտերն էր:

Երբ բոլորը նստեցին, ներս մտավ Սառան, բերելով իր հետ մի մեծ լագան և իբրիղի մեջ սառը ջուր, որ նոր եկած ճանապարհորդները լվացվեն, կազդուրվեն և սկսեն ընթրիք ուտել: Նրա երեսը ծածկող սպիտակ քողի միջից երևում էին գեղեցիկ աչքերը և հոնքերը միայն: Այդքանը ևս բավական ազդու նմուշ էր նրա դեմքի հրապուրանքը արտահայտելու համար:

Ընթրիքից հետո տեր Ավետիքը դարձավ դեպի առաջինները, հարցնելով.

— Հիմա պատմեցեք, թե գործերը ի՞նչ դրության մեջ են:

Տանուտերը պատասխանեց, որ բերդի բոլոր նշանավոր դիրքերը ամրացրած են. տեղային մահմեդականները զինված են, մինչև վերջին շունչը պիտի պաշտպանվեն. թշնամին թնդանոթներ ունի, բայց Բեկի զորքերը չունեն, այդ պատճառով բերդը գրավելը շատ դժվար պիտի լինի, եթե ներսից չմատնվի:

— Մենք նրանց թնդանոթները հենց իրանց դեմ կգործածենք, — ասաց տեր Ավետիքը մի այնպիսի վստահությամբ, որ նրան միայն հատուկ էր: — Դու ա՛յն ասա, այստեղի հայերը կարո՞ղ են փոքր ի շատե օգնել մեզ:

— Կարող էին, եթե զենք ունենային, ասաց տանուտերը. — բայց այն րոպեից, որ խանը լսեց Բեկի արշավանքը դեպի իր բերդը, բոլոր հայերի զենքերը խլեց: Այդ բավական չէ, նա սպառնացավ ամենին կոտորել, երբ Բեկը կպաշարե իր բերդը: Եվ այդ կկատարե նա, այսօր ամեն տեղ խոսվում էր, թե խանը պատգամավոր կուղարկե Բեկի մոտ, հայտնելու, եթե չհեռանա իր բերդից, նրա միջի հայերին կկոտորե:

— Դա խիստ հիմար մտածություն է, — մեջ մտավ Ստեփաննոս Շահումյանը. — եթե տասն այդքան հայեր կոտորվեին, Բեկը դարձյալ ոչնչի տեղ կդներ և կհարձակվեր բերդի վրա: Նրա համար ոչինչ նշանակություն չունի՝ կորցնել մի հիսուն ընտանիքի կյանքը, երբ դրանով կարող էր ազատել շատերին: Բայց ես հավատացած եմ, որ ոչ մեկին վնաս չի հասնի, եթե մենք գործը խոհեմ կերպով կտանենք...

Այդ խոսակցության միջոցին ոչ ոք չտեսավ, որ Խորեն հայր սուրբը աննկատելի կերպով դուրս եկավ ստորերկրյա մառանից, որի դռանը Սառան, խավարի մեջ կանգնած, սպասում էր: Մանկահասակ կինը բռնեց նրա ձեռքից և տարավ իր քնարանը: Այստեղ պառկած էր նրա զավակը՝ փոքրիկ Պետրոսը: Աբեղան առանց մոր վրա մի առանձին ուշադրություն դարձնելու, վեր առեց ճրագը, լռությամբ մոտեցավ քնած մանուկին և խորին զգացմունքով սկսեց նայել նրա վրա: Երիտասարդ վանականի սիրտը բաբախում էր, նրա ամուր ծնկները դողդողում էին, և փոքր էր մնում, որ ճրագը նրա ձեռքից պիտի վայր ընկներ, գեղեցիկ երեխային տեսնելու ժամանակ: Այդ միջոցին երեխան իր փոքրիկ թաթիկը բարձրացնելով, շարժեց երեսի վրա, կարծես թե, այնտեղից մի ճանճ էր քշում: Այդ գործողությունը այնքան սրտաշարժ էր, որ աբեղան այլևս իրան պահել չկարողացավ, խոնարհվեցավ քնած երեխայի վրա, և բռնելով նրա թաթիկը, սեղմեց իր շրթունքին: «Որքա՛ն նման է...», այդ միտքը անցավ նրա վրդովմունքով լի սրտից:

Երեխայի մայրը անշարժ կանգնած էր հեռու, որպես մի քարացած արձան: Նրա գունատված, անհանգիստ դեմքը կրում էր իր վրա ամոթի և խղճահարության բոլոր նշանները: Երբ աբեղան, ճրագը մի կողմ դնելով, նստեց փոքրիկ մանուկի անկողնի մոտ, երեխայի մայրը արտասուքը աչքերում մոտեցավ, և չոքելով աբեղայի առջև, նրա աջն բռնեց իր սառն ափի մեջ, ասաց դողդոջուն ձայնով.

— Դու ինձ հետ չես խոսում, երևում է, դեռ չես ներել ինձ, դեռ առաջվա նման բարկացած ես ինձ վրա: Խորեն, նայիր, ով է խոսում քեզ հետ, — այն կինը, որին մի ժամանակ սիրում էիր դու, որին հետո ատեցիր: Քո առջև չոքած է նա, այն թշվառը, որ նույնպես սիրում էր քեզ, երբ մի մաքուր և անարատ աղջիկ էր: Քո առջև չոքած է նա, որպես մի հանցավոր, որ ոչինչով չէ կարող քավել իր մեղքը, եթե դու չներես նրան: Խորեն, ես դավաճանեցի քեզ, ես ձգեցի քեզ և իմ սերը տվեցի օտարին, որը հետո իմ անբախտ ամուսինը դարձավ: Այո՛, անբախտ, որովհետև ես նրան գերեզման ուղարկեցի, որ ավելի ազատ լինեմ, որ ավելի անարգել կերպով կարողանամ մի տղամարդի գրկից մյուսի գիրկը ընկնել: Ես հասա իմ նպատակին: Ինձ այնուհետև ոչինչ չէր արգելում, ոչ ամոթը, ոչ ամուսինը և ոչ էլ հասարակաց կարծիքը: Անառակությունը իմ մեջ այն աստիճան զորացել էր, որ ոչինչ զսպել չէր կարող ինձ: Աղի ջուր խմող մարդու նման, որքան խմում էի, այնքան ավելի սաստկանում էր ծարավս: Ես ընկա, օրըստօրե ընկա, որքան կարող էր ընկնել մի թեթևամիտ, հիմար կին: Ես այժմ անարժան եմ քեզ. իմ հպավորությունն անգամ կարող է պղծել քեզ: Ես ամենևին չեմ պահանջում վերադարձնել ինձ այն քնքուշ սերը, որը ես գնահատել չկարողացա, որը ես ոտքի տակ տվեցի: Ես միայն քեզանից ներումն եմ խնդրում: Դու պետք է ներես ինձ, Խորեն, որպես մի կնոջ, որին մի ժամանակ սիրել ես: Դու պետք է ներես ինձ, որպես աշակերտ մեր տեր Հիսուս Քրիստոսի, որ ներում էր աշխարհից արհամարհված անպատիվ կնիկներին, որոնք նրա ոտները թրջում էին իրանց արտասուքով և սրբում էին իրանց գլխի մազերով: Ես նրանցից մեկն եմ: Ների՛ր ինձ: Եթե ես կորցրել եմ քեզ մոտ ամեն ինչ, որով կարող էի գրավել քո ուշադրությունը, գոնե այդ երեխայի համար, որ մեր երկուսի սիրո պտուղն է. – ներիր ինձ:

Մինչ թշվառ կինը թափում էր աբեղայի առջև իր սրտի դառն ցավերը, նա գտնվում էր մի տեսակ տենդային խռովության մեջ, որ նրան մոռանալ էր տվել սիրած կնոջ ներկան և հիշեցնում էր միայն բախտավոր անցյալը: Նա, կարծես, դարձյալ զգում էր նույն անմեղ և անարատ աղջկա հպավորությունը, զգում էր նրա ջերմ շնչառության հրեշտակային սոսափյունը, որ մի ժամանակ լցնում էր իր հոգին անհուն բերկրությամբ: Կարծես, լսում էր բաբախման ձայնը նույն կուսական սրտի, որի մեջ իր սերը մի ժամանակ այնքան ընդարձակ տեղ ուներ բռնած: Նա, նստեցնելով իր մոտ չոքած կնոջը, և նրա դողդոջուն ձեռքը առնելով իր բռան մեջ, ասաց խորին զգացմունքով.

— Իզուր ես կարծում, Սառա, որ դու այնքան հանցավոր ես իմ առջև, որ հարկավոր լիներ քեզ ներողություն խնդրել: Դու ոչնչով մեղավոր չես: Եթե դու ընկար, մեղավորը ես եմ, որովհետև իմ մեջ չկար այնքան ուժ և սրտի զորություն, որ կարողանայի պահպանել քեզ անկումից: Դու մի որբ, անփորձ աղջիկ էիր, զուրկ հոր և մոր խնամակալությունից: Ես, որ պիտի նեցուկ լինեի և պահպանեի քեզ անկումից, թողեցի քեզ բախտի կամքին: Ես, որ պիտի առաջնորդեի քեզ կյանքի ուղիղ ճանապարհի վրա, անհոգ գտնվեցա և իմ անհոգությունով թույլ տվեցի քեզ ընկնել մոլորությունների մեջ: Քո գեղեցկությունը բավական ազդու գրավական էր քո բոլոր մոլորությունների, իսկ ես այնքան անշնորհք գտնվեցա, որ չկարողացա նախատեսել այդ: Ես զգացի իմ սխալը այն ժամանակ, երբ արդեն ուշ էր, երբ դու այլևս ինձ չէիր պատկանում... Բայց ինչո՞ւ եմ սխալմունք կոչում, դա մի անիրավություն էր իմ կողմից, մի աններելի հանցանք էր, որը ես քավելու համար մտա վանքը: Կարծում էի այնտեղ սրտի խաղաղություն և հոգու անդորրություն կգտնեմ: Կարծում էի այնտեղ երկնքի սերը մոռանալ կտա ինձ կնոջ սերը: Բայց իզուր... Այնտեղ ավելի բորբոքվեցան սրտիս մարած կայծերը. այնտեղ ավելի սկսեց տանջել ինձ կորած սերը: Ամեն անգամ, երբ ծունկ իջած աստվածամոր պատկերի առջև, աչքերս դեպի վեր դարձնելով, աղոթում էի, նույն րոպեում քո գեղեցիկ պատկերն էր աչքերիս առջև երևան գալիս.. Ամեն անգամ, երբ կամենում էի սաղմոսներ երգել, քո երգն էր թռչում իմ բերանից... Վանքը չկարողացավ բուժել վիրավորված սրտի վերքերը. վանքը չկարողացավ տալ ինձ այն, որ խլված էր ինձանից...

— Որոնում էի մի հոգեկան և մտավոր պարապմունք, — շարունակեց նա, — որ գրավեր իմ մտածությունները, որ միանգամայն մոռանալ տար քեզ, բայց վանքի դատարկության մեջ ոչինչ չէի գտնում: Երբ սկսվեցավ մեր հայրենիքի ազատության գործը, ես հոգով ու մարմնով նվիրվեցա նրան: Նրա մեջ գտնում էի և իմ փրկությունը, որովհետև այդ գործը զբաղեցնում էր ինձ, քեզ վրա մտածելու ժամանակ չէր տալիս: Իսկ երբ ձեռնարկվեցավ այդ բերդի պաշարմանը, երբ իմացա, թե ինչ վտանգ է սպառնում այստեղի բնիկներին, — ես կրկին մտաբերեցի քեզ, Սառա, մտաբերեցի իմ զավակին և աճապարեցի օգնության հասնել:

Վերջին խոսքերի միջոցին Սառան ընկավ աբեղայի կուրծքի վրա, և իր գլուխը թաքցնելով նրա գրկի մեջ, սկսեց լաց լինել: Արտասուքի միջից լսելի էին լինում այս խոսքերը. «Նա դեռ չէ մոռացել անառակին... նա չէ զզվում, չէ ատում նրան... ա՛խ, ես բախտավոր եմ, շատ բախտավոր...»:

— Երանի՛ թե ատել կարողանայի, Սառա, երանի՛ թե զզվել կարողանայի... — ասաց աբեղան ցավալի ձայնով: — Երանի՛ թե դու մի մեծ վատություն արած լինեիր ինձ, որով պատճառ տայիր քեզ ատելու, որ մոռանայի, հավիտյան մոռանայի քեզ: Բայց դու այդ չարեցիր, և եթե դու ընկար վատության մեջ, ես եղա առաջին գլորողը... դու մեղավոր չես...

Սառան գրկեց նրան, և գեղեցիկ կնոջ ջերմ շրթունքը սեղմվեցավ աբեղայի երեսի վրա: Նա, որպես մի կախարդող հպավորությունից խորշելով, բացագանչեց.

— Սառա, մի՛ համբուրիր ինձ, հայհոյիր, նախատիր ինձ: Սառա, անոծքներ թափիր իմ գլխին, որ ես բարկանամ, որ ես կարողություն ստանամ քեզ չսիրելու: Այդ եմ ցանկանում ես և այդ կիանգստացնե ինձ: Տո՛ւր ինձ մի պատճառ քեզ ատելու, — դրա մեջն է իմ բախտավորությունը...

— Ինչո՞ւ, — հարցրեց Սառան:

— Իմ մեջ դեռ մնացել է կամքի և սրտի նույն թուլությունը, որ ունեի առաջ, — պատասխանեց աբեղան վրդովված կերպով: — Ես այնքան ուժ չունեմ, որ թողնեմ վանքը և քո գրկում հանգստություն ու ապաստան գտնեմ: Ես մի թշվառ արարած եմ, զուրկ մարդկային բոլոր իրավունքներից...

— Ես այդ զոհողությունը քեզանից չեմ պահանջում, Խորեն, և իրավունք էլ չունեմ պահանջելու: Դու միայն սիրիր ինձ, Խորեն, քո առաջին սիրո մի նշույլ անգամ բավական է, որ սրբե և մաքրե իմ կեղտերը... Քո սերը միայն կարող է ուղղել ինձ, կանգնեցնել հաստատ ճանապարհի վրա: Կորցնելով քո սերը, ես ավելի հոժարությամբ նետվեցա բարոյական ցեխի մեջ, որպես մի թշվառական, որ պատահած անբախտությունից հետո, սրտի վշտերը մոռանալու համար, անձնատուր է լինում արբեցության, և օրըստօրե ավելի ու ավելի թունավորում է իր մարմինը և հոգին: Խորեն, սիրիր ինձ, և այդ կփրկե ինձ...

— Կսիրեմ... – պատասխանեց աբեղան և նրա խոսքը ընդհատվեցավ, որովհետև այդ միջոցին դրսից լսելի եղավ տեր Ավետիքի ձայնը, որ կոչում էր նրան:

Նրա ընկերները, վերջացնելով իրանց խորհուրդը, կանգնած էին բակում: Աբեղան միացավ նրանց հետ, և դուրս գալով Սառայի տնից, անհետացան բերդի մթին փողոցների մեջ:

ԺԴ

Հետևյալ օրվա առավոտյան պահուն, Ասլամազ-Կուլի խանը, մի խումբ թիկնապահ ձիավորներով, բերդի ներսի կողմից, վազվզում էր պարիսպների մոտով, քննում էր աշտարակները, նայում էր նշանավոր դիրքերին, կարգադրություններ էր անում, պատվերներ ու հրամաններ էր տալիս:

Բերդը բոլորած էր ամուր, բարձր շրջապարիսպներով. բացի դրանից, նա ուներ բնական ամրություններ ևս. մի կողմում խոր անդունդի նման ձգվում էր մի վիհ, որի միջով անցնում էր Հալիձորի գետը. մյուս կողմում բարձրանում էին սրածայր լեռներ: Շրջապարիսպը յուրաքանչյուր քսան քայլ հեռավորության վրա ուներ աշտարակներ, որոնց վերևի մասը վերջանում էր ժանիքների նման ատամնավոր բարձրություններով: Այդ բարձրությունների ետևում շարված էին զինվորներ, և հրացանների ծայրերը դնելով վերնապարսպի մեջ բացված ծակերում, սպասում էին: Նրանք թաքնված էին աշտարակների ժանիքների ետևում, որ ծառայում էին նրանց որպես պատսպարան:

Մի քանի նշանավոր դիրքերի վրա դրած էին փոքրիկ թնդանոթներ, որոնց զամբուրակներ են կոչում, և հարկավորած ժամանակ, ուղտերի մեջքի վրա կապելով, շատ հեշտությամբ կարելի էր մի տեղից մյուս տեղ փոխադրել: Բերդի շուրջը պատող ահագին խրամը լցրած էր ջրով: Բոլոր կամուրջները քանդված էին, պահվում էր մեկը միայն հաղորդակցությունը դրսի հետ առժամանակ պահպանելու համար, մինչև թշնամու մոտենալը:

— Ես այդ անհավատներին ցույց կտամ, թե ի՛նչ է նշանակում պաշարել իմ բերդը, — ասաց խանը կատաղությամբ, և դիտակը դնելով աչքերին, սկսեց վերնաբերդի բարձրությունից նայել, արդյոք երևո՞ւմ էր թշնամին, թե ո՛չ: Ոչինչ չէր երևում:

— Եթե ծովերի ավազները զորքեր դառնան, ձեր զորության առջև կփշրվեն և փոշու նման օդի մեջ կցնդին, խան, — պատասխանեցին շողոքորթները, որ շրջապատել էին նրան:

Խանը միջահասակ մարդ էր. փառավոր սև մորուքը հասել էր մինչև գոտին: Այսօր ոտքից ցգլուխ զինված էր նա, իր հպատակներին օրինակ տալու համար: Նա ցած իջավ վերնաբերդից, կրկին նստեց իր ձին և դիմեց դեպի մի այլ դիրք հետազոտելու համար: Թիկնապահ ձիավորների բազմությունը հետևեց նրան:

Բերդի մեջ տիրում էր սարսափելի խռովություն և իրարանցում: Դեռ չլուսացած, բոլորը ոտքի վրա էին: Տղամարդիկը զինվում էին պաշտպանվելու համար, կնիկները տների իրեղենները թաքցնում էին հափշտակությունից զերծ պահելու համար: Ամեն կողմից լսելի էին լինում հուսահատական ձայներ, խառն աղաղակների և արտասուքի հետ:

Վաղորդյան ժամն էր, թեև արևը դեռ չէր ծագել, բայց այնքան լույս էր, որ կարելի էր առարկաները փոքր հեռավորության վրա որոշել: Շրջակա լեռները ծածկված էին թանձր մառախուղով: Հեռվից ոչինչ չէր տեսնվում:

Այդ միջոցին Դավիթ բեկի զորքերը, զանազան գունդերի բաժանված, դժվարին, զարտուղի ճանապարհներով դիմում էին դեպի բերդը: Առաջապահների մի խումբ, Բայինդուր իշխանի հրամանատարության ներքո, բավական մոտեցել էր բերդին: Մի այլ խումբ, Մխիթար սպարապետի հրամանի ներքո, մոտենում էր բերդին ուրիշ ճանապարհով: Ինքը, Դավիթ բեկը Թորոս իշխանի հետ պահել էին իրանց ձեռքի տակ գլխավոր ուժը, որ բաղկացած էր երկու հազար հետևակներից և երեք հարյուր ձիավորներից:

Մինչև բերդը հասնելը, զանազան կետերի վրա, թյուրքերը ամրացրել էին մի քանի դիրքեր, որ թույլ չտան թշնամուն մոտենալ և պաշարել բերդը:

Այդ դիրքերից մեկը գտնվում էր դեպի բերդը տանող նեղ ճանապարհի վրա և բոլորից ամուրն էր: Երկու լայնանիստ բլուրներ, երկու հսկայական սյուների նման, բռնել էին նեղ ճանապարհի աջ և ձախ կողմերը, թողնելով իրանց մեջտեղում մի նեղ և երկայն կիրճ: Այդ կիրճից պետք է անցներ Բեկի զորքը, բերդին մոտենալու համար:

Բայինդուր իշխանը, առաջապահ խումբերից մեկի հրամանատարը, դիմում էր ուղիղ դեպի կիրճը: Նրա հետ էր հալիձորցի Մելիք-Փարսադանը: Երբ մոտեցան, նա դարձավ դեպի մելիքը, ասելով.

— Լսիր, մելիք, այսօր պարսից թագավորի «բաթման ղլիճը» այդ անպիտանների գլխին մի խաղ պիտի խաղա:

— Ի՞նչ խաղ, — հարցրեց մելիքը ժպտալով:

— Մի այնպիսի խաղ, որ իրանց կյանքում տեսած չլինեն, — պատասխանեց պարսից թագավորի «բաթման ղլիճը» իր սովորական եղանակով: — Անպիտանները վատ տեղ են բռնել, եթե այդ նեղ կիրճի մեջ մտնելու լինենք, մեզ կխեղդեն, իսկ եթե նրանց գտնված բարձրության վրա գնանք, վերևից մեզ լավ կքոթկեն: — Պետք է մի հնար գործ դնել, որ նրանք բլուրների գագաթից ցած իջնեին: Ներքևում ավելի հեշտ կլիներ նրանց ջարդել:

— Ի՞նչ հնարքով կարելի է ցած բերել, — հարցրեց մելիքը:

— Ահա ինչ հնարքով. դրանք հավի խելք ունեն, «քի՛շ» անես, կփախչեն, «ջու-ջու» անես, կմոտենան: Հարկավոր է սկզբում մի թեթև հարձակում գործել. երբ նրանք կընդդիմանան, պետք է կամաց-կամաց խույս տալ և ապա փախուստ ձևացնել: Այդ ժամանակ նրանք մեր ետևից ընկնելու համար կիջնեն իրանց բարձրություններից, և տափարակի վրա մենք նրանց «հոգվոցը» կկարդանք...

— Փորձենք... — ասաց մելիքը, և Բայինդուր իշխանի հետ իրանց ձեռքի տակ եղած խումբը երկու մաս բաժանելով, երկու կողմից սկսեցին դիմել դեպի կիրճի աջ և ձախ կողմերում գտնված բարձրությունները, որ ծածկված էին թյուրք հրացանակիրներով:

Զուռնայի և դավուլի ձայնը տվեց հարձակման առաջին նշանը: Չնայելով, որ հայ զինվորներին հրամայված էր ձնի համար միայն հարձակում գործել, բայց այդ թյուրքի արյան ծարավի քաջերը, «կեցցե Դավիթ բեկ» գոռալով, առաջ մղվեցան, կամենում էին սար ու ձոր ոտքի տակ տալ և իրանց վրեժը առնել: Նրանք զինված էին հրացաններով, նիզակներով և խենջարներով: Բոլորի թիվը հազար հոգի էր, հինգ հարյուր Բայինդուր իշխանի հրամանի ներքո, հինգ հարյուր ևս Մելիք-Փարսադանի հրամանի ներքո: Բայինդուր իշխանը, իր խումբի առաջն անցած, դիմում էր դեպի կիրճի աջ կողմի բարձրությունը, իսկ Մելիք-Փարսադանը՝ ձախ կողմի բարձրությունը: Բլուրների զառիվերը սաստիկ ուղղաձիգ էր. հայոց զինվորները երբեմն կատվի նման ճանկռոտելով ապառաժները, երբեմն օձի նման սողալով մացառների միջով, իսկ երբեմն գազանների նման ոստյուններ գործելով խորին խրամատների վրայով, առաջ էին խաղում: Վերևից թյուրքերի հրացանները որոտում էին. բայց դեռ այնքան տարածություն կար, որ գնդակները չէին հասնում: Հայերը չէին պատասխանում, երբեմն միայն արձակում էին իրանց հրացանները օդի մեջ:

Արևը ծագեց, բայց ճառագայթները դեռ չէին երևում. թանձր մառախուղը պատել էր հորիզոնը. սար, դաշտ, հովիտ կորած էին մթին մռայլի մեջ:

— «Գայլը ամպ օր կուզե, գողը՝ մութ գիշեր»... մտածեց պարսից թագավորի «բաթման ղլիճը»: — Այդ մառախուղից կարելի է օգուտ քաղել...

Թավ հոնքերի տակ թաքնված խոշոր աչքերը առյուծի նման դարձրեց նա դեպի իր շուրջը: Մառախուղը հետզհետե թանձրանում էր, և կարծես, ձյունի պես սպիտակ, փխրուն լեռներ կուտակվում էին մինը մյուսի վրա: Եղանակի այդպիսի փոփոխությունը Հայաստանում հատուկ է Սյունյաց աշխարհին միայն. հանկարծ ամենապարզ օրը ընդունում է մառախլապատ մթնոլորտ:

Եղանակի փոփոխության համեմատ Բայինդուր իշխանը փոխեց և իր գործողության ծրագիրը, որ կազմել էր Մելիք-Փարսադանի հետ: Նա թողեց այն կարգադրությունը, որով մտածում էր՝ սկզբում թեթև հարձակում գործել, հետո փախուստ ձևացնել, և թշնամուն հրապուրելով, իր բարձրությունից ցած իջեցնել: Այդ բավական կզբաղեցներ նրան: Իշխանը սիրում էր գործի մեջ տեսնել շուտափույթ վախճան: Նա նկատեց, որ լեռան զառիվերը մագլցելը հետզհետե դժվարելանելի էր դառնում. եթե երկար շարունակվեր, զինվորները բոլորովին ուժաթափ կլինեին հոգնածությունից: Մյուս կողմից, տեսնում էր, որ բլուրների կողքերով ուղղակի գնալով, կարելի էր մի պտույտ գործել և անցնել կիրճի մյուս կողմը: Շրջապատող մառախուղը հնար կտար այդ պտույտը բոլորովին աննկատելի կերպով կատարելու: Անցնելով կիրճի մյուս կողմը, նա կվաստակեր երկու հաջողություններ. առաջինը, հայոց զինվորները ազատ կմնային կիրճի մեջ մտնելուց և թյուրքերի գնդակակոծությանը ենթարկվելուց, երկրորդ, նա թշնամուն կթողներ իր ետևում, երկու կրակի մեջ, — իրա և Մելիք-Փարսադանի զորքերը մեջտեղում:

Նա կանչեց իր մոտ երևանցի մեկ ոտքից կաղ Օհանեսին, որ իր թիկնապահների թվումն էր գտնվում և հայտնի էր իր ճարպիկություններով:

— Տո, կաղ սատանա, մոտ եկ, — ասաց նրան, հարցնելով. — դու իմանո՞ւմ ես, եթե այդ ուղղությամբ առաջ գնալու լինենք, ո՞րտեղ կդուրս գանք;

Նա ձեռքով ցույց տվեց ուղղությունը:

— Իմանում եմ, ուղիղ կդուրս գանք կիրճի մյուս կողմը, առանց նրա մեջ մտնելու, — պատասխանեց կաղ թիկնապահը: — Բայց դրա համար պետք է ահագին պտույտ գործել:

— Իրավ է, բայց այդ ահագին պտույտը մեզ կազատե ժայռերի կուրծքը ճանկռոտելուց և քարափների գլխից ցած գլորվելուց, որով շատ հեշտ կարելի է վիզը կոտրել:

— Կարելի է, — պատասխանեց կաղը, հավանություն տալով:

— Այդ էլ կարելի է, որ մենք անցնելով կիրճի մյուս կողմը՝ թշնամուն կբռնենք երկու կրակի մեջ:

— Կարելի է, եթե նրանք մեր շարժումը չնկատեն:

— Ուզում ես ասել, մեր առաջը կկտրեն, կաշխատեն մեր ընթացքը արգելել. — այդ ավելի լավ, մենք էլ հենց այդ ենք ցանկանում, որ նրանք ցած իջնեն իրանց բարձրություններից: Բայց ես կարող եմ տասներկու առաքյալների և երեք հարյուր վաթսուն ու վեց հայրապետների անունով քեզ հավատացնել, որ նրանք չեն տեսնի մեր շարժումը: Տեսնո՞ւմ ես մառախուղը, այժմ ավելի ու ավելի մռայլ գույն է ստանում:

Թիկնապահը նայեց իր շուրջը, և իրավ, սպիտակ մառախուղը այժմ սկսել էր մոխրագույն ամպերի կերպարանք ստանալ:

— Այդ բոլորը գիտե՞ս, թե ինչու համար քեզ հետ խոսեցի, — հառաջ տարավ իշխանը. – որ քեզ հասկացնեմ իմ դիտավորությունը: Ես ահա այդ ուղղությամբ պետք է առաջ գնամ: Իսկույն կվազես Մելիք-Փարսադանի մոտ, կհայտնես իմ միտքը: Հասկացա՞ր:

— Հասկացա... – պատասխանեց կաղը և պատրաստվեցավ ճանապարհ ընկնելու:

— Դե՛, իմ քաջ, շուտով, — խրախուսեց նրան իշխանը. — դու քո կաղ ոտքով դարձյալ իմ թիկնապահների մեջ ամենից ավելի արագավազն ես: Իմ կողմից կհայտնես մելիքին, որ իր տեղում անշարժ մնա, մի քանի ժամից հետո թշնամին իմ ու նրա մեջտեղում կլինի. այն ժամանակ պետք է խեղդել երկու կողմից:

Կաղ թիկնապահը սատանայի նման աներևութացավ:

Իշխանը իր ձեռքի տակ գտնված խումբից չորս հարյուր հոգի իր հետ վեր առնելով, դիմեց դեպի ընտրած ուղղությունը, իսկ հարյուր հոգի թողեց առաջվա տեղում, որ «զբաղեցնեն» թշնամուն, շարունակելով հրացանաձգությունը, որպեսզի կարծել տան, թե ամբողջ զորքը այնտեղ է գտնվում:

Իշխանի ընտրած ուղղությամբ, որպես կարծում էր նա, այնքան հեշտ չէր անցնել: Պետք էր իջնել ահագին վիհերի մեջ, հետո վեր բարձրանալ, կրկին իջնել, կրկին բարձրանալ, և այսպես սարսափելի ելևէջներով շարունակվում էր ճանապարհը, որտեղից վայրենի այծերը միայն կարող էին անցնել:

Անընդհատ անձրևները, սրընթաց հեղեղատները կտրատել էին լեռների կուրծքը և ամեն տեղ բաց էին արել խորին, ահռելի անդունդներ, որ ծածկված էին փշոտ թփերով և ճոխ մացառներով: Խիտ պատուտակները հյուսել էին միմյանց հետ այդ հարուստ, վայրենի բուսականությունը, որի միջով օձերը միայն կարող էին սողալ: Բայց հայ զինվորը, իր լեռների հարազատ որդին, անցնում էր այնտեղից: Դժվարությունները ավելի գրգռում էին, ավելի բորբոքում էին նրա գորովն ու ոգնորությունը: Հայրենասիրությունը, հայրենիքի ազատության գաղափարը նրա մեջ հասած էր վերին աստիճանի անձնազոհության: Այսօր պետք էր տիրել մի բերդի, որ երկրի ամենանշանավոր ամրություններից մեկն էր. պետք էր կամ մեռնել, կամ տիրել, — այդ էր յուրաքանչյուրի ուխտը:

Մինչ Բայինդուր իշխանը իր խմբով դանդաղ, բայց եռանդոտ կերպով առաջ էր գնում, այդ միջոցին Մելիք-Փարսադանը լեռան մյուս կողմում բոլորովին այլ ձեռնարկության վրա էր մտածում: Նրա տարիքը անցել էր վաթսունից: Ծերունի զորապետի մազերը ճերմակել էին անընդհատ կռիվների և արյունահեղության մեջ: Հոգով նա մի հմուտ և փորձված զինվոր էր, իսկ խելքով՝ երկրի լավ կառավարիչ: Հալիձորը իր շրջակա գյուղորայքով պատկանում էր նրան:

Նրա և թյուրք զինվորների մեջ շարունակվում էին թեթև հրացանաձգություններ: Ոչ մի կողմը չէր կամենում վճռական քայլ անել, և հարձակում գործել: Հրացանները արձակվում էին ավելի ցույցի համար, կարծես, մինը մյուսին ասել էր ուզում. «Տես, ես այստեղ եմ...»:

Մառախուղը այժմ բոլորովին կորցրել էր իր ճերմակությունը և մոխրի գույն էր ստացել: Հանկարծ բարձրացավ թեթև, բայց սառն քամի. սկսեց մանր կերպով անձրևել: Այդ երևույթը, որ կռվի ժամանակ կարող էր ուրիշներին տհաճություն պատճառել, ազդեց ծերունի զորապետի մեջ մի ներքին ուրախություն: Նրա դեմքի կնճիռները ցնցվեցան և ժպիտի նման մի բան փայլեց խորին աչքերի մեջ: Այդ միջոցին հայտնվեցավ կաղ Օհանեսը և հաղորդեց նրան Բայինդուր իշխանի պատվերները:

— Կռվի ժամանակ այսպիսի հաստատ և անփոփոխ որոշումները շատ անգամ կարող են վնասակար հետևանք ունենալ, — պատասխանեց նա իր սովորական հանդարտությամբ: — Պետք է հարմարվել հանգամանքների և պայմանների փոփոխության հետ: Նա հրամայում է ինձ իմ տեղում անշարժ մնալ, բայց դուք ի՞նչ կասեք այդ անձրևին:

— Անձրևին ես ոչինչ ասել չեմ կարող, — պատասխանեց կաղ պատգամաբերը ծիծաղելով. – նա իր քեֆը ուզածի չափ, որքան կամենա, այնքան էլ կգա:

— Այո՛, որքան կամենա, այնքան կգա, — ասաց ծերունի զորապետը նույնպես ծիծաղելով: — Բայց ես այդ մթին ամպերից գուշակում եմ, որ երկար կգա: Մանր անձրևները մեր երկրում շուտով չեն դադարում: Եվ այդ անձրևի հետ կապված է մեր հաջողությունը...

— Այսինքն, շուտով ամենքս թրջված հավ կդառնանք...

— Ես կրկնում եմ, որ այդ անձրևի հետ կապված է մեր հաջողությունը: Այդ կարելի է վճռված բան համարել: Դու գիտես, որ թյուրքերը զինված են այնպիսի հրացաններով, որ վառվում են փիլթաներով (ֆիտիլ): Անձրևը անպատճառ կթրջե փիլթաները և ոչ մի հրացան արձակել չեն կարող: Իսկ մեր մարդիկը ունեն գեղեցիկ կայծհանավոր հրացաններ, որ անձրևից շատ չեն վախենում: Այժմ կարելի է համարձակ հարձակում գործել և մի քանի ժամից հետո բոլոր թյուրքերին իրանց բարձրություններից կթափենք ձորի մեջ:

Մելիք-Փարսադանի ձեռնարկությունը իսկապես չէր հակառակում Բայինդուր իշխանի դիտավորությանը, այլ ավելի նպաստում էր նրան:

Իրավ է, որ հայերը զինված էին լավ հրացաններով, որ սպահանցի վաճառականների միջնորդությամբ, Ռուսաստանի և Կասպից ծովի վրայով, ստացվել էին Եվրոպայից: Հայոց զինվորը առաջին անգամ տեսնում էր իր հրացանի ծայրին սվին և այդ այնքան զվարճացնում էր նրան, որքան մի նոր խաղալիք երեխայի ձեռքում:

Որի ընդհակառակն, թշնամու հրացանները բոլորովին հին ձևի էին և սաստիկ ծանր: Նրանք սվինների փոխարեն ունեին իրանց ծայրին երկճղի եղջյուրներ, որ շինված էին փայտից և ծառայում էին որպես նեցուկ: Եղջյուրները այնպես էին հարմարեցրած, որ հեշտությամբ շարժվում էին. արձակելու ժամանակ կարելի էր նրանց սուր ծայրերը ամրացնել գետնի մեջ, որպես երկու ոտիկներ, և հրացանի փողը հորիզոնական ձևով կանգնեցնել նրանց վրա: Այդ այն հարմարությունն ուներ, որ ծանր հրացանը դողդոջուն ձեռքի մեջ բնավ չէր շարժվի: Իսկ երբ պետք չէր գործ ածել, կարելի էր եղջյուրները հրացանի փողի ուղղությամբ շուռ տալ, այդ դրության մեջ նրանք սվինի ձև էին ստանում, միայն փայտից շինված:

Անձրևը մանրիկ կաթիլներով դեռ մաղվում էր: Բարեբախտաբար ցեխ չէր գոյացնում. ավազոտ հողը ծծում էր իր մեջ վերնից թափված խոնավությունը: Բացի դրանից, լեռների տափարակները պատած էին կամ խիտ խոտաբույսերով, կամ սալացած ապառաժներով, որոնց վրայից վազում էր ջուրը:

Այդ բոլոր հանգամանքները լցնում էին Մելիք-Փարսադանի սիրտը անսահման ուրախությամբ: Ծերունի զորապետը, կարծես, կրկին մանկացել, երիտասարդական աշխույժ և եռանդ էր ստացել: Խորտակված, միմյանց վրա դիզված ժայռերը, պատի նման ուղղաձիգ ապառաժները, լեռների դժվարելանելի դարիվայրը, և տեղ-տեղ խորին խրամատները ամենևին չէին վհատեցնում նրան: Իր զորքերի առաջն անցած, խրախուսում էր նրանց, սիրտ էր տալիս, և հորդորում էր առաջ մղվել:

— Դե՛, զավակներս, այդ սարն էլ անցնենք, թշնամին մեր ճանկերի մեջ կլինի:

Իսկ նրա զավակները առյուծի նման առաջ էին գնում, և բնավ պետք չունեին հրամանատարի քաջալերությանը:

Երբ բավական տարածություն անցան, ծերունի զորապետը հրամայեց զինվորներին, որ փոքր-ինչ հանգիստ առնեն, կազդուրվեն, վերջնական հարձակումը գործելու համար: Նրանք անկանոն կերպով նստոտեցին քարերի վրա: Ոմանք սկսեցին ծխել, ոմանք իրանց պարկերի միջից դուրս բերելով արաղի փոքրիկ սրվակները, խմում էին և իրանց ընկերներին «համեցեք» էին անում: Նրանց զվարթ երեսները, շառագունած, փթթած լեռնային օդից ու եղանակի զովությունից, արտահայտում էին խորին բավականություն: Կարծես, խնջույքի մեջ էին նստած, կամ հարսանիքի հանդես էին կատարում:

Զինվորները մի առանձին համազգեստ չունեին, այլ կրում էին իրանց տեղային հագուստը, որ պատրաստված էր հայ կնոջ ձեռքով մանված բուրդից, նրա ձեռքով գործված շալից, և նրա մատներով կարված «գեյմայից»: Այդ փոքր-ինչ կոշտ գործվածքները այն առավելությունն ունեին, որ անձրևի տակ թրջվելով, ավելի պնդանում էին և բոլորովին անթափանցիկ էին դառնում: Այդ պատճառով, նրանք խիստ անհոգ կերպով նստած էին անձրևի տարափի ներքո, միայն իրանց զենքերը ծածկելով վերարկուների տակ:

Մինչ զինվորները նստած հանգստանում էին, ծերունի զորապետը ոտքի վրա անհանգիստ կերպով այս կողմ և այն կողմ էր գնում: Երբեմն կանգնում էր նա և ականջ էր դնում: Մթին թուխպերի թանձրությունից, մի հիսուն քայլ հեռավորության վրա, ոչինչ չի կարելի տեսնել: Աչքի փոխարեն ծառայում էր ականջը: Ծերունի զորապետի լսողությունը, չնայելով նրա հասակին, դեռ չէր կորցրած իր վաղեմի սրությունը: Նա հետազոտում էր ամեն մի աննշան շշունջ, քննում էր ամեն մի անորոշ հնչյուն և ձայնահիմայի նման նրանցից գուշակություններ էր անում: Նա կանչեց իր մոտ Ավթանդիլ գնդապետին, ասելով.

— Նկատո՞ւմ ես, թշնամու հրացանների ձայնը հիմա սկսեց նվազիլ, երևում է, անձրևը թույլ չի տալիս նրանց շուտ-շուտ կրակ տալ:

— Ես էլ այդպես եմ կարծում, — պատասխանեց գնդապետը, ինքն էլ նույնպես ականջ դնելով:

— Նկատո՞ւմ ես, — դարձյալ հարցրեց ծերունի զորապետը, — հրացանների ձայնը ավելի մոտից է լսվում, երևում է, թշնամին մեզանից շատ հեռու չէ գտնվում:

— Նրանք այդ բլուրի ետևում են, — խոսակցության մեջ մտավ կաղ Օհանեսը, հանկարծ հայտնվելով, կարծես, գետնից բուսավ նա:

— Ի՞նչ գիտես, — հարցրեց ծերունի զորապետը հետաքրքրությամբ:

— Մի ժամ առաջ ես նրանց բանակի մոտից անցա, այնքան մոտից, որ կարողացա բոլորը տեսնել: — Եվ նա սկսեց պատմել իր տեսածները, որից երևաց, թե թշնամին բավական բազմաթիվ է, թե նրանց հրացանները, թեև բանի պետք չեն, բայց ամենքն ունեն սրեր, որ ձեռնամերձ կռվի ժամանակ կարդ են գործ ածել: Մի քանի ուրիշ մանրամասնություններ ևս հաղորդելուց հետո, ավելացրեց նա.

— Երևում է, Բայինդուր իշխանը բավական հեռու է գնացել, և գուցե անցել է կիրճի մյուս կողմը: Թշնամին, որպես ես նկատեցի, հոտը առել է. պատրաստվում էին շարժվել դեպի այն կողմը:

— Բայինդուրից շատ խեր չեն տեսնի, — ասաց ծերունի զորապետը ժպտալով, և դարձավ դեպի Ավթանդիլ գնդապետը.

— Մնյանք բավական կապրւլվնյան, նիմա պնսւք Լ վրա սալ. սկվբսմ նրայանի բռնել. հետո սկսել ծակծկել...

Ավթանդիլ գնդապետը Դավիթ բեկի հետ Վրաստանից եկած քաջերից մեկն էր, մոտ քառասուն տարեկան մի տղամարդ, որ հայտնի էր իր հանդուգն և անվեհեր անձնավստահությամբ:

— Պետք է սկսել... - կրկնեց նա ծերունի զորապետի վերջին խոսքը: — Մենք բավական ժամանակ կորցրինք: Թեև արևը չէ երևում, բայց կեսօր է արդեն: Մենք մինչև այժմ պետք է մաքրեինք ճանապարհը: Շուտով կհասնեն Բեկի զորքերը, բայց մինչև նրանց հասնելը, այդ անպիտաններին պետք էր քշել ճանապարհից:

Այդ կարճ պատերազմական խորհրդից հետո, որ կատարվեցավ ոտքի վրա, ծերունի զորապետը հարկավոր պատվերները տվեց գնդապետներին, և հայկական զորքը մի քանի խումբերի բաժանելով, սկսեցին գնալ:

Թեև ամպամած մթնոլորտի մեջ անկարելի էր նշմարել թշնամուն, բայց նրանք արդեն գիտեին, թե գլխավորապես որտեղ էր ամրացած նա: Կաղ Օհանեսի հաղորդած տեղեկությունները բոլորովին ուղիղ էին: Նա ճշտությամբ լրտեսել էր թշնամու բանակը:

Պետք էր անցնել մի բլուր. թշնամին նրա ետևում էր: Իսկ բլուրը անցնելու համար բավական դժվարություններ կային. նրա գագաթի վրա կանգնած էին մի խումբ թյուրքեր, որ մթին ստվերի նման նկարված էին հորիզոնի վրա: Երբ բոլորովին մոտեցան, ծերունի զորապետը ձայն տվեց:

— Կրա՛կ...

— «Կեցցե՛ Դավիթ բեկը», — գոռացին հայ զինվորները և նույն վայրկենում հրացանները միանգամից որոտացին: Թանձր ծուխը միախառնվեցավ մթին թուխպերի հետ և սոսկալի դղրդյունը շանթերի բոմբյունի նման կտրատվելով տարածվեցավ լեռների մեջ:

Հորիզոնի վրա նկարված ստվերը չքացավ: Երևում էր, թյուրքերի խումբը կամ ընկավ, կամ ցրվեցավ:

— Դրանք այդպես են, — ասաց հայ զինվորներից մեկը իր ընկերին. — երբ վրա տաս, կփախչեն, երբ հետ դառնաս, գազան կդառնան:

Առաջին կրակից հետո կրկին տիրեց խուլ լռություն. միայն լսելի էր լինում սումբաների խշխշոցը, որոնցով դարձյալ լցնում էին հրացանները:

Եվ իրավ, բլուրի գագաթի վրա կանգնած թշնամու խումբը ցրվեցավ խիստ փոքր կորուստով: Նրանք պահակներ էին և ավելի ոչինչ: Բայց գլխավոր ուժը գտնվում էր բլուրի մյուս կողմում:

Հայ զինվորները առանձին խումբերով, գազանների արագությամբ անցան նույն բլուրի գագաթի վրա, որտեղ առաջ կանգնած էին թշնամու պահակները: Այդ դիրքին տիրելը մի մեծ հաջողություն էր, որ կատարվեցավ կես ժամվա մեջ:

Բլուրի գագաթը այնքան սրածայր չէր, որպես հեռվից երևում էր: Այստեղից տարածվում էր մի հարթ տափարակ, որ պատած էր խոտով: Տեղ-տեղ բուսել էին ողորմելի թուփեր, կամ կարելի էր տեսնել մի-մի վայրենի տանձենի:

Անձրևը դադարել էր. երկինքը փոքր առ փոքր պարզվում էր. ամպերի ետևից աղոտ կերպով տեսնվում էր արևի սքողված բոլորակը:

Օդի նսեմության միջից թշնամին նկատեց հայ զինվորների մոտենալը, և մի քանի զամբուրակներ արձակվեցան դեպի հայոց զորքը:

— Այդ անպիտանները թնդանոթներ էլ են ունեցել, — բացականչեց ծերունի զորապետը ուղիղ այն րոպեում, երբ ռումբերից մեկը ընկավ նրանից մի քայլ հեռու: — Տղերք, կրակ տվեցեք:

Այս անգամ ոչ բոլորը միասին, այլ յուրաքանչյուր խումբ փոփոխակի կերպով սկսեցին հրացաններ արձակել և միևնույն ժամանակ առաջ խաղալ: Թշնամու կողմից հրացաններ շատ փոքր թվով էին արձակվում. նրանք պատասխանում էին զամբուրակներով, որ երեք հատից ավելի չպիտի լինեին: Կռիվը այս կերպով շարունակվեցավ մի ամբողջ ժամ:

Այդ միջոցին Ավթանդիլ գնդապետը, մոտենալով ծերունի զորապետին, ասաց.

— Այդ երեխայական խաղից ոչինչ չի դուրս գա, հրամայեցեք վերջնական կերպով հարձակում գործեն:

— Այժմ վտանգավոր է... – պատասխանեց ծերունի զորապետը փոքր-ինչ վրդովված ձայնով: — Նայեցեք, թշնամու բանակները միացան:

Գնդապետը նայեց դեպի այն կողմը, որ ցույց տվեց ծերունի զորապետը: Նա տեսավ, իրավ, թշնամու մյուս զորաբաժինը, որ գտնվում էր կիրճի աջ կողմում (այսինքն այն կողմում, որտեղից պետք է անցներ Բայինդուր իշխանը), թողնելով իր դիրքը, եկավ, միացավ առաջինների հետ:

— Պատրաստ եմ երդվել, որ Բայինդուրը այդ հիմարներին մոլորության մեջ է ձգել, — խոսեց Ավթանդիլ գնդապետը ուրախությամբ ծափ տալով: — Դուք ինչպե՞ս եք կարծում, մելիք:

— Շուտով կհայտնվի, — պատասխանեց ծերունի զորապետը: — Բայինդուրը գործի մեջ զանցառություն չէ սիրում, նա ինքը տեղեկություն կտա մեզ: Բայց մինչև տեղեկություն ստանալը պետք է այդ բլուրը, որ մենք ձեռք բերեցինք, պահպանել:

Մինչ հայ զորապետները այսպիսի անորոշ կարծիքների մեջ էին, թշնամու բանակները միմյանց հետ միանալով, ավելի և ավելի ստվարացան: Եվ նրանք, որ մինչև այժմ պաշտպանողական դիրք էին բռնած, սկսեցին հարձակողական կերպարանք ընդունել:

«Յա՛ Ալի...» — գոռացին հազարավոր ձայներ և լեռները թնդացրին վայրենի աղաղակներով:

Այդ սրբազան անունը լցնում է մահմեդականի սիրտը կատաղի ոգևորությամբ, այդ անվան հետ կապված է նրա բոլոր կրոնական զգացմունքը. այդ անունը արտասանելիս նա մոռանում է ամեն ինչ՝ թե իր անձը, թե իր կյանքը, և խավար մոլեռանդությամբ պատրաստ է բոլորը զոհել նրա սիրո համար:

«Կեցցե՛ Դավիթ բեկ», — գոռացին հայոց քաջերը և պատասխանեցին թշնամուն հրացանների կրակով:

Գետինը ծածկվեցավ դիակներով: Բայց թշնամին դրանից չվհատելով, մի երկրորդ հարձակում ևս գործեց: Զամբուրակները այժմ ավելի ստեպ ստեպ կերպով սկսեցին որոտալ: Հայերը ոչ մի թնդանոթ չունեին. միայն ժայռերի ետևում պատսպարված, թուփերի մեջ թաքնված, կամ խրամատների խորության մեջ մտած, հրացաններ էին արձակում:

Այդ միջոցին մի երիտասարդ, երեսից քրտինքը սրբելով և հազիվ շունչ քաշելով, մոտեցավ ծերունի զորապետին, ասելով.

— Ինձ ուղարկեց ձեզ մոտ Բայինդուր իշխանը. ասաց՝ իմ կողմից շատ բարև արա մելիքին, հայտնիր, որ պարսից թագավորի «բաթման ղլիճը» մազե կամուրջից անցավ. այժմ թշնամին մեր երկուսի մեջտեղումն է գտնվում, եթե հունար ունես, բանացրու, — դու այն կողմից, ես այս կողմից:

Պետք էր ծանոթ լինել Բայինդուր իշխանի միտք արտահայտելու ձևի հետ, որ կարելի լիներ հասկանալ նրա իմաստը: Իսկ այդ անգամ նրա հաղորդած տեղեկությունը բավական պարզ էր: Իշխանը անցել էր «մազե կամուրջից», այսինքն կատարել էր այն սարսափելի պտույտը լեռների դարուփոսերի միջով, որը այնքան անձնավստահությամբ հանձն առեց նա: Այժմ թշնամին գտնվում էր երկու հայ բանակների մեջտեղում և հեշտ էր երկու կողմից ջարդել նրան:

Մի քանի րոպեում այդ ուրախալի լուրը տարածվեցավ բոլոր հայ զինվորների մեջ, բոլորը առյուծի սիրտ և արծվի թռիչք ստացան:

— Տղե՛րք, ձեր հոգուն մատաղ, — ձայն տվեց ծերունի զորապետը, արագությամբ իր գունդերի միջից անցնելով. — այնպես շարժվեցեք, որ ոչ մի հոգի ձեռքից բաց չթողնեք:

Թշնամու զամբուրակները կրկին որոտացին:

— Այդ զամբուրակները մեր զահլեն տարան, — ասաց հայ զինվորներից մեկը. – մինչև ե՞րբ դրանց ձեռքում պիտի թողնենք...

— Շուտով կխլենք... – պատասխանեց մի ուրիշ զինվոր:

Այդ միջոցին թշնամու զորքերի մեջ նկատվեցավ խռովություն: Նրանց ետևից նույնպես կրակ էին թափում:

— Բայինդուրը հասավ... – լսելի եղան հարյուրավոր ուրախալի ձայներ:

Թշնամին սեղմվեցավ երկու կրակների մեջ: Բայց նա այնքան համառ էր, որ հեշտությամբ անձնատուր չէր լինի: Կռիվը յուրաքանչյուր կողմից, զանազան կետերի վրա, կատաղությամբ շարունակվում էր: Օդը մռայլված էր թանձր ծխով:

Այդ միջոցին մի խումբ, Ավթանդիլ գնդապետի առաջնորդությամբ, գնդակների կարկուտի միջից անցնելով, հարձակվեցավ ճեղքել թշնամու վաշտերը և տիրել զամբուրակներին: Նրանցից մեկը, մի երիտասարդ, առաջ անցնելով, արծվի արագությամբ ընկավ թյուրքաց գլխավոր դրոշակակրի վրա, և իր սրի մի հարվածով նրան գետին տապալելով, խլեց դրոշակը: Այդ միջոցին մի գնդակ անցավ նրա ոտքի ազդրի միջից: Նա վեր բարձրացրեց դրոշակը, և «Կեցցե՛ Դավիթ Բեկ» գոչելով՝ ծիծաղելով ասաց.

— Ես այդ ոտքից հենց առաջ էլ կաղում էի...

Եվ իրավ նա երևանցի կաղ Օհանեսն էր:

Դրոշակի հափշտակությունը ազդեց թշնամու զորքերի մեջ ընդհանուր վհատություն: Նրա վրա կարմիր գույնով նկարված էր Ալիի աջը, որ հովանավորում էր նրանց, որ ուժ և զորություն էր տալիս նրանց:

Բայց մի փոքր հեռու կատարվում էր սարսափելի կոտորած: Ավթանդիլի խումբը կռվում էր թյուրքաց թնդանոթաձիգների հետ: Հայերը աշխատում էին գրավել թնդանոթները, իսկ թյուրքերը պաշտպանում էին: Այստեղ վառոդի փոխարեն գործում էր սուր երկաթը: Հայոց սվինները հրաշք էին կատարում: Արյունը առվակներով վազում էր: Մարդիկ տապալվում էին մինը մյուսի վրա...

— Անիրա՛վ, մինչև ե՞րբ պիտի տանջես մեզ... — գոչեց Ավթանդիլ գնդապետը և իր ծանր սուրը իջեցրեց մի վիթխարի թյուրք զինվորի գլխին, որը տասնից ավելի վերք ստանալուց հետո, դարձյալ ձեռքից բաց չէր թողնում թնդանոթը:

Նա թնդանոթի փողը գրկած պահելով, այնպես էլ մնաց, միայն ճեղքված գլուխը թեքվեցավ մի կողմ, և տաք արյունը շատրվանի նման դուրս ցայտելով խոր վերքից, ներկեց իր պաշտպանած մահային անոթը: Գնդապետը ձեռքով գետին գլորելով դիակը, գրավեց թնդանոթը: Մնացած թնդանոթները նույնպես անցան հայերի ձեռքը:

Մինչ այստեղ այս էր կատարվում, մյուս կողմից Բայինդուր իշխանը իր որոտալից ձայնով գոռում էր իր զինվորներին.

— Տղերք, չարժե դրանց վրա վառոդ փչացնել, ծածկվեցե՜ք, ծածկվեցե՜ք...

Եվ հայ զինվորները գրոհ տալով, մեկը սրով, մյուսը նիզակով, մի այլը սվինով, ոմանք հասարակ քարերով խորտակում էին պատահած զինվորին: Կոտորածը երկու կողմից ևս տևեց մի քանի ամբողջ ժամ, մինչև թյուրքերը աղաղակեցին:

— Ռայա՜... ռայա՜...

Այսինքն անձնատուր ենք լինում կամ հպատակում ենք:

Բայինդուր իշխանը և նրա հետ շատերը այն կարծիքը հայտնեցին, թե պետք է բոլորին կոտորել, բայց ծերունի զորապետը ընդդիմացավ, հրամայելով, միայն զինաթափ անել և գերի վերցնել: Թշնամու անասունները, սայլակները և ահագին քանակությամբ ռազմամթերք ընկան հայերի ձեռքը: Այդ ճակատամարտի մեջ հայերը կորցրին մոտ 300 հոգի, բայց թշնամուց սպանվածների թիվը 2.000-ից ավել կլիներ, չհաշվելով վիրավորներին, որ համեմատաբար խիստ շատ էին:

— Այդ բոլոր ղալմաղալի մեջ, — ասաց Բայինդուր իշխանը մոտենալով ծերունի զորապետին, — մի ուրախալի բան կա միայն, որ մենք ձեռք ձգեցինք թշնամու թնդանոթները, որ մենք չունեինք:

— Այդ ուղիղ է, բերդը պաշարելու ժամանակ հարկավոր կլինի մեզ, — պատասխանեց ծերունի զորապետը իր սովորական բարի ժպիտով: — Ես կարծում եմ, որ Բեկն էլ շատ գոհ կլինի դրանով. նա սիրում է թշնամու զենքերը խլել, հետո իր դեմ գործ դնել:

— Բայց ո՞րտեղ մնաց այդ Բեկը, չէ երևում, — հարցրեց Բայինդուր իշխանը իր շուրջը նայելով, կարծես Բեկը նրանց հետ լիներ:

Դեռ ծերունի զորապետը չպատասխանած, հայտնվեցավ մի սուրհանդակ, որը հաղորդեց, թե Բեկը Թորոս իշխանի հետ և իրանց մոտ ունեցած զորքերով մտան կիրճի մեջ, այնտեղից անցնում են դեպի բերդը գնալու համար: Նա ավելացրեց, որ Բեկին արդեն հայտնի էր կատարված հաղթությունը, և այդ պատճառով նա աներկյուղ կերպով մտավ կիրճի մեջ, գիտեր, որ ճանապարհը թշնամիներից մաքրված է:

— Իսկ Մխիթար սպարապետից լուր չունե՞ք, — հարցրեց սուրհանդակից ծերունի զորապետը:

— Ունեմ, նա էլ մի գեղեցիկ հաղթությունով դուրս է եկել Կարա-բուրունի անցքից, որ բռնած էր թշնամիներով: Այժմ բերդին հասած կլինի սպարապետը:

— Իսկ մենք ի՞նչ սպասելիք ունենք, — ասաց Բայինդուր իշխանը, և հրաման տվեց ճանապարհ ընկնելու:

Գերիների թևքերը կապեցին չվաններով, նրանցից խլած ռազմամթերքը բարձեցին նրանց սայլակների վրա, նույն սայլակների վրա տեղավորեցին և հայ վիրավորներին, հետո ճանապարհ ընկան:

Բոլորովին մութ էր, երբ Բեկը Թորոս իշխանի հետ մի կողմից, Մխիթար սպարապետը մյուս կողմից, հասան բերդին: Երբ Բայինդուր իշխանը Մելիք-Փարսանդի հետ եկան, — սկսվեցավ պաշարումը:

ԺԵ

Անձրևային մառախլապատ օրին հաջորդեց պարզ, աստղազարդ գիշեր:

Զեվու բերդը պաշարած էր հայոց զորքերով: Պարսից զորքերը ամեն կետերի վրա հաղթվելով, մի մասը ջարդված էր, մի մասը գերի էր ընկած, իսկ մնացածները փախել, պատսպարվել էին բերդի մեջ: Դեպի բերդը տանող բոլոր կամուրջները պարսիկները քանդել էին: Հաղորդակցությունը դրսի հետ կտրված էր:

Զեվու բերդը գտնվում էր Հալիձորի գետի ձախ ափի վրա, հին Բաղաբերդից մեկ մղոն հեռավորությամբ դեպի հարավ: Սյունյաց աշխարհի շատ բերդերի նման, նա շինված էր մի այնպիսի տեղում, ուր երկու գետեր խառնվելով միմյանց, կազմում են մի սուր եռանկյունի: Մի այսպիսի եռանկյունու մեջ գտնվում էր բերդը: Հարավային կողմից գալիս էր Հալիձորի գետը, իսկ արևմտյան կողմից Գեղվա գետը կտրելով նրան, կազմում էր եռանկյունին: Նա Ղափանի մյուս բերդերի նման բոլորովին բարձրավանդակի վրա չէր գտնվում, այլ նեղ ձորի մեջ, սեղմված հիշյալ երկու գետերի գրկում: Մի կողմից միայն բարձրանում էր դեպի արևմտյան կողմի բլուրը, ուր կանգնած էր անմատչելի միջնաբերդը:

Բերդը պատած էր հաստ պարսպով, որը շուրջանակի ամրացրած էր բրգաձև աշտարակներով: Պարսպի շուրջը տարածվում էր մի երկրորդ ամրություն. դա էր ածովի հողից կազմված թանձր թումբը, որը իր փափուկ կողքերի մեջ այնպես էր ընդունում թնդանոթների ռումբերը, որպես փետուրյա բարձը ընդունում էր իր մեջ գնդասեղի ծայրը, առանց ցավ զգալու: Դա մի ամուր պատնեշ էր, միայն հողից թափված: Այդ պատնեշի մոտով, խորին, բնական խրամատների միջով, որոտալով, քարերին և ժայռերին զարկելով, անցնում էին Հալիձորի և Գեղվա գետերը, որոնք նույն իսկ բերդի ստորոտում միանում էին, նրա դիրքը ավելի անմատչելի կացուցանելու համար:

Միջնաբերդի մեջ այդ միջոցին տիրում էր կատարյալ իրարանցում: Կարծես, մի չար մարգարեի գուշակությամբ մարդիկ համոզված լինեին, թե ահա մի քանի րոպեից հետո աշխարհս կկործանվի, և ամեն ինչ կլուծվի, կկորչի հավիտենական ոչնչության մեջ: Ամեն ոք սարսափելի տագնապով սպասում էր վճռական ժամին: Խանի կանանոցի մեջ հուսահատությունը ավելի սոսկալի էր: Չնայելով, որ գիշերից բավական անցել էր և այդ ժամուն բոլոր խանումները հագնստացած էին լինում իրանց փափուկ օթյակներում, իսկ այդ գիշեր դեռ ոչ ոք քնած չէր: Նրանք ընթրիք անգամ չէին վայելել: Բազմածախ խոհանոցի բոլոր պատրաստությունները պղնձե մեծ մատուցարանների վրա սառչում էին: Ներքինիները իրանց շողոքորթության բոլոր հմտությունով մնացել էին շվարած: Նրանք չգիտեին ինչո՞վ մխիթարել, ինչո՞վ հանգստացնել տիկիններին:

Այդ միջոցին մանկահասակ խանումներից մեկը, իր շքեղազարդ օթյակում, խելագարի նման, մի անկյունից դեպի մյուսն էր վազում, ինքն էլ չգիտեր, թե ինչու համար: Նրա գլխին քող չկար. մետաքսյա նեղ վարսակալը միայն հավաքել էր ճոխ գիսակները գեղեցիկ գլխի վրա, որոնք առանց հյուսերի թափվել էին կիսամերկ ուսերի վրա, ծածկում էին նրա դալար մեջքը: Դեմքը գունաթափ էր. աչքերի մեջ վառվում էր տենդային երկչոտություն: Նա մոտեցավ պատուհանին, դողդոջուն մատներով բարձրացրեց վարդագույն-թավշյա վարագույրը: Այնտեղից վեր առեց մի փոքրի արկղիկ, որ Սպահանի ընտիր գործ էր հիանալի քանդակներով: Նա դրեց արկղիկը գորգի վրա, ինքը նստեց նրա մոտ: Փոքրիկ բանալին պտտվեցավ նրա նուրբ մատիկների մեջ, արկղիկը բացվեցավ: Նրանում, կարծես, թաքցրած լինեին երկնքի աստղերի ամենագեղեցիկները, որոնք իսկույն փայլել սկսան ճրագի լույսի առջև: Դրանք գոհարներ էին, որոնք ոչ միայն հանդիսավոր օրերում, այլ հասարակորեն զարդարում էին գեղեցիկ կնոջ բազուկները, մատները, կուրծքը, պարանոցը և մինչև անգամ ոտների սրունքները:

Այդ արկղիկի մեջն էր ամփոփված նրա ուրախությունը, դրանով էր գնել անտանելի ամուսինը նրա սերը: Իսկ այժ երկար մի առանձին տխրությամբ նայելուց հետո աչք շլացնող ակների վրա, նա կրկին կողպեց արկղիկը, մտածում էր իր գանձը թաքցնել մի ծածուկ տեղում: Նա վեր կացավ, արկղիկը սեղմած գողտրիկ կուրծքի վրա, որ այդ միջոցին սաստիկ զարկում էր: Աչք էր ածում իր շուրջը, տեսնելու, թե որտեղ ավելի հարմար էր թաքցնելու: Նույն րոպեում լսելի եղավ թնդանոթի որոտը, որի արձագանքը դղրդալով տարածվեցավ բերդը շրջապատող նեղ ձորերի մեջ: Տիկինը մի ակամա ճիչ բարձրացրեց, ձեռքերը թուլացան, արկղիկը ցած ընկավ, և փշրվելով, գոհարները սփռվեցան նախշուն գորգերի վրա, նրանց նկարները ավելի բազմատեսակ անելու համար:

Այդ թշնամու թնդանոթների ձայնն էր: Առաջին անգամ չէր, որ որոտում էին նրանք, բայց տիկինը, խորասուզված իր հոգեկան խռովությունների մեջ, դեռ ոչինչ չէր լսել:

Նա մոռացավ գոհարները: Մայրական սերը խեղդեց պճնասիրության ցանկությունը: Միակ առարկան, որ այժմ մտաբերեց նա, էր իր զավակը: Սկսեց սենյակում կատաղաբար որոնել նրան, ամենևին չմտաբերելով, որ նա այնտեղ չէր, այլ պառկած էր կից սենյակում աղախնի հսկողության ներքո:

Տիկնոջ պահապան ներքինին նախասենյակում նիրհում էր, ամենևին ուշադրություն չդարձնելով, թե ինչ է կատարվում իր շուրջը: Ծերունի ներքինին աֆիոն ընդունելու սովորություն ուներ, այս գիշեր, երևի, սրտի տխրությունից, փոքր-ինչ ավելի ընդունեց և արբեցուցիչ թույնը բոլորովին թմրեցրեց նրան: Բայց տիկնոջ արձակած ճիչը վրդովեց նրա հանգստությունը, նա կիսաքուն դրության մեջ գլուխը վեր բարձրացրեց. և նախասենյակի խավարի մեջ ոչինչ չտեսնելով, կրկին գլուխը դրեց իր կարծր բարձի վրա, սկսեց մրափել: Նրա բարձը, որ մի տոպրակ էր, լցրած աղացած փայտի թեփով, դրած էր ուղիղ տիկնոջ դռան հանդեպ, դրսի կողմից: Եթե ավելացնենք այդ բարձի վրա ներքինու ածիլած գլուխը, — երկուսը միասին կազմում էին մի ամուր պատնեշ, որ արգելում էր տիկնոջ սենյակի դռան ներսից բացվելը: Այսպիսով ինքը ներքինին ներկայացնում էր մի մեծ կողպեք, որ փականք էր դրել խանի գեղեցիկ կնոջ օթյակի դռան վրա: Որպես մի հավատարիմ շուն, գլուխը կպցրած դռանը, նա ամբողջ գիշերը պառկած էր լինում նախասենյակում: Ոչ մի անցուդարձ տիկնոջ սենյակի դռնով կատարվել չէր կարող, առանց նրան զարթեցնելու: Բայց երբ այդ սոսկալի պահապանը զարթեցավ, հանդուգն այցելուի մահը պետք էր վճռված համարել:

Չնայելով, որ ամրոցի մեջ տիրում էր կատարյալ անկարգություն, բայց կանանոցի մեջ դեռ սովորական կարգերը բոլորովին չէին խանդարված: Կանանոցը այն միակ հիմնարկությունն է մահմեդական աշխարհում, որի օրենքները կամայականության չեն ենթարկվում: Թո՛ղ աշխարհը քանդվի, թո՛ղ ամեն ինչ տակնուվրա լինի, բայց կանանոցի գերին իր օթյակից դուրս գալու իրավունք չունի:

Բայց նույն րոպեում տիկինը այդ խստությունների վրա ուշադրություն չէր դարձնի, եթե մտաբերեր, որ իր զավակը գտնվում է աղախնի սենյակում, դուռը բաց կաներ, և ներքինու գլուխը ու մարմինը ոտնակոխ անելով, կանցներ և կմտներ աղախնի սենյակը: Նա վանդակի մեջ բռնված անընտել թռչունի նման անդադար թռվռում էր այս կողմ և այն կողմ: Հարյուր անգամ նայեց իր անկողնի մեջ, հարյուր անգամ շոշափեց նրան, բայց դարձյալ չէր հավատում իր աչքերին, թե իր զավակը այնտեղ չէր: Որդեկորույս մայրը բոլորովին շփոթված էր: Կասկածը նրա մեջ կատաղության հասավ, երբ թնդանոթները սկսեցին այժմ ավելի և ավելի հաճախ որոտալ: Նա ուշաթափ եղավ, ընկավ այն գոհարների վրա, որ մի քանի րոպե առաջ սփռված էին գորգերի վրա և զարդարում էին նրանց գեղեցկությունը:

Աղախնի սենյակում ճրագը դեռ վառվում էր: Ինքը, աղախինը, որին կոչում էին

Փարիշան, նստած էր իր տիկնոջ երեխայի փոքրիկ անկողնի մոտ: Երեխան քնած էր: Նրա ծանր շնչառությունը ցույց էր տալիս, որ բոլորովին առողջ չէ. և իրավ, մի քանի օր էր, որ կոկորդի ուռուցք էր ստացել:

Նա գլուխը վեր բարձրացրեց, և կիսաբաց աչքերով նայելով աղախնի վրա, ասաց.

— Ջուր եմ ուզում:

— Կտամ, զավակս, կտամ, — ասաց աղախինը և վեր կացավ կատարելու նրա պահանջը:

Երեխան ջուրը խմելուց հետո գլուխը կրկին դրեց բարձի վրա և իսկույն քուն եղավ: Աղախինը դարձյալ նստեց իր առաջվա տեղում, հիվանդի անկողնի մոտ: Արդյոք ցավակցությո՞ւնը, թե պարտաճանաչությունն էր ստիպում այդ մանկահասակ կնոջը հսկել իր հիվանդի մահճի մոտ, — հայտնի չէ, միայն երևում էր, որ նա վճռել էր այս գիշեր ամենևին չքնել: Գուցե նա նույնքան վախենում էր, որպես մյուսները և երկյուղը խլել էր նրա աչքերից քունը. գուցե պաշարված ամրոցը նրան նույնքան սարսափեցնում էր, որպես մյուսներին:

Կրկին լսելի եղավ թնդանոթի որոտումը:

Բայց այդ կործանիչ որոտումը, որ ուրիշների վրա սոսկում էր բերում, կարծես, նրան մի առանձին զվարճություն էր պատճառում: Նրա տխրամած դեմքը ավելի և ավելի պայծառանում էր, և խոշոր աչքերում վառվում էր ուրախության կրակը: Թշնամու թնդանոթի ձայնը արձագանք էր գտնում նրա սրտում, խորին բերկրության արձագանք:

Նա վեր կացավ, ճրագը վեր առեց, ուշիկ քայլերով դուրս եկավ: Մի քանի վայրկյան կանգնեց նախասենյակում, նայում էր պառկած ներքինու վրա: Ծերունու խռմփալու ձայնը արդեն ցույց էր տալիս, որ նրա քունը խիստ ծանր էր: Նա զգուշությամբ մոտեցավ տիկնոջ սենյակի դռանը: Թեև ներքինու գլուխը և բարձը դրած էին նրա հանդեպ, բայց նրանք այնքան տեղ չէին բռնում, որ արգելեին աղախնի մոտենալը: Նա մի կողմում կանգնելով, թեքվեցավ և ականջը ուշադրությամբ տարավ դեպի դռան փոքրիկ ճեղքը: Ներսից ոչ մի շշունջ լսելի չէր լինում: Նա մտածեց, որ տիկինը, երևի, քնած է, թեև նա դեռ ուշագնացության մեջ էր գտնվում:

Նա կրկին ուշիկ քայլերով վերադարձավ իր սենյակը, ճրագը դրեց իր տեղում և նստեց հիվանդի անկողնի մոտ: Մի քանի րոպե գտնվում էր մի տեսակ անվճռականության մեջ, որ խիստ հեշտ կարելի էր նկատել նրա բազմահոգ դեմքից: Հետո կամաց-կամաց ձեռքը տարավ դեպի հիվանդի վերմակը և զգուշությամբ կիսով չափ բարձրացրեց: Նա այժմ մի առանձին երկյուղածությամբ նայում էր գեղեցիկ երեխայի երեսին, նայում էր դողալով և չէր վստահանում կատարել այն, ինչ որ մտածում էր:

— Քնե՛լ... քնե՛լ... – լսելի եղավ կանանոցի բարձր աշտարակի գլխից:

Դա ներքինապետի հրամայական ձայնն էր, որ իր դիտանոցից նայում էր ամբողջ հարեմի վրա: Այդ աշտարակը մի այնպիսի տեղում էր կանգնած, որ նրա բարձրությունից կարելի էր տեսնել կանանց բոլոր օթյակների լուսամուտները: Այդ սպառնալից ձայնը լսելի էր լինում ամեն գիշեր երեք անգամ: Առաջին անգամին պետք է բոլոր կնիկները իրանց ընթրիքը կերած, վերջացրած լինեին. երկրորդ անգամին պետք է ճրագները մարեին և քուն լինեին. իսկ երրորդ անգամին դռները փակվում էին և հարաբերությունները բոլորովին արգելվում էին:

Ներքինապետի այժմյան զգուշացուցիչ ձայնը երկրորդ անգամին էր պատկանում, որով մի քանի րոպեից հետո ամբողջ հարեմի մեջ պիտի տիրեր խավարը: Այդ ձայնը, կարծես, շտապեցրեց աղախնին կատարել իր դիտավորությունը, որի համար նրա քաջությունը պակասում էր: Նա ձեռքը դողդողալով տարավ դեպի հիվանդի պարանոցը, բռնեց նրա կոկորդից և բթամատով ու ցուցամատով այնպես պինդ սեղմեց ուռուցքը, որ երեխան թփրտաց, դողդողաց, խռխռաց և ապա սկսեց սաստիկ ճիչ բարձրացնել:

Այդ միջոցին աղախինը զարմանալի արագությամբ վեր թռավ, ոտքով զարկեց ճրագին ցած գցեց, ճրագը հանգավ, իսկ ինքը խավարի միջից դուրս պրծավ բարձր ձայնով գոչելով. «Խեղդվեցա՛վ, խեղդվեցա՛վ, օգնեցե՛ք, խեղդվեցա՛վ...»:

Նա վազեց դեպի տիկնոջ սենյակը, իր ոտքերի տակ կոխ տալով, տրորելով պառկած ներքինուն, որը սարսափելով զարթնեց, և չկարողանալով իսկույն հասկանալ պատահածը, իր սոսկալի շփոթության մեջ կարծում էր, թե ահա թշնամիները ներս թափվեցին ամրոցի մեջ, սկսել են բոլորին կոտորել: — «Օգնեցե՛ք... օգնեցե՛ք»... – սկսեց աղաղակել նա, դուրս վազելով դեպի կանանոցի բակը:

Ոչ սակավ եղավ և աղախնի զարհուրանքը, երբ նա մտավ տիկնոջ սենյակը: Տեսնելով նրան գունաթափ, դիակի նման ընկած հատակի վրա, — տեսնելով այնտեղ սփռված գոհարները, սենյակի անկարգությունը, փշրված արկղիկը, — նա կարծեց, թե հենց նույն րոպեում այնտեղից փախավ ավազակը, որը իր տիկնոջը սպանելով, կողոպտել էր նրա սենյակը:

Բայց նա այնքան սրտի և մտքի ամրություն ուներ, որ բոլորովին չշվարվեցավ: Մանավանդ, երբ նայեց լուսամուտներին, գտավ նրանց ամբողջությամբ իրանց տեղում փակված: Իսկույն մտաբերեց, թե ինքն էր, որ ներքինուն կոխ տալով, անցավ նրա վրայից և բաց արավ դուռը: Ուրեմն ոչ մի տեղից ավազակ մտնել չէր կարող: Նա զգաց իր սխալը և շտապեց իր ձեռնարկությանը մի այլ կերպարանք տալ:

Առանց մի վայրկյան կորցնելու, տիկնոջը նույն դրության մեջ թողնելով, նա դուրս վազեց կանանոցի բակը, որ թույլ չտա հիմար ներքինուն շատ աղմուկ բարձրացնել:

— Ասադ, Ասադ, — ձայն տվեց նրան մոտենալով, — ի՞նչ ես խելքդ կորցրել, այստեղ մեր տիկինը մեռնում է, այնտես նրա երեխան խեղդվում էր, իսկ դու բակում կանգնած, աղաղակներ ես բարձրացնում: Գնանք, գնանք շուտով:

— Ի՞նչ է պատահել, — հարցրեց շփոթված Ասադը, ամեննին չհասկանալով իր լսածը:

— Եկ, տես, թե ի՞նչ է պատահել, քավթառ, մեռելի նման քնում ես ու ոչինչ բանից տեղեկություն չունես: — Վերջին խոսքերից հետո աղախինը համարյա ուժով բռնեց նրա ձեռքից և քարշ տվեց դեպի տիկնոջ սենյակը:

Բայց ներքինին, ցույց տալու համար, թե ինքն էլ մի բանից տեղեկություն ունի, մտաբերեց աղախնի խոսքերից մեկը միայն՝ «խեղդվում է», և հարցրեց.

— Դու ասացիր խեղդվում է, ո՞վ է խեղդվում:

— Երեխան, հիմար, դու չե՞ս իմանում, քանի օր է, որ նա հիվանդ է, կոկորդը ուռչել է, հիմա ցավը սաստկացել է, խեղդվում է:

— Տիկնոջ հետ ի՞նչ է պատահել:

— Ես ի՞նչ գիտեմ, ի՞նչ է պատահել, տիկինը իր սենյակում ընկած է:

Ներքինին այժմ բավական բան հասկացավ և աղախնի հետ շտապեց դեպի տիկնոջ սենյակը:

Բարեբախտաբար թե աղախնի և թե ներքինու բարձրացրած աղաղակները արձակվեցան միևնույն րոպեում, երբ բերդից սկսեցին պատասխանել թշնամու թնդանոթներին: Դրանց ձայնը խլացավ հրանոթների ընդհանուր դղրդումների մեջ: Կանանոցում ոչ ոք չիմացավ պատահած աղմուկը, և ոչ ներքինապետը, որը իր դիտանոցի բարձրությունից ամեն մի շարժում, ամեն մի շշնջյուն լրտեսում էր:

Լսեց միայն մեկը, որ ավելի պատճառ ուներ չլսելու, լսեց նա, որ ուշաթափ, գետնատարած, ընկած էր իր սենյակի հատակի վրա: Հենց որ դժբախտ մոր ականջին դիպավ «խեղդվում է» բառը, նա մի մոգական հարվածքով ցնցվեցավ, աչքերը բաց արավ, սկսեց շփոթված կերպով նայել իր շուրջը: «Օգնեցեք» բառը բոլորովին արթնացրեց նրան: Նա իսկույն վեր թռավ և վազեց աղախնի սենյակը; Այստեղ ճրագ չկար: Երկար նա խավարի մեջ խարխափելով, որոնում էր զավակի անկողինը, մինչև աղախինը և ներքինին ճրագով ներս մտան:

Երեխան դեռ լաց էր լինում. կոկորդի խռխռոցը իսպառ վերջացած չէր. հետո սկսեց թքել արյուն, շարավի հետ խառն: Երևում էր, որ աղախնի մատների սաստիկ ճնշելուց, կոկորդի ուռուցքը պայթել էր և այժմ դուրս էր ժայթքում այնտեղ հավաքված շարավը: Այդ թեև օգտավետ էր հիվանդին, բայց աղախնի գործողությունը ոչ նրան բժշկելու և ոչ էլ խեղդելու նպատակ ուներ: Նա միայն ցանկանում էր հիվանդի վրա դարձնել մոր ուշադրությունը և հասավ իր նպատակին:

Տեսնելով իր զավակի դրությունը, մայրը մոլեգնաբար գրկեց նրան և սկսեց լաց լինել:

— Հիմա կմեռնի երեխաս... կմեռնի, Փարիշան, — հառաչում էր նա, դառնալով դեպի աղախինը:

— Փարիշան մատաղ լինի քո հոգուն, տիկին ջան, — պատասխանում էր աղախինը դառնացած ձայնով, և ձևացնելով, իբր թե արտասուքը սրբում է. — երկյուղ չկա, ամեննին երկյուղ չկա. վտանգը անցավ. թող աստված Ֆարհադի (այսպես էր երեխայի անունը) ցավը իմ վրա բերե, եթե նրան մի բան պատահի:

Ծերունի ներքինին սառած կանգնել էր, հեռվից նայում էր ցավալի տեսարանի վրա: Աղախնի խոսքերը չհանգստացրին մորը, մանավանդ երբ երեխան, թեև դադարեց լաց լինելուց, բայց գլուխը դրեց մոր կուրծքի վրա, և ընկավ մի տեսակ տենդային դրության մեջ:

— Այդ լավ է, շատ լավ, — առաջ տարավ աղախինը. – տեսնում եք, Ֆարհադը հանգստացավ, հիմա կքնե, անուշ քնով կքնե. – հանգստացավ: Սառան էլ էր այդպես ասում: Առավոտյան երբ մտիկ տվեց, ասաց, այս գիշեր կծակվի ուռուցքը: Հիմա նրա խոսքը կատարվեց: Փառք քեզ, տեր աստված, Ֆարհադը հանգստացավ:

— Բայց նա ասաց, երբ ուռուցքը ծակվելու լինի, ինձ շուտ իմացում տվեք: Այս րոպեիս կգնամ կկանչեմ: Գիշերից չեմ վախենում, Ֆարհադի համար դժոխքն էլ կգնամ:

Աղախնի վերջին խոսքերը փոքր-ինչ մխիթարեցին տիկնոջը: Իրավ, Սառան առավոտյան տեսավ հիվանդին, ասաց, շատ կարելի է, որ այս գիշեր ուռուցքը ծակվի: Այն ժամանակ թեև փոքր-ինչ արյուն և շարավ կգա բերանից, բայց դրանով վտանգը կանցնի. միայն պետք է իրան շուտ իմացում տալ, որ հարկավոր դարմանները գործ դնե:

Բայց ո՞վ է այդ Սառան. – մեր նախածանոթ գինեվաճառ այրին, որ նախընթաց գիշերը իր տանը ընդունեց ծպտյալ հյուրերին. – տեր Ավետիքին սափրիչի կերպարանքով, Խորեն հայր սուրբին նրա աշակերտի կերպարանքով, Շահումյան Ստեփաննոս իշխանին հյուսնի կերպարանքով, իսկ Մելիք-Փարսադանի որդի Բալի զորավարին՝ խանի Ֆարրաշի կերպարանքով: Սառան ծանոթ էր խանի ամրոցի հետ: Այդ ծանոթության առիթը նրա ունեցած երկու պարապմունքն էր: Իբրև գինեվաճառ, նա շատ անգամ ծածուկ, իր ձեռքով ըմպելիքներ էր բերում խանի համար, որը չէր ցանկանում իր ծառաների ձեռքով ստանալ, որպեսզի, իր գինարբության սովորությունը մահմեդականներին չհայտնվի: Հավատարիմ Սառան ամենայն խոհեմությամբ պահում էր այդ գաղտնիքը: Իսկ կանանոցի հետ հարաբերություն ուներ նրանով, որ նրան շատ անգամ կանչում էին, երբ երեխաների կոկորդը ուռչում էր: Սառն իր ինքնուս փորձերով բավական հմուտ էր այդ հիվանդությունը բժշկելու մեջ:

— Դե՛ գնա կանչիր, մի՛ ուշացիր, — ձայն տվեց ներքինին: — Երեխաս կմեռնի, եթե նա չգա:

— Ես չգնա՞մ Փարիշանի հետ, — հարցրեց ներքինին երկչոտ ձայնով:

— Հենց դո՛ւ էիր պակաս, քավթառ, — պատասխանեց աղախինը մի առանձին սպառնալիքով նայելով ներքինու երեսին: Դու չե՞ս իմանում, որ հրամայված է այս գիշեր բոլոր հայերին կոտորել, և երկյուղից ոչ մի հայ այս գիշեր իր տանից դուրս չի գա: Ես կգնամ, մի կերպով կհամոզեմ, կբերեմ Սառային, բայց եթե քո ռեխը տեսնելու լինի, կվախենա ու չի գա:

Որովհետև գործը վերաբերում էր մի ծանրակշիռ հարցի, ինչպես էր տիկնոջ զավակի կյանքը, այդ պատճառով բարկացած ներքինին լուռ կացավ և չպատասխանեց աղախնի կոպտություններին: Բայց եթե մի ուրիշ անգամ լսելու լիներ նրանից այդ խոսքերը, անտարակույս նրա ծամերը կփետեր:

— Դու միայն անցկացրու ինձ դռներից, որ պահապանները չարգելեն, — կրկին դարձավ նա դեպի բարկացած ծերուկը:

Ներքինապետի դիտանոցի բարձրությունից վաղուց արդեն լսելի էր եղած նրա երրորդ անդամի հրամայական ձայնը՝ «քնել», և կանանոցի մեջ բոլոր դռները փակված էին, ոչ ոք իրավունք չուներ ներս ու դուրս անելու: Այս պատճառով ներքինին նախքան առաջնորդելը աղախնին դեպի Սառայի տունը, դիմեց ներքինապետի մոտ, որ նրան հայտնե հիվանդի անցքը, և իմանա գիշերվա անունը, որովհետև առանց գիշերվա անունը տալու, պահապաններից և ոչ մեկը դռները չէր բաց անի:

Մինչև ներքինու վերադառնալը Փարիշանը բոլորովին պատրաստ էր ճանապարհ ընկնելու համար: Նա փաթաթեց իր գլուխը մի հաստ շալով, ծածկվեցավ իր կապտագույն չադրայի մեջ և դուրս գնաց: Տիկինը մնաց միայնակ աղախնի սենյակում, գրկած ունենալով երեխան մայրական կուրծքի վրա, որը այդ միջոցին սաստիկ բաբախում էր: Երեխան այժմ ավելի անհանգիստ էր, գտնվում էր ջերմի մեջ, և երբեմն ամբողջ մարմնով ցնցվում էր, կարծես աղախնի անգութ մատները կրկին սեղմվում էին նրա կոկորդի վրա: Եթե նա գիտենար իր հետ պատահածը, բոլորը կպատմեր մորը. բայց ամեն ինչ կատարվեցավ նրա հետ, երբ նա քնած էր:

Կանանոցի բակում վառվում էին չորս լապտերներ միայն, որոնք տնկած էին չորս սյուների գլխին, և յուրաքանչյուրը գտնվում էր քառակուսի բակի մի անկյունում: Հարեմների օթյակների լուսամուտներից լույս չէր երևում: Նրանք քնած էին, թե արթուն, — հայտնի չէ, բայց որովհետև նրանց հրամայված էր «քնել», թեկուզ աշխարհն էլ տակնուվրա լիներ, պետք է ցույց տային, որ քնած են:

Ներքինին աղախնի հետ մոտեցան առաջին դռանը, կամաց բախեցին: Դռան ետևից հարցրին.

— Գիշերվա անո՞ւնը:

— «Փասիան», — պատասխանեց ներքինին հազիվ լսելի ձայնով: Դուռը բացվեցան:

Կանանոցի բակից դուրս գալով, նրանք մտան մի երկայն ծածկված դալան (կորիդոր), որ լուսավորված էր երկու լապտերներով: Այստեղից մի դուռ տանում էր դեպի մի երկրորդ փոքրիկ բակ, որտեղ էր կանանոցի խոհանոցը: Այդ դռնից անցնելու համար դարձյալ նույն հարցը և պատասխանը տրվեցավ: Այսպես նրանք անցան մի քանի բակեր, մի քանի դալաններ, մինչև դուրս եկան խանի պալատի լաբիրինթոսից:

Դրսում տիրում էր խավար, իսկ բերդի փողոցների մեջ աղմուկ և իրարանցում: Մարդիկ խելագարի նման գոռում-գոչյուններով վազվզում էին: Աղախինը ներքինուն թողեց կես ճանապարհի վրա, պատվիրելով իրան սպասել, իսկ ինքը շտապեց դեպի Սառայի տունը:

ԺԶ

Խանի ամրոցը բաժանված էր երկու գլխավոր մասերի, մեկի մեջ զետեղվում էր ընդարձակ կանանոցը, իսկ մյուսի մեջ՝ նրա դիվանատունը: Այս գիշեր դիվանատան մասը մի կատարյալ կազմակերպության մեջն էր. ֆարրաշները, գրագրները, բոլոր զինվորական և դիվանական պաշտոնակալները իրանց տեղումն էին: Մեկ սենյակ չկար, որ լուսավորված չլիներ. բոլորի մեջ խմբված էին խանի ծառայողները, անհամբերությամբ սպասում էին նրա հրամանին:

Խանը իր վեզիրի հետ առանձնացած էին մի մեկուսի սենյակում, խորհուրդ ունեին: Գուցե նրա կյանքում առաջին անգամն էր պատահում, որ գիշերվա այդ ժամում կանանոցում չէր գտնվում: Սենյակը, որի մեջ առանձնացած էին նրանք, շատ փոքր էր, վարագույրները իջեցրած էին և դռները փակած: Նախասենյակում սպասում էր խանի մտերիմ մանկլավիկներից մեկը միայն:

Ամրոցի իշխանը ծալապատիկ նստած էր մի թանկագին գորգի վրա, իսկ նրա առջև աղերսավոր կերպարանքով չոքած էր վեզիրը: Երկուսի մեջ տիրում էր խորին, չարագուշակ լռություն: Միայն լսելի էր լինում ղեյլանի մելամաղձոտ կրկրոցը, որ ներդաշնակաբար ձայն էր արձակում խանի ամեն մի ծխելու հետ: Իսկ այս գիշեր նա մի առանձին ախորժակով էր ծխում «քորօղլուի» թամբաքուն, որ թմրեցնելու չափ արբեցուցիչ էր: Նրա դեմքի վրա նկարված էր կատաղի վրդովմունքը, ճակատը կնճռոտ էր, կրակոտ բիբերը վայրենի կերպով շարժվում էին թավ հոնքերի տակից:

— Ձեր ծառան դարձյալ թույլ է տալիս իրան աղերսարկու լինել, խան, — խոսեց վեզիրը խոնարհությամբ. – ուրիշ ճար չկա, ամեն ընդդիմադրություն ապարդյուն կլիներ և ավելի կգրգռեր թշնամու կատաղությունը: Ես դարձյալ խորհուրդ եմ տալիս վաղ առավոտյան անձնատուր լինել: Մենք խաղաղության նշան կտանք, ես ինքս կգնամ թշնամու բանակը և հաշտության դաշն կկապեմ Բեկի հետ:

— Ես երդվում եմ իմ պապերի գերեզմանով, եթե դու մյուս անգամ կհամարձակվես այսպիսի հիմարություններ խոսել, ես կհրամայեմ շան նման քեզ սատակեն, — գոռաց բռնակալը գազանի մռնչյունով:

Սպառնալիքը չշփոթեցրեց վեզիրին, նա բավական սառնասրտությամբ պատասխանեց:

— Ինձ համար միևնույն է, առանց այդ էլ Բեկի զինվորները ինձ կսատակեն, ավելի լավ է, որ շուտ կատարվի և իմ տիրոջ ձեռքով:

Վերջին խոսքը փոքր-ինչ մեղմացրեց խանի կատաղությունը վեզիրի վերաբերությամբ: Նա խրոխտալով պատասխանեց.

— Դու խելքդ կորցրել ես, վեզիր, Ասլամազ-Կուլի խանը չէ կարող անձնատուրլինել մի պիղծ գավուրի, որը իր ավազակային խմբով հանդգնել է պաշարել իմ բերդը: Էգուց, մեծ մարգարեի օգնությամբ, ես նրա արյունը իմ շներին լափել կտամ:

— Եթե, աստված տա, իմ տիրոջ ասածը կատարվի, ձեր շները մի գեղեցիկ նախաճաշիկ կունենան, բայց ես չեմ կարծում, որ նրանք այդքան բախտ ունենան, — պատասխանեց վեզիրը հեգնությամբ:

Խանը դարձյալ կատաղեցավ և ձեռքը տարավ դեպի իր սրի երախակալը, ասելով.

— Դու ինձ վրա ծիծաղում ես, անզգամ... – Վեզիրը չթողեց նրան խոսքը ավարտել, իսկույն պատասխանեց.

— Ծերունի վեզիրը երբեք իրան թույլ չի տա ծիծաղել իր գլխի պսակի վրա, որին միշտ հարգել է: Նա հավատարմությամբ ծառայել է ձեր հանգուցյալ հորը (թող նրա հոգին հավիտենական լույսի մեջ լինի): Նա իր հոգատար ձեռքերի վրա է մեծացրել ձեզ: Նա այդ տան աղ ու հացը կերել է, երբեք չի դավաճանի իր տերերին:

— Բայց խորհուրդ կտա խոնարհվել մի անհավատի առջև, — կտրեց խանը նրա խոսքը:

— Ոչ, խորհուրդ կտա խոնհարվել աստուծո կամքի առջև, — պատասխանեց վեզիրը:

Խանը լռեց և մտախոհությամբ սկսեց զոռ տալ ղեյլանին, որով, կարծես, աշխատում էր արթնացնել իր թմրած ուղեղը: Բայց վեզիրը, բավական ծանոթ լինելով բռնակալների բնավորությանը, գիտեր, որ նրանք որքան խիստ են, ավելի այնքան թույլ են: Երբ բարկանում են, պետք է շողոքորթել. երբ համառում են, պետք է վախեցնել. երբ թուլանում են, պետք է անմիջապես բռնանալ նրանց մտածությունների վրա:

— Մեր գլխավոր ուժերը թշնամին ոչնչացրեց, խան, մենք այժմ դեմ դնելու կարողություն չունենք:

— Բայց դու մոռանում ես մի բան, վեզիր, — մեր բերդի ամրությունը: Նա այնքան անմատչելի է, որ կդիմանա, մինչև Ֆաթալի խանից մեզ օգնություն կհասնի:

— Ֆաթալի խանից օգնություն մի սպասեք, խան, մեր ուղարկած թղթատարին գտել են ճանապարհի վրա սպանված:

Խանը գունաթափվեցավ:

— Քեզ ո՞վ ասաց, — հարցրեց նա վրդովվելով:

— Նրանք, որ դիակը տեսել էին դեպի Բարգյուշատ տանող ճանապարհի վրա, Չավնդուր գետի ափի մոտ, — պատասխանեց վեզիրը հանդարտությամբ, և ավելացրեց. —

եթե մեր նամակը հասած ևս լիներ Ֆաթալի խանի ձեռքը, դարձյալ նա մեզ օգնել չէր կարող, որովհետև նա այժմ իր կաշուցն է վախենում, ամրացնում է իր բերդը Գավդադըղ ավանի մոտ: Բեկի հաջողությունները ամենի վրա սարսափ է գցել:

Խանը մի փոքր մտածելուց հետո ասաց.

— Մեզ օգնության կհասնի Լեհվազի խանը՝ Սեֆի-Կուլին. մենք նրա մոտ ևս դեսպան ենք ուղարկել:

— Սեֆի-Կուլին այժմ թողել է Լեհվազը և փախել է Ալանգազի լեռների վրա: Կալերցի Պապ զորապետը, որը Դավիթ բեկի քաջերից մեկն է, չարաչար կերպով հալածում է Սեֆի-Կուլիին:

— Մեզ օգնության կհասնի աստված, հասկանու՞մ ես, Մուհամմեդի և Ալիի աստվածը, նա, որ մի բուռն մուսուլմաններով տարածեց իսլամի տիրապետությունը ամբողջ աշխարհի վրա:

— Աստուծո օգնությանը ապավինելը մենք պարտավոր ենք, բայց պետք է մտածել, որ մեր թշնամիներն էլ աստված ունեն:

— Նրանց առաջնորդում է սատանան, իսկ ճշմարիտ աստվածը երեսը դարձնում է անհավատներից:

— Երբեմն սատանան ավելի գործ է կատարում, ինչպես այսօր: Մեր առաջապահ զորքերը բոլորը ջարդվեցան:

— Դրանով աստված կամեցավ մի փոքրիկ խրատ տալ մեզ:

— Ինչո՞ւ չեք ասում՝ մի մեծ խրատ:

Տխաճության մռայլը դարձյալ անցավ խանի սարսափելի դեմքի վրա, և նա զայրացած կերպով պատասխանեց.

— Վեզիր, դու միշտ սովորություն ունեիր խրախուսել, սիրտ տալ ինձ, իսկ այսօր ի՞նչ է պատահել քեզ հետ. քո բոլոր խոսքերը հուսահատական են:

— Այսօր ես ցանկություն չունեմ ձեզ շողոքորթելու. եթե խոսում եմ ճշմարտությունը, այդ առաջ է գալիս իմ դեպի ձեզ ունեցած հավատարմությունից:

— Այդ հավատարմություն չէ, վեզիր, դու ցանկանում ես անպատվությամբ արատավորել իմ սուրը, — ասաց նա բավական զգացված կերպով: — Լսի՛ր իմ վերջին խոսքը. առանց աստուծո կամքի ոչինչ չէ կատարվում. եթե հասել է իմ իշխանության վախճանը, կլինի այն, ինչ որ վճռել է նախասահմանությունը: Իսկ եթե դեռևս ամենակալի աջը պիտի հովանավորե իմ իշխանությանը, այն ժամանակ, եթե երկնքի աստղերի թվով զորքեր ևս գալու լինեն մեզ վրա, դարձյալ մեր գլխից մի մազ անգամ չի պակսի: Մենք պիտի ընդդիմանանք մինչև վերջին շունչը, կամ կազատենք մեր բերդը, կամ նա մեր գերեզմանը կդառնա...

— Վերջինը ավելի հավանական է...

— Թո՛ղ այդպես լինի:

Երկուսի մեջ ևս տիրեց մի խորհրդավոր լռություն: Դա վտանգավոր հիվանդի և բժշկի մեջ տիրող լռության նմանությունն ուներ, երբ վերջինը սկսում է մտածել, թե ինչ դարման պետք էր տանել նրա ցավերին:

— Դուք հայտնեցիք ձեր վերջին խոսքը, խան, — ասաց վեզիրը ծանր կերպով, — բայց խիղճս հանգստացնելու համար, թույլ տվեցեք ինձ ևս հայտնել իմ վերջին խոսքը:

Խանը ոչինչ չպատասխանեց: Վեզիրը շարունակեց.

— Ամբողջ Ղափանը ապստամբված է մեր դեմ: Մենք կենում ենք շրջապատող կրակի և սրերի մեջ: Հալիձորի ծերունի Մելիք-Փարսադանը, որ երկաթի սիրտ ունի, իսկ գայլի խիղճ, իր փեսա տեր Ավետիքի հետ առաջնորդում են տեղային ապստամբներին: Ամբողջ Գենվազը ապստամբված է. եքդաստանցի Ստեփաննոս իշխանը, որ ստանայի խելք ունի և Րուստեմի քաջություն, կալերցի Պապ զորավարի հետ առաջնորդում են տեղային ապստամբներին: Ամբողջ Չավնդուրը ապստամբված է. խորձորցի Թորոս իշխանը, որ փղի ուժ ունի և առյուծի սիրտ, իր ազգակից Մելիք-Նուբարի հետ առաջնորդում են տեղային ապստամբներին: Ամբողջ Սիսիանը ապստամբված է. բայինդուրլեցի Բայինդուր իշխանը, — այդ սարսափելի հսկան, որ իզուր չստացավ մեր շահ Հյուսեին թագավորից «բաթման-ղլիճ» անունը, — Ուժանիս գյուղացի վիթխարի տեր Կասպարի հետ, որ կոչվում է «ավշար երեց», առաջնորդում են տեղային ապստամբներին: Դեռ չէ շարժվել միայն Բարգյուշատը, որովհետև Երիցվանիկ ավանի մելիք Ֆրանգյուլը տակավին պահպանում է իր բարեկամությունը Ֆաթալի խանի հետ, և դեռ չէ անցել ապստամբների կողմը:

— Ես չեմ կամենում երկար խոսել մասնավոր խումբերի մասին, որոնք զանազան կողմերում, այս և այն զորավարի առաջնորդությամբ ասպատակում են երկիրը: Օրինակ, Բաղաբերդի Ադամ զորավարը սարսափի մեջ է գցել իր բերդից սկսած մինչև Սևանա լիճը: Գյուլ-բերդի Ղազար զորավարի արշավանքները տարածվում են մինչև Կուր և Երասխ գետերի խառնվելու տեղը: Շիրվանաձորի Սարգիս զորավարը տակնուվրա է անում ամբողջ Աղաջրանի վիճակը: Ջուղայեցի Մաղա-մելիքի երկու որդիները՝ Աշոտ և Սմբատ, բոլորովին կտրել են Պարսկաստանից դեպի Նախիջևան և Երևան տանող ճանապարհը, ասպատակում են Երնջակի կողմերի թյուրքաց գյուղերը: Մեղրեցի մելիք Կոնստանդինը մինչև անգամ համարձակվում է անցնել Երասխը և ավերել Քյուրդաշտի ամրությունները: Տաթևացի Կիջի յուզբաշին՝ Այտի, Եսայի, տիրացու Սիմեոն տանուտերների հետ՝ ամայի են դարձնում Մուղավուզը և վերին Սիսիանը: Շրնիերի Մինաս և Ստեփան տանուտերները հանգստություն չեն տալիս Զանգեզուրի ամբողջ վիճակին:

— Հիմա կասեմ, թե ի՞նչ են անում այդ բարբարոսները, — առաջ տարավ ծերունի վեզիրը. – կոտորում են անողորմ կերպով, առանց խտրություն դնելու սեռի և հասակի: Կնիկների փորերը պատռում են, և տղաներին դուրս հանելով, ցցում են իրանց նիզակների ծայրին: Ծերունու ալիքը ներկում են իրա արյունով: Գենվազի գավառում ոչնչացրել են՝ Վահրավարա, Բաղաքար, Գոմերանց, Թոս, Թաղաբեր, Աքիս (Ապկես), Ջվար, Լիճք թյուրքաբնակ գյուղերը: Լեհվազի ձորի բոլոր թյուրք բնակիչները ոչնչացրած են. մի փոքրիկ մասը միայն փախել է դեպի Օրդվար: Ղափանի գավառում բնաջինջ են արել Կաց և Քիռ գյուղերը: Բարգյուշատի գավառում բնաջինջ են արել Չափնիսը: Սիսիանի կողմերում բնաջինջ են արել Քուրթլար ավանը և Աջբեջը: Իսկ այդ բոլորը դեռ գործի սկիզբն է:

— Ամեն տեղ, ինչ որ գտնում են, հափշտակում են: Չավնդուրի Խուստուփ կոչված լեռների վրայից Թորոս իշխանը թալանել է տվել Ֆաթալի խանի 2000 ոչխարները, սպանել են նրա 12 հովիվներին: Մխիթար սպարապետը և տեր Ավետիքը, Ղազան-Գոլլու կոչված լեռների վրա, կոտորել են թուրքմենների մի քանի խաշնարած ցեղեր, թալանել են նրանցից 6300 ոչխար և 430 այլ անասուններ: Կազբելլու լեռների վրա նրանք զարկեցին թուրքմենների մի այլ ցեղ և թալանեցին 900 անասուններ: Ալանգազի լեռների վրայից թալանել են Կաց ավանի Միրզա-Սայիլ իշխանի գեղեցիկ նժույգների երամակը:

Բացի խոշոր, պատերազմող գունդերից, Բեկի մանր, ավազակային խումբերը, ցրված զանազան տեղերում, սարսափելի հափշտակություններ են գործում: Կղճավանի անտառներում բույն է դրել վաղարշապատեցի Հարություն տանուտերը իր խումբով: Որոտնա անտառներում բույն են դրել գանձակեցի Եղիազար աղան և Թաթեոս բեկը իրանց խումբերով: Երասխ գետի ափերի վրա և Ջաբրայիլի անապատներում թափառում են Զաքարիա իշխանը և պատանի Մոսին իրանց խումբերով: Ջաբրայիլի կամրջով այժմ անկարելի է անցկենալ: Մեծ Գիորգին և փոքր Գիորգին գազանների նման դարան են մտած Զանգեզուրի այրերում: Մի քանի օր առաջ նրանք, Կորիսից դեպի Նախիջևան տանող ճանապարհի վրա, կողոպտեցին մեր ուխտավորների քարավանը, որ բաղկացած էր ավելի քան 200 հոգուց: Լոռեցի Ավթանդիլ գնդապետի մարդիկը և երևանցի կաղ Օհանեսի մարդիկը այժմ թողել են Նախիջևանի, Դարալագյազի և Սևանա լճի կողմերը, անցել են Մուղանջիկի խիտ անտառները: Օքուզարաթի ճանապարհը բոլորովին փակված է:

— Այդ կատաղի ապստամբությունների, այդ գազանային շարժումների գլխավորն է մի մարդ, որին ես այլ անուն տալ չեմ կարող, բայց միայն կոչել անգութ հրեշ, որի մոտ տարտարոսի բոլոր ճիվաղներին կարելի է գառնուկներ համարել: — Ես Դավիթ բեկի մասին եմ խոսում, իսկ նրա գործակիցը, Տաթևի Ներսես եպիսկոպոսը, Օմարի և Յազիդի նման արյունարբու է, իսկ Հաբուն-ալ-Ռաշիդի նման անողորմելի: Դա իր մոլեռանդ հայրենասիրությամբ կամենում է սրով և արյունով մաքրել այն երկիրը, որ մի ժամանակ, իր կարծիքով, պատկանելիս է եղել իր ազգի նախնիքներին և ոչ մեզ: Ուրեմն մեր դեմ են երկու սարսափելի ուժեր՝ ժողովրդի և կրոնի ներկայացուցիչները: Այդ ուժերի դեմ պատերազմել շատ դժվարին է, երբ ամբոխը կուրորեն հպատակում է նրանց ձայնին: Չխոստովանել թշնամու առավելությունը, այդ կնշանակե խաբել իրան, և խաբելով կորստյան մատնել: Թշնամին անհամեմատ զորավոր է մեզանից: Մեր զորքերը նրանց առջևից այնպես էին փախչում, որպես աշնան ցամաք տերևները կատաղի մրրիկի առջևից: Այդ թնդանոթները, որ արձակում են մեզ վրա, մեզանից են խլել. մեր զենքը գործ են դնում մեր դեմ: — Իսկ այդ աներկյուղ, անձնանվեր և ճարպիկ զինվորներին կառավարում է, որպես ընդհանուր հրամանատար, մի հմուտ, փորձառու և հաստատամիտ մարդ, որպիսին է Մխիթար սպարապետը:

— Ես առանց կեղծելու, առանց չափազանցության հաղորդեցի ձեզ այն բոլոր տեղեկությունները, ինչ որ մեծ աշխատությամբ ձեռք էի բերել թշնամու գործողությունների վերաբերությամբ: Այժմ մնում է ինձ բացատրել մեր պաշարած բերդի դրությունը: Ձեզ հայտնի է, որ երեք ճանապարհով միայն կարելի է մոտենալ մեր բերդին. առաջինը Գեղվա գետի ձորամիջով, իսկ երկրորդը և երրորդը՝ Հալիձորի գետի ստորին և վերին կողմերից: — Այդ երեք ճանապարհները բռնված են թշնամու զորքերով: Բայինդուր իշխանը, Մելիք-Փարսադանը և Ավթանդիլ զնդապետը բռնել են Գենվա գետի անցքը: Մխիթար սպարապետը բռնել է Հալիձորի գետի վերին անցքը: Իսկ Դավիթ բեկը և Ներսես եպիսկոպոսը բռնել են Հալիձորի գետի ներքին անցքը: Մենք գտնվում ենք քարե արկղի մեջ. ոչ մի կողմից փախուստի ճանապարհ չունենք:

Վեզիրը վերջացրեց իր զեկուցումները: Խանը կամ բոլորովին չէր լսում, կամ եթե լսում էր՝ դժվարանում էր հավատալ իր ականջներին: Նա երևակայել չէր կարող, որ հայը, իր կարծիքով, ստոր, անարգ և երկչոտ հայը, կարող էր այն հրաշքները գործել, ինչ որ պատմում էր «ցնդած» վեզիրը: Վեզիրի խոսքերը փոխանակ մեղմացնելու, ավելի խստացրին նրա համառությունը: Նա ասաց.

— Եթե երկինքն էլ փուլ գալու լինի իմ վրա, եթե դժոխքի բոլոր ոգիները իրանց զենքերը իմ դեմ դարձնելու լինեն, ես դարձյալ անձնատուր չեմ լինի:

— Բոլորովին հավատում եմ, — պատասխանեց վեզիրը սառնությամբ. — դուք անձնատուր չեք լինի: Բայց առավոտյան, երբ թշնամին կկատարե հենց առաջին հարձակումը, ձեր զորապետները իրանց ձեռքով կբաց անեն բերդի դռները թշնամու առջև:

— Երբ որ իմ զորապետները այս աստիճան ցած կլինեն, ինձ կմնա այնուհետև մի բան անել. — այդ ամրոցը կթռչի օդի մեջ... Ես թույլ չեմ տա, որ իմ կնիկները, իմ զավակները ընկնեն անհավատների ձեռքը:

Վեզիրը ոչինչ չպատասխանեց: Նա գիտեր, որ ամրոցի ներքնահարկում դրած էին հարյուրավոր տոպրակներ, լցրած վառոդով: Մի փոքրիկ կայծ բավական էր, որ կատարվեր խանի բաղձանքը:

Խանը վեր կացավ. վեր կացավ և վեզիրը: Նրա դեմքը սաստիկ զայրացած էր. բայց զսպելով իր խորին վրդովմունքը, մի առանձին անսովոր մեղմությամբ դարձավ դեպի վեզիրը, ասելով.

— Ես ձեզանից մի բան եմ խնդրում, վեզիր, թույլ տվեցեք ինձ կարգադրել գործը այնպես, որպես ինքս ցանկանում եմ: Ձեր կարծիքը, ձեր համոզմունքը ձեզ համար պահեցեք: Ես ձեզանից միայն լռություն եմ պահանջում: Այն խոսքերը, որոնցմով աշխատում էիք հուսահատեցնել ինձ, թեև չհաջողվեցավ ձեզ, — կարող են ավելի հեշտությամբ հուսահատեցնել իմ զորապետներին: Նրանց մոտ ոչինչ մի խոսեցեք:

Նա դուրս եկավ սենյակից: Վշտացած վեզիրը լուռ մտախոհության մեջ հետևում էր նրան: Ամրոցի բակում մի խումբ ծառաներ, վառած ջահերը ձեռներին բռնած, սպասում էին նրան: Երբ տեսան իրանց տիրոջ հայտնվելը, կարգով շարվեցան նրա առջև, լուսավորեցին նրա ուղին: Խանը դիմեց դեպի մեծ դահլիճը, ուր այդ միջոցին հավաքված էին նրա զորապետները և նշանավոր պաշտոնակալները: Բոլորը ընդունեցին նրան ընդհանուր երկրպագությամբ: Նա նստեց իր պատշաճավոր տեղը, մնացածները ոտքի վրա կանգնած, լռությամբ,սպասում էին լսել նրա հրամանը: Նա հանդիսավոր կերպով սկսեց խոսել, թե ի՛նչ եզրակացությունների հասցրեց իր և վեզիրի հետ ունեցած համաձայն խորհուրդը: Եվ սկսեց հրահանգներ տալ, իհարկե, բոլորովին հակառակ վեզիրի կարծիքին: Իր փոքրիկ ճառը նա վերջացրեց այս խոսքերով.

— Առավոտյան նամազը կատարելուց հտո, մենք կսկսենք կռիվը նրանով, որ այդ բերդում գտնված բոլոր հայ բնակիչների գլուխները կդնենք մեր թնդանոթների մեջ և կարձակենք դեպի թշնամու բանակը...

Բոլորը ուրախությամբ ընդունեցին խանի հրամանը, և մինչև գետին երկրպագելով, սկսեցին օրհնել նրա կյանքը:

Վեզիրը լուռ կացավ. ոչինչ չխոսեց:

ԺԷ

Գիշերային խավարը սկսել էր թանձրանալ: Աստղերը այլևս չէին երևում: Սյունյաց աշխարհի քմահաճ երկինքը, սյունեցի ամոթխած կնոջ նման, սիրում է շուտ-շուտ իր գեղեցիկ դեմքը թաքցնել: Սպիտակ ամպերը նուրբ քողի նման ծածկել էին երկնքի երեսը: Աստղերի փոխարեն վառվում էին հայոց բանակատեղերում զինվորների բացօթյա խարույկները: Նրանք սփռում էին իրանց շուրջը խիստ ախորժ լուսավորություն, որով կարելի էր տեսնել զինվորների ուրախ դեմքերը, որոնք կրակի շուրջը նստած կամ երգում էին, կամ զրուցում էին և կամ ծառերի ճյուղերից պատրաստած շամփուրների վրա միս էին խորովում: Այնօրվա ավարի առած ոչխարների շնորհիվ բանակի մեջ տիրում էր մսի կատարյալ առատություն: Մի այսպիսի առատություն չունեցավ մինչև անգամ Մովսեսի բանակը, երբ Իսրայելի աստվածը նրա զինվորներին լորամարգիներ էր ուղարկում:

— Թե որ մեր տեր Հարութը այստեղ լիներ, ի՛նչքան երիներ ու մորթիներ կհավաքեր, — ասաց զինվորներից մեկը իր ընկերին, սաստիկ ծիծաղելով իր սրախոսության վրա: — Խաչը վկա, մեր Տաթևի վանքի ուխտի օրն էլ այսքան մատաններ չեն մորթվում:

— Մեր մորթածները մատաղներ չեն, ապա ի՞նչ են, — պատասխանեց նրան մի այլ զինվոր, նույնպես ծիծաղելով: — Միայն տերտեր է պակաս, որ աղը օրհնե:

— Ես կօրհնեմ, զավակներս, — լսելի եղավ խավարի միջից մի ձայն: Մատաղ է, ապա ի՞նչ է, աստծուն շատ ընդունելի մատաղ:

Զինվորները կրակի շուրջը նստած լինելով, նրա լույսը թույլ չէր տալիս նկատել խավարի մեջ միայնակ կանգնած բարձրահասակ մարդուն, որ փաթաթված էր իր լայն վերարկուի մեջ: Բայց հենց որ նրա ձայնը լսեցին, բոլորը պատկառանքով ոտքի ելան, ասելով.

— Ա՛խ, սրբազան, դո՞ւ ես...

— Ես եմ, զավակներս, նստեցեք, — ասաց բարձրահասակ մարդը մոտենալով. – նստեցեք և ձեր քեֆին կացեք, ես վաղուց արդեն օրհնել եմ ձեր զոհաբերությունները:

Զինվորները կրկին շարվեցան կրակի շուրջը, իսկ բարձրահասակ մարդը չքացավ գիշերային խավարի մեջ: Դա ամբողջ Սյունյաց աշխարհի առաջնորդը՝ Ներսես եպիսկոպոսն էր, որ միայնակ շրջում էր բանակների մեջ, դիտելու զինվորների դրությունը:

— Նա միշտ մառն է գալիս, — ասաց զինվորներից մեկը:

— Գիշերները քուն չունի, — ավելացրեց մյուսը:

— Ասում են, տարենը միայն մի անգամ է քնում, զատկի ավագ շաբաթ օրը, — խոսեց երրորդը:

— Ինչո՞ւ անպատճառ զատկի ավագ շաբաթ օրը:

— Նրա համար, որ աստված վեց օրում այս աշխարհը ստեղծեց, իսկ յոթներորդ օրում, որ շաբաթ էր, ինքն էլ քնեց, հանգստացավ:

Զինվորի բացատրությունը բոլորին հավանական թվեց: Նա գրից տեղյակ մարդ էր, փոքր հասակից վարդապետների մոտ սպասավորություն էր արել: Իսկ ո՞րքան ճիշտ էր նրա ասածը, հասկանալի է, միայն այսքանը ճշմարիտ էր, որ Ներսես սրբազանը շատ փոքր էր քնում, երբեմն անցնում էին օրեր, որ ամեննին չէր քնում: Նրա մի այսպիսի խստակեցությունը առիթ տվեց ժողովրդի մեջ իր վերաբերությամբ զանազան լեգենդաների ստեղծվելուն:

Բարձրահասակ մարդը դանդաղ քայլելով անցավ բանակի միջից, մոտեցավ մի առնձնացած վրանի, որ լուսավորված էր փոքրիկ լապտերով: Այստեղ պառկած էին մի քանի հիվանդներ, որոնք նույն օրվա կռվի դաշտում վերք էին ստացել: Մի քանի կնիկներ, հավաքված հայոց մերձակա օբանորից, խմանք էին տանում վիրավորներին:

Հայոց բանակները, ինչպես հիշեցինք, տեղավորված էին երեք կետերի վրա: Այդ երեք կետերից, որպես երեք դռներից, բացվում էին երեք մուտքեր, որ տանում էին դեպի բերդը: Բանակներից մեկը գտնվում էր Գեղվա գետի ձորամիջում. այստեղ էին Բայինդուր իշխանը, Մելիք-Փարսադանը և Ավթանդիլ գնդապետը: Երկրորդ բանակը գտնվում էր Հալիձորի գետի վերին կողմի վրա, այստեղ էր Մխիթար սպարապետը իր զորապետների հետ: Իսկ երրորդ բանակը գտնվում էր Հալիձորի գետի ներքին կողմի վրա. այստեղ էր Դավիթ բեկը իր զորապետների հետ: Հալիձորի գետը և Գեղվա գետը, կտրելով միմյանց, կազմում էին մի եռանկյունի, որի մեջ դրած էր բերդը: Իսկ երեք բանակների յուրաքանչյուրը զետեղված էր այդ եռանկյունին կազմող գծերի վրա, որոնք ուրիշ ոչինչ չէին, եթե ոչ, խոր ընկած և անտառախիտ լեռներով պատսպարված ձորեր, որոնց միջով անցնում էին հիշյալ երկու գետերը: Այսպիսով բերդից ելքը դեպի ամեն կողմ փակված էր: Ասլամազ-Կուլի խանը իր ամրոցում պաշարված էր, որպես մի գազան իր որջի մեջ: Որսորդները սովորաբար գազանների որջի մուտքի առջև մուխ են դնում, որ նրանք դուրս գան իրանց դարանից: Այդ միջոցի փոխարեն ծառայում էր հայոց թնդանոթների ծուխը, որ ավելի թանձրացնում էր գիշերային մթությունը:

Դավիթ բեկի վրանի վարագույրները իջեցրած էին: Նա միայնակ էր իր վրանում, որպես մի օտարական հյուր, որ խնդրել էր իրան չխանգարեն: Ճանապարհորդական փոքրիկ, ծալովի լապտերը լուսավորում էր վրանի ներսը: Նա փաթաթված էր իր հաստ վերարկուի մեջ, որ ծառայում էր նրան և՛ որպես օթոց, և՛ որպես վերմակ: Ձեռքը ծնոտին դրած, թեք էր ընկած թանձր թաղիքի վրա, որ տարածված էր ճախնային ցամաք բույսերի վրա: Մի քանի պահապաններ շրջապատել էին նրա վրանը, և հեռու նստած, ծխում էին: Իսկ թիկնապահները քնած էին առանձին վրանում, մի քանի քայլ հեռավորության վրա. այստեղ ճրագ չէր վառվում:

Կոշտ, խստասիրտ զինվորը այս գիշեր դարձել էր փափկասիրտ, զգայուն, երևակայող: Նրա հիշողության մեջ, մինը մյուսից հետո, զարթնում էին այն օրվա տխուր տպավորությունները, և լցնում էին նրա սիրտը ցավալի զգացմունքներով: Հաղթության աջողությունը չէր ուրախացնում նրան. նա հաղթություններ շատ էր արած: Նրան տխրեցնում էր իր հայրենիքի խորտակված փառքը և ներկա թշվառությունը:

Մինչև Զեվու բերդը հասնելը, նա իր զորքով անցել էր Հալիձորի միջով, որտեղից հոսում է նույն անունով գետը: Այդ խուլ, անդնդախոր ձորը կարելի է նմանեցնել մի երկայն, անվերջանալի նեղ փողոցի, որի աջ և ձախ կողմերից, հսկայական բարձրությամբ, կանգնած են պատի պես ուղղաձիգ, անտառապատ լեռներ: Այդ վիթխարի լեռների վրա նայելիս, մարդ կարծում է, թե ծառերը բուսել են ամպերի վրա: Այդ նեղ փողոցը, այդ մթին ձորը, այն անցքն է, որ տանում է դեպի Սյունյաց աշխարհի ներսը: — Դա Սյունյաց մեծ տան ահագին դալանն (կորիդոր) է: Մեր նախնիքը նրան կոչում էին Կապան և այդ անունով կոչվում էր ամբողջ անտառապատ գավառը, ուր բնակվում էին հայ մարդիկ, որ շատ չէին զանազանվում իրանց ծմակներում բնակվող վագրներից:

Կապա՛ն, այդ փոխաբերական բառի մեջ ամփոփվում է նրա սարսափելի նշանակությունը: Կապա՛ն, նշանակում է՝ կապված, փակված անցք: Կապա՛ն, դա անողորմ խոխոմների մի ցանց է, դա մի հրեշավոր ծուղակ է, որի մեջ Սյունյաց աշխարհի իշխանները կաշկանդում էին թշնամու լեգեոնները;

Բայց ի՞նչ էին այդ ահարկու ձորի փականքները, նրա կապանները: — Այդ բոլորը այնօր տեսավ Դավիթ բեկը և այժմ նրանց վրա էր մտածում:

Նա տեսավ Հալիձորի բերդը, իսկ նրա հանդեպ՝ Աչաղու բերդը: Այդ երկու բերդերը, որպես երկու վիթխարի պահակներ, կանգնած նեղ ձորի աջ և ձախ կողմերում, լեռների բարձրությունից մահ էին սպառնում հանդուգն թշնամուն, եթե կհամարձակվեր այնտեղից անցնել: Բայց այդ երկու բերդերի սոսկալի ավերակներն էին միայն մնացել: Զանազան վասակները, Սահակը, Բաբկենը, հսկա Գդիհոնը, Գրիգոր «քաջաց նվիրակ» կոչվածը, — որոնք մի ժամանակ նրանց միջից կրակ էին թափում պարսիկների, մոնղոլների, արաբների վրա, — Բաղաց թագավորության այդ հերոսները այժմ չկային...

Հիշյալ երկու բերդերի միջով անցնելով, նա մտավ Բաղաբերդ քաղաքի ավերակների մեջ: Դա Բաղաց թագավորների մայրաքաղաքն էր: Բնությունը հազիվ երբեք հրաշակերտել է մի այսպիսի ամրություն մարդկանց պահպանության համար: Այդ ահռելի քաղաքը նմանում էր մի վիթխարի քարեղեն սնդուկի, որի մեջ կողքերի փոխարեն ծառայում են ահագին պարսպաձև լեռները: Բայց ի՞նչ էր մնացել այնտեղ: Թագավորների, իշխանների խորտակված պալատները, հոյակապ եկեղեցիները, ամրոցների կիսավեր աշտարակները,- բոլորը, ինչ որ հիշեցնում էր հին փառքը և մեծությունը, — ծածկված էին խուլ, մթին անտառի տակ: Տաճարների միջից բուսել էին ահագին կաղնիներ, վեհապետների արքունիքի փշրանքները, խառնվելով քարափների կուրծքից պոկված, ցած գլորված ժայռերի հետ, ներկայացնում էին մի սարսափելի զանգված:

Քարեղեն սնդուկը, որի մեջ անմատչելի կերպով պահվում էր Բաղակի հռչակավոր քաղաքը, այժմ ներկայացնում էր մի տխուր, քարեղեն դագաղ, որի մեջ վաղուց արդեն թաղված էր Սյունյաց աշխարհի մեռած մայրաքաղաքը...

Դավիթ բեկին հիացնում էր հին հայերի պատերազմական և ռազմագիտական հանճարը: Նա զարմանում էր, տեսնելով, թե ո՛ր աստիճան նրանք օգուտ քաղել գիտեին իրանց աշխարհի բնական ամրություններից: Ուր որ բնությունը մի բան թերի էր թողել, նրանք լրացնում էին արհեստական ամրություններով: Բայց ի՞նչ էր պատճառը, որ նույնիսկ ամրությունները նրանց զերեզմանը դարձան: — Ահա այդ հանելուկի վրա էր մտածում նա:

Բաղաբերդը իսկապես դրած էր մի քարեղեն սնդուկի մեջ, ահագին լեռներից և ապառաժներից կազմված սնդուկի մեջ: Երկու ծայրերից երկու նեղ փապարներ միայն կարող էին տանել դեպի սնդուկի ներսը, այսինքն դեպի քաղաքը: Այդ նեղ փապարներից մեկը, ինչպես տեսանք, ամրացրած էր երկու բերդերով՝ Աչտողու-բերդով և Հալիձորի բերդով: Երկուսն էլ կանգնած էին միմյանց հանդեպ, լեռնային բարձրավանդակների վրա: Քաղաքի մյուս ծայրերի անցքը նույնպես ամրացրած էր երկու բերդերով. մինը կոչվում էր Բաղակա-քար, մյուսը՝ Շլորուտ: Այդ երկու բերդերը նույնպես կանգնած էին մինը մյուսի հանդեպ, մեջտեղից թողնելով նեղ փապարը, որտեղից միայն կարելի էր մտնել քաղաքը: Այստեղ էր իսկական Կապանը, — այն վիթխարի փականքը, որ արգելում էր թշնամու մուտքը:

Բաղակա-քա՛ր, խիստ հեշտ արտասանելի բառեր են: Բայց նա բնության հրեշավոր ստեղծագործություններից մեկն է. – մի ամեհի, սեպացած, միապաղաղ քար ձորի խորքից վեր է բարձրացել դեպի երկինքը, և իր հպարտ գլխի վրա, որպես մի գեղեցիկ պսակ, դրել է Բաղակ իշխանի ահռելի ամրոցը, զարդարած բարձր աշտարակներոն և անքակտելի պարիսպներով:

Այստեղ սարսափելի Անդոկ իշխանը, Բաղակի տոհմի հսկա ներկայացուցիչներից մեկը, բերեց պարսից Շապուհ թագավորի գանձերը: Այստեղ նա վայելում էր Տիզբոնի հարուստ ավարը, երբ հաղթությամբ վերադարձավ սասանյանների աշխարհից: Այդ սոսկալի բերդի ապառաժներին զարկվելով, փշրվեցավ պարսից ահագին զունդերը:

Բայց ի՞նչ էր տեսնում այնտեղ այժմ Դավիթ բեկը: Բաղակաքարի բարձր աշտարակները և հզոր պարիսպները դեռ մնացել էին: Դարերով պատերազմելով ժամանակի և թշնամու բարբարոս ձեռքերի հետ, այդ ամրությունները դեռ պահպանել էին իրանց վաղեմի վեհությունը: Բայց նրանց բերանից լսում էր Բեկը մի խուլ բողոք, մի դառն նախատինք դեպի հսկա նախորդների թզուկ հաջորդները: «Մենք, ասում էին այդ ավերակները, շատ անգամ պահեցինք ձեզ, շատ անգամ պահպանեցինք թշնամու հարվածներից, իսկ դուք այնքան թույլ գտնվեցաք, որ մեզ պահել չկարողացաք...»:

Նախատինքը իրավացի էր: Կապանի յոթն բերդերից, որոնք յոթն կողպեքների նման դրած էին զանազան անցքերի վրա, շեն մնացել էր մեկը միայն՝ Գեղվա բերդը կամ Զեվուն, այն ևս մի թյուրքի ձեռքում: Այդ բերդն էր, որ պաշարել էր Դավիթ բեկը:

Այդ տխուր մտածությունների մեջ էր Բեկը, երբ բարձրահասակ մարդը, բանակների մեջ շրջելուց հետո, մտավ նրա վրանը:

— Ես ձեզ սպասում էի, սրբազան, — ասաց Բեկը իր տեղից շարժվելով և նրան տեղ տալով: — Նստեցեք:

Սրբազանը տեղավորվեցավ նրա մոտ, բայց չկարողացավ զսպել իր հետաքրքրությունը, երբ նկատեց Բեկի գունաթափ դեմքը:

— Դուք, երևի, պաշարման ընթացքի վրա էիք մտածում, — ասաց նրան. — գործերը փառք աստուծո, հաջող են գնում:

— Ոչ, ես ամենևին այդ մասին չէի մտածում... – պատասխանեց Բեկը հայտնի տհաճությամբ. – միայն ինձ փոքր-ինչ ձանձրացնում է մեր արշավանքի կանգ առնելը:

— Օրհնած, — ասաց սրբազանը իր ուրախ ծիծաղով. — Գեղվա բերդը այն ամրությունն է, որ ամիսներով իր շուրջը պահել է տվել պաշարողներին, մեծ բան չէ, որ մի երկու օր էլ մեզ սպասել տա: — Առավոտյան նա իր դռները կբացանե մեր առջև:

— Ի՞նչ գիտեք:

— Գիտեմ: Ինչպես երևում է, տեր Ավետիքը, Խորեն սրբազանը, Ստեփաննոս իշխանը և Բալի զորապետը հասել են իրանց նպատակին: Ես այս րոպեիս նրանցից մի փոքրիկ տոմսակ ստացա և շտապեցի ձեզ մոտ:

— Տեսնեմ:

Սրբազանը տվեց Բեկին մի հատ ընկույզ:

Բեկը իսկույն հասկացավ խորամանկությունը, և ժպտելով, ասաց.

— Վատ չեն հնարել. տոմսակը ծրարել ընկույզի կեղևի մեջ: Երևի, այդ ընկույզի միջուկի տեղ ես կգտնեմ տոմսակը:

Նա հուպ տվեց ընկույզը, կեղևը երկու մասի բաժանվեցավ և միջից ցած ընկավ մի թղթի կտոր: Նրա վրա մանր, նոտր գրով կարդացվում էր հետևյալ տողերը.

«Գործերը հաջող են գնում: Շուտով բերդի զինարանը մեր ձեռքում կլինի. նրանով կզինավորենք տեղացի հայերին: Խանի ամրոցի բանալիները նույնպես մեր ձեռքումն են. մենք նրան ողջ կբռնենք: Բերդի արևմտյան պարսպի տակից փորված է մի ական. գրաբերիս ծանոթ է տեղը. այստեղից կարող եք համարձակ մուտք գործել: Երբ կնկատեք մի ֆշանք, բերդից բարձրացած օդի մեջ, — դա հարձակման ճիշտ նշանն է»: Ստորագրված էր՝ տեր Ավետիք:

— Ո՞վ բերեց այդ թուղթը, — հարցրեց Բեկը, երբ վերջացրեց կարդալը:

— Տեղացի երիտասարդներից մեկը, — պատասխանեց սրբազանը: — Որը դուրս էր եկած ականի միջով, որի մասին խոսվում է տոմսակի մեջ:

— Դուք նրան մի բանով վարձատրեցի՞ք:

— Ոչի՛նչ չահանջեց:

— Իսկ մերոնք պատրա՞ստ են:

— Ես սպասում էի, թե ինչ հրահանգ կտաք դուք. դրա համար ոչինչ չհայտնեցի:

— Ուրեմն գնանք միասին, ես կտամ հարկավոր հրամանները:

Բեկը և եպիսկոպոսը դուրս գնացին վրանից: Նրանց հետևեցին երկու զինվորներ միայն:

Ճանապարհին Բեկը ասաց սրբազանին.
— Երևում է, որ այդ տեր Ավետիքը շատ ճարպիկ է:
— Եվ քաջ է, — պատասխանեց եպիսկոպոսը:

ԺԸ

Ջևրու բերդի մեջ բնակվող, զինեվաճառ տիկին Սառայի ներքնատան սենյակներից այս գիշեր միայն մեկը լուսավորված էր: Բայց դրսից լույս ամեննին չէր երևում: Նրա երկու հատիկ նեղ լուսամուտները, որ բացված էին դեպի բակը, այնքան ցած էին, որ հավասարվում էին բակի հատակի մակերևույթին: Այդ լուսամուտները պատած էին հաստ, կապտագույն թղթով, այնպես որ, դրսից անկարելի էր մի բան նշմարել ներքնատան մեջ, առանց թուղթը պատռելու:

Այդ զերեզմանի պես լուռ, մունջ, խոնավ սենյակը, որ հոտում էր գինու ու արաղի կծու արտաշնչությամբ, այս գիշեր այն տեսարանը չէր ներկայացնում, ինչ որ տեսանք այստեղ նախընթաց գիշերում: Ոչ տեր Ավետիքը, որ Խորեն հայր սուրբը, ոչ Ստեփաննոս իշխանը և ոչ էլ Մելիք-Փարսադանի որդի Բալի զորավարը, դրանցից և ոչ մեկը չէր երևում: Չէր երևում և տանտիկինը, որ նախընթաց գիշերը իր ձեռքով խորովածի շամփուրները ներս էր բերում և իր հյուրերին պատվում էր իր պահած ամենապատվական խմիչքներով: Տան փոքրիկ երեխան անգամ տանը չէր, նրա ձայնը չէր լսվում:

Միայն աշտանակի վրա դրած խեցեղեն ճրագը, որ իր ձևով նմանում էր աղավնու, և որի կտուցի միջից դուրս թողած պատրույգը յուղի պակասության պատճառով աղոտ կերպով վառվում էր, — միայն այդ ճրագը ցույց էր տալիս փոքր ի շատե կյանքի նշույլ, բայց հայտնի չէր, թե ումն էր սպասում նա:

Վերջապես բակի դռան փականքը շարժվեցավ, փեղկերից մեկը կամաց բացվեցավ, մի մարդ լռությամբ ներս մտավ: Նա զգուշությամբ կողպեց իր ետնից դուռը և դիմեց դեպի ներքնատունը: Սենյակի դատարկությունը, երևի, վատ տպավորություն գործեց նրա վրա, որ կարելի էր իսկույն նկատել այն մռայլ տհաճությունից, որ սև ամպի նման անցավ նրա գեղեցիկ դեմքի վրա: Նա մի կողմ ձգեց լայն վերարկուն, որի մեջ փաթաթված էր, և ճակատից բարձրացրեց ահագին մորթե գտակը, որ իջել էր մինչև աչքերը: Նրա զենքերը բաղկանում էին մի զույգ ատրճանակից և ծանր խենջարից միայն, որոնք իսկույն հայտնվեցան, երբ նա վերարկուն մի կողմ ձգեց:

Նա աշտանակի վրայից առեց աղավնաձև ճրագը և շտապով դիմեց դեպի տանտիրուհու սենյակը: Այստեղ նույնպես ոչ ոք չկար: Տհաճությունը, որ սկզբում առաջ եկավ նրա մեջ անհամբերությունից, այժմ երկյուղի փոխվեցավ: «Ի՞նչ եղավ, ո՞ւր մնաց, ի՞նչ պատահեց նրա հետ», — այդ հարցերն էին կարդացվում նրա տխրամած դեմքի վրա:

Եղել են ժամանակներ, երիտասարդական ջերմ, սիրաբորբոք հասակում, որ այդ մարդը ժամերով սպասել է նրան, որին այժմ անհամբերությամբ կամենում էր տեսնել: — Սպասել է անտառի լռության մեջ, թավուտ ծմակներում, ժայռերի քարանձավներում: Եվ նա, մի գյուղական դեռահաս աղջիկ, իր ծնողներից գաղտնի, շատ անգամ այցելել է նրան և իր կուսական անմեղ համբույրներով քաղցրացրել է նրա առանձնության րոպեները: Բայց երբեք նրա սիրտը այսպես սաստիկ չէր բաբախել այն արարածի համար, որին այժմ մեծ անհամբերությամբ սպասում էր: Դա սիրո բորբոքը չէր, որ այնպես սաստիկ հուզում էր, ալեկոծում էր նրա սիրտը: Նա մինչև անգամ այդ րոպեում մոռացել էր, որ մի ժամանակ սիրել էր նրան: Դա մի մեծ ձեռնարկության այն դրությունն էր, երբ մի մազից էր կախված նրա հաջողությունը կամ անհաջողությունը: Եվ այդ ձեռնարկությունը պիտի կատարվեր այն կնոջ ձեռքով, որին մի ժամանակ սիրել էր նա:

Երիտասարդը կրկին դիմեց դեպի ներքնատունը: Այստեղից ավելի մոտ էր բակի դուռը, կարելի էր իսկույն լսել, եթե ամենաթույլ կերպով անգամ բախելու լինեին: Դեռ չմտած ներքնատունը, նայեց դեպի երկինքը, տեսնելու, թե գիշերվա ո՞ր ժամն էր: Երկինքը պատած էր նուրբ, սպիտակ շղարշի նման մառախուղով. աստղեր չէին երևում: Այդ ավելի զայրացրեց նրան, աստղերից կարող էր գիտենալ ժամանակը: Այդ միջոցին սկսեցին խոսել աքաղաղները: Նա բարկությունից ամբողջ մարմնով դողաց: Գիշերը թռչում էր...

Նա մտավ ներքնատունը, ճրագը դրեց իր առաջվա տեղում, սկսեց անհանգիստ կերպով անցուդարձ անել նեղ, խեղդող սենյակի մեջ: «Ոչ, նա կկատարե.. անպատճառ կկատարե... – մտածում էր նա: Նա ինձ մինչև այսօր էլ սիրում է. այդ սերը նրան ուժ, եռանդ և վստահություն կներշնչե: Նա ինձ համար ամեն բան կանե, միայն թե կրկին կարողանա գրավել իմ սերը: Ա՜խ, եթե կարողանար կատարել... ես նրան կրկին կսկսեի սիրել: Մինչ հսկաները վառոդով և սրով են գործում, թույլ կինը կարող է այլ տեսակ հրաշքներ գործել.. Եվ այդ բանին ընդունակ է Սառան: Որքա՜ն ուրախացավ նա, որքա՜ն անհուն եղավ նրա հրճվանքը, երբ լսեց իմ առաջարկությունը.. Կարծես, սպասում էր մի մեծ զոհաբերություն հանձն առնել, միայն թե կարողանա ինձ մի որևիցե ծառայություն անել: Բայց նա այնքան պաշտելի չէր լինի, եթե այդ ծառայությունը կատարեր միայն իմ սերի համար: Նրա մեջ անգիտակցաբար եռ էր գալիս և մի բարձր, ավելի վսեմ սեր, — ազգի սերը: Ո՞վ մտցրեց նրա մեջ այդ զգացմունքը: Կարծում եմ, ոչ ոք: Նա տեսավ, որ իր սիրած տղամարդը նվիրված է մի գաղափարի, ինչո՞ւ ինքը չմատուցանե միևնույն զոհը, երբ այդ կարող էր հաճելի լինել սիրած տղամարդին: Կինը սիրում է հաճոյանալ. և սերը, ճշմարիտ սերը կարող է առաջնորդել նրան դեպի ամեն ինչ, որ բարձր է: Մի լավ գործ կատարելու համար նա անպատճառ պետք է սիրե. սերի համար նա ամեն բան կանի: Իսկ տղամարդից է կախված ուղղել նրա ճանապարհը թե դեպի վատը և թե դեպի լավը...»:

Կարծես, բակի դռանը մի ձեռք դիպավ: Նա ուրախությամբ դուրս վազեց: Մոտեցավ դռանը:

— Ո՞վ ես, — հարցրեց ներսից:

— «Նետ»... – լսելի եղավ դրսից:

Երիտասարդը բաց արեց դուռը: Երկուսը միասին խավարի միջով անցան դեպի խորին ներքնատունը: Նոր եկվորը նույնպես փաթաթված էր լայն վերարկուի մեջ: Նա դարձավ դեպի առաջինը, հարցնելով.

— Դու մենա՞կ ես այստեղ, Խորեն հայր սուրբ:

— Մենակ եմ, իշխան, — պատասխանեց Խորեն հայր սուրբը:

Իշխանը երիտասարդ Ստեփաննոս Շահումյանն էր:

— Դեռ չի՞ վերադարձել տիկինը:

— Ես նրան սպասում եմ, — պատասխանեց աբեղան, և նրա ձայնի մեջ լսվում էր սրտի խորին անձկությունը: — Կարծում եմ, նա շատ չի ուշանա, որտեղ որ է, շուտով կհայտնվի:

— Այսուամենայնիվ, ես երկար սպասել չեմ կարող, ժամանակը թռչում է, — պատասխանեց իշխանը: — Դուք ինձ միայն այն ասեցեք, վստա՞հ եք, որ նա կարող է կատարել...

— Վստահ եմ:

— Այն աղախինը չի՞ խաբի նրան:

— Երբեք:

— Ի՞նչ հիմք ունեք այսպես կարծելու:

— Այն աղախինը, որին կոչում են Փարիշան, ազգով հայ է, բռնությամբ մահմեդական են դարձրել: Նա շատ բարեկամ է Սառայի հետ, չեմ կարծում, որ նրան խաբե: Նա սաստիկ տանջված է եղել հարեմի մեջ, այժմ, եթե ոչ ընդհանուր գործի օգուտը, շատ հավանական է, որ վրեժխնդրության զգացմունքը կդրդե նրան Սառայի խորհուրդը կատարելու: Ես կհաղորդեմ ձեզ մանրամասները, միայն խնդրեմ մի քանի րոպեով նստեցեք:

Իշխանը, թեև շատ շտապում էր, բայց հետաքրքրվեցավ լսել մանրամասնությունները, որովհետև նրանք միևնույն գործին էին վերաբերում, որի համար շտապում էր նա:

Խորեն հայր սուրբը պատմեց խանի ամենասիրելի հարեմներից մեկի որդու ունեցած հիվանդությունը. պատմեց Փարիշանի գործ դրած խորամանկությունը հիվանդի կոկորդի վրա, որ նրանով ստիպեցնե իր տիկնոջը անմիջապես կոչել տալ Սառային որպես բժիշկ: Պատմեց Փարիշանի միայնակ գալը Սառայի տունը և նրան իր հետ տանելը խանի ամրոցը:

— Դուք այստե՞ղ էիք, երբ Փարիշանը եկավ, — կտրեց իշխանը Խորեն հայր սուրբի պատմությունը:

— Այստեղ էի. ես որոշեցի թե Սառայի և թե Փարիշանի դերերը, թե յուրաքանչյուրը ինչպես պիտի գործե:

— Ինչպե՞ս պիտի գործեն, — հարցրեց իշխանը:

— Փարիշան կկատարե այն, ինչ որ մենք մեր մեջ վճռեցինք... Իսկ Սառան կբերե ինձ զենքի պահեստի բանալիները:

— Նրանք գիտե՞ն մեր պայմանները:

— Գիտեն: Գործողությունները կկատարվեն ճիշտ այն րոպեում, երբ կտեսնեն բերդից օդի մեջ բարձրացած ֆշանքը:

— Շատ զեղեցիկ, — ասաց իշխանը և միևնույն ժամանակ նրա սառն դեմքի վրա երևաց մի տեսակ ինքնաբավական ցնծություն: — Մենք էլ այսպես իմացում տվեցինք Բեկին, — ասաց նա, վեր կենալով տեղից:

— Ի՞նչ միջոցով, — հարցրեց հայր սուրբը զարմանալով:

— Տեր Ավետիքը տոմսակ գրեց:

— Տոմսա՞կ, ո՞վ տարավ:

— Մի երիտասարդ, ականի միջով:

— Ականը արդեն պատրա՞ստ է:

— Պատրաստ է: Ավելի քան հիսուն հոգի աշխատում էին նրա վրա:

Իշխանը ավելի պինդ կերպով փաթաթվելով իր վերարկուի մեջ, ահագին մորթե գտակը քաշեց աչքերի վրա, և իր քայլերը ուղղեց դեպի բակի դուռը:

— Մենք այլևս չե՞նք տեսնվի, — հարցրեց հայր սուրբը նրան ճանապարհ դնելու ժամանակ:

— Տեսնվելու հարկ չկա, — պատասխանեց նա շտապելով. – մեզանից ամեն մեկը գիտե, թե ինչ պիտի անե: Ես այժմ գնում եմ տեր Ավետիքի մոտ՝ հաղորդելու նրան ձեզանից ստացած տեղեկությունները, իսկ դուք կսպասեք այստեղ մինչև Սառայի վերադարձը:

— Տեր Ավետիքը այժմ ո՞րտեղ է:

— Յուզբաշի Սարգսի տանը. այնտեղ մարդիկ է պատրաստում...

Յուզբաշի Սարգիսը բերդի մեջ բնակվող հայերի տանուտերն էր:

Իշխանը դեռ չդուրս եկած ներքնատնից, կրկին դարձավ դեպի հայր սուրբը, ասելով.

— Ի նկատի ունեցեք, հայր սուրբ, այստեղի հայ բնակիչների կյանքը կոտորածից ազատելու համար և մեր գործը դյուրացնելու համար անպատճառ պետք է գրավել զենքերի պահեստը: Մենք կհարձակվենք պահեստի վրա այն ժամանակ, երբ ամրոցի մեջ կհայտնվի հրդեհը:

— Իսկ ես այդ միջոցին կբաց անեմ ձեր առջև դռները...

— Ձեզ ծանո՞թ է ամրոցի դիրքը:

— Սառան կառաջնորդե ինձ, նա բավական ծանոթ է:

— Մնում է մի բան. մենք պետք է գիտենանք ձեր գնալու րոպեն:

— Ես սպասում եմ Սառային, եկածին պես ճանապարհ կընկնենք. և նույն րոպեում մարդ կուղարկենք ձեզ իմացում տալու: Ձեր տեղը ինձ արդեն հայտնի է՝ յուզբաշի Սարգսի տունը:

— Հենց այնտեղ: Բարի գիշեր:

Հայր սուրբը նրան ճանապարհ դրեց մինչև բակի դուռը և ետևից դուռը կրկին կողպեց:

— Այս գիշեր, ինչպես երևում է, ես անդադար դռնապանի պաշտոն պիտի կատարեմ... — ասաց նա իր մտքում, երբ կրկին վերադարձավ ներքնատունը: — Կարծես ճակատագիրը դրա համար է ստեղծել ինձ...

Եվ իրավ, նա Տաթևի միաբանության մեջ նույնպես դռնապանի պաշտոն էր կատարում. վանքի լուսարարն էր, բանալիները նրա մոտ էին պահվում:

Նա մի առանձին բավականությամբ սկսեց անցուդարձ անել սենյակում, շարունակելով իր խոսքը.

— Մինչև այսօր, ամեն առավոտ, ամեն երեկո, բաց էի անում վանքի տաճարի դռները, ժամասեր միաբանությունը, մտնելով այնտեղ, աղոթում էր: Իսկ այս գիշեր կբացանեմ խանի ամրոցի դռները, և իմ ընկերները կմտնեն այնտեղ կոտորելու համար...

— Ահա քեզ բանալիները... – լսելի եղավ մի ձայն նրա ետևից:

Հայր սուրբը շուռ եկավ, տեսավ իր առջև Սառային: Ուրախությունը և զարմացումը փոփոխակի կերպով տիրեցին նրա սրտին:

— Դու ո՞րտեղից եկար, բակի դուռը փակ էր:

Երևում էր, Սառան շատ վազվզել էր. նրա ձայնը սաստիկ շնչառությունից կտրատվում էր:

— Մեր կտուրի վրայով եկա, — ասաց նա. — այնտեղից ճանապարհ կա: Առաջ մտա մեր հարևանի տունը, երեխաս տեսնելու. նրանց մոտ պահ էի տված: Խե՛ղճ տղա, ինչպես հանգիստ քնած էր: Նա չգիտե, թե քանի րոպեից հետո ինչե՞ր կպատահեն... Չուզեցի զարթեցնել, թողեցի այնպես քնած: Հետո շտապեցի այստեղ, գիտեի, որ դու ինձ սպասելիս կլինես:

Արագ շարժումը մի կողմից, ուրախությունը մյուս կողմից, տվել էին տիկնոջ դեմքին խիստ զվարթ պայծառություն: Նա մի առանձին քնքշությամբ բանալիները մեկնեց դեպի հայր սուրբը, ասելով.

— Ա՛ռ, ինչ որ ցանկանում էիր:

Հայր սուրբը ընդունեց բանալիները, հարցնելով.

— Ինչո՞վ կարող եմ վարձատրել քեզ:

— Նրանով, որ դու թույլ տաս ինձ ասել՝ գրկի՛ր ինձ: — Այդ ասելու իրավունքը ինձ համար մեծ վարձատրություն է: Մեր հին, դժբախտ անցքերից հետո ես կորցրել էի այդ իրավունքը, իսկ այժմ, կրկին արժանացրու քո սերին:

Վերջին խոսքերը արտասանելու միջոցին գեղեցիկ կնոջ աչքերում երևացին արտասուքի կաթիլներ: Այդ սրտաշարժ խոստովանությունը աբեղային մոռանալ տվեց բոլոր անցյալը... Նա գրկեց նրան, սկսեց ջերմ կերպով համբուրել:

— Ես մոռանում եմ, Սառա, մոռանում եմ բոլորը, թե որքան ցավ, որքան դառնություն պատճառեցիր ինձ քո անհավատարիմ վարմունքով: Ոչինչ ապաշխարություն չէր կարող քավել այդ հանցանքը. ոչինչ սպեղանի չէր կարող բժշկել իմ սրտի վերքը, իսկ այս գիշեր բոլորը անցավ: Դու ապացուցիր, որ արժանի ես սիրվելու, և ես իմ հոգու բոլոր զորությամբ կսիրեմ քեզ:

Տիկինը ոչինչ չպատասխանեց: Սաստիկ ուրախությունը և սաստիկ երկյուղը միօրինակ կապում են մարդու լեզուն: Նա բավական էր, որ կրկին գտնվում է իր մի ժամանակ սիրած տղամարդի գրկում. դրանով բախտավոր էր, դրանով երջանիկ էր համարում իրան:

— Հիմա դառնանք դեպի գործը, — ասաց երիտասարդը. — դրանք ո՞ր դռների բանալիներն են:

— Այդ մեկը դրսի դռան բանալին է, որ տանում է դեպի մի փոքրիկ քառակուսի բակ, որի յուրաքանչյուր անկյունում գտնվում են մի-մի ահագին չինարիներ և հովանավորում են ամբողջ բակը: Այդ բակի միջից մի նեղ դուռ տանում է դեպի զենքերի պահեստի ամբարանոցը, իսկ մի մեծ դուռ տանում է դեպի խանի դիվանատան ընդարձակ բակը:

— Ի՞նչ ես կարծում, ես չե՞ի մոլորվի այդ լաբիրինթոսի մեջ:

— Ես քեզ հետ կլինեմ, ինձ բոլոր ծակուծակերը հայտնի են, ես քեզ միայնակ չեմ թողնի:

Փոխանակ պատասխանի, երիտասարդը մյուս անգամ գրկեց իր հերոսուհուն և սեղմեց իր կուրծքի վրա:

— Դու երբեք ինձ այդքան քաղցր չես եղել, որպես այս գիշեր, նազելիս, — ասաց նա խորին հոգեզմայլության մեջ: — Հիմա պատրաստվենք գնալու:

— Ես շատ չեմ ուշացնի քեզ, — պատասխանեց տիկինը, նրա գրկից դուրս պրծնելով. – ինձ հարկավոր է միայն փոխել հագուստս:

Նա վազեց իր սենյակը և մի քանի րոպեից հետո վերադարձավ տղամարդի հագուստով:

— Պետք է մարդու հագուստը սազ գա իր գործին, այդպես չէ՞, սիրելիս, — ասաց նա ծիծաղելով: — Հիմա գնանք:

— Սպասի՛ր, — ասաց աբեղան նրան կանգնեցնելով. — ես մոռացա քեզ հարցնել, թե ինչպե՞ս հաջողվեցավ քեզ ձեռք բերել այդ բանալիները:

— Դա մի ամբողջ պատմություն է, լավ է, որ չհարցնեք, — պատասխանեց Սառան հրաժարվելով:

— Ինչո՞ւ:

— Կարելի է Փարիշանը բարկանա, եթե քեզ պատմելու լինեմ:

— Երևի, մի գաղտնիք կա. բայց դու գիտես, որ մենք հոգևորականներս իրավունք ունենք ամեն մարդու գաղտնիքները գիտենալու, — ասաց երիտասարդը ծիծաղելով: — Փարիշանը չի բարկանա, պատմի՛ր, սիրելիս:

— Փարիշանը գողացել է այդ բանալիները ամրոցի «դափուչի-բաշիից» (դռնապանների գլխավորից), — ասաց Սառան, երկար մտածելուց հետո:

— Ինչպե՞ս:

— Հենց այդ ինչպեսի մեջն է բոլոր գաղտնիքը, լսի՛ր. — դռնապանների գլխավորը մի ծերունի է, այն ծերունիներից մեկը, որ մազերը սպիտակելուց և ատամները թափվելուց հետո նորից սկսում է սիրել: Նա մի առանձին ախտ ունի սիրահարվել միայն կանանոցի աղախինների վրա, որոնք անդադար նրա աչքերի առջևից անցուդարձ են անում, երբ նա ամեն առավոտ դռները բաց անելով, փառավորապես նստում է ամրոցի մեծ դռան մոտ: Դա իր մտքում սիրում էր Փարիշանին, որը, կարելի է ասել, աղախինների մեջ ամենագեղեցիկն է: Շատ անգամ գնում էր իր երևակայական սիրուհու համար թանկագին ընծաներ, քաղրավենիք և ուրիշ այդպիսի բաներ: Փարիշանը ուրախությամբ ընդունում էր ընծաները, վայելում էր և քթի տակից ծիծաղում էր ծերունու հիմարությունների վրա:

Երբ ես Փարիշանին առաջարկեցի, թե պետք է ձեռք բերել զենքերի պահեստի բանալիները, նա մի րոպե մտածեց ու ինձ ասաց. «Այդ հեշտ է. ես հենց այս գիշեր ձեռք կբերեմ բանալիները...»:

Փարիշանը, որ միշտ աշխատում էր խույս տալ իր անտանելի սիրողից, այս գիշեր, ընդհակառակն, միջոց է որոնում հանդիպել նրան: — «Այս ի՞նչ է պատահել քեզ հետ, Ասկար «ամի» (կանանոցի բոլոր աղախինները նրան «ամի» են կոչում) — ասում է նրան: — Վաղուց է ինձ համար ոչինչ չես գնել□:

Այդ խոսքերը գժվացնում են «ամիին». առաջին անգամ նա Փարիշանի կողմից գտնում է մի այդպիսի մտերմություն:

— Ասկար ամիի հոգին քեզ մատաղ լինի, — պատասխանում է ծերունին, դու միայն Ասկար ամիի հետ այդպես քաղցր խոսիր, նա իր բոլոր ունեցածն ու չունեցածը քեզ կընծայե:

— Ես քեզ հետ քաղցր կխոսեմ, Ասկար ամի, էլ քեզ ուշունցներ չեմ տա, — ասում է Փարիշանը ավելի հրապուրիչ կերպով ու մոտենում է, ձեռքը քսում է նրա ուսին:

Փարիշանը սովորություն ուներ Ասկար ամիի սիրո ցույցերին միշտ հայհոյանքով պատասխանել և երբեմն գլխին խփել: Ասկար ամին մի առանձին բախտավորություն էր համարում, երբ սիրած կնոջ գեղեցիկ ձեռքը դիպչում էր իր գլխին: Բայց Փարիշանի այս անգամի անակնկալ քնքշությունը նրան միանգամայն սքանչացնում է, և նա վստահում է Փարիշանին հրավիրել իր սենյակը, ասելով.

— Գնանք, հոգիս, գնանք ինձ մոտ, ինչ որ ուզում ես, Ասկար Ամին կտա քեզ:

Փարիշանը հաճությամբ հետևում է ծերունուն, մտնում է նրա սենյակը: Ասկար ամիի պահանջը խիստ համեստ է լինում. նա խնդրում է, որ Փարիշանը հետ քաշե երեսի քողը և մի կողմ գցե իր չադրան, որ ինքը կարողանա կուշտ կերպով նայել նրա մարմնի սիրուն կազմվածքի վրա: Պետք է գիտենալ, որ պարսիկ կնիկները իրանց չադրան վեր առնելուց հետո, ներկայանում են համարյա կիսամերկ դրության մեջ: Ներքին հագուստները խիստ կարճ են. կուրծքը, ուսերը, սրունքները, բազուկները մնում են բոլորովին բաց:

— Նայիր, — ասում է Փարիշանը, մի կողմ գցելով թե չադրան և թե երեսի քողը. – որքան կամենում ես նայիր:

Ծերունին, բոլորովին հիացած իր տեսածից, ավելի հեռուն է գնում, կամենում է գրկել, համբուրել նրան:

— Այդ անկարելի է, Ասկար ամի, — ասում է Փարիշանը. — այդ թող չեմ տա: Այն էլ բավական էր, որքան նայեցիր իմ վրա:

Փարիշանը ձեռքով հրում է, մի կողմ է ձգում ծերունուն, իսկ ինքը սկսում է աչք ածել սենյակի շուրջը, ձևացնելով, թե շատ հետաքրքրվում է այնտեղ գտնված առարկաներով: Ծերունին չէ զրկում նրան այդ զվարճությունից: Սենյակի մի ճակատի վրա, որի մոտ նրա անկողինն էր դրած, պատի մեջ ցցած մեխերից քարշ էին ընկած դռնապանների գլխավորի բազմաթիվ բանալիները: Այդ բանալիները նա գիշերը քարշ էր տալիս մեխերից, իսկ ցերեկը քարշ էր տալիս իր գոտիից, հպարտությամբ ման էր գալիս ամրոցում, իր նշանավոր պաշտոնը ցույց տալու համար: Փարիշանի աչքերը կանգնում են պատից քարշ ընկած բանալիների վրա:

— Այդ ո՛րքան բանալիներ ունես, Ասկար ամի, — ասում է նրան, կրկին մի քաղցր ժպիտ գործելով իր սիրուն դեմքի վրա:

— Ապա, ի՞նչ ես կարծում, այդ ամբողջ ամրոցը իմ ձեռքումն է, — պատասխանում է Ասկար ամին պարծենալով: — Կամենամ կփակեմ, կամենամ կբաց անեմ:

— Թույլ տուր տեսնեմ, Ասկար ամի, ես կարո՞ղ եմ գիտենալ, թե ո՛ր բանալին որ դռանն է պատկանում, — ասում է Փարիշանը:

— Չես կարող, — պատասխանում է Ասկար ամին:

— Կարող եմ, ասում է Փարիշանը. — ե՛կ գրազ գանք:

— Ինչո՞վ, — հարցնում է Ասկար ամին:

— Ինչով որ դու կամենաս, — պատասխանում է Փարիշանը:

— Եթե դու իմացար, — ասում է Ասկար ամին, — թե ո՛ր բանալին ո՛ր դռանն է պատկանում, ես կտամ քեզ տասը հատ ոսկի. իսկ եթե չիմացար, դու պիտի տաս ինձ մի զույգ համբույր:

— Շատ լավ, — համաձայնվում է Փարիշանը և սկսում է մատը մի առ մի դնել բանալիների վրա, ասելով. — ահա այդ մեծ դռան բանալին է, այդ փոքր դռան բանալին է, այդ միջին դռան բանալին է, այդ դրսի դռան բանալին է, և մյուսներն էլ այդ կարգով:

— Ես տարա, ես տարա, — բացականչում է Ասկար ամին, ուրախությունից վեր-վեր թռչելով: — Ոչ մեկը չկարողացար գիտենալ:

— Ինչպե՞ս չկարողացա, — պատասխանումէ Փարիշանը չկոտրվելով. — ապա դու իմ սխալները ցույց տուր, տեսնեմ:

— Այս րոպեիս ցույց կտամ, — ասում է Ասկար ամին և սկսում է մի առ մի ցույց տալ, թե որ բանալին որ դռանն է պատկանում, մինչև հասնում է երկու բանալիի: — Դրանցից մեկը, ասում է, զենքերի պահեստի բանալին է, իսկ մյուսը՝ նրա բակի դռան բանալին է:

Փարիշանը մտքումը նշանակում է այդ երկու բանալիները, իսկ ծերունին շարունակում է մնացածները ցույց տալ:

— Հիմա տեսա՞ր, որ տարված ես, — ասում է ծերունին դառնալով դեպի Փարիշանը. – հիմա տուր տարած գրազս:

— Ինչ տամ, իհարկե, դու կարող ես գիտենալ, իսկ ես չեմ կարող, — ասում է Փարիշանը, նրան ավելի գրգռելով: — Քո բանալիներն են, քո ձեռքումն են մաշվել, ես ո՞րտեղից պիտի գիտենամ:

— Դե, լավ է, անաստված, մի տանջիր ինձ, — ասում է Ասկար ամին աղաչելով. — «խո տարել եմ, էլ ի՞նչ խոսք ունես: Թե ուզում ես, այն տասը ոսկին էլ կտամ, որ խոստացա:

— Լավ, տուր, — ասում է Փարիշանը, ոչ թե ոսկիները ստանալու ցանկությունով, այլ որ մի առիթ գտնե նրան սենյակից հեռացնելու, որովհետև գիտեր, որ ոսկիները իր սանդուխանայում պահած ունի:

Ծերունու ընդունարանից մի այլ դուռ բացվում էր դեպի փոքրիկ սանդուխանան. նա մտնում է այնտեղ ոսկիները բերելու համար: Փարիշանը այդ միջոցին, օգուտ քաղելով նրա բացակայությունից, վեր է առնում նշանակած բնալիները և թաքցնում է իր գրպանում: Երբ հայտնվում է ծերունին, ոսկիները բռնած ձեռքում, Փարիշանը ասում է նրան.

— Չէ, Ասկար ամի, ես հոգի ունեմ աստծուն տալու, դու տարել ես, ես ջղալություն չեմ անի. քեզ համար պահիր ոսկիներդ, ես կտամ, ինչ որ խոստացել եմ: Եվ մանկահասակ կինը իր գեղեցիկ երեսը դեմ է անում ծերունու ցամաքած շրթունքին:

Ասկար ամին ուրախացած այդ անսպառ երջանկությունով, ամեննին չէ նկատում իր սենյակում կատարված գողությունը: Փարիշանը առանց երկար ժամանակ կորցնելու հեռանում է, խոստանալով շուտ-շուտ այցելել նրան...

Երիտասարդ աբեղան, որ ուշադրությամբ լսում էր Սառայի պատմությունը, մի առանձին ոգևորությամբ բացականչեց.

— Սքանչելի՛ սեր, դարձյալ դու ես դեր խաղում կնոջ, քո ընդունակ ավանդապահի ձեռքով...

— Ապա, այդպես է սերը, — ասաց Սառան փաթաթվելով նրա պարանոցին:

— Բոլորը հասկացա, — ասաց աբեղան. — այժմ կարող ենք գնալ:

Նրանք հանգցրին ներքնատան մեջ վառվող ճրագը, և բակի դռները փակելով, հեռացան: Խավար, ոլոր-մոլոր փողոցներում դեռ ամբոխի հուզմունքը դադարած չէր: Ամբողջ բերդը գտնվում էր սոսկալի մոլեգնության մեջ: Տիկինը իր երիտասարդ ուղեկցի հետ խառնվեցան խռովված բազմության մեջ:

ԺԹ

Չնայելով Զեվու բերդի երեք անցքերը փակված էին հայոց զորքերով, բայց այդ անցքերից մուտք գործելը սարսափելի դժվարություններ ուներ: Բավական էր, որ թյուրքերը կանգնեցնեին յուրաքանչյուր անցքի վրա հիսուն հրացանավորներ, այնուհետև ոչ մի հայ զինվոր չէր կարող մուտք գործել բերդի մեջ: Այդ հասկանում էր բերդակալ խանը, և այդ էր նրա համառության գլխավոր պատճառը: Նա աներևակայելի էր համարում, որ թշնամին կարողանար գրավել իր անմատչելի ամրությունները: Այդ հասկանում էր և Բեկը, չէր ցանկանում իր կողմից մեծ կորուստով ձեռք բերել նրա ամրությունները: Նա աշխատում էր իր զինվորների արյունը փոխարինել պատերազմական խորամանկություններով: Իսկ այդ խորամանկությունները արդեն գործ դրված էին: Բայց ոչ խանը և ոչ նրա ավագանին չգիտեր, որ թշնամին արդեն բերդի միջումն է, գործում է, որոգայթներ է լարում հենց նրանց քթի տակին...

Բռնակալը կարող է երկնել միայն հրեշավոր մտքեր. ռազմագիտական նուրբ կանխատեսությունները նրան ծանոթ չեն: Գլխատելով իր հայ բնակիչներին, և նրանց կառափները նետելով դեպի թշնամու բանակը, — դրանով խանը մտածում էր սարսափ ձգել Բեկի վրա և նրան հեռացնել իր բերդի մոտից: Խանի հրամանը արդեն հայտնի էր թե բերդի թյուրք բնակիչներին, և թե նրա զինվորներին: Վաղորդյան նամազը կատարելուց հետո պիտի սկսվեր կոտորածը: Հայերի տները, կայքը, կանայքը, զավակները արդեն հարևանացիորեն բաժանված էին իրանց դրացի մահմեդականների մեջ: Եվ այդ կարգադրությունները հայտնի էին իրանց՝ հայերին:

Այդ կարգադրությունների վրա ծիծաղում էր մի սարսափելի մարդ, ծիծաղում էր իսկայի և սատանայի ծիծաղով: Նա գտնվում էր նույն ժամում յուզբաշի Սարգսի տան սենյակներից մեկի մեջ, որը առանձնացած, բաժանված էր կանանց բնակարանից:

Յուզբաշի Սարգիսը մի սպիտակամորուք ծերունի էր, խելացի, փորձված և բարեսիրտ: Նա ծանոթ էր խանին որպես հայերի ներկայացուցիչը, որպես նրանց տանուտերը: Երբեք նրա տանից պակաս չէր լինում աստուծո հյուրը, իսկ այս գիշեր ընդունել էր իր մոտ այն «սարսափելի մարդուն», որ վերևում հիշեցինք: — Դա տեր Ավետիքն էր, Բեկի անգութ զորապետներից մեկը: Նրա շուրջը շարված էին մի քանի հոգի բերդի հայ բնակիչների երևելիներից, ուշադրությամբ լսում էին նրա խոսքերը:

Տանուտերը, որպեսզի մահմեդականների կասկածը չհարուցանե իր տան մեջ հավաքված ժողովի վրա, առաջուց լուր էր տարածել, թե դիտավորություն ունի հայերից մի մեծ գումար հավաքել, ներկայացնել խանին, և դրանով նրա բարկությունը ամոքել, և նրա հպատակ, հավատարիմ հայերի կյանքը ազատել կոտորածից: Այդ լուրը հասել էր խանի ականջին: Նա իր մեջ նույնպես ծիծաղում էր հայերի միամտության վրա, սպասում էր ստանալ գումարը, հետո հրամայել, որ նրանց գլխատեն:

Բայց յուզբաշի Սարգսի տան խորհուրդը, փոխանակ «փեշքեշի» վրա մտածելու, զբաղված էր այլ պատրաստություններով:

Տեր Ավետիքը, որ Բեկի կամավորների թվում մտնելուց հետո զինվորականի հագուստ էր կրում, և որը այդ բերդում մտավ սափրիչի կերպարանքով, այժմ հագած ուներ քահանայի նվիրական զգեստը: Երևի, ռամկի վրա ավելի ազդեցություն գործելու համար, պետք էր այդ հագուստով ներկայանալ նրան: Նա դարձավ դեպի իր շուրջը նստողները, ասելով.

— Ձեզ պետք է կոտորեն, անպատճառ պետք է կոտորեն, այդ դուք ինքներդ գիտեք: Ուրեմն ձեզ համար միևնույն է, թե ինչ մահով կմեռնեք: Ավելի լավ չէ՞, որ սուրը ձեռքում պաշտպանեք ձեր անձը, ձեր կնիկները, ձեր զավակները ու տղամարդի պես մեռնեք: Բայց եթե լսեք ինձ, ես կարող եմ հավատացնել ձեզ, որ կենդանի կմնաք: Դուք կազատեք ձեր անձը ու բոլոր նրանց, որոնք սիրելի են ձեզ համար: Ձեզ հարկավոր է մի քանի ժամ կռվել միայն, և շուտով կտեսնեք, Բեկի զորքերը ձեզ օգնության հասած: Այնուհետև այն, որ մահմեդականները վճռել են գործ դնել ձեզ վրա, մենք գործ կդնենք նրանց վրա...

— Մենք պատրաստ ենք, — ասաց նրանցից մեկը, — բայց դժվարությունը նրանումն է, որ զենքեր չունենք, մեր զենքերը խլեց խանը:

— Դուք ուժեղ ձեռքեր ունեք և այդ բավական է, իսկ զենքեր հետո կտանք ձեզ, — ասաց քահանան: — Հարկավոր է սկզբում զինավորվել այն գործիքներով, ինչ որ կգտնվի ձեր տներում. թող լինի դա կացին, ուրագ, մանգաղ, բահ, շամփուր, մահակ, վերջապես հասարակ փայտի կտոր, միևնույն է: Այդ զենքերը ձեզ պետք են միայն փողոցներում պաշտպանվելու համար, իսկ երբ կհասնենք ամրոցին, այնտեղ կփոխեք ձեր ունեցածը իսկական զենքերով:

— Ինչպե՞ս, — հարցրին նրանից:

— Ես հարկավոր չեմ համարում ձեզ բացատրել, թե ի՛նչպես կարող է հաջողվել այդ, բայց իբրև քահանա, իբրև աստուծո տաճարի պաշտոնյա, հավատացնում եմ ձեզ, որ ինքը մեր տեր Հիսուս Քրիստոսը կօգնե մեզ և թույլ չի տա, որ իր գառները մորթվեն մահմեդականների ձեռքով: Ձեզ հարկավոր է միայն այնքան քաջություն ունենալ, և հասնել մինչև խանի ամրոցը:

— Բոլոր դժվարությունները մինչև այնտեղ ողջությամբ հասնելն է, — ասաց նստողներից մեկը:

— Ոչինչ դժվարություն չկա: Ձեզ հայտնի է, որ մենք այդ մասին բոլոր կարգադրությունները արել ենք: Ես ինքս իմ քաջ ընկերներիս հետ կառաջնորդենք ձեզ: Դուք միայն այն ասացեք, թե քանի՞ հոգի կարող եք պատրաստել:

— Ավելի քան հարյուր հոգի:

— Այդ բավական է: Ուրեմն պետք չէ ժամանակ կորցնել. շուտով գնացեք, թող ձեզանից ամեն մեկը պատրաստե իր մարդիկը:

Ծերունի Սարգիս յուզբաշին մինչև այժմ լուռ էր. երբ նկատեց, որ քահանայի խոսքերը բավական ազդեցություն գործեցին, ինքը նույնպես ավելացրեց.

— Այդ մարդիկը, տեր հայր, անձնվեր մարդիկ են, ես դրանց ճանաչում եմ, և՛ քաջ մարդիկ են: Ինքս շատ անգամ ականատես եմ եղել դրանց քաջություններին: Մինչև այսօր հայի ձեռքը կապված էր, այժմ, փառք աստուծո, կապանքը քանդվեցավ: Պետք է մենք էլ ցույց տանք, որ մարդիկ ենք, անասուններ չենք, որ ամեն կերպ գործածեն մեզ: — Վեր կացեք, զավակներս, դարձավ նա դեպի նստողները, — գնացեք, ինչպես տեր հայրը ասում է, պատրաստվեցեք: Մեր փրկությունը մեր քաջության մեջն է: Աստված էլ չէ օգնում մարդուն, երբ նա ինքն իրան չէ աշխատում օգնել: Գիտե՞ք այն առածը, թե կանգնած եզը ի՞նչ օյին է հանում քնած եզան գլխին...

Բոլորը կանգնեցան ոտքի վրա:

Ծերունին այժմ դարձավ դեպի տեր Ավետիքը.

— Դրանք կգնան, կպատրաստեն իրանց մարդիկը, բայց դուք, տեր հայր, առաջուց պետք է հայտնեք դրանց, թե ո՞րտեղ պիտի հավաքվեն և ե՞րբ պետք է հարձակում գործեն:

— Իհարկե, պետք է հայտնեմ, — խոսեց քահանան: — Ես իմ մարդիկների հետ կսպասեմ ձեզ ածխավաճառների հրապարակի այն անկյունում, որտեղից մի խուլ, նեղ փողոց տանում է դեպի խանի ամրոցը: Դուք ամեն կողմից փոքրի խմբիկներով, առանց աղմուկ հանելու, կհավաքվեք այնտեղ: Իսկ հարձակումը կկատարենք ուղիղ այն ժամանակ, երբ խանի ամրոցից կհայտնվեն հրդեհի բոցերը, և երբ մի ֆշանք կբարձրանա օդի մեջ: Այդ երկուսը՝ ֆշանքը և հրդեհի բոցերը կհայտնվեն միևնույն րոպեում: Այդ երևույթը պետք է ընտրեք ձեզ որպես առաջնորդ. չմոռանաք:

Ծերունին վեր կացավ բաց անելու սենյակի դռները, որտեղ նրանք նստած էին: Տեր Ավետիքը կրկին դարձավ դեպի իր աջակիցները այս խոսքերով.

— Ես ձեզանից, զավակներս, ոչ խոսք, ոչ երդում և ոչ մի այլ ուխտ չեմ պահանջում, որովհետև հավատացած եմ, որ ձեր ընտանիքի և պատվի պաշտպանությունը պահանջում է կատարել այն, ինչ որ ձեզ պատվիրեցի: Հիմա գնացեք, զավակներս, տեր ընդ ձեզ: Մի՛ մոռացեք ածխավաճառների հրապարակը և մտքներումդ պահեցեք ձեզ հայտնած նշանները հրդեհը և ֆշանքը: Դարձյալ ասում եմ ձեզ՝ աշխատեցեք աղմուկ չբարձրացնել, աշխատեցեք, որքան կարելի է, ձեր հագուստով նմանվել թյուրքերին:

Նրանցից մեկը ասաց.

— Ձեր օծյալ աջով երդվում ենք, տեր հայր, որ կկատարենք ձեր բոլոր խրատները, և քանի որ մեր բերանում շունչ կա, թույլ չենք տա, որ մեր աչքերի առջև մեր կնիկները, մեր զավակները հափշտակեն, և մեր գլուխները թնդանոթի գնդակի տեղ գործ ածեն:

— Օրհնյալ լինիք, զավակներս, մեր տեր Հիսուս Քրիստոսին եմ հանձնում ձեզ. գնացեք, զավակներս. մեր սուրբ Գրիգոր լուսավորիչ պապը թող ձեզ ուժ և զորություն շնորհեսցե:

Նրանք մոտեցան մեկ-մեկ համբուրեցին քահանայի աջը և հեռացան:

Այդ միջոցին ծերունի Սարգիսն էլ վեր առեց իր մահակը, որ գավազանի տեղ էր գործ ածում, կռթնեցավ նրա վրա, դողդողալով պատրաստվում էր դուրս գալ սենյակից:

— Դուք ո՞ւր եք գնում, Սարգիս-ապեր, — հարցրեց քահանան, զարմացական ժպիտով նայելով նրա վրա:

— Գնում եմ, — ասաց նա մի առանձին զգացված եղանակով. — գնում եմ տեսնեմ ջահիլները ի՞նչ են շինում...

— Մի այսպիսի վտանգավոր գիշերում ձեր դուրս գալը լավ չէ, Սարգիս-ապեր, — ասաց նրան քահանան:

— Օրհնած, ինչո՞վ պետք է վատ լինի, այսուհետև ինչ էլ որ ապրում եմ, այդ էլ ավելորդ է. իմ ոսկորները վաղուց պետք է փտած լինեին:

Նա չսպասեց քահանայի հետևյալ խոսքերին, օրորվելով դուրս եկավ սենյակից, որ տեսնե, թե ջահիլները ինչ են շինում: Զառամյալ սրտի մեջ եռ էր գալիս երիտասարդական աշխույժը. ցանկանում էր, եթե իր բազուկներով չէ կարող օգնել գործին, գոնե իր խրախուսյաններով քաջալերե կռվողներին: Նա կանչել տվեց ծառային, որ առաջնորդե իրան. ծառան գիտեր նրա սովորությունները: Գիշերները ծերունու աչքերը լավ չէին տեսնում. ծառան բռնեց նրա ձեռքից, սկսեց ման ածել մթին փողոցների մեջ, անդադար զգուշացնելով. «Այստեղ մի փոս կա, այստեղ մի քար կա» և այլն:

Տեր Ավետիքը մնաց սենյակում միայնակ: Նա վեր կացավ, իր քահանայական զգեստը հանեց, մի կողմ ձգեց, ասելով. «Էլ ինձ պետք չեք», հետո սկսեց հագնել իր աշխարհականի հագուստը և կապեց զենքերը:

Այդ միշտ տխուր, միշտ տրտում մարդը ուրախանալ չգիտեր. նա առհասարակ գտնվում էր մի տեսակ մռայլ տրամադրության մեջ, կարծես թե, նրան մի բան պակաս էր, կամ մի բան կորցրել էր: Իսկ այս գիշեր նրա խիստ դեմքի վրա երևում էր մի անսովոր ուրախություն, որ շատ նման էր դևերի ուրախությանը, երբ նրանք պատրաստվում են կատարել մի սարսափելի արհավիրք, մի հրեշավոր գործ:

Նա մոտեցավ նեղ լուսամուտին, սկսեց ականջ դնել փողոցից լսվող աղաղակներին: Ամբոխի խռովությունը դեռ դադարած չէր:

— Ո՞ւր մնացին այդ գառնուկները, չեն երևում, — ասաց իր մտքում փոքր-ինչ զայրացած կերպով: Նա սովորություն ուներ դեպի իրանից մանկահասակները վերաբերվել այդ խոսքերով:

Վերջապես հայտնվեցան Ստեփաննոս իշխանը և Մելիք Փարսադանի որդի Բալի զորավարը: Քահանան կարճ կերպով պատմեց նրանց, թե ինչ վախճան ունեցավ իր խորհուրդը տեղային հայոց երևելիների հետ, և վերջացրեց իր պատմությունը այս խոսքերով.

— Չգիտեմ, որքան հույս կարելի է դնել դրանց վրա:

— Նրանց վրա հույս կարելի է դնել, — ասաց Մելիք-Փարսադանյանը — «նեղ ընկած կատուն առյուծ է դառնում»: Անձնապաշտպանության բնազդումը կստիպե նրանց կատարել իրանց խոստմունքը:

— Կտեսնենք, — ասաց քահանան փոքր-ինչ երկբայական եղանակով: — Դուք ինձ այն ասեցեք, ականը պատրա՞ստ է:

— Բոլորովին, — պատասխանեց Շահումյանը: — Ուղին բացվում է դեպի Բայինդուր իշխանի և Մելիք-Փարսադանի բանակը:

— Եվ նրա գոյության մասին ոչ ոք տեղեկություն չունի՞:

— Ոչ ոք, բացի աստծուց:

— Իսկ Խորեն հայր սուրբը գնացե՞լ է:

— Գնացել է իր սիրելի Սառայի հետ:

— Սառան մեր ամենի սերին արժանի է, — պատասխանեց քահանան կշտամբելով Մելիք-Փարսադանյանի հեգնությունը. – Սառան ավելի գործեց, քան թե մենք ամենքս:

— Իսկ Փարիշա՞նը:

— Փարիշանը նույնպես, — պատասխանեց քահանան մի առանձին ակնածությամբ: — Եթե ես նրան տեսնեի, փոխանակ թույլ տալու, որ նա իմ աջը համբուրե, ես առաջինը կլինեի, որ նրա ձեռքը կհամբուրեի: Ամեն մի կին պաշտելի է դառնում, երբ բացի կին լինելուց, մարդ է դառնում, այսինքն կատարում է մարդկության համար մի լավ բան: Այն բոլոր կանայքը, որոնց այսօր տոնում է մեր եկեղեցին, կանացիության նեղ սահմանից դուրս եկած, ընդհանուր մարդկային բարության համար գործողներն են եղել: Մեզ համար միևնույն է, թե ի՛նչ տեսակ անցյալ են ունեցել Սառան կամ Փարիշանը: Թող նրանց անցյալը մռայլոտ լինի, բայց բարի գործը մինչ այն աստիճան պայծառացնում է նրանց ներկան, որ հին մռայլը կորչում է, անհետանում է նոր լուսավորության մեջ: Մեր տեր Հիսուս Քրիստոսը Մարիամ Մագթաղինացիների ձեռքով ավելի շատ գործեց, քան թե Պողոսի և Պետրոսի ձեռքով: Աստված հին մեղքը չէ հիշում, երբ մարդ ներկայանում է նրան որևէ առաքինությամբ:

Քահանայի խոսքերը բավական ամաչեցրին Մելիք-Փարսադանյանին, որ նա այնպես անպատկառ կերպով վերաբերվեցավ դեպի Սառան և դեպի Փարիշանը: Տեր Ավետիքը նույնքան խիստ էր իր քարոզների մեջ, որքան խիստ էր կռվի դաշտում: Երիտասարդ Բալին ոչ մի խոսք չգտավ նրան պատասխանելու և լուռ կացավ: Իսկ իշխան Շահումյանը հայտնեց, որ ժամանակ է գնալու:

Երեքը միասին դուրս եկան յուզբաշի Սարգսի տանից: Փողոցների խառնաշփոթ աղմուկը փոքր-ինչ դադարած էր: Խիստ հազիվ պատահում էին զայրացած խմբեր, որոնք աղաղակներ բարձրացնելով անցնում էին: Բայց պետք չէ մտածել, որ մահմեդական ամբոխը այդ ժամանակ քնած էր: Բերդի մեծ մեչիտը լիքն էր աղոթող բազմությունով: Ամենքը արտասուքը աչքերում աստծուց օգնություն էին խնդրում: Մոլլաների գլխավորը, խանից առանձին հրահանգներ ստանալով, կանգնած էր ամբիոնի վրա, քարոզում էր, հորդորում էր, գրգռում էր բազմության կատաղի բարկությունը «անհավատների» դեմ: Այս գիշեր նա ներկայացել էր ժողովրդին բոլորովին այլ կերպարանքով. գլխի սպիտակ չալմայի փոխարեն կրում էր երկաթե սաղավարտ, քարոզչի գավազանի փոխարեն կրում էր երկայն նիզակ, իսկ կրոնավորի բարեպաշտական զգեստի փոխարեն հագած ուներ զրահ: Նա ասում էր, որ դատաստանի օրում բոլորը սև երեսներով կհայտնվեն Մուհամմեդի ատյանում, եթե թույլ կտան գավուրներին ոտք կոխել այն երկրի վրա, որ պատկանում է իսլամի հավատացյալներին: Իսկ ով որ կկռվի, արյուն կթափի, և մեր սահմաններից կհալածե գավուրներին, նա դատաստանի օրում կներկայանա Մուհամմեդի ատյանում պարզ և պայծառ երեսով: Նրա ճակատի վրա կփայլի նրա քաջության աստղը: Եվ մարգարեների մեծը այդ նշանով կճանաչե իր քաջերին և կվարձատրե աստուծո դրախտի ամենագեղեցիկ փառքերով:

Մեր երեք հերոսները, անցնելով մեչիտի դռնից, լսեցին այդ խոսքերը: Տեր Ավետիքը ծիծաղելով ասաց.

— Լա՛վ երազ է, եթե ի բարին կատարի...

Ի

Միևնույն գիշերում, երբ Ջևվու բերդը պաշարված էր, երբ մոլլաների գլխավորը մեչիտի ամբիոնից բորբոքում էր մահմեդականների կատաղի վրեժխնդրությունը քրիստոնյաների դեմ, երբ Դավիթ բեկի մարդիկը բերդի մեջ զանազան գաղտնի որոգայթներ էին լարում, երբ խանը վեզիրի հետ ունեցած աղետավոր խորհրդից հետո, դիվանատան փառավոր դահլիճում նստած, տալիս էր իր ավազանիին իր սարսափելի հրամանը, — միևնույն գիշերում, երբ կանանոցի բոլոր սենյակների ճրագները հանգած էին, մի սենյակում, միայն լույս էր երևում: Դա մեզ ծանոթ Փարիշանի տիկնոջ՝ Զուբեյիդա խանումի սենյակն էր:

Այդ սենյակը, որ մի քանի ժամի առաջ կատարյալ անկարգության մեջ էր գտնվում, այժմ ներկայացնում էր կարգ, շքեղություն և նրբության հասցրած վայելչություն: Վարդագույն թավշով պատած, ոսկեթել փունջերով զարդարած մութաքաները իրանց պատշաճավոր տեղումն էին: Նախշուն գորգերի երեսի վրա սփռված էին ավելի փափուկ օթոցներ քիշմիրի ամենաթանկագին շալերից: Մի կողմում պատրաստած էր գեղեցիկ անկողին, որ բուրում էր ամենաքնքուշ անուշահոտություններով:

Արծաթյա մատուցարանների վրա դրած էին չինեական հիանալի շիշեր, լցրած զանազան տեսակ շերբեթներով, իսկ նրանց մոտ շարված էին նույնպես արծաթյա մեծ-մեծ գավաթներ, նկարված գեղեցիկ քանդակներով: Մի կողմում դրած էր թանկագին ղեյլանը, որի գլուխը զարդարած էր ֆերուզայի քարերով: Բուխարու մեջ, մեղմությամբ վառվող կրակի վրա, եփ էր գալիս անուշահոտ սուրճը:

Դեպի որ կողմ և նայում էիր, աչքի էր զարկում շքեղություն, փափկություն, զարդարանք, մինը մյուսից ավելի գեղեցիկ: Իսկ այդ բոլոր վայելչությունների մեջ միայն սենյակի թագուհին ներկայացնում էր մի տխուր, գունաթափ հակապատկեր: Նա նստած էր մութաքայի վրա, մեծ հայելու առջև, որ դրած էր ոսկյա շրջանակի մեջ: Աղախինը խնամքով սանդրում էր նրա սև գիսակները և զանազան ձևերով զանգուրներ էր տալիս:

— Ես իսկույն կպատրաստեմ ձեզ, նազելի տիկին, — ասում էր աղախինը, շարունակելով իր գործը: Մի՛ վախեցեք, աշխատեցեք, որքան կարելի է, ձեր սիրտը ուրախ պահել. դա ավելի մեծ փայլ կտա ձեր գեղեցկությանը: Ձեր դեմքը չափազանց գունաթափ է: Դուք գիտեք, որ խանը չէ սիրում գունաթափ դեմքը: Վնաս չունի, ես դրա ճարը կանեմ. հարկավոր է միայն ձեր թշերը փոքր-ինչ շփել քասնիի արաղով, իսկույն վարդի գույն կստանան:

— Քասնիի արաղը լավ չէ, սաստիկ այրում է, — ասաց տիկինը հառաչելով:

— Այրում է, ուղիղ է, բայց կարմիր գույն է տալիս:

— Զզվելի բան է, — կրկնեց տիկինը. – սաստիկ հոտում է:

— Այդ ոչինչ. ես հետո կօծեմ ձեր թշերը վարդի յուղով և արաղի հոտը կկտրվի:

Տիկինը այլևս չհակառակեց: Աղախինը նստած էր նրա ետևի կողմում, սանդրում էր մազերը: Նա շուտ-շուտ նայում էր հայելու մեջ՝ տեսնելու տիկնոջ դեմքի արտահայտությունը:

— Ուրախ, որքան կարելի է, ուրախ ձևացրեք ձեզ, — ասում էր նա, թեքվելով դեպի հայելին: — Ապա մի ժպտացեք, տեսնեմ:

Տիկինը ջանք արաց ժպտալու:

— Այդ ի՞նչ տեսակ ժպիտ է, — նկատեց աղախինը, ցույց տալով իր հմտությունը: — Դուք երբ որ ժպտում էիք, ձեր ամբողջ դեմքը, կարծես, խոսում էր մի տեսակ հրեշտակային անուշ բարբառով, որ բովանդակում էր իր մեջ երկնային մուզիկայի ամենաքաղցր հնչյունները: Ձեր թշերի վրա հայտնվում էին երկու գեղեցիկ փոսիկներ: Այդ փոսիկները տեսնելով, խանը միշտ հիշում էր բանաստեղծի երգը, որ իր սիրուհու թշերի փոսիկները նմանեցնում է Մուհամմեդի դրախտի մեջ գտնված երկու ավազաններին, որոնք բովանդակում են իրանց մեջ անմահության ջուրը:

Տիկինը ոչինչ չպատասխանեց: Ցավալի դառնությամբ լցված էր նրա սիրտը: Նրա դեմքը ժպտալ չէր կարող: Աղախինը շարունակեց.

— Իսկ ձեր գեղեցիկ աչքերը, տիկին, — ներեցեք համարձակությանս. – սաստիկ հանգած են երևում: Չգիտեմ ինչո՞ւ այս գիշեր այսպես կորցրել են իրանց պայծառ փայլը:

Տիկնոջ գեղեցիկ աչքերը ավելի նսեմացան. արտասուքը հեղեղեց նրանց:

— Դու չգիտես, Փարիշան, — ասաց նա վշտալի ձայնով. — դու չգիտես, այս գիշեր ես ո՜րքան տանջվեցա, որքան ցավեր կրեցի սիրելի երեխայիս պատճառով: Բայց դարձյալ պետք է աշխատեմ ուրախ ձևանալ, դեմքս զվարթ պահել, աչքերիս հրապուրիչ արտահայտություն տալ և հակամայից ժպտալ, ծիծաղել... որովհետև իմ տերը, իմ իշխանը բարեհաճել է այս գիշեր իմ տխուր օթևանին այցելություն գործել...: Այո՛, ես տխրելու իրավունք չունեմ... որովհետև իմ սիրտը ինձ չէ պատկանում... ես պիտի նրա մեջ խեղդեմ իմ բոլոր զգացմունքները, իմ բոլոր կրքերը... և պիտի կեղծեմ... միայն թե կարողանամ իմ տիրոջը հաճո երևնալ... որ չձանձրացնեմ նրա ուրախության րոպեները...: Գիտե՞ս, Փարիշան, այդ ի՜նչ տանջանք է... գիտե՞ս, որքան հոգեկան մեծ զոհաբերություն հարկավոր է դրա համար...

— Գիտեմ... -ասաց խելացի աղախինը: — Ամբողջ հինգ տարի է, որ ես ծառայում եմ ձեզ մոտ. ես միշտ նկատել եմ ձեր տխուր ժպիտը, միայն արտասուքի կաթիլների միջից, ինչպես անձրևային կաթիլների միջից թեև անցնում են արեգակի ճառագայթները, բայց լավ չեն ջերմացնում...

— Այո՛, հինգ տարի է, — կրկնեց տիկինը. — բայց իմ այստեղ լինելս յոթն տարի է: Այդ յոթն տարվա ընթացքում իմ վիճակը եղել է մի ողորմելի վարձկան կնոջ դրություն, որ իր սերը վաճառում է... Նա կամա-ակամա պետք է զվարճացնե իր այցելուին, որովհետև դրա համար վարձված է. նրան վճարում են...

— Փարիշան, — առաջ տարավ նա. — դու որևիցե ժամանակ սիրե՞լ ես:

— Սիրել եմ, տիկին:

— Ուրեմն կարող ես երևակայել, թե որքան ծանր, որքան անախորժ բան է, երբ մարդ ակամա ստիպված է սիրող ձևանալ մեկին, երբ նրան սիրել կարող չէ: — Փորձե՞լ ես մի այսպիսի բան:

— Փորձել եմ, տիկին...

Աղախինը մտաբերեց իր նույն գիշերվա ծանր փորձը դռնապանների գլխավոր՝ Ասկար ամիի հետ:

Զուբեյիդա խանումը ազգով հույն էր, մի լավ ընտանիքից. նրան խանը գերի բերեց Էրզրումի կողմերից, երբ յոթն տարի առաջ իր ավազակային խումբերով գնացել էր այն կողմերում ասպատակություններ անելու: Նրա հայրը խոստացավ հինգ հազար ոսկի տալ խանին, միայն թե իր աղջիկը ազատե գերությունից, բայց խանը չընդունեց: Գեղեցիկ Զուբեյիդան մնաց նրա կանանոցում, բայց բնավ փոխել չկարողացավ այն դաստիարակությունը, որ ստացել էր իր ծնողների բարեկիրթ ընտանիքում: Խանի հարեմը լիքն էր ամեն ազգի, ամեն կրոնի կնիկներով. բայց նրանց և ոչ մեկին այնքան անտանելի չէր հարեմական կյանքի ստրկությունը, որպես զգայուն, անկեղծ Զուբեյիդային:

— Այդ դեռևս ներելի է, Փարիշան, երբ կինը, զանազան հանգամանքներից ստիպված, պարտավորվում է իր սերը վաճառել: Բայց անտանելին այն է, երբ կինը ստիպված է սեր ցույց տալ, որովհետև վախենում է: Ոչ մի տեսակ անասունների մեջ այդ չէ լինում. միայն բռնակալ մարդը կարողանում է այդ անել տալ: Մենք ևս մի տեսակ հարկատուներ ենք, Փարիշան, եթե չվճարենք պահանջված հարկը, ծեծելով կառնեն: Բռնակալի անգթությունը տարածվում է և կնոջ առագաստի վրա: Կո՛ւյր է նա, որ հարեմի մեջ սեր, երջանկություն և բանաստեղծական զվարճություններ է տեսնում...

Փարիշանին շատ հաճելի էր լսել իր տիկնոջ դա՛ռն բողոքը: Ամբողջ հինգ տարի նա կատարել էր մի անբախտ դատավորի պաշտոն. միշտ լսել էր նրա գանգատները, միշտ տեսել էր նրա աչքերի արտասուքը, բայց ոչինչով չէր կարողացել բուժել նրա վիրավորված սիրտը կամ դարման դնել նրա ցավերին: Իսկ այդ գիշեր փոքր էր մնում, որ նա բաց աներ իր ծածկամտության փականքը և ուրախալի խոսքերով ավետեր նրա փրկությունը, ասելով. — «նազելի տիկին, մի քանի ժամ ևս համբերություն ունեցիր, և դու իմ ձեռքով ազատված կլինես...»: Բայց նա չասաց այդ խոսքերը, թողեց նրան անգիտության մեջ, — չասաց, թե ինչ էր կատարվում նրա չորս կողմում, և ինքը ինչ սարսափելի դեր պիտի կատարեր ընդհանուր տագնապի րոպեում, երբ սուրն ու հուրը պիտի մահ տարածեին ամեն տեղ... Նա միայն շտապեցրեց իր տիկնոջը, որ շուտով պատրաստվի, որովհետև խանի նրա մոտ գալու ժամը մոտենում էր:

Նա միայն մխիթարեց վշտացած տիկնոջը, ասելով.

— Հոգս մի անիր, տիրուհի, աստված ողորմած է. ձմեռվա դառնաշունչ օրերից հետո գալիս են գարնան կենսաբեր օրերը. գիշերվա խավարին հաջորդում է առավոտյան պայծառ արշալույսը: Մարդու կյանքի մեջ էլ այսպես օրերի և եղանակների փոփոխություններ են լինում. լավը հաջորդում է վատին, լույսը հաջորդում է խավարին..

Փարիշանը քահանայի աղջիկ էր. նա թեև կարդալ չէր իմանում, բայց բավական զարգացած էր. հոր տան դաստիարակությունից նա պահել էր շատ բան, շատ լուսավոր հայացքներ կյանքի ու նրա պայմանների վրա: Երբեմն հայոց աղջիկները զանազան մանգոների, ապաղաների, արղունների, բաթուների և մոնղոլական այլ թագավորների կանանոցներում առաքելուհիների սրբազան պաշտոն էին կատարում, իրանց գեղեցկության և սիրո հետ մտցնում էին քրիստոնեությունը կռապաշտ թագավորների պալատներում: Բայց մահմեդականության խավար մոլեռանդությունը սպանեց հայ աղջիկների այդ եռանդը, նրանք այնուհետև մեծ զոհաբերություններով կարողացան պահել իրանց կրոնը միայն, այն ևս գաղտնի կերպով: Փարիշանը մնացել էր հայ և քրիստոնյա. այդ գիտեր նրա տիկինը միայն, որ ինքը նույնպես պահպանել էր քրիստոնեությունը: Այդ կրոնական ամուր կապը աղախնի ու իր տիկնոջ առիթ էր տվել նրանց մտերմությանը: Այդ էր պատճառը, որ տիկինը այնպես ընտանեբար և համարձակ կերպով թափում էր Փարիշանի առջև իր սրտի ցավերը:

Աղախինը ետևից սանդրելով տիկնոջ գիսակները, անցավ նրա առջևի կողմը, սկսեց ճակատի վրա թափված փոռիկներից զանազան խոպոպիկներ ոլորել: — Խանը մազերի հյուսվածքի այդ ձևը շատ է սիրում, — ասաց նա, ճարպիկ մատներով շարունակելով իր գործը: — Հիշո՞ւմ եք, տիկին, այն ժամանակ ասաց խանը՝ «Այդ զանգրավոր փոռիկները խիստ սազ են գալիս քո երեսին». ես դեռ չեմ մոռացել նրա խոսքերը:

— Ես ոչինչ չեմ հիշում, — պատասխանեց տիկինը տխուր ձայնով:

Աղախնի մտաբերած «այն ժամանակը» վեց ամիս առաջ էր, այնուհետև խանը ոչ մի անգամ չէր մտել Զուբեյիդա խանումի բնակարանը: Այս գիշեր միայն հերթը նրան էր հասել... Այս գիշեր միայն ներքինապետը, այն ևս շատ ուշ, նրան իմացում տվեց հարեմի իշխանի այցելության մասին:

— Դե շուտ արա՛, երկար մի տանջիր ինձ, — ասաց տիկինը, ձանձրանալով աղախնի հնարած չափազանց պաճուճանքներից:

— Իսկույն, իսկույն կվերջացնեմ, — պատասխանեց աղախինը: — Մնում է ձեր հոնքերին բասմա դնել, աչքերին սուրմա քաշել, հագցնել ձեզ, և դուք բոլորովին պատրաստ կլինեք:

Նա սկսեց փետուրը թաթախել ինչ-որ հեղուկի մեջ և նրանով վարպետությամբ ներկել տիկնոջ հոնքերը, որ առանց դրան ևս սև գույն ունեին: Միայն հարկավոր էր նրանց աղեղի ձև տալ, ծայրերը փոքր-ինչ երկարացնել, իսկ մեջտեղում հոնքերի երկու կամարները միմյանց հետ միացնել:

Այդ գործողությունը կատարելու միջոցին հանկարծ լսելի եղավ թնդանոթների բոմբյունը: Ամբողջ ամրոցը սարսափելով դղրդաց: Սոսկաց և տիկինը: Սոսկումից նրա գլուխը դողդողաց, և փետուրյա վրձինը շեղվելով իր ուղղությունից, ձգեց նրա մարմարիոնի նման սպիտակ ճակատի վրա մի անկանոն սև գիծ:

— Ո՜ւֆ, հոգիս դուրս գար, այդ ի՞նչ եղավ, — գոչեց աղախինը ինքն ևս սոսկալով, երբ նկատեց, որ իր բոլոր աշխատությունները տիկնոջ հոնքերը գեղեցկացնելու վերաբերությամբ ապարդյուն եղան: — Բայց ես մեղավոր չեմ, տիկին, եթե դուք թնդանոթների ձայնից չվախենայիք և ձեր գլուխը ուղիղ պահեիք, իմ ձեռքը երբեք չէր սխալվի: Վնաս չունի, ես իսկույն կսրբեմ այդ անկանոն գիծը, նրա հետքն անգամ չի մնա: Բայց դուք աշխատեցեք չվախենալ և ձեր գլուխը չդողդողացնել, երբ մյուս անգամ կլսեք թնդանոթների որոտը:

— Ես կաշխատեմ... – պատասխանեց տիկինը վշտալի ձայնով: — Ես որոտից ու կայծակից անգամ սոսկալու իրավունք չունեմ, երբ ինձ զարդարում են իմ իշխանի զվարճության համար: Ես զգացմունքից զուրկ մի առարկա եմ: Աշխարհի կործանման րոպեում անգամ, երբ իմ տերը ցանկանում է ինձանով ուրախանալ, ես պիտի խեղդեմ իմ սրտում իմ բոլոր զարհուրանքը և պիտի պատրաստվեմ նրան ուրախացնելու... Այդպես է մեր վիճակը, Փարիշան: Նայիր, այնտեղ, մեզանից փոքր-ինչ հեռու, արյուն և արտասուք է հոսում: Մայրերը գրկած իրանց զավակներին, աղաչում են, որ իրանց սպանեն և խնայեն որդուն: Այնտեղ թշնամու սուրը մահ է տարածում, իսկ այստեղ ի՞նչ է կատրվում...

— Այստեղ բռնակալի գազանային կրքերի համար մի զոհ է պատրաստվում... – պատասխանեց աղախինը, չկարողանալով զսպել իր բարկությունը:

Աղախինը ջրով թրջեց մի սպիտակ շորի կտոր և զգուշությամբ սկսեց սրբել անկանոն սև գիծը նրա ճակատից: Հոնքերի ներկելը ավարտվեցավ, մնում էին աչքերը:

Նա փղոսկրյա բարակ դեղտիրը թաթախեց մի փոքրիկ պարկի մեջ, որ շինված էր հավի ոտքի կաշուց: Դրա մեջ ածած էր սուրմայի սև փոշին: Հետո դեղտիրը վարպետությամբ տարավ աչքերի երկու կոպերի միջից: Այդ գործողությունից հետո կոպերի եզերքը ընդունում էին իրանց վրա սև փոշին, և աչքերին այնպիսի արտահայտություն էին տալիս, կարծես թե նրանք նշաձև սև շրջանակի մեջ դրված լինեին: Բայց աղախինը զարմացավ, երբ նկատեց, որ այդ անգամ սուրման ամեննին չէր բռնում. աչքերից բխած հեղուկը ողողում էր, տանում էր սև փոշին: Տիկինը լաց էր լինում:

— Լավ, լավ, — ասաց նա դեղտիրը մի կողմ դնելով, — ձեր աչքերը այնքան սև են, ձեր թեթերունքը այնքան խիտ են, որ սուրմայի կարոտություն չունեն: Հիմա մնում է ձեզ հագցնել: Այդ շապիկը պետք է փոխեք. նա բավական երկար է և թանձր: Խանը սիրում է կարճ և թափանցիկ շապիկներ, որոնց տակից մարմնի բոլոր գեղեցկությունները երևում են:

— Ես ատում եմ այդ խայտառակությունը...

— Այդ ուրիշ բան է, որ դուք ատում եք, բայց դուք պետք է հագնեք այն, ինչ որ նրան է դուր գալիս:

Փարիշանը առանձին նպատակ ուներ իր տիկնոջը այս գիշեր ավելի թովիչ, ավելի հրապուրիչ կերպարանքով ներկայացնելու խանին, զբաղեցնել նրան այդ գեղեցիկ արարածով, մոռանալ տալ նրան իր բոլոր հոգսերը, իսկ հետո՛, — հետո ինքը գիտեր, թե ինչ պիտի աներ...

Տիկինը չընդդիմացավ. նա թույլ տվեց, մի անզգա խրձիկի նման, որ աղախինը ինչ որ կամենում է, անե իր հետ: Նա գիտեր հարեմական կարգերը, որոնց դեմ մեղանչել, բողոքել անհնարին էր: Պետք էր միայն հնազանդվել:

Աղախինը հագցրեց նրան մի թափանցիկ շապիկ, որ կարված էր մետաքսյա նուրբ կերպասից, բաց-կարմիր գույնով, որի վրա բանված էին հասմիկի մանր, մանիշակագույն ծաղիկներ: Օձիքը զարդարած էր մարգարիտներով, թևքերի բերանները զարդարած էին ոսկյա փոքրիկ հուլուններով, իսկ ստորին եզերքը շարած էին ոսկյա դրամներով, որոնք ամենաթեթև շարժման միջոցում զնգզնգում էին, ձայներ էին հանում: Շապիկի ճեղքը, որ իջնում էր ուղղակի երկու ստինքների միջից, տեսանելի էր կացուցանում նրա սպիտակ, լիքը կուրծքը, որի վրա երևում էին արհեստական խալեր: Շապիկի վրայից հագցրեց երկնագույն թավիշից կարված կարճ չափքանը, որի եզերքը զարդարած էին ոսկեթել բանվածքներով, և որը, սեղմված վայելչահասակ իրանի վրա, երևան էր հանում նրա կազմվածքի բոլոր գեղեցկությունները: Հետո միմյանց վրա հագցրեց մի քանի ուռուցիկ շալվարներ, որոնք յուփկաների ձև ունեին, և կարծես, պատրաստված լինեին երկնքի թափանցիկ ամպերից, որոնց միջոց կարելի է նշմարել բնության հրաշալիքը... Շալվարների ստորին եզերքը չորս մատ լայնությամբ զարդարած էին մանր, արծաթյա և ոսկյա փողիկներով: Ծնկներից ցած, ոտների մնացած մասը բոլորովին մերկ էր մնում, որովհետև շալվարները սքողում էին մինչև ծնկները միայն:

— Ձեր սրունքների վրա պետք է կապել սև հուլուններ, որովհետև սևը սպիտակ մարմնի վրա շատ սազ է գալիս, — ասաց աղախինը, երբ վերջացրեց իր տիկնոջ հագցնելը:

— Իսկ սև սրտի վրա ի՞նչ է սազ գալիս, — հարցրեց տիկինը տխուր ժպիտով:

— Այդ խոշոր մարջաններից շարած, կարմիր մանյակը, — պատասխանեց աղախինը նույնպես ժպտալով:

— Այո՛, ուղիղ այդպես է, երբ մենք ստիպված ենք մեր հոգեկան բոլոր վերքերը, բոլոր ցավերը ծածկել գեղեցիկ, փայլուն կեղևի տակ...

Տիկնոջ աչքերը դարձյալ լցվեցան արտասուքով:

— Մի՛ լաց լինիր, հոգիս, — աղաչում էր նրան աղախինը. – ի՞նչ լաց լինելու ժամանակ է. ձեր աչքերի սուրման բոլորովին կկեղծվի:

Տիկինը սկսեց խուլ կերպով հեկեկալ: Լինում էր րոպեներ, երբ մարդ մի առանձին թեթևություն է զգում, երբ լաց է լինում, բայց ինչո՞ւ համար է լաց լինում, -ինքն իրան հաշիվ տալ չէ կարող: Բայց տիկինը գիտեր, թե ինչու համար է լաց լինում. նա խիստ խորին պատճառներ ուներ լաց լինելու...

— Բավական է, — դարձյալ աղաչում էր աղախինը. — այդպես չէ կարելի, մի քանի րոպեից հետո կհայտնվի խանը, ի՞նչ կլինի մեր վիճակը, եթե ձեզ այդ դրության մեջ կտեսնե:

Փարիշանը բավական խելացի էր, և մանավանդ, խիստ նուրբ ճաշակ ուներ:

Հանգստացնելով իր տիկնոջը, նա սկսեց լրացնել նրա մնացած զարդարանքները: Մարջանի խոշոր հատիկներից կազմված մանյակը, որ մի քանի տակ անցկացրեց նրա պարանոցով, և որի շարքերը իջնում էին նրա կիսամերկ կուրծքի վրա, մի առանձին հրապույր, մի առանձին կախարդիչ գույն տվեցին նրա գեղեցկությանը: Իսկ սև հուլունների շարքը նրա կլորին սրունքների վրա սքանչելի տեսք ունեին:

— Ո՞ւր են ձեր գոհարեղենները, — հարցրեց նա, երբ նկատեց, որ գոհարեղենների արկղիկը իր տեղումը չէր:

— Ես նրան կոտրեցի, մի՞թե դու չտեսար, — հարցրեց տիկինը:

— Տեսա, հիմա ո՞րտեղ են:

— Ածել եմ այն մեծ սնդուկի մեջ, որ դրած է այն պատուհանում:

Աղախինը բաց արեց ցույց տված սնդուկը, դուրս բերեց ինչ որ պետք էր տիկնոջ պաճուճանքի համար: Այնտեղ կային ոսկյա ծանր ապարանջաններ, կային ոսկյա մատանիների թանկագին ակներով, կային զանազան տեսակ մեծ և փոքրիկ քորոցներ ալմաստյա և մարգարտյա գլխիկներով, կային թևքերի վրա կապելու բազբանդներ, — բոլորը իրանց պատշաճավոր տեղերը բռնեցին նրա մարմնի վրա:

Երբ ամեն ինչ վերջացած էր, տիկինը հեռացավ հայելու առջևից, նստեղ մի փոքրիկ թախտի վրա, բոլորովին հոգնած, ջարդված, կարծես թե, վաստակած և նվաղած լիներ մի ծանր աշխատությունից: Այդ միջոցին Փարիշանը վեր առեց վարդաջրի սրվակը, սկսեց անուշահոտ հեղուկով ցողել սենյակի շուրջը:

Մինչ այստեղ զբաղված էին փառավոր պատրաստություններով, կանանոցի բակը ներս մտան երկու հոգի: Մեկը առջևից տանում էր գույնզգույն լապտեր, մյուսը գալիս էր նրա ետևից: Վերջինը խանն էր, իսկ լապտերը բռնողը՝ ներքինապետը, որին կոչում էին Կզլար-աղասի, այսինքն աղջիկների վրա իշխող: Դա մի բարձրահասակ արաբ էր, վայրենի դեմքով և հսկայական կազմվածքով: Գլխի և երեսի սպիտակ մազերը սև կաշու վրա ավելի սարսափելի էին դարձնում նրա կերպարանքը: Գոտիից քարշ էր գալիս նրա ծանր սուրը:

— Ինչպե՞ս են ձեզ մոտ, — հարցրեց խանը:

— Ձեր մեծության շնորհիվ բոլորը լավ են, ապրում են հանգիստ իրանց օթյակներում, այնպես անմերձենալի, այնպես փակված, որպես հավի ճուտը ձվի կեղևի մեջ, — ասաց Կզլար-աղասին, ինքն էլ զարմանալով իր տգեղ համեմատության վրա: — Միայն դրսի խռովությունները փոքր-ինչ վախեցնում են իմ զառնուկներին:

— Այդ ոչինչ, էգուց առավոտյան բոլորին վերջ կդրվի, — պատասխանեց խանը: — Միայն դուք այս գիշեր փոքր-ինչ զգաստ եղեք մինչև լուսանալը:

— Կզլար-աղասին մեռած չէ, նա հարյուր աչքեր ունի, — պատասխանեց ներքինապետը խրոխտալով: — Իմ տիրոջ շնորհիվ ծիտն էլ չէ կարող նրա կանանոցի վրայից համարձակ թռչել:

Խանի ամրոցի, մանավանդ կանանոցի պահապանները մեծ մասամբ ծերացած մարդիկ էին: Արևելքցին մի առանձին հարգանք ունի դեպի ծերությունը, և նրան ամենայն հավատարմության արժանի է համարում: Բայց անապատի արաբը այնքան երկարակյաց է լինում, որքան Նեղոսի կոկորդիլոսը: Այդ կետից նայելով, «աղջիկների վրա իշխողի» խրոխտալը բոլորվին անտեղի չէր. նա իր ծերության հասակում պահպանել էր թե՛ երիտասարդության ուժը և թե՛ քաջությունը:

Այսպես խոսելով նրանք անցան կանանոցի բակից, մոտեցան Զուբեյիդա խանումի կացարանի դռանը: Ներքինապետը այստեղ կանգնեց, իսկ խանը առաջ անցավ, մտավ նախասենյակը, ուր տիկինը քաղցր, փաղաքշական խոսքերով ընդունեց նրան և ներս տարավ իր սենյակը: Խանը նստեց իր համար պատրաստված փառավոր օթոցի վրա: Նա բարեհաճեց հարցնել տիկնոջ առողջությունը:

— Իմ առողջությունը, իմ կյանքը, — պատասխանեց տիկինը, — կախված է իմ տիրոջ ողորմածությունից. նրա մի քաղցր հայացքը ինձ անմահություն կբաշխե, նրա մի խոսքը կփարատե իմ սրտից աշխարհի բոլոր դառնությունները: Ես նրանով եմ ապրում: Եթե մեռած ևս լինեմ, եթե նա ոտք կոխելու լինի իմ գերեզմանի վրա, ես իսկույն հարություն կառնեմ: Իսկ այսօր ո՜րքան բախտավոր եմ ես, որ նա բարեհաճեց ոտք կոխել իմ օթևանի անարժան շեմքի վրա: Թո՜ղ օրհնյալ լինի աստված, թող օրհնյալ լինեն նրա սուրբերը:

Տիկնոջ փոքրիկ ճառը չափից դուրս գրավեց խանին: Նա հարեմի իշխանի և կնոջ «տիրոջ» բարձրությունից իջավ ամուսնի աստիճանի վրա: Նա անկեղծությամբ բռնեց տիկնոջ ձեռքից, և նստացնելով իր մոտ ասաց.

— Զուբեյդա, դու այնքան խելացի ես, քո մեջ այնքան հարուստ հոգեկան գանձեր կան, որ չէ կարելի քեզ չսիրել: Դու այն կենդանի աղբյուրն ես, որ բխում է Սահարայի ընդարձակ անապատի օազիսի մեջ, և դեպի որը խորին փափագով վազում է հոգնած, նվազած ուղևորը իր ծարավը հագեցնելու համար: Դու այն բարերար արմավենին ես, որ հագեցնում է Յամենի ավազուտներում թափառող, սովատանջ ճանապարհորդի քաղցը: Ես այդ անբախտներից մեկն եմ, Զուբեյդա: Ճակատագիրը հալածում է ինձ: Ես վազեցի քեզ մոտ փոքր-ինչ կազդուրվելու, փոքր-ինչ փարատելու իմ սրտի ցավերը: Ես վազեցի քեզ մոտ ապաստան գտնելու...

Տիկինը բոլորովին ապշած էր մնացել: Նա իր ականջներին չէր հավատում, որ այդ խոսքերը արտասանում է այն խիստ, գոռոզ, վայրենի մարդը, որին կյանքի փափուկ կողմերը ամենևին ծանոթ չէին, որը սովորած էր միայն իշխել, հրամայել և ամեն մի ազնիվ զգացմունք իր ոտքերի տակ ջարդուփշուր անել: Այժմ այդ ի՜նչ անբնական փոփոխություն էր առաջ եկել նրա մեջ: Տիկինը հասկանալ չէր կարողանում: Նա միայն աչքերը խոնարհած, չէր համարձակվում նայել իր տիրոջ երեսին, զարմանում էր նրա խոնարհամտության վրա, տատանվում էր, և իր լեզվի բոլոր պերճախոսությամբ, մի բառ անգամ չէր գտնում նրան պատասխանելու:

— Զուբեյդա, մի՛ զարմացիր, — ասաց նա ավելի մեղմ ձայնով և, նրա ձեռքը չթողնելով իր ափի միջից: — Մի՛ զարմացի՛ր, կրկնեց նա, — ինչպես ինձ չէ զարմացնում իմ դրությունը: Ես այսօր, այս գիշեր միայն հասկացա իմ թշվառությունը, հասկացա, թե ինչ ողորմելի արարած եմ ես: — Այս գիշեր, երբ թշնամին պատել է իմ շուրջը, երբ մահը կանգնած է իմ գլխի վրա, ես ինձ բոլորովին միայնակ և օգնության կարոտ եմ զգում, չնայելով, որ հազարները սուրը ձեռքում սպասում են իմ հրամանին: Ասա՛, Զուբեյդա, այդ ի՞նչ դրություն է: Ի՞նչու ես ոչ ոքին հավատալ, ոչ ոքի վրա հույս դնել կարող չեմ: Ինչո՞ւ ես մենակ եմ մնացել:

— Դու միշտ մենակ ես եղել... – պատասխանեց կինը սառն կերպով: — Ես որ թույլ կտաս ինձ խոսել ճշմարիտը և արդարը, ես կասեմ քեզ բոլորը:

— Խոսի՛ր, մի՛ ծածկիր, ես եկել եմ քեզ լսելու. քո ամեն մի խոսքը առողջարար բալասանի նման կբուժե իմ սրտի վերքերը:

— Բայց կարող է և նշտարի նման ծակել...

— Թող ծակե, թող ավելի ևս վիրավորե: Բժշկի նշտարը առողջացնելու նպատակ ունի:

Տիկինը հրամայեց Փարիշանին, որ սուրճ մատուցանե, ղելյան տա, հետո հեռանա: Աղախինը վեր առեց սուրճի արծաթյա ամանը կրակի վրայից, ածեց գեղեցիկ ֆինջանների մեջ, մոտեցրեց մեկը իր տիրոջը, մյուսը՝ տիկնոջը: Մինչև նրանց խմելը, նա պատրաստեց անուշահոտ թամբաքուից թանկագին ղելյանը, դրեց խանի առջև, իսկ ինքը հեռացավ, իր ետևից կողպելով դուռը: Դուրս գալով մթին նախասենյակը, նա կծկվեցավ դռան ետևում, սկսեց ականջ դնել:

— Ես ասացի, թե դու միշտ մենակ ես եղել, — շարունակեց տիկինը ընդհատված խոսակցությունը: — Որովհետև բռնակալը իր երկրպագուների, իր պաշտոնյաների, իր շողոքորթների անհուն բազմության մեջ դարձյալ միշտ մնում է մենակ: Նա ընկեր, բարեկամ, սրտակից, մտերիմ, — ոչ ոք չունի: Նա չէ զգում իր թշվառ միայնակությունը, որովհետև իշխանության փառքը սև մառախուղի նման ծածկում է նրա աչքերից այն, ինչ որ ճշմարիտ է, ինչ որ ուղիղ է, ինչ որ ավելի օգտավետ է: Նա ապրում է հարատև խաբեության մեջ և չէ նկատում, որ ամեն ինչ իր չորս կողմում կեղծ է, պատիր է, փտած է: Նա չէ զգում իր ոչնչությունը, որովհետև երբ հրամայում է, — ամեն ինչ կատարված է, և այդ պահում է նրան մշտական մոլորության մեջ: Կենդանի միտքը, առողջ դատողությունը անծանոթ է մնում նրան, նրա համար, որ ամեն մի իրավացի ընդդիմադրություն, ամեն մի խելացի հակաճառություն խորտակվում է նրա կույիտ կամքի առջև: Նա միշտ այն կարծիքի մեջ է մնում, թե ինչ որ ցանկանում է ինքը, թե ինչ որ հաճո է իրան, — այն է լավը, արժանը, վայելուչը: Եվ եթե բախտի հաջողությունները այսպիսիներին փոքր-ինչ շողոքորթում են, այն ժամանակ նրանք ավելի վայրենի են դառնում: Նրանք կարծում են, թե ամեն ինչ ստեղված է միմիայն իրանց վայելչության համար, և ինչ որ իրանց հաճելի չէ, և ինչ որ չէ ծառայում իրանց, կարող են ոչնչացնել: Նրանք իրանց միշտ անկարոտ են զգում, որովհետև միշտ սովորած են տեսնել իրանց շուրջը մի կեղծ պատրաստակամություն: Բայց խոնարհության մեջ անկեղծություն չկա, թեև ամեն ինչ խոնարհվում է նրանց առջև, որովհետև վերևից ճնշում կա: -Բայց երբ բարձրանում է մի փոթորիկ, երբ հասնում է վտանգը, երբ զարկում է սոսկալի տագնապի րոպեն, այն ժամանակ շողոքորթների, երկրպագուների, կեղծ բարեկամների անհուն բազմությունը սև ուրվականների նման չքանում են, անհետանում են և մեկն էլ չէ մնում, որ բռնե իր պաշտած մարդու ձեռքից: Այդ բավական չէ. – նրանք դառնում են ամենասարսափելի թշնամիներ...

— Բոլորը ճշմարիտ է... — ասաց խանը, հոգվոց հանելով: — Ես երբեք բարեկամ չեմ ունեցել, ես միշտ մենակ եմ եղել, թեև շրջապատված անթիվ կեղծավորներով: Բայց ինձ թող մխիթարե իմ տունը, իմ ընտանիքը, որ ինձ համար օտար չէ, որ ամենից մոտ է ինձ:

— Դու տուն ունես, բայց ընտանիք չունես, — պատասխանեց տիկինը խստությամբ: — Ընտանիքից ևս իզուր է քեզ մխիթարություն սպասել:

— Ե՞ս, ընտանիք չունե՞մ, — բացագանչեց նա գժվածի նման: — Ո՞վ ունի այնքան կնիկներ, որքան ես, ո՞վ ունի այնքան զավակներ, որքան ես: Մի գիշերվա մեջ յոթը որդիներ ծնվեցան ինձ համար:

— Ոչխարների հոտի մեջ մի գիշերում երբեմն ծնվում է հարյուրը, բայց հոտը ընտանիք չէ կազմում: — Լսի՛ր, խան, առաջ տարավ նա իր խոսքը. — ես սկզբից քեզանից խոստմունք առեցի, որ չպիտի բարկանաս ինձ վրա, երբ իմ բերանից կլսես քեզ անսովոր, կծու խոսքեր:

— Ես չեմ բարկանա:

— Ուրեմն կշարունակեմ: Ես ասացի, որ դու ընտանիք ևս չունես, որ դու զուրկ ես և ընտանեկան մխիթարությունից, — այդ խոսքը քեզ զարմացնում է, քեզ օտարոտի է թվում: Դու մտածում ես. ինչպե՞ս կարող է մի մարդ զուրկ լինել ընտանիքից, որը հարյուրավոր կնիկներ ունի, որը բազմաթիվ զավակների հայր է: Այդ բավական չէ: Ընտանիքի հիմքը սերն է: Կա՞ արդյոք սեր քո ընտանիքի մեջ: — Անկարելի է, որ ինի: Եթե քո կնիկները սեր են ցույց տալիս, այդ նրա համար է, որ կամ վախենում են քեզանից, կամ շողոքորթում են ավելի ընծաներ ստանալու համար: Մի՞թե դա միևնույն կեղծ հարաբերությունը չէ, որ դու ունես քո ծռաների, պաշտոնակալների ու հպատակների հետ, որոնք նույնպես խոնարհվում էին քեզ, շահերի կամ երկյուղի պատճառով: Ոչինչ զանազանություն չկա: Եթե դու քննելու լինես քո կնիկների ամեն մեկի սիրտը, փոխանակ սիրո, կգտնես նրանց մեջ խորին, դառն ատելություն դեպի քեզ: — Ինչո՞ւ: — Որովհետև նրանցից և ոչ մեկը իր հոժարությամբ չէ կապվել քեզ հետ. կամ գերի է բերվել, կամ իբրև ընծա է ստացվել, կամ փողով է գնվել: Եվ դու պահանջում ես դրանցից ճշմարիտ սեր, կարեկցություն, ցավակցություն, հավատարմություն և այն բոլոր գեղեցիկ հատկությունները, որ կարող է ունենալ լավ կինը: Դու իրավունք չունես պահանջելու, քանի որ դու ինքդ չես սիրում նրանց:

— Ե՞ս, չե՞մ սիրում, — գոչեց դժբախտ ամուսինը վրդովվելով: — Ի՞նչ որ ուզում ես, ասա՛, Զուբեյիդա, այդ հանդիմանությունը գոնե մի անիր ինձ: Ես սիրող սիրտ ունեմ:

— Քեզ այդպես թվում է միայն, որովհետև դեռ չես հասկացել սիրո ճշմարիտ նշանակությունը, — ասաց տիկինը, պահպանելով իր սառնասրտությունը: — Դու չես սիրում, դու միայն վայելում ես. իսկ այդ երկու բառերի մեջ ահագին տարբերություն կա: Դու վայելում ես քո կնիկների սերը, ինչպես վայելում ես քո մնացած հարստությունները: Քո հարեմը ամենագեղեցիկ կնիկների մի ճոխ ժողոված է, մի անսպառ հարստություն է, ինչպես հարստություն պետք է համարել քո նժույգների երամակները, քո ոչխարների հոտերը, քո ամբարանոցների թանկագին մթերքները, — այդ բոլորը ծառայում է քո զվարճությունների համար:

— Մի՞թե կարելի է այսպիսի համեմատություն անել, — հարցրեց խանը վշտանալով:

— Համեմատությունը ճիշտ է: Զանազանությունը նրա մեջն է միայն, որ քո ձիաները, ոչխարները, և ամբարանոցների թանկագին մթերքները զգացմունք չունեն, գիտակցություն չունեն, և այդ պատճառով էլ չեն կարող հասկանալ, թե ինչպես են վարվում իրանց հետ, և, հետևաբար չեն կարող ունենալ դեպի քեզ ո՛չ սեր և ո՛չ ատելություն: Բայց քո կնիկները այդպես չեն. նրանք, որպես բանական արարածներ, զգացմունք ունեն, նրանք կարող են հասկանալ իրանց դրության անտանելիությունը:

Յոթն տարվա գերիի փակված լեզուն բաց էր եղել: Նա կամենում էր թափել իր սրտի բոլոր դառնությունները, բոլոր թույնը, բոլոր ցավերը, ինչ որ հավաքվել էին իր գերության յոթն տարիներին ընթացքում:

— Ինչ որ խոսում ես դու, — նրա խոսքը կտրեց խանը, — հակառակ է մուսուլմանների սովորություններին, հակառակ է մեր օրենքներին:

— Սերը ոչ մի օրենքի չէ հպատակում, — պատասխանեց տիկինը, — և ավելի մուսուլմանների օրենքին: Նա մարդու ազատ զբացմունքն է, ինչպես կրոնը:

— Դու գիտե՞ս, խան, — հարցրեց նա, — որ ես քրիստոնյայի աղջիկ էի, դու ինձ գերի վեր առեցիր իմ ծնողների տնից: Իմ հայրը շատ կարդացած մարդ էր, նա սովորել էր մեր ազգի բոլոր նշանավոր իմաստունների գրքերը: Նա սիրում էր ուսուցանել ինձ շատ բաներ, ինչ որ ինքը սովորել էր: Մեր երկրում իմ հորը մի անհավատ մարդ էին համարում, որովհետև նրա կարծիքները, նրա մտքերը տարբերվում էին հավատավոր մարդիկների կարծիքներից: Իմ մայրը մի ջերմեռանդ քրիստոնյա կին էր. նա էլ իր կողմից աշխատում էր կրթել ինձ քրիստոնեական բարեպաշտության մեջ: — Ուրեմն ինչո՞ւ ես զարմանում դու, որ իմ խոսքերը հակառակում են մուսուլմանների սովորություններին կամ նրանց օրենքներին: Ես այդպես եմ սովորել:

— Ուրեմն դու դեռ պահպանե՞լ ես քո քրիստոնեությունը, — հարցրեց խանը զայրացած կերպով:

Տիկինը մնաց շվարած, չգիտեր ինչ պատասխանել: Նա իր դատողությունների մեջ շատ հեռու գնաց, վիրավորեց խանի ոչ միայն անձնասիրությունը, այլև նրա կրոնական զգացմունքը: Այդ բավական չէր, նա մերկացրեց իրան: Այժմ մի կերպով պետք էր փարատել նրա տարակուսանքը:

— Ես, — պատասխանեց նա, — ճշմարիտ ասած, ինքս էլ չգիտեմ, թե ինչ կյանքի եմ պատկանում: Բայց որովհետև մեր վիճաբանությունը ամուսնական սիրո վրա էր, շարունակենք դրա վրա խոսել:

Տիկնոջ անորոշ պատասխանը փոքր-ինչ հանգստացրեց խանին, նա ասաց.

— Խոսի՛ր:

— Ճշմարիտ սերը պետք է փոխադարձ լինի, — շարունակեց տիկինը: — Իսկ փոխադարձ սեր կարող է կայանալ միայն մի զույգի մեջ: Բայց երբ որ այրը ունի հարյուր կնիկներ, կամ կինը ունի հարյուր այրեր, այդ դեպքում ճշմարիտ սերը զրկվում է գոյություն ունենալուց:

— Ես կարող եմ հարյուր կնիկներ ունենալ և հարյուրին էլ սիրել, — ընդհատեց խանը, — այդ ուրիշ բան է, եթե նրանց մեջ կգտնվեն այնպիսիները, որ ինձ դուր չեն գալ:

— Դա անբնական է, — պատասխանեց տիկինը, — դու կարող ես սիրել հարյուր կնիկներ, այլ խոսքով ասելով, դու կարող ես վայելել ավելի քան հարյուր կնիկներ, բայց հարցը դրանումն է, արդյոք նրանք էլ կսիրե՞ն քեզ: Որովհետև քո սերը կատարյալ չի լինի, եթե փոխադարձապես նրանք էլ չսիրեն քեզ: — Ես ասեցի անբնական է, այն մտքով, որ դու, որքան էլ ցանկանայիր, չէիր կարող քո սերը, քո հոգին, քո սիրտը բաժանել հարյուր կնիկների վրա, որոնք կոչվում են քո ամուսիններ: Իսկ ամուսնական սերը մի անբաժանելի զբացմունք է. նա պետք է իր զուգակցին միայն պատկանի, երբ բաժանվեցավ և օտարների վրա, — նա մեռավ, այլևս գոյություն ունենալ չէ կարող: Այդ է պատճառը, որ այսօվա քո դժբախտության րոպեում քո բազմաթիվ կնիկներից և ոչ մեկը չկա, որ քեզ ցավակից լիներ: Որովհետև, նա, որ չէ բաժանել քո սերը, չէ կարող բաժանել և քո ցավերը:

— Հիմա տեսնում ես, որ դու ընտանիք չունես, — առաջ տարավ տիկինը: — Դու ունես միայն կնիկների մի խոշոր խումբ, որոնց պահում ես երկաթյա կապանքների մեջ, որոնք հպատակում են քեզ ամենայն խոնարհությամբ, որովհետև հակառակելու, ընդդիմանություն գործելու հնար չունեն: Բանտարկյալը կհնազանդվի իր բանտապետին, բայց նրան չի սիրի: Քո հարեմատունը քո կնիկների բանտն է. — դա ընտանիք չէ: Քո զավակները ծնվում են, մեռնում են, դու ամեննին տեղեկություն չունես: Դու գիտե՞ս, որ իմ աղջիկը արդեն չորս ամիս է, որ մեռած է, դու գիտե՞ս, որ իմ որդին այժմ մահամերձ հիվանդ է: Դու ոչինչ չգիտես, որովհետև ներքինապետը չէ հայտնել քեզ, մի գուցե քո ուրախության ժամերից մի քանի րոպե խլած լինի: Քո զավակները ծնվում են, մեծանում են որպես վայրենիներ: Նրանց դաստիարակում են Աֆրիկայի անապատներից բերված սևերը, որոնք գազաններից ոչինչով չեն զանազանվում: Նրանք հարկավոր դեպքում ոչ միայն իրավունք ունեն ծեծելու քո զավակներին, այլ ծեծում են և քո կնիկներին: — Եվ այդ բոլոր հրեշավոր խառնափնթորությունը դու կոչում ես ընտանիք...

— Քո կնիկները ուրիշ ոչինչ չեն, եթե ոչ մետաքսի, գոհարների և ոսկու մեջ պատած ստրուկներ: Ստրուկը կարող է կին լինել, բայց ամուսին լինել կարող չէ, քանի որ իր ստրկության մեջ կմնա: Նայիր ինձ վրա, նայիր այդ սենյակին, դու կարծում ես այդ բոլոր զարդարանքը, այդ բոլոր շքեղությունը քո սիրո համա՞ր է: Ամեննին: Ներքինապետը ինձ հրամայեց պատրաստվել և ես պատրաստվեցա: Իսկ եթե դու իմ սիրտը այս րոպեում քննելու լինես, նրա մեջ կգտնես դառնություն, ցավ, անբժշկելի վերքեր...

— Ինչո՞ւ, — հարցրեց խանը կատաղած կերպով: — Ուրեմն դու էլ ինձ չե՞ս սիրում:

Տիկինը իսկույն ուղղեց իր սխալը, ասելով.

— Նրա համար, որ ես արդեն քեզ ասեցի, որ երեխաս հիվանդ է: Մայրը չէ կարող տխուր, վշտացած չլինել հիվանդ զավակի անկողնի մոտ:

Դրսից թշնամու թնդանոթները, իսկ իր տան մեջ կնոջ խոսքերը, — երկուսն էլ միօրինակ ներգործություն էին անում բռնապետի սրտի վրա: Թշնամին ճնշված, հարստահարված հայ էր, իսկ կինը – հարեմի ստրուկ: Երկու համանման վիճակներ, որ չէին տարբերվում: Երկու ստրուկներն ևս ապստամբել էին բռնապետի դեմ: Բայց կնոջ խոսքերը ավելի ուժգին, ավելի խորտակիչ կերպով ազդում էին նրա սրտի վրա, քան թշնամու սարսափելի գնդակները բերդի հաստահիմն պարիսպների վրա: Ընտանեկան կռիվը ավելի սոսկալի էր, քան արտաքին պատերազմը: Կինը բողոքում էր բռնության դեմ:

— Ուրեմն ես ոչ մի տեղ մխիթարություն գտնել կարող չե՞մ, ուրեմն իմ ընտանիքս էլ ինձ հալածում է... – հարցրեց խանը խելագարվածի նման:

— Ոչ ոք մեղավոր չէ, — պատասխանեց տիկինը: — Դու ինքդ ես պատրաստել քեզ համար այդ վիճակը: — Քո տունը, քո օջախն անգամ բողոքում է քո դեմ...

— Իսկ ես այդ բողոքի թարգմանը կլինեմ... — ասաց իր մտքում Փարիշանը և հեռացավ սենյակի դռան ետևից, ուր թաքնված կացած, լսում էր նրանց խոսակցությունը:

ԻԱ

Փարիշանը հեռանալով տիկնոջ սենյակի դռնից, մտավ իր քնարանը. նա գտավ իր տիկնոջ երեխային հանգիստ քնած. այդ նրան մի առանձին ուրախություն պատճառեց: Նստեց նրա անկողնի մոտ, սկսեց կարեկցաբար նայել հիվանդի ջերմից շառագունած երեսին: Այժմ նոր զգաց, որ ինքը սաստիկ հոգնած է: Այս գիշեր որքան աշխատել էր նա, որքան վազվզել էր, որքան նեղություն էր կրել... Եթե նրա տեղ մի ուրիշը լիներ, իսկույն կհանվեր, կպառկեր և կհանգստանար: Բայց նա չքնեց. նստած, խորին ուշադրությամբ լսում էր, թե ինչ ձայներ էին գալիս դրսից: Դրսից այժմ ձայներ չէին լսվում, լսվում էր միայն սաստիկ քամու ձայնը, որ խլացնում էր իր մեջ բոլոր մյուս հնչյունները:

Կես ժամից հետո նա դուրս եկավ իր քնարանից, կրկին մոտեցավ տիկնոջ սենյակի դռանը: Ականջը տարավ դեպի դռան ճեղքը, ձայն չէր լսվում. նայեց ճեղքից, ճրագի լույս չէր երևում: Այստեղ, երևի, քնած էին: Նա շուռ եկավ, տեսավ ծերունի Ասադին, նախասենյակի մի անկյունում կծկված: Ոտքով զարկեց, զարթեցրեց նրան, ասելով.

— Քավթառ, այստեղ ի՞նչ քո քնելու տեղն է. դու խո իմանում ես, որ խանը տիկնոջ մոտ է. կորիր, մի այլ տեղում մրափիր:

Ծերունի ներքինին, չկամենալով «անզգամի» հետ մի դալմաղալ սարքել և իր տիրոջ ու տիկնոջ քունը խանգարել, և, մանավանդ, հասկանալով իր սխալը, որ այն գիշեր անպատշաճ էր իրան քնել տիկնոջ դռան հանդեպ, — մրթմրթալով վեր կացավ և աղոցի թեփով լցրած իր բարձը ու վերարկուն վեր առեց, հեռացավ:

Աղախինը կրկին վերադարձավ իր քնարանը: Նրա դեմքը այժմ փայլուն էր ուրախությունից: Նա սկսեց մերկանալ իր հագուստը: Նրա սենյակում պահված էին շատ տեսակ հագուստներ, ամեն սեռի, ամեն դասակարգի մարդկանց համար: Դա հարեմական խորհրդավոր անհրաժեշտություններից մեկն էր: Ով որ ծանոթ է մահմեդական կանանոցների գաղտնիքներին, կհասկանա, թե որպիսի դեպքերում կարող էին ծառայել այդ հագուստները: Այդ հագուստներից նա ընտրեց ախոռատան սպասավորի հագուստը: Երբ հագնվեցավ, ժպտելով մոտեցավ հայելուն. «Այժմ սատանան ևս չէ կարող ճանաչել ինձ», — ասաց ուրախությամբ իր վրա նայելով: Երբ բոլորովին պատրաստ էր, մոտեցավ քնած երեխային, զգուշությամբ համբուրեց նրան, հետո ճրագը մարելով, դուրս գնաց:

Նա անցավ կանանոցի բակը: Գիշերային խավարը սարսափելի էր. մի քայլ հեռավորության վրա անկարելի էր մի բան որոշել: Իսկ քամին այժմ սկսել էր ավելի կատաղաբար փչել: Նա մի պտույտ գործեց բակի մեջ. բակը անապատի նման դատարկ էր: Ոչ ոք չկար, ոչ մի մարդկային ձայն չէր լսվում, ոչ մի լուսամուտից ճրագ չէր երևում. ամբողջ հարեմը ննջում էր խորին, խաղաղական քնի մեջ:

Նա մոտեցավ մի նեղ մուտքի, որ ոլոր-մոլոր սանդուղքներով տանում էր դեպի կտուրը: Սկսեց վեր բարձրանալ: Սանդուղքները վերջանում էին մի փոքրիկ տափարակով, որտեղ էր կտուրի դուռը: Այդ դռան վրա շատ ուշադրություն չէին դարձնում: Կանանոցի ամեն մի փոքր ի շատե նշանավոր աղախինը ուներ իր մոտ այդ դռան բանալին: Դա նրանց գաղտնի հարաբերությունների անցքն էր, երբ պետք էր մեկի հետ տեսնվել կտուրի վրա: Փարիշանը հանեց գրպանից մի բանալի, բաց արեց դուռը, անցավ կտուրի վրա և կրկին իր ետևից կողպեց նրան:

Նա անցավ կանանոցի տափարակ կտուրներից. այստեղ պահապաններ չկային, միայն վախենում էր հանդիպել շներին: Նրա բախտից շներն այս գիշեր խումբով գնացել էին մի քածի ետևից: Նրանք հրապուրված էին իրանց սիրո առարկայով:

Անցնելով կանանոցի կտուրները, նա հասավ դիվանատան կտուրներին. դրանք ավելի բարձր էին, դրանց վրա վեր ելնելու համար պետք էր բարձրանալ մի պատից: Նա իր հասակի հետ չափեց պատի բարձրությունը, նկատեց, այնքան ցած չէր, որ կարողանար հեշտությամբ անցնել: Բայց դարձյալ փորձ փորձեց մի կերպով վեր բարձրանալու. ձեռքերը տարավ պատի հարթ մակերևույթի վրա, մատներով սկսեց շոշափել, արդյոք կարո՞ղ էր մի բռնելու տեղ գտնել: Ճեղքերի մեջ գտավ երկու բռնելու տեղ, չանկռեց, բավական վեր բարձրացավ, բայց որովհետև ոտները դնելու տեղ չկար, կրկին ցած ընկավ: Այդ անաջողությունը չվհատեցրեց նրան, սկսեց հնարների վրա մտածել: Մի փոքր հեռու կանգնած էր վառարանի ծխանը, որ սյունի ձևով վեր էր բարձրանում և շինված էր անթուրծ աղյուսներից: «Այդ աղյուսները կքանդեմ և իմ ոտների համար սանդուղքներ կպատրաստեմ», մտածեց նա և մոտեցավ ծխանին: Բայց նախքան քանդելը պետք էր գիտենալ՝ դա ո՞ր սենյակի ծխանն էր, արդյոք այնտեղ մարդիկ բնակվո՞ւմ էին, թե ոչ: Տեսավ, որ կանանոցի բաղանիքների մի սենյակի ծխանն էր, ուր գիշերային այն ժամում ոչ ոք լինել չէր կարող, ուրեմն, եթե քանդելու ժամանակ վառարանի մեջ վերևից աղյուսի կտորտանք ընկնեին, ոչ ոք չէր իմանա: Սկսեց քանդել: Գլխավոր դժվարությունը առաջին աղյուսը պոկելու մեջն էր, որը նա պոկեց իր մատները արնելու չափ ցավեցնելով: Մնացած աղյուսները հեշտությամբ պոկվեցան, որովհետև բանված էին հասարակ ցեխով: Պոկած աղյուսները նա բերում էր, միմյանց վրա շարում էր պատի մոտ, և այսպիսով պատրաստեց իր համար սանդուղքներ: Ոտքերը դրեց նրանց վրա, վեր բարձրացավ: Այժմ նրա ձեռքերը հասնում էին պատի վերնապարսպին. երկու ձեռքով բռնեց այնտեղից և կատվի նման թռավ մյուս կտուրի վրա:

Այժմ նա գտնվում էր դիվանատան կտուրի վրա. նրա ոտների տակումն էր ամրոցի գլխավոր մասը: Մի քանի բոպե լուռ կանգնած դևի նման նայում էր գիշերային խավարի մեջ խորասուզված ամրոցի վրա: Քամին այստեղ ավելի սաստիկ էր փչում, բերելով իր հետ աղաղակների մի խուլ խառնաձայնություն, որ ավելի նման էր ծովի ալիքների պարբերական դղրդյուններին:

Նա անցավ դեպի ամրոցի խոհանոցի կտուրը, որը բավական ցած էր առաջինից: Լեռնային երկրի աղջիկը, սարերի վրա, մանկությունից սովորած էր ժայռերի բարձրությունից սողալը կամ դեպի ներքև ցատկելը: Նա ծանոթ էր կտուրների դրությանը, գիտեր, որ դիվանատան կտուրի բարձրությունը խոհանոցի կտուրից իր հասակի մեկ ու կես չափը հազիվ կլիներ: Ուրեմն կարելի էր ցած սողալ առանց ոտքը կոտրելու: Այդպես էլ արեց. բռնեց պատից և զգուշությամբ ցատկեց դեպի ներքև: Այստեղ մի երեսը բաց շինվածքի մեջ դարսած էին կոտրած, չոր փայտեր, խոհանոցի համար գործ ածելու: Նա վազեց դեպի այն կողմը, ուր դարսած էին փայտերը: Նստեց կտուրի վրա, գրպանից հանեց աբեթը և կայծհանը, զարկեց քարին, աբեթը վառվեցավ: Նրանով վառեց քիբրիթը, որ իր մոտ ուներ: Հետո գրպանից հանեց մի կտոր շորի փաթոթ, որ թաթախած էր ձեթով, քիբրիթը դրեց նրա մեջ, մի քանի վայրկյան բռնեց քամու առջև, որ ավելի բոցավառվի, և ապա նետեց փայտակույտի մեջ: Ինքը իսկույն հեռացավ, վստահ լինելով, որ այնուհետև քամին կշարունակեր նրա սկսած գործը...

Այստեղից կամենում էր նա գնալ ախոռատան կտուրների վրա: Բայց այնտեղ գնալու համար ճանապարհ չկար, որովհետև կտուրները կից չէին, բաժանված էին ախոռատան ընդարձակ բակով: Մի բարձր, մերկ պատ միայն միացնում էր ախոռատունը խոհանոցի հետ, նրա ետևի կողմից: Այդ պատի վերին մասը այնքան նեղ էր, որ նրա վրայով ոտքով գնալ անհնարին էր, մանավանդ գիշերային մթության մեջ: Հե՛շտ կարելի էր ավելի քան քսան արշին բարձրությունից ցած գլորվել և ջարդուփշուր լինել: Բայց ո՛չ վտանգը և ո՛չ պատի բարձրությունը չվախեցրին Փարիշանին: Նա սրտոտ աղջիկ էր և հնարագետ: Զգուշությամբ հեծավ պատի վրա, որպես մարդիկ նստում են ձիու վրա: Սկսեց երկու ձեռքերը դեմ տալով, փոքր առ փոքր առաջ սողալ: Պատի տարածությունը բավական երկար էր: Եթե այդ արշավանքը նա կատարեր ցերեկով, շատ կարելի է, որ գլուխը պտույտ գար, աչքերը շաղվեին և վերևից գլորվեր դեպի ցած: Բայց խավարը բավական նպաստում էր նրան: Որպես մի հմուտ լարախաղաց, սառնասրտությամբ պահպանելով իր հավասարակշռությունը, նա սողալով առաջ էր գնում: Մի քանի տեղ կանգ առեց, որ փոքր-ինչ հանգստանա: Ձեռքերի կաշին, անդադար շփվելով անհարթ պատի հետ, կիսով չափ պլոկվեցավ: Բայց նա ցավ չէր զգում, ինչպես ցավ չեն զգում այն վիրավորները, որ դեռ կռվի ջերմ ոգևորության մեջ են լինում:

Քամին այժմ ավելի սաստկացավ: Այդ քամին ուրախացնում էր նրան, ոչ միայն այն պատճառով, որ զովացնում էր նրա շառագունած, վառված դեմքը, այլ առավել նրա համար, որ պատի վրայից սողալի ժամանակ, ցած թափված հողերի և քարերի կտորտանքի ձայնը չէր լսվում: Երկար աշխատելուց հետո վերջապես նա հասավ ախոռատան կտուրներին:

Այստեղ տանիքների վրա կիտած էին խոտի ահագին դեզեր, իսկ մարագները լիքն էին հարդով: Նա մոտեցավ այդ դեզերից մեկին, և սատանայի նման կծկվեցավ նրա մոտ: Կայծհանը, աբեթը և քիբրիթը դարձյալ գործ դրվեցան. նրանցով վառեց ցամաք խոտը: Քամին փչեց, ցամաք խոտը բոցավառվեցավ, և մի քանի րոպեի մեջ, կրակը անցավ մի դեզից մյուսը, և հրդեհը տարածվեցավ ամբողջ ախոռատան մեջ: Մնում էին հանդանոցները: Նա վեր առեց խոտի մի քանի կիսավառ խուրձեր, նետեց հարդանոցների երդիկներից: Շուտով երդիկներից հրեղեն սյուները բարձրացան օդի մեջ:

Նա այժմ իր գործը կատարած էր համարում, քաշվեցավ մի կողմ, ուր կրակի լույսը չէր հասնում, կանգնեց մթության մեջ, և խորին ուշադրությամբ նայում էր դեպի երկինքը: Այդ միջոցին մի ֆշանք ֆշֆշալով բարձրացավ օդի մեջ: Չարագուշակ ֆշանքը պայթեց և նրա հրեղեն կայծերը, անեծքի տարափի նման, ցրիվ եկան անբախտ բերդաքաղաքի վրա...

— Հրդե՛հ... օգնեցե՛ք... – լսելի եղավ ամեն կողմից և ախոռատան ծառաները դուրս պրծան իրանց քնարաններից:

— Հրդե՛հ... — գոչեցին և դիվանատան պահապանները, երբ նկատեցին, որ խոհանոցը այրվում է, կրակը սկսել է անցնել դեպի դիվանատան սենյակները:

— Հրդե՛հ... — աղաղակեց և նա, որ այդ բոլոր չարիքների պատճառն էր, և վազելով ցած իջավ կտուրներից ախոռատան բակը:

Ընդհանուր խռովության մեջ նա աննկատելի կերպով բակից դուրս եկավ դեպի փողոցը: Ախոռատան սպասավորի հագուստը նրան պահպանեց ճանաչվելուց:

Նա սկսեց վազել դեպի ածխավաճառների հրապարակը, անդադար աղաղակելով.

— Հրդե՛հ... օգնեցե՛ք, ամրոցը այրվում է...

Ածխավաճառների հրապարակի վրա, տեր Ավետիքը, Շահումյան Ստեփաննոս իշխանը և Մելիք-Փարսադանյան Բալի զորապետը ժամադիր էին եղած միանալ տեղացի հայերի հետ և գրավել ամրոցի զենքերի մթերանոցը: Բայց դրանց և ոչ մեկի հետ անձամբ ծանոթ չէր Փարիշանը. ծանոթ էր միայն Խորեն հայր սուրբի հետ, որը այնտեղ չէր: Նա գտավ հրապարակի վրա մի խառնիճաղանջ բազմություն, որը վազում էր դեպի ամրոցը, աղաղակելով.

— Օգնեցե՛ք, ամրոցը այրվում է...

Փարիշանն էլ խառնվեցավ այդ բազմության հետ: Նրանք զինված էին բահերով, բրիչներով, կացիններով, մանգաղներով և այլ այդպիսի գործիքներով: Տեսնողը կմտածեր, որ գնում են հրդեհը հանգցնելու:

Բազմությունը հետզհետե աճում էր, ստվարանում էր, նրա հետ խառնվում էին նոր և նոր մարդիկ, և բոլորը վազում էին դեպի ամրոցը, որպես թե հրդեհը հանգցնելու համար:

Այն փողոցում, որի միջով անցնում էր բազմության փոթորկային հոսանքը, մի փոսի միջից լսելի եղավ դողդոջուն ձայն.

— Տո հեր օրհնած, կամա՛ց, կողքս կոտրեցիր:

Այն անձը, որին ուղղված էր այդ ձայնը, նայեց փոսի մեջ, տեսավ այնտեղ մի ընկած ծերունի, որին փոքր էր մնում ոտքերի տակ ջարդուփշուր աներ, երբ ինքը վազ տալու ժամանակ թռավ նրա վրայից: Իսկույն ճանաչեց նրան և ձեռքից բռնելով, ասաց.

— Ա՜խ, Սարգիս-ապեր, դո՞ւ ես:

— Տեր հայր, դո՞ւ ես, — հարցրեց նա կանգնելով: — Անպիտան ծառան ինձ թողեց այստեղ, ինքը, չեմ իմանում, որտեղ կորավ:

— Ես քեզ չէի՞ ասում, որ տանից դուրս չգաս, — ասաց նրան տեր հայրը: — Լավն այն է, որ ետ դառնաս, Սարգիս-ապեր, ես մի մարդ կտամ, որ քեզ տուն տանե:

— Տանը ի՞նչ պիտի շինեմ, որդի, — պատասխանեց ծերունին, մռռանալով իր կողքի ցավը: — Ես պիտի իմ աչքով տեսնեմ, թե որպե՛ս է այրվում, որպե՛ս է կործանվում այն ամրոցը, որ հազարավոր հայերի գլուխ է կերել... ես պիտի տեսնեմ, անպատճառ պիտի տեսնեմ ու իմ անեծքը պիտի խառնեմ կրակի բոցերի հետ...

Տեր հայրը նկատեց, որ անկարելի է ծերունուն համոզել, որ նա տուն դառնա, և որպեսզի մյուս անգամ այսպիսի փոսերի մեջ չընկնի, հանձնեց նրան մի մարդու, որ տանե դեպի ամրոցը: Իսկ ինքը անցավ բազմության առաջը, գոռալով.

— Գնանք, ուշանում ենք...

Դա տեր Ավետիքն էր, իսկ ծերունին՝ մեզ նախածանոթ Սարգիս յուզբաշին:

Փարիշանը խավարի միջից լսեց նրանց խոսակցությունը, այժմ նոր հասկացավ, որ այդ բահերով, բրիչներով, կացիններով զինված բազմությունը տեղացի հայերի խումբն էր, որոնց առաջնորդում էր տեր Ավետիքը իր ընկերների հետ:

Նրանք աղաղակելով անցան թյուրքերի թաղը, անցան մի քանի ծուռումուռ փողոցներ և հասան ամրոցին: Հրդեհը այժմ ավելի տարածվել էր. ախոռատնից անցնում էր դեպի կանանոցը, իսկ խոհանոցից՝ դեպի դիվանատունը: Բերդաքաղաքի թյուրքերի մեծ մասը այստեղ էր: Կրակը հանգցնելու համար նրանք ոչինչ հնարներ չունեին, միայն աշխատում էին մթերքները դուրս կրել այն շենքերից, որոնց դեռ կրակը չէր հասել: Ամրոցի պահապանները և ծառաները հսկում էին ավելի գողությունների վրա: Բայց ընդհանուր խառնակության մեջ «շունը տիրոջը չէր ճանաչում...»:

— Այդ ո՞րտեղն է այրվում, — հարցրեց Փարիշանը մի թյուրքից:

— Ամրոցը... – պատասխանեց նա շտապելով, և մի ահագին սնդուկ քարշ տալով դեպի իր տունը:

— Աստված ինքը ողորմություն անե... – պատասխանեց Փարիշանը լալագին ձայնով, և ցույց տալով, որ չէ նկատում ավազակի իր իշխանի պալատից հափշտակած ավարը:

Փարիշանը նկատեց, բազմության նույն խումբը, որ զինված էր բահերով և բրիչներով, փոխանակ դեպի հրդեհը գնալու, մի պտույտ գործեց և լռությամբ անցավ դեպի ամրոցի ետևը, դեպի այն կողմը, ուր կրակը դեռ չէր հասել: Ինքն էլ գնաց նրանց հետ: Նրանք մտան մի նեղ փողոց, որի մի կողմը ամրոցն էր, իսկ մյուս կողմում խանի ամբարանոցները: Այդ փողոցը դատարկ էր, այստեղ մարդիկ չկային:

Ամբարանոցների մեջ մթերված էր խանի հարստության մեծ մասը. այնտեղ էր և զենքերի պահեստի տեղը: Տեր Ավետիքը մոտեցավ ամբարանոցի գլխավոր դռանը, և իր սրի կոթով բախելով դուռը, գոչեց միևնույն եղանակով, որպես քահանան տասն կուսանաց հիշատակը կատարելու գիշերը, եկեղեցում ձեռքի խաչովը բախում է տաճարի վարագույրը, ասելով.

— «Բաց մեզ, տէր, զդուռն ողորմութեան...

— «Եկայք, օրհնեալք Հօր իմոյ, և վայելեցէք զպատրաստեալն վասն ձեր բարութիւն», — պատասխանեցին ներսից, և Խորն հայր սուրբը բաց արեց դռները:

Բազմությունը խումբով ներս թափվեցավ բացված դռնից: Խորեն հայր սուրբը առաջնորդեց նրանց դեպի զենքերի պահեստի տեղը: Սառան, որ հայր սուրբի հետ առաջուց եկած էր այնտեղ, արդեն բաց էր արել պահեստի դուռը և իր ձեռքում բռնած ճրագով լուսավորում էր մուտքը: Բազմությունը ներս մտավ: Նրանք մի կողմ ձգեցին իրանց բահերն ու բրիչները և սկսեցին մթերանոցից վեր առնել իրանց ցանկացած զենքերը: Այդ տևեց մի քանի րոպե միայն:

— Այժմ դուք զենքեր ունեք, — ասաց տեր Ավետիքը, դառնալով դեպի բազմությունը: — Ձեր զենքերը խլել էր խանը. ես փոխարենը տվեցի ձեզ նույն իսկ խանի զենքերից: Դա մեղք բան չէ. – հափշտակության փոխարեն հափշտակություն: Հիմա գնացեք, զավակներս, պաշտպանեցեք ձեր ընտանիքը, ձեր տները: Ես գիտեմ, որ խանը իր ամրոցի վրեժխնդրությունը կթափե ձեր բնակարանների վրա: — Գնացեք, այդ երիտասարդը կառաջնորդե ձեզ: Նա ցույց տվեց Մելիք-Փարսադանյան Բալի զորապետի վրա:

Կռիվը, պատերազմը իր առանձին ոգևորությունն ունի, մի սոսկալի ոգևորություն, որ սրտի և հոգու ուրախությունը գտնում է խորտակելու, ոչնչացնելու և մահացնելու մեջ: Տեր հոր խոսքերը ավելորդ էին: Զայրացած, վրեժխնդրության ծարավի բազմությունը այժմ ինքը գիտեր իր գործը: Խանը, արդարև, բերդի պաշարվելուց առաջ խլեց նրանց զենքերը, զրկելով անձնապաշտպանության ամեն միջոցներից: Այժմ նրանց մի առանձին բավականություն էր պատճառում կռվել թշնամու հետ նրանից խլած զենքերով:

— Դուք անհոգ կացեք, տեր հայր, — պատասխանեցին նրանք: — Մեր կնիկների լեչակը թող մեր գլխին լինի, եթե չարդարացնենք այն հույսը, որ դուք մեզ վրա դրած եք:

— Օրհնյալ լինիք, զավակներս, դե գնացեք, — ասաց քահանան, և դառնալով դեպի Մելիք-Փարսադանյանը, ավելացրեց.

— Բալի, ընտրիր խուլ փողոցները, և մինչև հայոց թաղ հասնելը, խույս տուր կռիվներից:

Բազմությունը Մելիք-Փարսադանյանի առաջնորդությամբ հեռացավ: Բայց մեկը մնաց այնտեղ:

Սառան, որ ճրագը ձեռքում լուսավորում էր զենքերի մթերանոցը, ճանաչեց նրան, և ճրագը դնելով պատուհանին, վազեց դեպի նա, գրկելով ասաց.

— Ա՛խ, Փարիշան, դո՞ւ ես, այդ ինչպե՞ս եկար այստեղ, պատմիր, ինչպե՞ս եկար:

Փարիշանը մի քանի խոսքով պատմեց իր վերջին գործողությունները: Այդ միջոցին տեր Ավետիքը, Խորեն հայր սուրբը և Շահումյան Ստեփաննոս իշխանը, առանձնացած մթերանոցի մի կողմում, ինչ-որ խոսում էին: Սառան տարավ Փարիշանին նրանց մոտ, և ներկայացնելով, ասաց.

— Ահա այն աղջիկը, որ տվեց ինձ այդ մթերանոցի բանալիները, և որը վառեց այդ մեծ կրակը, որ ամբողջ քաղաքը լուսավորվում է...

Քահանան, վարդապետը և իշխանը մի առանձին ուրախությամբ նայեցին ախոռատան սպասավորի հագուստով ծպտյալ հերոսուհու վրա:

— Զավակս, — ասաց քահանան, նրա ձեռքից բռնելով և ճակատը համբուրելով. — դու արժանի ես մեր ամենի սիրույն և հարգանքին: Քո քույրիկները այսուհետև կարող են պարծենալ, որ հայոց աղջիկների մեջ ևս տակավին չէ հանգած հայրենասիրության կրակը: Ես ճանաչում եմ քո հորը. դու մի որբ աղջիկ ես, բայց այսօրից դու կլինես մեր զորագնդի որդեգրուհին՝ դուստրը:

— Համբուրեցեք ձեր դստերը, — դարձավ նա դեպի Խորեն հայր սուրբը և Շահումյան իշխանը:

Երկուսն էլ համբուրեցին նրա ճակատը:

Ուրախության արտասուքը խեղդեց քաջասիրտ աղջկան: Նա մի բառ անգամ չէր գտնում իր շնորհակալությունը արտահայտելու: Արդարև, նա մի թշվառ որբ էր: Մորից զրկվեցավ նա դեռ իր տասն տարեկան հասակում, իսկ հայրը կսկծից մեռավ, երբ նրան բռնությամբ տարան խանի պալատը: Այժմ որքան ուրախ էր նա, որ փոխանակ իր կորուսած ծնողների, եղավ որդեգրուհի մի քաջ և հաղթող զորագնդի:

— Շնորհակալ եմ, — ասաց նա, — որ դուք անհայր և անմայր որբին ձեր դուստր եք կոչում, բայց թող ձեր դուստրը համարձակություն ունենա խնդրելու ձեզանից մի ուրիշ բան ևս:

— Խնդրիր, — ասաց նրան տեր Ավետիքը, — ես գիտեմ, որ դու այնքան խելացի ես, որ անկարելի բան չես խնդրի:

— Իհարկե չեմ խնդրի, — պատասխանեց Փարիշանը, այժմ փոքր-ինչ համարձակություն ստանալով: — Իմ խնդիրքս այն է, որ իմ տիկնոջը, որին կոչում են Զուբեյիդա խանում, առնեք ձեր պաշտպանության ներքո, խնայեք նրա կյանքը ընդհանուր կոտորածի ժամանակ: Նա մի բարի, քրիստոնյա կին է:

— Մենք կկատարենք քո ցանկությունը, — պատասխանեց տեր Ավետիքը:

ԻԲ

Որպես ամառային գիշերներում ճրագի լույսը դեպի ինքն է հրապուրում զանազան միջատներին, այնպես էլ ամրոցում հայտնված հրդեհը ամեն կողմից դեպի ինքն էր կոչում բերդաքաղաքի բնակիչներին: Ոմանք լոկ հետաքրքրության համար, ոմանք օգնություն հասցնելու համար, ոմանք զվարճանալու համար վազում էին դեպի հրդեհը: Ամբոխը մի մեծ երեխա է, սիրում է կրակի հետ խաղալ: Բերդի պարիսպների մոտ կանգնեցրած պահապան զորքերն անգամ, հակառան զինվորական կարգապահության, թողեցին իրենց պահականոցները և վազեցին դեպի ամրոցը: Կրակը հեղաշրջեց ամեն օրենք, կանոն և այն բոլոր կարգադրությունները, որ տնօրինված էին թշնամուն դեմ դնելու համար:

Հանգցնելու հնար չկար: Երկու մեծ գետերից, որ անցնում էին բերդի մոտով, ջուր վերցնել անկարելի էր, որովհետև թշնամին դրսում կանգնած էր: Իսկ բերդի մեջ գտնված ջուրը խմելու անգամ բավական չէր:

Հրդեհը հետզհետե տարածվում էր: Կրակը խոհանոցի մասից անցել էր դեպի դիվանատունը, իսկ ախոռատան կողմից մոտենում էր կանանոցին: Կատաղի քամին, մի հսկայական փուքսի նման, ավելի բորբոքում էր, ավելի բոցավառում էր նրան:

Այժմ սկսել էր այրվել դիվանատունը: Դա ամրոցի ամենագեղեցիկ մասն էր: Ահագին դահլիճների կամարները, որոնց վրա նկարիչները գործ էին դրել իրանց բոլոր ճարտարությունը, խորտակվում էին, և դղրդալով կործանվում էին դեպի ցած: Հրեղեն բոցերը, խառն ծխային թանձր ամպերի հետ, դուրս էին հոսում աշխարհի բոլոր շքեղություններով զարդարված սենյակներից: Պալատի փառքը, գեղեցկությունը և ամեն ցեղխություններով լի վայելչությունը լուծվում էր, մոխիր էր դառնում: Եվ ո՞ւմ ձեռքով: — Մի աղախնի, մի թույլ աղջկա ձեռքով: Դա մի դառն խրատ է, որով ժողովուրդը պատժում է բռնակալի ամբարտավանությունը, որով կամենում է ցույց տալ նրա ոչնչությունը: Երկրների երկաթե գավազանով իշխողին պատժում է իր ստրուկներից ամենատկարի ձեռքով: Կարծես կամենում է հասկացնել նրան. «Տես, դու էլ նույնպիսի մի մարդ ես, որպես այն բյուրավոր մարդիկը, որոնց ճնշում ես քո ոտքերի տակ...»:

Երկու սոսկալի տարերք՝ կրակը և քամին – կարծես միաբանվել էին մի սերտ դաշնակցությամբ, ոչնչացնելու բոլորը, ինչ որ կառուցել էր բռնակալ ձեռքը իր զոհերի արյունով և արտասուքով: Երկու տարերք գործում էին. քամին, որպես արդարադատի վրեժխնդրության շունչը, և կրակը, որպես հարստահարված ժողովրդի անեծքի արհատայությունը...

Հրդեհը ավելի և ավելի ծավալվում էր, տարածելով իր շուրջը մի սոսկալի լուսավորություն: Կանանոցի կիսամերկ գեղեցկուհիները, սարսափելով հանկարծակի վտանգից, քնաթաթախ դուրս էին թափվել իրանց օթյակներից: Այդ թշվառները, մի այլ պատսպարան չգտնելով, հավաքվել էին բակի մեջ, և ոչխարի նման մինը մյուսի կողքին սեղմված, դողդողում էին, լաց էին լինում: Նրանք մոռացել էին հարեմի փակված կնոջ թե՛ երկյուղը և թե՛ ամոթխածությունը, և դառն հառաչանքներով օգնություն էին աղաղակում: Նրանց ձայնը գրավեց ներքինապետի ուշադրությունը, որը զայրացած կերպով մոտեցավ, և սպառնական խոսքերով ասաց.

— Քածեր, այդ ի՞նչ աղմուկ է, ինչո՞ւ եք հավաքվել այստեղ, դուք չե՞ք տեսնում, որ մարդիկ են նայում ձեզ վրա:

Կնիկները նկատեցին, որ կտուրների վրա, իրավ որ, բավական մարդիկ էին հավաքված: Նրանք աշխատում էին քանդել մի կից շինվածք, որ միացնում էր կանանոցը դիվանատան հետ, որպեսզի արգելեն կրակի առաջ խաղալը: Հարեմական կարգերին ընդդեմ էր, որ այդ մարդիկը տեսնեին խանի գեղեցիկ խանումներին, որոնք հրդեհի ծիրանագույն լուսավորության առջև ներկայացնում էին կենդանի պատկերների մի սքանչելի խումբ, զարհուրած, շվարած ընդհանուր սոսկումից, որպես Պոմպեի և Հերքուլանի կնիկները Էտնայի հրաբխության բոպեներում:

— Չե՞ք լսում, դեռ կանգնա՞ծ եք, — գոռաց ներքինապետը:

— Ո՞ւր գնանք, — եղավ թշվառների պատասխանը:

— Դժո՛խքը և գերեզմա՛նը... եղավ ներքինապետի պատասխանը: — Մտե՛ք ձեր օթյակները:

— Շուտով կրակը մեր օթյակներին կհասնի, — համարձակվեցավ հակառակել մեկը:

— Երբ որ այրվելու լինիք, այն ժամանակ ձեզ հրաման կտամ դուրս գալու:

Կնիկների խումբը ցրիվ եկավ, ամեն մեկը մտավ իր սենյակը, սարսափով սպասում էր կրակի մոտենալուն:

Ամրոցի բոլոր մուտքերը բաց էին, որ ժողովուրդը կարողանար օգնություն հասցնել: Միայն կանանոցի դռների մոտ կանգնեցրած էին պահապաններ: Այստեղ անցուդարձը արգելված էր:

Կանանոցի կտուրի վրա հավաքված բազմությունից երեքը գաղտնի կերպով բաժանվեցան և մոտեցան տանիքի մեգ ծանոթ փոքրիկ դռանը: Ընդհանուր խռովության մեջ ոչ ոք չնկատեց նրանց մեկնելը: Նրանցից մեկը գրպանից հանեց բանալին, բաց արեց փոքրիկ դուռը: Երեքն էլ ներս մտան, դուռը կրկին փակվեցավ:

— Դուք այստեղ սպասեցեք, ես կգնամ նրան կբերեն, — հազիվ լսելի ձայնով ասաց նրանցից մեկը:

Երկուսը մնացին դռան մոտ, ներսի կողմից, իսկ երրորդը սկսեց մութ սանդուղքներով ցած իջնել: Երբ հասավ վերջին աստիճանին, նա կանգնեց և նայում էր դեպի կանանոցի բակը, որը երբեմն լուսավորվում էր հրդեհի բոցերով, իսկ երբեմն խավարը պատում էր, երբ ծխային սև ամպերը ծածկում էին կրակի ճառագայթները: Նա ընտրեց խավարի այդ վերջին րոպեներից մեկը և արագությամբ վազեց դեպի Զուբեյդա խանումի սենյակը: Ներքինի Ասադը այնտեղ չէր, ծերունին իր աղոցի թեփով լցրած բարձը վեր էր առել, և սատանան գիտե, թե որ անկյունում պառկած էր: Նա մտավ խանումի սենյակը, որը միայնակ նստած էր, գրկած ունենալով իր հիվանդ երեխային, և գտնվում էր մի տեսակ տխուր, ուշակորույս ինքնամոռացության մեջ: Տեսնելով անծանոթ մարդուն իր սենյակը մտնելիս, տիկինը սթափվեցավ և լալագին ձայնով աղաղակեց.

— Ինչ որ ուզում ես, տա՛ր, ես բոլորը քեզ կտամ, ի սեր աստուծո, երեխային մի՛ սպանիր:

Նա կարծեց, որ անծանոթը Բեկի զինվորներից մեկն էր, մտել էր իր սենյակը կողոպտելու: Բայց նա մոտենալով տիկնոջը, կամաց շշնջաց.

— Սո՛ւս կաց, մի՛ վախիր, ես եկա քեզ էլ, քո երեխային էլ ազատելու: — Չե՞ս ճանաչում ինձ: Վերջին խոսքերի ժամանակ նա մի կողմ ձգեց գլխի ահագին մորթե գտակը, և նրա տակից դուրս թափվեցան կանացի երկայն գիսակները:

— Ա՜խ, Փարիշան, դո՞ւ ես, — բացականչեց տիկինը ուրախանալով: — Ո՞րտեղ էիր, ինչո՞ւ, ինձ մենակ թողեցիր, ո՞ւր գնացիր:

— Սո՛ւս, — կրկնեց Փարիշանը, — կամաց խոսեցեք, վեր կացեք, վեր կացեք, պատրաստվեցեք, գնանք, քանի որ դեռ ուշ չէ: Ես հետո կպատմեմ ձեզ, թե որտեղ էի:

— Ո՞ւր գնանք, ինձ ո՞րտեղ ես տանում, — հարցրեց տիկինը շփոթվելով:

— Մի այնպիսի ապահով տեղ, ուր դուք ազատված կլինիք: Շտապեցեք, ժամանակ կորցնելու չէ, մի քանի րոպեից հետո Բեկի զինվորները կթափվեն ամրոցի վրա և կրակից մնացածը նրանք սրով կոչնչացնեն:

— Ո՞ւր գնանք, ինձ ո՞րտեղ ես տանում, — դարձյալ հարցրեց տիկինը, նստած տեղից չշարժվելով:

— Սառայի տունը, — պատասխանեց աղախինը նրա ձեռքից բռնելով: — Սառան ձեր լավ բարեկամն է. նա այնքան բարի է, որ դուք կարող եք նրա վրա վստահություն ունենալ: Նա ինքը այստեղ է, եկել է ձեզ տանելու, սանդուղքների վրա սպասում է:

Տիկինը իսկույն չպատասխանեց. տխուր մտածություններ տիրեցին նրա սրտին: Նա թաշկինակը սեղմեց աչքերի վրա, և րոպեական լռությունից հետո, արտասավախառն հեկեկանքով հարցրեց.

— Դու ինձ առաջարկում ես փախչե՜լ, Փարիշան...

— Այո՛, փախչել, — պետք է անպատճառ փախչել այդ Սոդոմից, որ աստուծո բարկության հրովը կործանվում է...

Նրանց խոսակցությունը ընդհատեց մի սոսկալի, որոտաձայն դղրդոց: Կարծես, հարյուր թնդանոթներ միասին արձակեցին, և կիսավեր ամրոցը հիմքից շարժվեցավ, օրորվեցավ, և փոքր էր մնում, որ մնացած մասերն էլ կործանվեին, տակնուվրա լինեին:

Փարիշանը վազեց, բաց արեց լուսամուտը, նայեց դեպի ծխի և փոշու մեջ կորած բակը:

— Այդ ի՞նչ էր, — հարցրեց սարսափած տիկինը:

— Ներքինապետի բարձր աշտարակը կործանվեցավ, նրա փառքը և իշխանությունը տապալվեցավ, — ծիծաղելով ասաց Փարիշանը: — Կրակը անցնում է դեպի կանանոցը:

Իրավ, փուլ եկողը ներքինապետի աշտարակն էր, որի բարձրությունից «աղջիկների իշխանը» տիրում էր ամբողջ կանանոցի վրա: Նա կործանվեցավ և իր ծանրության տակ փշրեց մի քանի այլ շինվածքներ: Նրա որոտաձայն դղրդոցը բարձրացրեց հարյուրավոր կնիկների բերաններից զարհուրելի աղաղակներ, իսկ տիկնոջ գրկում զարթեցրեց քնած երեխային:

Նա իր գեղեցիկ աչքերը բաց արեց, և լուսամուտից տեսնելով դրսի լուսավորությունը, — ժպտալով ասաց.

— Արևը դուրս է եկել, ես ո՜րքան շատ քնեցի:

— Հա՜, զավակս, շատ քնեցիր, — պատասխանեց մայրը, նրան համբուրելով: — Բայց դա արևը չէ. այնտեղ կրակ են վառում...

— Ինչո՞ւ համար են վառում:

— Այնպես, վառում են...

— Երևի մի բան խորովում են:

Մայրը ոչինչ չգտավ պատասխանելու, կրկին համբուրեց իր զավակին: Փարիշանը տեսնելով, որ ժամանակը անցնում է, սկսեց շտապեցնել իր տիկնոջը:

— Ուշանում ենք, տիկին, — ասաց նա. – տվեցեք ինձ երեխային, իսկ դուք ծածկվեցեք այդ վերարկուի մեջ:

Տիկինը դրեց երեխային աղախնի գիրկը, ինքը վեր կացավ:

— Ո՞ւր ենք գնում, — հարցրեց հետաքրքիր երեխան:

— Պարտեզը, — պատասխանեց աղախինը, — այնտեղ լավ է, այդպես չէ՞:

— Լավ է, — ասաց երեխան, — այնտեղ խնձոր կա:

Աղախինը իր վերարկուի տակ ծածկեց երեխային, որ նրան ոչ ոք չտեսնե: Իսկ նրա մայրը արդեն պատրաստ էր, նրա թուլասրտությունը անցավ: Ազատության հույսը զորություն տվեց նրան: Նա թողնում էր այն զնդանը, ուր ամբողջ յոթ տարի տանջվել էր, մաշվել էր, ուր թաղել էր իր երիտասարդության ամենաթանկագին օրերը: Բայց երբ դուրս եկան սենյակից, տիկնոջ աչքերը դարձյալ լցվեցան արտասուքով: Բնակարանը մարդու մտերիմ ընկեն է, նրա հավատարիմ խորհրդապահն է: Ամբողջ յոթ տարի այդ շքեղազարդ սենյակին, ուր կենդանի թաղված էր նա, հավատացել էր իր սրտի ցավերը: Նրա լուռ, գեղազգրական պատերը միայն վկա էին եղել նրա արտասուքներին, բայց մխիթարել չէին կարողացել: Այժմ թողնում էր իր սգարանը:

Բակում մարդիկ էին ման գալիս: Խավարի մեջ դժվար էր որոշել նրանց: Լույս չկար, բայց խեղդող ծուխը թանձր մառախուղի նման ծածկել էր շինվածքները: Երբ իջան բակը, տիկինը հարցրեց.

— Հիմա Սառան ո՞րտեղ է:

— Սանդուղքների վրա, նրա հետ կա և մի տղամարդ, — պատասխանեց աղախինը:

Սառայի անունը լսելիս, երեխան գլուխը դուրս հանեց աղախնի վերարկուի տակից, և ճչալով բացականչեց.

— Սառային չեմ ուզի, Սառան վատ է, նա բողազս հուպ կտա...

Խեղճ երեխան մտաբերեց իր բժշկին և իր կոկորդի նույն գիշերվա ցավը: Բայց Փարիշանը հանգստացրեց նրան, ասելով.

— Չէ, սիրելիս, դա այն Սառան չէ, դա ուրիշ Սառա է, քեզ լավ բաներ կտա:

Երբ սկսեցին բարձրանալ սանխուքներից, տիկինը հարցրեց.

— Ո՞վ է Սառայի հետ եկող տղամարդը:

— Մի վարդապետ, որին կոչում են Խորեն հայր սուրբ: Նա շատ լավ մարդ է:

— Վարդապե՛տ, — զարմանալով կրկնեց տիկինը:

— Այո՛, վարդապետ: Նա մի քաջ տղամարդ է և Սառայի բարեկամն է:

Զբաղված լինելով այդ խոսակցություններով, փախստականները չնկատեցին, որ մի մարդ խավարի միջից լրտեսում էր նրանց: Դա ներքինի Ասաղն էր: Հենց որ լսեց ծերունին երեխայի ճիչը, թե «Սառային չեմ ուզի», իսկույն ճանաչեց նրա ձայնը, հետո սկսեց ականջ դնել տիկնոջ և աղախնի խոսակցություններին: Երբ փախստականները ոտք դրեցին սանդուղքների վրա, սկսեցին բրձրանալ, նա հասկացավ բոլորը, և իսկույն վազեց ներքինապետի մոտ, նրան իմացում տալու համար:

Այդ միջոցին փախստականները արդեն գտնվում էին սանդուղքների վերին աստիճանների վրա: Սառան բաց արեց փոքրիկ դուռը, և բոլորը միասին դուրս եկան կտուրի վրա, դուռը իրանց ետնից կողպեցին:

Երեխան դարձյալ իր գլուխը դուրս հանեց աղախնի վերարկուի տակից, և տեսնելով հրդեհի շրջակա լուսավորությունը, ասաց.

— Հո՛ւ, այդ ո՛րքան կրակ են վառել... Ի՞նչ են եփում, մայրիկ:

Փարիշանը մտածեց երեխայի ձայնը կտրել, ասելով.

— Եթե դու մյուս անգամ կխոսես, ես «բոբոխին» կկանչեմ...

Երեխան երկյուղից գլուխը ներս քաշեց աղախնի վերարկուի տակ և կծկվեցավ նրա գրկի մեջ: «Բոբոխը» մի երևակայական էակ էր, որի սարսափելի նշանակությունը միայն երեխան գիտեր:

Կտուրի վրա հավաքված բազմությունը այժմ ավելի շատ էր: Բոլորը գոռում էին, գոչում էին, և մինը մյուսին չէր հասկանում: Նրանք աշխատում էին քանդել կից շինվածքները, որպեսզի կրակի առաջ անցնելը արգելեն: Փախստականները շտապով անցան հուզված, խառնափնթոր բազմության միջից, և կտուրից իջան փոքրիկ պարտեզը, որ կից էր կանանոցին:

Այդ պարտեզը խանի տիկինների զբոսանքի դրախտն էր: Այստեղ ներքինիների հսկողության ներքո բաց էին թողնում նրանց, ուր զվարճանում էին, թռչկոտում էին, վազվզում էին և զանազան խաղեր էին անում, որպես կուսանոցների գիշերօթիկ աշակերտուհիները վերակացուների հսկողության ներքո: Այստեղ երբեմն, գիշերային մթության ժամանակ, դուրս էին գալիս խանի գեղեցկուհիները և հանդիպում էին վարդենիների տակ թաքնված սիրահարին...

Ներքինապետը, լսելով Ասագից Զուբեյիդա խանումի փախստյան մասին, խպառ կատաղեցավ:

— Ո՞ր կողմով փախան, թշվառ ծերուկ, — հարցրեց նա, — էգուց խանը քեզ կենդանի այրել կտա:

— Աստված էլ գիտե, որ ես մեղավոր չեմ, — պատասխանեց սարսափած ծերուկը, ցույց տալով կտուրի սանդուղքները:

Ներքինապետը վազեց դեպի սանդուղքները: Իսկ ծերուկը իր աղոցի թեփով լցրած բարձը, իր անբաժան ընկերը, գրկած, դիմեց դեպի իր տիկնոջ բնակարանը, և, գլուխը դնելով սենյակի դռան մոտ, պառկեց, դարձյալ միևնույն վաղեմի տպավորության ներքո երևակայելով, թե իր տիկինը այնտեղ է:

Ներքինապետը բարձրանալով սանդուղքներից, փոքրիկ դուռը գտավ փակված: Նա մի սաստիկ քացի տվեց, և տախտակները փշրվեցան հսկայի ոտքի հարվածքից: Անցավ կտուրի վրա և վազեց դեպի պարտեզը, բնազդումով հասկանալով, որ փախստականները այն կողմով պիտի գնացած լինեին, որովհետև այնտեղ մարդիկ չկային: Պարտեզից մի դուռ բացվում էր ուղիղ դեպի փողոցը:

— Կանգնեցե՛ք, — կանչեց ներքինապետը որոտալից ձայնով, երբ լսեց փախստականների ոտքերի խշխշոցը պարտեզի խոտերի վրա:

Խորեն հայր սուրբը կանգնեց, մյուսներին ասելով, որ հեռանան:

— Ձեզ եմ ասում կանգնեցե՛ք, — կրկնեց ներքինապետը ավելի խրոխտալի ձայնով:

— Ի՞նչ ես կամենում, — հարցրեց երիտասարդ աբեղան, վիթխարիի առաջը կտրելով:

— Ո՞ւր ես տանում դրանց:

— Այդ իմ գիտենալու գործն է:

— Քո գիտենալու գո՞րծն է, — խոսեց դառն ծիծաղով վիթխարին: — Ահա այդ էլ իմ գիտենալու գործն է...

Վերջին խոսքերի հետ նա իր ծանր սուրը սաստիկ թափով իջեցրեց դեպի աբեղայի գլուխը: Բայց աբեղան զարմանալի ճարպկությամբ իր սրով ետ մղեց նրա զարկը: Վիթխարին կրկին բարձրացրեց իր սուրը, գազանային կատաղությամբ մռնչելով.

— Հիմա դիմացի՛ր...

Աբեղան մի կողմի թեքվեցավ, իսկ վիթխարիի սուրը դիպչելով ծառի ահագին ճյուղին, կտրեց և ցած ձգեց:

Այդ միջոցին երիտասարդ աբեղան իր սուրը խրեց նրա կողքի մեջ: Հարվածքը թեև սաստիկ էր, բայց վիթխրին, ամենևին ցավ չզգալով, կրկին անգամ հարձակում գործեց: Նույն րոպեում Սառան վրա վազեց, և ետևից իր խենջարը խրելով հսկայի փորը, ասաց.

— Սատկի՛ր, անպիտան, մինչև ե՞րբ պիտի չարչարես մեզ:

Վիթխարին մի մեծ կոթղի նման ցած գլորվեցավ և մռնչալով փչեց հոգին:

Փախստականները մոտեցան պարտեզի դռանը, որ փակված էր փայտյա վանդակապատով:

— Թողեք, ես դրա բաց անելու ձևը գիտեմ, — ասաց Փարիշանը, ձեռքը տանելով դեպի դռան սողնակը:

Ի՞նչ սատանայական հնարք գործ դրեց նա, հայտնի չէ, բայց սողնակը իսկույն ետ քաշվեցավ, դուռը բացվեցավ, և նրանք դուրս եկան փողոցը: Այստեղ Փարիշանը հարցրեց իր տիկնոջից.

— Գիտե՞ք նա ով էր:

— Գիտեմ... — ասաց տիկինը և նրա ձայնի մեջ լսելի եղան ուրախության հնչյուններ:

Դուրս գալով փողոցը, փախստականները դիմեցին ուղղակի դեպի հայոց թաղը: Արշալույսը սկսել էր շառագունիլ, և երկնքի վրա մոխրագույն ամպեր ցոլացնում էին արևի ծագման վաղահաս նշույլները: Բայց փողոցների մեջ դեռ տիրում էր խավարը: Շրջակա անտառապատ լեռները այնքան բարձր էին, որ երկար մրցում էին արևի հետ, մինչև թույլ էին տալիս նրա ճառագայթներին մուտք գործել խոր ձորի մեջ թաղված բերդաքաղաքը:

Բերդի բնակիչները գտնվում էին սարսափելի խռովության մեջ: Իսկ անտառային թռչունները սկսել էին իրանց վաղորդյան ուրախ չրկչրկոցը: Նրանք, կարծես, ծիծաղում էին մարդիկների բարբարոսությունների վրա, կարծես ասում լինեին նրանց. «Տեսեք, մենք որքան ուրախ ենք, որքան երջանիկ ենք, որովհետև միմյանց դեմ ոխ, թշնամություն չունենք, նրա համար, որ բաժանելու էլ ոչինչ չունենք...»:

Խորեն հայր սուրբը և տիկինը գնում էին առաջ: Տիկինը լուռ էր, ոչինչ չէր խոսում: Երիտասարդ աբեղան մի քանի անգամ փորձեց խոսեցնել նրան, բայց ստացավ կարճ, սառն պատասխաններ:

— Դուք, երևի, հոգնեցաք, տիկին, — ասաց նա, նկատելով, որ չէր կարողանում հետևել իրան:

— Այո՛, յոթ տարի կանանոցի մեջ փակված մնալով, ես համարյա կորցրի ման գալու ընդունակությունը, — պատասխանեց տիկինը տխրությամբ:

— Թույլ տվեցեք բռնել ձեր թևքից:

Տիկինը իր թևքը մեկնեց նրան:

Միևնույն կարեկցությունը ցույց տվեց Սառան Փարիշանին, ասելով.

— Դու հոգնեցար, սիրելիս, ինձ տուր երեխային, ես կզրկեմ:

— Այսպես լավ է, — պատասխանեց Փարիշանը, — երեխան կարող է խանգարել քեզ, դու մի քաջ թիկնապահի պաշտոն ես կատարում, քո ձեռքերը պետք է ազատ լինեն:

— Ծիծաղո՞ւմ ես իմ վրա, Փարիշան:

— Ինչո՞ւ եմ ծիծաղում, ես տեսա, թե ինչպես դու ծակեցիր ներքինապետի կողքը. կարող է մի այսպիսի դեպք դարձյալ պատահել:

Նրանց մոտից մեծ աղմուկով անցան մի քանի մահմեդական զինված խումբեր: Բայց որովհետև գիտեին, որ այդ ժամանակ փողոցներում ոչ մի հայ չի համարձակվի դուրս գալ, այդ պատճառով ոչ ոք ուշադրություն չդարձրեց նրանց վրա:

Մեկը միայն հարցրեց.

— Ո՞ւր եք գնում:

— Դեպի այդ կողմը, — պատասխանեց Խորեն հայր սուրբը:

— Հայոց թաղով չեք կարող անցնել, բոլոր փողոցները բռնված են:

— Ինչպե՞ս բռնված են:

— Բռնված են... գնացեք, կտեսնեք...

Նա անցավ,ժամանակ չունենալով բացատրություն տալու:

Եվ իրավ, հասնելով հենց առաջին փողոցը, նրանք գտան փակված: Փողոցի մուտքը բռնված էր ամուր սանգիառով (պատնեշ): Հայ բնակիչները դիզել էին միմյանց վրա իրանց սայլերը, գութանները, արորները և տնային զանազան կարասիները, այսպիսով կազմել էին մի ամուր պատնեշ: Կին, աղջիկ, տղամարդ, ծեր և պատանի, հրացանները ձեռքներին բռնած, կանգնել էին պատնեշի ետևում:

— Այստեղից անցնել անկարելի է, գնանք մյուս փողոցով, — ասաց Խորեն հայր սուրբը:

— Ինչո՞ւ, դրանք խո հայեր են, — պատասխանեց Սառան: — Մեզ ի՞նչ վնաս պիտի տան:

— Հայեր են, բայց մինչև նրանց հասկացնելը, թե մենք ովքեր ենք, հարյուրավոր հրացաններ կարձակեն մեզ վրա:

Նրանք շուտ տվեցին դեպի մյուս փողոցը:

— Ինչպե՞ս շուտ պատրաստվեցան, — ասաց Սառան մի առանձին ուրախությամբ:

— Զենքը մարդուն քաջություն է ներշնչում, — պատասխանեց Խորեն հայր սուրբը: — Մենք տվեցինք նրանց զենքեր, իսկ նրանք կտան մեզ լավ զինվորներ:

— Մի՞թե հայերը զինվորական ընդունակություն ունեն, — հարցրեց տիկինը:

— Հայերը նույնպիսի մարդիկ են, ինչպես բոլոր մարդիկը, — պատասխանեց Խորեն հայր սուրբը: — Դու տուր մարդուն աչքի լույս, նա կգտնե իր ճանապարհը...

ԻԳ

Միևնույն ժամում, երբ հրդեհը տարածվում էր ամրոցի մեջ, երբ հոյակապ շինվածքները գոռգոռալով խորտակվում էին, երբ մարդիկների բազմությունը աշխատում էր կրակի ծավալման առաջը առնել, — համարյա միևնույն ժամում, երբ փախստականները դուրս եկան պարտեզից, խանը կատաղի վրդովմունքով կանգնած էր դիվանատան ընդարձակ բակի կենտրոնում, իսկ նրա հանդեպ կանգնած էր վեզիրը: Կրակի սաստիկ լուսավորությունը ամեն կողմից տեսանելի էր կացուցանում երկրի այդ երկու պետերին:

Բավական հեռու կանգնած էին խանի դրանիկները և չէին համարձակվում մոտենալ նրան: Բարկության բոպեներում նա նույնքան կատաղի էր, որպես այն հրդեհը, որ լափում էր շինությունները: Դրանիկներից ոմանք զանազան հրամաններ էին տալիս ամբոխին, իսկ ոմանք սպասում էին խանի հրամանին:

— Վեզիր, դա քրիստոնյաների գործն է, — ասաց խանը:

— Այո՛, քրիստոնյաների գործն է, — պատասխանեց վեզիրը:

— Այստեղի քրիստոնյաների, — ավելացրեց խանը:

— Այո, այստեղ քրիստոնյաների, — հաստատեց վեզիրը:

— Ես այս րոպեիս կիրամայեմ, որ նրանց կոտորեն, շան նման կոտորեն:

— Այժմ խիստ ուշ է... – պատասխանեց վեզիրը:

— Ինչո՞ւ:

— Չե՞ք լսում:

— Ի՞նչը:

— Թմբուկների ձայնը:

— Լսում եմ: Այդ ի՞նչ ձայն է:

— Բեկի զորքերի թմբուկների ձայնն է: Թշնամին մտնում է բերդը:

Խանը գունաթափվեցավ:

— Թշնամին մտնում է բե՜րդը... – կրկնեց նա մի այնպիսի ծիծաղով, որ բարկության ժամանակ փոխարինում է արտասուքին: — Ապա ո՞րտեղ են իմ զորքերը, իմ զորապետները, որ կարգված էին բերդը պահպանելու համար:

— Նրանցից ոմանք փախել են, իսկ ոմանք եկել են այստեղ կրակը հանգցնելու համար: Թշնամին մեր տան մեջ կրակ ձգեց, որ մեզ դրանով զբաղեցնե, իսկ ինքը միջոց գտավ գրավելու մեր բերդը:

— Հիմա ի՞նչ պետք է արած, — հարցրեց խանը հուսահատ կերպով:

— Եթե դուք ինձ թույլ տաք, ես կդիմեմ հաղթողին և հնազանդություն կհայտնեմ:

— Երբեք:

— Դուք դրանով կազատեք հազարավորների կյանքը սարսափելի կոտորածից:

— Թող բոլորն էլ ինձ հետ կոտորվեն, քան թե խոնարհվեն գավուրի առջև: Դու չգիտես, վեզիր, մեր կրոնի հանգամանքը. մուսուլմանին թույլ տված չէ խոնարհվել այլադավանի լծի ներքո. մուսուլմանը կամ պետք է տիրե, կամ պետք է ոչնչանա:

Այդ միջոցին դիվանատան բակը մտավ մի խումբ, զինված բազմություն: Նրանց առաջնորդում էր մոլլաների գլխավորը, մի բաց սուր ձեռքումը բռնած: Նրա առջևից գալիս էին երկու չավուշներ, որոնք տանում էին երկու հոգևոր դրոշակներ: Չավուշները քարոզ էին կարդում.

— Մուսուլմաններ, ղեյրաթի օր է: Գավուրները գրավեցին մեր բերդը: Աստված և նրա մարգարեն հրամայում են զենքով ընդդիմանալ թշնամուն:

Այդ խոսքերը վառեցին ամբոխի կատաղությունը և հազարավոր ձայներ կրկնեցին.

— Պատրաստ ենք, պատրաստ ենք:

Խանը մոտեցավ մոլլաների գլխավորին և նրա ձեռքը բռնելով, ասաց.

— Ես էլ պատրաստ եմ: Աստուծո և նրա մարգարեի հրամանի հետ ավելացնում եմ և իմ հրամանը. – պետք է մինչև մեր արյան վերջին կաթիլը ընդդիմանանք թշնամուն:

Ամբոխի մոլեռանդությանը չափ չկար: Նրան հրամայում էր աստված իր հոգևոր ներկայացուցչի բերանով, հրամայում էր մարգարեն իր մարմնավոր ներկայացուցչի՝ երկրի իշխանի բերանով:

Չավուշները, սրբազան դրոշակները առաջ տանելով, դուրս եկան ամրոցից: Նրանց հետևում էին մոլլաների գլխավորը և խանը, իսկ հետո — ամբոխը:

Երբ դուրս եկան ամրոցի առջևի հրապարակի վրա, խանը դարձավ դեպի մոլլաների գլխավորը այս խոսքերով.

— Դուք, հոգևոր տեր, առաջնորդեցեք ամբոխին, իսկ ես կառաջնորդեմ զորքերին:

— Այդպես էլ պետք է, — պատասխանեց մոլլաների գլխավորը:

Նրանք բաժանվեցան:

Մոլլաների գլխավորը ամբոխի հետ սկսեց առաջ գնալ: Չավուշները բարձր ձայնով կրկնում էին միևնույն խոսքերը: Բազմությունը հետզհետե ստվարանում էր, ամեն մարդ, զենքը առած, միանում էր ամբոխի հետ:

Խանը մնաց հրապարակի վրա: Երբ բոլորը հեռացան, հրամայեց վեզիրին.

— Թմբուկները ածել տուր, որ զորքը հավաքվի:

Մինչև դրանց զորքի հավաքվելը, մենք անցնենք Բեկի զորքերի մեջ, տեսնենք այնտեղ ինչ է կատարվում:

Միևնույն րոպեում, երբ երկու չավուշները, բերդի փողոցների մեջ հոգևոր թափոր կատարելով, կարդում էին աստուծո և նրա մարգարեի հրամանը, — միևնույն րոպեում հայոց բանակների մեջ երկու ջառչիներ բարձր ձայնով հրատարակում էին Բեկի հրամանը. «Չխղճալ, կոտորել անխնա կերպով...»:

Այդ հրամանի հրատարակվելուց մի քանի ժամ առաջ, Գեղվա գետի ափի վրա զետեղված բանակի մոտ, սարի բարձրավանդակի վրա, միայնակ նստած էր մի մարդ: Նա աչքերը հառած, անհամբերությամբ նայում էր երբեմն դեպի բերդը, երբեմն դեպի երկինքը: Թեև խավարի միջից ոչինչ տեսնել չէր կարող, բայց այն, որ ցանկանում էր տեսնել, խավարի միջից ավելի պայծառ կերպով կարող էր երևնալ: Ձանձրույթը, անհամբերությունը, սրտի վրդովմունքը մեղմացնելու համար, նա ստեպ-ստեպ վառում էր իր կարճ չիբուխը և ծխում էր: Նա նմանում էր այն մոլեռանդ աստղահմաներին, որ ամբողջ գիշերը լուսացնում են, երկնքի վրա որոնելով իրանց ցանկացած աստղին, որպեսզի նրանով կատարեն մի մեծ, սքանչելի կախարդություն:

— Այդ պատարագիչներից ոչինչ չի դուրս գա, — ասաց նա իր մտքում, ավելի բարկանալով. — ամեն բան նրանց մոտ ծես է, արարողություն է, խորհուրդ է...

Պատարագիչներ կոչում էր նա քահանաներին:

— Հարյուր ծովի ջրով լվանալու ևս լինես նրանց, դարձյալ խունկի հոտը չի կտրվի նրանցից... — ավելացրեց նա:

Նրա շուրջը լեռ, ապառաժ և անտառ էր: Նա նստած էր մի քարաժայռի բեկորի վրա և թիկն էր տված մի ահագին կաղնիի: Այդ դրության մեջ նմանում էր նա այն վիթխարի անտառային հուշկապարիկներից մեկին, որ իրանց ծարավը հագեցնում են մարդկային արյունով: Նա նստած էր այնտեղ սկսյալ այն ժամանակից, երբ Բեկի բանակի մեջ ստացվեցավ բերդից ուղարկած գաղտնի նամակը:

Նրա բարկությունը, անհամբերությունը, վրդովմունքը հետզհետե սաստկանում էր: Եթե մեկը խավարի միջից կարողանար հետազոտել նրա դեմքը, կսարսափեր: Բայց ինչո՞ւ էր զայրացած նա: Այդ մարդը բնավորությամբ բարի, գթած և խաղաղ էր: Բայց խաղաղ մարդկանց բարկությունը նմանում է Խաղաղական օվկիանոսի սոսկալի փոթորիկներին, որոնք թեև հաճախ չեն պատահում, իսկ երբ որ պատահում են, ճանապարհորդները ազատ չեն մնում նավաբեկությունից:

Նրա ահարկու դեմքը փոքր-ինչ պայծառացավ, երբ իր նստած բարձրավանդակի հեռավորությունից նշմարեց բերդի մեջ լույսի ծիրանագույն շառավիղները: Շառավիղները հետզհետե աճում էին և արշալույսի առաջին ճառագայթների նման ցոլանում էին շրջակա բարձրությունների վրա: Երբեմն խավարում էին նրանք, կարծես սև, միդգանման ամպերը անցնում էին նրանց վրայով և ծածկում էին լույսի պայծառությունը: Այդ միջոցին բերդից մի ֆշանք բարձրացավ օդի մեջ, պայթեց և հրեղեն կայծերը թափվեցան դեպի ամեն կողմ:

— Վերջապես... — ասաց նա, վեր կենալով. – վարագույրը բացվեցավ, պատարագիչը երևան եկավ...

Նա սկսեց սարի բարձրությունից ցած իջնել: Ստորոտում, դեպի ափի մոտ, գտնվում էր բանակը: Զինվորների մեծ մասը արթուն էր: Սկսեց դիմել դեպի ծերունի Մելիք-Փարսադանի վրանը, իր մտքում ասելով.

— Նա այժմ արթուն կլինի: Ծերացած դևերը յոթն տարին մի անգամ են քնում, այն էլ յոթն օր շարունակ:

Եվ իրավ, ծերունի զորավարի վրանում լապտերը դեռ վառվում էր: Նա ներս մտավ, գտավ նրան միայնակ նստած, կարդում էր մի փոքրիկ գիրք: Դա Նարեկ էր, որը սովորություն ուներ բարեպաշտ ծերունին կարդալ ամեն երեկո և առավոտ:

— Թո՛ղ այդ գիրքը, — ասաց նա նստելով. – պարսից թագավորի «բաթման-ղլիճը» քեզ համար լավ խաբար է բերել:

— Ի՞նչ խաբար, — հարցրեց ծերունին, Նարեկը թաքցնելով իր ծոցի մեջ:

— Տեր Ավետիքը արդեն իր դալլաքությունը բանեցրեց խանի գլխի վրա... — ասաց նա ծիծաղելով:

Ծերունի զորավարը գիտեր, որ տեր Ավետիքը սափրիչի կամ դալլաքի կերպարանքով էր մտել բերդը, բայց թե ի՞նչ դալլաքություն էր բանեցրել — այդ մասին դեռ տեղեկություն չուներ: Նա հարցրեց.

— Ի՞նչ դալլաքություն:

— Մեր սպասած հրդեհը և փշանքը երևացին բերդի մեջ, — պատասխանեց պարսից թագավորի «բաթման-ղլիճը»:

Մի քանի րոպե առաջ Նարեկ կարդացող բարեպաշտի երեսի կնճիռները պայծառացան մի անսովոր ուրախությամբ: Նա բռնեց Բայինդուրի ձեռքը, ասելով.

— Շնորհակալ եմ, իշխան, իրավ որ, լավ խաբար է: Դու քո աչքերո՞վը տեսար:

— Ես իմ աչքերովը տեսա, ուրիշի աչքերովը չտեսա, — պատասխանեց իշխանը: — Ես այս գիշեր չեմ քնել. սև ագռավի նման նստած էի սարի գագաթի վրա, ժամերով նայում էի, թե երբ կհայտնվի այդ անիծյալ փշանքը:

— Օրհնյալ լինի աստված, — ասաց ծերունի զորավարը, երեսը խաչակնքելով:

— Թող մի քիչ էլ օրհնյալ լինի տեր Ավետիքը, որ մեր գործը հեշտացրեց: Ես, իրավն ասեմ, մի քանի րոպե առաջ այնքան բարկացած էի նրա վրա, որ եթե ձեռքս ընկներ, անպատճառ մորուքը կկտրեի: Բայց այժմ ներում եմ նրան, թեև մեզ շատ սպասել տվեց: Հիմա, եթե տեսնելու լինեմ, մեծ ուրախությամբ նրա մորուքը կհամբուրեմ:

Մի բարեմիտ ծիծաղ անցավ ծերունու առաքինի դեմքի վրա:

— Նա խիստ շատ արժանավորություններ ունեցող մի մարդ է, — ասաց նա:

— Ափսո՛ս, որ տերտեր է, — պատասխանեց իշխանը: — Եթե ձեր փեսան չլիներ, ես կստիպեի նրան թողնել փիլոնը, բայց դուք ամբողջ տոհմով տերտերների ու Նարեկի սիրահար եք:

Ծերունի զորավարը նկատեց, որ Բայինդուր իշխանի հետ այդ տեսակ խոսքերով ժամավաճառ լինելը վերջ չէր կարող ունենալ, այդ պատճառով, դարձավ դեպի գործը, հարցնելով.

— Ի՞նչ եք կարծում, մենք պիտի սպասե՞նք մյուսներին, թե՞ ոչ:

— Ո՞ւմը պետք է սպասենք, — պատասխանեց նա, — սպասելու ոչինչ չունենք: Մյուսներն էլ մեզ նման երկու աչքեր ունեն, իհարկե, կտեսնեն բերդի մեջ պատահածը և իրանց անելիքը կհասկանան:

— Այդ իրավ է, Բեկի բոլոր զորապետներին հայտնի են այն նշանները, որոնց տեսնելու ժամանակ պետք է հարձակում գործեն: Բայց հարցը նրանումն է, թե ո՞վ առաջ պետք է հարձակում գործե:

— Մենք, — պատասխանեց իշխանը մի առանձին հպարտությամբ: — Հերթը մերն է: Մեր բանակը կանգնած է ուղիղ փորված ականի հանդեպ, որտեղից պետք է մտնել բերդը: Առաջ մենք պետք է անցնենք, որ մյուսների համար ճանապարհ բաց անենք: — Պարսից թագավորի «բաթման-ղլիջը» իր ձեռքը կտրել կտա, եթե մեկը համարձակվի նրանից առաջ մտնել բերդը:

Ծերունի զորավարը համոզվեցավ, որ հերթը իրանցն էր: Մխիթար սպարապետը իր զորապետների հետ բռնել էր Հալիձորի գետի վերին անցքը: Դավիթ բեկը և Ներսես եպիսկոպոսը բռնել էին Հալիձորի գետի ներքին անցքը: Իսկ իրանց բանակը գտնվում էր Գեղվա գետի անցքի վրա, ուղիղ բերդի մեջ փորված ականի հանդեպ: Ուրեմն առաջ իրանք պեք է անցնեին ականից, որ մնացած զորքերի համար ճանապարհ բաց անեին:

— Դուք չե՞ք կանչել տա այստեղ «Արաբոյին», — հարցրեց նա ծերունի զորավարից:

Արաբո կոչում էր Բայինդուր իշխանը Ավթանդիլ գնդապետին, նրա դեմքի բավական թուխ գույն ունենալու համար: Այդ մականունը այնքան հատկանիշ էր, որ ընդունելություն գտավ բոլոր զորքերի մեջ:

Ծերունի զորապետր իր թիկնապահներից մեկին հրամայեց կանչել Ավթանդիլ գնդապետին:

Երբ երիտասարդ գնդապետը հայտնվեցավ, նրա թուխ, բայց իր գեղեցիկ գծագրություններով ախորժելի դեմքը փայլում էր ուրախությունից: Նա արդեն գիտեր բոլորը: Բայց ծերունի զորավարը դարձյալ պարտք համարեց նրան ասել.

— Հասավ այն ուրախալի ժամը, որին մենք մեծ անհամբերությամբ սպասում էինք: Բերդի մեջ ամեն ինչ պատրաստ է: Այժմ պետք է հարձակում գործել: Մենք պետք է անցնենք ականի միջով, որի գոյության պատմությունը ձեզ հայտնի է: Պետք է անցնենք առանց աղմուկի, առանց շփոթի: Մեր խոհեմությունիցն է կախված գործի հաջողությունը:

Բայինդուր իշխանը համբերություն չուներ լսելու ամեն մի խրատ, ամեն մի հրահանգ, մանավանդ, երբ այդպիսիները արտասանվում էին քարոզի կամ ճառի ձևով: Այդ պատճառով նա կտրեց ծերունի զորավարի խոսքը, ասելով.

— Հենց այդ խոհեմություն կոչված բանից, այդ երկար քարոզներից սպիտակեցան պարսից թագավորի «բաթման-ղլիջի» սև մազերը: Ո՞ր գիժը չգիտե, թե պետք չէ սկզբից աղմուկ բարձրացնել: Մի՞թե գողը, որ գիշերով մտնում է քնած քաղաքացու տունը, թմբուկ ածելով է մտնում: — Թողնենք դրանք: Ես մի խնդիրք ունեմ առաջարկելու. դուք պետք է թույլ տաք ինձ, որ առաջ ես իմ մարդիկներով անցնեմ ծակից (ականից):

— Թող այդ լինի ինձ մի ուրախչեք այն ծառայության համար, որ առաջ ես բերեցի ձեզ բերդում հայտնված գործերի ավետիքը:

Ծերունի զորավարը թեև մեծ վստահություն ուներ Բայինդուր իշխանի քաջության վրա, բայց հավատալ նրա պատերազմական զգուշություններին չէր կարող: Նա իր հարձակումների մեջ շատ անգամ Քոռօղլիի սովորությունն ուներ, առանց ետ ու առաջ նայելու, կայծակի նման նետվել: Այդ պատճառով բավական մեղմությամբ նկատեց նրան:

— Ձեզ, կարծեմ, բավական ծանոթ չէ բերդի դիրքը:

— Բերդը այնպես լուսավորված է, որ կույր մարդն էլ կարող է ամեն բան տեսնել, — պատասխանեց իշխանը փոքր-ինչ վրդովված ձայնով:

— Ինչո՞վ է լուսավորված:

— Կրակով: Նայեցեք, — վերջին խոսքերի հետ նա բարձրացրեց վրանի վարագույրը:

Նրանք նայեցին: Հրդեհի ճառագայթները ցոլանում էին շրջակա լեռների բարձրությունների վրա:

— Շատ ապրի տեր Ավետիքը, — ասաց նա, ձեռքից բաց չթողնելով վարագույրը, — տեսնո՞ւմ եք, մեզ ընդունելու համար ի՜նչ գեղեցիկ ճրագալույց է պատրաստել:

Զորապետների խորհուրդը իրավունք տվեց Բայինդուր իշխանին առաջ անցնել: Նա այնքան սիրելի էր իր ընկերների մեջ, որ չկամեցան զրկել նրան այդ ուրախությունից: Իշխանը շնորհակալություն հայտնեց և հեռացավ:

ԻԴ

Գալով իր բանակը, Բայինդուր իշխանը իսկույն հրամայեց չվել: Երկար պատրաստությունների պետք չկար. զինվորներից ամեն մեկը գիտեր, թե ինչ պետք էր անել: Նրանք վաղուց պատրաստված էին: Միայն զորապետը հարկավոր համարեց գրգռել նրանց ինքնասիրությունը, հայտնելով, որ զինվորական խորհուրդը մի առանձին պատիվ արեց նրանց, թույլ տալով ամենից առաջ մտնել բերդը: — Այդ պատիվը մեծ է և ամենայն գովության արժանի, ասաց նա, — և ես հույս ունեմ, որ դուք կապացուցանեք, որ արժանի եք այդ պատվին:

Հետո իր սովորական զվարճախոսությամբ դարձավ նա դեպի զինվորները, հարցնելով.

— Ո՞վ կա ձեր մեջ, որ զոմեշի ուժ և դևի ճարպկություն ունենա:

Մի խումբ առաջ անցավ: Նա ցույց տվեց փոքրիկ թնդանոթները, ասելով.

— Մենք այնպիսի սատանայական տեղերով պիտի գնանք, որ չորքոտանին իր գլուխը կկոտրե. հիմա դրանց տանելը երկոտանիի գործ է. քարշ տվեցեք ձեր հետ. դրանք մեզ շատ հարկավոր կլինեն այնտեղ: — Նա ձեռքը մեկնեց դեպի բերդը:

— Մեր ուսերի վրա կտանենք, — պատասխանեցին քաջերը, և ավելի քան քսան ուժեղ տղամարդիկ սկսեցին շարժել թնդանոթները, որ մի քանի օր առաջ խլել էին պարսիկներից: Նրանց թիվը չորս էր:

Իշխանը առաջ անցավ և հրամայեց հետևել իրան: Ամբողջ զորախումբը գնաց նրա ետևից:

Ճանապարհը, եթե կարելի է նեղ գեծանը ճանապարհ կոչել, տարածվում էր Գեղվա գետի աջ եզերքի վրայով: Մի կողմում հոսում էր գետը, մյուս կողմում բարձրանում էր անտառապատ լեռը: Պետք էր գնալ այդ լեռան կողքերովը: Ծառերի, մացառների և մոշի փշոտ պատատուկների մեջ կորած շավիղը այնքան նեղ էր, որ հազիվ կարող էր մի մարդ միայն անց կենալ: Իսկ այդ մարդը ստիպված էր անդադար իր սրովը կտրատել մացառները, որ տեղ-տեղ փակում էին անցքը: Այդ պաշտոնը կատարում էր ինքը Բայինդուր իշխանը, պարսից թագավորի ընծայած, մի բաթմանի ծանրություն ունեցող թրովը: Նա գնում էր առջևից, իսկ նրա ետևից գալիս էին ուղտերի քարավանի նման շարված զինվորները: Բոլորը լուռ էին. նրանց ոտների և փշերի հետ կռվող հագուստների խշխշոցն անգամ չէր լսվում, որովհետև այդ արշավանքը կատարվում էր միևնույն սարսափելի ժամում, երբ քամին կատաղաբար փչում էր ձորի միջից և իր հնչման մեջ ամեն այլ ձայներ խլացնում էր:

Երբ մոտեցան բերդին, պետք էր բարձրանալ դեպի մի սեպացած զառիվեր, որի վրա կանգնած էր բերդը: Զինվորների ոգևորությունը այնքան մեծ էր, որ նրանք բոլորովին ոչնչի տեղ էին դնում քարափների ժայռոտ առապարը: Նրանց օգնում էին քարերի վրա բուսած ծառերը և թփերը՝ մագլցելու համար:

Երբ հասան բերդի պարսպին, իշխանը կանչել տվեց այն երիտասարդին, որ ականի միջով անցնելով, բերել էր տեր Ավետիքի նամակը:

— Տղա, անունդ ի՞նչ է, — հարցրեց նրանից:

— Ղազար:

— Եթե Նազար լիներ, ես քո գլուխը կտրել կտայի:

Երիտասարդը սարսափեց զորապետի օտարոտի նկատողությունից:

— Դե՛, առաջ անցիր, մեզ ցույց տուր այն ծակը, որ բաց են արել պարսպի տակով:

Երիտասարդը հասկացավ, որ ականի մասին է խոսում, լռությամբ առաջ անցավ և սկսեց առաջնորդել նրան:

Պետք էր մի փոքրիկ պտույտ գործել պարսպի շուրջը և հասնել ականի տեղը: Թեև հրդեհի ճառագայթները բավական լույս էին տարածել բերդի շրջակայքում, բայց անտառի խտության մեջ, եթե ցերեկով ևս մարդիկ անցնելու լինեին, դարձյալ ոչ ոք չէր տեսնի նրանց: Այստեղ տիրում էր խավարի մշտական թագավորությունը: Եվ տեր Ավետիքի ռազմագիտական հանճարը ընտրել էր այդ կողմը միայն իր փորվածքի համար:

— Ահա այստեղ է, — կանգնելով ցույց տվեց առաջնորդը:

— Դու քո պարտքը կատարեցիր, հիմա հերթը իմն է, — ասաց իշխանը: — Դեն գնա՛:

Ականի մուտքը ծածկված էր մամուռով և թարմ խոտերով, այնպես բնական կերպով, որ բնավ չէր զանազանվում լեռան խոտով ծածկված մակերևույթից: Դուրս բերած հողը ածել էին գետի մեջ:

Բայինդուր իշխանը ձեռքերով ետ քաշեց խոտերն ու մամուռները, քանի րոպեից հետո բաց եղավ ստորերկրյա քարանձավի բերանը: Նա երեսը խաչակնքեց և ներս մտավ: Բոլորը հետևեցին նրա օրինակին:

— Տղերք, գլուխներդ ցած պահեցեք, շատ մի բարձրացրեք, — ասում էր նա. – վերևից հող է թափվում:

Հետո ինքն իրան ասաց.

— Այդ տերտերները այնքան թաղելու սովորած են,ինչ որ փորել տալու լինեն, անպատճառ գերեզմանի նմանություն կունենա:

Նա խարխափելով առաջ էր գնում, և մյուսները հետևում էին նրան, որպես խլուրդներ իրանց ստորերկրյա մթին որջի մեջ:

Երբ դուրս եկան ականից, իշխանը նայեց իր շուրջը, տեսավ՝ այնտեղ կանգնած էր մարդիկների մի խումբ:

— Ohn՛, էդ էր պակաս, — ասաց նա, կարծելով, թե պարսիկներ են:

— Տղե՛րք, պատրաստվեցեք, — ձայն տվեց նա իր ընկերներին:

— Հանգիստ կացեք, այդ մենք ենք, — խոսեց խումբից մեկը և տեր Ավետիքը առաջ եկավ:

Նա գրկեց իշխանին և համբուրվեցան:

— Ինչպե՞ս է, լա՞վ եմ սարքել, — հարցրեց քահանան:

— Երբ տերտերը զինվոր է դառնում, այն ժամանակ իր փասափուսեն պետք է հավաքե սատանան, — պատասխանեց իշխանը ծիծաղելով: Հետո իր խոսքերին ավելի լուրջ կերպարանք տալով, ասաց.

— Լավ եք սարքել, բայց դեռ պարծենալու ժամանակ չէ. դու ինձ այն ասա՛, թե գործերը ի՞նչ դրության մեջ են, միայն կարճ կտրիր, երկար լսելու համբերություն չունեմ:

Քահանան սկսեց հաղորդել իր համառոտ զեկուցումը.

— Ամրոցը խո տեսնո՞ւմ եք ինչ դրության մեջ է:

— Այդ ես տեսնում եմ, դու այն ասա, ինչ որ չեմ տեսնում:

— Խանի զենքերի պահեստը գրավված է, — առաջ տարավ քահանան. – տեղացի հայերը զինված են. հայոց փողոցները ամրացրած են պատնեշներով. նրանք կպաշտպանեն իրանց ընտանիքը մահմեդականների վրեժխնդրությունից:

— Խանը ի՞նչ է շինում:

— Խանը պատրաստվել է իր զինվորներով ընդդիմադրել: Իսկ մոլլաների գլխավորը առաջնորդում է ամբոխին:

Վերջին խոսքը փոքր-ինչ դժվարության մեջ դրեց իշխանին:

— Երբ հոգևորականը բանի մեջ է մտնում, գործը ծանր կերպարանք է ստանում, — ասաց նա:

— Հոգ չէ, — պատասխանեց տեր Ավետիքը. — դուք հոգևորականին թողեցեք, որ հոգևորականը պատասխանե:

— Այսինքն դու:

— Այո՛, ես:

Մինչև զբաղված էին այդ խոսակցություններով, Բայինդուր իշխանի զորքի մնացած մասն էլ դուրս եկավ ականի միջով:

— Հիմա գիտե՞ք ինչ պետք է անել, տեր հայր, — ասաց իշխանը. — այդ ծակը խիստ նեղ է. մինչև Մելիք-Փարսադանի և Ավթանդիլի զինվորները դրա միջով անցկենալու լինեն, բավական ժամանակ կկորչի: Պետք է քանդել տալ պարիսպը:

— Մեծ դժվարություն չունի, ես այս րոպեիս կհրամայեմ, որ քանդեն, — պատասխանեց քահանան: — Գործիքներ այստեղ կան. ականափորների բահերը, բրիչները դեռ այստեղ են մնացել:

Զինվորները վրա վազեցին, սկսեցին քանդել պարիսպը: Քարը, կիրը, որ արհեստի շնորհիվ միացել, երկաթի ամրություն էին ստացել, նրանց կատաղի հարվածների տակ փշրվում էին և թափվում էին ցած:

— Ես մոռացա հարցնելու, — կրկին դարձավ իշխանը դեպի քահանան. – որտեղ են Շահումյանը, Խորենը, Բալին:

— Շահումյանը և բալին կարգված են առաջնորդելու տեղացի հայերին, իսկ Խորենը զբաղված է մի այլ գործով:

— Ի՞նչ գործով:

— Նա պիտի ազատե խանի կնիկներից մեկի կյանքը:

— Այդ լավ է, կնոջ գործը վարդապետին հանձնել:

— Այդ կինը, մանավանդ նրա աղախինը, բավական օգնեցին մեզ:

— Գեղեցի՞կ է:

— Ես չեմ տեսել:

— Դու ինչ գիտեիր, հաղորդեցիր ինձ, տեր հայր, — խոսքը փոխեց իշխանը. – հիմա մնում է ինձ հայտնել քեզ Բեկի հրամանը:

— Հայտնեցե՛ք:

— «Չխղճալ, կոտորել անխնա կերպով»:

— Ես առանց այդ հրամանի նույնը կանեի, — պատասխանեց քահանան:

— Շատ ապրես, տեր հայր, խաչը վկա, օրինավոր մարդ ես եղել, ես այդ չէի իմանում: Բե՛ր ձեռքդ համբուրեմ:

Քահանան ետ քաշեց իր ձեռքը, նշանակություն չտալով իշխանի կատակներին:

Ականը փորված էր բերդի այն կողմում, որ համարյա թե ամայի էր: Այստեղ կային բազմաթիվ հին շինվածքների ավերակներ, և ավելի ոչինչ: Քանդված եկեղեցին ցույց էր տալիս, որ մի ժամանակ բերդի այս կողմում կար հայոց մի ամբողջ թաղ: Ո՞ր ժամանակ, և ի՞նչ հանգամանքներից ստիպված, նրանք թողեցին իրանց բնակարանները, — հայտնի չէր: Այդ ավերակների մեջ կարող էին հազարավոր զինվորներ թաքնվել և անհայտ մնալ: Այդ կետից նայելով, տեր Ավետիքը ընտրել էր բերդի ամենաhիվանդոտ տեղը:

Հեռվից լսելի եղան խառնաձայն աղաղակներ, որոնց հետևեցին հրացանի ձայներ:

— Այդ ի՞նչ ձայներ են, — հարցրեց Բայինդուր իշխանը տեր Ավետիքից:

— Երևի, մահմեդականները հարձակվեցան հայոց թաղի վրա, — պատասխանեց նա, ավելի ուշադրությամբ ականջ դնելով ձայներին: — Այո՛, հարձակվեցան: Նրանք սովորություն ունեն հարձակումից առաջ վայրենի աղաղակներ բարձրացնել:

— Հայերը կարո՞ղ են ընդդիմադրել:

— Երկար, իհարկե, չեն կարող, բայց մինչև մեր հասնելը, կդիմանան:

— Ուրեմն էլ ինչո՞ւ ենք սպասում, — հարցրեց իշխանը:

— Սպասում ենք, որ Մելիք-Փարսադանը և Ավթանդիլ զնդապետը գան:

— «Մինչև Շուշանը կզարդարվի, պատարագը կարձակվի...», — պատասխանեց իշխանը: — Մինչև նրանց գալը, գուցե հայերին կկոտորեն:

— Հրամայեցեք թմբուկները ածեն. մենք նրանց աղաղակներին կպատասխանենք մեր թմբուկներով: Դա բավական սարսափ կձգե նրանց վրա:

— Դրանով բան չի դառնա: Այդ ֆանդերը ես քեզանից լավ եմ իմանում, տեր հայր: Որսորդները արջին խփելու ժամանակ սկզբից «հուշտ» չեն անում: Հանկարծակի զարկը ավելի սոսկալի է լինում:

Նա հրամայեց առաջ բերել թնդանոթները:

— Խիստ զվարճալի բան է այդ հրանոթները գործ ածել ամբոխով լի փողոցների մեջ: Այնպես չէ՞, տեր հայր, — հարցրեց նա, ձեռքը քսելով նրանցից մեկի փողին, նույն զգացմունքով, որպես մի սիրահար փայփայում է իր նազելի էակին: — Զվարճալի՛ է, — կրկնեց նա, — այնպես հնձում է, որպես սուր մանգաղը խիտ խոտաբույսերի մեջ:

Մինչ դրանք զբաղված էին այդ պատրաստություններով, հայտնվեցան Մելիք-Փարսադանը և Ավթանդիլ զնդապետը իրանց զինվորներով: Նրանք համարձակ անցան քանդված պարսպի միջով:

Ծերունի զորավարը շատ ուրախացավ, տեր Ավետիքին ողջ և առողջ գտնելով: Տեր հայրը նրա փեսան էր, այսինքն դստեր ամուսինը:

— Զորանաս, — ասաց նա գրկելով, — դու իմ երեսը սպիտակացրիր թե՛ Բեկի և թե՛ Ներսես սրբազանի մոտ:

Բայինդուր իշխանը, որ չէր կարող այդ տեսակ քնքշությունների համբերել, ընդհատեց նրանց խոսքը, ասելով.

— «Ճտերը աշնանը կհամբարեն...»: Հիմա դեռ շնորհակալությունների ժամանակ չէ: Սպասեցեք, մինչև տեսնենք, այդ ղալմաղալները ինչո՞վ կվերջանան: Լսո՞ւմ եք պարսիկների աղաղակները: Հայոց թաղի վրա կրակ են թափում:

Այժմ աղաղակները ավելի կատաղի կերպով էին հնչում, բայց հրացանների ձայնը երբեմն որոտում էր, երբեմն ընդհատվում էր: Ծերունի զորավարը ուշադրությամբ հետևում էր բոլոր հնչումներին: Նրա ականջներն այն աստիճան սովորած էին այդ տեսակ ձայների, որ համարյա աչքերի տեղ էին ծառայում:

Նա կռվի ժամանակ նույնքան սառնասիրտ էր, նույնպես չէր շտապում, որպես չէր շտապում, երբ խորին ոգևորությամբ կարդում էր իր Նարեկը:

Այժմ լսելի եղան խուլ բոմբյուններ, որ ավելի նման էին թնդանոթների որոտմունքին: Ծերունի զորավարը սկսեց ավելի ուշադրությամբ հետևել նրանց.

— Դու սխալվում ես, Բայինդուր. — դարձավ նա դեպի իշխանը. – պարսիկները չեն, որ կրակ են թափում, այլ այդ մերոնք են կրակ թափողները:

— Մերո՛նք, — այսինքն ո՞վքեր:

— Հալիձորի գետի վերին կողմից Մխիթար սպարապետը, իսկ ներքին կողմից՝ Բեկը:

— Այդ միայն սատանան կարող է ջոկել քրիստոնյայի և մահմեդականի թնդանոթի ձայների զանազանությունը, — պատասխանեց Բայինդուր իշխանը մրթմրթալով:

— Մարդն էլ կարող է ջոկել այդ, — ասաց ծերունի զորավարը ժպտալով. – միայն հարկավոր է դրա համար սյունեցի լինել, ծանոթ լինել նրա լեռների դիրքի և բնավորության հետ, այն ժամանակ հեշտ կլինի հասկանալ, թե յուրաքանչյուր հնչյուն ինչպես է տարածվում, որպիսի արձագանքներ է արձակում: Լավ ականջ դրեցեք, թնդանոթների ձայնը բոլորովին բերդի դրսից է գալիս, բայց մեզ այնպես է թվում, որ բերդի ներսիցն է:

— Ուրեմն Բեկը և Մխիթար սպարապետը հարձակում են գործում առանց մեզ իմացում տալո՞ւ:

— Նրանք ինձ իմացում տվեցին:

— Ե՞րբ:

— Մի քանի րոպե նրանից հետո, երբ դու բաժանվեցար ինձանից և սկսեցիր դիմել դեպի ականը:

— Իսկ մեր շարժման մասին տեղեկություն ունե՞ն:

— Իհա՞րկե, ունեն, ես հենց նրանց ուղարկված սուրհանդակների բերանով տեղեկություն տվեցի:

— Հիմա հասկանում եմ, որ սյունեցու ականջները ուրիշ տեսակ կազմված են, քան թե մեզ նման մեղավորներինը... – պատասխանեց հեգնությամբ իշխանը: — Այսուամենայնիվ, այդ ավերակների մեջ մենք երկար սպասելու գործ չունենք. շտապենք, եթե չենք ցանկանում, որ խեղճ հայերի թաղը դրանց նման ավերակ դարձնեն: Բեկը կամ Մխիթար սպարապետը հեշտությամբ բերդը մտնել չեն կարող: Իսկ մենք բերդի միջումն ենք: Մենք պետք է բաց անենք նրանց առջև դռները:

Վիճաբանությունը դադարեց: Այդ խոսքերից հետո կարգադրեցին իրանց գործողության եղանակը, թե որը ո՛ր կողմով պետք է առաջ գնա: Զինվորները երեք մաս բաժանվեցան. մեկ մասին պիտի առաջնորդեր Ավթանդիլ զնդապետը տեր Ավետիքի հետ, մյուս մասին պետք է առաջնորդեր Մելիք-Փարսադանը, իսկ երրորդ մասին՝ Բայինդուրը:

ԻԵ

Ջևլու (գեղի) բերդը հայոց Բաղաց թագավորների բազմաթիվ բերդերից մեկն էր: Այդ տոհմի վերջին երկու անբախտ թագավորները, երկու եղբայրներ՝ Գրիգոր և Սմբատ, անժառանգ էին: Գրիգորը միայն ուներ մի դուստր Կատա անունով: Եվ որպեսզի իր թագավորությունը շարունակվի, նա հրավիրեց Խաչենի Ջալալյան իշխաններից մի երիտասարդ Հասան անունով, տվեց Կատային նրան կնության և նրա հետ նվիրեց իր փեսային Բաղաց իշխանության աթոռը: Շուտով երկու եղբայրներն ևս վախճանվեցան, առանց տեսնելու իրանց թագավորության կործանումը:

Այդ միջոցներում արևելքում զորացավ մանգոլական տարրը և հեղեղի նման սկսեց սփռվել դեպի ամեն կողմ: Երիտասարդ Հասանը այնքան քաջություն չունեցավ, որ դեմ դներ թշնամու արշավանքներին, թողեց իր երկրի բերդերն ու ամրությունները անտեր, և իր անձն ու ընտանիքը միայն ազատելու համար, հեռացավ իր հայրենիքը՝ Խաչեն: Եվ այսպես Անդոկի նման սարսափելի հսկայի թագավորությունը վերջացավ Հասանի նման երկչոտ թզուկով:

Այնուհետև Ջեվուն, ինչպես Կապանի մյուս բերդերը, փոփոխակի ընկան երբեմն պարսից, երբեմն արաբացոց և երբեմն թյուրքաց իշխանությունների ներքո: Հայ բնակիչներն սկսեցին ցրիվ գալ, իսկ նրանց փոխարեն հետզհետե զետեղվեցան մահմեդականները:

Դավիթ բեկի օրերում Ջեվուն ուներ մոտ հինգ հազար տուն բնակիչներ, որոնց թվում հայերը խիստ չնչին փոքրամասնություն էին ներկայացնում:

Բայց երբ խանը լսեց Բեկի արշավանքը դեպի իր բերդը, նա հավաքեց շրջակա թյուրքաբնակ գյուղերի բնակիչներին ևս բերդի մեջ, այնպես որ, պաշարման ժամանակ այնտեղ կար մահմեդականների բավական մեծ բազմություն:

Երկու բան կարող է մահմեդականին քաջություն տալ, սիրտ տալ թշնամու հետ կռվելու համար. մեկը, ավարառության ցանկությունը, մյուսը, կրոնական մոլեռանդությունը: Պատերազմական մի այլ իդեալ անծանոթ է նրան: Այդ երկու պայմաններն ևս, պաշարված բերդի մահմեդականների վերաբերությամբ, տնօրինված էին: Խանը իրավունք էր տվել նրանց կոտորելու, կողոպտելու իրանց դրացի բոլոր հայերին: Իսկ մոլլաների գլխավորը, որպես վարձատրություն այդ բարբարոսության համար, խոստացել էր Մուհամմեդի դրախտը:

Այդ էր պատճառը, երբ խանը հրամայեց վեզիրին, որ ածել տա պատերազմական թմբուկները, այդ միջոցին, հրդեհով բռնված ամրոցի հանդեպ, հրապարակի վրա, մի քանի րոպեի մեջ հավաքվեցան նրա բազմաթիվ զինվորները, որոնք առաջ բոլորովին վհատած և սրտաբեկ էին եղած: Նրանք կրկին վստահություն և խրախույս ստացան, երբ լսեցին խանի քաջալերական խոսքերը: Իսկ երբ մոլլաների գլխավորը իր չավուշների բերանով հայտնեց աստուծո և նրա մարգարեի հրամանը, ամբողջ մահմեական ամբոխը ոգևորվեցավ կրոնական խավար հափշտակությամբ, և մի մարդու նման, ոտքի ելավ կռվելու «անհավատների» դեմ:

Խանը վեզիր հաղորդած տեղեկությունները հուսահատական համարելով, ավելի ճիշտ ասած, չհավատալով նրան, այժմ դարձավ դեպի իր զորքերի գլխավոր հրամանատարը, հարցնելով.

— Աքպար, ի՞նչ ես կարծում, ո՞րքան զինվորներ կունենա Բեկը:

— Իմ տերը թող ողջ լինի, — պատասխանեց զորապետը. — գավուրը ո՞րքան զինվորներ կարող է ունենալ. շատ-շատ՝ մի քանի հարյուր հոգի: Բայց բանը թվի մեջը չէ. դիցուք թե ունենա մի քանի հազար, մի քանի բյուր զինվորներ: Բայց մի՞թե ճանճերի բազմությանը կարելի է նշանակություն տալ:

Բռնակալներն այն աստիճան սովորած են լինում շողոքորթությունների, որ թեև հասկանում են շողոքորթի ստությունը, խաբեությունը, բայց դարձյալ սիրում են լսել նրանց: Դա մի ախտ է, նույն մոլորությունների նման, երբ մեկը թեև հասկանում է, որ աֆիոնի կամ արաղի գործածությունը թունավորում է, ոչնչացնում է իր կազմվածքը, բայց դարձյալ սիրում է գործ ածել:

— Ուրեմն հաղթությունը մեր կողմն է, — ասաց խանը:

— Տարակույս չկա, — պատասխանեց զորապետը մի առանձին արհամարհական ժպիտով: — Թող իմ տերը միայն հրամայե իր ծառային, այն ժամանակ կտեսնե, թե Աքպարը ինչ խաղ կխաղա այդ անհավատների գլխին:

— Զորանաս, Աքպար, — ասաց խանը գոհունակությամբ. — ես կվարձատրեմ, առատությամբ կվարձատրեմ քո քաջությունը:

Վեզիրը քթի տակից ծիծաղելով, լսում էր այդ խոսակցությունը: Իսկ սնապարծ Աքպարը ավելի ևս փքեց դյուրահավան խանին, ասելով.

— Տեր իմ, ձեր սրի զորությունից լեռները դողում են, իսկ ծովերը սոսկալով ալեկոծվում են: Մարդը ի՞նչ է, որ կարողանա դիմանալ ձեր ամենակարողության առջև:

Զինված բազմությունը հրապարակի վրա ավելի և ավելի ստվարանում էր: Նրանց հետ խառնվում էին և այնպիսիները, որ զենք չունեին: Խանը հրամայեց վեզիրին, որ բաց անել տա զենքերի պահեստի դուռը և նրանց զենքեր բաժանե:

— Այնտեղ այլևս զենքեր չեն մնացել, — ասաց նրան վեզիրը:

— Ինչպե՞ս չեն մնացել, — հարցրեց խանը վրդովվելով:

— Մեր զենքերը այժմ մեր թշնամու ձեռքումն են, — պատասխանեց վեզիրը սառնասրտությամբ:

— Ինչպե՞ս մեր թշնամու ձեռքումն են, — հարցրեց խանը կատաղելով:

— Նրանք հափշտակել են մեր զենքերը:

— Դու ամեն ինչ գիտես, վեզիր, բայց հայտնում ես ինձ միայն այն ժամանակ, երբ գործողությունը արդեն կատարված, վերջացած է: Այդ ի՞նչ է նշանակում:

— Այդ այն է նշանակում, որ մեր թշնամին (թեև Աքպարը նրան ճանճերի հետ է համեմատում) այնքան խորամանկ է, այնքան ճարպիկ է, որ ժամանակ չէ տալիս մեզ նախատեսելու, թե ինչ է ցանկանում անել ինքը: Մենք հասկանում ենք այն ժամանակ միայն, երբ գործը կատարած է լինում:

Աքպարը, որ վաղուց ոխ ուներ վեզիրի հետ, օգուտ քաղելով խանի բարկությունից, խոսեց.

— Ես կարծում եմ, որ տեր վեզիրի համար շատ դժվար չէր լինի թշնամու գործողությունները նախատեսել, եթե նա աչքերը չփակեր, որ թշնամին իր ցանկացածը անի: Այդ դեպքում, իհարկե, ճանճն էլ կարող է մի բան անել:

— Դու զրպարտիչ ես, Աքպար, — պատասխանեց նրան վեզիրը:

— Դու դավաճան ես, վեզիր, — պատասխանեց նրան Աքպարը:

Պետական երկու մեծ մարդիկը, վեզիրը և զորքերի գլխավոր հրամանատարը, սկսեցին միմյանց նախատել: Այդ բանակռիվը կատարվում էր հրապարակի վրա, այն րոպեում, երբ մի կողմում այրվում էր ամրոցը, իսկ մյուս կողմից, լսելի էին լինում թշնամու հրանոթների որոտմունքները: Խանը արդարացրեց Աքպարին, և դառնալով իր թիկնապահներին, հրամայեց.

— Տարեք դրան, բանտարկեցեք, ես առավոտյան, հենց այդ հրապարակի վրա, դրան գլխատել կտամ:

Զորքերի գլխավոր հրամանատարի ուրախությանը չափ չկար. նա հաղթեց իր թշնամուն. վեզիրին տարան:

Ճանապարհին իր մտքումը ասաց նա. «Եթե մինչև առավոտ դու կենդանի մնալու լինես, վնաս չունի, ինձ գլխատել տուր...»:

Հետո խանը դառնալով դեպի շողոքորթը ու զրպարտիչը, ասաց նրան.

— Քեզ, Աքպար, այս րոպեից վեզիր եմ նշանակում: Դու կմնաս միևնույն ժամանակ քո հրամանատարության պաշտոնի մեջ:

Շողոքորթը մինչև գետին խոնարհվեցավ և գլուխ տվեց, ասելով.

— Իմ հոգին և իմ արյունը նվիրված է իմ տիրոջը, ես նրա փառքի համար պիտի գործեմ և նրա մեծության համար պիտի աշխատեմ:

Նոր վեզիրը և հին հրամանատարը սկսեց կարգի դնել զորքերը: Նրանք զենքեր ունեին, և որի մոտ մի զենք ավելորդ էր, առնում էր, տալիս էր չունեցողին: Մի քանի րոպեի մեջ գունդերը պատրաստվեցան և նրանց վրա զորապետներ կարգվեցան:

Թշնամու թմբուկների ձայներին այժմ ավելի սաստկությամբ փոխարինեցին հրանոթների ձայները: Հեռվից կրակ էին թափում: Խանը ստիպված էր թողնել ամրոցը հրդեհի կամքին և մի կրակից դիմել դեպի մյուս կրակը: Նա ամենևին չմտաբերեց, նա, կարծես, մոռացել էր, որ հրդեհի բոցերի մեջ մնում են նրա բազմաթիվ կնիկները, նրա զավակները...

Նա օգնության կանչեց ալլահին ու նրա մեծ մարգարեին, հետո հրամայեց զորքերին, որ առաջ խաղան:

Խանը, որքան ուրիշ բաներում տգետ էր, այնքան պատերազմական գործի մեջ հմտություն ուներ: Նա նկատեց, որ թշնամու հրանոթները զանազան կողմերից էին կրակ թափում — բերդի դրսից և բերդի ներսից: Այդ պատճառով, իր զորքերը մի քանի մասերի բաժանելով, առանձին զորապետների առաջնորդությամբ, ուղարկեց նրանց հանդեպ: Իսկ ինքը իր թիկնապահներով և մի փոքրիկ խմբի հետ մնաց, որ վերահսկե այլ և այլ կետերում կատարված գործողությունների վրա:

Ամբողջ բերդաքաղաքը ծխում էր վառոդի մուխի մեջ: Այդ աղետային գիշերը հիշեցնում էր չարչամբեի այն հանդիսավոր գիշերներից մեկը, երբ թե հարստի ապարանքի և թե աղքատի խրճիթի կտուրների վրա կրակներ են վառվում. և ամեն տանիքից, ամեն լուսամուտից հրացաններ են արձակում:

Մոլլաների գլխավորը մահմեդական ամբոխի հետ արդեն հարձակվել էին հայոց թաղի վրա: Նրանք թնդանոթներ չունեին, զինված էին հրացաններով, ատրճանակներով և խենջարներով:

Խանը իր թիկնապահների հետ նախ դիմեց դեպի նրանց կողմը, տեսնելու, թե ամբոխը ինչպես է գործում: Այստեղ կռիվը գտնվում էր իր զարհուրելի կերպարանքի մեջ: Փողոցների լուսավորությունը այդ ժամանակներում դեռ սովորություն չէր: Խավար գործողությունը կատարվում էր գիշերայի խավարի մեջ, որը մի վայրկենական լուսավորություն էր ստանում, երբ հրանոթները կրակ էին թափում: Նրանց լույսի հետ խավարում էր հարյուրավորների կյանքը...

Քամին, սոսկալի փոթորիկը, որ մի քանի ժամ առաջ կատաղաբար փչում էր, այժմ համարյա թե դադարած էր: Նա տեսնելով մարդիկների բարբարոսությունը, մեղմացրեց իր կատաղությունը:

Խանի թիկնապահների թվում գտնվում էր նրա մերձավոր ազգականներից մեկը, որին կոչում էին Հաջի-Ֆարաջ: Նա տեսնելով, որ իր տերը անձնավստահ կերպով առաջ է մղվում, զգուշացրեց նրան, ասելով.

— Խան, իզուր եք մտնում այդ կրակների մեջ:

— Ես ցանկանում եմ ավելի մոտից տեսնել կռիվը, — պատասխանեց նա, ուշադրություն չդարձնելով:

— Մոտ գնալ անհնարին է. դուք իզուր ձեր անձը վտանգի կենթարկեք: Ահա այստեղից ևս կարելի է շատ բան տեսնել:

Նա ցույց տվեց մի բարձրավանդակ, որ կազմվել էր այնտեղ ածած աղբերից: Խանը բարձրացավ նրա վրա: Այստեղ հավաքված էին անմաքուր բերդաքաղաքի անմաքրությունները:

Դեպքերը շատ անգամ զարմանալի կատակներ են պարունակում իրանց մեջ, և ամենահասարակ իրողությունը արտահայտում է մի խորին, փիլիսոփայական միտք: Իշխանի հոյակապ ամրոցի կողքին տեսնում ես աղբանոց: Նրա շքեղազարդ դահլիճների հանդեպ՝ ողորմելի խրճիթներ, աղքատություն: Մեկը վայելում է, հազարավորները տուժում են: — Դա արևելքի և արևելյան իշխանության ճիշտ նկարագիրն է: Դա բռնության և ստրկության անհամեմատ հակապատկերն է:

Դեպքերը այժմ դուրս քաշեցին բռնակալին իր փառավոր ամրոցից և կանգնեցրին աղբանոցի բարձրության վրա: — Դրա մեջն է բուն կատակը, անցքերի հետաքրքիր խաղը: Նա իր բարձրավանդակից նայում է, թե ի՛նչպես է կռվում, ի՛նչպես է արյուն թափում ժողովուրդը: Բայց ո՞ւմ համար: — Նույն անձի համար, որ իրան կեղեքում է, ստրկացնում է: Ահա դրա մեջն է ամբոխի ամենագլխավոր հիմարությունը...

Մի աննշան փոքրամասնություն բողոքում էր բռնության դեմ, իսկ խավար մեծամասնությունը աշխատում էր խեղդել նրա բողոքը: Ինչո՞ւ: — Որ այն մեկ անձի իշխանությունը պահպանվի, որ նա ավելի երկար ժամանակ ունենա ճնշելու, կեղեքելու և իր ստրուկների արյունը ծծելու...

— Նայեցեք, խան, ցույց էր տալիս Հաջի-Ֆարաջը կատարվող բարբարոսությունները: — Մերոնք աշխատում են անց կենալ, բայց փողոցի մուտքը բռնված է պատնեշով: Հայերը պատնեշի ետևից հրացաններ են արձակում: Նրանք արձակում են և կտուրների վրայից: Տեսեք այդ անզգամ կնիկներին, ի՜նչպես օգնում են իրանց տղամարդերին: Նրանք առնում են դատարկ հրացանները, արագությամբ լեցնում են, և շուտով տալիս են տղամարդերի ձեռքը նետելու համար: Ո՞վ տվեց դրանց այդքան զենքերը:

Խանը ոչինչ չպատասխանեց:

— Նայեցեք, խան, — ասաց Հաջին, այժմ մի առանձին ուրախությամբ առաջ տանելով իր նկատողությունները: — Մերոնք խորտակեցին պատնեշը... անցկացան... Հայերը խույս են տալիս... Ա՜խ, թշվառականներ... նրանք դարձյալ կանգնեցին... մտան մի այլ պատնեշի ետևում... այժմ կրկին պաշտպանվում են...

Օդի մեջ լսելի եղան խուլ որոտմունքներ, որոնց հետևեցին խառնաշփոթ աղաղակներ: Մահմեդական ամբոխը սկսեց սարսափելի աղմուկով դուրս փախչել հայոց թաղից:

— Հեռանանք, խան, — գոչեց նրա ոչ սակավ զարհուրած խոսակիցը:

— Այդ ի՞նչ պատահեց, — հարցրեց խանը, տեղից չշարժվելով:

— Ո՞վ գիտե, ի՜նչ պատահեց: Մերոնք փախչում են: Հեռանանք, եթե չենք ցանկանում տրորվել այդ կատաղի փախստականների ոտքերի տակ:

— Ի՞նչ պատահեց, — կրկին հարցրեց խանը:

— Մի՞թե չեք տեսնում, — պատասխանեց մի այլ թիկնապահ:

— Ես ոչինչ չեմ տեսնում:

Եվ իրավ, նա ոչինչ չէր տեսնում: Բարկությունը, վրդովմունքը զրկել էին նրա աչքերը տեսությունից: Նա միայն լսում էր խառնաշփոթ, հուսահատական աղաղակներ, և ավելի ոչինչ:

— Մերոնց վրա զորքեր եկան, — ասաց թիկնապահը, — երևի, թշնամու զորքերը: Մերոնց թնդանոթների են բռնել, այդ պատճառով փախչում են:

— Ո՞րտեղից կարող էին մտնել թշնամու զորքերը, — հարցրեց խանը, չհավատալով իր ականջներին:

— Այդ աստված գիտե, — պատասխանեց թիկնապահը: — Երբ աստված բարկանում է մարդիկների վրա, գետնի տակիցն էլ կրակ է դուրս բերում, աստղերի մոտիցն էլ կրակ է ցած թափում...

Խանը մտածեց իջնել իր բարձրավանդակից: Նրան տիրեց երկյուղի նման մի զգացմունք, և անվեհեր սիրտը սկսեց սաստիկ բաբախել:

Սարսափած ամբոխը փոթորկի նման հետ էր մղվում: Հանկարծ փոթորիկը կանգնեց, անշարժ մնաց, կարծես թե, նա ճանապարհ չէր գտնում իր հոսանքի համար:

— Այդ ինչո՞ւ կանգնեցին, երևի, ընդդիմադրում են, — հարցրեց խանը:

— Ոչ, փողոցի մյուս ծայրից ուրիշ զորք հայտվեցավ, — ասաց Հաջին: — Մերոնց ճանապարհը կտրեցին... մերոնք այժմ գտնվում են երկու կրակների մեջ... առջևից և ետևից... Դրա համար էլ չգիտեն, թե դեպի ո՛ր կողմը փախչեն...

Թնդանոթները այժմ սկսեցին ավելի մոտից արձակել: Ամեն մի արձակման րոպեում լուսավորում էր փողոցի բավական ընդարձակ տարածությունը: Այդ սոսկալի լուսավորության մեջ խանը նշմարում էր դիակների կույտերը, նշմարում էր, թե որպես գնդակահար մարդիկ, արմատախիլ եղած ծառերի նման տապալվում էին մինը մյուսի վրա:

— Ա՜խ, որքա՞ն մարդիկ են ընկած... — բացականչեց նա ողբալի ձայնով: — Որտեղի՞ց ներս մտան այդ անհավատները...

Նրան ոչ ոք չպատասխանեց, որովհետև ոչ ոք չգիտեր, թե թշնամին որտեղից ներս մտավ:

— Մարդիկ հիմա սկսեցին փախչել կտուրների վրայով, — նկատեց թիկնապահներից մեկը:

— Ինչպե՞ս են բարձրանում կտուրների վրա, — հարցրեց խանը:

— Փողոցի պատերը տեղ-տեղ խիստ ցած են:

Թնդանոթներ արձակողը Բայինդուր իշխանի զորախումբն էր: Իսկ նրա հակառակ կողմից ժողովրդին երկու կրակների մեջ դնողը Ավթանդիլ գնդապետն էր:

Մի քանի կետերի վրա հայտնվեցան հրդեհի նշաններ:

— Շապե՛նք, — գոչեց խանը: — Պետք է դեպի այս կողմը դարձնել մեր զինվորներին: Շուտով անհավատները ամբողջ բերդը կոչնչացնեն:

Հրդեհի նշաններն այժմ ավելի պարզ կերպով էին երևում: Զարհուրած բնակիչները չգիտեին ուր փախչել:

Խանը և իր թիկնապահները ընտրեցին դատարկ, մթին փողոցներից մեկը, և սկսեցին առաջ վազել, որ զորքը օգնության կանչեն: Զորքը այդ ժամանակ, բերդի մի այլ կողմում, նույնպես թշնամու հետ գործ ուներ:

Խանի ուշադրությունը գրավեց խավարի միջից մի խոսակցություն. նա իր քայլերը դանդաղեցրեց:

— Թող անիծվի՛ այսպիսի խանը, — ասում էր ձայներից մեկը: — Եթե չէր կարող թշնամուն դեմ դնել, էլ ինչո՞ւ մեզ ձգեց այդ կրակի մեջ...

Կարծես, մի սուր ցցեցին խանի սրտում:

— Մայրի՛կ, — գոչեց մի երեխայական ձայն. – ինձ գրկիր, ես հոգնեցա...

— Ինչպե՞ս գրկեմ, զավակս, — պատասխանեց մայրը. – քո փոքրիկ քույրը գրկումս է:

— Ինձ շալակիր, մայրիկ, ես է՛լ չեմ կարող գալ:

— Ինչպե՞ս շալակեմ, զավակս, քո փոքրիկ եղբայրը ուսիս է:

— Մայրիկ, ես այստեղ կնստեմ:

— Այստեղ լավ չէ, զավակս, մի քիչ էլ առաջ գնանք, հետո կհանգստանանք:

— Ինչո՞ւ այստեղ լավ չէ, մայրիկ:

— Այնպես, զավակս, լավ չէ...

— Նրանք կգան:

— Ովքե՞ր:

— Նրանք, որ հորս ծեծում էին: — Ինչո՞ւ ընկավ հայրս, մայրիկ:

Թշվառ մայրը և անբախտ ամուսինը ոչինչ չգտավ պատասխանելու: Նրանք հեռացան, անհետացան խավարի մեջ: Խանը այլևս չէր լսում մոր և զավակի խոսակցությունը:

— «Թո՛ղ անիծվի այսպիսի խանը...» — մտաբերեց նա մոր բանադրանքը, և այդ ավելի դառն կերպով ազդեց նրա սրտին, քան այն բոլոր կրակները, որ թափում էր թշնամին:

Մթին, աղմկալի փողոցով անցավ նա հրապարակի վրա: Այստեղ մարդիկ նույնպես վազվզում էին դեպի զանազան կողմեր: Մի քանի փողոցներ խաչաձև կերպով կտրում էին հրապարակը: Խանը չգիտեր նրանցից ո՛րը ընտրել:

— Հետ նայեցեք, խան, — ասաց նրա թիկնապահներից մեկը, — ամբողջ «Փու-թաղը» այրվում է:

Խանը նայեց և ոչինչ չպատասխանեց:

— Այդ մարդիկ այնտեղից են փախչում, — ավելացրեց թիկնապահը: — Տեսնո՞ւմ եք, նրանցից շատերը շալակած ունեն իրանց տնային կարասիները:

— Ո՞ւր են գնում, — հարցրեց խանը:

— Երևի, իրանք էլ չգիտեն...

Խանը ընտրեց խաչաձև փողոցներից մեկը և անցավ: Այդ միջոցին հայտնվեցավ թշնամիների մի խումբ, որ միևնույն փողոցով գալիս էր ուղիղ նրա հանդեպ: Նրանք այնքան մոտ էին, որ խանը մինչև անգամ լսում էր նրանց ձայները:

Խանը հետ դարձավ: Բայց մի քանի քայլ հեռանալուց հետո նկատեց, որ ինքը մենակ է: Նրա թիկնապահները կամ թողեցին նրան և փախան, կամ թշնամուն մոտից տեսնելով, շփոթվեցան և աչքից կորցրին իրանց տիրոջը: Վերջինը ավելի հավանական էր: Նա մնաց մենակ: Իր բերդի, իր ժողովրդի մեջ մենակ մնաց նա: Այլևս ոչ ոք չէր նայում նրա վրա: Այժմ միայն տիրեց նրան տագնապի զարհուրանքը: Բայց նա այնքան սրտի և կամքի ամրություն ուներ, որ բոլորովին չշվարեցավ, չհուսահատվեցավ:

Նա մտավ մի նեղ քուչա: Աշխատում էր կրկին չհանդիպել թշնամուն: Ամեն տնից, որ անցնում էր նա, լսում էր ցավալի ձայներ, հուսահատական աղաղակներ, լաց, արտասուք: Մարդիկ, սարսափելի ճգնաժամի մեջ, չգիտեին որտեղ թաքցնել իրանց գլուխը: Նա լսում էր ժողովրդի սուգն ու ողբը և անց էր կենում:

Անցուդարձը նեղ քուչայի մեջ չափազանց դժվարին էր: Երբեմն ետևից, երբեմն առջևից զարկվում էին նրան փախստական մարդիկ, և հայհոյանքով անց էին կենում: Մեկը գլուխը սաստիկ խփելով նրա ճակատին, ասաց.

— Կո՞ւյր ես, չես տեսնում, ճանապարհովդ ուղիղ գնա:

Երկրի իշխանը լուռ կացավ:

Դրանք այն ստրուկներն էին, որ նրա շվաքն անգամ տեսնելիս, մինչև գետին կթեքվեին և հարյուր անգամ գլուխ կտային: Այժմ իրանց գլուխները զարկում էին նրա գլխին... Ճակատագիրը ահա այսպիսի խաղեր ունի...

Նեղ քուչան դուրս հանեց նրան մի բավական ընդարձակ փողոց: Այստեղ մարդիկ ավելի խոշոր խումբերով էին վազվզում: Այդ մարդիկը զինված էին:

— Մերոնք կոտրվեցան... մերոնք կոտրվեցան... — աղաղակում էին նրանք:

— Ինչպե՞ս կոտրվեցան, — հարցրեց խանը, նրանցից մեկին կանգնեցնելով:

— Կոտրվեցան էլի, — պատասխանեց նա, արագ վազելուց դժվարությամբ շունչ քաշելով: — Թշնամին դրսից խորտակում էր բերդի երկաթե դռները. մերոնք աշխատում էին արգելել, նրանք հաղթեցին, խորտակեցին դռները և ներս մտան:

— Ո՞ր դռները:

— Երկաթե դռները:

Բերդի բոլոր դռները երկաթից էին շինված: Բայց փախստականի պատմությունը այն դռների մասին էր, որ ուղիղ բացվում էին դեպի Մխիթար սպարապետի բանակի կողմը: Ուրեմն բերդի մեջ մուտք գործողը նա պիտի լիներ:

— Հետո ի՞նչ եղավ, — հարցրեց խանը:

— Հետո չեմ իմանում ինչ եղավ, — պատասխանեց նա. — ես փախա:

— Դու զինվո՞ր ես:

— Ապա ի՞նչ եմ:

Խանը նկատեց, որ այդ բոլոր փախստականները իր զինվորներն էին: Նա մտածեց կանգնեցնել նրանց: Նա կամեցավ հայտնել իր ով լինելը և իր իշխանական բարձր հրամանով ստիպել նրանց հետ դառնալ, կռվել, մինչև արյան վերջին կաթիլը կռվել:

Մինչ այդ մտածության մեջ էր նա, տեսավ, իրավ որ, թշնամու զորքը բերդի «Սեղրու դուռ» կոչված մուտքից ներս մտնելով, առաջ էր գալիս: Նրանցից ոմանք բռնած ունեին վառած ջահեր, և փողոցը, որտեղից անցնում էին, այդ ջահերով լուսավորված էր: Մի տան լուսամուտից արձակեցին նրանց վրա ատրճանակ: Գունդը կանգնեց և մի քանի րոպեի մեջ տունը հիմնահատակ դարձավ: Բնակիչների դիակները խառնվեցան բնակարանի փլատակների հետ:

Գունդը մոտենում էր: Ջահերի լույսը ճառագայթում էր խանի սպանված, գունաթափ դեմքի վրա: Նա մի կողմ քաշվեցավ, որ չճանաչվի, թաքնվեցավ մի մթին անկյունում: Գունդը անցավ: Այժմ նա ևս կամենում էր դուրս գալ իր թաքստի տեղից: Բայց դեպի ո՞ր կողմը գնալ: Նա իր բերդի բոլոր փողոցների հետ ծանոթ չէր, նա ծանոթ էր մի քանի ուղիղ փողոցների, որոնց միջով հանդիսավոր կերպով անցնում էր, երբ իր ամրոցից դուրս գալով, գնում էր որսորդության: Մի քանի րոպե անշարժ մնաց իր թաքստի տեղում. դուրս չեկավ, վախենում էր թշնամու խումբերի հանդիպել:

Նրա մոտից, խավարի մեջ խարխափելով, անցնում էին մի քանի հոգի: Նա մտածեց, թե իրան են որոնում և ավելի պինդ կերպով սեղմվեցավ իր թաքստի մեջ:

— Աքպար, կամաց գնա, որ ես հասնեմ, — կանչում էր մեկը նրա ետևից:

— Վազի՛ր, ես կանգնել չեմ կարող, — ասում էր Աքպարը հեռվից:

— Ես վիրավորված եմ, օգնիր ինձ, շարժվել չեմ կարողանում, — աղաչում էր առաջին ձայնը:

Աքպարը ոչինչ չպատասխանեց և անցավ:

Խանը ճանաչեց իր նոր վեզիրին և իր զորքերի գլխավոր հրամանատարին:

— Ինչո՞ւ է փախչում նա, — հարցրեց խանը մեկից, որ ուրվականի նման, խավարի միջից, մոտեցավ իրան:

— Երևի «ճանճերը» շատ են նեղացնում... – պատասխանեց նա ծիծաղելով:

Խանը ճանաչեց իր հին վեզիրի ձայնը:

Բայց մի՞թե նա բանտարկված չէր, ո՞վ բաց թողեց նրան, հիմա ո՞ւր է գնում, — այդ հարցերը շփոթեցրին խանին: Վեզիրը թողեց խանին և դիմեց դեպի վիրավորյալը, որին չկամեցավ օգնել Աքպարը:

Խանը մնաց մտատանջության մեջ: «Ինձ ճանաչեց, մտածում էր նա, — երևի ինձ որոնում էր և գտավ: Հիմա կաշխատե ինձ մատնել, անպատճառ մատնել թշնամու ձեռքը... Ա՜խ, ո՜րքան դառն կերպով ծիծաղեց նա իմ դյուրահավատության վրա. ինձ հիշեցրեց իմ հիմարությունը, որ ես Աքպարի խոսքերը հալած յուղի տեղ ընդունեցի, երբ նա թշնամուն ճանճերի հետ էր համեմատում... Փախչեմ... բայց ո՞ւր փախչեմ... Գոնե գտնվեր մի մարդ, որին ես հայտնեի իմ ով լինելը, և նա կառաջնորդեր ինձ...»:

Վեզիրը կրկին վերադարձավ դեպի խանը: Այն վիրավորը, որի մոտ գնաց նա օգնելու, արդեն մեռած էր: Դա խանի քաջ և նշանավոր զորապետներից մեկն էր:

— Հիմա համոզվեցա՞ք, խան, որ մեր թշնամիները ճանճեր չեն եղել... – հարցրեց պաշտոնից զրկված վեզիրը, կանգնելով նրա առջև:

Խանը ոչինչ չպատասխանեց, միայն վրդովվեցավ ծերունու հանգստության պատճառով:

Ծերունին հասցրեց երկրորդ հարվածքը.

— Տեսա՞ք խան, ի՜նչպես էր փախչում ձեր նոր վեզիրը և զորքերի պոռոտախոս հրամանատարը «ճանճերի» առջևից...

— Տեսա, — պատասխանեց խանը դառնությամբ: — Բայց ես հրամայեցի, որ ձեզ բանտարկեն, այդ ինչպե՞ս եղավ, որ փախաք բանտից:

— Ես չփախա, ես փախչելու սովորություն չունեմ: Իրավ է, դուք հրամայեցիք ինձ բանտարկել, բայց չմտածեցիք, որ դուք այլևս բանտ չունեիք:

— Ինչպե՞ս չունեի:

— Ձեր բանտը, մինչև ինձ այնտեղ հասցնելը, արդեն քանդված էր: Ձեր ավելի քան մի քանի հարյուր բանտարկյալները, որոնք ըստ մեծ մասին հայեր էին, օգուտ քաղելով բերդի մեջ պատահած խռովություններից, փշրել էին իրանց շղթաները և իրանց ձեռքով քանդել էին բանտը: Այս պատճառով ձեր հրամանը անկատար մնաց, որովհետև տեղ չգտան ինձ բանտարկելու:

— Իսկ իմ բանտապետները, պահապանները ինչպե՞ս չզսպեցին անզգամներին:

— Բանտարկյալները կոտորեցին նրանց:

Այն բոլոր թշվառություններից հետո, որոնց ականատես էր եղած այն գիշեր բերդի դժբախտ իշխանը, այդ լուրը ավելի խոր խոցեց նրա սիրտը:

— Եվ դուք, ազատվելով բանտից, երևի, մի առիթ էիք որոնում վրեժխնդիր լինելու ձեզ բանտարկողից, — հարցրեց նա:

— Ոչ, ես վրեժխնդիր չեմ լինում այն անձից, որ արդեն դժբախտության մեջ է գտնվում, — պատասխանեց ծերունի վեզիրը կարեկցական եղանակով: — Ընդհակառակն, ես շտապեցի ձեզ օգնելու: Երկար որոնում էի ձեզ: Երբ թշնամու գունդը անցավ, ջահերի լուսավորության առջև ճանաչեցի ձեզ և մոտեցա:

Վեզիրի ցավակցական պատասխանը ավելի վիրավորեց խանին. նա իր սովորական հպարտությամբ ասաց.

— Շնորհակալ եմ, ափսո՛ս, որ ձեր օգնությանը այլևս կարոտություն չունեմ: Դուք միայն ինձ այն ասացեք, կռիվներից ի՞նչ տեղեկություն ունիք:

— Ես անցա համարյա բոլոր կետերի վրա, ուր որ կռվում էին մեր զորքերը: Զորքերը, պետք է խոստովանած, քաջությամբ էին պաշտպանվում: Եթե նրանց առաջնորդները այնպիսի վատ, երկչոտ և տգետ մարդիկ չլինեին, — եթե նրանք չթողնեին իրանց գունդերը և չփախչեին, գուցե ձեր զինվորները թույլ չէին տա, որ թշնամին ամեն կողմից մտներ բերդը:

— Լավ, բոլորը հասկացա... — ասաց խանը զայրացած ձայնով. – խնդրում եմ, որ հիմա ինձ մենակ թողնեք:

— Ես ձեզ երկար չեմ ձանձրացնի, որովհետև ինքս էլ շտապում եմ...

— Ո՞ւր պիտի գնաք:

— Բեկի մոտը:

— Բեկի մո՞տ, — հարցրեց խանը կասկածանքով: — Ի՞նչ գործ ունիք այն ավազակի մոտ:

— Գնում եմ, որ ընկնեմ նրա ոտքերի առջև, համբուրեմ, աղաչեմ, պաղատեմ, որ խնայե մնացածներին և կոտորել չտա:

Գոռոզ իշխանը, որ իրան երբեք թույլ չէր տա որևիցե խնդիրքով դիմել երկրի թագավորներին անգամ, բռնեց պաշտոնազուրկ վեզիրի ձեռքից, և աղաչելով ասաց.

— Լսեցեք, վեզիր, ես ձեզ կոչում եմ ձեր առաջվա պաշտոնի անունով, — եթե մնացել է ձեր մեջ հարգանքի որևիցե նշույլ դեպի ձեր նախկին տերը, ընդունեցեք նրա տված խորհուրդը, և մի գնացաք այն ավազակի մոտ:

— Ես հիմա էլ հարգում եմ ձեզ, — ինչպես միշտ, — պատասխանեց վեզիրը սառն կերպով: — Բայց բյուրավոր մուսուլմանների կյանքը ավելի մեծ նշանակություն ունի ինձ համար, քան թե ձեր տված խորհուրդը:

— Բեկը այն գազաններից չէ, որ ընդունե ձեր խնդիրքը, դուք իզուր ձեզ կստորացնեք միայն:

— Ես հանձն եմ առնում այդ ստորությունը, բայց միևնույն ժամանակ գիտեմ, որքան անգութ է Բեկը, այնքան էլ մեծահոգի է:

— Բայց այս ստորությունը վերաբերում է ամբողջ մուսուլմաններին, — մի գավուրից գթություն խնդրել...

— Մուսուլմաններին կրոնքով թույլ է տրված հարկը պահանջած դեպքում թաղիա անել:

Խանը, նկատելով, որ ոչինչ կերպով չէ կարող համոզել համառ ծերունուն, ասաց.

— Գնացեք, այդ ձեր կամքն է, միայն խոսք տվեցեք ինձ, որ դուք չեք ներկայանա այն ավազակի մոտ իբրև իմ վեզիր, և իմ կողմից ոչինչ չեք խոսի:

— Ես հաստատ խոսք եմ տալիս ձեզ, որ կներկայանամ իբրև հասարակ մարդ:

Վեզիրը հեռացավ:

Խանը մնաց մենակ: Չգիտեր, ի՞նչ անել, ո՞ւր գնալ: Նրան տիրեց սարսափելի վհատություն: «Ամեն բան կորավ, ամեն ինչ ոչնչացավ, այլևս ոչնչի վրա հույս դնելու տեղ չէր մնացել...» — մտածում էր նա:

Նա մտաբերեց իր ամրոցը, իր կնիկները, իր զավակները: «Չէ՛, մտածեց նա, ես պիտի շտապեմ դեպի իմ տունը, քանի որ թշնամին չէ գրավել նրան...»:

Նա դուրս եկավ իր թաքստի տեղից: Բայց վախենում էր, որ ճանաչվի, վախենում էր թշնամու ձեռքը ընկնելուց: Գիշերը անցել էր արդեն, օրը լուսանալու մոտ էր. երկինքը սկսել էր պարզվիլ:

«Իմ հագուստը կարող է մատնել ինձ, պետք է փոխել» — մտածեց նա:

Այդ պետքը լրացնելու համար մեծ դժվարություն չկար. փողոցները ծածկված էին դիակներով. նա մոտեցավ մեկին և սկսեց մերկացնել: Կաշյա գոտիից քարշ ընկած շղթայաձև մտրակից նկատեց նա, որ դա մի ջորեպանի դիակ է, գուցե իր ջորեպաններից մեկի դիակը: Բայց հագուստների մեջ ընտրություն անելու ժամանակ չուներ նա. այդ ավելի լավ էր, ավելի անճանաչելի կարող էր դարձնել նրան: Նա հանեց իր իշխանական զգեստը և մի կողմ ձգեց: Նրա հետ, կարծես, մերկացավ իր բոլոր փառքը...

Հագուստը փոխելուց հետո նա բռնեց առաջին հանդիպած փողոցը և սկսեց առաջ գնալ: Անցուդարձը սարսափելի էր: Նեղ փողոցի անձկության մեջ կենդանի մարդկանց մարմինները խառնվում էին ընկած դիակների հետ: Կանայք, երեխաներ, անզոր ծերունիք, չկարողանալով դուրս պրծնել մարդկանց սոսկալի հոսանքի միջից, ցած էին գլորվում, և հազարավոր ոտքերի տակ տրորվում էին, ճխլտվում էին: Սրից ազատվածը զոհ էր գնում ամբոխի կատաղի անգիտությանը:

Բայց ո՞ւր էր դիմում այդ փոթորկային, խելակորույս բազմությունը: Նա փախչում էր: Նա ամեն ինչ մոռացած՝ տուն, ընտանիք, զավակներ, իր ազատությունը աշխատում էր գտնել փախուստի մեջ, ամենևին չմտածելով, արդյոք հնար ունի՞ փախչելու:

Մարդկային բարբարոսությունը, անգթությունը կատարում էր մի իսկայական խաղ, որի նմանը հորինում են փոքրիկ մանուկները, միայն փոքրիկ ձևով: Ո՞վ չէ տեսել այն խաղը, թե ինչպես են պատժում կարիճներին: Շիկացած ածուխներով կազմում են մի հավասար բոլորակ, թունավոր միջատներին ձգում են այդ հրեղեն բոլորակի մեջ: Նրանք սկսում են այս կողմ և այն կողմ վազվզել, որ մի ելք գտնեն փախչելու, ազատվելու: Բայց ամեն կողմից կրակի հանդիպելով, հետ են դառնում: Հազար անգամ կատարում են նրանք միևնույն շրջանը, միևնույն փորձը, բայց կյանքի պաշտպանության տագնապի մեջ, միշտ մոռանում են կրակը, մինչև կրկին անգամ չեն հանդիպում նրան: Վերջը հուսահատությունից, անճարությունից, իրանց խայթոցը ցցում են իրանց մարմնի մեջ և անձնասպանություն են գործում:

Միևնույն դրության մեջ էր բերդաքաղաքը: Ամեն կողմից պաշարված էր թշնամու սրերով և կրակներով: Ժողովուրդը մեջտեղում այս կողմ և այն կողմ էր փախչում, որ ազատության ելք գտնե: Բայց ամեն տեղ հանդիպում են կրակների: Միևնույն ճանապարհով հազար անգամ անցել էր և անցնում էր նա, բայց ելք չէր գտնում, միայն իր ոտքերի տակ տրորում էր իր նման անբախտներին...

Ծպտյալ ջորեպանը անցավ մարդկանց դիակներով ծածկված փողոցների մսեղեն հատակի վրայով և դուրս եկավ մի փոքրիկ հրապարակի վրա: Նա ճանաչեց, որ դա մեծ մզկիթի առջևի փոքրիկ հրապարակն էր: Մզկիթի դռան հանդեպ ցցած էր մի նիզակ, որի ծայրին երևում էր մի մարդկային գլուխ: Նրա մոտ վառվում էին մի քանի ջահեր և ամեն կողմից տեսնելի էին կացուցանում կառափը:

— Այդ ի՞նչ գլուխ է, — հարցրեց խանը մեկից:

— Մոլլաների գլխավորի գլուխն է, — պատասխանեց նա: — Հիմա ամեն տեղ պտռում են խանին, որ նրա գլուխն էլ կտրեն և ցցեն դրա մոտ: Ախ, եթե ինձ հաջողվեր գտնել նրան, ի՜նչ մեծ ընծա կստանայի:

— Դու ի՞նչ ազգից ես, — հարցրեց խանը սառնությամբ:

— Ես Բայինդուր իշխանի զինվորներից եմ: Նա խոստացել է հարյուր ոսկի տալ, ով կտանե նրան խանի գլուխը, իսկ երկու հարյուր ոսկի, երբ կենդանի կներկայացնե նրան:

Խանը լռությամբ հեռացավ իր վտանգավոր խոսակցից: Նա ընտրեց բերդի մի խուլ, հետ ընկած կողմը: Լեռնային անհարթությունների վրա կառուցած քաղաքը բոլորովին զուրկ էր տափարակ տարածություններից, մանավանդ այն կողմը, որ այժմ ընտրեց նա: Վազում էր նա ամենայն արագությամբ, առանց հետ ու առաջ, առանց աջ ու ձախ նայելու: Խորդուբորդ, դարուփոս, անհավասար անցքերի մեջ երբեմն սայթաքում էր, երբեմն ոտքը, գլուխը քարերին էր զարկում, երբեմն ցած էր գլորվում և երկար մնում էր անշարժ, մինչև կրկին ուշի էր գալիս, հետո դողդողալով բարձրանում էր, և կրկին շարունակում էր իր փախուստը: Նա հոգնած էր, սաստիկ հոգնած: Նա, որ իր կյանքում հարյուր քայլ ոտքով ման չէր եկել, այս գիշեր մի անգամ անցել էր ամբողջ քաղաքը, զանազան ուղղությամբ պտույտների գործելով: Նա հոգնած էր, բայց հոգնածություն չէր զգում: Երկյուղը, հոգեկան վրդովմունքը, անաջողությունների կատաղությունը այն աստիճան գրգռել էին նրա ջղերը, որ խելագարի նման գտնվում էր մի տեսակ տենդային դրության մեջ: Այդ հիվանդոտ դրությունը մարդիկներին երբեմն ավելի ուժ և զորություն է տալիս, քան թե ունեին նրանք, երբ առողջ էին: Այդ էր պատճառը, որ նա լուսնահարի նման, ոչնչի տեղ էր դնում, անցնում էր հանդիպած խոչընդոտները, առանց ցավ զգալու, թեև նրա մարմինը ջարդ ու փշուր էր լինում: Բայց երբ ընկավ մի փոսի մեջ, երկար դուրս գալ չկարողացավ:

Ճակատագիրը, կարծես, վճռել էր մինչև վերջին ծայրը ստորացնել նրան, քամել տալ նրան դժբախտության մրուրը մինչև վերջին կաթիլը, և զգալ տալ նրան իր ոչնչությունը... Փոսի մեջ մի քանի օր առաջ ջուր էր կանգնած. ջուրը ցամաքել էր և իր տեղը թողել էր թանձր ցեխ: Նա խրվեցավ այդ ցեխի մեջ: Երկար թավալվում էր նա իր փափուկ անկողնի մեջ, առանց հասկանալու թե որտեղ է գտնվում: Վերջը ուշի եկավ, և խարխափելով, մի կերպով դուրս եկավ փոսից, մոռանալով, որ գլխարկը թողեց այնտեղ: Գլխաբաց շարունակեց իր ճանապարհը: Այժմ նրա մտքի և հիշողության խավարի մեջ աղոտ լուսով փայլում էր մի կետ միայն – իր հարեմը...

ԻՁ

Դուրս գալով փոսից, խանը շարունակեց իր դանդաղ ընթացքը: Նա գտնվում էր սարսափելի ինքնամոռացության մեջ: Նրան տիրել էր այն երազական դրությունը, երբ մտքի տեղ արթուն է մնում միայն երևակայությունը: Ամեն առարկա, ցնորքի նման, նրա վրա միայն վայրկենական տպավորություն էր գործում. հանկարծ երևան էր գալիս և շուտով էլ մոռացվում էր: Բերդի մեջ բարձրացած սոսկալի աղաղակները, հրանոթների որոտը, հուզված, զարհուրված ամբոխի դղրդոցը նա այլևս չէր լսում: Նրա ականջներին դիպչում էին միայն անորոշ և ոչինչ նշանակություն չունեցող ձայներ, և անցնում էին քամու մեղմ սոսափյունի պես: Նա չէր տեսնում և հրդեհների բոցը, որ բարձրանում էր թե աղքատի խրճիթից և թե հարուստի ապարանքից, և հրեղեն վիշապների նման, պտտվում էր, գալարվում էր օդի մեջ: Նա տեսնում էր միայն լույսի հազիվ երևացող նշույլներ, որոնք մոլաշրջիկ կրակների նման վառվում էին և րոպեական լուսավորությունից հետո, դարձյալ անհետանում էին:

Նա դուրս եկավ ամրոցի մոտ և միևնույն անբացատրելի բնազդումով, ինչպես լուսնահարները գնում են իրանց ցանկացած տեղը, թեև քնած են լինում: Մտավ դիվանատան բակը, կանգնեց և մի քանի րոպե խորին ապշությամբ նայում էր վառվող շինվածքների վրա: Նրա դեմքի վրա երևաց մի տեսակ անմիտ ժպիտ, գլուխը շարժեց և իր քայլերը ուղղեց դեպի կանանոցը: Այստեղ հարեմական բոլոր կարգերը խանգարված էին: Դռների մոտ պահապաններ չկային, ներքինիներ չէին երևում, բայց այսուամենայնիվ, ոչ ոք այնտեղ մուտք չէր գործել, միևնույն ավանդական երկյուղածության շնորհիվ, որպես մեկը չէ համարձակվում մտնել մի որևիցե ամայի տաճարի մեջ, թեև նրա դռները բաց է տեսնում: Թշնամին, դեռևս իր գործը բոլորովին վերջացրած չլինելով մահմեդական ամբոխի և զորքի հետ, մինչև այստեղ տակավին չէր հասել:

Կնիկների բազմությունը, փակված իրանց օթյակներում, օրհասական երկյուղի մեջ, սպասում էին սոսկալի ճգնաժամին: Կինը, մանավանդ մահմեդական կինը, պատերազմի ժամանակ, ավելի փոքր երկյուղ ունի, քան թե տղամարդը: Նրա մեջ գտնվում են այնպիսի արժանավորություններ, որ թշնամին նրա հետ բավական մեղմությամբ է վարվում: Այդ կետից նայելով, կնիկների երկյուղը այնքան թշնամու կողմից չէր, որքան ամրոցում հայտնված հրդեհից: Կրակը արդեն անցել էր կանանոցի մեջ, մի քանի սենյակներ այրվում էին: Կնիկները դուրս փախչելու թույլտվություն չունեին, որովհետև, իրանց վրա հսկողներից մեկը պետք է լիներ, որ նրանց իրավունք տար դուրս գալու, իսկ այդ մեկը, որ ներքինապետն էր, չկար:

Նա ուրվականի նման անցավ կանանոցի բակից և մտավ Զուբեիդա խանումի նախասենյակը: Ծերունի Ասաղը իր սովորական պարտաճանաչությամբ, աղոցի թեփով լցրած բարձը գլխի տակին դրած, և վերմակի փոխարեն, իր վերարկուի մեջ փաթաթված, պառկել էր տիկնոջ օթյակի դռան հանդեպ: Խանը չնկատեց նրան, և կոխ տալով, նրա վրայից անցնելու միջոցին, ծերունի պահապանը քնաթաթախ վեր թռավ, զարկվեցավ նրան, և նա, չկարողանալով պահպանել իր դիրքը, ընկավ ծերունու վրա: Երկու քնածներ սկսեցին անգիտակցաբար միմյանց տրորել, միմյանց կողքերը ջարդել: Վերջը ծերունուն հաջողվեցավ բռնել խանի կոկորդից, գոչելով. «Գո՛ղը... գո՛ղը... շուտ հասեք... բռնվեցավ գողը...»:

Նրա ձայնին ոչ ոք օգնության չհասավ:

Միայն ծերունու աղաղակը և այն սաստիկ ցնցումը, որ գործեց նա խանի մարմնի վրա, այն հետևանքն ունեցան, որ խանը լուսնահարի նման արթնացավ, և չհիշելով ծերունու մի քանի րոպե առաջվա գործողությունները, այնքանը միայն զգաց, որ իր կոկորդը գտնվում է նրա ճանկերի մեջ: Զորեղ ձեռքով նրան մի կողմ գլորեց և ինքը վեր կացավ, ասելով.

— Ճանաչի՛ր քո տիրոջը, անզգամ:

Այդ խռոխտ ձայնի մեջ ծերունին ճանաչեց խանին, բայց նախասենյակի մթության մեջ չկարողացավ տեսնել նրա ցեխի մեջ թաթախված ջրեպանի հագուստը:

— Հեռացի՛ր այստեղից, — հրամայեց խանը և մտավ տիկնոջ սենյակը:

Սարսափած ծերունին ոտքը դուրս դրեց նախասենյակի շեմքից. բայց հանկարծ հիշեց իր աղոցի թեփով լցրած բարձը և վերարկուն: Նա դողդողալով հետ դարձավ, վեր առեց իր գիշերային անբաժան ընկերները և հեռացավ:

Նրա մեջ այժմ տիրապետում էր մի զգացմունք միայն, մահվան և դատապարտության զգացմունքը: Նա հիշեց ներքինապետի խոսքերը, որ տիկնոջ փախուստի լուրը առնելու ժամանակ ասաց նրան. «Խանը քեզ կրակի մեջ կենդանի այրել կտա...»: Իսկ այժմ իր հանցանքը ավելի ծանրացավ: Նա բռնեց խանի կոկորդից, նա ապտակեց նրան: Բայց ինչո՞ւ չհրամայեց նա իսկույն կտոր-կտոր անել, իսկույն խեղդել իր անզգամ ծառային: Այդ միտքը սաստիկ տանջում էր ծերունուն: «Ես արժանի եմ մի այսպիսի պատժի», — մտածեց նա և առանձնացավ կանանոցի մի անկյունում, նստեց, խոնարհաբար սպասում էր իր դատապարտության րոպեին:

Խանը մտնելով տիկնոջ սենյակը, գտավ նրան իր գեղեցիկ, վայելչական կարգուսարքի մեջ: Այնտեղ դեռ վառվում էր ճրագը, տարածելով իր շուրջը բաց — վարդագույն լուսավորություն, որ արտափայլում էր նույն գույնով թավիշյա վարագույրներից: Սիրելի խանումի սենյակում ամեն ինչ իր տեղում էր. թե փափուկ մութաքաները ոսկյա փունջերով, թե նախշուն օթոցները, և թե արծաթեղեն կամ հազվագյուտ չինապակիից կազմված անոթները, բոլորը, բոլորը իրանց պատշաճավոր տեղերն էին բռնած: Միայն պակաս էր սենյակի թագուհին:

Ամրոցի իշխանը այժմ գտնվում էր իր տան մեջ, բայց որպես մի հանցավոր, որպես մի փախստական, որ ոչ ոքին երևնալու համարձակություն չունի: Նա կանգնած էր ոտքի վրա, և իր ջրեպանի ցեխոտ հագուստով մինչև անգամ չէր համարձակվում մերձենալ այն գեղեցկություններին, որոնցմով շրջապատված էր ինքը: Նա աչքերը հառած, խորին տխրությամբ նայում էր այն օթոցին, ուր իր մոտ նստած էր նույն գիշերը խանումներից ամենագեղեցիկը և ամենախելացին: Հիշեց նրա սքանչելի դեմքը, մտաբերեց նրա լի ճշմարտություններով խոսքերը: Այստեղ, այս օթոցի վրա նստած, նա, որպես մի անողոք մարգարեուհի, կարդում էր բռնակալի ճակատագիրը, բացատրում էր նրա խաբուսիկ վիճակը: Խոսում էր ընտանիքի և ամուսնական սիրո վրա: Ա՛խ, որքան իմաստալից, որքան խորախորհուրդ էին նրա խոսքերը: Ինքն այն ժամանակ չհասկացավ, և եթե հասկացավ, բարկություն, հպարտություն, եսականություն թույլ չտվեցին խոստովանել նրանց ճշմարտությունը: Ա՛խ, եթե այժմ այստեղ լիներ այն մարգարեուհին: Նա պատրաստ էր գրկել նրա ոտները, համբուրել, և նրա ոտների առջև խոստովանել, թե ինքը մարդկային ծնունդներից ամենաթշվառը և ամենաիրեշավորն է: Բայց նա չկար. նրա փոխարեն գրկեց այն անուշահոտ բարձը, որի վրա գեղեցիկ գլուխը դրած, նա քնած էր այն գիշեր, — գրկեց, և իր երեսը սեղմելով նրա վրա, սկսեց թանալ դառն արտասուքներով...

Այդ ի՞նչ զգացմունք էր, ինչո՞ւ էր տանջվում. ինչո՞ւ էր այնպես սպանված նա: Այն րոպեում, երբ կորչում, ոչնչանում էին՝ փառք, մեծություն, իշխանություն, երբ նրա ամբողջ զորությունը խորտակվում էր թշնամու ուժի առջև, երբ իր կյանքն անգամ սոսկալի վտանգի մեջ էր, — նա ոչինչ չէր ափսոսում, ոչինչ չէր մտաբերում, մտաբերում էր միայն այն կնոջը, որը այնպես անխնա կերպով հանդիմանեց նրա զազանությունը թե՛ իր տան և թե՛ իր իշխանության մեջ:

Յոթն տարվա ստրկուհին մի անգամ միայն բաց արեց փակված լեզուն, մի անգամ միայն խոսեց ճշմարիտը ու արդարը, և միանգամից գրավեց իր բռնապետի սերն ու հարգանքը: Բայց մի՞թե այդ հասկանում էր նա: Նա ոչինչ չէր հասկանում, միայն զգում էր:

Նա զգում էր, որ սիրելի կնոջ ներկայությունը, նրա մի խոսքը, նրա մի ժպիտը կարող էր մխիթարել նրան, կարող էր փարատել նրա բոլոր թշվառությունները: Բայց նա չկար: Նրան կորցնելով, ամեն ինչ կորցրեց նա...

Նա գլուխը վեր բարձրացրեց աննման կնոջ բարձի վրայից, և սոսկալով վեր թռավ, որպես մի անարժան, անմաքուր էակ, որ չէ համարձակվում իր հպավորությամբ պղծել մի որևիցե սրբություն: Կանգնեց ոտքի վրա: Այժմ վայրենի կերպով նայում էր իր շուրջը և ականջ էր դնում:

Հրանոթների ձայնը սկսեց ավելի մոտից լսելի լինել: Թշնամին մերձենում էր ամրոցին: Բայց ի՞նչ էր մնացել այդ գեղեցիկ, հոյակապ շինվածքից: Բոլորը լափեց կրակը: Մնում էր միայն հարեմը – կնիկների ընտիր հավաքածուն: Ամեն բան կարելի էր տալ թշնամու ձեռքը, իսկ այդ հավաքածուն – ո՛չ:

Մի փոքր հեռու, փողոցներում, կոտորածը դեռ շարունակվում էր: Շուտով նույն բարբարոսությունը սկսվելու էր և այստեղ – կանանոցում:

Բայց այստեղ չէին կոտորի, այստեղից գերի կտանեին: Այդ ավելի սարսափելի էր: Խանը չէր կարող համբերել մի այսպիսի անարգանքի, որ այն կնիկները, որոնց ինքը գրկել էր, որոնց աստված ստեղծել էր միայն նրա հաճույքի և զվարճության համար, — պատկանեին մի ուրիշին, կամ մի օտար մարդու ձեռքը շոշափեր նրանց:

Դառն իրականությունը դարձյալ խռովեց, դարձյալ գրգռեց նրա երևակայությունը: Նրան երևում էր, թե իր կնիկներին կիսամերկ, ոտաբոբիկ, թոկերով կապած, անասունների նման կանգնեցրել էին մի մեծ քաղաքի հրապարակի վրա և վաճառում էին: Նրան երևում էր, որ իր զավակները, պատառոտած հագուստներով, թափառում էին նույն քաղաքի փողոցներում և անցնողներից ողորմություն էին խնդրում: Իսկ ինքը, մի կթոց շալակած, պտտում էր դռնից-դուռ, և ողորմելի ձայնով աղաղակում էր, որ իրան աղբ կամ մի այլ բան տան դեն ածելու:

Հրանոթների ձայնը այժմ ավելի մոտից սկսեց լսելի լինել: Կանանոցի մեջ բարձրացավ խառնաշփոթ աղմուկ: Ամբողջ շինվածքը դղրդում էր: Կարծես թե, դռները խորտակում էին:

Նա դողդոջուն ձեռքով վեր առեց ճրագը և մի քանի րոպե փետացածի նման մնաց անշարժ: Մի սոսկալի խորհուրդ ալեկոծում էր նրա սիրտը: Նա տարուբերվում էր անվճռականության մեջ, որպես մի կատաղի եղեռնագործ, որ պատրաստվում է կատարելու մի մեծ հանցանք: «Թո՛ղ նզովյալ լինի սատանան...» — ասաց նա և իր քայլերը ուղղեց դեպի դուռը:

Ճրագը ձեռքում նա անցավ կանանոցի բակը, մտավ մի փոքրիկ տալան, այստեղից մտավ մի բավական ընդարձակ սենյակ, որի բանալին իր մոտ ուներ: Դա նրա առանձնասենյակն էր: Ներս մտնելուց հետո կրկին կողպեց դուռը: Մոտեցավ այն փառավոր օթոցին, որի վրա սովորաբար նստում էր ինքը: Ոտքով օթոցը մի կողմ հեռացրեց, թեքվեցավ և մատով սեղմեց մի փոքրիկ երկաթյա տախտակ, որը ճրնգալով վեր բարձրացավ:

Տախտակի տակում բացվեցավ մի նեղ ճեղք, որի մեջ մի բանալի հազիվ կարող էր շարժվել: Նա հանեց իր քսակից մի այլ բանալի, անկացրեց ճեղքի մեջ, մի քանի անգամ պտույտ տալուց հետո, ծանր, երկաթյա դռնակը հատակից ինքնիրան վեր բարձրացավ, և բացվեցավ մի մթին և նեղ անցք, որտեղից մի մարդ հազիվ կարող էր մուտք գործել: Նա ճրագը ձեռքում սկսեց փոքրիկ սանդուղքներով ցած իջնել:

Սանդուղքները տանում էին մի երկար, ստորերկրյա շինվածքի մեջ, որ ամենևին լուսամուտներ չուներ: Այդ շինվածքը փորված էր ապառաժի մեջ և ծածկված էր ահագին կամարներով: Նա ավելի բնական քարանձավի ձև ուներ, քան մարդկային արհեստի կերտվածքի: Նրա վերին հարկում գտնվում էր ամբողջ կանանոցը: Այստեղ խանը պահում էր իր գանձերը: Բայց բերդի պաշարվելու ժամանակ նա տեղավորեց այնտեղ, տոպրակների մեջ լցրած, մի նոր մթերք: Ի՞նչ էր նա, — ոչ ոք չգիտեր: Նա թողեց ոսկով և արծաթով լի արկղիկները և մոտեցավ այդ տոպրակներին: Ճրագը մի կողմ դրեց և ինքը չոքեց խոնավ հատակի վրա: Նրա դեմքը այժմ արտահայտում էր սրտի խորին հանդարտություն, որպես մի մարդ, որ արդեն հաշտվել էր իր խղճի հետ: Նա իր պղտոր աչքերը բարձրացրեց դեպի երկինքը և լռությամբ կարդաց մի կարճ աղոթք: Հետո վեր առեց ճրագը և սառնասրտությամբ մոտեցրեց տոպրակներից մեկին: Նույն վայրկյանում ստորերկրյա շինվածքը սոսկալի բոմբյունով որոտաց և ամբողջ կանանոցը բարձրացավ, ցնդեց օդի մեջ...

ԻԷ

Օրհասական գիշերը անցավ, կրակի, կոտորածի գիշերը: Վաղորդյան արեգակը իր ուրախ ճառագայթներով տարածեց մոխիր դարձած բերդաքաղաքի ավերակների վրա:

Բերդից ոչ այնքան հեռու, հայոց բանակատեղում կազմված էր մի առանձին վրան: Այդ վրանը տաղավարի ձև ուներ, համարյա միևնույն ձևը, որ մինչև այսօր էլ կարելի է տեսնել Սյունյաց աշխարհի խաշնարած ցեղերի մոտ: Շրջապատը հյուսած էր եղեգներով, իսկ առաստաղը ծածկված էր թանձր թաղիքներով, որ տարածել էին բարակ, ճկուն ձողերի կորաձև կամարների վրա:

Վրանում նստած էր Ներսես սրբազանը, իսկ նրա հանդեպ չոքած էր խանի ծերունի վեզիրը:

— Ես, սրբազան, — խոսեց նա. — դիմում եմ ձեզ ոչ իբրև վեզիր և ոչ իբրև մի պաշտոնական անձն, այլ իբրև մի հասարակ մարդկ, սիրտը լի ցավերով ու վշտերով: — Դիմում եմ ձեզ, այն հուսով, որ հավատացած եմ, իմ աղաչանքները ավելի հեշտությամբ ընդունելություն կգտնեն մի հոգևորականի մոտ, որի պաշտոնն է քարոզել գթություն, ողորմածություն և խիղճ, որի կոչումն է ներել թշնամուն, որին ծանոթ չէ ոխը, ատելությունը, նախանձը: — Ես դիմում եմ ձեզ որպես Հիսուն Քրիստոսի աշակերտի և նրա վարդապետությունը ժողովրդին քարոզողի, նույն Հիսուս Քրիստոսի, որ ասում էր. երանի՜ ողորմածներին, որովհետև նրանք ողորմություն կգտնեն: Ողորմեցեք մեզ, սրբազան, ընկած մարդուն այլևս ոտքով չեն խփում: Բեկը կընդունե ձեր խորհուրդները. օգնեցեք ինձ խնդրել նրանից, որ դադարեցնեն կոտորածը: Այդ մարդիկը, թեև ձեր կրոնից չեն, բայց աստուծո ստեղծածներ են: Աստծուն շատ հաճելի չի լինի, երբ անասունների, միջատների հետ անգամ անգթությամբ են վարվում:

— Ձեր խոսքերը շատ գեղեցիկ են, վեզիր, — պատասխանեց սրբազանը նրան ուշադրությամբ լսելուց հետո. — և ես ուրախ եմ, որ դուք այնքան կարդացած եք երևում, որ լավ ըմբռնել եք մեր կրոնի ոգին: Բայց այն բանը, որ կոչում եք անգթություն, դուք ինքներդ սովորեցրիք մեզ: Վարժապետը չի պիտի նախատե իր աշակերտին, երբ նա նույնն է գործում, ինչ որ սովորել է իր վարպետից:

— Ինչպե՞ս մենք սովորեցրինք, — հարցրեց վեզիրը:

— Այո՛, դուք սովորեցրիք. ես այս րոպեիս կբացատրեմ ձեզ: Այդ

դաստիարակությունը կատարեցիք դուք բոլորովին անգիտակցաբար, ոչ թե մի տարվա մեջ, այլ շատ դարերի ընթացքում: Դուք մի մոռացեք, որ դուք մի գաղթական հյուր եք մեր երկրում, այն անշնորհակալ հյուրերից մեկը, որ տան տիրոջը սպանում է, իսկ ինքը սկսում է տաքանալ նրա օջախի կրակովը: Այդ սպանությունը գործեցիք դուք: Այս երկիրը պատկանում է մեր նախնիքներին: Այստեղ մենք ունեինք մեր թագավորությունը, մեր իշխանությունը: Բոլորը ոչնչացրիք դուք: Մեր հայրենիքում մի քար չէ մնացել, որ դուք չներկեիք մեր պապերի արյունով. մեր հայրենիքում մի տաճար չէ մնացել, որ դուք հարյուր անգամ քանդած չլինեիք: Որքան կամեցաք՝ կոտորեցիք, որքան կամեցաք՝ ոչնչացրիք: Հայաստանի երեսուն միլիոն հայ բնակիչներից թողեցիք հինգ միլիոն միայն. այդ ևս այն մտքով, որ նրանց կենդանի մահացնեք, որ նրանց մերկ ու քաղցած թողնեք, իսկ ինքներդ նրանց աշխատանքով ապրել կարողանաք: Դուք Ջանկիզ-խանի, Մանգո-խանի, Հալուգո-խանի, Լենկ-Թեմուրի և այլ այդ տեսակ հրեշների մեզ մոտ բերած գազանների չար կորյուններն եք: Դուք մեր աշխարհը ավերակ դարձրիք, իսկ Թաթարստանը, Մոնղոլստանը, Ավղանստանը լցրիք մեր երկրից տարած գերիներով: Ես եթե ամբողջ օրերով խոսեի ձեզ հետ, դարձյալ չէի կարող ավարտել այն բոլոր բարբարոսությունների աղետավոր պատմությունը, որ դուք և ձեր նախնիքը կատարել եք մեր հայրենիքում: Մեր կնիկներին, մեր աղջիկներին, մեր երեխաներին, մեր ընտիր տղամարդերին հազարներով լեցնում էիք աստուծո տաճարների մեջ, կրակ էիք տալիս և այրում էիք: Ձեր պապերից մեկը կործանեց մեր սքանչելի մայրաքաղաքը՝ Անին. այնքան կոտորել տվեց, որ փողոցների միջով արյան վտակներ էին վազում: Բայց դրանով ևս չկշտացավ գազանը, հրամայեց մորթել հազարավոր ծծկեր երեխաներ, նրանց արյունով լցրեց մի ահագին լճակ, մտավ այդ լճակի մեջ լողացավ, որ դրանով գովացնե սրտի բարկությունը: Ձեր բարբարոսությունը, բացի մարդիկներից, տարածվեցավ և մեր երկրի վրա: Մեր երկիրը մի ծաղկյալ դրախտ էր, բուսացանում էր աստուծո շնորհած բոլոր բարիքները: Բայց դուք նրան բոլորովին անապատ դարձրիք: Միջին Ասիայի տխուր անապատների նման, որտեղից դուրս էին եկած ձեր նախնիքը: Մեր հարուստ քաղաքները կործանեցիք, մեր շեն գյուղերը ավերակ դարձրիք, մեր վաճառականությունը, մեր արհեստը, մեր ճարտարությունը ոչնչացրիք և ամեն տեղ տարածեցիք աղքատություն ու սով: Դո՛ւք, անապատի զավակներ, սիրում եք անապատ, ամայություն, և մահացություն: Ձեր համար անտանելի է ծաղկյալ կյանքը, մարդկային երջանիկ բարօրությունը և աշխատասեր ժողովրդի արդյունավոր գործունեությունը: Դուք սիրում եք իշխել միայն ավերակների վրա: Ամեն ինչ, որ լավ էր, ամեն ինչ, որ օգտավետ էր, դուք խլեցիք մեզանից, իսկ փոխարենը տվեցիք մեզ ձեր վայրենությունը, ձեր անկրթությունը: Եվ այժմ զարմանում եք, որ մենք վարվում ենք ձեզ հետ միևնույն եղանակով, ինչպես դուք վարվել եք մեզ հետ հազարավոր տարիների ընթացքում: — Հիմա հասկանում եք, որ դուք ինքներդ այդպես դաստիարակեցիք մեզ, որ դուք ինքներդ սովորեցրիք մեզ անգթությունը:

— Հասկանում եմ... – պատասխանեց վեզիրը: — Բայց որդին ինչո՞վ է մեղավոր, որ տուժե իր պապերի հանցանքների համար:

— Որդին մեղավոր չէր լինի, եթե ինքն էլ միևնույն կերպով չգործեր, եթե ինքն էլ չշարունակեր իր պապերի բարբարոսությունը, — ասաց սրբազանը: — Դուք չփոխվեցաք, դուք մնացիք նույնպես անկիրթ, նույնպես վայրենի, որպես էիք հազար տարիներ առաջ: Ամբողջ աշխարհը փոխվեցավ, դուք մնացիք միևնույնը:

— Ինչո՞ւ չկրթեցիք մեզ, քանի որ դուք ձեր քաղաքակրթությամբ ավելի բարձր էիք մեզանից, — հարցրեց վեզիրը:

— Այդ մեր հանցանքն է, — պատասխանեց սրբազանը: — Բայց ձեզ կրթելու համար մի մեծ դժվարություն, մի մեծ արգելք կար: Ձեզ կրթելու համար հարկավոր էր նախ ձեր ձեռքից խլել սուրը և նրա փոխարեն տալ գիրքը: Այդ անելու համար մենք բավական ուժ և պատրաստականություն չունեինք: Մի ժողովուրդ չէ կարող կրթել մյուսին, երբ ինքը գտնվում է նրա իշխանության ներքո: Վարժապետը պետք է ազատ լինի իր աշակերտների վերաբերությամբ: Մենք ձեզ կարող ենք կրթել, երբ դուք մեր հպատակներ կլինեք:

— Այդ անկարելի բան է, — ասաց վեզիրը դառն ժպիտով: — Իսլամը չէ հպատակում, իսլամը տիրում է, իշխում է...

Նկատելով, որ իր վերջին պատասխանը անախորժ տպավորություն գործեց սրբազանի վրա, նա փոխեց խոսքը, ասելով.

— Սրբազան, ես համաձայն եմ ձեզ հետ, որ մեր նախնիքը և մենք ինքներս վատ ենք վարվել ձեր ազգի հետ: Ես բոլորովին արդարացնում եմ այն պատճառները, որ ստիպեցին ձեզ սուր բարձրացնել մեր դեմ: Բայց երբեք չեմ կարող իրավացի համարել, երբ դուք կանցնեք չափն ու սահմանը մարդկային խղճի, և հաղթող մարդու մեծահոգությունը կփոխարինեք բարբարոսի անգթությունով:

— Ես բացատրեցի ձեզ, որ այդ անգթությունը ձեզանից սովորեցինք:

— Այդ ուղիղ է, բայց քրիստոնյային վայել չէ, — ասաց վեզիրը: — Ես կպատասխանեմ ձեզ ձեր կրոնի վարդապետի խոսքերով. դուք պարտավոր եք ձեր թշնամիներին սիրել, դուք պարտավոր եք ձեզ անիծողներին օրհնել, դուք պարտավոր եք ձեր ատելիներին բարություն անել, դուք պարտավոր եք աղոթել նրանց համար, որ միշտ նեղացնում են, որ միշտ չարչարում են ձեզ:

Սրբազանը սկսեց ծիծաղել:

— Այդ բոլոր պատվիրանքները մենք կատարել ենք, վեզիր, ավելի քան հազար տարի մենք հնազանդ էինք այդ պատվիրանքներին: Բայց փոխանակ շահվելու, նրանց մեջ գտանք մեր դժբախտությունը: Մեր վիճակը ավելի և ավելի ծանրացավ: Մենք կորցրինք բոլորը, ինչ որ ունեինք, և վերջապես օտարի լծի տակ ստրուկ դարձանք: Մենք կարծում էինք, թե սիրելով մեր թշնամիներին, բարություն անելով մեր ատելիներին, այսպիսով կփափկացնենք նրանց բարք ու վարքի կոշտությունը, կմեղմացնոնք նրանց վայրենությունը և փոխադարձապես սեր կվայելենք նրանց կողմից: Բայց կյանքի փորձի մեջ ընդհակառակն եղավ: — Մենք հավատարիմ մնացինք մեր փրկչի հրամանին. ով որ մեր ձախ երեսին ապտակով զարկեց, աջն էլ շուռ տվեցինք. ով որ մեր շապիկը պահանջեց, մեր պատմուճանն էլ նրան տվեցինք: Բայց արդյունքն ի՞նչ եղավ: — Այն, որ մեր հնազանդությունով, մեր զոհաբերություններով ավելի լրբացրինք մեր թշնամուն, ավելի գրգռեցինք նրա կատաղությունն ու ընչաքաղցությունը: Մեր խոնարհությունը, մեր հեզությունը նկատելով, մեր թշնամին ավելի բռնացավ մեզ վրա և ավելի սաստիկ կերպով սկսեց ճնշել, տրորել մեզ: Այդ էր պատճառը, որ մենք վերջ ի վերջո խելքի եկանք, սկսեցինք մեր թշնամիների հետ վարվել նույն կերպով, ինչպես նրանք են վարվում: Եվ այդ վարմունքը դուք ինքներդ սովորեցրիք մեզ:

Վեզիրը ոչինչ չգտավ պատասխանելու:

— Ասացեք, խնդրեմ, — հարցրեց սրբազանը. — դուք ինչպե՞ս կվարվեիք մեզ հետ, եթե այդ կռվի մեջ հաղթությունը ձեր կողմը լիներ:

— Մենք ձեզ կկոտորեինք:

— Ապա ինչո՞ւ եք դատապարտում մեր մեջ միևնույն վարմունքը, երբ հաղթությունը մեր կողմն է:

— Նրա համար, որ ձեր կրոնը ձեզ հրամայում է ներել, իսկ մեր կրոնը հրամայում է կոտորել:

— Դուք դարձյալ կրոնի վրա եք հիմնում ձեր պատասխանները:

— Որովհետև կրոնավորի հետ եմ խոսում:

— Այո՛, կրոնավորի հետ եք խոսում, — ասաց սրբազանը, — բայց մի մոռացեք, որ այդ կրոնավորը միացրել է իր մեջ թե պատերազմող և թե աղոթող մարդու հատկությունները:

— Այս ես աչքի առաջ ունեմ, — պատասխանեց վեզիրը, պահպանելով իր սառնասրտությունը: — Բայց մի հարց եմ առաջարկում ձեզ. ինչպե՞ս կվարվեր աստված հանցավոր Սոդոմի և Գոմորի հետ, եթե գտնելու լիներ նրանց մեջ գոնե մի քանի արդար մարդիկ:

— Այդ քաղաքները այլևս չէր այրի կրակով, — պատասխանեց սրբազանը:

— Ես բոլորովին համաձայն եմ ձեզ հետ: Մեր նախնիքը և մենք նույնպիսի հանցավորներ ենք եղել, որպես Սոդոմի և Գոմորի չարագործները: Բայց եթե մի մարդ եղել է այդ բերդի մեջ արդարադատ, ճշմարտասեր և գթած դեպի տառապյալները, մի՞թե դուք այդ մարդու համար չէիք խղճա մյուսներին:

— Ո՞վ է այդ մարդը:

— Նա, որ խոսում է ձեզ հետ:

Սրբազանը մտածության մեջ ընկավ: Վեզիրը առաջ տարավ իր խոսքը.

— Ես ձեզ չեմ խաբում, սրբազան, և խաբելու սովորություն երբեք չեմ ունեցել: Դուք կարող եք տեղեկանալ բոլոր հայերից, որ բնակվում են այդ բերդում, դուք կարող եք հարցնել բոլոր հայ գյուղացիներին, որ գտնվում էին մեր իշխանության ներքո: Ես եղել եմ միշտ ողորմած դեպի այդ ժողովուրդը, որովհետև իմ նախնիքը նույնպես հայեր են եղել և մեր ընտանիքի մեջ դեռ պահպանել են այդ ազգի բարոյականության նշույլները: Ես, իբրև վեզիր, միշտ աշխատել եմ մեղմացնել իմ բռնապետի անգթությունը, և որքան կարողացել եմ, ազատել եմ քրիստոնյաներին նրա կատաղությունից: Ոչ թե նրա համար, որ ես մի առանձին համակրություն ունեի դեպի քրիստոնեությունը, ո՛չ, այլ առավելապես այն պատճառով, որ քրիստոնյաները մեզ համար լավ հպատակներ էին, մեր կաթնատու կովն էին, պետք էր խնամք տանել նրանց վրա: Ես բավական փաստեր ունեմ իմ խոսքերի ճշմարտության մասին, բայց ավելորդ եմ համարում մի առ մի հիշել: Շատ անգամ հայերի վերաբերությամբ իմ միջամտությունները, իմ բարեխոսությունները ենթարկել են ինձ իմ բռնապետի բարկությանը, մինչև անգամ պատժին: Հենց այս գիշեր նա հրամայեց ինձ բանտարկել, և ինձ այս առավոտ հրապարակի վրա պիտի գլխատել տար, եթե հաջողությունները նրա կողմը լինեին:

Սրբազանը դարձյալ դժվարանում էր հավատալ նրա խոսքերի անկեղծությանը: Վեզիրը մոտեցավ, բռնեց նրա փեշից և իր աղերսավոր աչքերը դարձնելով նրան, ասաց.

— Ընդունեցեք իմ աղաչանքը. թող բարությունը և առաքինությունը վարձատրված լինի. դրանով դուք կսովորեցնեք մարդիկներին բարի լինել:

— Բարությունը և առաքինությունը պետք է վարձատրել, — պատասխանեց սրբազանը: — Բայց նախքան խոստանալը, թե կարող եմ կատարել ձեր խնդիրքը, ես հարկավոր եմ համարում մի բան հարցնել ձեզանից. հուսով եմ, որ անկեղծությամբ կպատասխանեք:

— Հարցրեք:

— Դուք ի՞նչ տեսակ հարաբերություններ կպահպանեք մեզ հետ մեր այդ բոլոր կռիվներից, մեր հաղթություններից հետո:

— Ես կմնամ ձեզ անհաշտ թշնամի:

— Իսկ հայ ժողովրդի՞ վերաբերությամբ:

— Կաշխատեմ կրկին մեր իշխանության տակ ձգել:

— Իսկ մահմեդական ժողովրդի՞ վերաբերությամբ:

— Կաշխատեմ նրանց զրգռել ձեր դեմ, որ թոթափեն օտարի լուծը: Հուսով եմ, որ դուք չեք դատապարտի իմ մեջ այդ սերը դեպի իմ կրոնակիցները, որովհետև միևնույն սերը ունեք դուք ձեր ժողովրդի վերաբերությամբ:

— Ես հարգում եմ ձեր անկեղծությունը, — ասաց սրբազանը. — բայց դուք մի րոպե առաջ խոստովանեցաք, որ ձեր նախնիքը հայեր են եղել:

— Իսկ ես մահմեդական եմ և իմ կրոնի նախանձախնդրությունն ունեմ:

— Ձեր կրոնը ձեզանից ոչ ոք չէ խլում. բայց դուք ազգով հայ եք:

— Մահմեդականության մեջ ազգ չկա. ամբողջ իսլամը մի ժողովուրդ է կազմում:

Սրբազանը փոքր-ինչ մտածելուց հետո, ասաց.

— Լավ, ես ցանկություն չունեմ բռնանալ ձեր համոզմունքների վրա, թեև նրանք ծուռ ու սխալ են: Խոստանում եմ օգնել ձեզ և Բեկին ընդունել տալ ձեր խնդիրքը. միայն այն պայմանով, որ դուք հենց այս օրից թողնեք մեր տիրապետած երկիրը:

— Այդ պայմանը ես ընդունել չեմ կարող:

— Բայց եթե Բեկը լսելու լինի ձեր վերջին խոսքերը, ձեզ գլխատել կտա:

— Ինձ համար միևնույն է, թող ինձ գլխատել տա, բայց խնայե մնացածներին:

Մինչ այդ խոսակցության մեջ էին, նկատեցին, որ բանակի մյուս ծայրից հայտնվեցավ Բեկը, նստած իր ձյունի պես սպիտակ նժույգի վրա: Նրա մի կողմից, նույնպես ձիավորված, գնում էր Մխիթար սպարապետը, իսկ մյուս կողմից՝ Թորոս իշխանը: Թիկնապահների խումբը հետևում էր նրանց: Հաղթության իշխանը հանդիսավոր կերպով դիմում էր դեպի դեռևս մնացող բերդաքաղաքը:

— Դա ո՞վ է, — հարցրեց վեզիրը, շարունակելով նայել:

— Բեկը, — պատասխանեց սրբազանը. — Երևի, գնում է բերդը տեսնելու:

Վեզիրը վեր կացավ, դառնությամբ ասելով.

— Գնում է տեսնելու, թե ի՜նչպես են կոտորել, ի՜նչպես են ոչնչացրել... և թե մի բան պակաս է մնացել, լրացնել տա... Դրա մեջն է հաղթության փառքը և հաղթողի անսահման բերկրությունը, — արյունով գովացնել իր վրեժխնդրության ծարավը... Ես էլ կգնամ, կընկնեմ նրա ձիու ոտների տակ, երեսս կքսեմ փոշիներին, կաղաչեմ, կպաղատեմ, որ բավականանա եղածով, որ դադարեցնե արյունահեղությունը...

— Գնացեք, ձեր մենակ գնալը ավելի հարմար է, — պատասխանեց սրբազանը, — բայց ձեր խոսքերի մեջ զգույշ եղեք, աշխատեցեք չբարկացնել նրան: Իսկ ես ձեր ետևից կգամ, կօգնեմ ձեզ իմ բարեխոսությունով:

Վեզիրը հեռացավ: Իր կյանքում երբեք մի այսպիսի ստորություն հանձն առած չէր նա: Գավուրի մոտ աղերսարկու լինել, գավուրից գթություն խնդրել, — այդ անարգանքը մահու չափ սպանիչ էր նրա համար: Բայց նա հանձն առեց այդ ծանր զոհաբերությունը բազմաթիվ մուսուլմանների կյանքը փրկելու համար:

«Գինիից դարձած քացախը ավելի թունդ է լինու...» — մտածեց սրբազանը և տխրության մռայլը անցավ նրա բազմահոգ դեմքի վրա: Այդ մարդը, որպես ինքը խոստովանեց, հայոց ծագումից է: Նոր կրոնի մոլեռանդության հետ միացրել է և հայի խելքը: Դա շատ վտանգավոր բան է: Հայի խելքը հայի դեմ ավելի կորստաբեր հետևանքներ է ունենում, քան թե օտարինը: Հայը ընդունելով մի նոր կրոն, ավելի խավարամիտ, ավելի վնասակար է դառնում իր ազգությանը, քան նույն կրոնին պատկանող ամբողջ հասարակությունը, որը մեր ազգից չէ: Ոչ ոք այնքան չէ վնասել հայոց հայրենիքին, որքան մեր արյունակից դավաճանները, որոնք մեզ թողնելով, անցան թշնամու կողմը: Ինչի՞ց է այդ: Դժվար է հասկանալ, բայց դժբախտաբար այդպես է...

Նա դուրս եկավ իր վրանից և սկսեց գնալ ծերունի վեզիրի ետևից: Արեգակը բավական բարձրացել էր հորիզոնի վրա, բայց ձորի անտառապատ խորության մեջ տակավին ջերմություն չէր զգացվում: Վաղորդյան խոնավ գոլորշիները բարձրանալով ծմակների միջից, տեղ-տեղ բամբակի սիազին կտորտանքի նման խտանում էին և ձյունափայլ մառախուղի ձև էին ստանում: Ամենուրեք տիրում էր լռություն և անդորրություն. այլևս չէին լսվում գիշերային հրացանաձգությունների ձայները:

Բեկը, աչքերը հառած դեպի բերդը, երկու ուղեկիցների հետ, առաջ էր գնում: Նրա սառն դեմքի վրա չէր երևում ոչ հաղթողի ուրախությունը և ոչ էլ անբավական մարդու դժգոհությունը, այլ մի տեսակ խորին մտածություն, որը, կարծես, արտահայտելիս լիներ այս միտքը. «Լավ է, այդ բոլորը շատ լավ է, բայց դրանից հետո ի՞նչ պետք է անել...»:

Նա դարձավ դեպի Մխիթար սպարապետը, ասելով.

— Այդ բերդը բավական հոգնեցրեց մեզ. նա միշտ կմնա այդ ճանապարհի վրա որպես մի դժվարարձակելի հանգույց և որպես մի մեծ խոչընդոտ, եթե նրան ողջ թողնելու լինենք: Պետք է այդ հանգույցը բոլորովին ոչնչացնել:

— Ինչո՞ւ, ոչնչացնել, — պատասխանեց սպարապետը. – քանի որ թշնամու ձեռքումն էր, նա կարող էր մեզ խոչընդոտ լինել, իսկ այժմ, երբ ընկավ մեր ձեռքը, նույն ծառայությունը կարող է մատուցանել և մեզ:

— Այդ իրավ է: Բայց ես նպատակ ունեմ շինել տալ մի նոր բերդ, այստեղից հեռու, մի ավելի հարմար դիրքի վրա...

Դեռ չավարտած իր խոսքը, Բեկը նկատեց, որ մի մարդ բռնեց նրա ձիու սանձը, ասելով.

— Իշխան, խնդիրք ունեմ...

Բեկը կանգնեցրեց իր ձին: Նա չոքեց գետնի վրա, և արտասվալի աչքերով ձեռքերը դեպի երկինք բարձրացնելով, ասաց.

— Աստված իր քաջերին հաղթություն է շնորհում և նրանց հզոր ձեռքը բարձրացնում է ազգերի ու ժողովուրդների վրա: Նրանց ձեռքով խորտակում է ամենակալը իշխողների գավազանը և ոչնչացնում է նրանց զորությունը, — այն իշխողների, որ ոտնակոխ են անում աստուծո սահմանած օրենքները, որոնց հիմքն է արդարությունը, որը կշիռն է ամեն իրավունքների: Դուք, իշխան, արդարադատի բարկության սուրն եք, որով կամեցավ նա պատժել մեզ մեր մեղքերի համար: Բայց աստուծո ուղարկած պատուհասը իր սահմանն ունի: Նա թեև տալիս է հզորների ձեռքում իր վրեժխնդրության սուրը, բայց մի մոռացեք, իշխան, որ այդ սրի երախակալը գթությունն է: Նա թեև հաղթություն է շնորհում իր քաջերին, բայց մի մոռացեք, իշխան, որ այդ հաղթության պսակը ներումն է: Այժմ ձեր ոտքերի փոշու տակ ընկած մարդը ձեզանից այդ երկու ողորմությունն է խնդրում՝ գթություն և ներումն: Որովհետև աստված գթած է և ներող: Թող օրհնյալ լինի նրա ամենակարողությունը, թող անպակաս լինի ձեզանից նրա շնորհը:

Բեկը որքան էլ խստասիրտ լիներ, որքան էլ զայրացած լիներ իր հայրենիքի թշնամիների վրա, այսուամենայնիվ, ծերունու խոսքերը ազդեցին նրա սրտին, և դառնալով դեպի սպարապետը, հարցրեց.

— Ո՞վ է այդ մարդը:

Այդ միջոցին վրա հասավ Ներսես սրբազանը, և առաջ անցնելով, պատասխանեց.

— Դա Ասլամազ-Կուլի խանի վեզիրն է, այն բռնապետի, որը իր ամրոցով այս գիշեր ցնդեց օդի մեջ: Մի քանի րոպե առաջ ինձ մոտ էր: Ես երկար խոսեցի դրա հետ մահմեդականների դարևոր բարբարոսությունների մասին: Նա համաձայնվեցավ ինձ հետ և արդարացրեց մեր վարմունքը: Ընդունեցեք, Բեկ, ծերունի վեզիրի խնդիրքը, հրամայեցեք դադարեցնել կոտորածը: Թող ձեր շնորհն ու ողորմածությունը լինի վարձատրություն այդ մարդու այն ծառայությունների համար, որ իր պաշտոնավարության ընթացքում կատարել է այստեղի հայերի վերաբերությամբ: Նա իր բոլոր բարերարությունները պատմեց ինձ և նրանց անկեղծության մեջ ես կասկած չունեմ:

— Ես կհրամայեմ դադարեցնել կոտորածը, բայց բերդը պետք է քանդվի, — ասաց Բեկը, և դառնալով դեպի ծերունի վեզիրը, ավելացրեց.

— Հենց այս օրից, վեզիր, դու պիտի առնես քեզ հետ այդ բերդում մնացած մահմեդականներին և պիտի գաղթես դեպի Պարսկաստան:

Վեզիրը կամեցավ մի խոսք ևս ասել, բայց սրբազանը ակնարկեց նրան լռել:

Բեկը անցավ դեպի բերդը:

ԻԸ

Արծվանիկ կամ Նախիջևանիկ կոչված ավանը մի ժամանակ Բարգյուշատի վիճակի գյուղաքաղաքն էր: Այդ ավանը գոյություն ունի մինչև այսօր, գտնվում է մի լեռնային բարձրավանդակի արևմտյան կողմից առապարի վրա: Այստեղից երևում են Բարգյուշատի անտառապատ լեռնադաշտերը, որոնք սքանչելի տեսարաններով տարածվում են մինչև

Երասխի հովիտը: Այստեղից երևում են հեռավոր Ղարադաղի բարձրագագաթ սարերը, որոնք տարածվում են Երասխի աջ ափերի վրա:

Արծվանիկից դեպի ցած, սարի ստորոտից սկսվում է մի գեղեցիկ, բոլորաձև հովիտ, որը կտրատվում է խորին ձորերով: Այդ ձորերի մթության մեջ, մինը մյուսի մոտ, թաքնված են՝ Չափնիս, Ընկենանց, Սնքար, Շաբաղին հայաբնակ գյուղերը: Հիշյալ գյուղերը 2-3 ժամի ճանապարհով միայն հեռու են Արծվանիկից:

Արծվանիկը այժմ կորցրել է իր հին նշանակությունը, բայց նրա վաղեմի փառքի փշրանքները տակավին պահպանվել են: Ավանի ստորոտում մինչև այսօր երևում են մի հին ամրոցի ավերակների հետքերը, երևում են խորին այրեր, մթին քարանձավներ, որ գտնվում են այդ ամրոցի մոտ, որոնք առաջ ծառայում էին որպես պատսպարաններ, որպես թաքստի տեղեր:

Արծվանիկից շատ հեռու չէ այդ ավանի գերեզմանատունը, որ ունի առանձին եկեղեցի: Մի նեղ ճանապարհ տանում է դեպի ննջեցյալների հանգստարանը: Այդ ճանապարհի մի կողմում, մենավոր կաղնի ծառի հովանիի տակ, կա մի առանձնացած գերեզման, որի վրա ձգած է մի հասարակ քար առանց խաչի և արձանագրության: Ինչո՞ւ է նա առանձնացել, ինչո՞ւ է նա բացակա հասարակաց գերեզմանատնից, որ հեռու է նրանից մի հարյուր քայլով միայն:

Այդ գերեզմանը, թեև արհամարհված է մարդերից, բայց նրանցից մոռացված չէ: Հասարակաց գերեզմանատունը տեղ չտվեց նրան իր հասարակության մեջ: Բայց ամեն անգամ, երբ քահանան անցնելով նրա մոտից, գնում է ննջեցյալների հանգիստը օրհնելու, — ամեն անգամ, երբ տոհմայինները գնում են իրանց հարազատների շիրիմների վրա խունկ ծխելու, աղոթելու, — ամեն անգամ, երբ մշակը գնում է դաշտը վար վարելու, նրանք անցնում են այդ մենավոր գերեզմանի մոտով, անցնում են թքելով նրա վրա և անեծք կարդալով:

Այն օրից, որ այդ գերեզմանը գոյություն ունի, անցել է մեկ ու կես դար, բայց ժողովուրդը դեռ չէ ներել նրան: Ժողովուրդը միշտ անիծում է նրան: Հարցրու պատահած մարդից, թե մանուկ կլիներ նա և թե ալևոր, — ումն է պատկանում այդ նզովյալ գերեզմանը: Նա քեզ կպատասխանե.

— Դա մելիք Ֆրանգյուլ դավաճանի գերեզմանն է. հենց այստեղ սպանեցին նրան, այստեղ էլ թաղեցին: Նրա դիակը թույլ չտվեցին թաղել հասարակաց հանգստարանում, ննջեցյալների հանգիստը չպղծելու համար:

Հետո ձեր խոսակիցը ավելի հեռու կգնա պատմական մանրամասների մեջ ու ձեզ կասե.

— Տեսնո՞ւմ եք այս ամրոցի ավերակները, որ երևում են ձորի մյուս կողմում. — դրանք մի ժամանակ շեն էին և պատկանում էին հենց այդ դավաճանին: Երբ նրան սպանեցին, ամրոցն էլ քանդեցին:

— Ովքե՞ր քանդեցին:

— Մեր պապերը, — կպատասխանե նա. — դավաճանը մեր երկրին շատ վնասներ է տվել, դրա համար էլ սպանեցին նրան:

Հետո կավելացնե նա այնքան հետաքրքիր պատումներ «դավաճանի» մասին, որոնք մոռացված են մեր գրավոր պատմության մեջ, բայց հարյուր հիսուն տարի կենդանի մնացին ժողովրդի հիշողության մեջ և գուցե երկար կենդանի կմնան:

Մելիք Ֆրանգյուլին հարկ չկա նորից ներկայացնել մեր ընթերցողներին, որովհետև նրանք ծանոթ են այդ չարագործի հետ մեր վեպի առաջին գրքի մեջ: Բայց այն օրից շատ փոփոխություններ պատահեցան նրա կյանքի մեջ, այդ փոփոխությունները մենք կպատմենք մի քանի խոսքով միայն:

Ընթերցողը հիշում է, որ մելիք Ֆրանգյուլը Բարգյուշատի կառավարությունը ստանալու համար, Չալաբիան կոչված թյուրք ցեղի իմամի մոտ ընդունեց մահմեդականություն և իր աղջիկը խոստացավ նրան կնության տալ: Իմամի միջնորդությամբ Ֆաթալի խանից ստացավ նա Բարգյուշատի մելիքությունը:

Ծերունի իմամը իր դերվիշի հրաշալի մաջուններով աշխատում էր վերադարձնել իր մանկությունը, որ մելիքի գեղեցիկ աղջկա ամուսինը դառնա: Բայց մաջունները չօգնեցին, իմամը մեռավ, և օրիորդը թեև ազատվելով փտած ծերունկի կինը լինելուց, բայց նրա հայրը Ֆաթալ խանի հետ իր հարաբերությունները միշտ բարեկամական պահելու համար, իր աղջկան տվեց նրա եղբայր Աղասի խանին: Դրանով նրա աստիճանը բարձրացավ, բացի մելիքությունից, ստացավ խանի մոտ նազիրի պաշտոնը:

Երբ Դավիթ բեկը հայտնվեցավ, Սյունյաց աշխարհի պետերից երկու մարդ միայն չմիացան նրա հետ. մեկը Տաթևի մելիք Դավիթ ուրացողը, մյուսը, Արծվանիկի մելիք Ֆրանգյուլ ուրացողը: Երկուսն էլ Ֆաթալի խանի գործիքները, նրա չար արբանյակներն էին: Մելիք Դավիթ ուրացողի վախճանը մեր ընթերցողներին հայտնի է: Դավիթ բեկը նրան գլխատել տվեց. նրա ամբողջ ընտանիքը Սատանի-կամուրջից ածել տվեց Որոտնա գետի մեջ: Նրա որդի Շահ-Կուլին, կռվի դաշտից փախչելու ժամանակ, Տանձատափ գյուղում սպանվեցավ մի կնոջ ձեռքով: Մնում էր մելիք Ֆրանգյուլը:

Զեվու բերդի գրավումից երկու օր հետո, այդ մարդը, իր ամրոցի սենյակներից մեկի մեջ, անհանգիստ կերպով անցուդարձ էր անում: Գիշեր էր: Սենյակի դռան հանդեպ կանգնած էր մի այլ մարդ մռայլոտ կերպարանքով և ճանապարհի հագուստով: Երևում էր, որ նա հենց նոր վերադարձել էր իր ուղևորությունից: Այդ մարդուն կոչում էին քեչալ Համբարձում. նա մելիքի զգիրն էր:

— Ուրեմն այդպե՞ս, բերդը առեցին... – խոսեց մտահույզ մելիքը, շարունակելով իր անցուդարձը: — Հետո ի՞նչ արեցին:

— Հետո ի՞նչ պետք է անեին, — պատասխանեց քեչալը ծիծաղելով. – կարո՞ղ եք երևակայել, թե ինչ կանեին. մարդիկներին կոտորեցին, տները այրեցին, խանին իր ամրոցի հետ թռցրին օդի մեջ. հիմա Զեվուն, նայեցեք, այսպես է դարձել: — Վերջին խոսքերի միջոցին նա բաց արեց իր ափը, ցույց տալու համար, թե բերդի տեղը նրա ափի նման հարթ հավասար է դարձել:

— Շա՞տ են կոտորել:

— Ավելի քան չորս հազար հոգի: Բոլորին կկոտորեին, եթե խանի վեզիրը և Ներսես սրբազանը չմիջնորդեին Բեկի մոտ:

— Մնացած բնակիչները ի՞նչ եղան:

— Հայերին զաղթեցրին ուրիշ տեղ, իսկ թյուրքերին հրամայեցին հեռանալ դեպի Պարսկաստան:

Մելիքի վրդովմունքը հետզհետե սաստկանում էր. նա անդադար մատներով զգզգում էր իր երկայն մորուքը, որ թյուրքերի սովորության համեմատ ներկած էր հինայով:

Նա դարձյալ կանգնեց իր լրտեսի առջև, հարցնելով.

— Բերդը ոչնչացնելուց հետո Բեկի զորքերը ո՞րտեղ գնացին:

— Գնացին դեպի զանազան կողմեր նոր հաղթություններ անելու համար:

— Կարո՞ղ ես առանձին-առանձին պատմել ինձ, թե զարապետներից որը ո՛ր կողմ գնաց:

— Ինչո՞ւ չեմ կարող, — պատասխանեց լրտեսը, պարծենալով իր բերած տեղեկությունների վրա: — Ինքը Բեկը Մխիթար սպարապետի և Ներսես սրբազանի հետ գնացին Որոտնա բերդի վրա: Մելիք-Փարսադանին, Ավթանդիլ գնդապետին և Պապ զորապետին ուղարկեցին դեպի Գենվազի կողմերը: Մեղրին տիրելու համար: Իսկ Թորոս իշխանին ուղարկեցին դեպի մեր կողմը:

— Ուրեմն իմ հին թշնամուն իմ դեմ են ուղարկել... — ասաց նա ատամները կրճատացնելով:

Թորոս իշխանը և մելիք Ֆրանգյուլը տոհմային թշնամություն ունեին միմյանց հետ, որ ժառանգել էին իրանց պապերի ժամանակից: Նրանց թշնամությունը ավելի սաստկացավ, սկսյալ այն օրից, երբ մելիք Ֆրանգյուլը մահմեդականություն ընդունելով, մտավ Ֆաթալի խանի պաշտպանության ներքո և սկսեց Թորոս իշխանի երկրի վրա հարձակումներ գործել: Թորոս իշխանի երկիրը՝ Չավնդուրի գավառը, սահմանակից էր Բարգյուշատին, ուր իշխում էր մելիք Ֆրանգյուլը:

— Թորոսի հետ այլևս ովքե՞ր կան, — հարցրեց մելիքը րոպեական մտածությունից հետո:

— Թորոսի հետն է՝ իշխան Ստեփաննոս Շահումյանը, Մելիք-Փարսադանի որդի Բալի զորապետը և Թորոսի ազգական Մելիք-Նուբարը:

— Բոլորը լա՛վ պտուղներ են... — ասաց մելիքը դառն ժպիտով: — Ընտրությունը վատ չէ.. այդ Բեկը, երևում է, գործ հասկացող մարդ է... իմ դեմ ուղարկում է այնպիսի մարդիկ, որոնք հին հաշիվներ ունեն ինձ հետ վերջացնելու:

— Բայց դու կարո՞ղ ես ինձ ասել, թե որքան հոգուց է բաղկացած Թորոսի զորախումբը, — դարձավ նա դեպի լրտեսը:

— Կարող եմ, — պատասխանեց լրտեսը, — մատներով կարելի է համբարել նրա ունեցած զորքը. – հինգ հազար հոգուց ավելի չի լինի. հազար հոգու չափ ձիավորներ են, իսկ մնացածները հետիոտներ:

— Ինչպե՞ս են զինված:

— Զենքերի կողմից, պետք է ասած, վատ չեն. Ասլամազ-Կուլի խանի բոլոր ընտիր զենքերը հիմա դրանց ձեռքումն է:

Մելիքը դարձյալ լուռ կացավ, շարունակեց իր անցուդարձը սենյակի մեջ: Նրա մի քանի րոպե առաջ մռայլված դեմքը այժմ փոքր-ինչ պարզվեցավ: Իր մտքում նա իսկույն հաշվեց, թե թշնամու հինգ հազարի դեմ որքան զորք կարող էր դուրս բերել ինքը և իր պաշտպան Ֆաթալի խանը: Նա կրկին դարձավ դեպի լրտեսը.

— Դու ինձ ոչինչ չասեցիր տեր Ավետիքի մասին:

— Հա՛, մոռացա, «մեծ էշը ախոռումն է մնացել»... – պատասխանեց քեչալը ծիծաղելով: — Տեր Ավետիքը Բայինդուր իշխանի հետ (այդ գիժը մի զարմանալի մարդ է) և Տաթևի միաբան Խորեն հայր սուրբի հետ գնացին դեպի Զանգեզուրի և Սիսիանի կողմերը: — Մի բան ասեմ ծիծաղեցեք. դրանց զորքի մեջ կա մի կին, որին կոչում են Սառա, դա, ասում են, Խորեն հայր սուրբի սիրուհին է. կա և մի աղջիկ, որին կոչում են Փարիշան, դա ամբողջ զորախմբի որդեգրուհին է: Ամեն անգամ կռվից առաջ այդ աղջիկը իր ձեռքով արաղ է բաժանում զինվորներին, որ լավ կռվեն: Անիծածը շատ գեղեցիկ է, եթե ինձ էլ խմացներ, խաչը վկա, ես էլ առյուծ կդառնայի...

Լրտեսի վերջին խոսքերը ոչ շարժեցին մելիքի ծիծաղը և ոչ էլ հետաքրքրեցին նրան: Նա ընդհատեց հրապուրված քեչալի պատմությունը, հարցնելով.

— Քո ինձ հաղորդած տեղեկությունները ինչպե՞ս հավաքեցիր:

— Ես Բեկի բանակի մեզ էի, շատ բան այնտեղ խոսվում էր... — ասաց լրտեսը, հետո սկսեց պատմել, թե որպիսի խորամանկություններ գործ դրեց իր ցանկացած տեղեկությունները ձեռք բերելու համար:

— Քեզ չճանաչեցի՞ն:

— Ինչպե՞ս կարող էին ճանաչել: Ամեն կողմից միշտ նոր և անծանոթ մարդիկ են գալիս և միանում են նրանց զորքերի հետ: Սկզբից երդում են տալիս և ընդունում են:

— Դու էլ երդվեցա՞ր:

— Իհարկե, երդվեցա, բայց հավատացած եմ, որ նրանց խաչն ու ավետարանը իմ աչքերը չեն քոռացնի. հիմա շատ գեղեցիկ կերպով տեսնում եմ:

— Շա՛տ ապրիս, Համբարձում, — համակրությամբ ասաց նրան մելիքը: — Բոլորը հասկացա, ինչ որ հարկավոր էր ինձ գիտենալ: Հիմա կարող ես գնալ, դու ճանապարհից ես եկել, հոգնած կլինես, քեզ պետք է հանգստանալ: Ես վաղ առավոտյան կրկին կանչելու եմ քեզ:

Լրտեսը գլուխ տվեց և հեռացավ:

Մելիքը մնաց միայնակ:

Գիշերից բավական անցել էր. աքաղաղները ձայնում էին. ամրոցի մեջ տիրում էր խորին լռություն. բորբը քնած էին: Արթուն էր միայն ամրոցի տերը: Նա ևս մոտեցավ և առանց հանվելու պառկեց անկողնի վրա, որ պատրաստված էր միևնույն սենյակում: Երկար պառկած մնաց, բայց քնել չկարողացավ: Դառն մտածություններ ալեկոծում էին նրա սիրտը: Նա նմանում էր մի մարդու, որ սարսափելի նավաբեկությունից հետո, մնում է մի կտոր տախտակի վրա, սկսում է կռվել ալիքների հետ, հուսալով, որ նրանք կամ կտանեն նրան դեպի ծովի անդունդը, կամ կձգեն ցամաքի վրա...

Լրտեսից ստացած տեղեկությունները Բեկի հաջողությունների մասին՝ թունավոր նետի նման ծակոտում էին նրա սիրտը: Նրա վրա ուղարկված էր իր հին թշնամին՝ Թորոս իշխանը, Չավնդուրի տերը: Այդ հպարտ, գոռոզ, ոխակալ իշխանի վրեժխնդրական ոգին նրան վաղուց հայտնի էր: Նա գիտեր, որ իշխանը կվարվեր իր հետ այնպես, որպես Բեկը վարվեց Դավիթ ուրացողի հետ: Եվ Թորոսը շատ իրավացի պատճառներ ուներ այդպես վարվելու: Ինքը զգում էր, թե ո՛րքան վնասներ էր հասցրել նրան, ո՛րքան վշտեր էր պատճառել նրան... այդ բոլորի համար պետք էր տուժել...

Բայց նրա աչքի առջև դրած էր մի ընդհանուր գործ՝ հայոց աշխարհի փրկության գործը: Բեկը և նրա կուսակիցները ուրիշ ոչինչ էին, եթե ոչ այդ գործի գլուխ տանող բանվորները: Իր անձնական, մասնավոր հաշիվները Թորոսի հետ կորչում էին, անհետանում էին այդ գործի մեծության առջև:

Մելիքը բնավորությամբ բարի մարդ էր, բայց սաստիկ փառասեր: Իր փառասիրությանը զոհեց նա հայրենական կրոնը և մինչև անգամ իր հարազատ աղջիկը: Բայց նա իր համոզմունքներով իսկապես ոչ քրիստոնյա էր և ոչ մահմեդական: Նպատակը նրա մեջ արդարացնում էր ամեն տեսակ միջոցներ: Նրանց հարկավոր էր պահպանել իր տոհմային ժառանգությունը՝ Բարգյուշատի գավառի իշխանությունը: Դրա համար պետք էր գրավել երկու հզոր դաշնակիցներ, որպես էին՝ Ֆաթալի խանը և նրա եղբայր Աղասի խանը: Նա գրավեց նրանց, մեկի համար ուրանալով իր կրոնը, իսկ մյուսին տալով իր աղջիկը:

Բայց իբրև հայ, նա ցանկանում էր Հայաստանի բարին, ցանկանում էր, որ այդ երկիրը ազատ լինի, բախտավոր լինի, ցանկանում էր, որ նա ունենա իր հայ իշխողը, բայց այդ իշխողը լինի ոչ այլ ոք, բայց միայն – ինքը: Ահա այստեղ էր հասնում նրա փառասիրությունը:

Նա բարկանում էր Բեկի հաջողությունների վրա, ոչ այն պատճառով, որ այդ հաջողությունները օգտավետ չէր համարում իր հայրենիքին, այլ առավել այն պատճառով, թե ինչու ինքը չպիտի լիներ պարագլուխ այդ ազգային շարժմանը, ինչու ուրիշները պիտի վայելեին այն փառքը, որին ինքն էր միայն արժանի:

Բայց նա ոչ մի ազգային շարժման պարագլուխ լինել կարող չէր. նա կորցրել էր իր հավատարմությունը հայ ժողովրդի աչքում, նա խորթացել էր հայ հասարակության համար: Ինչո՞ւ: Նրա համար, որ նա այլևս այնպես չէր աղոթում, ինչպես մյուս հայերը: Ո՞վ էր մեղավոր, ի՞նքը, թե հասարակությունը, որ նրան դուրս էր վիժում իր միջից, որ զզվանքով խորշում էր նրանից: Այդ զզվանքը ավելի կատաղեցնում էր նրան և հակամայից ծնեցնում էր նրա մեջ մի այսպիսի միտք. «Եթե դուք ինձ չեք ճանաչում իբրև ձեր մարմնից և արյունից, ես հավիտյան ձեզ ճանաչել չեմ ցանկանա...»:

Նա վեր կացավ պառկած տեղից, սկսեց կրկին անցուդարձ անել սենյակի մեջ: Խիղճը տանջում էր նրան: «Ոչ, մտածում էր նա, ինձ չի ների ոչ երկինքը և ոչ երկիրը, եթե ես կդավաճանեմ իմ հայրենիքի փրկության գործին: Բեկի հաջողությունները դեռ չի կարելի բոլորովին ապահովված համարել: Նա, իրավ է, փշրեց մեր երկրի նշանավոր բռնապետներից մեկի՝ Ասլամազ-Կուլի խանի զորությունը, բայց դեռ ամենաիրեշավոր վիշապը մնում է, որի գլուխը նույնպես պետք է խորտակել: Այդ վիշապը Ֆաթալի խանն է, որ նստած է մեր երկրի սրտի մեջ, իսկ ես – նրա աջ ձեռքն եմ: Առանց ինձ նա ոչինչ է, իսկ առանց նրան ես ոչինչ եմ: Մեր երկուսի միավորությունը կազմում է մի սարսափելի ամբողջ, որի առջև կոչնչանա Բեկի բոլոր զորությունները: Բայց մի՞թե աստված և նրա սուրբերը կներեն ինձ, եթե ես միանամ օտարի հետ և պատերազմեմ իր հայրենիքի փրկիչների դեմ: Մի՞թե ապագա սերունդը մինչև հավիտյան անեծքով և նախատինքով չի դատապարտի իմ հիշատակը: Ոչ, ես ուրացողի անունը կրեցի, բայց դավաճանի անուն ժառանգել չեմ ցանկանա: Կգնամ Բեկի և Ներսիս սրբազանի մոտ, կչոքեմ նրանց առջև ու կասեմ. «Ընդունեցեք ձեր անառակ որդուն. կորած էի՝ գտնվեցա, մեռած էի՝ կենդանացա...»:

« Բայց ես ուշացա, ես շատ ուշացա: Ես այդ պիտի անեի այն ժամանակ, երբ մեր երկրի պետերը հավաքվեցան Տաթևի վանքի տաճարի մեջ և սուրբ Վարդանի գերեզմանի վրա ուխտ ուխտեցին, հավատարմության երդում տվեցին: Ես ուշացա: Հիմա նրանք այլևս չեն հավատա իմ անկեղծությանը: Եվ իրավունք ունեն չհավատալու: Իմ ամբողջ կյանքը, իմ գործունեությունը միշտ վատ վկայություն կտան իմ մասին: Ես միշտ ծածկված եմ եղել մի կեղծ, խաբուսիկ կեղևով: Դրսից ներկայացել եմ որպես պաշտոնյա, որպես գործիք օտարի, իսկ ներսից պաշտպանել եմ իմ ազգի շահերը: Ես հայտնապես վնաս եմ տվել իմ ազգին, բայց գաղտնապես օգնել եմ նրան: Բայց ո՞վ է քննում մարդկանց սիրտը, որ թաքնված է խավարի և մթության մեջ: Ամեն ինչ դատում են արտաքին փաստերով, որ ավելի աչքի են զարկում, որ ավելի շոշափելի են:

Ի՞նչ պիտի անես, երբ օտարի, երբ թշնամու ծառայության մեջ ես գտնվում: Մի պատառ պետք է ձգես նրա բերանը, որ կարողանաս ամբողջը ազատել: Ես տվեցի Ֆաթալի խանին մի վանք, որ նա իր համար ամառանոց կառուցանե և դրանով ազատեցի մեր բոլոր վանքերը: Ես տվեցի նրա եղբորը իմ հարազատ աղջիկը և դրանով ազատեցի հազարավոր աղջիկներ մահմեդականի կին լինելուց: Ես ուրացա իմ կրոնը, ընդունեցի մահմեդականություն, որ դրանով գրավեմ իմ թշնամու մտերմությունը, որ դրանով ավելի խոր մտնեմ նրա սրտի մեջ, որ կարողանամ նրան իմ ձեռքում պահել: Այդ բոլորը արեցի ես միայն նպատակների համար: Բայց աստծուն հայտնի է, որ իմ նպատակները չար չէին: Նրանք կարող են այժմ չար երևնալ, որովհետև իմ նախասահմանությունը անկատար մնաց... ես չկարողացա ի կատար հանել այն մեծ շինվածքը, որի հիմքը դրել էի...»:

Այսպես տարուբերվում էր, օրորվում էր իր մտածությունների մեջ այդ դժբախտ մարդը, բայց մի ելք, սրտի և հոգու հանգստություն գտնել չէր կարողանում:

Սենյակի օդը խեղդվելու չափ ծանր էր. գուցե այդպես երևում էր նրան: Բորբոքված սրտի կրակը հարուցել էր նրա մեջ մի տեսակ տենդային ջերմություն, որ ազդում է և ուղեղի վրա: Նա մոտեցավ պատուհանին, բաց արեց լուսամուտը, նստեց նրա հանդեպ, որ փոքր-ինչ զովանա, որ փոքր-ինչ ազատ շունչ առնե:

Դրսում խաղաղ գիշեր էր: Նա երկար մի առանձին հաճությամբ նայում էր գիշերային խավարի մեջ: Այդ խավարը համապատասխանում էր նրա մտքի խավարին: Որպես մթնոլորտի մթության մեջ նա որոշ ոչինչ չէր տեսնում, այնպես էլ իր մտքի խավարի մեջ ամեն ինչ պարզ չէր, ամեն ինչ պատած էր խորին մռայլով:

Հանկարծ նրա աչքին ընկավ լուսնի նորածին եղջյուրը, որը նշմարվում էր հորիզոնի վրա, և կամաց-կամաց իջնում էր դեպի իր մուտքը: Տիեզերքի մթության մեջ այդ աղոտ լուսատու կետը գրավեց նրա ուշադրությունը: Կարծես, նա պիտի պարզեր նրա մտքի մռայլը, կարծես, նրանից էր սպասում իր ճակատագրի վճիռը:

«Թո՛ղ աստված ինքը վճռե...» — ասաց նա և գրպանից հանեց իր երկայն տերողորմյան, սկսեց մին-մին դարձնել նրա հատիկները, աչքերը չհեռացնելով լուսնի վրա նայելուց:

Տերողորմյայի վրա կային հիսուն հատիկներ, ամեն անգամ, երբ հիսուն թիվը լրանում էր, նա եղունգով մի խազ էր գծում պատի վրա: Երկար այդ գործողությունը շարունակում էր նա, անշարժ աչքերը սևեռած պահելով լուսնի վրա: Պատի վրայի խազերը հետզհետե ավելանում էին:

Լուսինը մայր մտնելու մոտ էր: Այժմ նրա ձեռքերը սկսեցին դողդողալ, և սիրտը սաստիկ բաբախում էր: Բայց տերողորմայի հատիկները շարունակում էր դարձնել:

Լուսինը ծածկվեցավ լեռների ետևում, թողնելով հորիզոնի վրա մի աղոտ լուսավորություն: Նա սոսկալի զգացմունքով գծեց պատի վրա վերջին խազը: Մի քանի րոպե մնաց շվարած, խուլ անմռականության մեջ: Հետո սկսեց հաշվել, գումարել խազերը;

«Մեկ, երկու, երեք... – խազերի ամբողջ թիվը քսան և մեկ է.... ուրեմն գումարը կլինի մի հազար և հիսուն...»:

Նա սարսափելով ձեռքը խփեց իր ճակատին և քարացածի նման մնաց անշարժ:

Վիճակը դուրս եկավ հոգուտ Ֆաթալի խանին...

ԻԹ

Արծվանիկ ավանի արևելյան կողմում բարձրանում է մի անտառապատ սար, որը պարսպի ձևով տարածվում է հյուսիսից դեպի հարավ: Այդ սարի կուրծքին կպած է գեղեցկադիր ավանը, իսկ սարի վրա, հովանավորված ահագին կաղնի ծառերով, կանգնած է «Կարմիր վանքը», որ կառուցվել է նույն լեռան կարմրագույն քարերից, սուրբ Նախավկայի անունով: Այդ հոյակապ վանքը չորրորդ դարու վերջում հիմնեց Երիցակ անունով ճգնավորը, դրա համար էլ կոչվում է Երիցակա վանք:

Երիցակը կազմեց այդ վանքում մշտալուռ կրոնավորների մի միաբանություն, որոնք միայն աստուծո և նրա սուրբերի հետ էին խոսում, և իր ճգնավորական օրինակով ավելի քաջալերեց աբեղաների խստակեցությունը: Երբ Սյունյաց Սահակիա տիկինը հայոց Մուշե հայրապետին նստացրեց իր ոսկիապատ կառքի մեջ, որ լծած էր սպիտակ ջորիներով, և փառավոր հանդեսով ուղարկեց նրան Երիցակին հրավիրելու, որ նա ընդունե Սյունյաց կաթողիկոսության աթոռը, այդ ժամանակ Երիցակը պարանով կախվեցավ վանքի պարսպից և կամենում էր փախչել:

Մինչև այսօր ժողովրդի մեջ դեռ մնացել է վաղեմի ավանդությունը այն մասին, թե երբ Մուշե հայրապետը աշխատում էր համոզել Երիցակին, որ նա ընդունե կաթողիկոսական աթոռը, սուրբ ճգնավորը համեստությամբ հրաժարվում էր, ասելով, թե ինքը արժանավորություն չունի այդ բարձր կոչմանը: Այդ միջոցին նրա խցի դռան մոտ իջան մի խումբ աղավնիներ, և նրանցից մեկը թռչելով նստեց սուրբ ճգնավորի ուսի վրա, և մարդկային բարբառով ասաց. «Արժան է, արժան է»:

Խոսում են և այն, թե երբ սուրբ ճգնավորը մի անգամ որպես ուխտավոր գնացած էր Երուսաղեմի հայոց վանքը, հանկարծ Հիսուս Քրիստոսի ծննդյան տոնի ճրագալույցի երեկոյին մտաբերեց իր հեռավոր վանքը, որ գտնվում էր Սյունյաց աշխարհում, մտաբերեց իր միաբանակից եղբայրներին և ցանկացավ նրանց հետ միասին կատարել ծննդյան տոնը: Երբ այդ ցանկությամբ սուրբ Բեթլեհեմի այրի դռան հանդեպ կանգնած լաց էր լինում նա, մոտեցավ մի կին, և նստեցրեց նրան մի կախարդական սափորի վրա, որը մի ակնթարթում Երուսաղեմից հասցրեց նրան Սյունյաց աշխարհը և իր վանքը Արծվանիկում: Միաբանները դեռ չէին ավարտել ճրագալույցի երեկոյան պատարագը, երբ տեսան նրան և զարմացան:

Երիցակա վանքը Սյունյաց աշխարհի ամենափառավոր վանքերից մեկն էր. նրա հոյակապ շինվածքը ներկայացնում էր հայկական ճարտարապետության սքանչելի գործերից մեկը: Նրա շուրջը գտնվում էին մենակյաց միաբանների համար գեղեցիկ խուցեր. ընդարձակ սեղանատուն, ամբարանոցներ լի ամեն տեսակ պաշարեղեններով և ախոռատներ բազմաթիվ անասուններով: Այստեղ կերակրվում էին մարդկային հասարակությունից հալածված ուրուկներ և այլ տեսակ ախտավորներ, որոնց վրա միաբանությունը առանձին խնամք էր տանում և բժշկում էր:

Վանքը, որպես մի գեղեցիկ պսակ, դրած էր լեռնային բարձրավանդակի վրա, հովանավորված անտառի մշտականաչ ծառաստանով, որի լռության մեջ, թռչունների ուրախ երգերի հետ, հնչվում էին աստծուն նվիրված աբեղաների սաղմոսերգությունները: Նրա ստորոտում, ժայռերի սրտում գտնվում էին բնական քարանձավներ, որոնց մուտքը թաքնված էր խիտ պատատակների մեջ, որոնք ծտերի բույնի նման կախված էին անդունդի վրա, որը հազարավոր քայլերի խորությամբ, որպես մի հսկայական վիհ, բացվում էր դեպի ցած: Այդ քարանձավների խլության մեջ առանձնացած էր աշխարհից բոլորովին հրաժարված ճգնավորի միաբանությունը, որոնք ոչ արևի լույս էին տեսնում և ոչ ադամորդիների երես:

Բայց Դավիթ բեկի հայտնվելուց մի քանի տարի առաջ այդ վանքը, որ ավելի քան տասներկու դար գոյություն ուներ, բոլորովին քայքայվեցավ, բոլորովին զրկվեցավ իր վայելչությունից:

Այդ ժամանակ վանքի միայն մերկ կմախքն էր մնացել: Հոյակապ տաճարի արտաքին սրբատաշ քարերը պոկած էին. կանգնած մնում էին միայն ահագին կամարները: Բացի տաճարից, վանքի բոլոր շինությունները քանդված էին: Իսկ նրանց փոխարեն, մի քանի քայլ հեռավորության վրա, կառուցված էր մի հիանալի ամառանոց: Այդ ամառանոցը պատկանում էր Ֆաթալի խանին: Նա շինված էր վանքի քարերով: Անգութ թյուրքը չխնայեց մինչև անգամ եպիսկոպոսների շիրիմներին, աբեղաների գերեզմաններին, և նրանց տապանաքարերը գործ ածեց բաղանիքների ու ախոռատների շինության համար: Միշտ աղոթող ճգնավորների մենարաններում այժմ բնակվում էին ավազակներ:

Ֆաթալի խանը, որպես մի խաշնարած ցեղի գլխավոր, իր հոտերով տարվա տաք եղանակները առաջ անց էր կացնում Ղարադաղի լեռների վրա, իսկ ձմեռը վերադառնում էր Բարդյուշատի գավառը, բնակվում էր իր սեփական ձմեռանոցում, որ գտնվում էր Ալթինջի գյուղում: Բայց այն օրից, երբ նա բարեկամացավ մելիք Ֆրանգյուլ ուրացողի հետ, փոխեց իր կենցաղավարության եղանակը: Մելիքը նրան մի առանձին ծառայություն անելու համար, թույլ տվեց իր սեփական ավանի՝ Արծվանիկի մոտ ամառանոց կառուցանել: Խանը ընտրեց Երիցակա վանքի գտնված տեղը, որը իր սքանչելի դիրքով, իր լեռնային բարձրությամբ և գեղեցիկ անտառներով ամեն հարմարություններ ուներ ամառանոցի համար:

Մելիքը մատնեց մահմեդականի ձեռքը այդ քրիստոնեական վաղեմի սրբավայրը, մի լոկ նպատակի համար, որ նրան իր մոտ պահե, որ պատահած ժամանակ կարողանա նրա ուժերից օգուտ քաղել:

Խանը շինեց իր հիանալի ամառանոցը հայոց վանքի քարերով և մի հարուստ հայից հափշտակած փողերով: Այդ հայի անունն էր Խոջա-Օհան, որը բնակվում էր իր հիմնած սեփական գյուղում, որ իր անունով կոչվում էր Խոջահան: Խոջա-Օհանը մի երևելի վաճառական էր, խանը մեղադրեց նրան այն հանցանքի մեջ, իբր թե նա հեռու երկրներից զենքեր է տեղափոխում իր թշնամիների համար: Այդ առիթով սպանեց նրան, նրա անբավ հարստությունը հափշտակեց և նրա ամբողջ ազգատոհմը բռնավորի անգթությանը զոհ դարձավ:

Առավոտ էր, այն գեղեցիկ, խաղաղ առավոտներից մեկը, որ միայն լեռնային անտառապատ աշխարհներին հատուկ է:

Ֆաթալի խանի ամառանոցի մեջ դեռ բոլորը քնած էին: Մի տիկին միայն զարթել էր, հագնվել էր, պատրաստվում էր կատարել վաղորդյան աղոթքը: Արեգակի առաջին ճառագայթները, ներս շողալով սենյակի պատուհաններից, լուսավորում էին նրա շքեղ օթևանը վառ-ծիրանագույն պայծառությամբ: Բայց տիկինը իջեցրեց պատուհանների վարագույրները, կարծես, այդ լույսը կարող էր արգելք լինել նրա աղոթելուն: Հետո ներսից կողպեց նախասենյակի դուռը, որ ոչ ոք իրան չխանգարե:

Մահմեդական կանայքը ամենևին աղոթելու սովորություն չունեն, իսկ տղամարդիկը միայն աղոթում են ի ցույց ծարրկանց՝ հրապարակների վրա, ճանապարհների եզերքում, մի խոսքով, որտեղ որ պատահի:

Բայց այդ տիկինը, կողպելով իր սենյակի դռները, ոչ թե կատարում էր մի հայտնի պատվեր, այլ ավելի երկյուղ ուներ, մի գուցե իր աղոթելը նկատելի լինի:

Դուռը կողպելուց հետո, նա միանձնուհու հանդարտ քայլերով, մոտեցավ սենյակի արևային կողմի պատին, և զգուշությամբ բարձրացրեց մետաքսյա վարագույրը, որ քարշ էր ընկած պատի երեսից: Վարագույրի ետևում հայտնվեցավ մի խաչ, որ փորված էր քարի վրա: Տիկինը ծունկ իջավ նրա առջև, ձեռքերը փակեց կուրծքի վրա և իր ջերմեռանդությամբ լի աչքերը դարձրեց դեպի երկինքը:

Խաչի ներքև, քարի վրա, նշմարվում էին մի քանի եղծված հայերեն տառեր: Երևում էր, սենյակի շինության ժամանակ այդ քարը պատահմամբ ընկել էր այնտեղ: Ամբողջ ամառանոցը կառուցված լինելով վանքի քարերով, նրանց վրա դեռ պահպանվել էին քրիստոնեական տաճարի հիշատակարանները, միայն ծեփած էին գաջով, որ աչքի չզարկեն: Բայց այն օրից, երբ հայտնվեցավ այդ խաչը, տիկինը համարում էր իր համար մի սրբազան գյուտ: Հանկարծ պոկվեցավ պատի ծեփը և նրա տակից երևաց խաչը: Տիկինը իր միակ մխիթարությունը ծածկեց վարագույրով, և այնուհետև իր սովորական աղոթքները կատարում էր նրա հանդեպ:

Ընթերցողը կարող է նախագուշակել, թե ով էր այդ բարեպաշտ տիկինը, որ մահմեդական հարեմի մեջ աղոթում էր քրիստոնեական խաչի առջև: Դա մեր վաղեմի ծանոթ Սյուրին էր, Տաթևի Դավիթ ուրացողի աղջիկը, Ֆաթալի խանի նշանավոր խանումներից մեկը:

Այն օրից, որ մենք բաժանվեցանք Սյուրիի հետ, անցել է տասնևյոթ տարի. դա մի նշանավոր թիվ է կնոջ հասակի համար: Սյուրին այժմ կորցրել է իր մանկական թարմությունը. նա տարիքն առած կին է, բայց առաջվա նման նույնպես գեղեցիկ է նա, նույնպես հրապուրիչ է, միայն հասունացած կնոջ գեղեցկությամբ:

Վերջին տարիներում ավելի մաշվեցավ, ավելի թառամեց չքնաղ գեղեցկուհին, մանավանդ այդ ամառանոցը հիմնելուց հետո: Նրան խիստ ծանր էր բնակվել մի տան մեջ, որ կառուցվել էր հայոց տաճարի փլատակներով: Նա չէր կարողանում զսպել իր արտասուքը, երբ ամեն օր իր աչքի առջև տեսնում էր նույն տաճարի ավերակները: Այդ ավերակները մի քանի քայլ միայն հեռու էին նրա բնակարանից: Ամեն անգամ, երբ գիշերային լռության ժամանակ, նա իր սենյակի պատուհանից նայում էր կործանված վանքի փշրանքների վրա, նրան երևութանում էր, որպես թե աբեղաների սևազգեստ դասը, դուրս գալով իրանց շիրիմներից, խաչ և Ավետարան ձեռքերում բռնած, կատարում էին մի տխուր հոգևոր թափոր, որը ավելի նման էր թաղման հանդեսի: Նրանք անեծք և նզովք էին կարդում այն բռնակալի վրա, որ քանդեց, ոչնչացրեց իրանց մշտական աղոթքների սրբավայրը:

Իսկ այդ առավոտ տիկինը սովորականից ավելի տխուր էր: Վերջացնելով աղոթքը, նա կրկին ցած թողեց վարագույրը, ծածկեց խաչը, որ ոչ ոք չտեսնե: Հետո մոտեցավ պատուհանին, բաց արեց լուսամուտը, նստեց նրա հանդեպ և սկսեց մտախոհ կերպով նայել դեպի գեղադրական հեռուն: Նրա աչքերի առջև բացվում էր մի սքանչելի տեսարան. մանիշակագույն հորիզոնի վրա նկարված էին Բարգյուշատի և Չավնդուրի գեղեցիկ, անտառապատ լեռները, որոնց միջից իր մերկ գագաթով վեր էր բարձրացել հսկա Խուստուփը: Իսկ մյուս կողմում իր հավերժական սառնամանիքներով ձգվում էր Կազբեկի շղթան, որը իր ձյունապատ գագաթներով ներկայացնում էր մի հակապատկեր ծաղկյալ, կանաչազարդ տարածության մեջ: Այդ բոլորը, լուսավորված վաղորդյան արեգակի պայծառ ճառագայթներով, շնչում էր նորածին օրվա ջերմ, կենսատու շնչառությամբ: Բայց տիկնոջ սրտին նրանք ոչինչ ուրախություն, ոչինչ մխիթարություն չէին ազդում: Նրա միտքը թռել և սլացել էր հեռու և հեռու, դեպի այն կանաչազարդ լեռների ետևը, ուր կռվում էին հայոց քաջերը, որոնց թվում կռվում էր և իր սիրելին...

Հանկարծ նրա դեմքը բոլորովին մռայլվեցավ, նա ամբողջ մարմնով դողաց, երբ պատուհանից նկատեց մի մարդ իր նշանավոր սև ջորու վրա հեծած, բարձրանում էր Արծվանիկ ավանի զառիվերից և ուղիղ դիմում էր դեպի իրանց ամառանոցը: Նրա ջորու առջև ընկած ոտքով գալիս էին երկու զինված շաթրներ: «Ի՞նչ գործ ունի մեզ մոտ այդ չարագործը այդպես վաղ առավոտյան...», — մտածեց տիկինը և աչքերով սկսեց հետևել նրան:

Չարագործը մոտեցավ ամառանոցի գլխավոր դռանը, ցած իջավ ջորուց, երիվարը պահ տվեց իր շաթրներից մեկին, և մյուս շաթրին իր հետ առնելով, սկսեց բախել դուռը:

Այդ միջոցին տիկնոջ սենյակը ներս մտավ, բոլորովին հագնված և պատրաստված, գեղեցիկ Ֆաթիման:

Ֆաթիմային մենք թողեցինք, երբ նա դեռ փոքրիկ աղջիկ էր, երբ նրան ձեռքի վրա էին ման ածում, իսկ այժմ աճել է նա, խոսում է, դատում է, գիտե իրան պահել: Տեսնելով մոր տխրամած դեմքը, նա մոտեցավ, և գրկելով նրա պարանոցը, ասաց.

— Մայրիկ, դու էլի լաց ես լինում... երբ դու լաց ես լինում, իմ աչքերիցս էլ արտասուք է վազում:

Մայրը համբուրեց նրան, ասելով.

— Ինչո՞ւ, զավակս, քո ինչ լաց լինելու ժամանակն է: Ես էլ լաց չեմ լինում. այս առավոտ չգիտեմ ինչ է պատահել աչքերիս հետ, կարծես թե, այրվում լինեն...

Մայրը թաշկինակը տարավ դեպի աչքերը, սրբեց արտասուքը: Ֆաթիման փոքր-ինչ հանգստացավ, և ավելի վստահություն ստանալով, ասաց մորը.

— Գիտե՞ս այս առավոտ ես ինչու եմ այսպես շուտ վեր կացել, այսպես լավ հագնվել:

— Դու միշտ շուտ ես վեր կենում, զավակս, — պատասխանեց մայրը, փայփայելով նրա առանձին խնամքով սանրված սև զանգուրները:

— Այդպես է, շուտ եմ վեր կենում, մանավանդ, երբ լավ առավոտ է, — պատասխանեց նա փոքր-ինչ պարծենկոտությամբ: — Բայց այսօր մի ուրիշ պատճառ կա:

Ֆաթիման պատմեց մորը, թե այն առավոտ հայ գյուղացիները, իրանց ամեն տարվա սովորության համեմատ, տոն պիտի կատարեն: Հարս, աղջիկ, տղամարդիկ, ալևորներ հավաքվելու են կործանված վանքի փլատակների մոտ, — պար պիտի բռնեն, երգ կերգեն, լավ հանդես պիտի կատարվի:

Տիկինը բոլորովին մոռացել էր, որ այն օր իրանց ամառանոցից ոչ այնքան հեռու կատարվելու էր մի ժողովրդական տոն: Հայ գյուղացիները խմբվելու էին իրանց պաշտամունքը և հարգանքը մատուցանելու այն ավերակներին, ուր կանգնած էր մի ժամանակ նրանց պապերի սրբության տաճարը:

— Մայրիկ, դու ինձ թույլ կտա՞ս, որ ես էլ գնամ, այդպես չէ՞, — հարցրեց Ֆաթիման, դարձյալ ընկնելով մոր կուրծքի վրա: — Նայիր, արդեն հավաքվել են... հիմա կսկսեն...

Վերջին խոսքերի միջոցին Ֆաթիման վեր կացավ, վազեց դեպի սենյակի այն լուսամուտը, որ ուղիղ բացվում էր դեպի վանքի ավերակները, և բարձրացնելով վարագույրը, ուրախությամբ ցույց տվեց.

— Նայիր, նայիր, հավաքվել են, մայրիկ:

Մայրը նայեց դեպի այն կողմը, բայց շուտով չպատասխանեց: Ֆաթիման կրկին դարձավ դեպի մայրը աղերսական դեմքով.

— Թույլ տվեցեք գնամ, մայրիկ, այնտեղ կտեսնեմ Մարիամին, Հռիփսիմեին, Գոհարին, դրանք շատ լավ աղջիկներ են. ինձ ասացին, որ իրանք էլ կլինեն այդ տոնին:

— Ովքե՞ր են այդ աղջիկները, դու ո՞րտեղից ես ճանաչում նրանց, — հարցրեց մայրը:

— Արծվանիկից են, — պատասխանեց Ֆաթիման. – երբ ես գնում եմ անտառը ման գալու, շատ անգամ պատահում եմ նրանց: Շատ լավ աղջիկներ են, ինձ համար պտուղներ են քաղում, ծաղիկներ են քաղում: Ես նրանց հետ նրանց լեզվով եմ խոսում, նրանք թյուրքերեն չեն իմանում: Ես հիմա բոլոր բույսերի, ծառերի, ծաղիկների, պտուղների անունները հայերեն լեզվով իմանում եմ, որը չեմ իմանում, հարցնում եմ, նրանք ինձ ասում են:

Մայրը գրկեց իր դստերը և մի առանձին սիրով համբուրեց նրան: Ֆաթիման նկատելով, որ իր պատմությունը դուր է գալիս մորը, շարունակեց.

— Քանի օր առաջ Հաֆիզան ինձ հետ էր, երբ անտառում պատահեցինք այն հայ աղջիկներին: Ես սկսեցի նրանց հետ նրանց լեզվով խոսել. Հաֆիզան ինձ ասաց. — «Ամոթ չէ՞, որ խոսում ես գավուրների լեզվով»:

— Դու Հաֆիզային ականջ մի դիր, զավակս, նա խելացի աղջիկ չէ, -պատասխանեց մայրը, ուղղելով մի քանի մազեր, որ անկարգ կերպով ընկել էին նրա ճակատի վրա և խանգարում էին կամարաձև հոնքերի գեղեցկությունը:

— Այո՛, նա խելացի աղջիկ չէ, նա գիժ է, — ավելացրեց Ֆաթիման: — Լսիր, մայրիկ, ինչ պատահեց մի անգամ. անտառից վերադառնալու ժամանակ անցանք այդ եկեղեցու ավերակների մոտով. այն հայ աղջիկները մեզ հետ էին. նրանք հենց որ տեսան ավերակները, մոտեցան քարերին և սկսեցին համբուրել, իրանց երեսի և կուրծքի վրա այսպիսի նշան անելով (Ֆաթիման խաչակնքեց իր դեմքը): Հաֆիզան սկսեց ծիծաղել նրանց վրա: Աղջիկներից մեկը՝ Հռիփսիմեն, բարկացավ: Հաֆիզան սկսեց ծեծել նրան: Ես ասացի՝ ինչո՞ւ ես ծեծում, խեղճ է: Նա պատասխանեց. — «Գավուրն ի՞նչ է, որ խեղճ լինի»: Ես Հռիփսիմեին մի աղլուխ ընծայեցի, որ լաց չլինի: — Դու խո չե՞ս բարկանա, մայրիկ, այդ քո տված աղլուխն էր:

— Չէ, զավակս, չեմ բարկանա, ես քեզ մի նորը կտամ, — ասաց մայրը, ուրախանալով իր դստեր բարեսրտության վրա:

— Բայց մի բան էլ կա, մայրիկ, վախենում եմ, որ ասեմ...

— Ի՞նչ բան, զավակս, ասա՛, ինչո՞ւ ես վախենում:

— Ես Հռիփսիմեին համբուրեցի, մայրիկ, երբ լաց էր լինում, գրկեցի նրան: Նա շատ սիրուն աղջիկ է: — Խո մեղք չէ, մայրիկ: Հաֆիզան ինձ նախատում էր, ասում էր հայի աղջիկը պիղծ է, ասում է մեղք է, երբ մարդ համբուրում է նրանց: Հաֆիզան նրանց հացը չէ ուտում:

— Մեղք չէ, զավակս, — պատասխանեց մայրը. – նրանք էլ քեզ նման աստծու ստեղծածներն են: Աստված թե քեզ և թե նրանց հավասար կերպով սիրում է:

— Բայց ինչո՞ւ են այդպես անում, — հարցրեց հետաքրքիր Ֆաթիման, դարձյալ խաչակնքելով իր դեմքը:

Եթե Ֆաթիման չափահաս աղջիկ լիներ, գուցե մայրը կբացատրեր «այնպես անելու» նշանակությունը, գուցե կսովորեցներ, որ ինքն էլ այնպես անե: Բայց այդ մասին լռեց նա, միայն խրատեց իր զավակին միշտ բարի լինել և հարգել օտարների կրոնական զգացմունքը, չհետևել չար Հաֆիզայի օրինակին: Հաֆիզան նույնպես խանի աղջիկներից մեկն էր, միայն ծնված մահմեդական մորից. նա իր ծնողից ստացել էր և նրա մոլեռանդությունը:

— Հիմա թույլ տուր գնամ, մայրիկ, — ասաց Ֆաթիման կանգնելով. – հանդեսը սկսվում է: Ես մենակ կգնամ, Հաֆիզային ինձ հետ չեմ տանի:

Թեև տիկնոջը շատ հաճելի չէր մի այնպիսի խառնափնթոր բազմության մեջ թողնել իր դստերը, բայց չկարողացավ մերժել նրա աղաչանքը, մանավանդ որ ինքը ցանկանում էր մի քանի րոպե առանձնացած մնալ: Այդ պատճառով թույլ տվեց նրան գնալ, միայն պատվիրեց, որ շատ չուշանա և շուտով վերադառնա:

— Մենակ մի՛ գնա, — ասաց նրան, — աղախնին քեզ հետ տար: Կանչիր այստեղ Փերիին:

Այսպես էր աղախնի անունը. դա տիկնոջ հին սպասավորներից մեկն էր, մի օրիորդ, որին մենք վաղուց արդեն ճանաչում ենք: Երբ հայտնվեցավ նա, տիկինը հրամայեց, որ Ֆաթիմային տանե հայերի տոնախմբության տեղը և նրա հետ միասին վերադառնա:

— Զմռռանաս, — ասաց նրան, — ներքինապետ Աhմեդին հայտնել, որ ինձ մոտ գա:

Ֆաթիման ուրախությամբ Փերիի հետ դուրս գնաց: Տիկինը մնաց միայնակ: Նա ցանկանում էր միայնակ մնալ. դրա համար և հեռացրեց աղախնին:

Տիկինը չհեռացավ լուսամուտից, որի մոտ առաջ նստած էր: Նա անհամբերությամբ սպասում էր ներքինապետին: Նրա մտքից դուրս չէր գալիս սև ջորում վրա նստած մարդը: «Ի՞նչ գործ ունի այսպես վաղ առավոտյան այդ անծիյալը մեզ մոտ...» — դարձյալ կրկնեց նա իր մտքում:

Քառորդ ժամից հետո հայտնվեցավ ներքինապետը: Նա բոլորովին ծերացել էր.

տարիքը այն աստիճան հալել, մաշել էր նրան, որ առանց դրան ևս փոքրիկ Աիմեդը, այժմ զառամյալ երեխայի կերպարանք էր ստացել:

— Դուք ինձ կանչե՞լ էիք, տիկին, — հարցրեց նա, զգուշությամբ ներս մտնելով, և խոնարհ կերպով գլուխ տալով:

— Այո՛, կանչել էի: Բայց ինչո՞ւ ուշացար, — հարցրեց տիկինը:

— Ինձ ուշացրեց իմ հետաքրքրությունը, — պատասխանեց ծերունին: — Մելիք Ֆրանգյուլը եկավ խանի մոտ: Ես մտածեցի, թե էլի մի սատանայություն կունենա, որ այսպես վաղ առավոտյան գալիս է խանի մոտ: Աշխատում էի մի բան հասկանալ:

— Ես էլ հենց դրա համար կանչել տվի քեզ:

— Դուք տեսա՞ք նրան:

— Լուսամուտից տեսա. իր սև ջորու վրա նստած, գալիս էր: — Ինչո՞ւ է եկել:

— Ոչինչ հասկանալ չկարողացա: Խանը դեռ քնած էր, երբ նա եկավ. ինձ հայտնեց, թե շատ հարկավոր գործ ունի, ցանկանում է խանին տեսնել: Ես պատասխանեցի, թե խանը քնած է, կարող է փոքր-ինչ սպասել, մինչև կվերկենա: Նա դարձյալ շտապեցրեց ինձ, ասելով, թե սաստիկ ստիպողական գործ ունի, սպասել կարող չէ, պետք է հենց այս րոպեիս տեսնե: Ես ստիպվեցա գնալ խանին զարթեցնել: Նա ընդունեց մելիքին իր քնարանում, առանց հագնվելու, ինքը անկողնում պառկած: Հետո դռները ներսից կողպեցին և առանձնացան:

— Ի՞նչ բանի վրա էին խոսում:

— Նախասենյակի դռներն անգամ կողպել էին. անկարելի էր մի բառ անգամ լսել: Բայց առանց լսելու ևս ես գիտեմ, թե ինչ խորհրդով է եկել մելիքը:

— Ի՞նչ խորհրդով է եկել:

— Թորոս իշխանը զորքով գալու է խանի վրա. մելիքը եկել է նրան իմացում տալու, որ իրանք էլ զորքերի պատրաստություն տեսնեն իշխանի առաջը առնելու համար:

— Այդ դուք ո՞րտեղից եք իմանում:

— Իմանում եմ, հաստատ տեղեկություններ ունեմ, տիկին:

— Թորոսի հետ այլևս ովքե՞ր կան:

— Իշխան Ստեփաննոս Շահումյանը:

Այդ անունը լսելու ժամանակ տիկնոջ տխրամած դեմքը նկատելի կերպով պայծառացավ: Բայց նա իր ուրախությունը թաքցնելու համար խոսքը փոխեց, հարցնելով.

— Կռիվներից ի՞նչ եք լսում:

— Բեկը ամեն տեղ հաջողություններ ունի. Զեվու բերդը բոլորովին ոչնչացրած է. մեր երկրի ամրությունները մինը մյուսից հետո ընկնում են նրա զորության առջև, — ասաց ծերունին մի առանձին ոգևորությամբ, հետո սկսեց մանրամասնաբար պատմել Ասլամազ-Կուլի խանի աղետավոր վախճանը և Բեկի այլ հաղթությունները:

— Այդ բոլորը շատ ուրախալի է, — ասաց տիկինը ծերունու պատմությունը հաճությամբ լսելուց հետո: — Բայց պետք է մի կերպով իմանալ, թե այդ չարագործը ի՞նչ սատանայական որոգայթներ լարելու համար է եկել:

— Ես ձեզանից ավելի հետաքրքիր եմ, տիկին, — պատասխանեց ծերունին:

— Մելիքի գնալուց հետո ուշադիր եղեք, թե ինչ կարգադրություններ կանե խանը:

— Ես քայլ առ քայլ կհետևեմ նրա գործողություններին:

— Հիմա կարող եք գնալ. ես ձեզ ուշացնում եմ:

Ծերունին գլուխ տվեց և հեռացավ:

Տիկինը դարձյալ մնաց միայնակ:

— «Նա» հայոց զորքի մեջն է... – մտածեց անբախտ կինը, — «նա» ինձ ազատելու համար է պատերազմում:

Լ

Ֆաթալի խանի ամառանոցից մինչև Արծվանիկ ավանը մեկ ժամի ճանապարհի հազիվ կլիներ: Ամառանոցը գտնվում էր լեռան գագաթի վրա, իսկ ավանը կպած էր նույն լեռան կուրծքին:

Մելիք Ֆրանգյուլը երկար չմնաց խանի մոտ. «ստիպողական» խորհուրդը վերջացնելուց հետո, նա դարձյալ նստեց իր սև ջորու վրա, և շաթրներին առջևը ձգած, վերադարձավ Արծվանիկ:

Նրա ամրոցը գտնվում էր այդ ավանի ստորոտում: Թեև պարսկական խաների ապարանքների նրբությունը և գեղեցկությունը չուներ նա, բայց վիթխարիության և ամրության կողմից ավելի գերազանց էր նրանցից: Նա ավելի բերդի ձև ուներ, քան թե պալատի: Դրսից ներկայացնում էր մի քառակուսի շինվածք, ահագին պարիսպներով, որոնց չորս անկյուններում բարձրանում էին չորս բրգաձև աշտարակներ: Իսկ ներսից բաժանված էր զանազան բակերի, զանազան մասերի, որոնց յուրաքանչյուրը ծառայում էր տիրոջ կացության այլ և այլ պետքերին, նրա տնտեսության այլ և այլ հարմարություններին:

Մելիքի ընտանիքը շատ ստվար չէր, այդ պատճառով սենյակների մեծ մասը մնացել են դատարկ և ամայի: Նրա կինը վախճանվեցավ հենց նույն տարվա մեջ, երբ նա փոխեց իր կրոնը: Այնուհետև մելիքը այլևս չամուսնացավ: Նրա երկու որդիներից մեկը՝ Հախին, հորից բաժան բնակվում էր գյուղում, հայ հասարակության մեջ, և ամենևին հարաբերություններ չուներ մահմեդական հոր հետ: Իսկ մյուսը՝ Մկրտումը հոր մոտ էր բնակվում և նրա հետ հաշտ էր ապրում, թեև իր ընտանիքով պահպանել էր քրիստոնեությունը:

Խանի մոտից վերադառնալով ամրոցը, մելիքը իսկույն առանձնացավ իր սենյակում, հրամայելով, որ իր մոտ ոչ ոքի չթողնեն: Նրա դեմքը փայլում էր ուրախությունից: «Վերջապես կիսով չափ հասա նպատակիս...» — ասավ նա ինքնիրան, և ձեռքերը միմյանց շփելով, սկսեց անցուդարձ անել սենյակի մեջ: «Նեղ ընկած արծիվը կատու է դառնում...»: Ես երբեք չէի կարող համոզել, խելքի բերել և իմ կամքը ընդունել տալ այդ գոռոզ, միևնույն ժամանակ համար խանին, եթե թշնամին նրա դռան մոտ նստած չլիներ... Թորոսը օգնեց ինձ... Այսուհետև ես կարող եմ ինձ կատարելապես Բարդյուշատի և Չավնդուրի տերը համարել... Թեև ինձ չհաջողվեցավ ամբողջ Սյունյաց աշխարհի իշխողը լինել, բայց առայժմ այդ երկու գավառներն էլ բավական են... ամեն ինչ փոքրից է սկսվում... Եթե հաջողությունը մեր կողմը լինի, այնուհետև կկատարվի իմ վաղեմի բաղձանքը... Բայց հաջողությունը անպատճառ մեր կողմը պետք է համարել... Ես գործերը այնպես կտանեմ, որ պառավ աղվեսին իր պոչիցը ծուղակի մեջ կձգեմ...

Նա այժմ հաշտված էր իր խղճի հետ: Նրա սիրտը լցված էր մի տեսակ վայրենի ուրախությամբ, որ զգում են գազանները միայն, երբ մոտենում են իրանց զոհին: Նա մոտեցավ իր թղթերի պահարանին, վեր առեց այնտեղից մի թերթ թուղթ: Հետո ծալապատիկ նստեց փառավոր օթոցի վրա, թուղթը դրեց ծնկի վրա, սկսեց գրել: Երկար գրում էր նա, մինչև թերթի առաջին, երկրորդ և երրորդ երեսները լցվեցան: Իր պարապմունքը ընդհատում էր միայն այն ժամանակ, երբ պետք է ծխել՝ երևակայությունը ավելի գրգռելու, ավելի զորացնելու համար: Երբ վերջացրեց իր գործը, թերթը նամակի ձևով ծալեց և ապա կնքեց: Հետո հրամայեց կանչել իր մոտ զգիր Համբարձումին:

— Դու բավական հանգստացա՞ծ ես, Համբարձում, — հարցրեց նա, երբ հայտնվեցավ զգիրը:

— Այդ ի՞նչ հարցմունք է, մելիք, — խոսեց զգիրը շողոքորթի ստոր քսությամբ. – Համբարձումը եթե գերեզմանում էլ դրած լինի, դարձյալ միշտ պատրաստ կլինի իր տիրոջը ծառայելու:

— Շատ ապրիս, Համբարձում, ես քո ծառայությունները չեմ մոռանա, հենց այս րոպեիս քեզ մի լավ խալաթ կտամ, — ասաց մելիքը: — Կանչի՛ր այստեղ նազիրին:

Երբ նազիրը, այսինքն տնտեսը հայտնվեցավ, մելիքը հրամայեց նրան, որ գզիրի համար ոտքից մինչև գլուխ մի ձեռք հագուստ բերե:

— Տրեխները չմոռանաս, տրեխներս բոլորովին մաշվել են, — նկատեց գզիրը:

— Չի մոռանա, — ասաց մելիքը: — Դու ինձ այն ասա՛, թե որտե՞ղ թողեցիր Թորոսի բանակը:

— Բեխ գյուղի հանդեպ:

— Կարո՞ղ ես այսօր մի նամակ հասցնել Թորոսին:

Գզիրը մոտեցավ լուսամուտին, գլուխը դուրս տարավ, և նայելով արեգակին, ասաց.

— Դեռ արևը մայր չմտած, կհասցնեմ: Բայց ներեցեք համարձակությանս, տեր իմ, դո՞ւք, Թորոսին նամա՞կ...

— Այո՛, Թորոսին և ոչ մի այլ մարդու:

— Ձեր ծառայի հարցմունքը նրա համար էր, եթե Թորոսը մի բան հարցնելու լինի, ես ի՞նչ ձևով պետք է պատասխանեմ:

— Դուք պիտի ձևացնեք, թե ոչինչ չգիտեք, ոչինչ բանի մասին տեղեկություն չունեք:

— Այսինքն ես ինձ պետք է փոքր-ինչ հիմարի տեղ դնեմ:

— Այո՛: Քեզ հետ կլինի և տեր Հարութը, դու նրա ուղեկցի և առաջնորդի պաշտոնը կկատարես: Նամակը տերտերի ձեռքումը կլինի:

— Ուրեմն այստեղ պետք է կանչել տերտերին:

— Կանչիր: Ասա՛, որ մի խաչ և Ավետարան իր հետ բերե:

Գզիրը հեռացավ: Այդ առաջին անգամն էր պատահում, որ մելիքը նրա հետ այսպես ծածկամտությամբ էր վարվում: Նա գնաց Արծվանիկ ավանը տերտերին որոնելու: «Տերտե՛ր... խա՛չ և Ավետարա՛ն...» — կրկնում էր իր մտքում զարմանալով: Այդ ի՞նչ բան է, երևի գժվել է մելիքը, կրկին հայանալ է ցանկանում...»:

Քահանան ևս ոչ սակավ զարմացավ, երբ գզիրը հայտնեց նրան մելիքի հրամանը: Այն օրից, որ մելիքը ընդունել էր մահմեդականություն, դեռ ոչ մի քահանայի ոտք չէր կոխել նրա տան շեմքը, իսկ այսօր հրավիրում էր նրան խաչով և Ավետարանով:

Քահանային կոչում էին տեր Հարութ, նրա իսկական անունը Հարություն էր: Եթե մինչև իդիոտության հասցրած բարեպաշտությունը կարելի է առաքինություն կոչել, այդ կետից, այդ քահանային կարելի է ամենաառաքինի կրոնավորներից մեկը համարել: Նա իր կյանքում ժամից հետ չէր մնացել, նապաստակի միս չէր կերել. հավատում էր Հիսուս Քրիստոսի փրկագործությանը, հավատում էր և այն բանին, թե թյուրքի մեռելները գիշերները իրանց գերեզմաններում հանգիստ չեն մնում, իրանց պատանքներով դուրս են գալիս, թափառում են այստեղ և այնտեղ, և զանազան անասունների ձայներ են հանում:

— Ի՞նչ կա, Համբարձում, քո հոգուն մատաղ, ինչո՞ւ է կանչում մելիքը, — հարցրեց նա երկչոտ ձայնով:

— Երբ մելիքը կանչում է, էլ չեն հարցնում ի՞նչ կա, տեր հայր, գլուխը քարշ են գցում և գնում են, — պատասխանեց գզիրը փոքր-ինչ խիստ կերպով:

Տեր հայրը այլևս ոչինչ չհարցրեց և հետևելով գզիրի խոսքին, գլուխը քարշ գցեց, և սկսեց գնալ դեպի մելիքի ամրոցը: Մինչև այնտեղ հասնելը, նա իր մտքում ավարտեց «եկեսցէ»-ի կեսը, հուսալով, որ գոնե այդ փրկարար աղոթքը կազատե նրան բռնակալի բարկությունից:

Երբ նրան ներս տարան մելիքի սենյակը, նա խոնարհությամբ գլուխ տվեց և կանգնեց դռան մոտ: Խեղճ տերտերի դեմքի վրա գույն չէր մնացել, ամբողջ մարմնով դողում էր:

— Հրամեցեք, տեր հայր, հրամեցեք նստեցեք, — ասաց մելիքը, տեղ ցույց տալով:

Մելիքի քաղաքավարի խոսքերը փոքր-ինչ հանգստացրին նրան. կիսամաշ փարաջայի փեշերը հավաքեց, անհամարձակ կերպով մոտեցավ և չոքեց ցույց տված տեղում:

— Դուրս գնա, Համբարձում, -դարձավ մելիքը դեպի գզիրը:

Գզիրը դուրս եկավ: Չնայելով, որ նազիրը արդեն պատրաստել էր նրան խոստացած խալաթը, բայց նա չգնաց հագնելու, այլ կանգնեց նախասենյակում և ականջը մոտ տարավ դռանը: Լրտեսին ավելի հետաքրքրում էր տերտերին կանչելու գաղտնիքը, քան թե մելիքի ընծայած խալաթը:

— Հանգիստ նստեցեք, տեր հայր, — ասաց մելիքը, նկատելով, որ քահանան պատժված աշակերտի նման չոքել է գորգի վրա:

Այդ ողորմածությունը ավելի հանգստացրեց տեր հորը. նա այժմ իր դիրքը փոխեց և ծալապատիկ նստեց: Մելիքը դարձավ նրան այս խոսքերով.

— Ես կանչեցի ձեզ, տեր հայր, մի կարևոր հանձնարարության համար, բայց նախքան դրա վրա խոսելը, ինձ պետք է փոքր-ինչ ծանոթանալ ձեր կրոնական հայացքների հետ. — դուք ինչպե՞ս եք հասկանում խոստովանությունը, տեր հայր:

Անակնկալ հարցը կրկին շփոթեցրեց խեղճ քահանային, որը դժբախտաբար գրված բաներից շատ փոքր տեղեկություն ուներ:

— Որդի, ի՞նչ ասեմ... – պատասխանեց նա ծոծրակը քորելով. – խոստովանությունը խոստովանություն է... խոստովանվում են, հետո հաղորդություն են առնում...

— Այդ ես գիտեմ, — ասաց մելիքը, որ առանց խոստովանության հաղորդություն չեն տալիս, բայց ես խոստովանության նշանակության մասին եմ հարցնում:

— Հա՛, իմանում եմ, դուք խոստովանության նշանակության մասին եք հարցնում, — կրկնեց քահանան: — Խոստովանությունը մի այդպիսի բան է. մարդիկ գալիս են, չոքում են քահանայի առջև (ինչպես ես մի րոպե առաջ չոքած էի) գլուխները խոնարհեցնում են. հետո խոստովանում են: Դրանից հետո արժանանում են Հիսուս Քրիստոսի մասն ու պատարագին:

Այդ խոսքերը արտասանելու ժամանակ նա խաչակնքեց իր դեմքը: Չնայելով, որ տեր հոր վերջին պատասխանը համարյա միննույնն էր, ինչ որ առաջինը, միայն ուրիշ դարձվածքներով, այսուամենայնիվ, մելիքը գոհ մնաց դրանով և առաջարկեց մի երկրորդ հարց:

— Կարծեմ խոստովանահայր քահանան պարտավոր է որպես խորին գաղտնիք պահել իր լսածները, այդպես չէ՞, տեր հայր:

— Հա՛, որդի, այդպես է, պետք է որպես խորին գաղտնիք պահե, եթե ուրիշին ասելու լինի, մե՛ծ պատիժ կա:

— Ի՞նչ պատիժ:

— Սուրբ Ավետարանի մեջ գրված է. Երբ տերն մեր Հիսուս Քրիստոս, ամպերի վրա նստած, կգա ահեղ դատաստան անելու, այդ տեսակ քահանաների գլուխները կհավաքեն և ցորենի հատիկների նման մի ահագին երկանաքարի տակ կաղան:

— Այդպես է, փառավորվիս, տեր հայր, — ասաց մելիքը, հաստատելով նրա բացատրությունները: — Հիմա խոսենք գործի վրա: Ես պատվիրել էի գզիրին, որ ձեզ ասե՝ մի խաչ և Ավետարան բերեք ձեզ հետ:

— Բերել եմ, որդի, այստեղ ծոցումս է, — ասաց քահանան, ձեռքը տանելով դեպի իր հագուստի լայն ծոցը, որ ծառայում էր նրան որպես պահարան ամեն տեսակ բաներ պահելու համար: Այնտեղից դուրս բերեց մի մեծ խաչ և Ավետարան, որ փաթաթած էր գունավոր թաշկինակի մեջ:

— Շնորհակալ եմ, տեր հայր, — ասաց մելիքը, համբուրելով խաչն ու Ավետարանը: — Հիմա լսեցեք իմ հանձնարարությունը. ես ձեզ ուղարկելու եմ մի մարդու մոտ:

Քահանայի ուրախությանը չափ չկար, երբ տեսավ, որ մահմեդականություն ընդունած մելիքը համբուրեց իր խաչն ու Ավետարանը: Նա մեծ հոժարությամբ պատասխանեց.

— Եթե ինձ դժոխքն էլ ուղարկելու լինեք, դարձյալ պատրաստ եմ ձեր հրամանը կատարելու:

— Ես ձեզ դժոխքը չեմ ուղարկի, դուք լավ մարդ եք, — պատասխանեց մելիքը ժպտելով: — Ես ձեզ պիտի ուղարկեմ Թորոս իշխանի մոտ:

— Թորո՞ս իշխանի մոտ, թող օրհնյալ լինի նրա ծնունդը, շատ քրիստոնյա մարդ է:

Նրա հանգուցյալ հայրն էլ օրինավոր մարդ էր, ամեն անգամ, երբ կտեսներ ինձ, կասեր. «Տերտեր, քեֆդ ո՞նց է»: Հանգուցյալը շատ բարեհոգի էր:

— Ավելի լավ, որ ճանաչում եք, -ասաց մելիքը: — Այդ խաչն ու Ավետարանն էլ պիտի ձեզ հետ տանեք:

— Կտանեմ, որդի, եթե հարկավոր է, ինչո՞ւ չպիտի տանեմ:

— Հիմա ինձ տվեցեք խաչն ու Ավետարանը:

Քահանան կատարեց նրա հրամանը:

— Հիմա նայեցեք, ինչ եմ անում ես, հետո դրա խորհուրդը կբացատրեմ ձեզ:

Քահանան աչքերը լայն բացելով, սկսեց հետաքրքրությամբ նայել: Մելիքը վեր առեց իր մի քանի րոպե առաջ պատրաստած նամակը, դրեց Ավետարանի մեջ, ասելով.

— Տեսնո՞ւմ եք , այդ նամակը որտեղ եմ դնում:

— Տեսնում եմ, ինչպե՞ս չեմ տեսնում, ուղիղ Մարկոսի Ավետարանի երկրորդ գլխի մեջ:

— Այդպես է, — ասաց մելիքը, սուրբ գիրքը ծալելով:

Հետո նա վեր առեց մի մաքուր մետաքսյա թաշկինակ, փռեց գորգի վրա, նախ Ավետարանը դրեց նրա վրա, հետո խաչը դրեց Ավետարանի վրա, և երկուսը միասին ծրարի ձևով փաթաթեց թաշկինակի մեջ: Երբ այդ գործողությունը վերջացավ, նա թաշկինակի ճոթերը կնքեց մոմով: Քահանան զարմացած նայում էր:

— Հիմա կբացատրեմ ձեզ, տեր հայր, թե ինչու այդպես արեցի, — դարձավ դեպի նրան մելիքը: — Այդ խաչն ու Ավետարանը, այսպես կնքած, իմ նամակի հետ կտանեք Թորոս իշխանի մոտ, և իմ կողմից կհավատացնեք նրան, որ բոլորը, ինչ որ գրված է իմ նամակի մեջ, նույնպես անկեղծ են և հավատարմության արժանի, որպես այդ սուրբ Ավետարանի խոսքերը: Եվ որպեսզի նա կասկածանքով չընդունե ձեր վկայությունը, ես քրիստոնեական հավատով կրկին համբուրում եմ այդ սուրբ խաչն ու Ավետարանը, և ձեր աչքի առջև երդվում եմ իմ նամակի անկեղծության մասին:

Վերջին խոսքերի միջոցին նա կրկին համբուրեց սրբությունները, և ձեռքը դնելով նրանց վրա, հանդիսավոր կերպով երդվեցավ:

— Բայց ես չի՞ պիտի գիտենամ, թե ինչ է գրված նամակի մեջ, — հարցրեց քահանան:

— Դուք չի պիտի գիտենաք. այդ մի գաղտնիք է: Ես ձեզ ուղարկում եմ Թորոս իշխանի մոտ իբրև վկա, որ ձեր ականջով լսեցիք իմ երդումը և ձեր աչքով տեսաք, թե որպես ես քրիստոնեական ջերմեռանդությամբ համբուրեցի այդ սրբությունները: Ես զղջում եմ իմ հին հանցանքների համար, տեր հայր, և գլուխս խոնարհեցնելով ձեր առջև, որպես մի ապաշխարող, խոստովանում եմ, որ ես միշտ եղել եմ հոգով և սրտով քրիստոնյա, միայն հանգամանքները ստիպել են ինձ թաքցնել իմ հավատը: Օրհնեցեք ինձ, տեր հայր, թող ձեր օրհնությունը սրբե իմ գործած ակամա մեղքերը...

Քահանան, ձեռքը դնելով նրա գլխի վրա, օրհնեց նրան: Մելիքը ասաց.

— Հիշո՞ւմ եք, տեր հայր, մի քանի րոպե առաջ ձեր ասած պատիժը, որ գրված է սուրբ Ավետարանի մեջ, խոստովանությունը ուրիշներին հայտնող քահանաների մասին:

— Հիշում եմ, ինչպես չէ, նրանք գլուխները ցորենի հատիների նման ահագին երկանաքարի տակ կաղան:

— Դուք պետք է գաղտնի պահեք իմ քրիստոնեության խոստովանությունը, կարող եք հայտնել Թորոս իշխանին միայն, եթե նա ձեզանից հարցնելու լինի:

— Այդ մասին միամիտ կացեք, — ասաց քահանան:

Թեև տեր հորը մինչև այսօր չէր պատահել մի այսպիսի նորաձև խոստովանություն, մի այսպիսի նորաձև երդման վկա լինել, բայց շատ անգամ լսել էր, որ մեծ մարդիկ սովորություն ունեն ուղարկել միմյանց մոտ կնքված սրբություններ, որպես առհավատչյա իրանց երդման և ուխտադրության: Այդ սովորությունը ունեին մինչև անգամ մահմեդականները: Բայց ինչ որ վերաբերում էր նամակի բովանդակությանը, այդ մասին շատ հետաքրքիր չեղավ նա, բավական համարելով մելիքի խոսքը, թե դա մի գաղտնիք է:

— Ե՞րբ պետք է տանել, — հարցրեց քահանան:

— Հենց այս րոպեիս: Այնքան ստիպողական է, որ չէ կարելի հետաձգել:

— Ես չգիտեմ հիմա որտեղ է Թորոս իշխանը:

— Ես գիտեմ: Իմ զգիրը ձեզ կտանե ուղիղ նրա մոտ:

— Բայց ծերացած քահանային դժվար կլինի ոտքով գնալ, եթե իշխանը հեռու է գտնվում:

— Ես կհրամայեմ պատրաստել ձեզ համար իմ ախոռատան ամենաընտիր ձիաներից մեկը, և ձեր վերադառնալուց հետո, այդ ձին կտանեք, կպահեք ձեր ախոռում, որպես իմ կողմից ընծա:

— Օրհնյալ լինիք, որդի, աստված ձեր իշխանությունը մեր գլխից անպակաս անե, — ասաց քահանան, բոլորովին մոռանալով այն փոքրիկ կասկածներն անգամ, որ իր սրտում ուներ մելիքի անկեղծության մասին:

Հետո մելիքը հրամայեց, որ նախաճաշիկ տան, որպեսզի տերտերը սոված ճանապարհ չգնա: Նախաճաշիկի ժամանակ մելիքը բարեհաճեց տեր հոր հետ մի քանի հանաքներ անել, երբ նկատեց, որ նա միս չէր ճաշակում, որովհետև թյուրքի մորթած էր: Գզիր Համբարձումն էլ այդ միջոցին, իր տիրոջ ընծայած նոր խալաթը հագած, ուրախ դեմքով կանգնել էր սենյակի դռան առջև և երբեմն խառնվում էր խոսակցության մեջ: Տիրական սեղանից նրան էլ մի քանի պատառ տվեցին, նա համեստությամբ դուրս եկավ և սկսեց նախասենյակում ուտել:

Նախաճաշիկից հետո տերտերը վեր առեց կնքած խաչն ու Ավետարանը և դրեց իր ծոցի նվիրական պահարանի մեջ: Իսկ մելիքը ճանապարհ դրեց իր պատգամավորներին մինչև ամրոցի դուռը: Այդ միջոցին քահանան չնկատեց, որ նա մի կողմ տանելով զգիրին, ինչ-որ խոսեց նրա ականջին:

Օրից հինգ ժամ հազիվ անցած կլիներ, երբ մելիքի պատգամավորները ճանապարհ ընկան: Քահանան մի առանձին բավականությամբ առաջ էր քշում իր նոր ստացած ձին: Ձին թեև պառավ էր, բայց ազնիվ նժույգների հատուկ արժանավորությամբ դեռ պահպանել էր իր աշխույժը: Նա ավելի թռչում էր, քան թե ընթանում էր: Գզիրի յաբուն հազիվ կարողանում էր վազ տալով նրա սովորական ընթացքին հետևել:

— Մի քիչ կամաց քշիր, տերտեր, — կանչեց նա քահանայի ետևից, — ինչո՞ւ ես շտապում, որքան էլ հանդարտ գնանք, դարձյալ այսօր կհասնենք:

Տերտերը քաշեց իր ձիու սանձը, մինչև զգիրը հասավ:

— Շատ լավ ձի է, — ասաց նա, — բայց ափսո՛ս մի քիչ պառավ է:

— Պառավ մարդուն պառավ ձին սազ կգա, — պատասխանեց զգիրը ծիծաղելով. — «փեշքաշի ձիու ատամներին չեն մտիկ անում», տեր հայր:

Հանկարծ զգիրը փոխեց իր զվարճախոսությունը, և տերտերի ուշադրությունը դարձնելով իրանց ետևում կատարվող տեսարանի վրա, սարսափած ձայնով բացականչեց.

— Տե՛ր աստված, այդ ի՞նչ բան է...

— Ի՞նչ բան է, — հարցրեց տերտերը, ոչ սակավ վախենալով:

Գզիրը ձեռքը մեկնեց դեպի ամրոցը՝ ասելով.

— Չե՞ք տեսնում:

Քահանան նայեց դեպի այն կողմը: Լեռնային մարդը լեռնային արծվի սրատեսություն ունի: Նա թեև ծերացած էր, թեև ամրոցից բավական հեռացել էին, բայց դարձյալ կարողացավ նշմարել, թե ինչ էր կատարվում այնտեղ:

Ամրոցի գլխավոր մուտքի մոտ երևում էր խուռն բազմություն. աշխատում էին դռները խորտակել. մարդիկ վազվզում էին այս կողմ և այն կողմ: Դռները խորտակեցին. բազմությունը ներս թափվեցավ. մի քանիսը բարձրացան կտուրների վրա. երևում էր, մեկին որոնում էին: Հետո լսելի եղան աղաղակներ, որոնց հետ միախառնվեցան և հրանոթների ձայներ:

— Տե՛ր աստված, — կրկնեց զգիրը, — այդ ի՞նչ պատուհաս է...

Քահանան սառածի նման սարսափով նայում էր դեպի ամրոցը: Նրա շրթունքները խուլ կերպով շարժվում էին, երևում էր, որ դարձյալ «եկեսցէ» էր կարդում:

Նրանք կանգնած էին մի բարձրավանդակի վրա, որտեղից բավական մեծ տարածություն շրջակայքից տեսնվում էր: Այդ միջոցին նկատեցին, որ մի մարդ ձորի միջով վազե-վազ անցնում էր: Գզիրը ճանաչեց նրան, և անունը տալով կանչեց, որ իրանց մոտ գա: Նա թեև լսեց, բայց դարձյալ շարունակեց վազելը: Գզիրը այժմ ավելի բարձր ձայնով կանչեց, և նա մոտեցավ:

— Այդ ի՞նչ պատուհաս է, Վանի ապեր, — հարցրեց նրանից զզիրը, — ո՞ւր ես այդպես վազելով գնում:

Վանի ապերը մելիքի ծառաներից մեկն է. նա խիստ ողորմելի ձայնով պատասխանեց.

— Էլ ի՞նչ լինի, աստված ինքը մի ողորմություն անե... խանի մարդիկը թափվեցան ամրոցի վրա, ջարդում են, կոտորում են, մելիքին են պտռում...

— Հետո բռնեցի՞ն... – հարցրեց տերտերը դողալով:

— Աստված ազատեց: Մինչև ամրոցի դռները խորտակելը, մինչև նրանց ներս մտնելը, մելիքը ձորի կողմի աշտարակից պարանով ցած իջավ, մտավ թուփերի մեջ և անհայտացավ: Էլ չկարողացան գտնել:

Տերտերը աչքերը դեպի երկինք դարձնելով, երեսը խաչակնքեց, ասելով.

— Փա՛ռք քեզ, աստված, փա՛ռք:

Գզիրը նույնպես հետևեց տեր հոր օրինակին, գտակը վեր առեց, և քեչալ գլուխը բաց անելով, միևնույն խոսքերը կրկնեց: Հետո հարցրեց Վանի ապերից.

— Հիմա դու ո՞ւր ես այսպես շտապով գնում:

— Գնում եմ Չափնիս գյուղը, մելիքի որդի Մկրտումը այնտեղ է, գնում են նրան իմացում տալու, որ թաքնվի, խանի մարդիկը նրան էլ են պտռում:

— Ինչո՞ւ համար, ի՞նչ հանցանք ունեն, — հարցրեց ապշած քահանան:

— Ո՞վ է իմանում: Մելիքի տան բոլոր դռները կնքեցին, ասում են, ինչ որ ունե, չունե, բոլորը պետք է «խանլղ» դարձնեն: Թող աստված անիրավի պատիժը տա և մեզ ողորմություն անե...

Վերջին խոսքերը արտասանեց նա արտասվելով, հետո դարձավ դեպի Չափնիս գյուղի կողմը, սկսեց առաջվա նման վազել: Քանի րոպեից հետո ծածկվեցավ ծառերի հետքում:

Տերտերը և զզիրը շվարած կերպով նայում էին միմյանց երեսին, չգիտեին շարունակե՞լ իրանց ճանապարհը, թե՞ ետ դառնալ:

— Պետք է գնալ, — ասաց զզիրը, — այդ նամակը առանց ուշացնելու պետք է տեղ հասցնել: Կարելի է մելիքը այդ բոլոր դժբախտությունները նախատեսում էր, և հենց դրանց մասին էլ գրած լինի իր նամակը:

— Պետք է նամակը հասցնել, — մեքենաբար կրկնեց տերտերը և քշեց իր ձին:

ԼԱ

Ընդունելով մելիք Ֆրանգյուլի նամակը, Թորոս իշխանը քահանայից հարկավոր հարցուփորձը անելուց հետո, հրամայեց նրան և զզիրին պահել մի առանձին վրանում, մինչև ինքը իր զորապետների հետ կկազմեր պատերազմական խորհուրդ: Նա սպասում էր Մելիք-Նուբարի վերադարձին, որը մի քանի մարդիկների հետ ծպտյալ կերպով ուղարկված էր թշնամու դիրքերը և պատրաստությունները հետազոտելու համար: Մելիք-Նուբարը վերադարձավ շատ ուշ, կես գիշերին: Իշխանը իսկույն իր վրանում կազմեց խորհուրդը: Ներկա էին Ստեփաննոս Շահումյանը, Մելիք-Փարսադանյան Բային և Մելիք-Նուբարը: Բոլորի դեմքերի վրա նշմարվում էր մի հեգնական ծիծաղ, միայն այն մարդը, որին ուղղված էր նամակը, սառն էր: Նա սկսեց կարդալ:

Նամակը ուղղված էր Թորոս իշխանին և սկսվում էր այս խոսքերով.

«Ամեն հանգամանքներ կարող են հակառակ վկայություն տալ իմ նամակի անկեղծության մասին, իմ խոստումնքների հավատարմության մասին: Այդ ես չեմ հերքում, Թորոս: Ձեզ դիմում է այս նամակով ձեր հին, ոխերիմ թշնամին, որի հայրը թշնամի է եղել ձեր հոր հետ, որի պապը թշնամի է եղել ձեր պապի հետ: Ամբողջ դարերի ընթացքում իմ և ձեր տոհմի հարաբերությունները դրոշմված են եղել արյունով և անեծքով...

Ես ձեզ մոտ ուղարկում եմ քահանա, խաչ և Ավետարան, որպես առհավատչյա իմ երդմանը և դրած ուխտին, — ես ձեզ մոտ ուղարկում եմ այդ սրբությունները, որոնց ճշմարտությունը ես վաղուց ուրացած եմ, որոնց ես ամենայն անգթությամբ հալածել եմ:

Խոստովանվում եմ, այդ բոլորը, փոխանակ գրավելու ձեր հավատը դեպի ինձ, ձայն կտան իմ խաբեբայության մասին: Ես ինքս, եթե ձեր տեղ լինեի, ուրիշ կերպով չէի ընդունի, երբ որ իմ թշնամիներից մեկը այդ ձևով կդիմեր ինձ:

Բայց մի բան կա, որ կարող է արդարացնել ինձ:

Ամեն կրոնքները ընդունում են, որ մարդը, որքան էլ չարագործ լիներ, դարձյալ ընդունակ է զղջալու, ուղղվելու և բարի մարդ դառնալու: Դրա մեջն է մարդու առավելությունը գազաններից: Գազանը բնությունից ծնված է գազան լինելու համար, իսկ մարդը հանգամանքներից դառնում է գազան: Ավելի բարեհաջող հանգամանքները կարող են փոխել նրան դեպի լավը:

Հանգամանքներն ինձ համար այժմ փոխված են: Մինչև այսօր օտարներից վայելած փառքը, աջակցությունը, պաշտպանությունը հրապուրում էր ինձ: Ես ստիպված էի զոհել ամեն սուրբ բան իր պաշտպանից այդ շնորհները վայելելու համար: Բայց այնօրից, երբ Բեկի զորքերը մոտեցան մեր սահմաններին, խանը սկսեց կասկածանքով վերաբերվել դեպի ինձ: Մեր հարաբերությունները այժմ սաստիկ լարված են, և ես ամեն րոպե սպասում եմ նրա կողմից մի որևիցե վտանգ: Իմ տունը շրջապատված է լրտեսներով: Խանը իմ յուրաքանչյուր քայլին հետևում է:

Այսուամենայնիվ, նրա արթնությունը, նրա աչալրջությունը իմ վերաբերությամբ բոլորովին ապարդյուն անցավ: Ես գաղտնի կերպով իմ որդու և այլ հավատարիմների ձեռքով կարողացա իմ հայ հպատակներից ավելի քան երկու հազար հոգի զենքի տակ կոչել: Մի հրաման բավական է, որ մի քանի ժամվա մեջ բոլորին կռվի դաշտը դուրս բերե:

Այդ զորքերը ես պատրաստել եմ ձեզ օգնելու համար, Թորոս, որ դրանով գուցե կարողանամ քավել իմ հին մեղքերը, որ գործել եմ ես իմ ազգի և հայրենիքի վերաբերությամբ:

Մեր անձնական, մասնավոր հաշիվները, կարծում եմ, առիթ չի պիտի տան ձեզ զրկել ինձ կատարելու իմ պարտքը: Մասնավոր հաշիվները մի կողմ են դրվում, երբ երևան է գալիս ընդհանուր ազգային սուրբ գործը: Թույլ տվեցեք ինձ, Թորոս, մասնակից լինել այդ գործին, մի մերժեք իմ ծառայությունը, որով կամենում եմ ես քավել իմ հանցանքը, որ օրըստօրե ծանրանում է խղճիս վրա:

Խանի զորքը բաղկացած է մոտ տասն հազար հոգուց: Նա ամրացել է Եղվարդ գյուղի մերձակայքում: Բայց Բեկի սրի հաջողությունները այն աստիճան սարսափի մեջ են ձգել դրանց, որ տասն այդքան ուժը դարձյալ ոչինչ նշանակություն ունենալ չէ կարող հայրենիքի փրկության գաղափարով ոգևորված սակավաթիվ հայ զինվորների առջև:

Երբ ձեր գունդերը կմոտենան Եղվարդին, ես իմ մարդիկներով կմիանամ ձեզ հետ: Ես կարող էի փոխանակ այդ նամակի, իմ երկու հազարով դիմել ձեր բանակը, բայց ինձ արգելք եղան երկու պատճառներ. նախ, որ ձեր հոժարությունը տակավին ստացած չէի, երկրորդ, որ ես մի այդպիսի վարմունքով իմ բոլոր զինվորների ընտանիքները կենթարկեի խանի վրեժխնդրությանը, նախքան նրանց կռվի դաշտը դուրս գալը: Իսկ պատերազմի ժամանակ այդ վտանգը կարելի է անցած համարել:

Վերջացնելով նամակս, վկա եմ կոչում իմ անկեղծությանը ոչ միայն այն խաչը և

Ավետարանը, որ իմ ուխտի և երդման կնիքով կնքած ձեզ մոտ եմ ուղարկում, — այլ մեր հայրենիքի սուրբ հիշատակը, որը նույնքան պաշտելի է ինձ համար, որքան ձեզ համար»:

Նամակի ընթերցումից հետո տիրեց խորին լռություն: Զորապետներից յուրաքանչյուրը մտածության մեջ էր: Վերջը Թորոս իշխանը ընդհատեց լռությունը, հարցնելով.

— Ի՞նչ կարծիք ունեք այդ նամակի մասին:

Պատասխանը շուտով չստացվեցավ: Նամակը այն աստիճան պարզությամբ և միևնույն ժամանակ վարպետությամբ էր գրված, որ դժվար էր իսկույն կարծիք հայտնել:

— Ինչո՞ւ եք լռում, — կրկին հարցրեց Թորոս իշխանը:

— Ես անկեղծություն չեմ գտնում այդ նամակի մեջ, — պատասխանեց իշխան Ստեփաննոս Շահումյանը:

— Ես էլ նույնպես, — ասաց Մելիք-Փարսադանյան Բալի զորապետը:

Մելիք-Նուբարը ոչինչ չխոսեց:

— Ես ձեր երկուսի հետ ևս համաձայն կլինեի, — ասաց Թորոս իշխանը, նամակը մի կողմ դնելով. — ես ոչինչ նշանակություն չէի տալ մելիք Ֆրանգյուլի երդմանը, ուղարկած խաչին և Ավետարանին, որովհետև նա մի այնպիսի մարդ է, որի համար սուրբ բան չկա: Բայց ինձ հետաքրքրում է մի բան միայն:

— Ի՞նչ բան, — հարցրեց իշխան Շահումյանը:

— Քահանայի պատմությունը խանի մարդիկների հարձակման մասին մելիքի տան վրա, նրա տան մեջ կատարված խուզարկությունները, նրա փախուստը և այլն: Այդ բոլորը ցույց է տալիս, որ մելիքը ոչ միայն խանի հետ իր կապերը խզած է, այլ իր վրա հրավիրել է և նրա կասկածը:

— Քահանան կարող էր այդ պատմությունը ինքը հնարել, — նկատեց Մելիք-Փարսադանյանը:

— Քահանային ես ճանաչում եմ, — պատասխանեց Թորոս իշխանը. – նա այնքան միամիտ, պարզ և մինչև անգամ հիմար մարդ է, որ ոչինչ պատմություն հնարելու շնորհք չունի: Նա պատմում է այն, ինչ իր աչքով տեսել է:

— Այդ ավելի վատ է, որ նա հիմար է, — ասաց Մելիք-Փարսադանյանը, — որովհետև հիմարներին խոսքի մեջ բռնել ավելի դժվար է, քան թե խելոքներին: Հիմարը միշտ հիմարություն է ասում, բայց երբ խելոքը միանգամ միայն հիմարություն է խոսում, իսկույն նկատվում է:

Իշխան Շահումյանը ասաց.

— Ես քահանայի անկեղծության մասին կասկած չունեմ. նա այդ պատմությունը ինքը չէ հնարել, այլ խոսում է այն, ինչ որ իր աչքով է տեսել: Բայց շատ հավանական է, որ այդ բոլորը իրանց մեջ նախապես սարքել են մելիքը և խանը: Ահա որպես. մելիքը կարող էր սկզբից խանին հայտնած լինել մեզ նամակ գրելու դիտավորության մասին, և նրա բովանդակությունը կարող էր խանին ամբողջապես հաղորդած լինել, և իր նամակի ստուգությանը ավելի հավանականություն ընծայելու համար, կարող էր հենց ինքը խանին սովորեցրած լինել, որ իր տան վրա մարդիկ ուղարկե, խուզարկություններ անել տա, հետո ինքը աշտարակից պարանով քարշ ընկնի, և հենց խանի մարդիկների աչքի առջև փախչե և այլն: — Այդ բոլորը, կրկնում եմ, կարող էին նախապես սարքված լինել: Եվ ես համոզված եմ, որ այդպես է, ավելի այն պատճառով, որ այդ գործողությունները կատարվում են հենց նույն րոպեում, երբ մելիքի մեզ մոտ ուղարկված պատգամավորները ամրոցից շատ չէին հեռացել, որ կարողանային տեսնել և պատմել մեզ:

— Ձեր նկատողությունները շատ ճիշտ են, — ասաց Թորոս իշխանը, — մելիք Ֆրանգյուլի նման մի մարդ շնորհք չունի դրանից ավելի սատանայական խորամանկություններ գործ դնելու: Բայց իմ կարծիքով, այդ մթին կնճիռը ավելի հեշտ կարող է լուծել մեզ համար Մելիք-Նուբարը, և ես կցանկանայի, որ նա հաղորդե մեզ, արդյոք ի՞նչ եզրակացությունների հասավ իր հետախուզությունների ժամանակ մելիք Ֆրանգյուլի վերաբերությամբ:

Մելիք-Նուբարը հայտնեց, թե սուտ չէ, որ խանի մարդիկը հանկարծ շրջապատել են նրա ամրոցը, կամեցել են նրան կալանավորել, և նա փախել է: Իսկ թե այդ խաղը կատարվել է խանի և մելիք Ֆրանգյուլի համաձայնությամբ, այդ մասին փաստեր ձեռք բերել նա չկարողացավ: Այն ևս սուտ չէ, ասաց նա, որ մելիքը զինվորել է իր հայ գյուղացիներին, բայց թե ի՞նչ նպատակով, — իրանք գյուղացիները չգիտեն: Այդ գիտեն մելիքի մի քանի մտերիմները միայն, որոնք գաղտնի կերպով պատրաստել են գյուղացիներին: — Այդ մարդերից և ոչ մեկի հետ, ասաց նա, ինձ չհաջողվեցավ տեսնվել. նրանք գյուղից-գյուղ շրջում են ծպտյալ կերպարանքով, ճանաչել անհնարին է: Հետաքրքրականն այն է, ավելացրեց նա, որ այդ բոլոր զգուշությունները, այդ խորին ծածկապահությունը հայ գյուղացիների զինվորվելու վերաբերությամբ, գործ է դրված, ոչ միայն պատրաստությունները մեզանից թաքցնելու համար, այլ նույնիսկ խանից և նրա մարդիկներից ծածուկ պահելու համար: Այստեղից ինքըստինքյան ծագում է մի հարց, արդյոք ի՞նչ հարկ կար այս աստիճան խիստ գաղտնիք պահել, եթե խանի և մելիքի հարաբերությունները բարեկամական լինեին:

— Մեզ խաբելու համար, — պատասխանեց իշխան Շահումյանը: — Մելիք Ֆրանգյուլին լավ հայտնի է, որ մենք այն միամիտներից չենք, որ իսկույն նրա խոստմունքները զուտ ճշմարտության տեղ ընդունենք: Նա գիտե, որ մենք կքննենք գործը իր ամենամանրամասն պարագաներով: Եվ դրա համար բոլոր պարագաները հարմարացրել է իր խաբեությունը քողարկելու համար:

— Բայց ինձ զարմացնում է մի բան, — ավելացրեց իշխան Շահումյանը. – մելիքը մեզ գրում է, որ փոխանակ նամակ ուղարկելու, շատ կցանկանար ինքը անձամբ իր մարդիկների հետ դիմել մեր բանակը, բայց այդ չարեց նա այն պատճառով, որ նախ մեզանից հաճություն չէր ստացած, երկրորդ, չկամեցավ խանի վրեժխնդրությունը հրավիրել իր զինվորների ընտանիքների վրա: Ընդունենք, որ այդ պատճառաբանությունները հավանական են: Բայց այժմ, երբ նրա անհավատարմությունը հայտնվեցավ խանին, և խանը կամեցավ կալանավորել նրան, և նա միջոց գտավ փախչելու, — այդ բոլորից հետո այլևս ի՞նչն էր արգելում նրան անձամբ դիմելու մեր բանակը:

— Այդ բացատրում է մելիքի զգիրը նրանով, — պատասխանեց Մելիք-Փարսադանյանը. – որ եթե նա փախչելուց հետո գալու լիներ մեր բանակը, դրանով ժամանակ կկորցներ և իր մարդիկը հավաքելու, գունդ կազմելու միջոց չէր ունենա:

— Որքան մեզ մոտ ուղարկված քահանան պարզ և միամիտ մարդ է, այնքան այդ զգիրը անպիտան և նենգավոր է երևում, — պատասխանեց իշխան Շահումյանը:

Վիճաբանությունները հետզհետե ավելի տաքանում էին: Թորոս իշխանը խնդիրը բավական պարզված նկատելով, խոսեց.

— Այդ բոլոր հակաճառություններից ծագում է երկու հարց. առաջին, կարո՞ղ ենք արդյոք կատարելապես հավատալ այդ մարդու խոստմունքներին, երկրորդ, եթե չենք կարող, ի՞նչ փաստեր ունենք մերժելու նրան: Կատարելապես հավատալ չենք կարող, որովհետև շոշափելի ապացույցներ չունենք նրա անկեղծության մասին: Մերժել ևս չենք կարող, որովհետև գուցե նա չէ խաբում մեզ: Այդ երկու միմյանց հակառակ հարցերը հաշտեցնելու համար, իմ կարծիքով, պետք է ընտրել միջին ճանապարհ, այսինքն՝ ոչ բոլորովին հավատալ և ոչ խպառ մերժել նրան:

— Ինչպե՞ս կարելի է այդ, — հարցրեց իշխան Շահումյանը փոքր-ինչ վրդովվելով:

— Կարելի է, — պատասխանեց Թորոս իշխանը հանդարտությամբ: — Մենք չենք հավատա նրան դրանով, որ թույլ չենք տա մտնելու մեր զորքերի մեջ: Միևնույն ժամանակ չենք մերժի նրա ծառայությունը դրանով, որ չենք արգելի, երբ նա իր մարդիկներով կսկսե առանձին կերպով կռվել խանի հետ:

— Նա կարող է այդ ժամանակ իր զենքը մեր դեմ դարձնի:

— Շատ հավանական է: Բայց մենք ոչինչ չենք կորցնի: Նա հիմա էլ կարող է բացարձակ կերպով դուրս գալ խանի զորքերի հետ և կռվել մեր դեմ:

— Զանազանությունը մեծ է, — ասաց իշխան Շահումյանը: — Նա այնքան վտանգավոր չի լինի, երբ սկզբից իբրև հայտնի թշնամի կդուրս գա մեր հանդեպ: Բայց երբ նա սկզբից մեզ բարեկամ կձևանա, իսկ հետո կդավաճանե, այդ ժամանակ կարող է ավելի վնասել մեզ, քան թե հայտնի թշնամին: — Իմ կարծիքով, պետք է բոլորովին մերժել նրա օգնությունը. թող ինչ որ կամենում է, այն անե:

Իշխան Շահումյանը Թորոսի քրոջ որդին էր. մանկությունից զրկված լինելով հորից, և մեծանալով իր քեռու խնամակալության ներքո, ստացել էր նրա մոտ ավելի համարձակություն: Այդ էր պատճառը, որ այսպես սաստիկ հակառակում էր նրա կամքին:

— Ես ավելի կպարզեմ իմ միտքը, — ասաց Թորոս իշխանը: — Իմ կարծիքի մեջ այն միակ առավելությունը կա, որ մենք չենք զրկվի մի նոր ուժից, որը ինքնակամ առաջարկում է մեզ իր օգնությունը: Շատ կարելի է, որ նրա խոստմունքները անկեղծ լինեն: Շատ կարելի է, որ նա խաբում է մեզ: Բայց թե նրա խաբեությունը և թե անկեղծությունը մեզ համար դեռ բոլորովին մթության մեջ են: Այդ մտքով ես ավելի նպատակահարմար եմ համարում, թույլ տալ նրան, որ գործով ապացուցանե իր անկեղծությունը: Եվ այդ այլ կերպ չէ կարող լինել, բայց միայն բացարձակ կերպով հայտնել նրան, թե մենք ընդունում ենք քո ծառայությունը, բայց բոլորովին հավատալ քեզ չենք կարող: Դու պետք է գործով արդարացնես քո խոստմունքները: Երբ կտեսնենք՝ կռվի դաշտում դու էլ մի կողմից կջարդես խանի զորքերը, կամ կհաղթվես, կամ հաղթություն կտանես, այն ժամանակ մենք բարեկամության ձեռք կմեկնենք քեզ: Բայց առայժմ ընդունել քեզ քո մարդիկների հետ մեր զորքերի թվում չենք կարող: Դու պետք է առանձին գործես: Միանալ կարող ես մեզ հետ միայն կռվից հետո:

Իշխանը դեռ չավարտած իր խոսքը, նրա թիկնապահներից մեկը ներս մտավ, հայտնեց, թե մի անծանոթ մարդ կամենում է ներկայանալ:

— Չէ՞ ասում, թե ով է:

— Չէ ասում, պատասխանում է, թե ինձ միայն իշխանը պետք է ճանաչե:

— Ներս թողեցեք:

Վրանը շրջապատող պահապանները զինաթափ արեցին նրան և ներս տարան: Բոլորի վրա տիրեց զարմացում: Անակնկալ այցելուն ինքը՝ մելիք Ֆրանգյուլն էր: Նա մտնելով վրանի մեջ, ոտքի վրա կանգնած, խոսեց.

— Ես հետո մտածեցի, որ իմ ձեզ մոտ ուղարկած պատգամավորությունը կարող էր այն հաջողությունը չունենալ, ինչ որ ես սպասում էի, դրա համար ավելի բարվոք համարեցի անձամբ դիմել ձեր բանակը, իմ լեզվով արտահայտելու հպատակությանս հավաստիքը: Այդ մասին պետք է շնորհակալ լինել Ֆաթալի խանին, որը այնքան անխոհեմ գտնվեցավ, որ ինձ փախցրեց իմ ամրոցից: Այժմ ձեր առջև կանգնած է մի հին հանցավոր, կամ հրամայեցեք նրան գլխատել, կամ ներումն շնորհելով, ընդունեցեք նրա մատուցած լուման մեր աշխարհի ընդհանուր զոհաբերության գանձանակի մեջ:

— Նստեցեք, մելիք, -ասաց Թորոս իշխանը, նրան տեղ ցույց տալով:

— Ես չեմ նստի, մինչև իմ վիճակը չվճռվի, — պատասխանեց նա, տեղից չշարժվելով:

— Նստեցեք, — կրկնեց իշխանը այժմ ավելի մեղմ ձայնով:

Նա նստեց ցույց տված տեղում, Թորոսի մոտ: Այդ միջոցին Ստեփաննոս Շահումյանը վրդովված կերպով վերկացավ և անխոս դուրս եկավ գլխավոր հրամանատարի վրանից: Նրա վրդովմունքը բոլորը նկատեցին:

Նրա երկու հավատարիմ, անբաժան զինակրները՝ Ջումշուդը և Աղասին դրսում սպասում էին իրանց պարոնին: Երբ նա հայտնվեցավ, զինակրներից մեկը նրա առջև ընկած, մյուսը ետևից գնալով, առաջնորդեցին նրան դեպի իր վրանը:

Մթին գիշեր էր: Նորածին լուսինը վաղուց արդեն մայր էր մտել: Նրանք անցան բանակի միջով և եկան այնտեղ, ուր զետեղված էր երիտասարդ իշխանի զորախումբը: Նա մտավ իր վրանը և հրամայեց լապտերը վառել: Հետո նստեց թանձր թաղիքի վրա, որով ծածկված էր վրանի հատակը: Լապտերի աղոտ լույսի առջև նրա մռայլված դեմքը ավելի սարսափելի էր: Նա թիկն տվեց մի յախթանի, որ պարունակում էր իր մեջ նրա զինվորական պարագայքը:

Նա այժմ մոռացել էր թե՛ գլխավոր հրամանատարի համառությունը, թե՛ մելիք Ֆրանգյուլի խաբեբայական խաղերը և մտածում էր միայն մեկ առարկայի վրա, իր սիրո, իր վաղեմի անբախտ սիրո անբախտ առարկայի վրա: «Այդ անհասկանալի է... – մտածում էր նա: Ի՞նչու նա մի մարդ, մի լուր չուղարկեց ինձ մոտ: Անկարելի է, որ նա տեղեկություն չունենար մեր արշավանքի մասին: Նա այնքան խելացի է, այնքան շրջահայաց է, որ կարող է հասկանալ, թե ի՞նչ է կատարվում իր շուրջը և նրա համեմատ կարգադրեր իր վիճակը... Բայց ինչո՞ւ լռել: — Միթե չէ՞ մտածում, որ ես ժամեժամ, րոպեից րոպե սպասում եմ նրա կարգադրությանը... Մի՞թե նա չգիտե, որ իմ կռիվը, իմ արյունահեղությունը նրան ազատելու համար է: Բայց ինչո՞ւ է թողնում ինձ անգիտության և մոլորության մեջ...»:

Նա վեր առեց մի կտոր թուղթ, շտապ ձեռքով գրեց մի քանի տողեր, և կնքելուց հետո կանչեց Զումշուղին:

— Դու խանի ամառանոցի հետ լավ ծանո՞թ ես, — հարցրեց, երբ հայտնվեցավ Զումշուղը:

Ինչպես մեր տան հետ, — պատասխանեց Զումշուղը ինքնավստահությամբ:

Դու ճանաչո՞ւմ ես խանի ներքինապետին:

Ճանաչում եմ, նրան կոչում են Աhմեդ:

— Կարո՞ղ ես այդ նամակը մինչև արևի ծագելը հասցնել նրան, — մինչև արևի ծագելը, հասկանո՞ւմ ես, այսինքն կռվի սկսվելուց առաջ, որովհետև մենք կռիվը սկսելու ենք դեռ լույսը չբացված:

— Կարող եմ:

— Իսկ եթե ներքինապետին չկարողացար գտնել:

— Դուք ինձ ասացեք, թե նամակը ում անունով եք գրել, ես կհասցնեմ նրան:

— Խանի տիկնոջ Սյուրիի անունով:

— Հասկանում եմ... Նրան հասցնելը ավելի հեշտ է: Ես նամակը կկապեմ մի կտոր քարի և ներս կձգեմ ուղիղ տիկնոջ լուսամուտի պատուհանից: Ես քար ձգելու մեջ սխալ չեմ անում: Ապակին կկոտրվի և տիկնոջ ուշադրությունը կդարձնե նամակի վրա: Ես իմանում եմ, տիկնոջ սենյակի լուսամուտները դեպի ո՛ր կողմն են բացվում:

— Հետո դու պիտի սպասես պատասխանի:

— Կսպասեմ, եթե պատասխանը հարկավոր է:

— Հարկավոր է: Բայց ի՞նչ միջոցով կստանաս:

— Եթե նամակը ներքինապետի ձեռքով ուղարկեցի, ինքը ներքինապետը պատասխանը կբերե, իսկ եթե լուսամուտից ներս ձգեցի, շատ հասկանալի է, որ նույն լուսամուտից պատասխան կստանամ:

— Բայց կարող են հանգամանքները փոխված լինել, այն ժամանակ մեր այդ նախամտածությունները բանի պետք չեն գա:

— Ես հանգամանքների համեմատ նոր հնարներ կմտածեմ նամակը տեղ հասցնելու համար:

— Դու ի՞նչ կերպարանքով կմոտենաս ամառանոցին, որ քեզ չճանաչեն:

— Մուրացկանի կերպարանքով, մուրացկանին ամեն տեղ թողնում են:

— Ուրեմն դու ստիպված կլինես ոտքով գնալ, որովհետև մուրացկանը ձի չէ նստում. իսկ ոտքով մինչև առավոտ ամառանոցը հասնել չես կարող:

— Ես ձիով կգնամ. գիշերային խավարի մեջ ձիու վրա նստած մուրացկանը շատ աչքի չի ընկնի: Իսկ երբ լուսացավ, ձին պահ կտամ իմ ուղեկցին, որը անտառում կսպասե ինձ:

— Ուրեմն դու մի ուրիշին ևս պիտի վեր առնես քեզ հետ: — Ո՞ւմին կտանես:

— Ումին որ դուք կհրամայեք:

Իշխանը փոքր-ինչ մտածելուց հետո ասաց.

— Լավ է, որ Աղասիին վեր առնես:

— Ես էլ այսպես եմ մտածում:

— Իսկ պատասխանը ո՞րտեղ կբերես ինձ:

— Որտեղ որ դուք կլինեք:

— Ուրեմն իսկույն ճանապարհի ընկեք, դու և Աղասին:

Խորամանկ Ջումշուդը առեց նամակը, գլուխ տվեց և հեռացավ: Սպասավորները ոչ մի ծառայության մեջ այնքան արի, այնքան ճարպիկ չեն լինում, որքան իրանց տիրոջ սիրային ինտրիգաների մեջ...

Ջումշուդի հեռանալուց հետո երիտասարդ իշխանի վրանը ներս մտավ Մելիք-Փարսադանյան Բալի զորապետը;

— Ինչո՞վ վերջացավ, — հարցրեց նրանից Շահումյանը:

— Նույնպես, ինչպես իր վերջին որոշումով մեզ հայտնեց հրամանատարը. – մելիք Ֆրանգյուլը պետք է իր մարդիկների հետ կռվե խանի հետ ուրիշ կողմից, առանձին, առանց մեր գունդերի մեջ խառնվելու: Բայց դուք իզուր վրդովվեցաք, Ստեփան: Թորոս իշխանը մի հմուտ, պատերազմող մարդու բոլոր հատկություններն ունի, ի՞նչ պետք է արած, որ նա չափազանց բարեսիրտ է, ներող է, մեծահոգի է, չէ կարող մերժել մի մարդու, որ այս ատիճան խոնարհվում է և իր ոտքով նրա դուռն է դիմում, թողություն խնդրելու: Նա այնքան ազնիվ է, որ չէ կարողանում հավատալ, թե մարդիկ մինչև այս աստիճան կարող են ցած և անպատիվ լինել, որ այդ բոլորից հետո, դարձյալ մտածեն խաբել նրան:

— Այդ բարեսրտություն չէ, դա ամենապարզ միամտություն է, որը ներելի չէ մի մարդու, որ ամբողջ զորախումբի հրամանատար է, որ իր ձեռքի տակ գտնված յուրաքանչյուր զինվորի կյանքի համար պատասխանատու է: Բարեսրտությունը պատերազմի ժամանակ մի սև փող չարժե: Ես իմ քեռուն ավելի լավ եմ ճանաչում, քան թե դուք. նա, իրավ է, քաջ է, մեծահոգի է, լավ զորապետ է, բայց թույլ է:

— Եթե դուք այնտեղ մնայիք և տեսնեիք, թե ինչպես էր լաց լինում մելիք Ֆրանգյուլը, թե ինչպես էր աղաչում, պաղատում և մեր առջև թափում էր սրտի վշտերը, կարծում եմ, որ դուք էլ կխղճայիք նրա վրա:

— Երբեք: Այսպիսիների լացը, արտասուքը անառակ կանանց արտասուքի նման է, որ ամեն րոպե պատրաստ է: Նրանք անդադար անամոթ կերպով կդավաճանեն իրանց սիրողներին, բայց հենց որ բռնվեցան անհավատարմության մեջ, կսկսեն լաց լինել, արտասուք թափել, զղջալ և հավատարմության երդում տալ: Իսկ երբ իրանց նպատակին հասան, բոլորը կմոռանան...

— Չէ կարելի այս աստիճան կասկածամիտ լինել:

— Տա աստված, որ ես սխալված լինեմ, բայց ես համոզված եմ, որ իմ կասկածանքները անտեղի չեն:

Երկու երիտասարդ զորապետների վիճաբանությունը ընդհատեց թմբուկների ձայնը, որ լսելի եղավ բանակի մեջ:

— Այդ ի՞նչ ձայն է, — հարցրեց իշխան Շահումյանը:

— Պատրաստվելու հրաման է, — պատասխանեց Մելիք Փարսադանյանը: — Թորոսը հրամայեց գիշերով արշավանք գործել, որ մինչև լույսը բացվելը հասնենք կռվի դաշտը: — Մնաք բարյավ, ես գնում եմ իմ խումբը պատրաստելու: — Նա հեռացավ:

Իշխան Շահումյանը նույնպես դուրս եկավ իր վրանից և հրամայեց չվելու թմբուկը ածել:

ԼԲ

Եթե այսօր ճանապարհորդը «Կարմիր վանքի» (Երիցակա վանքի) բարձրավանդակից կցանկանա իջնել դեպի արևմտյան կողմի ձորը և չի վախենա պարսպի նման ուղղաձիգ ապառաժներից գլորվել դեպի իր առջև բացվող խորին անդունդը, այլ սարսափելի քարափների կուրծքը քերելով, և վայրենի մացառներից, թուփերից բռնելով, կամաց-կամաց ցած կիջնե, նա կգտնե քարափի սրտի մեջ մի նեղ, բնական քարանձավ, հովանավորված սաղարթախիտ ծառերով: Այդ քարանձավի մուտքը այժմ փակված է հասարակ փայտյա դռնով. նրա մեջ կա մի մոռացված գերեզման, որին խիստ սակավ անգամ ուխտավորները գալիս են այցելություն գործելու:

Եթե հարցնելու լինես Արծվանիկի գյուղացիներից, թե այդ ո՞ւմ գերեզմանն է, ինչու է այդ քարանձավը ուխտատեղի դարձել,-նրանք քեզ այսքանը միայն կարող են պատասխանել, թե այդ այրի մեջ մի ժամանակ մի ճգնավոր էր բնակվում, երբ նա մեռավ, թաղեցին հենց իր ճգնարանում. նա շատ սուրբ մարդ էր, դրա համար էլ ժողովուրդը պաշտում է նրան:

Դավիթ բեկի ապստամբության օրերում այդ ճգնավորը դեռ կենդանի էր, բնակվում էր միևնույն այրում: Այրը ուրիշ լուսամուտ չուներ. դրան մեջ վերևի կողմից բացվում էր մի քառակուսի ծակ, որից լույսը ներս էլ թափանցում: Այդ բնակարանը, որ բնությունը ստեղծել էր գազանների համար, այժմ ծառայում էր որպես ճգնարան մի մենակյացի, որի արտաքին տեսքը նույնքան սարսափ էր ազդում, որքան վայրենացած մարդու կերպարանքը:

Առավոտը լուսանալու մոտ էր, բայց նա դեռ քնած էր: Նրա պարզ անկողինը կազմված էր չորացած, փափուկ խոտերից, որոնց վրա պառկել էր նա. բարձի փոխարեն գլխի տակ դրել էր իր թեքը, իսկ վերմակի փոխարեն իր վրա ծածկած ուներ մի աhագին վագրի մորթի: Ամեն առավոտ, այդ ժամանակը զարթած էր լինում նա, կատարելու իր վաղորդյան աղոթքը, իսկ այս առավոտ քունը հաղթել էր նրան: Գիշերը նա խիստ ուշ վերադարձավ իր այրը. ո՞ւր էր նա, ո՞րտեղ էր թափառում, հայտնի չէր:

Վաղ առավոտյան նրա քունը խանգարեցին. մի մարդ մոտեցավ այրի դռանը, սկսեց սաստիկ բախել: Նա զարթնեց և իսկույն բաց արեց դուռը: Եկվորը հայտնեց նրան, թե խանը կանչում է:

— Ի՞նձ, այսպես վա՞ղ... ի՞նչ գործ ունի ինձ հետ խանը, — հարցրեց նա փոքր-ինչ շփոթված կերպով:

— Չգիտեմ, կանչում է:

— Լավ, դուք գնացեք, ես իսկույն կգամ:

Եկվորը հեռացավ: Ճգնավորը նույնպես պատրաստվեցավ գնալու: Նրա հագուստը բաղկացած էր մեկ կտորից միայն. դա սպիտակ, կոշտ կտավից կարված շապիկ էր, որ իջնում էր մինչև նրա մերկ սրունքները և բոբիկ ոտները: Բազուկների և պարանոցի վրա փաթաթած ուներ երկայն տերողորմյաներ սև հատիկներով: Ուսից քարշ էր ընկած մի մախաղ, որ նման էր հովիվների մախաղին: Այդ պարզ, նախնական զգեստը լրացնում էր աhագին վագրի մորթին, որ ձգեց ուսերի վրա:

Ընթերցողը իսկույն կմտաբերե, որ այդ տարօրինակ անձնավորության հետ, կարծես թե, ծանոթ լինի. կարծես թե, մի քանե անգամ նրան հանդիպած լինի: Այո, ընթերցողի հիշողությունը իրան չի խաբի, եթե այդպես մտածե: Մեր պատմության ընթացքում մի անգամ այդ մարդուն տեսանք Չալաբիան կոչված խաշնարած ցեղի իմամի (հոգևոր գլխավորի) չադրում. խոսում էր գերբնական գիտություններից և ծերունի իմամին մանկացնելու համար երկարակեցության մաջուններ էր պատրաստում: Նույն ժամանակ տեսանք նրան Ֆաթալի խանի չադրում բժշկական հնարներ էր գործ դնում խանի մշտական առողջության համար: Դա միևնույն անձնավորությունն է. — դա միևնույն դերվիշն է: Այն օրից անցել են շատ տարիներ. այժմ բավական ծերացել է դերվիշը. մորուքի և գլխի սև, և երբեք չսանրված, չլվացված, չկտրված մազերի մեջ այժմ հայտնվել են սպիտակ ալիքներ. մույգ-դաhիվեի գույն ունեցող դեմքը այժմ բավական գունատվել է, թառամել է:

Իմամի մեռնելուց հետո խանը թույլ չտվեց նրան գնալ իր հայրենիքը. պահում էր իր մոտ և շատ անգամ ախորժանոք լսում էր նրա պատմությունները, թե ինչ են գրել, ինչ են խոսացել իմաստուն մարդիկ: Երբեմն կատարում էր նրա բարի խորհուրդները: Երբ խանը, քանդելով «Կարմիր վանքը», նույն լեռան բարձրավանդակի վրա իր համար ամառանոց շինեց, դերվիշը ընտրեց իր բնակության համար, վանքի ստորոտում, մեր վերևում նկարագրած այրը: Կարծես, մի առանձին գաղտնիք կապել էր այդ խորհրդավոր մարդուն իր ճգնարանի հետ, կարծես, մի խորին պատճառ թույլ չէր տալիս հեռանալ նրան բռնակալի ամառանոցի մերձակայքից:

Ինչ էլ որ լիներ այդ գաղտնիքը, մենք թողնում ենք այժմ նրա վրա խոսելը, միայն այսքանը կասենք, որ պարսիկ դերվիշը և հայ ճգնավորը շատ չեն զանազանվում միմյանցից: Երկուսն էլ աշխարհի հոգսերից, աշխարհի վայելչություններից հրաժարված մարդիկ են. երկուսն էլ թողած իրական կյանքի պետքերը, անձնատուր են լինում վերացական գաղափարների, զվարճանում են երևակայական հոգեզմայլություններով: Բայց այդ դերվիշի մեջ նկատվում էր մի բան, որ ավելի իրական էր, որ ավելի ձգտում էր դեպի մարդկային բարին, թեև նա ամենայն զգուշությամբ աշխատում էր ծածկել...

Ստանալով խանի հրավերը, նա վեր առեց իր ահագին, կոճղնավոր գավազանը, որ սովորաբար կրում են իր դասակարգի մարդիկը, և դիմեց դեպի ամառանոցը: Նա իր այրի դուռը չկողպեց, որովհետև այնտեղ գողանալու ոչինչ չկար. իր ամբողջ կայքը նա իր վրան կրած ուներ. – սպիտակ շապիկը, վագրի մորթին, տերողորմյաները և հովվի մախաղը, — այդ էր նրա հարստությունը: Գլխին գտակ չուներ. թաղիքի նման խճճված մազերը գլխարկի տեղ էին ծառայում: Ոտները զուրկ էին հողաթափներից:

Նա անցավ վանքի ավերակների մոտից: Մի օր առաջ հայ գյուղացիները հավաքված այնտեղ, կրոնական հանդես էին կատարում: Իսկ այսօր ամբողջ տարածությունը ծածկված էր զինված ձիավորներով:

Արշալույսը դեռ նոր էր սկսել շառագունիլ: Օդը լցված էր եղնիների անտառի թարմ անուշահոտությամբ: Թռչունները կատարում էին իրանց վաղորդյան օրհներգությունը լույսի արարչին: Իսկ մարդիկ պատրաստվում էին արյուն թափելու: Դերվիշը նայեց այդ աղետալի տեսարանի վրա և տխուր մտախոհությամբ անցավ:

Մտնելով ամառանոցը, դերվիշին տարան խանի դահլիճը: Նա գտավ խանին միայնակ, բոլորովին զինված, պատերազմական հագուստով: Երբ ներս մտավ նա, խանը հարգանքով ոտքի ելավ և ողջունեց նրա գալուստը: Դերվիշը մոտեցավ, և առանց սպասելու, որ իրան նստելու տեղ ցույց տան, անփույթ կերպով բազմեցավ նույն փառավոր օթոցի վրա, ուր առաջ նստած էր խանը: Դերվիշը, այդ չքավոր մերկիմաստակը, միակ մարդն է մահմեդական հասարակության մեջ, որի բոբիկ, փոշոտ ոտները համարձակ կերպով կոխում են իշխանների թանկագին գորգերը:

— Ես ձեզ, հայրիկ, այսպես վաղ առավոտյան նեղություն տվի մի քանի հարցմունքների համար, — խոսեց խանը ակնածությամբ: — Ես շատ անգամ լսել եմ ձեզանից իմաստուն խոսքեր, շատ անգամ ձեր բարի խորհուրդներով օգնել եք ինձ: Հուսով եմ, որ այժմ, երբ ավելի կարոտություն ունեմ ձեր խրատներին, դուք ինձ կտաք իմ ցանկացած տեղեկությունները:

— Ամեն տեղեկությունները, ամեն գաղտնիքները աստուծո մոտ են, — պատասխանեց դերվիշը. – ինչ որ ամենագետը կազդե ինձ, ես կհաղորդեմ ձեզ:

— Շնորհակալ եմ, — ասաց խանը, և դառնալով դեպի սպասավորը, հրամայեց.

— Հայրիկի համար մի ղահվե:

Այդ միջոցին խանին կից սենյակից կանչեցին: Նա վերկացավ, գնաց, դերվիշին ասելով.

— Մինչև դուք կվայելեք ձեր ղահվեն, ես կվերադառնամ:

Սպասավորը նույնպես հեռացավ ղահվե պատրաստելու, հայրիկը մնաց դահլիճում միայնակ: Նա աչք ածեց օթոցի վրա, ուր առաջ նստած էր խանը, տեսավ այնտեղ զանազան թղթեր, նամակներ, որ նոր էին ստացված: Հետաքրքրությամբ վեր առեց նրանցից մեկը, և հայրիկի վարժ աչքերը արագությամբ վազեցին տողերի վրա: Նամակը գրված էր Թորոս իշխանի բանակից, մելիք Ֆրանգյուլի ձեռքով, որին հայրիկը լավ ճանաչում էր, և վերջանում էր այս խոսքերով. «Աստծուն փառք տալով, ավարտում եմ իմ ձեզ հաղորդած տեղեկությունները. մեր նպատակները գեղեցիկ կերպով կատարվեցան... ամեն ինչ կարգադրվեցավ այնպես, որպես դուք և ես ցանկանում էինք...»:

Մի աղոտ մռայլ անցավ դերվիշի առանց դրան ևս գորշ դեմքի վրա. նամակը դրեց իր տեղը, երբ լսելի եղավ նախասենյակից սպասավորի ոտնաձայնը:

Սպասավորը ներս բերեց մի ֆինջան դառն դաhվե առանց շաքարի, մատուց դերվիշին:

— Լավ եք պատրաստել, օրհնյալ լինիք, -ասաց նա փոքր-ինչ ճաշակելով, — բավական դառն է և թանձր, այդ ես սիրում եմ: Բայց դուք գիտեք իմ սովորությունը, զավակս, որ դաhվեից հետո անմիջապես ղեյլան եմ ծխում:

— Գիտեմ, — ասաց սպասավորը և դուրս գնաց նրա պատվերը կատարելու:

Հայրիկը սկսեց կրկին նայել թղթերի վրա և շտապ կերպով մինը մյուսից հետո աչքից անցկացնել: Խանը հավատաց նրան իր թղթերը, որովհետև աշխարհից հրաժարված, մարդկային գործերով չհետաքրքրվող, անփույթ, անհոգ դերվիշից, նրա կարծիքով ինչ կասկած կարելի էր ունենալ: Նա մտածել անգամ չէր կարող, որ դերվիշը ուշադրություն կդարձնե իր թղթերի վրա:

Վերջին թուղթը դնելով իր տեղը, նա հոգվոց հանելով արտասանեց.

— Եթե ես փոքր-ինչ առաջ գիտենայի՜...

Այդ միջոցին ներս մտավ խանը:

— Պատերա՜զմ է, հայրիկ, — ասաց նա ուրախությունից պայծառացած դեմքով: — Իմ զորքերը այժմ պատերազմի դաշտումն են: Երանի ձեզ, հայրիկ, որ ձեր խաղաղ այրի մեջ փակված, որպես Դիոգինեսը իր կարասում, ապրում եք բոլորովին ազատ այդ տեսակ հոգսերից: Ձեր թագավորության սահմանները վերջանում են ձեր այրի չորս պատերով: Գոհ եք այդ անձկության մեջ, որովհետև ոչ ոքի հետ բաժանելու մի բան չունեք: Իսկ ես իմ իշխանության լայնատարած սահմանների մեջ հանգիստ չեմ, որովհետև պետք է անդադար կռվեմ, պետք է արյունով պահպանեմ ինչ որ ունեմ...

Դերվիշը ոչինչ չպատասխանեց. նա ծխում էր և իր կարդացած թղթերի բովանդակության վրա էր մտածում:

— Հիմա գուշակեցեք, հայրիկ, թե բախտը ի՞նչ է խոստանում ինձ, — հարցրեց նա, հավաքելով թղթերը, և կողպելով մի փոքրիկ արկղիկի մեջ: — Ես այս րոպեիս պատրաստվում եմ գնալ պատերազմ. նախագուշակեցեք, թե ինչո՞վ կվերջանա կռիվը:

— Իսկույն կասեմ ձեզ, — պատասխանեց դերվիշը, երբ թամբաքուի ծխով բավական բորբոքեց իր երևակայությունը: — Հրամայեցեք, որ տան ինձ մի հարթ տախտակ:

Սպասավորը պահանջած տախտակը դրեց նրա առջևը: Գուշակողը դուրս բերեց իր մախաղի միջից երեք հատ պղնձե գնդակներ, որ քառակուսի ձև ունեին, նարդի կոչված խաղատախտակի «զառերի» նմանությամբ: Այդ գնդակները բախտահմանների լեզվով կոչվում էին «ռամլ»: Քառակուսիների յուրաքանչյուր կողմի վրա գծած էին հնդկական թվանշաններ:

— Նախ գուշակեցեք, օրը բարի՞ է, թե չար, — խնդրեց խանը:

Դերվիշը պղնձե գնդակները առեց ափի մեջ, շարժեց, լուռ կերպով մի աղոթք կարդալով, հետո երեքը միասին ձգեց հարթ տախտակի վրա: Գնդակները պտտվեցան, պտտվեցան և ապա դադար առին:

Դերվիշն արտագրեց մի թղթի կտորի վրա գնդակների այն կողմի թվանշանները, որ դեպի վեր էին նայում: Հետո սկսեց հաշվել, գումարել և նրանցից հետևանքներ դուրս բերել: Երբ վերջացրեց իր համարումները, ասաց.

— Դուք հարցրիք՝ օրը բարի՞ է, թե չար: Իմ գնդակները մինչև կեսօր չար են ցույց տալիս, իսկ կեսօրից հետո փոքր առ փոքր սկսվում է բարին:

— Հասկացա, — ասաց խանը գոհունակությամբ: — Հիմա գուշակեցեք, թե կռիվը ինչպե՞ս կվերջանա:

Դերվիշը կրկին ձգեց գնդակները տախտակի վրա, և առաջվա նման համարումներ անելով, պատասխանեց.

— Մինչև կեսօր հաղթությունը ձեր թշնամու կողմը կլինի, իսկ կեսօրից հետո բախտը կդառնա ձեր կողմը:

— Փա՛ռք լինի ամենակալ աստծուն, — բացագանչեց խանը ուրախությամբ. – հաղթությունը դարձյալ ինձանով է վերջանում:

— Բայց ձեր ուրախությունը կարճատև է երևում... — ասաց դերվիշը խորհրդավոր ձայնով:

— Ինչպե՞ս, — հարցրեց խանը գունաթափվելով:

— Ես չեմ կամենում խլել ձեզանից ձեր քաջալերությունը...

— Մի՛ խնայեք, ասացեք, խնդրեմ, ես հեշտ հուսահատվող մարդ չեմ:

— Սպասեցե՛ք, իսկույն կբացատրեմ ձեզ:

Դերվիշը կրկին գնդակները ձգեց տախտակի վրա և տխրությամբ պատասխանեց.

— Իրավ է, այդ կռվի մեջ հաղթությունը ձեզանով կվերջանա: — Բայց...

— Մի թաքցրեք, ասացեք խնդրեմ, — անհամբերությամբ հարցրեց խանը:

— Բայց հետո... մի քանի օրից... գուցե մի քանի շաբաթներից հետո... կկատարվի մի այլ, ավելի սարսափելի կռիվ, որի մեջ դուք կհաղթվեք...

Խանը բավական հանգիստ կերպով պատասխանեց.

— Այդ ոչինչ. մի քանի շաբաթներից հետո թող աշխարհը կործանվի, ինձ համար փույթ չէ, բավական է, որ այսօր ես կռվի դաշտից հաղթող կվերադառնամ:

— Եթե դուք գիտենայիք այդ մի քանի շաբաթներից հետո կատարվող կռվի հետևանքը ձեր անձի վերաբերությամբ, այդպես արհամարհանքով չէիք վերաբերվի դեպի ձեր ճակատագիրը....

— Ի՞նչ հետևանք:

— Իմ լեզուն չէ զորում արտասանելու համար:

— Ասացեք, ես սրտի ամրություն ունեմ:

— Ապագա կռիվը կվերջանա ձեր մահով...

Խանը ընկավ մտածության մեջ:

— Եթե ցանկանում եք այդ մահը հեռացնել ձեզանից, դուք այժմ պետք է հաշտվեք թշնամու հետ, — ավելացրեց դերվիշը:

Խահը սկսեց ծիծաղել:

— Սիրելի դերվիշ, — պատասխանեց նա, — դուք գուշակում եք ապագայի մասին. մինչև ապագայում կատարվող կռիվը դեռ բավական ժամանակ կա, թեև կարճ ժամանակ: Բայց այդ կարճ միջոցում ևս կարող են շատ փոփոխություններ պատահել: Գուցե այն ժամանակ ձեր գնդակները բոլորովին ուրիշ կերպ ցույց կտան:

— Տացե ամենակալը, որ ուրիշ կերպ ցույց տան, բայց երբեք չէ պատահել, որ իմ գնդակները խաբեին ինձ, այդ պատճառով ես կրկին խորհուրդ եմ տալիս հաշտվել թշնամու հետ:

— Գիտեք, դերվիշ, — ասաց խանը մոտենալով և կանգնելով ուղիղ գուշակի առջև: — Պատերազմական հաղթությունը պատերազմող մարդու համար իր առանձին քաղցրությունն ունի, որպես որսը որսորդի համար: Այսօրվա հաղթությունը այնքան անսահման ուրախություն կպատճառե ինձ, որ ես այդ ուրախությունը երբեք չէի ցանկանա փոխել իմ ապագա կյանքի հետ:

— Այդ ձեր բարի հոժարությունիցն է կախված, — ասաց դերվիշը, և հավաքելով իր գնդակները, վերկացավ:

— Դուք գնո՞ւմ եք:

— Այո՛, դուք այնքան վաղ կանչեցիք ինձ, որ միջոց չունեցա կատարելու իմ առավոտյան աղոթքը:

— Աղոթեցեք և ինձ համար, հայրիկ:

— Ես միշտ իմ աղոթքների մեջ հիշում եմ ձեզ...

Խանի դահլիճից դուրս գալուց հետո, բակում դերվիշին մոտեցավ ներքինապետ Աhմեդը և հազիվ լսելի ձայնով ասաց.

— Ինձ սպասեցեք...

Դերվիշը դանդաղ քայլերով դիմեց իր ճգնարանը:

Քանի րոպեից հետո խանը, զինված, զրահավորված և շրջապատված թիկնապահներով, դուրս եկավ դահլիճից: Ընդարձակ բակը լիքն էր բազմությունով: Բացի զինվորականներից, այնտեղ թափված էին զանազան սեիդներ, մոլլաներ, ախունդներ, աղքատներ, մուրացկաններ, որ իրանց օրհնություններով ճանապարհ դնեն պատերազմի իշխանին: Երբ հայտնվեցավ նա դահլիճի դռան սանդուղքների վրա, բազմությունը, կարծես, մի ձայնով գոռաց. «Աստվա՛ծ, աստվա՛ծ հաջողություն շնորհեսցե, ձեր սուրը կտրուկ անե, իսկ թշնամու գլուխը ցած խոնարհեցրած...»:

Խանը կանգնեց սանդուղքների բարձրության վրա: Երկու մանկլավիկները, երկու մատուցարաններ բռնած, կանգնել էին նրա մոտ: Մատուցարանների վրա դիզած էին ոսկի և արծաթի դահեկաններ: Նա սկսեց լի բռով վեր առնել դահեկանները և ցրել ամբոխի վրա: Տիրեց ընդհանուր խառնակություն և իրարանցում: Յուրաքանչյուրը աշխատում էր իր մասն ունենալ ոսկեղեն և արծաթեղեն կարկուտից, որ թափվում էր վերևից: Երբ վերջացավ, խանը ցած իջավ սանդուղքներից: Կրկին սկսվեցավ օրհնությունները, կրկին հնչեցին մաղթանքները:

Խանը ցած իջավ սանդուղքներից. բազմությունը փողոցի նման բացվեցավ և նրան ճանապարհ տվեց: Օրհնության աղաղակները դեռ չէին լռել: Ոսկին և արծաթը ոգևորել էր բոլորին: Այդ միջոցին խանի ուշադրությունը իր վրա դարձրեց մի երիտասարդ մուրացկան, որ ամբոխի միջից դժվարությամբ դուրս գալով, ասաց.

— Ինձ ոչինչ չհասավ: Թող աղքատներին հովանավորող Իմամ-Մուրզայի աջը ձեզ օգնական և պահապան լինի, ողորմեցեք ինձ:

Այդ խոսքերը այնպիսի մի խղճալի ձայնով արտասանեց նա, և նրա ցնցոտիները, կերպարանքը այն աստիճան սրտաշարժ էին, որ խանը գթացավ նրա վրա և մեկնեց իր ձեռքը:

— Իմ ձեռքերը չեն շարժվում, որ ընդունեմ ձեր առատ ողորմությունը, — ասաց մուրացկանը:

— Խե՛ղճ, երևի, գոսացել են, — ասաց խանը, մի առանձին գթությամբ նայելով նրա վրա: — Այդ երիտասարդ հասակում, որպես կույչ է եկել, որպես ծալվել է նա:

Խանը իր ձեռքով ձգեց նրա գրպանում մի ոսկի և անցավ: Ամբոխը հետևեց նրան և հավաքվեցավ ամառանոցի դռան հանդեպ:

Երիտասարդ մուրացկանը, մի կծկված գունդի նման, հազիվ-հազ շարժվելով, օրորվելով քարշ եղավ, նստեց բակի պատի մոտ, սկսեց իր գոսացած անդամները ջերմացնել նոր ծագած արեգակի ճառագայթներով:

— Ա՛խ, եթե ինձ մի կտոր հաց տային, — հառաչեց նա. — երկու օր է ոչինչ չեմ կերել:

Նրա դառն հառաչանքը լսեց ներքինապետ Աhմեդը, որ շտապով անցնում էր:

— Ես այս րոպեիս քեզ համար հաց կբերեմ, — ասաց նրան և հեռացավ:

Խանը այդ միջոցին նստեց իր գեղեցիկ նժույգի վրա, և շրջապատված հարյուրավոր ձիավորներով, դիմեց դեպի կռվի դաշտը: Մահմեդական ամբոխի օրհնությունները դեռ երկար և երկար լսելի էին լինում, մինչև նա բավական հեռացավ և անտառի ծառերը ծածկեցին նրան բազմության տեսությունից:

Երիտասարդ մուրացկանը մեծ անհամբերությամբ սպասում էր իրան խոստացված հացին: Բայց ներքինապետը շատ չուշացավ, շուտով բերեց նրան մի քանի կտոր փաթաթած լավաշներ, և տալով նրան, ասաց.

— Պինդ բռնիր, լավաշների մեջ պանիր եմ փաթաթել, չվեր զգես...

— Աստված օրհնե քեզ, — ասաց մուրացկանը և ընդունեց հացը:

Նրա ձեռքերը, որ քանի րոպե առաջ գոսացած էին, չէին բացվում, որ ընդունեն խանի ընծայած ոսկին, այժմ խիստ ամուր կերպով բռնել էին լավաշների փաթոթը, որ պանիրը միջից վար չընկնի: Նա պահպանելով իր մարմնի առաջվա դիրքը, նույնպես կռացած, նույնպես կուչ եկած, դուրս եկավ ամառանոցից և իր դողդոջուն քայլերը ուղղեց դեպի անտառը: Զարմանալին այն էր, որ որքան հեռանում էր նա մարդկային բնակությունից, որքան խոր մտնում էր անտառի մեջ, այնքան նրա կծկված, կուչ եկած մարմինը պարզվում էր և ուղիղ ձև էր ստանում:

Վերջը նա մտավ մի խուլ ծմակի մեջ, ուր անտառապատ լեռները այնքան մոտենում էին միմյանց և այնքան վեր էին բարձրացած, որ երևում էր երկնքի մի փոքրիկ, կապտագույն կտորը միայն: Այստեղ, այս խորին ձորակի մեջ արածում էին երկու թամքած ձիաներ. նրանց մոտ կանգնած էր մի տղամարդ:

— Վերջապես եկար դու, Ջումշուդ, — ասաց տղամարդը, երբ հեռվից տեսավ նրան: — Ես կարծում էի, որ խանի մարդիկը քո բուրդը զգել են...

— Ջումշուդի մայրը այնպիսի տղա չէ ծնել, որ խանի մարդիկը կարողանային նրա մազին դիպչել... – պատասխանեց կեղծ մուրացկանը և մոտեցավ նրան:

— Օհո՜, հաց էլ ես բերել, մեռած, դու ի՞նչ էիր իմանում, որ ես քաղցած եմ, – հարցրեց առաջինը:

— Լավաշների մեջ պանիր էլ կա, Աղասի, սպասիր, իսկույն կբաց անեմ:

Նա սկսեց բաց անել լավաշների փաթոթը, բայց փոխանակ պանիրի՝ նրանց մեջ հայտնվեցավ մի նամակ:

— Ղոչա՜ղ տղա ես, ղոչաղ... — գոչեց Աղասին ուրախությունից թռչկոտելով, երբ տեսավ նամակը: — Այդ լավաշները մենք կուտենք, իսկ նամակը կհասցնենք իշխանին, որ նա էլ իր սիրտը հովացնե...

Ջումշուդը այդ միջոցին սկսեց մերկանալ իր մուրացկանի ցնցոտիները և հագնել իր հագուստը, որ ընկերի մոտ պահված էր: Նա կապեց նաև իր զենքերը, և թռչելով ձիու վրա, ասաց Աղասուն.

— Մենք ուշանում ենք: Խանը վաղուց արդեն իր ձիավորներով գնացել է:

Աղասին էլ հեծավ իր ձին:

— Բա՛ դու ինձ չե՞ս պատմելու, թե ի՛նչպես գնացիր, ի՛նչպես եկար, ո՞վ տվեց քեզ այդ նամակը:

— Շատ մի խոսիր, ճանապարհին կպատմեմ:

Երկու երիտասարդ ձիավորները փութացին դեպի կռվի տեղը, որ շատ հեռու չէր Արծվանիկից:

ԼԳ

Արեգակը այժմ թափում էր իր լույսը և ջերմությունը լեռնային աշխարհում: Բնությունը ժպտում էր գեղածիծաղ պայծառությամբ: Գիշերային խավարի մեջ մրափած անտառը, զարթնելով իր հսկայական քնից, այժմ օրորվում էր, ծփում էր կանաչազարդ ծովի նման: Ծառերը, ծաղիկները, շարժվելով մեղմ զեփյուռի հրապուրանքից, կարծես, գրկվում էին, համբուրվում էին, ողջունում էին միմյանց առավոտը:

Օրվա այդ խորհրդավոր ժամուն սքանչելի բնության հետ զարթնում է և մարդկային կյանքը: Հովիվը իր հոտերը քշում է դեպի լեռների զառիվերը. մշակը դաշտում կամ հերկում է, կամ հնձում է. ձորերի և ծմակների մեջ նախշուն թիթեռնիկների նման վժվժում են գյուղացի աղջիկները: Մարդը սկսում է գործել:

Իսկ այդ առավոտ մարդկային կյանքը կարծես, մեռել էր: Ոչ մի արարած չէր երևում Արծվանիկի շրջակայքում: Մինչև անգամ շինական խրճիթների ծուխը, կարծես թե, մարել էր: Ի՞նչ էր պատճառը: — Փոքր-ինչ հեռու այդ գյուղից մարդիկ կռվում էին. հզորները արյուն էին թափում, իսկ տկարները երկյուղից փախել, թաքնվել էին անտառների մթության մեջ, որ իրանց կյանքը և կայքը ազատ պահեն հզորների բարբարոսությունից:

Մի մարդ միայն նստած էր իր ճգնարանի մուտքի հանդեպ, և տխուր խորհրդածության մեջ, ժայռերի բարձրությունից նայում էր դեպի շրջակա ձորերը: Ահագին պեխի ծառի տերևախիտ ոստերը պահպանում էին ալևոր գլուխը արևի այրող ճառագայթներից: Երբեմն մի շողք ժապավենի նման ճյուղերի միջից ցոլանում էր նրա մույգ-պղնձագույն դեմքի վրա և ավելի որոշ կերպով արտահայտում էր երեսի տխուր գծերը:

— «Սպասիր ինձ», — ասաց նա, ես սպասում եմ, բայց ինչո՞ւ այդքան ուշացավ...

Քառորդ ժամից հետո մի այլ ծերունի, ծառերից բռնելով, ժայռերի վրա մագլցելով, ցած էր իջնում դեպի ճգնարանը: «Էլ ոչ աղոթք պեքտ է և ոչ ծերադրություն, ասում էր նա ինքն իրան, — այդ քարափներից ամեն օր իջնելը մի մեծ ապաշխարություն է...

Լսելով նրա ձայնը, պեխի ծառի ստվերի տակ նստած մարդը, որը ոչ այլ ոք էր, եթե ոչ դերվիշը, վերկացավ, մոտեցավ եկվորին, սկսեց օգնել նրան, որ ցած չընկնի: Եկվորը ներքինապետն էր:

— Դուք ինձ բավական սպասել տվիք, Ահմեդ, — ասաց նրան դերվիշը:

— Եթե դուք գիտենայիք պատճառները, չէիք մեղադրի ինձ, — պատասխանեց ներքինապետը:

Երկուսն էլ մտան այրի մեջ. այնտեղ ավելի ապահով էր, ոչ ոք չէր տեսնի նրանց:

— Հիմա պատմեցեք, ի՞նչ խոսեցիք խանի հետ, — հարցրեց ներքինապետը, նստելով խոտեղեն օթոցի վրա, որով ծածկված էր այրի հատակը:

Դերվիշը պատմեց, թե ի՛նչ նպատակով էր կանչել իրան խանը, ի՛նչ գուշակություններ արեց ինքը պատերազմի վախճանի մասին, և ի՛նչ խորհուրդներ տվեց նրան, որոնք դժբախտաբար ընդունելություն չգտան:

— Ես գուշակություններին շատ փոքր եմ հավատում, — ասաց ներքինապետը, — դուք ինձ այն ասեցեք, թե ինչո՞վ կարողացաք հասկանալ, որ այսօր խանը հաղթող կհանդիսանա, իսկ մի քանի օրից հետո կրկին կռիվ կլինի, որի մեջ նա կհաղթվի:

— Այդ բոլորը հասկանալու համար, — պատասխանեց դերվիշը, — ոչ կախարդություն և ոչ էլ գերբնական գիտություններ պետք են, այլ հարկավոր է փոքր-ինչ առողջ դատողություն ունենալ: Եթե դուք կարդացած լինեիք մելիք Ֆրանգյուլի խանին գրած նամակները, միևնույն նախագուշակությունները կանեիք:

— Մելիք Ֆրանգյուլի նամակնե՞րը... — գոչեց ծերունին սարսափելով: — Ինչպե՞ս հաջողվեցավ ձեզ կարդալ այդ չարագործի նամակները:

Դերվիշը այնքան մտերիմ էր ներքինապետի հետ և այնքան հարգում էր նրա բարեկամությունը, որ ոչինչ չծածկեց նրանից և մինչևանգամ պատմեց, թե ի՛նչ հանգամանքներից օգուտ քաղելով, կարողացավ կարդալ նամակները: Հետո հաղորդեց նրան նամակների բովանդակությունը, որից պարզ երևում էր, թե որպիսի խաբեությամբ հայոց զորքերին պետք է որոգայթի մեջ ձգեհին:

— Հիմա հասկանում եմ... — ասաց ներքինապետը հոգվոց հանելով. — դուք այդ նամակների բովանդակությունից կարող էիք նախագուշակել այսօրվա կռվի աղետալի վախճանը: Բայց ինչո՞վ եք իմանում, որ հետո մի ուրիշ կռիվ կլինի, որի մեջ խանը կհաղթվի:

— Այդ շատ հեշտ է իմանալ. այսօրվա կռվի մեջ խանի զորքերի հաջողությունը պետք է վերաբերել մելիք Ֆրանգյուլի դավաճանությանը: Իսկ հետո, շատ հասկանալի է, որ Բեկը ավելի լավ պատրաստությամբ զորքեր կուղարկե և նրանք կջարդեն մահմեդականներին:

— Այդ բոլորը շատ հավանական է, — ասաց ներքինապետը: — Բայց դեռ ուշ չէ, կարելի է այսօրվա չարյաց առաջը առնել: Իսկ ես բոլորովին չվարած եմ, խելքս համարյա գլխումս չէ: Դուք իմաստուն մարդ եք, դերվիշ, մի խորհուրդ տվեցեք, արդյոք ինչո՞վ կարող ենք վտանգը հեռացնել:

— Դուք դեռ չեկած, ես դրա վրա էի մտածում, — պատասխանեց դերվիշը: — Բայց մի՞թե դուք մինչև այսօր չէիք նկատում մելիք Ֆրանգյուլի խաբեությունները, ինչո՞ւ չփութացիք նախապես զգուշացնել հայոց զորապետներին:

— Ես նկատում էի, որ գաղտնի կերպով ինչ-որ դավադրություն սարքվում է, թեև ինձ համար բոլորովին պարզ չէր նրա մանրամասնությունները, այսուամենայնիվ, շտապեցի մի սուրհանդակ ուղարկել Թորոս իշխանի մոտ և զգուշացնել նրան:

— Բայց Թորոսը կարող էր չհավատալ ձեր սուրհանդակին, որովհետև նա ձեզ չէ ճանաչում:

— Այդ ես մտածեցի, դրա համար էլ սուրհանդակը ուղարկվեցավ «տիկնոջ» կողմից, ոչ թե ուղղակի Թորոսի մոտ, այլ Ստեփաննոս իշխանի մոտ: Իշխանի հարաբերությունները «տիկնոջ» հետ ձեզ հայտնի են...

— Հայտնի են... Հետո՞:

— Հետո սուրհանդակը կես ճանապարհի վրա բռնվեցավ, բերվեցավ ամրոցը:

— Տե՛ր ողորմյա: Հետո՞:

— Նա բերվեցավ գիշերը: Բարեբախտաբար խանը ամրոցում չէր, որ իսկույն հարցուփորձ աներ նրանից, գնացել էր իր եղբայր Աղասի խանի մոտ պատերազմի մասին կարգադրություններ անելու: Սուրհանդակին բանտարկեցին, պահեցին մինչև խանի վերադառնալը: Իմ անհանգստությանը չափ չկար: Մտածում էի, որ «տիկնոջ» ոչ միայն պատիվը, այլև կյանքը վտանգի մեջ է: Ուրիշ ճար չկար, ես ստիպվեցա կատարել մի մեծ եղեռնագործություն...

— Եղեռնագործությո՞ւն, — հարցրեց դերվիշը զարհուրելով:

— Այո՛, եղեռնագործություն, — պատասխանեց ծերունի ներքինապետը արտասուքը աչքերում: — Մինչև խանի վերադառնալը իր եղբոր մոտից, մինչև սուրհանդակից հարցուփորձ լինելը, ես նրան խեղդել տվի բանտի մեջ: Իմ ամենահավատարիմ, ամենասիրելի բարեկամն էր սուրհանդակը, բայց ես այդ եղեռնագործությունը կատարեցի, որ իմ թանկագին «տիկնոջ» կյանքը ազատեմ խանի բարկությունից:

— Այդպես էլ պետք էր, — պատասխանեց դերվիշը, հանգստացնելով ծերունի ներքինապետին, որը այժմ ավելի սաստիկ կերպով սկսեց ողբալ իր բարեկամի կորուստը: — Դուք դրանով ոչ միայն ազատեցիք «տիկնոջ» կյանքը, այլ օգնեցիք ընդհանուր գործին: Ընդհանուր գործին չվնասելու համար մի բարեկամի կյանքը ոչինչ նշանակություն չունի, կարելի է զոհել: Բայց ինձ այն ասեցեք, նամակներ չգտա՞ն սուրհանդակի մոտ:

— «Տիկինը» նամակ չէր հանձնած. սուրհանդակը պետք է բերանացի հաղորդեր բոլորը: Եվ որպեսզի իշխանը նրա խոսքերին հավատ ընծայեր, «տիկինը» որպես նշան սուրհանդակի ձեռքով ուղարկել էր իր մատանին, միևնույն մատանին, որ իր օրհորդ ժամանակ ստացել էր իշխանից որպես իրանց սիրո գրավական: Դուք գիտեք, որ «տիկինը» իշխանի հարսնացուն է եղել, բայց օրիորդի անգութ հայրը զրկել է նրան և իր աղջիկը տվել խանին:

— Այդ տխուր պատմությունը ես գիտեմ... – պատասխանեց դերվիշը: — Դուք ինձ այն ասացեք, ի՞նչ եղավ մատանին:

— Սուրհանդակը մատանին մի այնպիսի տեղում պահած ուներ, որ կալանավորելու ժամանակ չէին գտել: Բայց որովհետև ինձ հայտնի էր պահած տեղը, խեղդողներին ասել էի, նրանք հանել էին և վերադարձրին ինձ:

— Երեսուն տարի կլինի, — առաջ տարավ ներքինապետը, — որ ես ծառայում եմ խանի մոտ, բայց երբեք այս տեսակ հսկողություններ, այս տեսակ զգուշություններ չեմ տեսել նրա ամրոցի մեջ: Անիրավ մելիք Ֆրանգյուլը նոր կարգեր է մտցրել. լրտեսները ամեն տեղ վխտում են, ամեն քայլ դիտում են, ոչինչ չես կարող անել: Ես չեմ հասկանում, մի՞թե մարդ կարող է այս աստիճան դավաճան լինել, այս աստիճան վնասակար լինել իր ազգին և հայրենիքին: Եվ ի՞նչ շահ ունի:

— Շահ ունի նա, — պատասխանեց դերվիշը դառնությամբ: — Խանը արդեն ստորագրել է իր հրովարտակը, որով ամբողջ Չավնդուր վիճակի իշխանությունը որպես վարձատրություն շնորհում է դավաճանին: Ձեզ հայտնի է, որ Չավնդուրը Թորոս իշխանի հայրենական ժառանգությունն է: Ուրեմն նրա ժառանգությունը գրավելու համար դավաճանը աշխատում է ոչնչացնել Թորոսին: Եվ Չավնդուրը, դուք գիտեք, որ արդեն մելիք Ֆրանգյուլին պատկանող Բարգյուշատի հետ սահմանակից է, այդ երկու վիճակները միացնելով, դավաճանը տեր կլինի մի ընդարձակ երկրի: Ահա ձեզ գլխավոր նպատակը, որ դրդում է նրան ամեն տեսակ անիրավություններ գործել: Եվ միշտ այդ է եղել մելիք Ֆրանգյուլի ու Թորոս իշխանի տոհմերի մեջ կատարված դարևոր երկպառակությունների պատճառը:

— Ցավալի՛ է, շա՛տ ցավալի, — ասաց ներքինապետը, գլուխը շարժելով, — որ մարդիկ իրանց անձնական շահերի համար դավաճանում են իրանց ազգին...

— Թողնենք այդ, — ծերունու խոսքը ընդհատեց դերվիշը: — Ես ժամանակ եմ կորցնում... ես պետք է վաղուց գնացած լինեի... Բայց սպասեցի ձեզ, որովհետև դուք ամրոցի բակում ինձ հայտնեցիք, թե կամենում եք ինձ հետ տեսնվել: Եթե մի այլ ասելիք չունեք, ինձ թույլ տվեցեք, որ ճանապարհ ընկնեմ...

— Ունեմ, — պատասխանեց ծերունին, — մի ասելիք էլ ունեմ և դա ամենակարևորն է...

Ներքինապետը պատմեց նրան, թե «տիկինը» ինչ նամակ ստացավ իշխան Շահումյանից կեղծ մուրացկանի ձեռքով, պատմեց այդ նամակի բովանդակությունը, պատմեց և այն, թե «տիկինը» ինչ պատասխանեց նույն մուրացկանի ձեռքով իշխանին:

Դերվիշի մռայլված դեմքը փոքր-ինչ պարզվեցավ: Նա հարցրեց.

— Այդ բոլորը գիտեիք դուք, բայց ինչո՞ւ էիք ծածկում ինձանից:

— Այդ բոլորը կատարվեցավ այն ժամանակ, երբ դուք դուրս եկաք խանի դահլիճից, — պատասխանեց ծերունին: — Դրա համար էլ, երբ ես բակում հանդիպեցա ձեզ, խնդրեցի, որ սպասեք ինձ, որպեսզի ես միջոց ունենամ հաղորդելու ձեզ այդ նորությունը:

— Շնորհակալ եմ, — ասաց դերվիշը կանգնելով: — Դուք այժմ կարող եք գնալ. թող ձեր իմ մոտ լինելը չնկատեն: Գնացեք, մխիթարեցեք «տիկնոջը», որ դեռևս ժամանակ կա մի բան անելու, և ես դրա համար պատրաստվում եմ...

Ծերունի ներքինապետը նույնպես կանգնեց:

— Ասացեք «տիկնոջը», որ նշանակյալ ժամում իմ այրի մեջ գտնվի: Ահա բանալին հանձնում եմ ձեզ:

Դերվիշը տվեց իր աղքատիկ բնակարանի բանալին ներքինապետին: Հետո նա վեր առեց իր երկայն կոթավոր տապարը, որ սովորաբար կրում են դերվիշները, երբ հեռու տեղ են գնում, և դուրս եկավ այրից: Ներքինապետը կողպեց այրի դուռը, բանալին դրեց իր գրպանը, և ապա դառնալով դերվիշին, հարցրեց.

— Հիմա դուք ո՞ւր եք գնում:

— Գնում եմ այնտեղ, ուր մարդիկ միմյանց կոտորում են...

ԼԴ

Բարգյուշատի վիճակի Եղվարդ գյուղը Արծվանիկից (այսինքն Ֆաթալի խանի և մելիք Ֆրանգյուլի բնակության տեղից) մեկ ու կես մղոն հազիվ հեռավորություն ունե: Եղվարդի մոտ գտնվում է մի նեղ դաշտ, որ մինչև այսօր կոչվում է Նարգիզլու-զամի: Այդ անունը նշանակում է նարգիզների կամ շուշանների դաշտ: Եվ իրավ, այդ ծաղկազարդ դաշտը արժանի է իր անունին: Շրջապատած անտառախիտ լեռներով և գեղեցիկ, կանաչազարդ բլուրներով, այդ դաշտը ներկայացնում է երկրի շքեղ բնության հիանալի տեսարաններից մեկը:

Պատմությունը լռում է այդ դաշտի մասին: Բայց ժողովրդական ավանդությունը շուշաններ և նարգիզներ բուսեցնող դաշտի մասին բոլորովին այլ կարծիք է հայտնում: Նա ասում է, այդ շուշանները, այդ նարգիզները բուսնիլ սկսան այն օրից, երբ հայոց քաջերի արյան կաթիլները թափվեցան այդ դաշտի վրա: Նա պատմում է այն սարսափելի կռվի բոլոր մանրամասնությունները, որ տեղի ունեցան մեկ ու կես դար առաջ:

Լուսնկա գիշեր էր: Նարգիզների դաշտում միայնակ թափառում էր բաց, թավահեր գլխով, բոբիկ ոտներով, երկայն, սպիտակ կտավյա շապիկը հագած մարդը: Նա թափառում էր դիակների մեջ, որպես Եղիշեն Ավարայրի դաշտում: Դեպի ամեն կողմ տիրում էր մահվան լռությունը: Հրացանների ձայնը, սուրերի շառաչյունը, մարդիկների կատաղությունը բոլորովին դադարել էր: Լսելի էին լինում միայն դեռ չհանգստացած վիրավորների դառն հառաչանքները:

Նա անցնում էր, ինչպես մի ուրվական, դանդաղ, չափավոր քայլերով: Դիակների մեջ մեկին որոնում էր նա: Նրա աչքերը, որ սովոր չէին լաց լինելու, այժմ լցված էին արտասուքով, — դառնության և սրտմցության արտասուքով: Նա իր շուրջը սփռված էր տեսնում խաբեության և ստոր դավաճանության հազարավոր զոհերը: — Դավաճանություն մի հայի իր ազգակից եղբայրների դեմ: Այդ էր նրան բարկացնում:

Երկար թափառում էր նա: Երբ որ խնդրած դիակը գտնել չկարողացավ, իր քայլերը ուղղեց դեպի մերձակա բլուրը, բարձրացավ նրա գագաթի վրա, սկսեց նայել դեպի իր շուրջը: Լուսնի լուսով, այդ բարձրահասակ մարդը, իր երկայն, սպիտակ շապիկով, նկարված էր բլուրի գագաթի վրա, որպես մի սպիտակ արձան: Նա ականջ էր դնում, հետազոտում էր բոլոր ձայները, որ լսվում էին նրա շրջակայքում: Հետո կամաց-կամաց ցած իջավ բլուրից, բռնեց Արծվանիկի ճանապարհը, սկսեց առաջ ընթանալ:

Այժմ ավելի շտապով էր փոխում իր քայլերը. ստեպ նայում էր դեպի երկինքը, որպես մի մարդ, որ ժամանակը չկորցնելու համար շուտ-շուտ նայում էր ժամացույցին: Քանի րոպեից հետո նա անհետացավ մթին ձորերի մեջ:

Շտապով գնում էր նա: Այսպես անցավ մի քանի ձորեր, մի քանի բլուրներ: Հանկարծ կանգ առեց: Մի ձայն գրավեց նրա ուշադրությունը.

— «Եթե մինչև արևի ծագելը կարողանայի դուրս գալ այստեղից...»:

Այս խոսքերը գրավեցին նրան դեպի այն կողմը, որ կողմից լսվում էին: Նա տեսավ մի մարդ, երկու ձեռքով գլուխը բռնած, թուփերի միջով սողում էր:

— Ո՞վ ես, — հարցրեց նրանից:

— Վիրավոր եմ:

— Տեսնում եմ, որ վիրավոր ես, բայց ես այդ չեմ հարցնում:

— Երբ վիրավորին տեսնում են, էլ ուրիշ բան չեն հարցնում, շտապում են օգնել:

Նրա պարանոցը ետևի կողմից կիսով չափ կտրված էր. արյունը դեռ հոսում է. երիտասարդը երկու ձեռքով պինդ բռնել էր գլուխը, որ ցած չընկնի: Անծանոթը իսկույն դուրս բերեց իր մախաղի միջից մի քանի կտավիք և փաթաթեց վերքը: Արյունը դադարեց:

— Այդ դրության մեջ դու ինչպե՞ս հասար մինչև այստեղ, — հարցրեց անծանոթը: — Գիտե՞ս որքան ճանապարհ ես անցել:

— Գիտեմ, ավելի քան մեկ մղոն: Այդ դրության մեջ էլ առաջ կգնայի, մինչև շունչս կտրվեր...

— Հիմա դու ինձ կասե՞ս, թե ով ես:

— Ես Մելիք-Փարսադանյան Բալի զորապետն եմ:

— Լսել եմ քո անունը: — Ձեզ այստեղ թողնել չէ կարելի, ո՞ւր կցանկանայիք, որ տանեին ձեզ:

— Հալիձոր գյուղը, իմ հոր տունը:

Անծանոթը մտածության մեջ ընկավ. ինքը տանել, հասցնել վիրավորին իր հոր տունը չէր կարող, որովհետև այն ժամում նա ուրիշ ավելի կարևոր, ավելի անհրաժեշտ հոգսեր ուներ, իսկ այնպես անխնամ թողնել նրան, նույնպես չէր կարելի: Վիրավորը, կարծես, նկատեց անծանոթի մտատանջությունը և ասաց նրան.

— Այդ անտառների, այդ մացառների մեջ անկարելի է, որ մեր զինվորներից չգտնվեն.

աղետալի կռվից հետո մնացածները ցրիվ եկան այդ լեռների ծմակներում: Իմ մոտ այնքան ձայնի ուժ չէ մնացել, որ կարողանամ կանչել նրանց: Դուք միայն ձայն տվեցեք «Բեկ», նրանք որտեղ որ են, կհայտնվեն, այս մեր այս գիշերվա նշանաբանն է:

Անծանոթը թողեց վիրավորին, բարձրացավ մի ժայռի վրա, և մի քանի անգամ իր սուր, ձգական ձայնով կրկնեց նշանաբանը: Ծառերի միջից հայտնվեցան երկու հոգի:

— Տարեք ձեր զորապետին, որտեղ ինքը ցանկանում է, — ասաց նրանց, ցույց տալով վիրավորին:

Նրանք մոտեցան և գրկեցին զորապետին:

— Ես չի պիտի գիտենամ, թե դուք ո՞վ եք, — հարցրեց վիրավորը, — որ ձեր երախտիքը անմոռաց պահեմ իմ սրտում:

— Ես անուն չունեմ, — պատասխանեց անծանոթը. – ինձ կոչում են իմ կարգի անունով. ես մի դերվիշ եմ:

Դերվիշը հեռացավ և շարունակեց գնալ Արծվանիկի ճանապարհով:

Կռիվը սկսվեցավ վաղ առավոտյան, Եղվարդ գյուղի մոտ, Նարգիզների դաշտում: Մելիք Ֆրանգյուլի գլխավոր դավաճանությունը նրանումն էր, որ նա թշնամու ուժերը անհամեմատ շատ փոքր էր ցույց տվել Թորոս իշխանին: Մինչև անգամ թաքցրել էր, որ Աղասի խանը (Ֆաթալի խանի կրտսեր եղբայրը) իր առանձին զորախմբով պիտի օգնե եղբորը: Այսուամենայնիվ, հայոց զորքերը աներևակայելի հերոսությամբ կռվում էին, թեև թվով տասնապատիկ փոքր էին, քան թշնամու զորությունը:

Դերվիշը, գալով պատերազմի դաշտը, խիստ վաղ հայտնեց Թորոսին մելիք Ֆրանգյուլի խաբեության մասին, բայց իշխանը չհավատաց նրա խոսքերին և պատասխանեց.

— Եթե նա կդավաճանե ինձ, ես դարձյալ մի մեծ կորուստ չեմ ունենա. շատ-շատ այդքան միայն կարող է անել, որ իր երկու հազարով կանցնե թշնամու կողմը:

Թորոս իշխանը իր զենքի հաջողության արբեցության մեջն էր գտնվում: Ոչինչ չէր վհատեցնում նրան, ոչինչից երկյուղ չուներ, երբ նկատում էր, որ մահմեդականների բազմությունը, հունձքի որաների նման, հազարներով տապալվում էին հայոց սրերի և գնդակների առջև:

Աղասի խանը, վերք ստանալով, սպանվեցավ: Նրա զորախումբը, որ բաղկացած էր ավելի քան ութ հազար հոգուց, մեծ մասամբ ջարդվեցավ: Ոչ սակավ ջարդվեցան և Ֆաթալի խանի զորքերը. նրանք սկսեցին հետզհետե տեղի տալ կռվի դաշտից:

Իր երկու հազարով կռվում էր մահմեդականների հետ և մելիք Ֆրանգյուլը: Նա բռնել էր մի առանձին ամուր դիրք, որտեղից հարձակումներ էր գործում: Նա բավական հեռու էր հայոց զորաբաժիններից, այդ պատճառով ոչ ոք չէր նկատում, որ նրա զինվորները առանց գնդակների, դատարկ հրացաններ էին արձակում թշնամու վրա:

Երեկոյան պահուն, երբ արեգակը մայր մտնելու մոտ էր, պարսիկները բոլորովին կոտորված, սկսեցին փախչել: Հայոց զորքերը հետամուտ եղան և հալածում էին նրանց: Այդ առիթ տվեց ուշադրություն չդարձնել այն հարմար դիրքերի վրա, որ սկզբից բռնել էին հայերը: Նրանք բարձրություններից իջան նեղ դաշտի մեջ, որ երկու կողմից սեղմված էր լեռներում: Այդ միջոցին դավաճանը կատարեց իր չար դիտավորությունը:

Երբ պարսիկները փախչում էին և հայերը հալածում էին նրանց, ետևից վրա հասավ մելիք Ֆրանգյուլը և սկսեց հայերին ջարդել: Նույն ժամանակ հետ դարձան և փախչող պարսիկները, երկու կողմից հայերին մեջտեղ առեցին, սկսվեցավ սարսափելի կոտորածը: Տեղի դիրքը նպաստեց նրանց, որովհետև դա մի նեղ դաշտ էր, ինչպես ասեցինք, երկու կողմից սեղմված լեռներով, իսկ առջևից և ետևից բռնված էր թշնամու զորքերով: Հայերը մնացին երկու կրակների մեջտեղում: Մի կողմից պարսիկները, իսկ մյուս կողմից՝ մելիք Ֆրանգյուլը իր նման հայերով...

Կոտորածը դեռ շարունակվում էր, մինչև գիշերային խավարը բոլորովին պատեց կռվի դաշտը:

Ինքը Ֆաթալի խանը վերք ստացավ. նրա եղբայր Աղասի խանը սպանվեցավ: Սպանվեցավ և հայոց զորքերի գլխավոր հրամանատարը՝ Թորոս իշխանը: Այդ հզոր առյուծի ամբողջ մարմինը պատած էր վերքերով, բայց դեռ կռվում էր: Նա ընկավ քաջի և հերոսի մահով:

Հայոց մյուս զորապետներից Մելիք-Փարսադանյան Բալին վերք ստացավ պարանոցի վրա (դրան տեսանք մենք): Իշխան Ստեփաննոս Շահումյանը գերի բռնվեցավ: Նրա ձին գնդակահար լինելով, ցած ընկավ և տակով արեց իշխանին. այդ միջոցին պարսիկները վրա հասան և գերեցին նրան: Զորապետներից ազատվեցավ Մելիք-Նուբարը, որը միայն հազար և չորս հարյուր հայ զինվորների հետ ողջ մնաց սարսափելի կոտորածից...:

ԼԵ

Ֆաթալի խանը նույնպես վիրավորված էր: Մելիք Ֆրանգյուլը կռվի դաշտից նրան համարյա ձեռքի վրա տարավ մինչև իր ամառանոցը: Երբ վիրաբույժները հավաքվեցան, քննեցին վերքը և հայտնեցին, որ վտանգավոր չէ, այն ժամանակ միայն մելիք Ֆրանգյուլը հանգստացավ, և արտասուքը սրբելով, աստծուն փառք տալով, հեռացավ հիվանդի մահճի մոտից:

Երկու օր էր, որ նա իր տանը չէր եղել. շտապում էր տուն գնալ, որ իր բարեկամների հետ տոնե իր այն օրվա անարգ հաղթությունը: Նրա սև ջորին, երկու շաթրները, գզիր Համբարձումը, խանի ամառանոցի դռանը կանգնած, սպասում էին նրան: Նա դուրս եկավ, նստեց ջորու վրա և դիմեց իր ամրոցը, որ շատ հեռու չէր:

Գիշերից բավական անցել էր: Լուսինը երբեմն մտնում էր ամպերի կտորտանքի տակ և ավելի թանձրանում էր գիշերային խավարը, իսկ երբեմն դուրս էր գալիս և իր գունատ լույսը թափում էր լեռների, բլուրների մթին կատարների վրա: Ձորերը մնում էին խավարի մեջ. նրանց մեջ արևի լույսն անգամ չէ թափանցում:

Մելիք Ֆրանգյուլը բախտավոր, և իր ըղձալի նպատակին հասած մարդու անսահման բերկրությամբ, քշում էր իր ջորին: Նրա առջևից և ետևից գնում էին երկու անբաժան շաթրները, իսկ կողքից գնում էր գզիր Համբարձումը: Ճանապարհը դարիված էր և սաստիկ քարքարոտ: Ջորին որքան և սովոր էր լեռնային երկրի խոչընդոտներին, դարձյալ դժվարությամբ էր կարողանում ոտք փոխել: Երբեմն իր երկար, կախ ընկած ականջները ցցում էր նա, և խրտչելով հետ-հետ էր քաշվում: Ի՞նչեր էին երևում նրա աչքերին, հայտնի չէր: Եթե նա Բաղաամի էշի նման մարդկային լեզվով խոսեր, գուցե մի բան կասեր: Բայց գզիրը նրա խրտչելի պատճառը բացատրեց նրանով, որ ճանապարհի աջ և ձախ կողմերում բարձրացած ծառերի, թփերի և մացառների միջից երբեմն երկչոտ նապաստակն էր վազում, երբեմն կիսաքուն թռչունն էր թռչում, վախեցնում էին հիմար անասունին:

— Այդպես է, — ասաց մելիքը, — իմ ականջներին էլ, կարծես թե, մի քանի անգամ խշխշոցի ձայներ դիպան այդ ծառերի միջից:

Թե այսպես, թե այնպես, ընթացքը բավական դանդաղ էր առաջ գնում, և այդ առիթ էր տալիս մելիքին խոսել իր գզիրի հետ:

Երբ մարդիկ սաստիկ ուրախ են և լավ տրամադրված, խոսակիցների մեջ խտրություն չեն դնում: Մինչև անգամ ամենամեծ մարդիկը պատրաստ են, եթե իրանց հավասարը չգտնվի, ամենաստոր սպասավորների հետ մասլահաթներ անել: Բայց գզիրը մելիքի մտերիմներից մեկն էր: Խոսում էին այն օրվա կռվի մասին: Մելիքը հարցրեց.

— Ես մինչև այժմ չեմ կարողանում հասկանալ, թե ի՞նչ եղավ Թորոսի դիակը. որքան պտռել տվի, գտնել չկարողացա: Ես նրա մարմինը պիտի կտոր-կտոր անել տայի:

— Հենց այդպես էլ եղած էր, մելիք, միամիտ կացեք, — պատասխանեց գզիրը դիվական հրճվանքով: — Ես իմ աչքերով տեսա, ամբողջ մարմինը պատած էր վերքերով:

Այդ մարդը, ճշմարիտ ասած, երկաթի մարմին ունի. այնքան վերքեր ստանալուց հետո, դարձյալ քաջությամբ կռվում էր: Եթե գլխիցը գնդակով չզարկեին, գուցե չէր սպանվի:

— Բայց մարմինը, մարմինը ի՞նչ եղավ, — դարձյալ հարցրեց մելիքը:

— Երբ ընկավ, թիկնապահները իսկույն վեր առին, — պատասխանեց զզիրը:

— Ո՞ւր տարան:

— Այն խառնակության մեջ ո՞վ կարող էր գիտենալ, թե ուր տարան:

Մելիքը շատ տխրեց, որ նրան չհաջողվեցավ իր բարբարոսությունը գործ դնել թշնամու անշունչ դիակի վրա:

— Իսկ Ստեփաննոս Շահումյանը, տեսա՞ք, ի՜նչպես սատանայի նման աներևութացավ... — ասաց մելիքը, ափսոսալով այդ մեծ կորուստի համար:

— Այո՜, սատանայի նման աներևութացավ... – կրկնեց զզիրը ոչ սակավ ափսոսանքով:

Ջորին դարձյալ ընդհատեց նրանց խոսակցությունը: Գիշերային ճանապարհորդության ժամանակ անասունները ավելի զգույշ են լինում, քան թե մարդիկ: Այս անգամ ավելի սաստիկ կերպով խրտչելով, նա հետ-հետ քաշվեցավ և փոքր էր մնում մելիքին խփեր քարերի վրա:

— Ի՞նչ է պատահել այդ անասունի հետ, — հարցրեց մելիքը, նրա սանձը քաշելով:

— Ծառերի միջից շշնջյուն լսեցի, — ասաց շաթրներից մեկը:

Այդ միջոցին կտցահարը իր անտանելի անախորժ ձայնով դողդաց, տերևները միմյանց զարկվեցան, իբր թե անտառների այդ անքուն հսկողը, մի ծառից թռչում էր մյուսի վրա:

— Տեսնում եք, կտցահարն է, — ասաց զզիրը և շարունակեց իր ընդհատված խոսքը.

— Դուք զբաղված էիք կռվի մեջ, չէիք նկատում, մելիք, Թորոսի ընկնելուց հետո, մինչև երեկոյան մութը պատելը, Ստեփաննոս Շահումյանը իր մարդիկներով պաշտպանվում էր: Ես տեսա՝ պատերազմի ամենաջերմ ժամանակը, նրա ձին հրացանի գնդակից վերք ստացավ, ցած գլորվեցավ և իշխանին տակով արեց: Այդ միջոցին մերոնք վրա հասան և գերեցին նրան: Նրա երկու թիկնապահները՝ Ջումշուդը և Աղասին երկար կռվում էին, որ ազատեն իրանց իշխանին, բայց չկարողացան:

— Այդ բոլորը ես իմանում եմ, — ասաց մելիքը, — նրան հայոց մյուս գերիների հետ բերեցին մինչև խանի տունը, այնտեղ կալանավորեցին, բայց նրանից հետո ո՞ւր կորավ:

— Ո՞ւր պիտի կորչեր, շատ հասկանալի է, կամ ինքը հնար գտավ փախչելու, կամ ուրիշները փախցրին նրան:

— Վերջին կարծիքը ավելի հավանական է... և ես մեկի վրա կասկած ունեմ... անպատճառ նրա գործն է... նա կաշառած կլինի պահապաններին և փախցրած... թյուրք պահապանը մի սև փողի համար հոգի կտա.. Իսկ ամրոցի մեջ բոլորը զբաղված են խանի վերքով... այդ խառնակության մեջ, եթե գերիների կեսն էլ փախցնելու լինեն, ոչ ոք չի նկատի: Թող, աստված տա, խանը առողջանա, այն ժամանակ ես անպատճառ պատժել կտամ այն անզգամին, որ մի այսպիսի պատվական որսը մեր ձեռքից դուրս հանեց...

Մելիքի կասկածը, իշխանին փախցնելու վերաբերությամբ, տիկին Սյուրիի և ներքինապետ Աhմեդի մասին էր, որոնց գաղտնի հարաբերությունները իշխանի հետ նրան վաղուց արդեն հայտնի էին:

Մելիքը և իր ուղեկիցները բավական հեռացել էին խանի ամառանոցից և մոտեցել էին Արծվանիկ ավանին: Նա դեռ մտածում էր «պատվական որսի» վրա, որից զրկվելը, իրավ որ, նրա վրեժխնդիր, չարությունից անհագ սրտի համար մեծ կորուստ էր: Այդ միջոցին նրա ուշադրությունը գրավեց մի երկայն, սպիտակ ստվեր, որ հեռվից ուրվականի նման հանկարծ աչքի ընկավ և կրկին անհայտացավ խավարի մեջ:

Ջորին դարձյալ ցցեց իր ականջները, և սարսափելով դեպի այն կողմը նայեց: Բայց մելիքը այդ երևույթը վերաբերեց իր փոքր-ինչ գրգռված երևակայությանը և կրկին սկսեց խոսել «պատվական որսի» վրա:

— Այս անգամ ազատվեցավ նա... եթե մի անգամ էլ իմ ձեռքը ընկնելու լինի, ես գիտեմ, թե ինչ կանեմ...

— Ահա ես...

Լսելի եղավ մի ձայն, և մի մարդ թուփերի միջից կայծակի նման դուրս պրծնելով, արձանացավ մելիքի առջև: Այդ ձայնի հետ ճայթեց մի ատրճանակ և գնդակը ուղիղ անցավ դավաճանի կուրծքի մեջ: Նա մի կողմ թեքվեցավ և գլուխը քարշ ընկավ սև ջորու կողքից, որովհետև ոտները ասպանդակներից իսկույն չդուրս եկան: Ջորին այժմ ավելի ազդու պատճառ ուներ խրտչելու, սկսեց վազ տալ և իր մեջքից քարշ ընկած տիրոջ գլուխը զարկել քարերին...

Մելիքի երկու անբաժան շաթրիները ենթարկվեցան նրա վիճակին. երկու ուրիշ տղամարդիկ, նույն թուփերի միջից դուրս գալով, սրերի հարվածների տակ նրանց ցած գլորեցին: Իսկ զգիրին բռնեցին:

— Սպասեցեք, դրան դեռ թողեցեք, — հրամայեց առաջինը, և մոտենալով զգիրին՝ հարցրեց.

— Ճանաչո՞ւմ ես ինձ:

— Ճանաչում եմ. դուք Գենվազի իշխան Ստեփաննոս Շահումյանն եք, — պատասխանեց նա լրբաբար: — Հենց այս րոպեիս մելիքի հետ ձեզ վրա էինք խոսում...

— Դո՞ւ էիր, որ խաչն ու Ավետարանը բերեցիր մեր բանակը մեզ խաբելու համար:

— Այո՛, ես էի. և դուք այնքան միամիտ գտնվեցաք, որ խաբեցաք:

— Այժմ ինչո՞վ վարձատրեմ քո այդ ծառայությունը:

— Այդ սրով:

Նա ձեռքը մեկնեց դեպի իշխանի սուրը:

— Ոչ, անպիտան, ես իմ սուրը չեմ պղծի քո արյունով:

Նա դարձավ դեպի իր երկու թիկնապահները՝ Ջումշուդին և Աղասիին, հրամայեց նրանց.

— Դրան պառկեցրեք և գլուխը ջախջախեցեք քարով:

Ջումշուդը պառկեցրեց նրան, գլուխը դրեց մի տափակ քարի վրա, իսկ Աղասին մի ահագին քար բարձրացնելով ասաց.

— Այդ սատանայական գլուխը, որ այնքան միջոցներ է հնարել մելիքի չարագործությունների համար, արժանի է այդ վարձատրությանը:

— Նա արդեն վարձատրված է... – պատասխանեց լիրբը տակից. — այսօր մի քանի հազար հայոց կտրած գլուխների արժեք ունեցավ...

— Անզգա՛մ... — գոչեց Աղասին և իր բոլոր ուժով ցած թողեց քարը:

Անզգամի գլուխը տափակ գաթայի ձև ստացավ:

Այնտեղ, ուր կատարվեցավ այդ փոքրիկ դրաման, գտնվում էր մի խրամատ, որ առաջացել էր հեղեղներից: Դիակները ձգեցին այդ խրամատի մեջ: Իսկ ջորին, Աբիսողոմի ջորու նման, վազ տալով, մտել էր ծառերի մեջ, և այնտեղ փշոտ թուփերի հետ փաթաթվելով կանգնել էր: Զանազանությունը նրա մեջն էր միայն, որ Աբիսողոմի երկայն մազերը փաթաթվել էին ծառերի ճյուղերին, իսկ մելիքի հագուստի երկայն փեշերը, այն հագուստի, որ մի ժամանակ նա ստացել էր խանից որպես խալաթ: Նրա դիակը նույնպես ձգեցին խրամատի մեջ, իսկ ջորուն բաց թողեցին: Նա ուղիղ դիմեց դեպի տիրոջ ամրոցը նրա բոթը տանելու համար: Ամրոցը շատ հեռու չէր այդ տեղից:

Իշխան Շահումյանը, իրավ որ, կռվի դաշտում գերի բռնվեցավ և բազմաթիվ հայ գերիների հետ բերվեցավ խանի ամրոցը: Ջումշուդը և Աղասին մինչև այնտեղ հասցնելը հետևում էին նրան, որ ճանապարհին մի կերպով ազատեն, բայց հնար չեղավ: Նրանք դարձյալ չհեռացան ամրոցից, ուր կալանավորված էր իրանց տերը, և գիշերային մթության մեջ անհանգիստ կերպով դեգերում էին նրա մերձակայքում:

Բայց ամրոցի մեջ բոլորի հոգսերը դարձրած էին դեպի վիրավորված խանը, մանավանդ երբ իմացվեցավ նրա եղբոր՝ Աղասի խանի կռվի մեջ սպանվիլը, ամբողջ ամրոցը սուգի մեջ ընկավ: Այդ էր պատճառը, որ գերիների վրա շատ ուշադրություն չէին դարձնում. նրանց անասունների նման լցրել էին ախոռատան բակում, թոկերով կապկպել էին և դռների մոտ պահապաններ էին դրել:

Դերվիշին հայտնի էին նույն օրվա կռվի բոլոր հետևանքները, նրան հայտնի էր և իշխանի գերությունը: Գիշերով վերադառնալով կռվի դաշտից, նա առանց ժամանակ կորցնելու, վիրավորված խանին իր ցավակցությունը հայտնելու պատրվակով, մտավ նրա ամրոցը: Խանին նա տեսնել չկարողացավ և տեսնել շատ ցանկություն նս չուներ: Այնտեղ գտավ ներքինապետ Աիմեդին և հաղորդեց նրան իշխանի հետ պատահած դժբախտությունը:

Ներքինապետը այս գիշեր հարյուրավոր աչքեր էր ստացել և Արգոսի նման ամեն բանի վրա հսկում էր: Նա իսկույն շտապեց գերիների մոտ, իբր թե նրանց համբարելու համար է գնում, որ պահապանները գեղծումներ գործ չդնեն: «Խանը այսպես վիրավորված, ընկած է, ամեն բան մնացել է անգլուխ, ասում էր նա, պետք է զգույշ լինել, որ անկարգություններ չպատահեն...»:

Պատերազմի խռովության պատճառով իշխանը մնացել էր առանց ճանաչվելու. նրան խառնել էին հասարակ գերիների հետ: Երբ ներքինապետը, բոլորին աչքից անցկացնելով, հասավ նրան, դարձավ դեպի պահապաններից մեկը և ծիծաղելով ասաց.

— Դրան ինչո՞ւ եք բերել այստեղ:

— Դա էլ հայ է, — պատասխանեց պահապանը:

— Դու կարծում ես ամեն հայ մեր թշնամին է:

— Ապա ի՞նչ է:

— Հիմա՛ր, դա Սնաքարի գյուղացիներից է, ես ճանաչում եմ, մելիք Ֆրանգյուլի խումբիցն է, որ այսօր օգնում էին մեզ, որ մերոնցից ավելի լավ էին կռվում Թորոսի զորքերի հետ:

— Ես այդ չէի իմանում:

— Դու չէի՞ր իմանում, որ մելիք Ֆրանգյուլի ամբողջ խումբը բաղկացած էր հայերից, բայց մեր բարեկամ հայերից:

— Այդ ես իմանում էի:

— Էլ ի՞նչ ես գլխիդ զոռ տալիս:

Ներքինապետը հրամայեց իսկույն արձակել «սնաքարեցի գյուղացուն»: Նրա հրամանը անմիջապես կատարվեցավ: Ներքինապետը մահմեդական ամրոցում այն անձնավորություններից մեկն է, որի խոսքը դողությամբ են լսում:

Ազատվելով իր կապանքներից, իշխանը ներքինապետից տեղեկացավ, որ մելիք Ֆրանգյուլը խանի մոտն է, տեղեկացավ և այն, որ գիշերը ամրոցում չէ մնալու, այլ գնալու է իր տունը: Այդ տեղեկությունները բավական էին նրան իսկույն կազմելու իր ձեռնարկության ծրագիրը: Նա մտածեց օգուտ քաղել հանգամանքներից և նույն գիշերվա մեջ պատժել, անպատճառ պատժել այն դավաճանին, որ այդքան թշվառությունների պատճառ դարձավ:

Նրա երկու մտերիմները, Ջումշուդը և Աղասին, ինչպես վերևում ասեցինք, խանի ամրոցի մերձակայքում դեգերում էին: Ներքինապետին հայտնի էր նրանց ինչ տեղում թաքնված լինելը:

— Այդ ծառերի մեջ, — ասաց նա իշխանին, — կգտնենք ձեր թիկնապահներին:

— Շնորհակալ եմ, Աիմեդ, — պատասխանեց իշխանը, երախտագիտաբար բռնելով ներքինապետի ձեռքը: — Ես չեմ ցանկանում երկար խոսքերով արտահայտել ձեզ իմ սրտի զգացմունքը: Դուք կատարեցիք և կատարում եք այն, ինչ որ ամեն մի հայի պարտքն է իր հայրենիքի փրկության գործի համար անելու: Դա ազնիվ է և ամենայն համակրության արժանի: Դուք ազատեցիք իմ կյանքը, որ մեր հայրենիքին է պատկանում. հիմա գնացեք, աշխատեցեք ազատելու «մի ուրիշ կյանք», որ միայն ինձ է պատկանում...

— Ես այդ մասին ամեն ինչ կարգադրել եմ... – պատասխանեց ներքինապետը:

— Շատ շնորհակալ եմ, — ասաց իշխանը: — Ո՞րտեղ կտեսնվենք:

— «Կարմիր վանքի» ավերակների մեջ...

Նրանք բաժանվեցան: Ներքինապետը սկսեց դիմել դեպի խանի ամրոցը, իսկ իշխանը գնաց դեպի այն կողմը, որ ցույց տվեց ներքինապետը, և որտեղ նա հույս ուներ գտնել Ջումշուդին և Աղասուն:

Գտնելով նրանց, իշխանը հարցրեց.

— Դուք միայնա՞կ եք այստեղ:

— Ոչ, մի խումբ ձիավորներ փոքր-ինչ հեռու, անտառում կանգնած են, — ուրախությամբ պատասխանեցին նրանք, երբ տեսան իրանց իշխանին:

— Ձիավորները թող մնան իրանց տեղում, դուք բավական եք ինձ, եկեք իմ ետևից:

Նրանք թաքնվեցան ծառերի մեջ, ճանապարհի այն կողմում, որտեղից պիտի անցկենար մելիք Ֆրանգյուլը իր տունը գնալու համար: Եվ երբ դավաճանը հայտնվեցավ, բավական մոտից հետևում էին նրան, և մինչև անգամ լսում էին նրա խոսակցությունը իր գզիրի հետ:

Գիշերային խավարը մի կողմից, խիստ ծառերի մռայլը մյուս կողմից, անտեսանելի էին կացուցանում նրանց: Միայն մելիքի զգույշ ջորին կարողացավ նկատել դարանամուտների ներկայությունը, բայց նրա նախազգուշությունների վրա ուշադրություն չդարձրին:

Երբ չարագործի դիակը ձգեցին խրամատի մեջ, հետո իշխանը Ջումշուդի և Աղասիի հետ դիմեցին դեպի «Կարմիր վանքի» ավերակները: Այդ ժամանակ նրանց պատահեց դերվիշը և անհամբերությամբ հարցրեց.

— Վերջացրի՞ք...

— Վերջացրինք... – պատասխանեց իշխանը: — Իսկ դո՞ւք...

— Մենք էլ վերջացրինք... — ասաց դերվիշը խորհրդավոր ձայնով, և սկսեց առաջնորդել նրանց դեպի «Կարմիր վանքի» ավերակները:

Այդ ավերակների մեջ կարող էր մի ամբողջ լեգեոն թաքնվել: Վանքի կիսավեր տաճարը, միաբանների բազմաթիվ խուցերից շատերը դեռ ամբողջ էին:

Խուցերից մեկի մեջ նստած էր այդ վանքը քանդողի գեղեցիկ կինը՝ Սյուրին: Մոր ծնկների վրա գլուխը դրած, քնել էր տիկնոջ աղջիկը՝ Ֆաթիման: Վաղուց կրակ չտեսած բուխարու մեջ ծխում էին մի քանի կտոր փայտեր, և տարածում էին իրանց աղոտ լույսը տիկնոջ անհանգիստ դեմքի վրա: Նրա առջև կանգնած էր ներքինապետը և քաջալերում էր նրան.

— Մի՛ վախիք, տիկին, հիմա կգա նա... որտեղ որ է, շուտով կհայտնվի... նա չի ուշանա...

— Գուցե մինչև նրա գալը...

Տիկինը չկարողացավ վերջացնել սոսկալի խոսքը: Ներքինապետը հասկացավ նրան, և աշխատեց հանգստացնել.

— Ոչ ոք չէ նկատել ձեր ամրոցից դուրս գալը. հիմա այնտեղ ամենքը խանի վերքի վրա են մտածում. կանանոցը մնացել է բոլորովին անտեր. ո՞վ պետք է հասկանա, որ կնիկներից մեկը պակասել է: Եթե տասն էլ պակասելու լինի, այդ կհասկանան, գուցե մի քանի օրից հետո: Իսկ մեզ բավական է այս գիշերը միայն...

Տիկինը չէր վախենում. նա միայն զգուշանում էր: Այն անսահման ուրախությունը, որ այժմ լցրել էր նրա սիրտը, չէր կարող տեղի տալ երկյուղի: Նա զգուշանում էր, մի գուցե զրկվեր այդ ուրախությունից:

— Մենք վատ տեղ ընտրեցինք... — ասաց նա:

— Այդ ավերակներից ավելի ապահով տեղ չկա, — պատասխանեց ներքինապետը:

— Նա իմանո՞ւմ է, որ ես այստեղ սպասում եմ նրան:

— Իմանում է. ես նախապես հայտնել եմ բոլորը:

— Ծանո՞թ է ճանապարհների հետ:

— Դերվիշը կառաջնորդե նրան:

Դրսից լսելի եղան սուլելու ձայներ:

— Գալիս են... — ասաց ներքինապետը և շտապով դուրս եկավ խուցից:

Այդ լուրը այնպիսի մի ուրախություն ազդեց տիկնոջը, որ նա ամբողջ մարմնով ցնցվեցավ: Այդ ցնցումից զարթնեց Ֆաթիման, որ նրա ծնկների վրա պառկած էր:

— Ես մի լավ երազ տեսա, մայրիկ, — ասաց նա. – կուզե՞ս, պատմեմ:

Մայրը ուշադրություն չդարձրեց նրա երազի վրա և ցնորվածի նման վազեց դեպի խուցի դուռը: Այդ միջոցին մի երիտասարդ գրկեց նրան:

Դերվիշը, ներքինապետը, Ջումշուդն ու Աղասին մնացին խուցի դռանը, ներս չմտան, որ իրանց ներկայությամբ չխանգարեն երկու վաղեմի սիրահարների հոգեզմայլությանը:

— Այդ ո՞վ է, մայրիկ, — հարցրեց Ֆաթիման:

— Քո հայրը, զավակս, — պատասխանեց մայրը:

Իշխանը մի ձեռքով բռնեց տիկնոջ ձեռքից, մյուսով Ֆաթիմայի ձեռքից, և դուրս եկան խուցից: Այդ միջոցին մոտեցավ դերվիշն ու ներքինապետը և օրհնեցին նրանց բախտավորությունը: Նույն արեցին Ջումշուդն ու Աղասին:

Հեռանալով վանքի ավերակներից, նրանք դիմեցին դեպի անտառը, որի մեջ պահված էր իշխանի ձիավորների խումբը:

Այստեղ իշխանը բռնեց դերվիշի ձեռքը, և հրաժարական ողջույն տալով, ասաց.

— Շնորհակալ եմ ձեր բարեսրտության համար, դերվիշ, ես չեմ մոռանա ձեր առաքինությունները:

Ավելի սրտաշարժ էր տիկնոջ հրաժարականը.

— Ես հոր կողմից անբախտ եմ եղել, դերվիշ, — ասաց նա. – իսկ դուք ամբողջ տասն տարի մխիթարել եք ինձ, և ինձ վրա հայրական խնամք եք ունեցել: Թույլ տվեցեք ինձ համբուրել ձեր աջը, և այդ թող լինի իմ խորին երախտագիտության հատուցումը:

Դերվիշը մեկնեց նրան իր աջը, ասելով.

— Ձեր բախտավորությունը, տիկին, ինձ համար մեծ վարձատրություն է: Ես այսուհետև ինձ միշտ երջանիկ կհամարեմ, որ կարողացա ձեզ համար մի բարիք գործել:

Ներքինապետը գրկվեցավ դերվիշի հետ և արտասուքը աչքերում ասաց նրան.

— Ցավում եմ, որ գուցե մյուս անգամ չի պիտի կարողանամ տեսնել ձեզ և չի պիտի լսեմ ձեր իմաստուն խոսքերը: Ես կցանկանայի ձեր ճգնարանին ավելի մոտ լինել: Բայց ձեզ հայտնի է, որ իմ կյանքը նվիրված է իմ սիրելի տիկնոջը: Նա այժմ հեռանում է այստեղից, իսկ ես նրանից բաժանվել չեմ կարող:

— Գնացեք, տերը թող ձեզ հետ լինի, — ասաց դերվիշը. — բայց ես կմնամ բռնակալի ամրոցի մոտ... կապրեմ նրա քանդած ավերակների մեջ... գուցե մի անգամ ևս դարձյալ հաջողակ կլինեմ գործին

Նրանք մտան մթին անտառը, ուր սպասում էին ձիաները: Դերվիշը իր վերջին օրհնությունը տալով, ճանապարհ դրեց նրանց:

Նա երկար կանգնած գիշերային խավարի մեջ, խորին բերկրությամբ նայում էր դեպի այն կողմը, ուր գնաց հարեմի գերությունից ազատված կինը սիրելի տղամարդի հետ: Երբ ձիաների ոտնաձայնը բոլորովին լռեց, նա կրկին վերադարձավ դեպի «Կարմիր վանքի» ավերակները և մտավ իր ճգնարանը...

***

Բարգյուշատի Եղվարդ գյուղի եկեղեցու դռան հանդեպ կա մի փոքրիկ գերեզմանատուն: Այդ գերեզմանատան համարյա թե եզրի վրա այժմ գտնվում է հոյակապ շիրիմ, որ որոշվում է մյուսներից իր մեծությամբ: Տապանաքարի մեկ երեսի վրա քանդակված է մենամարտության հանդես: Մի զինակիր, մեկ ձեռքով բաց սուրը բռնած, մյուսով իր տիրոջ ձիու սանձը, կանգնել է: Փոքր-ինչ հեռու նրա տերը մենամարտում է մի հսկայի հետ: Տապանաքարի մյուս երեսի վրա արհեստավորի ֆանտազիան ստեղծել է մի այլ խորհրդավոր պատկեր: Մի աղվես, ամեհի առյուծի գլուխը իր բերանի մեջ առած, աշխատում է կլանել նրան: — Խորամանկությունը ոչնչացնում է քաջությունը:

Տապանաքարի արձանագրությունը ժամանակից եղծված է: Հարցրեք. այդ ո՞ւմ գերեզմանն է: Ձեզ կպատասխանեն.

— Դա Չավնդուրի իշխան Թորոսի գերեզմանն է, այն հերոսի, որ իր ամբողջ կյանքում կռվեց մեր հայրենիքի թշնամիների հետ, իսկ վերջը զոհ եղավ մելիք Ֆրանգյուլ դավաճանի խորամանկությանը:

Հետո ձեզ ցույց կտան «Նարգիզների դաշտը», ուր կատարվեցավ ողբալի պատերազմը:

ՎԵՐՋԱԲԱՆ

Մինչև այստեղ գծեցինք Դավիթ բեկի և նրա զորապետների գործած պատերազմների լոկ ստվերագիրը միայն:

Իբրև օրինակ մենք մեջ կբերենք մի նկարագիր Դավիթ բեկի կռիվներից, ուր երևում է նա իր վեհ հերոսական բնավորությամբ:

Մինչև Դավիթ բեկը խաղաղեց իր հայրենիքի ներքին դրությունը, մինչ հայերը սկսել էին փոքր-ինչ ազատ շունչ քաշել, մի արտաքին վտանգ կրկին խռովեց նրանց հանգստությունը: Դավիթ բեկը այժմ գործ ուներ մի հզոր թշնամու հետ, որպիսիք էին օսմանցիքը:

Սուլթան Ահմետի օրերում ահագին բազմություն տաճկաց զորքերի դիմում են դեպի պարսկական Հայաստանի մի մասը: Տիրելով Երևան քաղաքին, ապստակելով հանդիպած ազգաբնակությունները, և ամեն ինչ սրի և կրակի մատնելով, 1726 թվին նրանք անցան Սյունյաց աշխարհը, նրանց թիվը հասնում էր յոթանասուն հազարի. այդ խառնիճաղանջ բազմությունը ուներ իր մեջ զինվորներ զանազան ազգերից և զանազան ցեղերից. նրանց մեջ կային մինչև անգամ հայեր: Նվաճելով Դավթի երկրի մի մասը, նրանք տիրեցին Յոթնաբերդին և Ղափանու գավառին: Երկրի հայ բնակիչները վերջին հուսահատության մեջ թողին Դավթին և մտան օսմանցոց լծի տակ: Դավիթը մնաց միայն յոթանասուն անձնանվեր տղամարդերի հետ իր բերդի մեջ Հալիձորում: Նրանից չբաժանվեցան և տեր Ավետիքը, Մխիթար սպարապետը, Մելիք-Փարսադանը, Տաթևի երեք եպիսկոպոսներ և տասներկու քահանաներ: Նրա մնացյալ զորքը բոլորը ցրվեցան: Այսուամենայնիվ Դավթի արիությունը ամենևին չթուլացավ. նա մնաց միշտ քաջասիրտ և անձնավստահ: Նախ և առաջ նա հոգ տարավ ամրացնել բերդը, պաշար հավաքել այնտեղ և խրախուսել իր ընկերներին:

Ղափանը տիրել են ինն ամիս հետո, Դավթի բերդին մոտենում են օսմանցոց զորքերը երկու փաշաներով, որ կոչվում էին Պեքիր և Արաբ-Ալի: Նրանց առաջնորդում էր Բարգյուշատա խանը: Նրանց թվում գտնվում էին և շատվոր հայեր Գողթան գավառից և առավելապես Ագուլիս քաղաքից, որոնք տաճիկներին հաճոյանալու համար, խառնված էին նրանց հետ: Այլևս տեղային թյուրքերից շատերն, որոնք հին ոխ ունեին Դավթի դեմ, միացել էին թշնամու հետ:

Օսմանցիք բանակ են կազմում Հալիձորի հանդեպ: Դավիթը մի փոքրիկ խմբով բռնում է ավանի մյուս կողմը: Երկու կողմերը բաժանված են լինում գետով, որը նույն միջոցին հորդացած լինելով, դժվարացնում էր անցքը: 'Խավիթը բռնում է գետի անցքը և մինչև երկու օր թույլ չի տալիս օսմանցիներին անցնել: Բայց երկրորդ օրը հայոց հրացանավորները, որոնք տաճիկների հետ էին և որոնք ծանոթ էին այն տեղորայքը, անցնում են գետը ուրիշ կողմից և բռնում են Հալիձորի մի մասը: Անցքը բացվում է օսմանցիների առջև: Դավթին դժվար էր այնուհետև արձակ դաշտում ընդդիմանալ թշնամու բազմությանը: Նա յուրայիններով, որոնց թիվը ավելի չէր, քան երեքհարյուր և հիսուն հոգուց, պատսպարվում է Անապատ կոչված ամրոցի մեջ:

Այս բերդը կոչվում էր Անապատ այն պատճառով, որ նրա մեջ զետեղված էր մի կուսանոց, ուր կային թվով քառասուն միանձնուհիք: Օսմանցիք գետը անցնելեն հետո պաշարեցին բերդը: Վեց օր տևեց պաշարումը: Օսմանցիք անդադար ռմբակոծում էին, և իրանց պատերազմական բոլոր հնարները գործ էին դնում, բայց նրանց ջանքերը մնում էին ապարդյուն:

Յոթներորդ օրը պաշարողները վճռում են վերջնական հարձակումն, և իրանց զորքերը երեք մասի բաժանած, երեք կողմից դիմում են դեպի բերդը: Եվ չնայելով բերդի ներսից կարկտի պես թափվող գնդակներին, նրանք մոտենում են պարիսպներին, կանգնեցնում են սանդուղքները և այլ վերելուկ մեքենաներ, սկսում են բարձրանալ: Բայց օսմանցիներից և ոչ մեկը կարողանում է ներս մտնել, այլ զարկվելով, ցած են թափվում:

Թշնամին կրկնապատկում է իր զորությունը և վայրենի կատաղությամբ նոր հարձակում է գործում:

Հասնում է օրհասական րոպեն:

Այս սարսափելի տագնապի մեջ, երբ մի կողմից շողում էին սրեր, հոսում էր արյուն, որոտում էին թնդանոթներ, մյուս կողմից, բարեպաշտ միանձնուհիների դասը հնչեցնում էին զանգակներ և աղերսում էին վերին օգնականությունը:

Քաջազնական հոգին միանալով կրոնական զգացմունքների հետ հրաշքներ էր գործում:

Ամողջ ութ ժամ տևում է կռիվը: Բերդը աննկարագրելի ամրությամբ պաշտպանվում էր: Թշնամիներից և ոչ մինը դեռ չէր կարողացել ներս մտնել: Պաշարվածները՝ քան թե անձնատուր լինել՝ ընտրել էին մահը, բայց ցանկանում էին ավելի փառավոր կերպով հանդիպել նրան:

Արևը մերձենում էր իր մուտքին: Օրը տարաժամում էր: Պաշարողները դեռ չէին կամենում ետ քաշվել:

Սույն միջոցին Մխիթար սպարապետը տեր Ավետիքի հետ թողնելով Դավթին փոքրաթիվ պահապանների հետ բերդի մեջ, իրանք ամրոցի գաղտնի դռնով դուրս են գալիս, իրանց հետ ունենալով մի քանի հարյուր սպառազեն տղամարդիկ: Նրանք անակնկալ կերպով հարձակվում են թշնամու գլխավոր բաժնի վրա: Որովհետև մութը պատած էր այն ժամուն, թշնամին շփոթվում է. նրանք կարծում են, թե պաշարվածներին դրսից օգնություն հասավ: Ամբողջ բանակի մեջ տիրում է խռովություն և իրարանցում: Սկսվում է կոտորածը: Նույն միջոցին թշնամու խառնիճաղանջ բազմությունը թողնում է բերդը. նրանք սկսում են ցրվել: Նույն ժամին բերդից դուրս է գալիս և Դավիթ Բեկը, միանում է իր ընկերների հետ: Թշնամին փախչում էր, դրանք հետամուտ էին լինում: Նրանցից ընկնում են մի քանի հազար հոգի, խլում են հարյուրից ավելի դրոշակներ և հարուստ պատերազմական մթերք:

Դավթի մի այսպիսի հաջողությունը լսելով վհատած հայերը, որ առաջ թողել էին նրանց, կրկին հավաքվում են նրա դրոշակի տակ: Դավիթը կրկին հավաքում է իր զորությունները: Այնուհետև նա տեր Ավետիքի և Մխիթար սպարապետի հետ գործեցին և մի քանի այլ հաղթություններ օսմանցիների դեմ, մինչև բոլորովին դուրս հալածեցին նրանց հայոց երկրից:

Այն ժամանակ պարսից Շահ-Թահմազ արքան եկած էր Ատրպատական, որ արգելե օսմանցիների հարձակմունքը դեպի Պարսկաստան: Նա Դավրիժումն էր, երբ մեծ ուրախությամբ լսեց Դավթի հաղթությունները: Եվ Դավիթը նրան ավելի գոհացնելու համար, նույն ժամանակվա սովորության համեմատ, ուղտերի մի ամբողջ կարավան բեռնավորված տաճիկների գլուխներով, այլև իր խլած ավարից մասն հանելով շահին, ուղարկեց Դավրիժ: Շահը ուրախությամբ ընդունեց կարավանը, որ բերում էր իր թշնամիների գլուխները: Այս պատճառով կապեց Դավթի հետ դաշնագրություն, առանձին ֆերմանով շնորհելով նրան Ղափանի ամբողջ գավառը, որպես սեփականություն, այլև կարգեց նրան գլխավոր իշխան բոլոր Սյունյաց և Գողթանի նահանգների, ստորադրեց նրա հրամանին տեղային խաներին, և հրաման տվեց իր անունով դրամ կտրել:

Դավիթը այժմ հասած էր իր բաղձանքին, նա իր ազատ հայրենիքի տերը և իշխանն էր: Այդ եղավ 1727 թվին:

***

Սյունյաց նահանգը թեև բոլորովին մաքրված էր օսմանցիներից, բայց Օրդուբադի և Ագուլիսի կողմերում տակավին տիրում էին նրանք: Դավիթը ուղարկեց տեր Ավետիքին և

Մխիթար սպարապետին այն կողմերից ևս հալածել նրանց: Մի քանի կռիվներում հայերը հաղթող են հանդիսանում և հաջողվում է տիրել Ագուլիսին: Այս ավանը այն ժամանակ բացի իր շրջակա գյուղորայքից ուներ 10 հազար տուն հայ բնակիչներ: Դրանք մեծ զորություն կարող էին կազմել Դավթին, եթե սրտով միանային նրա հետ: Բայց ընդհակառակն միշտ անհավատարիմ մնացին դեպի Դավթի գործը: Ագուլեցիք մելիք Մուսա անունով մի չարագործից գրգռվելով, որ նրանց գլխավորն էր, առ երես բարեկամ էին ձևանում Դավթին, իսկ գաղտնի օգնում էին օսմանցիներին, լրտեսություններ անելով, պաշար մատուցանելով և հայի բոլոր գաղտնիքը նրանց հայտնելով: Այդ էր պատճառը, որ Դավթի զորքերը թեև նույն օրերում օգնություն ստացան Շահ-Թամազից, բայց մի քանի կռիվներում կոտորվեցան օսմանցիներից:

Դավիթը տեսնելով ագուլեցոց անհավատարմությունը ինքը անձամբ դիմեց Ագուլիս: Նրա զորքը ամրացած էր Թոմա առաքելո վանքի մեջ, որ կարող էր բերդ տեղ ծառայել: Ստուգելով մելիք Մուսայի դավաճանությունները, Դավիթը նրան բռնել տվեց և հրամայեց գլուխը կտրել: Բայց նա ազատվեցավ Մելիք-Փարսադանի աղերսանքով:

Քանի օրից հետո մելիք Մուսան բոլորովին մերկացրուց իր թշնամությունը: Մինչ Դավիթը Թոմա առաքելո վանքի մեջ ամրացած էր, նա հավաքելով Ագուլիսի բնակիչներին, պաշարեց վանքը և սկսան հրացաններ արձակել, ստիպելով, որ Դավիթը թողնե իրանց քաղաքը: Այդ հարձակումը գործվեցավ գիշերով: Դավիթը հրամայեց յուրայիններին հանգիստ մնալ և հայի արյուն չթափել: Միայն Մելիք-Փարսադանին ուղարկեց հանգստացնել ագուլեցիներին, խոստանալով, որ առավոտյան կթողնեն քաղաքը: Բայց ագուլեցիք ավելի ևս խստացրին իրենց կատաղությունը և մինչև անգամ հրացանով սպանեցին Դավթի պատգամավորին, այն մարդուն, որ մի քանի օր առաջ ազատեց մելիք Մուսայի գլուխը Դավթի սրից:

Բայց Դավիթը որքան բարեսիրտ էր, այնքան վրեժխնդիր և խիստ էր դեպի իր անհնազանդները: Նա թեև քանդելով վանքի պարսպի մի մասը, գիշերով դուրս եկավ քաղաքից, բայց մի քանի օրից հետո վերադարձավ, և երկու կողմից հրդեհելով քաղաքը, ահագին ավարով գնաց Հալիձոր:

Դավիթը այնուհետև զբաղվեցավ իր նոր իշխանության կարգադրություններով: Մինչև այնօր խառնված լինելով անընդհատ կռիվների մեջ, նա ժամանակ չէր ունեցել որևիցե կարգ ու կանոն դնել իր երկրում. ամեն ինչ կառավարվում էր վաղեմի նահապետական ձևերով: Նա թողնելով հին սովորությունները, որոնք օրենքի զորություն էին ստացել, միայն ավելի կանոնավորեց նրանց, — երկրի բաժանմունքները կարգի դրեց, որոշեց մելիքների և տանուտերների իրավունքները և զորապետների պարտավորությունները, և զինվորական ծառայությունը ընդհանրապես պարտավորիչ շինեց: Բայց նա իսպառ իր նպատակները իրագործել չկարողացավ, որովհետև հիվանդանալով վախճանեցավ իր տան մեջ 1728 թվին, վեց տարի միայն վարելով իր իշխանությունը: Դավթից ժառանգ չմնաց. շատ հավանական է, որ նա ամուսնացած ևս չլիներ: Նրա մահից հետո զորականքը միաբանվելով, ընտրեցին Դավթի տեղ Մխիթար սպարապետին:

Մխիթարը որքան և քաջ էր ու գործագետ, այսուամենայնիվ այն բախտը չունեցավ, որպես իր նախորդը: Մի կողմից հայոց զորապետների մեջ ծագեց անմիաբանություն, մյուս կողմից, զորքը վեց տարվա անընդհատ կռիվների մեջ համարյա հոգնել և թուլացել էր սրտով: Այս պատճառով, երբ մի տարուց հետո օսմանցիք կրկին պաշարեցին Դավթի բերդը, հայերը ավելի հարմար համարեցին հաշտության դաշն կապել, քան թե պատերազմել: Նրանք տեր Ավետիքի ձեռքով հաշտության դաշն կապեցին փաշայի հետ և անձնատուր եղան: Բայց ուխտազանց օսմանցիք, երբ իրանց առաջ բացված տեսան բերդի դռները, ներս մտան և վայրենի անգթությամբ սկսեցին կոտորել նրա մեջ եղողներին: Նրանք մինչև անգամ չխնայեցին քառասուն միանձնուհիներին, որոնք նույն ամրոցում մենարան ունեին, բոլորը զոհվեցան տաճկական սրին: Մխիթար սպարապետը բերդի պարսից վար իջնելով ազատեց իր անձը:

Իսկ նա այնուհետև հանգիստ չմնաց: Վերստին զորք հավաքելով, քանիցս անգամ հարձակվեցավ օսմանցիների վրա, վրեժխնդիր եղավ նրանց ուխտազանցության համար. թափեց նրանցից շատ ամրոցներ և քաղաքներ, և 150 ուղտի բեռն ավարով վերադարձավ իր տեղը: Նա բնակվում էր Խնձորեսք կոչված մեծ բերդում:

Մխիթարի իշխանությունը երկար չտևեց, որովհետև 1730 թվին նույն իսկ հայերից հրացանազարկ լինելով մեռավ, երկու տարի միայն իշխելով: Սպարապետի գլուխը իր թշնամիքը կտրելով, որպես ընծա նվիրեցին օսմանցոց փաշային: Բայց փաշան, Մխիթարի ոխերիմը՝ ավելի մեծահոգի գտնվեցավ, քան թե այն վատ հայերը, որ թափեցին մի անմեղ արյուն: Նա հրամայեց կտրել բոլորի գլուխները...

Մխիթարի մահից հետո հայոց միաբանության կապը իսպառ քակտեցավ: Ամեն մի իշխան, ամեն մի մելիք սկսեց ինքնագլուխ տիրել երկրի այս ու այն մասին, կրելով իր վրա պարսից կամ օսմանցուց լուծը և հարկատու լինելով նրանց: Իսկ նրանք, որ հատավարիմ մնացին Դավթի գաղափարին, ցրվեցան դեպի զանազան կողմեր, ավելի լավ համարելով չծծել այն հայրենիքի օդը, որ թունավորված էր բռնակալի շնչով...

Տեր Ավետիքը՝ այդ անպարտելի հերոսը, տեսնելով հայոց անմիաբանությունը, թողեց Հայաստանը և դիմեց Երուսաղեմ: Այնտեղ նա Աբրահամ կաթողիկոսի հաճությամբ ներումն ստացավ պատրիարքից այն բոլոր արյունների համար, որ նա թափել էր: Կրոնական մոլեռանդությունը վերջապես տիրում է այդ քաջի սրտին, նա սկսում է ապաշխարել...

Դավթի գործակից մյուս քաջերի մասին լռում է պատմությունը. հայտնի չէ նրանք ուր գնացին, ինչ եղան:

www.ingramcontent.com/pod-product-compliance
Lightning Source LLC
Chambersburg PA
CBHW080952020726
47505CB00009B/2169
* 9 7 8 1 6 0 4 4 4 7 7 8 1 *